KB214852

신약학에서 한 사람이 모든 분야를 아울러 군림했던 대가의 시대는 지나갔고, 소 영역에서 전문가로 활약하거나 방법론으로 뭉쳐 활동하는 시대가 된 지 이미 오래다. 이른바 "빅 네임" 시대가 저물고 있는 것이다. 이런 와중에도 군계일학으로 신약학 지평을 새롭게 여는 사람들이 등장하는데, 본서의 저자가 바로 그런 학자다. 저자는 신약학 전반에 걸쳐 핵심 주제를 전문적이고 새롭게 다루고 있다. 본서에서 저자는 유대 배경과 특히 그리스-로마 배경에서 바울이 예수가 왕이라는 이념을 창의적으로 생산해 내고, 그것을 통해 예수의 모습을 새롭게 제시하고 있음을 설득력 있게 보여주고 있다. 과거의 신약학이 아니라 현재와 미래 신약학의 정수를 맛보려는 독자에게 본서는 그 진수를 보여줄 것이다.

김동수 **평택대학교 신약학 교수**

복음서의 중심주제가 왕으로 오신 그리스도(메시아)의 나라, 즉 하나님 나라라면, 바울 서신의 중심주제는 뭘까? 일반적으로 복음과 율법, 이신칭의, 그리스도와의 연합, 하나님의 의 같은 주제들이 떠 오른다. 거의 개인 구원론 중심적이다. 이렇게 하여 복음서와 바울 서신은 언제나 연결점 없는 따로국밥과 같았다. 이러한 일부 바울 신학자들의 편향된(?) 시각에 교정을 요구하는 목소리가 들려온다. 조슈아 W. 지프의 창발적이고 도전적인 제안이 그렇다.

종종 그리스도가 예수의 고유이름으로만 알려졌지만 실제로는 예수가 하는 일에 대한 왕적 타이틀이라는 점이 간과되었다는 지극히 평범하지만 중요한 사실로부터 지프는 바울이 신학적 유산으로 물려받았을 것으로 추정한 왕권 이념에 집중한다. 그는 바울이 선한 왕에 관한 고대 그리스-로마인들이나 유대인들의 사상과 생각들을 새롭게 조정하여 그리스도에게 적용한다. 예를 들어, 바울 서신에 등장하는 "그리스도의 법"을 왕국의 평화와 화해를 위한 왕의 법으로, 바울 서신에 등장하는 유명한 그리스도 찬미시(골로새서와 빌립보서)를 고대의 왕에게 바치는 찬미와 연결 짓고, "그리스도 안에"라는 구절은 하나님의 왕적 통치에 참여하는 "참여 구원론"으로 발전시킨다. 지프는 바울 서신의 또 다른 주제인 "하나님의 의"를 정의를 구현하는 왕의 책무와 연결해 해석한다.

그리스도(메시아)라는 타이틀을 지닌 예수의 왕권 사상을 바울신학에 적용했다는 점에서 지프의 시도는 매우 참신하고 유익하다. 달리 말해 복음서와 바울 서신 사이에 일관된 신학적 비전 즉 메시아의 왕권 사상이 있다는 지프의 주장은 바울신학 해석을 위한 새로운 프레임을 제시한다. "바울 서신에서도 그리스도는 왕이시다!"라는 저자의 핵심적 주장은 가용한 모든 일이차 자료들을 체계적으로 사용하여 논리적으로 설득력 있게 잘 논증되었다. 영국의 톰 라이트나 미국의 스캇 맥나이트의 그림자가 어렴풋이 보인다. 이 책을 완독하면 바울 서신이 예전과는 달리 읽힐 수도 있다. 이 책을 잡으시라, 탐독하시라. 생각이 달라질 것이다.

류호준 백석대학교 신학대학원 은퇴 교수, 다니엘의 샘 원장

본서는 바울 서신에서 셀 수 없을 만큼 많이 언급된 "그리스도" 호칭에 "제왕 이데올로기"가 내재하며, 이것이 연구자들의 시선에서 오랫동안 관심을 끌지 못했다고 지적한다. 저자는 바울이 사용한 "그리스도" 호칭이 그리스·로마와 유대의 선한 왕과 긴밀한 연관성이 있다고 제안함으로써 "왕권의 신학적 함의"를 미세한 부분까지 해부한다. "고대의 왕에 대한 숙고"가 바울의 신적 기독론을 수립하는 데 중요한 역할을 맡았다는 주장이다. 이처럼 바울이 사용한 "그리스도" 호칭에 제왕적인 특성이 두루 퍼져있다는 저자의 논지는 적대자들에게 고난받고 죽임당한 의로운 인류의 진정한 통치자라는 "그리스도"의 지위 속에 움튼 "제왕 수사학"의 전복(顚覆)으로 그 파급력을 폭발시킨다. 본서는 바울의 기독론 연구에 큰 빛을 비춰주는 쾌거로 평가할 만한 역작(力作)이다.

윤철원 서울신학대학교 신약학 교수

이 책은 바울이 선한 왕에 대한 고대 개념(구약을 포함한 유대와 그리스-로마 문헌 모두에 나타난)을 사용하고, 재작업하고, 적용해서 회중에게 예수를 이상적인 왕으로 묘사한다고 주장한다. 저자는 바울이 "그리스도"를 통해 예수가 당시 다른 어떤 왕과도 비교 불가하고 절대적으로 구별되는 가장 탁월하고 이상적인 왕임을 증명하는 데 온 힘을 다한다고 말한다. 또한 "그리스도의 법"이란 예수가 율법의 화신으로, 그가 곧 살아있는 법이란 것이다. 이 책은 학자뿐만 아니라 그리스도의 통치에 참여하는 실질적인 방식을 이해하길 원하는 교회에 모두 생각거리를 제공하고 있다.

이민규 한국성서대학교 신약학 교수

"나 바울은 이제 그리스도의 온유와 관용으로 친히 너희를 권한다"(고후 10:1)라고 바울이 쓸 때 여기 사용된 "온유"와 "관용"의 헬라어 어휘가 고대 그리스-로마 사회에서 제왕이 갖추어야 할 최고의 미덕이었다는 사실을 아는 이들은 극히 드물다. 그렇다면

바울신학에서 당대의 제왕 담론과 왕으로서의 그리스도(메시아)라는 기독론적 관점은 어떻게 상응하는 걸까. 이런 방면의 궁금증이 생기면 이 책을 읽어야 한다. 이 책은 "바울이 그리스-로마와 유대의 선한 왕 개념들을 사용하고, 재작업하고, 그리스도에게 적용하여 그의 회중의 실재 또는 상징적 세계를 구축한다"는 사실을 풍성한 증거 자료를 토대로 정밀하게 분석하고 해석하여 보여주고자 한다. 그 연구의 최종 결론은 "제왕-메시아 담론이 그리스도의 신적 정체성을 숙고하고 설명하는 가장 중요한 개념적 도구를 제공"했다는 것이다. 이러한 결론을 도출하기 위해 저자는 먼저 그리스-로마 사회와 구약성서 전통에 나타난 제왕 담론을 일반론적 맥락에서 다루고, 나아가 왕과 법, 왕과 찬양, 왕과 정의란 주제들이 구체적으로 바울 서신의 증거 구절 가운데 어떻게 제왕적 기독론으로 변환되어 나타났으며 또 거기서 어떻게 "참여 구원론"을 도출할 수 있는지 알찬 논의를 전개한다. "그리스도는 나의 왕"이라는 이 시대의 신앙고백과 찬양이 막연한 감상적 구호로 겉돌지 않고 이 허술한 민주주의 사회의 각종 약점과 한계를 넘어 위엄 있고 책임감 넘치는 그리스도인으로서 그 실체를 올바로 인식하고 적절하게 체현하기 위해서라도 이 책의 공부는 매우 큰 도움이 될 것이다.

차정식 한일장신대학교 신약학 교수

고대나 현대나 한 사람의 인식과 언어는 그 시대의 상징세계를 벗어난 진공 속에서 발휘될 수 없음이 자명하다. 저자는 1세기 고대 지중해 환경 속에서 예수 "크리스토스"(그리스도)의 초상을 그 당시 이상적인 선한 왕의 모티프에 투영하였다. 바울 기독론(과 구원론) 캔버스에 신선하고도 선명한 "제왕-메시아 담론"의 색감을 도입한 셈이다. 이런 밑그림은 예수에 대한 신적 정체성(고기독론)과 더불어 그리스도 안의 참여 구원론과 교회론을 대안적으로 풀어주는 꼭짓점으로 이어진다. 현대 바울 신학계에서 벌어진 이견들의 틈새를 "제왕 이데올로기"의 건설적 이음매로 묶어보려는 시도이기도 하다. 저자 지프에게 설득된다면, "비옥한 유대-그리스-로마 토양" 속에서 예수 그리스도를 전통적이고도 창의적으로 읽어낸 "통찰과 소통의 사도" 바울의 신학적 상상력에 새삼 탄복하지 않을 수 없다. 제왕적 모티프를 누락시킬 경우 바울신학의 지형도 파악이 매우 부실해진다는 말이다. 마침내 이 책의 독자는 그리스도 모티프와 구원 메타포에 대한 이해를 넘어 교회 정체성에 대한 바울(과 저자 지프)의 도전적 질문에 책임 있는 답변을 피할 수 없는 셈이다. 예수가 왕이라고 고백하는 자가 결코 모른 체 할 수 없는 역작이다.

허주 아신대학교 신약학 교수

지프는 현재의 바울 분석에 있어서 핵심적인 거의 모든 질문에 관한 중요한 새로운 해석상의 각도를 제공하며 바울의 사상 전체의 중심으로서 대담한 새로운 제안을 옹호한다. 본서는 신속하게 지위가 높아지는 신약성서 학자에 의해 창의적이고 철저하게 연구되고 사려 깊게 주장된 중요한 책이다.

더글러스 캠벨(Douglas Campbell) 듀크 대학교 신학대학원

바울의 기독론에서 선한 왕에 관한 고대의 이데올로기의 영향에 대해 사려 깊게 연구되고 투명하게 쓰인 설득력이 있는 책이다. 지프는 제왕 모티프들이 바울의 서신들에 배어 있다는 것을 보여준다. 중요한 책이다.

마이클 J. 고먼(Michael J. Gorman) 성 매리스 신학교 및 대학교

조슈아 W. 지프는 그리스-로마 문헌과 유대 문헌에 대한 인상적인 지식과 바울 서신에 대한 면밀한 분석을 결합해서 "그리스도"라는 칭호가 공허한 표지로 받아들여질 것이 아니라 왕에 관한 고대의 담론을 가리키는 것으로 받아들여져야 한다는 점을 설득력 있게 주장한다. 로마서, 고린도전서, 빌립보서와 골로새서를 이상적인 왕에게 기대되는 바와 대화하게 함으로써 지프는 바울의 언어에 새로운 빛을 던져주고 바울의 예수 이해에 중요한 통찰력을 제공한다.

루크 티모시 존슨(Luke Timothy Johnson) 에모리 대학교 캔들러 신학대학원

매우 인상적인 책이다. 바울 학자와 초기 기독론 학자는 이 책을 주목해야 할 것이다.

매튜 노벤슨(Matthew Novenson) 에든버러 대학교

Christ Is King

Paul's Royal Ideology

Joshua W. Jipp

고대 제왕 이데올로기에 비춰 본
새로운 바울신학 이해

Christ

조슈아 W. 지프 지음

노동래 옮김

예수의 왕권 사상과 바울신학

is King

새물결플러스

목차

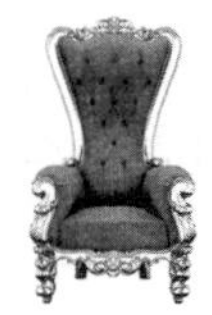

감사의 글

본서를 집필하기 위한 아이디어의 씨앗은 내가 2006-07년에 듀크 신학교에서 신학 석사 과정을 밟을 때 수강했던 두 과목의 세미나에서 비롯되었다. 한 과목은 캐빈 로우 교수와 더글라스 캠벨 교수가 가르친 수업이었는데 나는 그때 그리스와 로마의 저작들에서 선한 왕에 관한 숙고에 믿을 수 없을 정도로 많은 관심이 기울여졌다는 것을 발견했다. 리처드 헤이스의 고린도전서 세미나도 내게 고린도전서 15:20-28을 왕의 통치 담론으로 탐구할 기회를 주었으며, 나는 이 기획을 좀 더 탐구하는 것에 관한 그의 조언에서 큰 유익을 얻었다. 나 자신이 학자로서 발전하는 데 있어 더글라스와 리처드는 관대하게도 내게 많은 시간을 내주었고 큰 도움을 주었다. 나는 듀크 신학교의 신학 교수들 및 나와 함께 이 주제에 관해 대화하고 그 기획에 관해 유익한 피드백을 제공해 준 이전의 많은 학생(현재 그들 중 대다수가 교수들이다)에게 감사한다.

본서의 거의 모든 집필과 대부분의 연구는 내가 트리니티 복음주의 신학교에서 가르칠 때 수행되었다. 연구 휴가 동안 집필을 마칠 기회를 준 교수단과 행정부서에 감사드린다. 본서의 원고를 모두 읽고 귀중한 피드백을 제공했으며, 내가 본서를 위한 나의 연구와 관련된 과목을 개설해서 가르치도록 해 주었고, 그 자신이 멋지고 **재미있는** 멘토인 데이비드 파오에게 특별히 감사한다. 그리고 데이비드가 아직 내 사무실을 어두운 지하실로 옮기지 않은 데 대해 감사한다. 내 연구와 저술에 큰 도움을 준 트리니티 신학교의 비범한 대학원생 조수들—존 문, 데이비드 브라이언, 데이비드 모셔(그가 "교수님을 위해 일하는 것보다 더 나은 기회"로 지칭한 것을 추구하기 위해 사직했음에도 불구하고), 처크 크루이즈, 그리고 줄리아 린덴라우브—에게 특별한 감사를 표하고 싶다. 그들 모두 자신의 분야에서 훌륭한 신진 학자들인데, 그들이 자신의 바쁜 일 가운데서도 시간을 내서 논문들을 찾아주고 나의 주장들에 관한 피드백을 제공해 준 데 대해 감사한다. 본서의 일부를 읽고 유익한 논평을 제공해 준 모든 사람에게 감사한다. 그들 중 특히 매튜 베이츠, 매튜 티센, 마이클 고먼, 앤디 존슨, 매튜 노벤슨, 드루 스트레이트, 존 앤서니 던, 조던 그린, 콘 캠벨, 에릭 튤리, 마이클 버드, 그리고 몇몇 다른 친구들과 학자들(당사자들은 이것이 자신을 지칭한다는 것을 알 것이다)에게 감사드린다.

본서의 2장은 세계성서학회를 통해 폴 J. 악트마이어상(2013년)을 받았다. 그 상을 준 데 대해 악트마이어 가족과 세계성서학회에 감사를 표하고 싶다. 그리고 데이비즈 호렐, 줄리앙 스미스, 마리안느 M. 톰슨이 그 논문에 대해 피드백을 준 데 감사한다.

저스틴 제프코트 셰틀러와 마이클 테이트가 본서에 귀중한 의견을 준 데 특별히 감사드린다. 그들 덕분에 본서가 더 나은 책이 되었을 뿐만 아니라 그들의 신실하고 헌신적인 우정 덕분에 내가 더 나은 사람이 되었다.

여느 때와 마찬가지로 내 아내 앰버에게 깊이 감사한다. 그녀는 자신이 재능 있는 성경 교사이자 의사 소통자일 뿐만 아니라 시간을 내서 본서에서 발견되는 아이디어들에 관해 듣고 토론하고 질문했다. 내 아내는 내가 이곳에서 표할 수 있는 것보다 훨씬 많은 감사를 받을 자격이 있다. 언제나 그렇듯이 내 자녀에게 모든 사랑을 전한다.

내 부모님 랜디 지프와 케이 지프에게 감사드린다, 그분들은 항상 지속적인 지지와 격려, 그리고 애정과 많은 유머를 제공해 주셨다. 내 부모님은 상상할 수 있는 모든 방법으로 나를 지원해 주셨다. 나뿐만이 아니라 그분들이 접촉한 모든 사람을 위한 그분들의 사랑과 짐을 져 준 것과 관대함은 그리스도의 법을 성취한 사람의 살아 있는 모범이다(아버지, 2장을 읽어보세요. 아버지는 신 피타고라스 학파 철학자들에 관한 내용을 건너뛰고 곧바로 바울에 관한 내용을 읽으셔도 됩니다). 우스갯소리로 말하자면, 내가 내 누이 에밀리가 내 삶에 가져다준 웃음과 재미를 잊을 수 있겠는가? 본서를 내 부모님과 누이에게 헌정한다.

1장

고대 왕권 담론으로서 바울의 그리스도 담론

프랜시스 오클리가 우리에게 상기시켜 주는 바와 같이, "적어도 수천 년 동안 오늘날 우리가 **정치적** 삶이라고 부를 만한 것의 제도적 지형을 주도한 것은 왕정이었고 좀 더 합의에 입각한 정부 형태가 아니었다"는 사실에도 불구하고 대다수 학자에게 고대의 왕정 제도는 바울의 그리스도 묘사 이해에 있어서 특별히 관련이 있는 자료가 아닌 것처럼 보인다.[1] 정경 복음서들의 역사적 가치에 관해 어떤 견해를 취하든 우리는 예수가 확실히 왕의 성격을 띠었고 왕으로 기억되었다는 데 동의할 수 있다. 그는 하나님의 나라를 선포했고(막 1:14-15), 그의 조상은 다윗 왕가의 혈통으로 추적되었으며

---

1 Francis Oakley, *Kingship: The Politics of Enchantment* (Malden, MA: Blackwell, 2006), 4. 그러나 내가 곧 보여 주는 바와 같이 몇 가지 주목할 만한 예외가 있다. 그리스도는 바실레우스(βασιλεύς, 왕)로 불리지 않음에도 불구하고 이 대목에서 Marc Zvi Brettler의 방법론적 주의에 유념할 필요가 있다(*God Is King: Understanding an Israelite Metaphor* [JSOTSup 76; Sheffield: Sheffield Academic Press, 1989], 23). 그는 시편에 나타난 동일한 역학을 지적하는데, 시편에서 왕, 통치, 그리고 왕국에 대한 단어가 없음에도 불구하고 성경 텍스트가 하나님을 묘사할 때 왕에게 전형적인 언어를 사용하는 한 시편에 왕정과 관련된 모티프들이나 은유들이 없는 것은 아니다.

(마 1:18-25; 눅 1:31-35, 68-69; 2:1-8; 참조. 막 12:35-37), 그는 추종자들에게 하나님의 기름 부음을 받은 메시아라고 생각되었다(막 8:34-38). 그리고 그는 로마인들에 의해 메시아인 체 가장하는 자로서 십자가에 처형되었고(막 14:55-64; 15:1-38; 요 18:33-19:22), 그의 죽음과 죽은 자 가운데서의 부활이 다윗의 시편들에서 제시된 패턴에 상응하는 존재였다(눅 23:34에 나타난 시 22:18; 눅 23:36에 나타난 시 69:21).[2] 바울 자신도 그리스도를 "하나님의 나라"와 관련하여 말했고(롬 14:17; 고전 6:9-11; 15:50; 갈 5:21; 살전 2:12) 그를 통해 하나님이 악한 권세와 능력들을 패배시킴으로써 종말론적 왕국을 확립할 대리인으로 소개했다(고전 15:24-28). 그리스도는 그를 통해서 하나님이 심판을 매개하는 대리인이다(롬 2:16; 고후 5:10). 대다수 학자가 바울이 그 직함의 메시아적인 측면을 강조한 것으로 보지 않았지만, 그가 예수에 대해

2 이 점은 혹자가 이 기사들을 대체로 역사적으로 믿을 수 있는 것으로 보는지 아니면 몇몇 초기 그리스도인들의 믿음에 대한 증거를 제공하는 것으로 보는지와 무관하게 사실이다. 예수가 그의 왕-메시아 주장 때문에 십자가 처형을 당했을 역사적 가능성에 관해서는 다음 문헌들을 보라. Nils A. Dahl, "The Crucified Messiah," in *Jesus the Christ: The Historical Origins of Christological Doctrine* (ed. Donald H. Juel; Minneapolis: Fortress, 1991), 27-47, 특히 39-40; Martin Hengel, "Jesus, the Messiah of Israel," in *Studies in Early Christology* (Edinburgh: T & T Clark, 1995), 1-72; James D. G. Dunn, *Jesus Remembered* (vol. 1 of *Christianity in the Making*,; Grand Rapids: Eerdmans, 2003[『예수와 기독교의 기원 (상, 하), 새물결플러스 역간』), 627-47. 마가복음의 수난 내러티브와 그 복음서가 역설적으로 예수를 왕으로 묘사한 점에 관해서는 다음 문헌들을 보라. Frank J. Matera, *The Kingship of Jesus: Composition and Theology in Mark 15* (SBLDS 66; Chico, CA: Scholars, 1982); Joel Marcus, "Crucifixion as Parodic Exaltation," *JBL* 125 (2006): 73-87. 초기 그리스도인들이 예수의 죽음을 해석한 렌즈로서의 다윗의 시편들에 관해서는 다음 문헌들을 보라. Joshua W. Jipp, "Luke's Scriptural Suffering Messiah: A Search for Precedent, a Search for Identity," *CBQ* 72 (2010): 255-74; Peter Doble, "Luke 24.26, 44—Songs of God's Servant: David and His Psalms in Luke-Acts," *JSNT* 28 (2006): 267-83; Joel Marcus, *The Way of the Lord: Christological Exegesis of the Old Testament in the Gospel of Mark* (Louisville: Westminster John Knox, 1992); Stephen P. Ahearne-Kroll, *The Psalms of Lament in Mark's Passion: Jesus' Davidic Suffering* (SNTSMS 142; Cambridge: Cambridge University Press, 2007).

가장 선호하는 호칭은 **크리스토스**(Χριστός)**이며,** 부분적으로는 그가 그리스도를 "다윗의 혈통에서 나셨고"(롬 1:3) "이새의 뿌리에서" 일어나시는 이(롬 15:12a)로 말한다는 사실에 근거해서 일부 학자는 바울에게 있어 메시아는 그 단어의 왕적 함의를 유지하고 있다고 강력하게 주장했다. 비록 바울에 의해 기록된 것은 아니지만 "내가 전한 복음대로 다윗의 씨로 죽은 자 가운데서 다시 살아나신 예수 그리스도를 기억하라"는 권고(딤후 2:8)는 예수의 왕으로서 및 메시아로서의 정체성이 적어도 몇몇 초기 그리스도인들에게는 예수를 올바로 이해하는 데 매우 중요했음을 암시한다.

왕으로서의 메시아에 대한 영향력 있는 이런 기억이 보존되었음에 비추어 볼 때 초기 교회의 많은 인물도 왕의 범주, 직함, 그리고 기능을 예수의 중요성을 설명하는 수단으로 사용했다는 것은 놀랄 일이 아니다.[3] 「이사야의 승천」(*Ascension of Isaiah*)에서 선재(先在)하는 그리스도는 온 우주의 "주"(8:9; 9:32-39)이고, 하나님의 우편에서 다스리기 위해 보좌에 앉아 있으며(10:7-15), 우주적이고 종말론적인 재판관(4:14-18; 10:12-15)이라고 묘사된다. 우리는 심지어 예컨대 「폴리카르포스의 순교」(*the Martyrdom of Polycarp*)에서와 같이 그리스 왕권의 은유가 예수에게 명시적으로 적용되는 것을 발견하기 시작하는데, 그곳에서 그리스도는 주, 구주, 안내인(pilot), 그리고 목자로 언급된다(19:2). 알렉산드리아의 클레멘스도 그리스도를 신적 목자, 전차를 모는 전사, 살아 있는 왕으로서의 법률, 그리고 안내인으로 말하는데, 이것들은 모두 그리스의 왕에 대한 표준적인 직함이다(*Strom.* 1.158-

3 나는 이 대목에서 다음 문헌들을 참조했다. Oakley, *Kingship*, 69-76; Per Beskow, *Rex Gloriae: The Kingship of Christ in the Early Church* (trans. Eric J. Sharpe; Eugene, OR: Wipf and Stock, 2014; reprinted from Uppsala: Almqvist & Wiksells, 1962).

168).[4] 클레멘스에게 있어 그리스도는 목자와 왕으로서 자기 백성을 왕의 지혜의 길로 인도하는 최고로 현명하고 정의로운 법률 수여자였다(*Strom.* 1.158-159; 168.4; 169.1-2; 7.42.7; *Protr.* 116.1-4).[5] 카이사레아의 에우세비오스의 저작인 「콘스탄티누스 황제를 찬양하는 연설」(*Oration in Praise of the Emperor Constantine*)과 「복된 황제 콘스탄티누스의 생애」(*The Life of the Blessed Emperor Constantine*)는 그 저작들이 콘스탄티누스의 왕권을 그리스도의 왕권의 통치와 권위에서 파생되는 것으로 묘사한다는 점에서 성경과 그리스의 왕권 개념을 활용하는 것으로 잘 알려졌다.[6]

이 대목에서 단순하고 대체로 일화적인 내 요점은 초기의 그리스도 예배자들이 왕의 수사와 모티프를 사용해서 그리스도를 왕으로 묘사함으로써 예수의 중요성과 그에 대한 자기들의 경험을 이해했다는 것이다.[7] 그리고 약간의 주목할만한 예외를 제외하고 바울의 그리스도 담론—나는 이 어구를 그리스도라는 인물에 관한 이야기에 사용된 특정한 단어들과 말하는 패턴이라는 의미로 사용한다—은 고대의 왕권 담론이나 왕으로서의 메시아 신앙에 의해 특별히 조명을 받은 것으로 생각되지 않았다.[8] 이 무관심의

4 Beskow, *Rex Gloriae*, 213-19.

5 Ibid., 218.

6 Ibid., 313-30. Clifford Ando, *Imperial Ideology and Provincial Loyalty in the Roman Empire* (Berkeley: University of California Press, 2000), 43-44도 보라.

7 혹자가 메시아로서의 예수라는 개념이 예수 자신에게서 나온 것이 아니라 초기 교회에서 나왔다고 생각하더라도 그 요점은 유지된다. 예컨대 William Wrede, *Das Messiasgeheimnis in den Evangelien: Zugleich ein Beitra zum Verständnis des Markusevangeliums* (Göttingen: Vandenhoeck & Ruprecht, 1901); idem, *The Messianic Secret* (trans. J. C. G. Greig; Library of Theological Translations; Cambridge: James Clarke, 1971).

8 William Horbury, *Jewish Messianism and the Cult of Christ*(London: SCM, 1998)는 왕으로서의 메시아 신앙 및 왕권 담론과 초기 기독교의 기독론 부상(浮上) 사이의 긍정적인 관계에 관한 주목할만한 예외다.

뿌리가 부분적으로는 바울 서신에서 **크리스토스**가 고유 명사였고 그 단어의 직함의 함의를 상실했다는 학자들의 오랜 합의에 기인했을 가능성이 있다.[9] 빌헬름 부세의 영향력이 있는 『주 그리스도』(*Kyrios Christos*) 및 그 책이 팔레스타인의 기독교와 그리스의 기독교를 구분하고 후자는 "주"라는 직함을 가치 있게 생각했지만, 유대교의 다윗 전통의 가치는 폄하했다는 주장이 바울이 예수가 다윗의 자손이라는 사실에 관심을 보이지 않았다는 가정의 역사적 토대를 제공했다고 말해도 과장이 아닐 것이다.[10] 하지만 여러 학자가 그 용어가 "메시아"를 의미하며 왕의 함의를 유지한다는 것을 가리키는 증거를 제시함에 따라 이 합의가 뒤집히고 있다는 징후가 보인다.[11] 따

---

9 다음 문헌들을 보라. Nils A. Dahl. "The Messiahship of Jesus in Paul," in *Jesus the Christ: The Historical Origins of Christological Doctrine* (ed. Donald H. Juel; Minneapolis: Fortress, 1991), 15-25; Rudolf Bultmann, *Theology of the New Testament* (2 vols.; New York: Scribners, 1951), 1:49-50, 237; Magnus Zetterholm, "Paul and the Missing Messiah," in *The Messiah in Early Judaism and Christianity* (ed. Magnus Zetterholm; Minneapolis: Fortress, 2007), 33-55.

10 Wilhelm Bousset, *Kyrios Christos: A History of the Belief in Christ from the Beginnings of Christianity to Irenaeus* (trans. John E. Steely; Nashville: Abingdon, 1970). 하지만 Bousset에 앞서 팔레스타인 기독교와 그리스 기독교를 구분한 저작은 Wilhelm Heitmüller, "Zum Problem Paulus und Jesus," *ZNW* 13 (1912): 320-37이었다. 바울 기독론의 기원에 대한 역사적 조사에 관한 Bousset의 역할에 대해서는 Leander E. Keck, "Christology of the New Testament: What, Then, Is New Testament Christology?" in *Who Do You Say that I Am? Essays on New Testament Christology* (ed. Mark Allan Powell and David R. Bauer; Louisville: Westminster John Knox, 1999), 185-200, 특히 187-91을 보라.

11 N. T. Wright, *The Climax of the Covenant: Christ and the Law in Pauline Theology* (Minneapolis: Fortress, 1991); idem., *Paul and the Faithfulness of God* (vol. 4 of *Christian Origins and the Question of God*,; Minneapolis: Fortress, 2014[『바울과 하나님의 신실하심』, CH북스 역간]), 815-36; Giorgio Agamben, *The Time That Remains: A Commentary on the Letter to the Romans* (trans. Patricia Dailey; Stanford: Stanford University Press, 2005), 16-18; Adela Yarbro Collins and John J. Collins, *King and Messiah as Son of God: Divine, Human, and Angelic Messianic Figures in Biblical and Related Literature* (Grand Rapids: Eerdmans, 2008), 101-22.

라서 바울이 그리스도를 왕으로 언급하지는 않지만 경칭인 "메시아"를 많이 사용한다는 사실은 그가 예수를 이상적인 왕이나 통치자로 생각한다는 것을 암시할지도 모른다.

특히 이 점과 관련해서 매튜 V. 노벤슨의 최근 논문 "메시아들 중의 그리스도"(*Christ among the Messiahs*)가 중요하다. 그 논문에서 노벤슨은 바울이 **크리스토스**라는 단어를 사용한 것은 실제로 고대 세계의 보편적인 경칭 사용과 매우 가깝게 일치함을 보여 준다.[12] 따라서 바울에게 있어 **크리스토스**는 고유 명사가 아니라 **승리자** 셀레우코스나 유다 **마카비**처럼 어떤 개인의 고유 명사와 결합하여 사용되거나 고유 명사를 대신할 수 있는 경칭이다. 이 견해에서 그런 경칭은 흔히 군사적 승리, 권좌에의 즉위, 또는 자선에 기인한 개인들의 독특한 정체성과 중요성을 나타내기 위해 그들에게 수여되는 명예로운 이름이다.[13] 요컨대 노벤슨은 바울이 "그리스도", "예수 그리스도" 그리고 "그리스도 예수"를 다양하게 사용하는 것은 그리스어 경칭의 관례 안에서 일리가 있다고 주장한다. 그는 바울의 텍스트 몇 개를 조사하고 나서 "바울은 우리가 일반적으로 고대 유대교 텍스트나 기독교 텍스트가 메시아 텍스트로 여겨지기 위해서 하리라고 예상하는 모든 것을 하며, 어느 경우에도 메시아직의 범주를 부인하지 않는다"고 결론짓는다.[14] 바울의 그리스도 언어는 유대교의 메시아적 이상이나 바울의 청자들의 심리적 메시아 기대에 순응한 결과이기 때문이 아니라, "고대 세계에서 그 언어가 구성원들이 공통의 언어 자원을 공유한 언어 공동체의 맥락에서 의미 있게

---

12 Matthew V. Novenson, *Christ among the Messiahs: Christ Language in Paul and Messiah Language in Ancient Judaism* (Oxford: Oxford University Press, 2012).

13 Ibid., 64-97.

14 Ibid., 138.

사용될 수 있었기" 때문에 메시아 언어다.[15] 즉 구약성서가, 유대인 저자의 한 사람인 바울이 같은 성경을 공유한 사람들과 성공적으로 소통하리라는 기대하에서 성경의 메시아 언어를 사용할 수 있었던 언어적 및 개념적 자료를 제공했다.

몇몇 학자들은 바울 서신들, 특히 로마서에 나타난 바울의 주장에서 예수의 다윗 가문의 메시아직의 중요성을 인식함으로써 노벤슨의 주장을 위한 길을 준비했다.[16] 로마서는 예수가 다윗의 혈통임을 확인하는 수미상관 구조를 포함하고 있으며(1:3-4; 15:7-12), 바울은 성경에 나타난 다윗의 아들 됨이라는 프레임워크를 배경으로 삼아서 예수의 부활과 즉위를 이해한다(다음 구절들을 보라. 삼하 7:12-14; 시 2:7; 89:26-27).[17] 아델라 야브로 콜린스는 바울이 그 경칭을 풍부하게 사용하는 것은 "예수를 이스라엘의 메시아로 선포한 것이 그가 자신이 설립한 공동체의 핵심적인 구성원에게 선포한 좋은 소식의 근본적인 부분이었음을 나타낸다"는 짧지만 설득력이 있는 주장을 제공한다.[18] 그리고 리처드 B. 헤이스가 강조하듯이 바울

---

15 Ibid., 47.

16 이 대목에서 다음과 같은 문헌이 가장 도움이 된다. Novenson, *Christ among the Messiahs*, 137-73; Christopher G. Whitsett, "Son of God, Seed of David: Paul's Messianic Exegesis in Romans 2[*sic*]:3-4," *JBL* 119 (2000): 661-81. 나의 논문 "Ancient, Modern, and Future Interpretations of Romans 1:3-4: Reception History and Biblical Interpretation," *Journal of Theological Interpretation* 3 (2009): 241-59, 특히 258-59을 보라.

17 바울의 메시아적 주해에 대해서는 다음 문헌들을 보라. Lidija Novakovic, *Raised from the Dead according to Scripture: The Role of Israel's Scripture in the Early Christian Interpretations of Jesus' Resurrection* (Jewish and Christian Texts in Contexts and Related Studies Series; London: T & T Clark, 2012); Donald Juel, *Messianic Exegesis: Christological Interpretation of the Old Testament in Early Christianity* (Philadelphia: Fortress, 1988).

18 Collins and Collins, *King and Messiah as Son of God*, 122. Stefan Schreiber, *Gesalbter und König: Titel and Konzeptionen der königlichen Gesalbtenerwartung in frühjüdischen und urchristlichen Schriften* (BZNW 105; Berlin: de Gruyter, 2000), 405-24도 보라.

이 로마서 11:9(LXX 시 68:23-24[개역개정 69:22-23]), 15:3(LXX 시 68:10[개역개정 69:9]), 15:9(LXX 시 17:50[개역개정 18:49]), 15:11(LXX 시 116:1[개역개정 117:1]), 그리고 고린도후서 4:13-14(LXX 시 115:10[개역개정 116:19])에서 제왕시를 예수에게 전유하는 것은 그가 **예수가 다윗 왕의 메시아적 후손**이라고 믿었기 때문이었다.[19] 그리고 더글러스 A. 캠벨은 로마서 8장에서 전개된 바울의 주장은 "부활해서 영광과 하늘 보좌에 즉위한 이야기"에 빚을 지고 있다는 것과 이 이야기는 "제왕적 메시아 신학 그리고 특히 구약성서의 즉위 텍스트를 통해 설명되는데 그중 시편 89편이 뛰어나다"는 것을 설득력 있게 주장했다.[20] 또한 대륙의 많은 철학자가 바울의 묵시적 메시아 신앙을 십자가에 처형당한 메시아에 근거한 대안적인 주권의 정치학을 보여주는 것으로 보았다.[21] 그러나 아마도 이 대목에서 윌리엄 호버리의 『유대교의 메시아 신앙과 그리스도 숭배』(*Jewish Messianism and the Cult of Christ*)가 가장 중요할 것이다.[22] 호버리는 제2성전기 유대교 텍스트들이 그들의 메시아적 인물들을 묘사함에 있어서 선한 왕에 대한 그리스-로마의 개념**과** 이

---

19 Richard B. Hays, "Paul's Use of an Early Christian Convention," in *The Future of Christology: Essays in Honor of Leander E. Keck* (ed. Abraham J. Malherbe and Wayne A. Meeks; Minneapolis: Fortress, 1993), 122-36; Novenson, *Christ among the Messiahs*, 151-56.

20 Douglas A. Campbell, "The Story of Jesus in Romans and Galatians," in *Narrative Dynamics in Paul: A Critical Assessment* (ed. Bruce W. Longenecker; Louisville: Westminster John Knox, 2002), 97-124, 특히 116을 보라.

21 예컨대 다음 문헌들을 보라. Jacob Taubes, *The Political Theology of Paul* (trans. Dana Hollander; Stanford: Stanford University Press, 2004); Giorgio Agamben, *The Time that Remains: A Commentary on the Letter to the Romans* (trans. Patricia Dailey; Stanford: Stanford University Press, 2005); Alain Badiou, *Saint Paul: The Foundation of Universalism* (Stanford: Stanford University Press, 2003). 현대의 문제들에 대해 철학적으로 바울을 살펴보는 학자들에 관해서는 Ward Blanton and Hent de Vries, eds., *Paul and the Philosophers*(New York: Fordham University Press, 2013)를 보라.

22 William Horbury, *Jewish Messianism and the Cult of Christ* (London: SCM, 1998).

스라엘의 개념을 바꾸기 때문에 유대교의 메시아 신앙을 이해할 때 (그리스, 로마, 그리고 유대의) 왕권 개념이 핵심이라고 주장한다.[23] 그렇다면 유대교의 메시아 신앙의 중요한 구성 요소가 그리스도 숭배가 출현한 맥락을 제공하는데, 이 점은 특히 그리스도가 메시아와 비슷하게 갈채와 찬송과 직함을 받는 데서 입증된다.[24] 본서의 뒤에서(특히 3장, "왕과 찬양"에서) 내 주장과 호버리의 주장이 비슷하다는 것이 명백해질 것이다. 나는 메시아 신앙의 "논리적 일관성"과 "편재성"에 관한 그의 논란이 있는 주장 때문에 그의 중요한 연구가 바울의 해석자들에게 마땅한 주의를 받지 못하고 있다고 제안한다. 이 주장이 받아들여지지 않더라도 내 주장은 유지된다.[25] 즉 나의 주장은 **바울이** 왕권 담론 개념을 **어떻게** 재해석하고 재작업했는지에 근거한다.[26]

노벤슨의 주장은 바울의 기독론 언어의 원천을 분간하는 데 특히 빛을 비춰주며 본서의 연구에서 나는 그의 주장을 새로운 방향으로 확장하려고 한다. 하지만 나는 구약성서가 매우 중요하기는 하지만 그것은 선한 왕을 이해하기 위한 바울의 언어적 자원 및 개념적 자원의 중요한 가닥 중 하나

---

23 Ibid., 64-77.

24 Ibid., 109-52.

25 Ibid., 36-108.

26 내가 위에서 Novenson의 중요한 방법론적 진술을 논의한 것을 보라. Kenneth Pomykala, *The Davidic Dynasty in Early Judaism: Its History and Significance for Messianism*(SBLEJL 7; Atlanta: Scholars, 1995)도 보라. Pomykala는 메시아 신앙의 논리적 일관성과 편재성에 관한 Horbury의 요점에 도전한다(일관성 대신 다양성을 주장하고, 편재성 대신 "초기 유대교에서 다윗 가문의 메시아에 대한 계속적이고, 널리 퍼졌고, 지배적이거나 단일한 기대는 결코 존재하지 않았다"고 주장한다, p. 271). 확실히 내 주장은 군주제와 왕위 개념으로 바울 서신을 읽고 상호작용하는 데 의존한다. 하지만 Pomykala의 Horbury 비판은(Pomykala는 유사한 다른 주장의 대표자 중 하나일 뿐이다) 그리스도 숭배가 유대교의 메시아 신앙에서 유래했다는 Horbury의 논제에 의문을 제기하지 않는다. 균형이 잡혀 있고 Horbury와 Pomykala 사이의 다소 중간적인 입장에 관해서는 Schreiber, *Gesalbter und König*를 보라.

에 지나지 않는다고 제안한다. 즉 바울이 **크리스토스**를 이스라엘의 제왕적인 왕으로 말한다면 그가 이상적인 왕과 관련된 유대, 그리스, 그리고 로마의 정치적인 은유(*topoi*)를 사용하는 것은 놀라운 일이 아니다. 따라서 나는 본서의 연구에서 왕권 담론이 바울의 그리스도 담론의 중요한 부분인데 그 담론에서 바울이 일반적으로 왕들에게 속하는 것으로 이해된 책임, 속성, 직함들을 창의적으로 변형시켜 예수에게 적용한다고 주장한다.[27] 따라서 나는 닐스 A. 달이 바울의 그리스도 언어의 자료로 지칭한 것들에 관심이 있다.[28] 1977년 세계신약학회 회장 연설에서 달은 학자들이 그리스도의 직함들에 관해서는 많은 연구 결과를 내놓았지만 "기독론 언어의 구문에 대해서는 간헐적으로만 다뤘는데" 특히 "예수에게 부여된 다양한 호칭이 그리스어의 문장들에서 어떤 역할을 하는지 및 이 문장들의 어의의 전환"에 관해 주의가 기울여지지 않았다고 주장했다.[29] 달은 바울의 "언어 자료(예수에 관해 말할 때 사용되기 전에 존재했던 단어, 어구, 그리고 작문의 형태와 패턴)"에 주의를 기울이는 접근법이 좀 더 적절한 접근법이라고 제안했다.[30] "예수에 관한 기독교의 언어 및 다른 유형의 인물과 존재들에 관해 말해진 내용 사이에 어느 정도의 유비와 선례가 있는가?"가 문제다.[31]

따라서 본서는 그 안에서 바울의 기독론 담론이 일리가 있게 되는 언

---

27 나의 연구는 내가 그의 저작을 읽기 전에 완료되었고 주제가 다르지만, 나의 접근법은 M. David Litwa, *IESUS DEUS: The Early Christian Depiction of Jesus as a Mediterranean God* (Minneapolis: Fortress, 2014)의 접근법과 비슷하다.

28 Nils A. Dahl, "Sources of Christological Language," in *Jesus the Christ: The Historical Origins of Christological Doctrine* (ed. Donald H. Juel; Minneapolis: Fortress Press, 1991), 113-36.

29 Ibid., 116.

30 Ibid.

31 Ibid., 117.

어 시스템을 추구한다.[32] 본서는 종교적—또는 전통적—이고 역사적인 질문보다는 바울이 왕의 중요성을 예수라는 인물과 사역에 귀속시키는 것의 은유적인 성격에 관심을 기울인다. 옌스 슈뢰터는 다음과 같이 올바로 지적한다. "만일…의미의 귀속에…종종 은유적인 성격이 존재한다면 은유적 기독론의 출발점은 여기에 놓인다. 은유는 언어의 구성 요소로서 실재를 구성하는 힘과 실재를 드러내는 힘을 지닌다."[33] 따라서 바울의 그리스도 담론과 관련해서 고정된 어의상의 내용이나 개념상의 내용이 없다. 제왕 모티프와 은유들을 예수에게 적용하는 것은 "그것들을 사용한 특별한 사례를 나타내는데, 그 사례에서 특정한 어의상의 특징들이 예수의 활동 및 운명과 연결해서 구체화된다."[34] 따라서 바울이 "성경대로 그리스도께서 우리 죄를 위하여 죽으시고 장사 지낸 바 되셨다가 성경대로 사흘 만에 다시 살아나셨다"(고전 15:3b-4)는 기본적인 주장을 한 것은 "이 용어의 혁신을 나타내고 이어서 어의상의 스펙트럼을 확대하는, 기름 부음을 받은 자라는 유대교의 아이디어—이는 예수의 운명에 비추어서만 이해될 수 있다—를 사용한 것"이다.[35]

---

32 문학 작품으로서의 초기 기독교 텍스트들을 읽는 것의 방법론적 수위성(首位性)에 관해서는 Elizabeth A. Clark, *History, Theory, Text: Historians and the Linguistic Turn* (Cambridge, MA: Harvard University Press, 2004), 156-85을 보라.

33 Jens Schröter, "Metaphorical Christology in Paul," in *From Jesus to the New Testament: Early Christian Theology and the Origin of the New Testament Canon* (trans. Wayne Coppins; Baylor-Mohr Siebeck Studies in Early Christianity; Waco, TX: Baylor University Press, 2013), 185-204, 특히 186.

34 Ibid., 187. 은유적인 개념을 사용한 바울의 기독론 전개에 관해 Schröter는 다음과 같이 말한다. "은유적 기독론의 공헌은 초기 기독교가 둘러싸여 있던 예수라는 인물의 해석 분야를 역사적 및 전승사적인 전제의 문제를 넘어서—그것을 은유로 표현하기 위해—실재에 대한 기독교 해석 구조의 기본 재료로 이해한 것이라고 할 수 있다"(pp. 202-3).

35 Ibid., 187. 그러나 Schröter의 주장이 학계에서 오래된 전통임에도 불구하고 나는 그의 근거 없는 다음 주장을 따르지 않는다. "예컨대 바울은 예수를 크리스토스로 지정한 기독론적 은

고대의 왕권 담론과 이상적인 왕에 대한 숙고에 할애된 많은 텍스트는 바울의 기독론적 언어 이해에 있어서 중요함에도 아직 덜 개발된 개념적 및 은유적 자원이다.[36] 바울의 그리스도 담론은 예수의 운명과 초기 그리스도인들이 계속 그를 경험한 것을 통해 활성화된, 고대의 제왕 이데올로기에 대한 그의 창의적인 숙고에 큰 빚을 졌다.[37] 따라서 나의 기본적인 논지는 바울이 그리스-로마와 유대의 선한 왕 개념들을 사용하고, 재작업하고, 그리스도에게 적용하여 그의 회중의 실재 또는 상징적 세계를 구축한다는 것이다. 각각의 장에서 나는 왕권 담론의 관련 측면들을 조사해서 바울의 그리스도 담론에 빛을 비춰줄 맥락을 제공할 것이다. 나는 바울이 그리스어 구약성서를 인용하거나 넌지시 언급하는 경우를 제외하고 그가 특정한 텍스트 자료 자체에서 그 담론을 끄집어내는 것이 아니라 널리 선한 왕과 관련된 문화적 대본, 일반 관례, 그리고 은유(*topoi*)를 채택하고 적응시킨다

유를 취하기만 했고 그것을 추가로 발전시키지는 않았다. 바울에게 있어서 이것은 이미 바울 이전의 전통에서 직함으로부터 예수의 이름의 일부로 희미해진, 예수에 대해 확립된 명칭이며 바울은 그 단어를 사용해서 기름 부음을 받는다거나 왕으로서 기름 부음을 받은 자라는 이미지 분야의 추가적인 은유적 진술로 풍부하게 하지 않았다"(p. 192).

36 하지만 Horbury, *Jewish Messianism and the Cult of Christ*, 64-77을 보라. 에베소서와 관련해서는 Julien Smith, *Christ the Ideal King: Cultural Context, Rhetorical Strategy, and the Power of Divine Monarchy in Ephesians*(WUNT 2.313; Tübingen: Mohr-Siebeck, 2011)를 보라.

37 이 대목에서도 Schröter, "Metaphorical Christology in Paul," 188을 보라: "오히려 우리는 그것을 통해 예수의 활동과 운명이 실재에 대한 특정한 해석의 중심이 되는 귀속을 문의해야 한다. 만일 우리가 이 관점에서 초기 기독교 저작들을 고려한다면 많은 이미지와 이미지 분야가 보이게 되고, 그것은 그 안에서 예수라는 인물이 굴절되는 넓은 스펙트럼을 보여 준다." 바울의 기독론 진술의 생성 요인으로서 그 자신의 그리스도 경험의 중요성에 관해서는 다음 문헌들을 보라. Hendrikus Boers, *Christ in the Letters of Paul: In Place of a Christology* (BZNW 140; Berlin; de Gruyter, 2006); Dieter Georgi, *Theocracy: In Paul's Praxis and Theology* (trans. David E. Green; Minneapolis: Fortress, 1991), 17-25. 좀 더 넓게는 Luke Timothy Johnson, *Religious Experience in Early Christianity*(Minneapolis: Fortress, 1998)를 보라.

고 주장한다.[38] 즉 고대 유대교, 그의 명시적인 그리스어 구약성서 인용, 그리고 바울의 교회들의 역사적·종교적 유래 안에서의 바울의 인종적·종교적 배경에 비추어 볼 때 나는 일반적으로 바울의 언어를 제공한 원천으로서 그리스어 구약성서를 강조하고 그것에 우선권을 둔다.[39] 그럼에도 지난 반세기 동안 우리가 유대교에 관해 배운 것이 있다면, 그것은 유대교가 그리스화된 고대 지중해 세계에 위치했다는 것이다.[40] M. 데이비드 리트와가 명확하게 진술했듯이 "고대 유대교는 그 시대의 좀 더 넓은 종교적 조류와 활발하게 대화하고 협상한 살아 있는 지중해 종교였다."[41] 따라서 그리스-로마 종교들과 문화의 특정한 측면들을 명백히 거절함에도 이상적인 왕에 대한 유대교와 그리스-로마의 묘사들은 특히 "선한 왕"에 대한 그들의 문화적 이해와 관련해서 중복되는 점을 많이 공유하고 서로 접촉한다.[42] 마지

---

38 나의 방법은 Samuel Sandmel이 묘사하는 병행구절광증(parallelomania)과 다르다. "그것은 우선 구절들에 나타난 유사성이라고 가정된 것들을 과장하고 나아가 **마치 문헌상의 연결이 불가피하거나 미리 결정된 방향으로 흐르는 것처럼 자료와 유래**를 묘사한다"(강조는 덧붙인 것임). Samuel Sandmel, "Parallelomania," *JBL* 81 (1962): 1-13, 특히 1을 보라.

39 특히 다음 문헌들을 보라. T. Michael Law, *When God Spoke Greek: The Septuagint and the Making of the Christian Bible* (Oxford: Oxford University Press, 2013), 85-116; Michael L. Satlow, *How the Bible Became Holy* (New Haven: Yale University Press, 2014), 153-70, 210-23.

40 Martin Hengel, *Judaism and Hellenism* (2 vols.; Philadelphia: Fortress, 1974); Erich S. Gruen, *Heritage and Hellenism: The Reinvention of Jewish Tradition* (Berkeley: University of California Press, 1998).

41 Litwa, *IESUS DEUS*, 19.

42 비록 내가 그 점을 강조하지는 않았지만 낯선 사람들에 대한 문화적 대본에 관한 나의 연구는 환대의 실천에 관해 유대인들과 비유대인들 사이에 많은 중복점을 보여 준다. Joshua W. Jipp, *Divine Visitations and Hospitality to Strangers in Luke-Acts: An Interpretation of the Malta Episode in Acts 28:1-10*(NovTSup 153; Leiden: Brill, 2013)을 보라. Jonathan Z. Smith의 통찰력이 있는 분석도 보라. 그는 학자들이 종종 유대교를 "초기 기독교를 그것의 환경의 '영향'으로부터 보호해주는, 초기 기독교를 위한 격리"로서 초기 기독교를 위한 배경으로 사용했음을 지적한다(*Drudgery Divine: On the Comparison of Early Christianities and the*

막으로 나는 바울이 그의 그리스도 담론을 순전히 그리스어 구약성서나 그리스-로마의 왕권 담론으로부터만 끌어냈다고 가정하는 것은 실수임을 강조하고자 한다. 바울은 확실히 그리스도를 절대적으로 다른 통치자들과 구분되고 그들보다 우수한 존재로 묘사한다. 결국 바울은 그리스도가 이 통치자들을 패배시킬 뿐만 아니라 그들을 창조하기도 했다고 생각한다(골 1:16; 2:14-15)! 더욱이 고대의 왕권 담론은 예수의 운명과 초기 그리스도인들의 부활한 메시아 경험을 통해 변화된다.[43]

내 주장의 누적적인 효과는 바울이 종종 그리스도를 **그** 왕으로 보는 관점을 제시하고 있다는 점을 인식하지 않고서는 그리스도에 관한 바울의 언어가 충분히 이해될 수 없다는 것이다. 자신의 기독론 자료로서의 바울의 왕권 담론 사용은 학계의 고전적인 어려움 몇 가지를 해결할 수 있는 설명력을 갖고 있다. 토라 및 토라가 의롭다 함과 생명을 줄 수 없음에 관한 바울의 외관상 부정적인 진술에 비추어 볼 때, 바울이 갈라디아 교인들에게 "그리스도의 법"을 성취하라고 한 명령은 그가 장난치거나 아무렇게나 말한 것인가? 유대인 유일신론자가 **어떻게** 야웨 다음으로 두 번째 신적 인물에 대한 예배와 종교적 숭배를 개념화하고 명료하게 말할 수 있는가? 달리 말하자면 어떤 개념적 자료들이 초기 기독론의 발흥을 가능하게 만드는

Religions of Late Antiquity [Chicago: University of Chicago Press, 1990], 83.

43 따라서 바울의 그리스도 담론을 고대의 왕권 담론과 비교하거나 바울이 선한 왕 개념을 재작업하여 그리스도에게 그것을 적용한다고 주장한다고 해서 그리스도와 그의 비교 대상이 동일하다거나 같음을 암시하는 것은 아니다. Smith, *Drudgery Divine*, 36-53을 보라. Litwa도 보라. 그는 다음과 같이 올바로 지적한다: "바울이…제국의 이데올로기를 반대했다고 하더라도 그는 예수를 자기 시대의 제국의 신들보다 높이기 위해 그것을 다시 묘사한다.…그리스도인들은 인지된 문화적 라이벌들과 경쟁하지만, 바로 그 경쟁의 와중에서 그들은 자기들의 주의 독특한 신성을 증진하기 위해 동화되고 문화적 아이디어들을 전유한다"(*IESUS DEUS*, 213-14).

가? 바울이 참여의 언어를 사용해서 그리스도의 사람들이 그리스도의 정체성과 내러티브를 공유하는 것에 관해 말한 것은 무슨 의미인가? 그리고 바울은 어떻게 그의 담론을 지배하고 구원을 개념화하는 이 참여 구원론을 전개하기 시작했는가? 로마서에 기록된 바울의 의/의로움 언어의 의미를 좀 더 정확하게 적시할 수 있는가? 그리고 바울은 이 왕이신 그리스도 구문이 그의 교회들의 삶, 제의, 사회적 존재 그리고 공동체의 질서 잡기에서 무엇을 성취하기를 바랐는가? 이후의 연구는 이 질문들을 취해서 바울의 기독론 언어에 대한 이 중요한 자료를 인식하는 것의 가치를 보여줄 것이다. 그것은 바울 서신들의 주해 및 그가 자기 교회들의 삶의 질서를 잡으려고 한 노력에 대한 중요한 통찰을 제공할 수 있다.

바울의 대안적인 제왕 이데올로기 발명

바울이 선한 왕의 문화적 대본을 재작업할 때 무슨 일을 했는가? 나는 우리가 보게 될 증거가 바울이 충성과 실천을 왕이신 그리스도의 통치를 중심으로 재정리하기 위해 자기 교회들의 상징 세계 또는 사회적 상상을 재작업했다고 말하기에 충분하다고 주장한다.[44] 즉 바울의 의제 중 하나는 자기가 활용할 수 있는 개념적 및 언어적 자료로부터 새로운 제왕 이데올로기를 만들어내서 그것을 통해 바울의 교회들에 대한 그리스도의 통치를 선포하는 것이었다.[45] 즉 바울은 메시아의 전적인 주권과 능력을 묘사하기 위

---

44 고전적인 저작인 Peter L. Berger, *The Sacred Canopy: Elements of a Sociological Theory of Religion* (New York: Anchor Books Doubleday, 1967)을 보라.

45 로마 제국과 관련해서는 Ando, *Imperial Ideology and Provincial Loyalty in the Roman Empire*,

해 고대 왕권 담론의 측면들을 채택하고 재작업해서 다른 모든 제왕적 경쟁자들의 지위를 격하시킴으로써 왕이신 그리스도를 중심으로 모인 사람들을 정당화한다.[46] 왕들과 황제들이 선전과 구경거리에 의존해서 그들의 통치의 정당성을 (다시) 만들어냈듯이, 바울도 완벽한 왕이신 그리스도 묘사를 만들어냈는데 그리스도의 행동, 특질, 몸의 정치학(body politik), 그리고 제의 제도가 그가 유일한, 이상적인 왕의 화신임을 보여 준다. 바울과 그의 공동체들에게 왕의 몸, 즉 메시아의 몸이 부재하는 상황에서 바울은 부재하는 왕의 몸을 이상적인 왕이신 그리스도의 몸으로 대체함으로써 왕의 부재에 대한 불안을 경감한다.[47] 왕의 물리적 몸은 부재할지라도 바울은 물리적인 몸 대신에 왕권 이데올로기를 사용해서 왕의 신민들을 부활하여 보좌에 앉은 살아 있는 왕의 몸과 관련시킴으로써 그 신민들의 세상을 변화시키고, 질서를 다시 잡고, 안정시킨다.[48] 바울의 새로운 이 제왕 이데올로

19-48을 보라.

46 바울이 모세보다 뛰어나다는 점에 관해서는 Taubes, *The Political Theology of Paul*, 38-40을 보라.

47 왕의 두 몸에 관해서는 다음 문헌들을 보라. Ernst Kantorowicz, *The King's Two Bodies: A Study in Medieval Political Theology* (Princeton: Princeton University Press, 1981); Eric L. Santner, *The Royal Remains: The People's Two Bodies and the Endgames of Sovereignty* (Chicago: University of Chicago Press, 2011), 1-62. 바울과 그리스도의 몸에 관해서는 Devin P. Singh, "Until We Are One? Biopolitics and the United Body," in *"In Christ" in Paul: Explorations in Paul's Theology of Union and Participation* (ed. Michael J. Thate et al.; WUNT 2.384; Tübingen: Mohr-Siebeck, 2014), 529-55, 특히 549-50을 보라.

48 Santner는 왕이 사라지면 "주권의 복잡한 상징 구조와 역학"(p. 33)이 그 왕과 함께 사라지는 것이 아니라, 전에 그 왕에 의해 점유되었던 새로운 장소로 옮겨간다고 주장한다(*The Royal Remains*, 33-39). 세상을 구축하고, 정의하고, 안정시키는 로마 제국의 숭배에 관해서는 다음 문헌들을 보라. S. R. F. Price, *Rituals and Power: The Roman Imperial Cult in Asia Minor* (Cambridge: Cambridge University Press, 1984); Singh, "Until We Are One?" 552: "The loss of Christ's fleshly body initiates a tradition of thinking about how to preserve and maintain the body of Christ…"

기는 야콥 타우베스가 "**하나님의 새로운 백성의 확립과 정당화**"로 지칭한 것에서 중요한 역할을 한다.[49] 우리는 왕이나 통치자가 왕정과 비슷한 체제에서 살았던 사람들의 사회적 상상에서 막대한 영향력을 행사했으며, 왕이 그 집단의 정치와 심지어 몇몇 경우 우주 전체를 안정화한 것으로 믿어졌음을 보여 주는 많은 증거를 볼 것이다. 바울은 이런 제왕의 대본들에 거주한다.[50] 바울에게 있어 그 대본들은 그의 사회적 상상이라는 복잡하게 얽힌 직물에서 중요한 실의 역할을 한다.[51]

하지만 나는 이후의 장들에 제시된 증거들은, 내가 제시할 추가 연구를 위한 가능성들과 결합해서, 바울이 이런 제왕 대본들을 **전략적으로** 재작업하고 그리스도에게 적용해서 이 왕이 이제 그들의 모임을 안정시키며 그들의 상징적인 세상의 초점임을 암시한다고 주장한다. 따라서 바울은 "공상가", 즉 그가 초기 그리스도인들이 이 이상적인 왕에 기초한 그들 자신의 사회적 존재를 개념화하기 위한 대안적인 창의적 시나리오를 가능하게 해주는 이데올로기를 만들어냄으로써 그들의 존재를 상상하는 방식을 재구축하려고 하면서 "세상의 구축"에 관여한 사람으로 생각될 수 있다.[52]

---

49 Taubes, *Political Theology of Paul*, 71(강조는 원래의 것임).

50 고대 지중해 세계에서 "세상을 안정시키는" 종교적 역할에 관해서는 Luke Timothy Johnson, *Among the Gentiles: Greco-Roman Religion and Christianity* (Anchor Yale Library; New Haven: Yale University Press, 2009), 93-110을 보라.

51 Charles Taylor는 사회적 상상의 의미에 관해 다음과 같이 진술한다: "나는 그들이 자기들의 사회적 존재, 그들이 다른 사람들과 조화를 이루는 방법, 그들과 그들의 동료들 사이에 사안들이 진행되어가는 방식, 대체로 충족되는 기대, 그리고 이 기대들의 기초를 이루는 좀 더 깊고 규범적인 개념들과 이미지들을 상상하는 방식에 관해 생각하고 있다"(*A Secular Age* [Cambridge, MA: Belknap, 2007], 171).

52 John Barclay, "Paul, Roman Religion and the Emperor: Mapping the Point of Conflict," in *Pauline Churches and Diaspora Jews* (WUNT 275; Tübingen: Mohr-Siebeck, 2011), 345-62, 특히 361-62도 보라.

그렇다고 해서 이것이 그리스도가 단순히 하나의 아이디어나 순수한 구성 개념이 된다는 것을 암시하지는 않는다. 바울에게 있어서 왕이신 그리스도는 살아 있고, 통치하며 바로 그의 자애로운 통치를 통해 자기 백성과 관련을 맺는, 보좌에 앉은 주님이기 때문이다.[53] 웨인 A. 믹스는 그의 중요한 책 『최초의 도시 그리스도인들』(*The First Urban Christians*)을 바울과 그의 교회들에 관해 다음과 같이 시사하는 바가 많은 주장으로 마무리한다. "그들은… 새로운 세상을 구축하는 데 관여했다. 조만간…그들의 아이디어, 하나님에 대한 이미지, 삶을 조직하는 방식, 제의들은 그들이 예견할 수 없었던 방식으로 지중해나 유럽을 토대로 한 문화의 거대한 변화의 일부가 될 터였다."[54] 바울이 이 새로운 세상을 구축하는 방법 중 하나는 왕이신 그리스도의 신민들의 궁극적인 충성과 사회관계의 질서를 (다시) 세우는 그의 공동체들을 위한 권위 있는 언어의 발명을 통하는 것이었다.[55]

바울의 완벽한 왕이신 그리스도라는 구성 개념 창조는 그 개념의 수위성, 능력, 은전(恩典), 그리고 정의가 어떤 경쟁자도 허용하지 않는다는 점에서 전면적이다.[56] 바울에게 있어서 그리스도는 선택의 여지가 없는 존재다.

---

53 Keck, "New Testament Christology," 197–98에 수록된 현명한 주의들을 보라.

54 Wayne A. Meeks, *The First Urban Christians: The Social World of the Apostle Paul* (New Haven: Yale University Press, 1983[『1세기 기독교와 도시 문화』, IVP 역간]), 192.

55 Pierre Bourdieu, *Outline of a Theory of Practice* (trans. R. Nice; Cambridge: Cambridge University Press, 1977), 21을 보라.

56 John B. Rives, "Christian Expansion and Christian Ideology," in *The Spread of Christianity in the First Four Centuries: Essays in Explanation* (ed. W. V. Harris; Columbia Studies in the Classical Tradition 27; Leiden: Brill, 2005), 15–41에서 이 점이 잘 진술된다. 비록 그가 초기 그리스도인들에 관해 좀 더 넓게 말하고 있지만 말이다. Rives는 다음과 같이 주장한다. "대다수의 초기 기독교 텍스트들에서 우리는 우주에 대한 전체적인 관점을 볼 수 있는데, 그것은 신과의 다른 모든 상호작용 방식의 질서를 세우는 일종의 마스터 내러티브가 신속하게 형태를 취하는 것이었다. 이 전면적인 세계관은 별도의 신학으로서의 신화, 철학, 숭배의 여지를 남기지 않았다. 인간과 신 사이의 관계에 관한 모든 것이 참이기 위해서는 우주

마이클 J. 테이트는 바울이 로마의 황제를 언급하지 않은 것은 "무시의 정치학"으로서, 바울이 그렇게 함으로써 "예수가 주님이고 카이사르는 주님이 아니다라고 말하는 것이 아니라 예수는 주님이다"라고 말한다고 언급했다.[57] 그리고 존 B. 바클레이는 유사하게 바울이 로마를 언급하지 않은 것은 "로마가 세상을 통치하거나 역사의 대본을 쓰거나 독특한 것을 구성하지 않았다"는 그의 믿음에서 나온다고 주장했다.[58] 따라서 바울이 의도적으로 로마의 제국 이데올로기에 직접 반대하는 상호작용이나 경쟁을 삼가고, 칼 갈린스키의 용어를 사용하여 표현하자면, 그리스도의 왕권에 대한 그의 묘사에서 왕권 담론의 자료에 의존해서 "같은 개념에 관해 좀 더 완벽한 버전을 창조했을" 가능성이 있다.[59] 바클레이는 공통의 언어, 주제, 그리고 아

에 대한 그 기본적인 이해로부터 흘러나오고 그것을 반영해야 했기 때문이다"(pp. 32-33).

57 Michael J. Thate, "Paul and the Anxieties of (Imperial?) Succession: Galatians and the Politics of Neglect," in *"In Christ" in Paul: Explorations in Paul's Theology of Union and Participation* (ed. Michael J. Thate et al.; WUNT 2.384; Tübingen: Mohr-Siebeck, 2014), 209-50, 특히 241. Thate는 앞서 인용된 말에 이어 다음과 같이 진술한다: "바울은 땅바닥에 앉아 왕들의 죽음의 슬픈 이야기를 말하고 있었던 것이 아니다. 그는 죽었다가 살아나서 우주의 지도를 다시 그렸을 뿐만 아니라 새로운 창조를 가져오기도 한 왕의 세상을 말하고 있었다(갈 6:14-15; 참조. 고전 1:18-2:16). 바울의 이 새로운 우주, 이 새로운 세상의 기독론적 지도 제작법은 중심과 주변을 바꾸는 관점에서 단순히 제국에 관한 대본을 넘기기만 한 것이 아니다. 오히려 작용하지 않는 바울의 정치 신학은 제국이 적실성이 없는 것으로 축소되므로 완전히 무시되는 방식으로 전개된다." N. T. Wright에 대한 Thate의 예리한 비판도 보라("Politics and Paul: Reviewing N. T. Wright's Political Apostle," in *The Marginalia Review of Books* [January 6, 2015], http://marginalia.lareviewofbooks.org/politics-paul-reviewing-n-t-wrights-political-apostle-michael-thate/). C. Kavin Rowe, *World Upside Down: Reading Acts in the Graeco-Roman Age*(Oxford: Oxford University Press, 2009)는 사도행전과 그리스-로마 종교 간의 관계에 관해 비슷하게 주장한다.

58 Barclay, "Why the Roman Empire Was Insignificant to Paul," in *Pauline Churches and Diaspora Jews*, 363-87, 특히 386.

59 Karl Galinsky, "The Cult of the Roman Emperor: Uniter or Divider?" in *Rome and Religion: A Cross-Disciplinary Dialogue on the Imperial Cult* (ed. Jeffrey Brodd and Jonathan L. Reed; Writings from the Greco-Roman World Supplement Series 5; Atlanta: Society of Biblical

이디어들을 사용한다고 해서 "그것 자체로 같은 용어들을 사용하는 실체들 사이의 경쟁적이거나 반대의 관계를 수반하지 않는다"고 올바로 지적한다.[60] 따라서 "왕이신 그리스도"와 다른 **모든** 통치자 사이의 관계의 성격은 직접적인 반대의 관계라기보다는 보다 전면적이고 모든 것을 포함하는 관계다.[61] 크리스토프 하일리히가 진술한 바와 같이 "아마도 카이사르에 관해 말하는 것이 아니라 메시아 및 하나님에 관해 뭔가를 말하는 것이 바울의 **주된** 의도였을 것이다. 비록 그가 이 진술들이 경쟁하는 세계관들에 대해 중요한 **함의**를 지니고 있음을 완벽하게 알고 있었지만 말이다."[62] 즉 바

Literature, 2011), 1-21, 특히 12. Litwa는 초기 그리스도인들이 어떻게 "그리스도를 지중해의 다른 신들과 유사하면서 동시에 그들보다 우수한 존재로 묘사하는 변증상의 묘책을 일관성이 있게 구사했는지를" 보여 준다(*IESUS DEUS*, 222-23). 이는 확실히 바울 서신들이 정치에 관심을 보이지 않으며 로마 제국에 대한 전복전인 요소가 없는 것으로 보는 경향이 있는 학자들과 다르다. 예컨대 Seyoon Kim, *Christ and Caesar: The Gospel and the Roman Empire in the Writings of Paul and Luke*(Grand Rapids: Eerdmans, 2008)를 보라.

60 Barclay, "Why the Roman Empire Was Insignificant to Paul," 376. Thomas Phillips, "Why Did Mary Wrap the Newborn Jesus in 'Swaddling Clothes'? Luke 2.7 and 2.12 in the Context of Luke-Acts and First-Century Jewish Literature," in *Reading Acts Today: Essays in Honour of Loveday C. A. Alexander* (ed. Steve Walton et al.; LNTS 427; London: T & T Clark, 2011), 29-41도 유용하다.

61 내가 바울의 그리스도 담론이 그의 로마 제국의 맥락과 직접 관여하거나 바울이 그의 비판에서 로마 제국에 반대한다고 보지는 않지만, 나는 Neil Elliott, *The Arrogance of the Nations: Reading Romans in the Shadow of Empire*(Minneapolis: Fortress, 2008)의 세심한 연구에서 유익을 얻었다. 참조. idem, *Liberating Paul: The Justice of God and the Politics of the Apostle* (Maryknoll, NY: Orbis, 1994); James R. Harrison, *Paul and the Imperial Authorities at Thessalonica and Rome: A Study in the Conflict of Ideology* (WUNT 273; Tübingen: Mohr-Siebeck, 2011).

62 Christoph Heilig, "Methodological Considerations for the Search of Counter-Imperial 'Echoes' in Pauline Literature," in *Reactions to Empire: Proceedings of Sacred Texts in Their Socio-Political Contexts* (ed. John Anthony Dunne and Dan Batovici; WUNT 2.372; Tübingen: Mohr-Siebeck, 2014), 73-92, 특히 90. 같은 책에 수록된 Matthew V. Novenson, "What the Apostles Did Not See"도 귀중하다. Novenson은 사회적·역사적 관점에서 부분적으로는 바울과 그의 대다수 교회가 협상해야 했던 통치자들은 지방의 관리들이었다는

울이 왕권 담론을 재작업해서 "왕이신 그리스도" 개념을 만든 것의 주요 목적은 새로운 신화적 세계관, 다른 모든 대안적인 가능성이나 시나리오를 포함하는 절대적인 힘의 새로운 소재를 만드는 것이다.[63] 따라서 바울의 단어, 어구, 그리고 모티프들이 로마 제국의 이데올로기와 공명하는 것으로 보인다면, 이는 아마도 이것이 제왕에 대해 말하는 연설의 표준적이고 인식할 수 있는 패턴이라는 사실에 기인할 것이다. 나는 바울이 한 개인에 대해 의식적으로 반대하는 전복에 관여했다기보다는, 바울의 "왕이신 그리스도"라는 구성 개념이 그가 초기 기독교 공동체를 위해 세상의 지도를 다시 그리며 질서를 다시 잡고 세상을 안정시키는 수단으로서 선한 왕의 이상과 동화했다는 증거를 보여 준다고 생각한다.[64] 신화, 제의, 은유로 가득 찬 이 새로운 제왕 이데올로기는 최고의 통치와 힘을 주장하는 다른 주장들에 대한 총체적인 대안적 시나리오 기능을 수행한다.[65]

사실에 기인해서 바울이 로마에 관심이 없었다(로마도 바울에게 관심이 없었다)고 주장한다(pp. 55-72).

63 아우구스투스가 그의 문화적 프로그램 및 새로운 로마의 신화를 창조한 것을 통해 이룬 성취와 다르지 않다. 어떻게 시각적인 이미지가 사용되어서 이 이데올로기를 만들었는가에 관해서는 Paul Zanker, *The Power of Images in the Age of Augustus*(trans. Alan Shapiro; Ann Arbor, MI: University of Michigan Press, 1990)를 보라.

64 Averil Cameron, *Christianity and the Rhetoric of Empire: The Development of Christian Discourse* (Sather Classical Lectures 55; Berkeley, CA: University of California Press, 1991)도 보라. Cameron은 초기 기독교 문헌이 어떻게 상징적인 세상을 세우고 그것을 통해 그것들의 청중들이 사실로 믿은 편만한 이야기들을 활용함으로써 사회를 안정시켰는지를 능숙하게 보여 준다.

65 Heilig, "Methodological Considerations for the Search of Counter-Imperial 'Echoes' in Pauline Literature"를 보라: "내러티브 구조들은 세계관을 형성하고, 메아리는 상상 안에서 설득력을 지닐 수 있는 대안적인 시나리오를 환기할 수 있다. 이야기들은 다른 이야기들과 그것들이 대표하는 세계관을 순전히 사실적인 비판보다 훨씬 효과적으로 도전할 수 있다"(pp. 90-91).

실제 왕과 이상적인 왕: 왕권 담론

오클리는 " 왕정 제도의 뿌리는 선사의 그늘에 묻혀 우리에게는 잊혔을 정도로 과거에 깊이 닿아 있다"고 지적했다.[66] 이 고대 왕정 제도와 그것의 다양한 형태 및 그것들의 문헌, 동전, 성전, 조상(彫像), 정치적 반향, 그리고 그것들이 만들어낸 비명(碑銘)들을 포괄적으로 다루려면 몇 권 분량의 책이 필요할 것이다. 문헌상이든 비문헌상이든 "선한 왕" 모티프와 은유들이 만연하고 널리 퍼졌다는 사실은 왕권 담론이 "간단한 언급만으로도 환기될 수 있고 추가 논증을 위한 기초로 사용될 수 있다"는 것을 의미한다.[67] 다행히도 이후의 장들에서 내가 의존할 수 있는 학자들이 많으며, 따라서 우리가 바울의 기독론 언어를 이해하기 위한 틀을 짤 왕권 담론의 다양한 측면들이 이후의 장들에서 제시된다. 이 단락에서 나의 좀 더 제한적인 목적은 선한 왕의 고정 관념을 선전하는 기능을 했던 몇몇 문헌, 중요한 유물, 수사어구와 모티프들을 선별하여 그것들에 관한 간략한 일화적 설명을 제공하는 것이다.[68] 한 가지 중요한 방법론적 주의가 필요하다. 왕권 담론에 대한 아래의 조사는 "선한 왕"에 대한 동질적인 개념이 있었다는 인상을 줄 수

66 Oakley, *Kingship*, 10.

67 Donald Dale Walker, *Paul's Offer of Leniency (2 Cor 10:1): Populist Ideology and Rhetoric in a Pauline Letter Fragment* (WUNT 2.152; Tübingen: Mohr-Siebeck, 2002), 93.

68 다음 문헌들은 특히 귀중하다. F. W. Walbank, "Monarchies and Monarchic Ideas," in *The Cambridge Ancient History* (vol. 7.1; ed. F. W. Walbank, A. E. Astin, M. W. Frederiksen, and R. M. Ogilvie; Cambridge: Cambridge University Press, 1984), 62-100; *The Cambridge History of Greek and Roman Political Thought* (ed. Christopher Rowe and Malcolm Schofield; Cambridge: Cambridge University Press, 2005); Oakley, *Kingship*; Smith, *Christ the Ideal King*, 19-173; Walker, *Paul's Offer of Leniency (2 Cor 10:1)*, 92-140; Oswyn Murray, "Philosophy and Monarchy in the Hellenistic World," in *Jewish Perspectives on Hellenistic Rulers* (ed. Tessa Rajak et al.; Berkeley, CA: California University Press, 2007), 13-28.

도 있지만, 이는 전혀 사실이 아니다. 이집트, 메소포타미아, 그리고 이스라엘의 자료들에 나타난 고대 근동의 왕정의 맥락 안에서도 개념의 다양성이 있었다.[69] 페르시아에서의 군주제, 알렉산드로스 대왕의 정복 후 왕정 제도의 전개, 논쟁의 대상인 로마의 원수정 발생의 수수께끼는 모두 이상적인 왕에 대한 동질적인 개념이 거짓임을 증명한다. 선한 왕의 구성 요소에 관한 나 자신의 선택적인 해석은 명백히 학문적인 추상 개념이며, 나는 혹자가 특정한 모티프들을 "유대적"이라거나 "그리스-로마적"이라고 해석할 수 있다고 제안하지 않는다.[70] 그럼에도 고대의 왕들을 논의하는 담론에 경쟁하는 관점들의 여지가 있으며, 바울이 나의 주요 연구 대상임에 비추어 나는 이후의 논의에서 이 담론에 대한 **그의** 재작업과 형성에 초점을 맞출 것이다. 따라서 왕권 담론에 대한 아래의 조사는 분석보다는 종합이 더 많을 것이다. 독자들은 거의 확실히 그 조사가 내가 바울의 텍스트를 다루는 것보다 더 많은 비중을 차지한다는 것을 발견할 것이다. 하지만 나는 고대 왕들에게 적용된 주제와 언어에 대한 이해가 우리가 **바울 자신의 왕권 담론**을 이해하는 데 필수적이기 때문에 독자들의 인내를 요청한다.

---

69 고대 근동의 제왕 이데올로기에 나타난 왕에 관해서는 다음 문헌들을 보라. Henri Frankfort, *Kingship and the Gods: A Study of Ancient Near Eastern Religion as the Integration of Society and Nature* (Chicago: University of Chicago, Press, 1948); Shirley Lucass, *The Concept of the Messiah in the Scriptures of Judaism and Christianity* (Library of Second Temple Studies 78; New York: Bloomsbury T & T Clark, 2011), 37-65; Ivan Engnell, *Divine Kingship: Studies in Divine Kingship in the Ancient Near East* (2nd ed.; Oxford: Blackwell, 1967); Dale Launderville, *Piety and Politics: The Dynamics of Royal Authority in Homeric Greece, Biblical Israel, and Old Babylonian Mesopotamia* (Grand Rapids: Eerdmans, 2003).

70 이 제한은, 본서의 연구를 무력하게 하지는 않지만, 이스라엘의 제왕 이데올로기를 다른 고대 근동의 이데올로기들로부터 분리하여 말하기가 어렵다는 데서 예시된다. 예컨대 John Day, "The Canaanite Inheritance of the Israelite Monarchy," in *King and Messiah in Israel and the Ancient Near East: Proceedings of the Oxford Old Testament Seminar* (ed. John Day; JSOTSup 270; Sheffield: Sheffield Academic, 1998), 72-90을 보라.

그리스와 헬레니즘 문헌에 나타난 왕권 담론

그리스인들은 기원전 4세기에 그리스의 왕들이 등장하기 전에도 서사시와 아테네의 비극에 편만한 왕정 제도를 잘 알고 있었다.[71] 왕권 담론은 헬레니즘 시대 말기와 초기 로마 시대까지 이어졌다. 1세기 에피쿠로스학파 학자인 필로데모스는 호메로스에서 발견된 제왕의 은유로 가득 찬 논문을 썼다("호메로스에 따른 선한 왕에 관해"[*On the Good King according to Homer*]).[72] 디온 크리소스토모스의 " 왕위에 관한 두 번째 담론"(*Second Discourse on Kingship*)은 알렉산드로스와 그의 부친 필리포스가 호메로스와 왕정에 관한 "용감하고 고상한 대화"를 하는 것으로 묘사한다(περὶ βασιλείας ἦσαν, 2.1). 그리고 이 내용은 다소 유명한데, 플루타르코스는 알렉산드로스가 호메로스의 『일리아스』(*Iliad*)를 왕들의 전쟁 안내서로 이용했다고 지적한다(Plutarch, *Alex.* 668d; 679d-e). 이소크라테스는 키프로스의 통치자를 찬양하는 『에바고라스』(*Evagoras*), 『아드 니콜렘』(*Ad Nicolem*) 및 『니코클레스』(*Nicocles*) 같은 연설문을 작성했다. 뒤의 문헌들은 시라쿠사 통치자를 찬양하기 위해 쓰인 크세노폰의 『히에로』(*Hiero*)와 더불어 그들의 통치자들에게 선한 왕이 되라고 권고함으로써 군주들을 위한 거울의 역할을 한다. 크세노폰은 『키루스의 교육』(*Cyropaideia*)에서 선한 왕 키루스를 이상화하는 낭만적인 소설을 썼고, 스파르타의 왕 아게실라오스에 대한 찬사를 썼다.[73] 플라톤과 아리스토

---

71 예컨대 Aeschylus, *The Persians*, 56-58, 634-54, 760-86을 보라.

72 Oswyn Murray, "Philodemus on the Good King according to Homer," *JRS* 55 (1965): 161-82을 보라.

73 특히 다음 문헌들을 보라. J. Joel Farber, "The *Cyropaideia* and Hellenistic Kingship," *The American Journal of Philology* 100 (1979): 497-514; J. Rufus Fears, "Cyrus as a Stoic Example of the Just Monarch," *The American Journal of Philology* 95 (1974): 265-77. 탁

텔레스는 각각 『국가』(*Republic*)와 『정치학』(*Politics*)에서 중요한 단서를 달고서 이상적인 정부 형태로서 왕정을 숙고했다. 이런 문헌들에서 선한 왕은 거의 확실히 어떤 방식으로든 신들과 관련이 있거나 신들에 의해 선출되고,[74] 전쟁에서 성공을 거두며,[75] 자기 백성의 보호자이고,[76] 백성에 대한 은인이고,[77] 강력하고,[78] 탁월한 미덕의 소유자이고,[79] 매우 현명하고,[80] 자제심이 있고,[81] 공정하며,[82] 법을 준수하고,[83] 경건하다.[84]

알렉산드로스 대왕의 정복 이후 군주제와 제국의 힘이 종교, 철학, 정치 이론, 또는 일상생활 등 삶의 모든 측면에 영향을 주게 되었다.[85] 따라서 F. W. 월뱅크가 지적한 바와 같이 "그리스 세계가 여러 왕을 직면하게 되었을 때 이미 이 혼란케 하는 현상을 해석하고, 설명하고, 정당화하고, 바라기

월한 선한 왕으로서 키루스의 신화적인 인기에 관해서는 Cicero, *Quintus fratrem Epistulae* 1.1.23을 보라.

74 Homer, *Il.* 1.279; 2.203-6; 9.96; Isocrates, *Evag.*12-19; 25; *Nic.* 13.

75 Xenophon, *Cyr.* 8.1.37.

76 Andrew Wallace-Hadrill("The Emperor and His Virtues," *Historia* 30 [1981]: 298-323, 특히 316)은 왕들의 "정복하고, 구원하고, 조화와 안정을 가져오고, 혜택을 분배할 힘"이 그리스의 왕들과 특히 로마 황제들의 통치를 정당화한다는 것을 보여 주었다. 우리는 왕들이 빈번하게 평화와 관련된다는 사실에서 이 점을 추가로 볼 것이다.

77 Isocrates, *Evag.* 51-57; 70-72; Xenophon, *Cyr.* 8.1.39.

78 Isocrates, *Evag.* 44; Xenophon, *Cyr.* 8.3.1-20.

79 Plato, *Resp.* 473D; 484A-502C; Aristotle, *Pol.* 1284a; 1288a8-10, 15-19, 28-29; Xenophon, *Cyr.* 8.1.21-22.

80 Plato, *Pol.* 294A; *Resp.* 473D; Isocrates, *Evag.* 33, 77-78, 81; Xenophon, *Ages.* 6.4-8.

81 Plato, *Leg.* 712A; *Resp.* 590D; Isocrates, *Nic.* 41; Xenophon, *Ages.* 5.

82 Isocrates, *Evag.* 43; Xenophon, *Cyr.* 1.3.16-18; 8.3.20; *Ages.* 4; Aalders, *Political Thought in Hellenistic Times*, 21.

83 Xenophon, *Cyr.*1.3.18; 8.1.22; *Ages.* 7.

84 Xenophon, *Cyr.* 8.1.23 이하; *Ages.* 3.

85 A. B. Bosworth: *Conquest and Empire: The Reign of Alexander the Great* (Cambridge: Cambridge University Press, 1988)를 보라.

로는 억제할 일련의 교의가 존재했다."[86] 이 시기에 나타나는 주요 특징들은 다음과 같다. 헬레니즘 시대 왕들의 군사적 침략과 소위 창으로 얻은 영토,[87] 구주·목자·은인으로서의 왕에 대한 강조,[88] 통치자 숭배의 발달과 이런 왕들에 대한 신적인 명예 부여와 종교적 숭배,[89] 왕들이 신들에 동화되고 신들과 동일시됨,[90] 그들의 부, 아름다움, 대중 앞 전시를 점점 더 강조

---

86 Walbank, "Monarchies and Monarchic Ideas," 75. See David E. Hahm, "Kings and Constitutions: Hellenistic Theories," in *The Cambridge History of Greek and Roman Political Thought* (ed. Christopher Rowe and Malcolm Schofield; Cambridge: Cambridge University Press, 2005), 457-76 특히 457을 보라. "기원전 2세기에 마케도니아의 선출된 왕과 스파르타의 [권한이] 제한된 두 명의 왕 같은 그리스 본토의 전통적인 왕정조차 전제적인 헬레니즘 시대의 유형으로 변화되었다."

87 M. M. Austin, "Hellenistic Kings, War and the Economy," *CQ* 36 (1986): 450-66; Rufus Fears, "The Theology of Victory," *ANRW* 2.17.2 (1981): 736-826; Walbank, "Monarchies and Monarchic Ideas," 73-74. 마카베오상 1:1-9에 기록된, 그리스의 왕들과 정복을 통한 그들의 통치의 요약을 보라.

88 Philip de Souza ["*Parta Victoriis Pax*: Roman Emperors as Peacemakers," in *War and Peace in Ancient and Medieval History* (ed. Philip de Souza and John France; Cambridge: Cambridge University Press, 2008), 76-106; Francis Dvornik, *Early Christian and Byzantine Political Philosophy: Origins and Background* (2 vols.; Dumbarton Oaks Studies 9; Washington, DC: Dumbarton Oaks Center for Byzantine Studies, 1966), 1:278. 목자로서의 왕에 대해서는 다음 문헌들을 보라. Xenophon, *Mem.* 1.2.32; *Cyr.* 1.1.2; 8.2.14; Aristotle, *Ethnic.* 1161A. 자선에 관해서는 다음 문헌들을 보라. Aristotle, *Pol.* 1286b.9-12; Klaus Bringmann, "The King as Benefactor: Some Remarks on Ideal Kingship in the Age of Hellenism," in *Images and Ideologies: Self-definition in the Hellenistic World* (ed. Anthony Bulloch et al., Hellenistic Culture and Society 12; Berkeley: University of California Press, 1993), 7-24; Angelos Chaniotis, *War in the Hellenistic World: A Social and Cultural History* (Oxford: Blackwell, 2005), 30-37. 제왕의 칭호로서의 "목자"에 관해서는 다음 문헌들을 보라. Xenophon, *Cyr.* 1.1.2; Plato, *Pol.* 265d; 그리고 " 왕위에 관한" 신 피타고라스학파의 논문들.

89 Walbank, "Monarchies and Monarchic Ideas," 84-93; Price, *Rituals and Power*, 23-52.

90 Angelos Chaniotis, "The Divinity of Hellenistic Rulers," in *A Companion to the Hellenistic World* (ed. Andrew Erskine; Malden, MA: Blackwell, 2003), 431-45; Aalders, *Political Thought in Hellenistic Times*, 26-27; R. A. Hadley, "Royal Propaganda of Selecus I and Lysimachus," *JHS* 94 (1974): 50-65. Cleanthes의 *Hymn to Zeus*는 선한 왕의 여러 표준적인 요소들을 사용해서 제우스의 우주 통치 작업을 묘사한다. John C. Thom, *Cleanthes' Hymn to*

함.[91] 그리고 왕들이 군사적 승리를 얻은 후 제왕의 경칭과 칭호들을 채택한 것이 이 시기의 특징이었는데, 그중 가장 많이 사용된 호칭은 "구주", "신의 현시" 그리고 "은인"이었다.[92]

헬레니즘 시대의 군주들이 부상(浮上)함으로써 우월한 정부 형태에 관한 논쟁은 의미가 없게 되었다. 대신 이제 왕권을 정당화하고 왕권에 관해 긍정적인 이데올로기를 제공하는 것이 철학자들의 과제가 되었다.[93] 따라서 "선한 왕"에 대해 철학적으로 및 정치적으로 점점 더 많이 숙고하게 되었고 다양한 관점에서 쓰인 글들이 나왔다. 디오게네스 라에르티오스는, 더 이상 현존하지 않는, "왕정에 관해" 논문을 썼거나 "정치 체제/정치에 관한" 문헌 안에서 왕정에 관해 논의한 많은 철학자에 대해 증언한다.[94] 헬레니즘 시대 군주들의 만연으로 "왕정에 관해" 스테니다스, 디오토게네스, 에크판토스 등 신 피타고라스학파가 쓴 문헌들이 나왔다.[95] 줄리엔 스미스는

Zeus (Studies and Texts in Antiquity and Christianity 33; Tübingen: Mohr-Siebeck, 2005)를 보라.

91 부, 아름다움, 대중 앞 전시의 중요성에 관해서는 Walbank, "Monarchies and Monarchic Ideas," 84을 보라.

92 Walbank, "Monarchies and Monarchic Ideas," 81-82; Ludwig Koenen, "The Ptolemaic King as a Religious Figure," in *Images and Ideologies* (ed. Anthony Bulloch et al.), 81-113.

93 Walbank, "Monarchies and Monarchic Ideas," 76.

94 "왕위에 관해" 논문을 쓴 사람들은 아리스토텔레스(Diogenes Laertius, 5.22), 테오프라스토스(Diogenes Laertius, 5.42-49), 안티스테네스(Diogenes Laertius, 6.16-18), 제논, 클레안테스(Diogenes Laertius, 7.175), 그리고 에피쿠로스를 포함한다. 다음 문헌들을 보라. Walker, *Paul's Offer of Leniency (2 Cor 10:1)*, 92-95; Goodenough, "The Political Philosophy of Hellenistic Kingship," 58-59; Walbank, "Monarchies and Monarchic Ideas," 77.

95 이 문헌들은 Johannes Stobaeus, *Anthologium*(5 vols.; ed. C. Wachsmuth and O. Hense; Berlin: Weidmann, 1958)에 보존되어 있다. 번역과 논평은 Erwin R. Goodenough, "The Political Philosophy of Hellenistic Kingship," *YCS* 1 (1928): 55-102을 보라. 유용한 주석은 Bruno Centrone, "Platonism and Pythagoreanism in the Early Empire," in *The Cambridge History of Greek and Roman Political Thought*, 567-75을 보라. 다음 문헌들도 유용하다. Smith, *Christ the Ideal King*, 34-47; Bruno Blumenfeld, *The Political Paul: Justice, Democracy*

"왕정에 관한" 현존하는 문헌들의 내용을 다음과 같이 4개의 제목하에 요약한다.[96]

1. "이상적인 왕의 신성"—그는 일관성 있게 이 땅에 있는 자신의 나라에 대해 제우스가 하늘의 왕국에 대해서 지니는 관계와 동일한 관계를 지니는 것으로 언급된다. 따라서 왕은 땅에 있는 신의 형상이다. 왕이 신을 모방할 때 주요 과제 중 하나는 정의를 실행하는 것이다.
2. "은인으로서의 이상적인 왕"—선한 왕은 자신의 부와 자원을 사용해서 자기 신민들에게 선물과 은전을 제공한다. 제왕의 은전은 신민들이 왕에게 충성과 순종을 바치는 것에 필요한 정당화를 만들어낸다. 이 은전은 음식과 오락 제공, 적들로부터의 보호, 그리고 공공 및 민간 건축 자금 제공을 포함할 수 있다. 제왕의 은전은 선물들을 받는 사람들에게 의무를 만들어내고 이는 종종 왕에 대한 명예와 찬양의 형태로 바뀐다.[97]
3. "이상적인 왕은 그의 현존을 통해 자기의 신민을 변화시킨다"—종종 왕은 신민들이 왕을 모방함으로써 왕의 백성들 사이에 조화와 미덕을 낳는, 영광스럽고 고결한 모델을 제공하는 것으로 여겨진다.
4. "이상적인 왕은 자신 안의 살아 있는 법을 통해 조화를 성취한다"—왕의 우수한 덕목과 지혜에 비추어, 그리고 그의 신적 특성의 현시

and Kingship in a Hellenistic Framework (JSNTSup 201; London: Sheffield Academic, 2001), 189-274.

96 Smith, *Christ the Ideal King*, 37-47. Francis Cairns, *Virgil's Augustan Epic* (Cambridge: Cambridge University Press, 1989), 21-24에 수록된 유용한 논의도 보라.

97 Walker, *Paul's Offer of Leniency (2 Cor 10:1)*, 129-30.

> 에 기인해서 왕은 법을 구현함으로써 자기 백성들의 단합을 이룰 수 있다. 제왕의 성육신한 이 법은 백성이 모방할 모델을 제공했고, 신민들의 순종을 얻음에 있어서 기록된 법보다 효과적인 수단이라고 생각되었다.[98]

이 문헌들에 나타난 왕에 대한 묘사는 매우 이상화되어서 의심할 나위 없이 왕 자신이 이상적인 통치자의 이미지에 일치하도록 권고하는 기능을 했다.[99] 플루타르코스가 팔레론의 데메트리오스가 프톨레마이오스 소테르에게 준 권고를 설명한 것은 우리가 자세히 얘기할 가치가 있다. "팔레론의 데메트리오스는 프톨레마이오스 왕에게 '왕의 친구들이 왕에게 말할 용기가 없는 일들이 이 책들에 기록되었기 때문에' 왕위와 통치에 관한 책을 구해서 읽으라고 권했다"(*Mor.* 189D).

로마의 문헌에 나타난 왕권 담론

로마의 황제들은 대체로 자기들이 알렉산드로스와 그리스 왕들의 유산을 계속한다고 묘사했지만 주도면밀하게 "왕"(*rex*)이라는 호칭을 피했다.[100] 수

---

98 Walbank, "Monarchies and Monarchic Ideas," 80.

99 Walbank는 다음과 같이 진술한다: "비록 이상이기는 했지만, 그것은 어느 정도까지는 실재에 영향을 주고 절대적인 힘에 특징적인 몇몇 최악의 과잉을 방지할 수 있었다. 왕의 개인적인 특질들이 그 왕의 통치를 정당화했다. 그리고 그의 통치의 절대주의는 그 안에서 이 특질들이 실현될 장을 제공한다"("Monarchies and Monarchic Ideas," 76).

100 다음 문헌들을 보라. Elizabeth Rawson, "Caesar's Heritage: Hellenistic Kings and Their Roman Equals," *JRS* 65 (1975): 148-59; Andrew Wallace-Hadrill, "Civilis Princeps: Between Citizen and King," *JRS* 72 (1982): 32-48; Michael Koortbojian, *The Divinization of Caesar and Augustus: Precedents, Consequences, Implications* (Cambridge: Cambridge

에토니우스는 율리우스 카이사르가 자신이 중요한 인물이 되기 전의 나이에 알렉산드로스가 이미 세상을 정복한 데 스트레스를 받았다고 지적하며(*Jul.* 7), 아우구스투스가 헬레니즘 시대의 군주들을 깊이 흠모했다고 기록한다(*Aug.* 18; 50; 98).[101] 내가 이 대목에서 주장하고자 하는 바는 제국 시기의 황제들은 선한 왕에 관한 정치적, 철학적, 선전상의 숙고를 계속했으며 왕권 담론과 관련된 헬레니즘 시대의 모티프들과 은유들을 전유했다는 것이다. 공화국에서 제국으로 바뀌기 전에도 폼페이우스의 군사적 힘과 용맹을 찬양한 송덕문인 키케로의 "프로 레게 마닐리아"(*Pro lege Manilia*)는 키케로와 로마의 대중이 선한 왕의 미덕들에 익숙했음을 보여 준다.[102] 키케로는 폼페이우스의 군사적 지식, 재능, 신망, 행운, 용기, 절제, 신뢰성, 정치적 지혜, 그리고 신과 같은 힘으로 인해 그를 이상적인 장군으로 찬양한다. 그런 제왕의 선전은 아우구스투스의 『아우구스투스 업적록』(*Res gestae divi Augusti*)[103]에서 명확히 볼 수 있는데, 그 책에서 아우구스투스는 전리품의 분배 형태로 제왕의 은전을 제공하고(15), 그의 군인들을 위해 식민지를 세우고(16), 제국의 재정과 공공의 수익을 지원하고(17-18), 공공 및 종교적 기

University Press, 2013), 15-49. 아우구스투스가 왕의 칭호를 거절한 것에 관해서는 Fergus Millar, *The Emperor in the Roman World (31 BC-AD 337)* (London: Duckworth, 1997), 613-14을 보라.

101 그 점에 대해서는 논란이 많지만 율리우스 카이사르가 그리스의 왕들과 유사한 방식으로 자신의 생전에 신적 명예를 받았을 가능성이 있는 것으로 보인다. 다음 문헌들을 보라. Cicero, *Phil.* 2.43.110; Cassius Dio 44.4-8; Appian, *Bell. civ.* 2.107; Suetonius, *Jul.* 76.1; 84.2. Rawson은 율리우스 카이사르가 왕의 칭호는 거절했지만, 자신을 왕의 본질을 지닌 고대 로마 왕들의 후손으로 묘사했다고 주장한다. 따라서 그의 주장들과 행동들은 모두 "왕권을 환기했고 그것을 능가했다"("Caesar's Heritage," 149).

102 Sabine MacCormack, "Latin Prose Panegyrics," in *Empire and Aftermath: Silver Latin II* (ed. T. A. Dorety; London: Routledge & Kegan, 1975), 142-205, 특히 148을 보라.

103 Alison E. Cooley, *Res Gestae Divi Augusti: Text, Translation, and Commentary* (Cambridge: Cambridge University Press, 2009).

념물들과 성전들을 건설하고(19-21), 구경거리들을 제공했다(22-23)고 언급된다. 아우구스투스는 전쟁에서 자신이 거둔 성공과 이것이 자신의 제국에 가져온 평화를 강조한다(1; 13; 25-33). 그의 탁월한 미덕 덕분에 그는 황금 방패를 받았는데 그 방패에 쓰인 "비명은 그의 용맹과 관대함과 정의와 경건을 증언한다"(34.2). 아우구스투스는 결코 왕의 칭호를 주장하지 않았지만 그에게 "아우구스투스"(34.2)와 "조국의 아버지"(35.1)라는 경칭이 부여되었다.[104] 그가 베푼 탁월한 은전, 그의 군사적 성공과 평화 창조, 그리고 그의 뛰어난 미덕은 확실히 그가 자신을 그리스의 왕으로 묘사했음을 보여준다.[105]

베르길리우스의 『아이네이스』(*Aeneid*)는 율리우스 "트로이의 카이사르"(1.287-89)라는 인물에 의해 시작될 새로운 황금시대의 도래를 예언하는 왕의 모티프들로 가득한데, 그는 "신의 아들인 아우구스투스 카이사르"(6.792)다.[106] 유피테르가 그를 선택해서 이 위대한 제국을 통치하고 "전쟁의 문들"을 닫게 했다(1.296-97). 그는 로마의 제국을 확대하고 자기 백성에게 평화를 확립할 것이다(6.850-54).[107] 그는 삼두정치 시기의 전쟁들의 특징이었던 내전과 살육이라는 죄와 죄책을 근절할 것이다(*Ecl.* 4.11-52). 율리우스 왕조의 조상으로 알려진 아이네이아스도 마찬가지다. 그는 거듭해

---

104 "아버지"를 정치적인 제국의 이데올로기로 사용한 것에 관해서는 Thate, "Paul and the Anxieties of (Imperial?) Succession," 209-50, 특히 217-24을 보라.

105 특히 Karl Galinsky, *Augustan Culture: An Interpretive Introduction* (Princeton: Princeton University Press, 1996), 42-57을 보라.

106 Cairns는 "베르길리우스와 그의 독자들은 왕정에 대해 때때로 인식되는 것보다 정교한 태도를 지녔으며 그 개념은 제국 시대의 로마에서 살아 있고 생생한 것이었다"고 주장한다 (*Virgil's Augustan Epic*, 2-3).

107 아우구스투스가 유피테르를 모방해서 땅의 제국을 다스리는 것에 관해서는 J. Rufus Fears, "The Cult of Jupiter and Roman Imperial Ideology," *ANRW* 2.17.1 (1981): 3-141을 보라.

서 왕과 통치자로 묘사된다(*Aen.* 1.38, 265, 544, 553, 574). 아이네이아스는 명시적으로 "왕"(*rex*)으로 표시되며 공정하고, 정의롭고, 신과 같고, 구주이고, 전쟁에서 유례가 없는 존재로 묘사된다.(1.544-58, 589-91). 프랜시스 케언스는 이 묘사가 일인자(*princeps*)가 제국의 안전과 복지에 대한 책임이 있다는 견해를 뒷받침할지도 모른다고 주장했다.[108]

세네카의 문헌 『관용론』(*On Clemency*)은 젊은 네로에게 연설하며, 그에게 적들에게 관대함을 보여줌으로써 관대함을 실천하라고 권고한다.[109] 그 연설에서 로마인들은 난폭하고, 시끄럽고, 계속 파벌을 만드는 사악한 집단으로 생각된다(1.1.1). 모든 사람이 죄를 지었고 잘못을 범했다(1.6.3; 1.22.1).[110] 그러나 그 황제는 생명과 조화를 가져오도록 선택된, 신들의 대리자다(1.1.2).[111] 그 제국에 네로가 없었다면 "로마의 평화가 파괴되는 재앙이 초래되었을 것이다.…이 통일과 가장 강력한 제국의 이 구조가 갈가리 찢어질 것이고, 이 도시의 통치의 종국은 그 도시의 불복종으로 귀결될 것이다"(1.4.2). 우리가 곧 자세하게 살펴보겠지만 세네카는 계속 머리(황제)/몸(제국)의 은유를 사용해서 통치자와 피통치자 사이의 관계를 강조하며, 따라서 네로가 자신의 몸을 돌보고 그것을 해치지 않아야 한다는 것을 강

---

108 Cairns, *Virgil's Augustan Epic*, 1-2, 31-38을 보라.

109 다음 문헌들을 보라. Smith, *Christ the Ideal King*, 56-59; Miriam T. Griffin, *Seneca: A Philosopher in Politics* (Oxford: Clarendon, 1976), 129-71.

110 백성의 죄를 근절하고 제국에 평화와 통일을 가져오는 사람으로서의 황제의 역할에 관해서는 Andrew Wallace-Hadrill, "The Golden Age and Sin in Augustan Ideology," *Past and Present* 95 (1982): 19-36, 특히 30-32을 보라.

111 신들이 통치할 로마 황제들을 선택한다는 것은 평범하며 그리스의 왕권 담론과 로마의 왕권 담론 사이의 계속성에서 또 다른 중요한 점이다. 다음 문헌들을 보라. Rufus Fears, *PRINCEPS A DIIS ELECTUS: The Divine Election of the Emperor as Political Concept at Rome* (Rome: American Academy at Rome, 1977), 121-29; idem., "Nero as the Vicegerent of the Gods in Seneca's *De Clementia*," *Hermes* 103 (1975): 486-96.

조한다. 무소니우스 루푸스의 『그 왕들도 철학을 공부해야 한다』(*That Kings Also Should Study Philosophy*)는 시리아의 왕이 어떻게 왕의 의무들을 수행해야 하는지에 관해 조언을 제공하며, 그의 논문은 현자가 진정한 왕이라는 스토아학파와 견유학파의 빈번한 상투어에 대한 하나의 예다.[112] 그 권고들은 다음 항목들과 같이 상당히 관습적이다. 은전(그중 가장 중요한 항목은 자기 백성의 안전이다)(60.8-12), 뛰어난 미덕과 지혜(60.14-28; 62.8-34), 철학에 나타난 지혜를 통한 정의(60.19-28), 그리고 자기 백성에게 평화를 가져오는 법의 구현(64.10-15).

(호라티우스의 『오데스』[*Odes*], 베르길리우스의 『에클로구에스』[*Eclogues*], 칼푸르니우스 시켈로스의 『에클로구에스』[*Eclogues*], 오비디우스의 『변신 이야기』[*Metamorphoses*]와 『행사력』[*Fasti*], 그리고 마르티알리스의 『경구들』[*Epigrams*] 같은) 시인들과 풍자가들의 저작들,[113] (수에토니우스의 『황제전』[*Lives of the Caesars*]과 플루타르코스의 『모랄리아』[*Moralia*] 그리고 특히 그의 『교육받지 않은 통치자에게』[*To an Uneducated Ruler*], 디온 크리소스토모스의 네 편의 『왕권 연설』[*Kingship Orations*],[114] 그리고 플리니우스의 트라야누스 『송덕문』[*Panegyricus*] 같은) 황제들과 헬레니즘 시대 통치자들의 전기를 추가로 조사해보면 왕권 담론이 인기가 있었고 널

---

112 Walker, *Paul's Offer of Leniency (2 Cor 10:1)*, 100; Smith, *Christ the Ideal King*, 61-63.

113 아우구스투스 시대의 시인들에 관해서는 Galinsky, *Augustan Culture*, 244-87을 보라. 베르길리우스의 넷째 경구와 아우구스투스 시대의 황금시대에 관해서는 Andrew Wallace-Hadrill, "The Golden Age and Sin in Augustan Ideology," 19-36, 특히 19-22을 보라.

114 견유학파의 왕권론도 재구성될 수 있는 한 여기에 포함되어야 한다. John Moles, "The Cynics," in *The Cambridge History of Greek and Roman Political Thought* (ed. Christopher Rowe and Malcolm Schofield; Cambridge: Cambridge University Press, 2005), 415-34, 특히 423-32를 보라. 견유학파의 왕권론에 관해 수집된 자료는 Ragnar Höistad, *Cynic Hero and Cynic King: Studies in the Cynic Conception of Man* (Uppsala: Gleerup, 1984)을 보라. 견유학파와 스토아학파 철학에서 신-왕의 연결에 관해서는 Cairns, *Virgil's Augustan Epic*, 24-25을 보라.

리 유포되었음을 좀 더 확연하게 알 수 있다. 이런 저작들에서 다음과 같은 요소들이 일관성 있게 선한 왕과 관련된다. 정의,[115] 지혜,[116] 절제,[117] 전쟁에서의 용기와 성공,[118] 신들에 대한 관계 또는 신들에 의한 선택,[119] 경건,[120] 법률 준수,[121] 자비와 친절,[122] 자기 백성에 대한 은전,[123] 평화와 조화의 확립,[124] 그리고 농업의 다산과 풍부.[125] 목자, 아버지, 은인, 구주, 주, 신의 아들과 같

---

115 Dio Chrysostom, *Or.* 1.35; 1.45-46; 2.54; 3.7, 10, 39, 60; 4.24; Plutarch, *Mor.* 780E, 781A-C; *Demetr.* 4.4; Ovid, *Ex Ponto* 3.6.23-29; Horace, *Carm.* 1.12.6; Pliny, *Pan.* 77-80; Suetonius, *Galb.* 7.1; Virgil, *Ecl.* 4.5-6.

116 Plutarch, *Num.* 20.1-4; *Mor.* 789E; *Alex.* 27.6; Dio Chrysostom, *Or.* 2.26; 3.9-10.

117 Plutarch, *Num.* 20.8; *Mor.* 780B-C; *Alex.* 21.4; 21.11; 22.7; 23.9; Pliny, *Pan.* 10.1-3; 55.1-5; Dio Chrysostom, *Or.* 1.13-14; 3.58; Suetonius, *Aug.* 77; *Vesp.* 11.

118 Virgil, *Aen.*, 8.678-713; Horace, *Carm.* 3.5.1-4; Ovid, *Fast.* 1.639-50 James R. Harrison, *Paul and the Imperial Authorities at Thessalonica and Rome: A Study in the Conflict of Ideology* (WUNT 2.273; Tübingen: Mohr-Siebeck, 2011), 133-38을 보라.

119 Pliny, *Pan.* 1.3-6; 5.2-3; 56.3; Seneca, *Clem.* 1.1.2; Horace, *Carm.* 1.12.5-6; 3.5.1-4; *Carm.* 1.12.50-60; Ovid, *Metam.*15.855-70; Dio Chrysostom, *Or.*1.12; 1.37-38; 2.75-76; Plutarch, *Mor.* 329C; 780D; *Alex.* 2-3; *Thes.* 2; Suetonius, *Jul.* 88.

120 Plutarch, *Alex.* 23.2; *Mor.* 70A; Dio Chrysostom, *Or.* 1.15-16; Horace, *Carm.* 3.1-6; Virgil, *Aen.*7.203-4.

121 Plutarch, *Mor.* 780C; *Demetr.* 42; Horace, *Ep.* 2.1; *Carm.* 4.5.

122 Pliny, *Pan.* 50; Seneca, *Clem.* 2.1.3-2.2.1; Dio Chrysostom, *Or.* 1.17-20; 2.74; 3.5; Suetonius, *Jul.* 73-75; *Aug.* 51; *Nero* 10; *Vesp.* 14-15. Walker, *Paul's Offer of Leniency (2 Cor 10:1)*, 140-45; 수에토니우스가 관대함을 안정시킨 것에 관해서는 Andrew Wallace-Hadrill, *Suetonius* (London: Bristol Classical, 1995), 154-62을 보라. 제국의 미덕에 관한 수에토니우스의 설명에 관해서는 Keith R. Bradley, "Imperial Virtues in Suetonius' *Caesares*," *Journal of Indo-European Studies* 4 (1976): 245-53을 보라.

123 Pliny, *Pan.* 2.8; 6.3-4; 28-31; 37; 50; 52.6-7; 74.5; Dio Chrysostom, *Or.* 1.23-25; 2.26; Victor Ehrenberg and A. H. M. Jones (2nd ed.; Oxford: Clarendon, 1955), 98a, 4-17행을 통해 수집된, *Documents Illustrating the Reigns of Augustus and Tiberius*에 들어있는 프리에네(Priene) 명문을 보라.

124 Pliny, *Pan.* 5.6-9; 12.1; 16; 80.3; Ovid, *Fast.* 1.709-22; Dio Chrysostom, *Or.* 1.41-45; Horace, *Carm.* 4.15; Calpurnius Siculus, *Eclogue* 1.37-88; Suetonius, *Aug.* 22; Virgil, *Ecl.* 1.6-8.

125 Virgil, *Ecl.* 4.11-14, 21-25; Horace, *Carm.* 29-32; Philo, *Leg.* 144-45; Pliny, *Pan.* 31-

은 중요한 칭호들과 경칭들이 황제들에게 부여되었다.[126] 문헌들에 나타난 제왕의 미덕 묘사는 제왕의 미덕을 모두 언급한 것이 아니라 왕권 담론의 가장 빈번한 측면 중 몇 가지를 정확하게 묘사한다.

주요 유적들에 나타난 왕권 담론

이런 제왕 주제의 선전은 문헌을 통해서만이 아니라 통치자 숭배와 그들의 신전, 기념물, 조상, 동전, 찬사, 부조, 그리고 명문을 통해서도 행해졌다.[127] 흔히 퍼레이드, 공개 행진, 오락과 축제를 통해 성취된 이런 통치자들에 대한 종교적 숭배는 공적이고, 대중적이었으며, 편만했다.[128] 그리스의 왕들과 로마의 황제들은 신들과 같은 종교적 숭배 대상에 포함되었고, 이 통치자들의 기념물을 통해 그들의 우월성, 은전, 업적, 그리고 시각적인 외양이 모

---

32. 바울에게 적용된 이 모티프에 관해서는 다음 문헌들을 보라. Robert Jewett, "The Corruption and Redemption of Creation: Reading Rom 8:18-23 within the Imperial Context," in *Paul and the Roman Imperial Order* (ed. Richard A. Horsley; Harrisburg, PA: Trinity International, 2004), 25-46.

126 목자: Dio Chrysostom, *Or.* 2.6; 2.72; Pliny, *Pan.* 2.3; 7.4. 주: 다음 문헌들을 보라. D. Fantin, *The Lord of the Entire World: Lord Jesus, a Challenge to Lord Caesar* (Sheffield: Sheffield Phoenix, 2011). 신의 아들: Horace, *Carm.* 1.12.5-6; Virgil, *Aeneid* 6.791-95. Michael Peppard, *The Son of God in the Roman World: Divine Sonship in Its Social and Political Context* (Oxford: Oxford University Press, 2011)를 보라. 아버지: Ovid, *Tristia* 2.157, 181; Seneca, *Clem.* 1.11-16.

127 로마의 황제 숭배에 관련된 사안들에 관해 뛰어난 연구들이 많이 이루어졌다. 나는 다음 문헌들에서 가장 큰 유익을 얻었다. Keith Hopkins, *Conquerors and Slaves: Sociological Studies in Roman History: Volume 1* (Cambridge: Cambridge University Press, 1981), 197-242; J. E. Lendon, *Empire of Honour: The Art of Government in the Roman World* (Oxford: Oxford University Press, 2002), 107-175; Peppard, *Son of God in the Roman World*, 31-49.

128 수에토니우스는 광장에서 사람들이 카이사르에게 그리고 그의 이름으로 바친 제사와 맹세의 공적인 성격을 지적한다(*Caesar*, 85). 그 언어는 Johnson, *Among the Gentiles*, 32-49에서 사용된 언어다.

든 사람이 볼 수 있도록 공개적으로 전시되었다.[129] 따라서 왕권 담론은 교양 있는 고위층에게만 친숙한 것이 아니라 고대 지중해 세계의 모든 사람에게 익숙했다. 우리는 이미 그 황제의 미덕, 군사적 위업, 그리고 은전의 중요한 증거로서 제국 전역의 많은 성전에 비치된 아우구스투스의 『업적록』을 살펴보았다. 『업적록』 25-32쪽에 기록된 아우구스투스의 여러 나라 평정, 정복, 그리고 통치는 그의 세계 통치와 지배 이데올로기를 영구적으로 만든다.[130] 『업적록』은 또한 아우구스투스가 제왕의 미덕들을 갖췄다는 것과 그가 내전을 근절한 데 대한 기념물로서 원로원이 그에게 준 황금 방패(*clipeus virtutis*)도 증언한다(34.1-2).[131] 마찬가지로 『업적록』과 수에토니우스의 『아우구스투스의 생애』(*Life of Augustus*)는 아우구스투스가 실행한 믿을 수 없을 정도로 많은 건축 프로젝트를 언급하는데, 이 건물들 중 많은 것들이 신전과 성소였음에 비추어 볼 때 이 건축 프로젝트들은 동시에 아우구스투스의 경건과 은전을 선전한다.[132] 제1인자의 솔선수범으로 회복된, 신

---

129 카이사르와 아우구스투스의 상과 그것들이 군사적, 시민적, 그리고 종교 삶의 측면들을 환기하는 것에 관해서는 Koortbojian, *The Divinization of Caesar and Augustus*, 94-128을 보라.

130 이 대목에서 Davina C. Lopez, *Apostle to the Conquered: Reimagining Paul's Mission* (Minneapolis: Fortress, 2008), 88-100이 특히 유용하다.

131 아우구스투스의 미덕을 광고하기 위해 황금 방패를 사용한 것에 관한 논의(와 묘사)는 다음 문헌들을 보라. Cooley, *Res Gestae Divi Augusti*, 266-71; Brigitte Kahl, *Galatians Re-Imagined: Reading with the Eyes of the Vanquished* (Minneapolis: Fortress, 2010), 130-38.

132 특히 카피톨리노 언덕에 세워진 마르스, 아폴로, 그리고 유피테르의 신전과 아우구스투스 광장(Suetonius, *Aug.* 29, 56; Ovid, *Fast.* 5.549-98). 예컨대 Horace, *Carm.* 3.6을 보라: "네가 성전들을 재건축하고 연기로 더럽혀진, 신들의 어두운 이미지들로 황폐해진 모든 성소를 회복할 때까지 너는 네 조상들의 죄로 더럽혀져 있을 것이다." 또는 『업적록』 20을 보라: "나의 여섯 번째 집정 정치 동안 원로원의 명령에 의해 나는 82개의 신전을 복구했고 당시 새로 단장할 필요가 있는 어떤 신전도 빠뜨리지 않았다." 다음 문헌들을 보라. Galinsky, *Augustan Culture*, 295-96; Ittai Gradel, *Emperor Worship and Roman Religion* (Oxford Classical Monographs; Oxford: Clarendon, 2002). 아우구스투스가 로마의 공공 광장을 보수함으로써 전통을 어떻게 성공적으로 보존했는지, 그리고 그것을 제국의 가정에 영속적

들을 향한 로마의 신앙심이 아우구스투스의 건축 프로젝트, 그의 초상, 그리고 동전에 편만하다.[133] 『업적록』(12.2)에서는 "이 속주들[히스파니아와 갈리아]에서의 사안들이 상서롭게 완료되자" 기원전 13년에 원로원이 아우구스투스에게 수여한 제단인 **아라 파키스 아우구스타이**(*Ara Pacis Augustae*, "아우구스투스의 평화의 제단")도 언급된다.[134] 제단에 대한 언급 바로 뒤에는 그가 전쟁의 문을 닫은 일이 설명된다(13.1; 참조. Livy 1.19.1-3; Dio Cassius 53.27.2-3).[135] 이처럼 그 묘사는 아우구스투스가 속주에서 로마로 돌아온 것을 평화를 획득한 것으로 그리며, 아우구스투스를 그의 조상 아이네이아스와 더불어 제사에 관여하는 제사장으로 제시하면서 제1인자의 경건을 추가로 강조한다.[136] 오비디우스의 축사(祝辭)는 제단에 대한 한 가지 관점을 제공한다(*Fast*. 1.709-22).

> 그 노래는 이제 우리를 평화의 제단으로 데려왔습니다. 그날은 그달의 끝에서 두 번째 날이 될 것입니다. 리본 모양으로 땋은 당신의 머리에는 악티움산 월계관이 씌워졌나이다. 오, 평화여, 이제 가까이 와서 온 세상에 부드럽게 머무를지어다. 그리하여 이제 더 이상 적들도 없고 승리의 행진도 없을지어다. 평화가 우리의 군주들에게 전쟁보다 더 큰 상이 될지어다. 군인은 무장한 위협을 억제하기 위해서만 무장하고, 전쟁의 나팔은 행진에서만 불릴지어다. 세상

이고 믿을 수 없는 기념물로 전환했는지에 관해서는 Andrew Wallace-Hadrill, *Augustan Rome* (London: Bristol Classical, 1993), 50-62을 보라.

133 Zanker, *The Power of Images in the Age of Augustus*.

134 주석은 Cooley, *Res Gestate Divi Augusti*, 152-57을 보라.

135 Galinsky, *Augustan Culture*, 141을 보라. 다음 문헌들도 보라. Zanker, *The Power of Images in the Age of Augustus*, 101-166; Stefan Weinstock, "*Pax* and the 'Ara Pacis,'" *JRS* 50 (1960): 44-58.

136 Galinsky, *Augustan Culture*, 142; Wallace-Hadrill, *Augustan Rome* 83.

의 먼 곳 사람들과 가까운 곳 사람들이 아이네이아스의 자손을 두려워하고, 어떤 땅이 로마를 너무 적게 무서워하거든 대신 로마를 사랑할지어다. 오, 제사장들이여, 평화의 불꽃에 향을 추가하고 머리를 찌른 하얀 제물을 집어 넣어서 평화를 보장하는 이 나라가 영화롭게 영속할 것을 경건한 기도로 우호적인 신들에게 요청하소서.

아우구스투스의 탁월성과 관련된 유사한 담론이 또 다른 매체에서 발견된다. (아프로디시아스 소재) 세바스테이온에서 발굴된 많은 부조는 황족들의 초상과 특히 뛰어난 군사적 우위를 통해 야만인 나라들(종종 여성으로 표현된다)을 정복한 아우구스투스, 클라우디우스, 그리고 네로의 지배 및 황족들과 신들 사이의 관계에 대한 광고를 포함함으로써 황제가 세상을 지배한다고 명백하게 주장했다.[137]

소위 보스코레알레 실버의 컵 1은 아우구스투스에게 패배한 일련의 야만인 나라들을 보여 준다. 그는 손에 공을 들고 앉아 있는 모습으로 묘사되는데 이는 세계 지배를 가리킨다.[138] 그 컵은 아우구스투스를 경건하고(토가를 입고 있다), 군사적으로 성공적이며, 관대함을 보여 주고(그가 오른손을 정

137 특히 다음 논문들이 유용하다. R. R. Smith, "The Imperial Reliefs from the Sebasteion at Aphrodisias," *JRS* 77 (1987): 88-138; idem, "*Simulacra Gentium*: The *Ethne* from the Sebasteion at Aphrodisias," *JRS* 78 (1988): 50-77. 다음 문헌들도 보라. Laura Salah Nasrallah, *Christian Responses to Roman Art and Architecture: The Second-Century Church amid the Spaces of Empire* (Cambridge: Cambridge University Press, 2010), 76-83; Lopez, *Apostle to the Conquered*, 42-49. 유피테르와 황제들 사이의 좀 더 넓은 관계는 J. Rufus Fears, "The Cult of Jupiter and Roman Imperial Ideology," *ANRW* 2.17.1 (1981): 3-141을 보라.

138 다음 문헌들을 보라. Walker, *Paul's Offer of Leniency (2 Cor 10:1)*, 104-5; Lopez, *Apostle to the Conquered*, 48-49; Ann L. Kuttner, *Dynasty and the Empire in the Age of Augustus: The Case of the Boscoreale Cups* (Berkeley: University of California Press, 1994). Ando, *Imperial Ideology and Provincial Loyalty in the Roman Empire*, 287-88도 보라.

복당한 사람들을 향해 내밀고 있다), 신들의 대리인(베누스가 아우구스투스의 왼쪽에 있고 마르스가 그의 오른쪽에 있다)이라고 묘사한다. "겜마 아우구스테아"에서 아우구스투스는 신들 옆에 앉아 있다. 이 장면도 그가 신들의 대리인으로서 나라들을 정복해서 로마에 평화를 가져온 것을 강조한다.[139] 아우구스투스는 자신을 신격화된 율리우스의 아들로 즉위한 것으로 묘사하는 동전들과 자신을 유피테르의 대리인으로 묘사하는 동전 및 자신의 군사적 업적을 "승리를 가져온 자"로 묘사하는 동전을 주조했다.[140] 개선 행진들은 황제의 신과 방불한 힘과 **미덕**을 과시했다.[141] 우리는 다음 장에서 좋은 통치자나 황제와 관련된 아이디어들과 선전이 제왕의 찬미나 찬송을 통해 보급될 수 있으며 디온 크리소스토모스, 플리니우스, 그리고 어쩌면 세네카의 연설이 황제들에게 공개적으로 제출된 듯하다는 것을 살펴볼 것이다. 축제, 오락, 황제 숭배들은 이런 찬미를 전달할 기회를 제공했고 대중들에게 자기들의 통치자의 미덕, 군사적 업적, 지혜, 그리고 은전에 대해 들을 수 있게 해주었다.[142] 혹자는 세바스테, 카이사레아 필리피, 피시디아의 안티오키아, 그리고 티베리아스 같은 도시들의 설립과 혁신 자체가 황제의 권위와 지배를 광고한다고 언급할 것이다.[143] 결론적으로 선한 왕의 대본, 모티프, 은유

---

139 Zanker, *The Power of Images in the Age of Augustus*, 230-35.

140 Harold Mattingly, ed., *Coins of the Roman Empire in the British Museum* (3 vols; London: British Museum, 1965); Koortbojian, *The Divinization of Caesar and Augustus*, 138-42; Andrew Wallace-Hadrill, "The Emperor and His Virtues," *Historia* 30 (1981): 298-323; idem., *Augustan Rome*, 86-88.

141 Mary Beard, *The Roman Triumph*(Cambridge, MA: Belknap, 2007)를 보라. 로마의 승리를 사용해서 정복당한 야만인 나라들의 이미지를 전시한 것에 관해서는 Lopez, *Apostle to the Conquered*, 113-17을 보라.

142 Walker, *Paul's Offer of Leniency (2 Cor 10:1)*, 114-115.

143 피시디아의 안티오키아의 역사에 관해서는 Stephen Mitchell and Marc Waelkens, *Pisidian Antioch: the Site and its Monuments*(London: Duckworth, 1998)를 보라.

는 믿을 수 없을 만큼 편만하게 사회의 모든 부분에서 선전되었다. 클리포드 안도가 보여 주었듯이 "제국 전역에 그런 상징들(즉 동전, 초상, 조각, 그리고 군기[軍旗])이 보급됨으로써 거주자들에게 언어의 경계를 넘어서 작동하는 보편적인 상징 언어가 제공되었다.…"[144]

고대 이스라엘과 유대교 문헌들에 나타난 왕권 담론

내가 **바울의 기독론 언어의 개념적 자료 및 사전적 자료**에 관심이 있다는 점을 기억할 가치가 있다. 바울은 아마도 우리 현대인이 메시아와 이상적인 제왕 이데올로기를 구분하듯이 그 둘을 구분하지 않았을 것이다. 따라서 "메시아"와 "메시아 신앙"은 일반적으로 제왕 이데올로기와 이상적인 왕에 대한 선전이나 담론과는 구분되는, 이상화되고 초월적이며 종말론적인 통치자로 이해되지만,[145] 나는 바울이 하나님이 기름을 부은 메시아가 도래했다고 믿었기 때문에 제왕의 모티프들과 은유들을 재작업해서 그것들의 원래의 용법과 무관하게 그리스도에게 적용했다는 입장을 취한다.[146] 아

---

144 Ando, *Imperial Ideology and the Provincial Loyalty in the Roman Empire*, 9-10; Lopez, *Apostle to the Conquered*, 28도 같은 의견을 피력한다: "시각적인 소통은 제도, 문화적 배치, 그리고 계층들에 관한 아이디어들을 텍스트의 문자를 읽을 수 있는 엘리트층들보다 넓은 일련의 사람들에게 이해될 수 있게 했다. 승전 기념물을 보고 그곳을 지나갈 수 있는 사람은 누구나 그것을 '읽을' 수 있었을 것이다. 공공장소에 비치된 대중 예술은 로마 국가의 유형성, 응집력, 그리고 보편성을 선포했다."

145 이 메시아 개념에 관해서는 John J. Collins, *The Scepter and the Star: The Messiahs of the Dead Sea Scrolls and Other Ancient Literature*(New York: Doubleday, 1995)를 보라. Martin Karrer의 최소주의 입장도 보라. 그는 기름을 붓는 행위를 메시아적인 인물을 결정하는 유일한 토대로 본다. *Der Gesalbte: Die Grundlagen des Christustitels* (FRLANT 151; Göttingen: Vandenhoeck and Ruprecht, 1990).

146 나는 하나님의 백성을 구원하고 하나님의 통치를 확립할 종말론적이고 제왕적인 하나님의 인간 대리인에 대한 소망을 표현하는 사전적이고 개념적인 방법으로서의 제왕적 메시

래에서 나는 고대 이스라엘과 제2성전기 유대교에 나타난 선한 왕에 대한 자료들과 아이디어들을 **간략하게** 적시하고 논의한 뒤 그것들을 토대로 이후의 장들에서 바울의 기독론 언어의 잠재적인 자료들을 끌어낼 것이다.

우리는 이미 헬레니즘 전통과 로마 제국의 전통에서 왕권 담론의 현저한 위치를 목격했다. 고대 이스라엘에서도 마찬가지다. 키스 W. 휘틀램이 다음과 같이 올바로 주장했듯이 말이다.

> 국가는 우주의 질서에서 왕의 중심적인 역할을 강조하는 세계관을 전파할 일차적인 책임을 진 전문가들에게 막대한 투자를 했다.…제왕적 세계관의 중심적인 특징은 우주가 신적으로 질서가 잡혔다는 것과 사회는 이 천상의 이상(ideal)의 세속적인 짝이라는 것이었다. 지상의 실재는 왕권을 둘러싼 파당의 분쟁을 통한 정치적 동요의 실재일 수도 있지만, 왕위 점유자를 위해 제왕적 관료주의를 통해 선전된 세계관의 이상적인 그림은 왕이 지상에서 중심적인 역할을 하는 가운데 섬세한 우주적 조화를 이루는 실재였다. 제왕의 이데올로

아 신앙에 관해 말한다. 따라서 메시아적 대리인들에 관한 추측이 종종 그들의 왕으로서의 통치 개념과 관련되지만, 그것이 이상적인 왕에 관한 고대의 사상과 동일한 것은 아니다. 예컨대 신 17:14-20은 이스라엘의 이상적인 왕 개념을 묘사하지만 그 텍스트에 명시적으로 종말론적인 신호는 없으며 따라서 메시아에 대한 신호도 없다. 요시야가 토라를 준수했다는 묘사 및 그와 같은 왕이 일어나지 않았다는 진술(왕하23:25)은 이스라엘의 왕에 대한 이상적인 묘사를 제시하지만, 그것은 메시아와 관련된 것도 아니고 종말론과 관련된 것도 아니다. 이상적인 왕에 관해 숙고하는 히브리 성경 구절들(창 49:8-12; 사 9장; 예컨대 시 2, 110편)이 메시아에 관한 것이든 그렇지 않든 간에 일단 메시아가 도래했다는 믿음이 존재하면 이 구절들은 회고적으로 메시아에 관한 것으로 해석되기 쉽다. 즉 제왕으로서의 메시아가 도래했고, 이것은 이제 이상적인 왕에 관한 거의 모든 숙고를 메시아에 관한 것으로 해석될 수 있게 만든다. "메시아"와 이상적인 제왕의 이데올로기 사이의 구분에 관해서는 다음 문헌들을 보라. Sigmund Mowinckel, *He That Cometh: The Messiah Concept in the Old Testament and Later Judaism* (trans. G. W. Anderson; Grand Rapids: Eerdmans, 2005); Joseph A. Fitzmyer, *The One Who Is to Come* (Grand Rapids: Eerdmans, 2007).

기와 제의들은 우주와 땅의 복잡하고 의존적인 관계를 강조하기 위해 고안되었다.[147]

사무엘상 1-15장에 포함된 (외관상의) 자료 중 다소의 모호성과 심지어 군주제에 대한 반대 가능성에도 불구하고 구약성서는 선한 왕과 이스라엘의 제왕 이데올로기에 관한 다량의 숙고를 제공한다.[148]

토라와 역사서에 나타난 왕권 담론

우리가 훨씬 자세하게 살펴보겠지만 토라에서 왕의 주된 역할은 토라를 준수하고 하나님이 백성들과 맺은 언약을 떠받치는 것이다. 따라서 신명기 17:14-20은 왕이 백성 위에 높아져서는 안 됨을 암시한다. 오히려 그의 유일한 임무는 토라를 기록하고, 읽고, 순종하는 것이다.[149] 신명기 사가는 이 기준에 따라 이스라엘의 지도자들과 왕들을 평가한다(수 1:1-9; 8:35; 왕하 22:2-20; 23:2-3, 25).[150] 오경이 이스라엘과 나라들을 다스릴 미래의 왕에 대

---

147 Keith W. Whitelam, "Israelite Kingship: The Royal Ideology and Its Opponents," in *The World of Ancient Israel: Sociological, Anthropological, and Political Perspectives* (ed. Ronald E. Clements; Cambridge: Cambridge University Press, 1989), 119-40, 특히 128-29. 고대 세계에서 저술은 흔히 왕의 힘의 행사였고 따라서 그 왕의 통치를 옹호하고 정당화하기 위한 수단일 수 있었다는 사실을 통해 이 점이 한층 강화된다. William Schniedewind, *How the Bible Became a Book*(Cambridge: Cambridge University Press, 2004)을 보라.

148 이스라엘의 군주제 형성과 군주제가 직면했던 반대에 관해서는 다음 문헌들을 보라. Whitelam, "Israelite Kingship," 119-40; Antti Laato, *A Star is Rising: The Historical Development of the Old Testament Royal Ideology and the Rise of the Jewish Messianic Expectations* (Atlanta: Scholars, 1997), 57-80.

149 특히 Gerald Eddie Gerbrandt, *Kingship according to the Deuteronomistic History*(SBLDS 87; Atlanta: Scholars, 1986)를 보라.

150 신명기 사가가 왕을 토라를 준수하는 것으로 묘사하고 고대 근동의 군주들에 비해 이스라엘의 왕의 권위와 힘을 약화하여 묘사한 것에 관해서는 J. G. McConville, "King and

한 시적인 찬양을 포함한다는 점에서(LXX 창 49:8-12; 민 23-24장; 신 33:1-5) 오경의 편집에 제왕적인 형태가 포함되었을 수도 있다.[151] 그 시들은 창세기에서 열왕기상하로 옮겨가고 **유다의 가문에서 도래하는 왕**을 통해 실행될 하나님의 의제에 초점을 맞추는, 좀 더 넓은 제왕 이데올로기와 한 덩어리다(참조. 3:14-15; 4:25; 17:6-7; 38:27-29)[152] 창세기 49:10과 민수기 24:17 모두 "왕들이 아브라함으로부터 나오리라"(창 17:6, 16)는 하나님의 약속에 문자적으로 의존한다. 하나님이 "자기 왕에게 힘을 주시며 자기의 기름 부음을 받은 자의 뿔을 높이시리로다"(삼상 2:10)라는 한나의 기도와 찬양에서

Messiah in Deuteronomy and the Deuteronomistic History," in *King and Messiah in Israel and the Ancient Near East: Proceedings of the Oxford Old Testament Seminar* (ed. John Day; JSOTSup 270; Sheffield: Sheffield Academic, 1998), 271-95을 보라.

151 Horbury, *Jewish Messianism and the Cult of Christ*, 46-51; idem, "Monarchy and Messianism in the Greek Pentateuch," in *The Septuagint and Messianism* (ed. M. A. Knibb; Leuven: Leuven University Press, 2006), 79-128. Gerbern S. Oegema, *The Anointed and His People: Messianic Expectations from the Maccabees to Bar Kochba* (JSPSSup 27; Sheffield: Sheffield Academic, 1998), 43-47도 보라. 창 49:8-12과 민 24:15-19이 다윗과 솔로몬의 통치와 연결되었을 수도 있다. 그러나 좀 더 조심스러운 입장에 관해서는 다음 문헌들을 보라. Laato, *A Star is Rising*, 81-84; Raija Sollamo, "Messianism and the 'Branch of David': Isaiah 11,1-5 and Genesis 49,8-12," in *The Septuagint and Messianism*, 357-70; Albert Pietersma, "Messianism and the Greek Psalter: In Search of the Messiah," in *The Septuagint and Messianism*, 49-75; Fitzmyer, *The One Who Is to Come*, 29-32.

152 T. Desmond Alexander, "Royal Expectations in Genesis to Kings: Their Importance for Biblical Theology," *TynB* 49 (1998): 191-212을 보라. 몇몇 학자는 창 1-3장에 수록된 아담의 이야기들에 예루살렘의 다윗 왕조를 정당화하려는 시도가 있다고 생각했다. 예컨대 다음 문헌들을 보라. W. Brueggemann, "David and His Theologian," *CBQ* 30 (1968): 156-81; idem, "From Dust to Kingship," *ZAW* 84 (1972): 1-18; W. Wifall, "David—Prototype of Israel's Future?" *BTB* 4 (1974): 94-107; idem, "The Breath of His Nostrils," *CBQ* 36 (1974): 237-40. 아담과 다윗 모두 왕의 신분이 되기 위해 창조되었다. 고대 근동의 환경에서 아담이 먼지에서 일어난(창 2:7) 것은 "즉위하거나" 왕으로 "높여질" 것을 의미하고 "먼지로 돌아가는 것"(창 3:19)은 폐위되는 것을 의미한다(예컨대 사 41:2; 미 7:16-17; 렘 49:22-24). 예컨대 구약의 제왕 언어에서 우리는 왕의 높여짐이 먼지로부터의 창조 관점에서 묘사되는 것을 자주 발견한다(예컨대 왕상 16:2; 참조. 삼상 2:6-8; 시 113:7).

이 약속이 다시금 표현된다. 이 기도는 다윗의 찬송(삼하 22:1-51)과 다윗의 마지막 말(삼하 23:1-7)로 끝나는 사무엘하의 끝부분과 수미상관 구조를 형성한다.[153] 한나와 마찬가지로 다윗도 "나의 방패시요 나의 구원의 뿔이신" 하나님을 찬양하며(삼하 22:3) 자신을 "[하나님에 의해] 높이 세워진 자, 야곱의 하나님께로부터 기름 부음 받은 자"(삼하 23:1)로 지칭한다. 다윗은 사무엘상하 여러 곳에서 하나님을 대신해서 통치하기 위해 하나님에 의해 선택되었고,[154] 하나님의 영을 부여받았으며,[155] 하나님이 그와 함께하겠다는 약속을 받았고,[156] 하나님의 아들로 지정된[157] 자로 표현된다. 그는 또한 하나님의 목자로서 백성을 통치하고,[158] 하나님의 백성을 대표하며,[159]하나님의 싸움을 싸운다고 묘사된다.

이스라엘의 시편에 나타난 왕권 담론

이스라엘의 시편(소위 제왕시를 포함하지만 그것에 한정되지 않는다)은 이스라엘의 이상적인 왕에 관한 많은 정보를 담고 있다.[160] 초기 그리스도인들이 (많

---

153 Philip E. Satterthwaite, "David in the Books of Samuel: A Messianic Hope," in *The Lord's Anointed: Interpretation of Old Testament Messianic Texts* (ed. Philip E. Satterthwaite, Richard S. Hess, and Gordon J. Wenham; Grand Rapids: Baker, 1995), 41-65. Satterthwaite는 주로 이 세 개의 찬양들과 기도들에 근거해서 다윗이 사무엘상하에 기록된 제왕의 이상에 따라 살지 않았다는 것과 따라서 이 점은 그렇게 할 왕에 대한 기대를 만들어낸다고 주장한다.

154 삼상 2:10, 35; 24:7-11; 26:9-16; 삼하 1:14, 16; 19:22.

155 삼상 10:1-13; 16:1-13; 24:6.

156 삼상 16:17-18; 18:12, 14, 28; 삼하 5:10; 7:6, 11, 13.

157 삼하 7:14.

158 삼하 5:2; 7:7.

159 삼상 18:3; 삼하 21:17.

160 시편에 관한 본 단락은 나의 "Sharing in the Heavenly Rule of Christ the King: Paul's Royal Participatory Language in Ephesians," in *"In Christ" in Paul: Explorations in Paul's Theology of Union and Participation* (ed. Michael J. Thate et al.; WUNT 2.384; Tübingen: Mohr-

은 인용을 통해 입증되듯이) 시편을 전용한 점**과** 시편 편집자들이 다윗 왕조의 몰락 후에도 시편의 제왕적 형태를 유지했다는 사실은 적어도 몇 사람이 시편을 다윗 가문의/메시아적인 통치자의 도래를 증언하는 것으로 해석했음을 보여 준다.[161] 특히 요아힘 샤퍼(LXX 시편에서)와 데이비드 C. 미첼(슥 9-14장에서)은 시편 2편의 종말론적 전용을 보여 주었다.[162] 고대 이스라엘에서 왕은 기름 부음을 통해 옹립되었는데 이로써 왕은 "단순히 '메시아'로서가 아니라 '야웨의 메시아'"로 표시한 직분인 "메시아"라는 칭호와 직분을 받았다(시편의 다음 구절들을 보라. 2:2; 18:50; 20:6; 28:8; 89:38, 51; 132:10).[163] 트뤼게 N. D. 메팅어는 "메시아라는 용어는 **하나님과 연결되었고 따라서 범할 수 없음**을 나타내기 때문에 왕이 나머지 사람들로부터 철저하게 구별되었음을 나타낸다"고 지적한다(강조는 덧붙인 것임).[164] 메시아는 하나님

Siebeck, 2014), 251-79 중 254-55, 258-60에서 약간 수정된 것이다. 이에 관한 고전적인 연구는 다음 문헌들을 포함한다. Hermann Gunkel, *Einleitung in die Psalmen* (2nd ed., Göttingen: Vandenhoeck and Ruprecht, 1966); Sigmund Mowinckel, T*he Psalms in Israel's Worship* (rev. ed.; trans. D. R. Ap-Thomas; 2 vols.; Grand Rapids: Eerdmans, 2004). Whitelam은 시편이 "제왕 이데올로기의 다양한 측면에 관한 우리의 정보의 많은 부분"을 제공한다고 언급한다("Israelite Kingship," 129).

161 제왕의 형태와 시편 편집에 관해서는 다음 문헌들을 보라. Gerald H. Wilson, *The Editing of the Hebrew Psalter* (SBLDS 76; Chico, CA: Scholars, 1985); idem, "The Use of Royal Psalms at the 'Seams' of the Hebrew Psalter," *JSOT* 35 (1986): 85-94.

162 Joachim Schaper, *Eschatology in the Greek Psalter* (WUNT 2.76; Tübingen: Mohr-Siebeck, 1995); David C. Mitchell, *The Message of the Psalter: An Eschatological Programme in the Book of Psalms* (JSOTSup 252; Sheffield: Sheffield Academic, 1997).

163 Aubrey R. Johnson는 다음과 같은 텍스트를 지적한다. 삿 9:7-21; 삼상 16:1-13; 삼하 2:1-7; 5:12; 왕상 1:28-40; 왕하 9:1-13; 11:4-20 (*Sacral Kingship in Ancient Israel* [Cardiff: University of Wales Press, 1967], 14-15).

164 Tryggve N. D. Mettinger, *King and Messiah: The Civil and Sacral Legitimation of the Israelite Kings* (Coniectanea Biblica Old Testament 8; Lund: Gleerup, 1976), 199; Roland de Vaux, "The King of Israel, Vassal of Yahweh," in *The Bible and the Ancient Near East* (trans. Damian McHugh; London: Darton, Longman & Todd, 1971), 152-66; Laato, *A Star is Rising*, 3-4.

자신의 아들로서 다스릴 수 있는 하나님의 권위와 힘이 부여된 것으로 생각되었는데, 이 특권은 물론 다윗과 그의 후손에게 부여되었다(시 2:6-9; 89:26-28; 110:1-4; 참조. 삼하 7:12-14; 대상 17장).[165] 바로 하나님과 왕 사이의 이 관계가 기름 부음을 받은 메시아가 하나님의 영의 통로로 작동하고(삼상 16:13; 사 11:1-2; 61:1-3; 「솔로몬의 시편」 17:22, 37; 18:5-7), 하나님의 통치를 공유 및 대표하며(예컨대 시 89:20-37), 의와 평화로 하나님의 백성을 목양할 수 있게 해준다(시 72:1-3; 겔 34장; 「솔로몬의 시편」 17:32).[166] 왕은 하늘에서의 하나님 자신의 제왕적 통치를 반영하는 조화와 질서를 만들고 확립함으로써 우주를 안정시킨다고 생각되었다.[167] 왕이 하나님의 통치에 참여하는 것이 백성들에 대한 하나님의 선물들을 가져오는 것으로 생각되었는데 특히 의로움, 적들에 대한 통치, 그리고 내적 평화와 번영이 그런 선물에 포함되었다.[168] 이스라엘의 기름 부음을 받은 자에게 하나님의 권위와 통치를 부여한 것은 이스라엘에게 독특한 것이 아니었고 고대 근동 및 헬레니즘 시대

165 다음 문헌들을 보라. Collins and Collins, *Son of God*, 25-30; John H. Eaton, *Kingship and the Psalms* (SBT 32; London: SCM, 1976), 146-49. 이스라엘의 왕의 직분을 고대 근동의 왕의 직분들의 맥락에서 말하는 Mowinckel은 "따라서 왕은 지상에 있는 신들의 대표자, 신 또는 신들의 집사다"라고 진술한다. 신들은 왕을 통해서 자기들의 힘과 주권을 행사하며, 왕은 그를 통해서 축복과 행복과 풍요가 신들로부터 내게 흘러오는 통로다"(*The Psalms in Israel's Worship*, 1:51). 다윗 언약에 관해서는 많은 문헌이 있지만 특히 Scott W. Hahn, *Kinship by Covenant: A Canonical Approach to the Fulfillment of God's Saving Promises* (AYBRL; New Haven: Yale University Press, 2009), 176-213을 보라.

166 하나님의 영을 받는 존재로서의 메시아에 관해서는 Johnson, *Sacral Kingship in Ancient Israel*, 15-19을 보라.

167 Whitelman, "Israelite Kingship," 129-30을 보라.

168 정의와 의에 관해서는 다음 구절들을 보라. 시 72:1-4a; 사. 11:4-5; 「솔로몬의 시편」 17:32. 적들의 격퇴에 관해서는 다음 구절들을 보라. 창 49:10-12;민 24:17-19; 시 72:4b, 8-11; 「바룩2서」 39-40장, 70-72장. 평화와 번영에 관해서는 다음 구절들을 보라. 시 72:15-16; 132:15; 144:11-14; 사 11:6-9.

와 로마 시대의 왕권 개념을 특징짓는 요소였다. 우리의 목적상 이 대목에서 중요한 점은 그 제왕적 인물이 하나님께 종속된 대리인으로서 그의 직무는 통치가 아니라 하나님의 신민들에게 신적 유익을 하사함으로써 하나님 대신 행동하는 일이었다는 것이다.[169] 왕은 **하나님의 통치를 공유**하는 제왕적 대리인이고, 하나님이 그를 통해 행동하는 통로로서 행동한다.

제왕시들의 중추적인 소망 중 하나는 하나님이—종종 **크리스토스**로 묘사된—자신이 "택한" 왕(시 89:3, 20; 132:11)을 통해 사람들에 대한 지배를 온 세상에 확대함으로써 하나님의 나라를 확립하리라는 것이다.[170] 이 제왕시들은 자주 왕과 왕의 통치에 대한 격렬한 반대를 묘사하는데, 이때 하나님의 원수들과 왕들의 원수들이 종종 우주적이고 신화적인 언어로 묘사된다(가령 다음 구절들을 보라. 시 2:1-3; 45:5; 69:9-10; 72:9; 참조. 시 46:3-6; 48:4-8).[171] 왕의 적들은 추가로 "여호와와 그의 기름 부음 받은 자"(κατὰ τοῦ

---

169 "인간의 이상적인 상태는 최고의 주권자인 하나님께 통치를 받는 것이다. 하나님이 그의 인간 대리인인 왕을 통해 통치할 때 평화, 조화, 그리고 미덕의 이상적인 상태가 향유된다. 즉 하나님의 통치를 공유하는 것은 왕을 인간에게 하나님의 통치의 혜택을 배분하는 위치에 둔다"(Smith, *Christ the Ideal King*, 175).

170 제왕시의 일반적인 분류에 관해서는 다음 문헌들을 보라. Eaton, *Kingship and the Psalms*, 1-86; Mowinckel, *Psalms in Israel's Worship*, 1:42-80. 하나님이 선택한 자로서의 다윗 가문의 왕에 관해서는 Hans-Joachim Kraus, *Theology of the Psalms* (Minneapolis: Fortress, 1992), 109을 보라. Scott R. A. Starbuck은 제왕시들은 그 시들이 메시아라는 용어를 사용하고 메시아에 초점을 맞춘다는 사실을 통해 통일된다고 주장한다(*The Court Oracles in the Psalms: The So-Called Royal Psalms in Their Ancient Near Eastern Context* [SBLDS 172; Atlanta: SBL, 1999], 121).

171 J. J. M. Roberts, "The Enthronement of Yhwh and David: The Abiding Theological Significance of the Kingship Language of the Psalms," *CBQ* 64 (2002): 675-86; Jerome F. D. Creach, *The Destiny of the Righteous in the Psalms* (St. Louis: Chalice, 2008), 54-69. Eaton은 다음과 같이 진술한다: "우리는 왕이 하나님과 하나님의 백성의 독특한 대표자이고 따라서 이 땅의 사회들을 공격하는 모든 악한 세력의 공격 대상이라는 인상을 받는다"(*Kingship and Psalms*, 137).

κυρίου καὶ κατὰ τοῦ χριστοῦ)를 파괴하려고 하는 정치적 통치자들, 즉 "세상의 군왕들"(οἱ βασιλεῖς τῆς γῆς)과 "관원들"(οἱ ἄρχοντες)로 묘사된다(시 2:2-3).[172] 이런 반역들에 대한 하나님의 대응은 왕을 그의 박해에서 구하고(시 18:4-6, 43-48; 20-21편),[173] 그에게 하나님 자신의 제왕적 통치의 몫을 줌으로써 그를 즉위시키는 것이다.[174] 따라서 시편 110편에서 하나님은 왕에게 하나님의 보좌를 공유하도록 초대함으로써 왕을 그들의 적들 위로 높인다.

> 여호와께서 내 주에게 말씀하시기를 "내가 네 원수들로 네 발판이 되게 하기까지 너는 내 오른쪽에 앉아 있으라" 하셨도다. 여호와께서 시온에서부터 주의 권능의 규를 내보내시리니 주는 원수들 중에서 다스리소서(시 110:1-2).[175]

---

172 시 2:1-3에 관해 말하면서 James L. Mays는 다음과 같이 진술한다: "[3절의] 문제는 권력을 장악하고 통합한 정부들과 통치자들이 세력의 관점에서 그들의 운명을 해결해나가는 모든 장면을 모은다. 그리고 그것은 모든 획책을 신학적으로 야웨와 그의 기름 부음 받은 자에 대한 반역으로 해석한다"(*The Lord Reigns: A Theological Handbook to the Psalms* [Louisville: Westminster John Knox, 1994], 109).

173 왕의 고통과 그가 자기 적들에 의해 고난받는 것에 관해서는 Johnson, *Sacral Kingship in Ancient Israel*, 22-26을 보라.

174 하나님이 왕을 즉위시키는 것에 관해서는 Kraus, *Theology of the Psalms*, 112-13을 보라.

175 110:1의 70인역의 맥락, 전통-역사, 그리고 신약성서에서의 사용에 관한 상세한 분석은 다음 문헌들을 보라. David M. Hay, *Glory at the Right Hand: Psalm 110 in Early Christianity* (SBLMS 18; Nashville: Abingdon, 1973); Martin Hengel, "'Sit at My Right Hand!': The Enthronement of Christ at the Right Hand of God and Psalm 110:1," in *Studies in Early Christology* (Edinburgh: T&T Clark, 1995), 119-225; W. R. G. Loader, *Sohn und Hoherpriester: Eine traditionsgeschichtliche Untersuchung zur Christologie des Hebräerbriefes* (WMANT 53; Neukirchen-Vluyn: Neukirchener, 1981); idem, "Christ at the Right Hand: Ps cx.1 in the New Testament," *NTS* 24 (1978): 199-217; Juel, *Messianic Exegesis*, 135-50; Klaus Homburg, "Psalm 110,1 im Rahmen des judäischen Krönungszeremoniells," *ZAW* 84 (1972): 243-46.

시편 2편에서 정치적 반역자들에 대한 하나님의 반응 역시 하나님의 아들을 즉위시키는 것이다.

> "내가 나의 왕을 내 거룩한 산 시온에 세웠다." 그리고 "너는 내 아들이라. 오늘 내가 너를 낳았도다. 내게 구하라. 내가 이방 나라를 네 유업으로 주리니 네 소유가 땅끝까지 이르리로다"(시 2:6, 7b-8).

왕이 즉위한 결과 하나님의 기름 부음을 받은 자를 특징짓는 적어도 세 가지 요소가 만들어졌다. (a) 왕은 하나님의 지상의 대표자로 선택되어 하나님의 보좌를 공유하고 하나님의 아들로 임명된다(시 2:7; 89:26-27 참조. 삼하 7:12-14), (b) 왕은 곤경을 당하는 상황에서 구조되고 그의 적들 위로 높여지고(시 2:8-9; 110:2; 참조. 단 7:14), 그들을 다스리도록 초대된다. 그리고 (c) 즉위한 왕은 자기 백성의 평화와 번영으로 특징지어지는 의로운 통치의 시기가 시작되게 한다.[176] 이 제왕적인 인물을 통한 하나님의 통치의 좀 더 현저한 요소 중 하나는 왕이 적들에게 믿을 수 없을 정도의 박해를 받는다는 사실이다. 다윗 왕은 시편 전체에서 **의인**, **탁월한 제왕적 수난자**로 묘사된다(시 7:2; 69:4; 109:3). 왕의 고난으로 말미암아 그는 자주 절망에 빠져 하나님이 자기를 원수들과 죽음에 넘긴 듯이 보이는 상황을 탄식한다(시 22:14-18; 38:5-8). 하지만 왕은 하나님으로부터 돌아서기를 거절하고 하나님이 자기를 구조하리라는 소망과 신뢰를 유지한다는 점에서 일관성 있게 **의롭**

176 이 대목에서 내가 초기 그리스도인들이 제왕시를 전용한 것을 가리키는 것이 아니라 고대 이스라엘에서 왕의 즉위의 환경을 지칭하는 것임을 명백히 할 필요가 있다. 초기 그리스도인들의 전용에 관해서는 Matthew W. Bates, *The Birth of the Trinity: Jesus, God, and Spirit in New Testament and Early Christian Interpretations of the Old Testament* (Oxford: Oxford University Press, 2015), 62-79을 보라.

다고 묘사된다.[177]

하나님의 제왕적 아들의 통치와 백성의 유익 사이에는 밀접한 관계가 있다. 왕이 자기 백성을 통치하고 왕의 적을 격퇴하면 그의 신민들에 대한 평화와 번영의 시기가 시작되리라고 믿어졌다.[178] 예컨대 시편 72편에서 왕의 생명과 통치(5-6, 15절)가 "백성의 번영"(3절), "평강의 풍성"(7절), 그리고 "땅에 곡식의 풍성"(16절)을 가져오리라고 기대된다. 따라서 시인은 왕이 "바다에서부터 바다까지와 강에서부터 땅끝까지 다스리리니 광야에 사는 자는 그 앞에 굽히며 그의 원수들은 티끌을 핥을" 것을 기도한다(8-9절; 참조. 창 49:8-12; 민 24:17-19; 슥 9:10). 하나님의 왕위 확립은 왕으로 하여금 "그의 앞에서 그 대적들을 박멸하며 그를 미워하는 자들을 칠" 수 있게 해준다(시 89:23). 이 의로운 왕의 통치는 "모든 민족이 그로 말미암아 복을 받게" 할 것이다(시 72:17). 시편 5편의 끝부분은 "주께 피하는자"(v. 11), 즉 왕의 통치에 복종하는 자는 복을 받고 멸망하지 않을 것(9-10절)이라고 선언한다. 왕이 의로운 자를 보호하고 행악자들로부터 지켜줄 것이다(시 101:5-8). 왕은 백성을 보호하고 적으로부터 구원한다(시 72:1-4, 12-14). 왕의 자기 백성 통치는 하나님 자신의 "성실함과 인자함"으로 특징지어진다(시 89:24). 시편 144편에서 왕은 자기 백성이 그 땅에서 보호, 평화, 그리고 풍요를 누릴 수 있도록 자기를 원수들에게서 구원해 줄 것을 기도한다(11-14

---

177 누가-행전에서 왕의 고난의 적실성에 관해서는 나의 "Luke's Scriptural Suffering Messiah," 255-74을 보라. 시편에서는 Lucass, *The Concept of the Messiah in the Scriptures of Judaism and Christianity*, 73-91을 보라.

178 "왕에 대한 하나님의 생명의 선물은 백성에게 생명도 가져온다"(Eaton, *Kingship and the Psalms*, 156). 그리스도가 오기 전의 유대교에서 성도들이 하나님의 통치를 공유하는 것에 관해서는 M. David Litwa, *We are Being Transformed: Deification in Paul's Soteriology*(BZNW 187; Berlin: de Gruyter, 2012)를 보라.

절).[179] 시편 22편에서 하나님이 왕에게 생명과 구원을 수여하면(20-25절) 가난한 자들에게 음식이 생기고(26절) 하나님께 대한 봉사와 예배가 드려질 것이다(27-31절). 하나님이 "그의 손을 바다 위에 놓으며 오른손을 강들 위에 놓으므로" 왕은 우주를 안정시키고 우주를 다스리기까지 한다(시 89:25).

이스라엘의 예언서들에 나타난 왕권 담론

이스라엘의 예언서들이 이스라엘 역사의 다양한 시기에 출현했고 다양한 지방과 역사적 상황에서 나왔음에도 예언서 곳곳에 백성에게 하나님의 자애로운 통치를 펼칠 의로운 **다윗 가문의** 왕에 대한 기대에 관한 풍부한 정보가 들어 있다.[180] 사실 이스라엘의 시편의 제왕시들과 마찬가지로 이스라엘의 많은 예언서도 그들의 유배의 운명의 역전과 의로운 다윗 가문의 왕의 통치하의 평화로운 황금기로의 복귀를 고대한다.[181] 미래에 나타날 통치자가 다윗의 자손이라는 점은 "다윗과 그의 왕국의 보좌에 끝없는 평화가 있을 것"(사 9:7, 개역개정을 사용하지 아니함)이라는 텍스트와 왕이 "이새의 줄기에서 한 싹이 나며 그 뿌리에서 한 가지가 나서"(사 11:1; 참조 11:10) 임할 것이라는 텍스트에서 명확하게 표현된다.[182] 예레미야서는 하나님이 "다윗

---

179 Eaton, *Kingship and the Psalms*, 166을 보라.

180 그 점에 관해서는 다음 문헌들을 보라. Lucass, *The Concept of the Messiah in the Scriptures of Judaism and Christianity*, 94-121;Daniel I. Block, "My Servant David: Ancient Israel's Vision of the Messiah," in *Israel's Messiah in the Bible and the Dead Sea Scrolls* (ed. Richard S. Hess and M. Daniel Carroll R.; Grand Rapids: Baker Academic, 2003), 17-56, 특히 41-49; Schreiber, *Gesalbter und König*, 49-59.

181 이에 관해서는 특히 Joseph Blenkinsopp, *David Remembered: Kingship and National Identity in Ancient Israel*(Grand Rapids: Eerdmans, 2013)을 보라.

182 H. G. M. Williamson, "The Messianic Texts in Isaiah 1-9," in *King and Messiah in Israel*

에게 한 의로운 가지를 일으킬" 때를 기대한다(렘 23:5; 참조. 33:15, 17, 21-22 MT). 다윗 가문의 통치자가 율법을 준수하는 유다 왕들을 대신할 것이다(렘 17:19-25; 22:4).[183] 에스겔서는 "한 목자, 내 종 다윗"으로 지칭된 다윗 가문의 새로운 통치자를 고대한다(겔 34:23-24; 참조. 17:22).[184] 미가서는 "한 별이 야곱에게서 나오기"를 고대하는 발람의 예언적 신탁(민 24:17)을 상기하는 언어로 유다 족속 중에서 나와서 하나님의 양 떼를 평화롭게 통치하고 돌볼 왕에 대해 예언한다(미 5:2-5).[185] 호세아서는 이스라엘이 하나님께 돌아올 때 그들이 "그들의 왕 다윗"도 찾을 것이라고 선언하며(호 3:5), 아모스서는 이스라엘의 회복을 하나님이 "다윗의 무너진 장막을 일으킬" 때로 말한다(암 9:11). 이것을 통해 창조세계의 갱신과, 선한 왕들과 황금기로의 복귀 사이의 편만한 관계를 상기시키는 "안전, 다산, 풍요"로 특징지어지는 시대가 찾아온다.[186] 스가랴서는 그 왕을 "내 종 싹[가지]"으로 지칭한다(슥 3:8; 참조. 6:12; 사 4:2; 53:2). 스가랴서의 도래하는 왕은 전쟁에서 승리함으로써 나라들에 평화를 가져온다(슥 9:9-10).[187] 다윗 가문의 통치자는 자기

---

and the Ancient Near East, 239-70; P. D. Wegner, *An Examination of Kingship and Messianic Expectation in Isaiah 1-35* (Lewiston, NY: Edwin Mellen, 1992). Blenkinsopp, *David Remembered*, 134-37; Fitzmyer, *The One Who Is to Come*, 33-39.

183 이것이 슥 9:9-10에 나타난 다윗 가문의 통치자의 제왕적 도래를 낳았을 수도 있다. Blenkinsopp, *David Remembered*, 118-19을 보라.

184 에스겔서가 좀 더 이른 시기의 제왕 이데올로기를 재작업한 데 대해서는 특히 Daniel I. Block, *Beyond the River Chebar: Studies in Kingship and Eschatology in the Book of Ezekiel* (Eugene, OR: Wipf and Stock, 2013)을 보라. 양을 치는 이미지에 관해서는 Lucass, *The Concept of the Messiah in the Scriptures of Judaism and Christianity*, 98-99을 보라.

185 Blenkinsopp, *David Remembered*, 129.

186 Ibid., 137.

187 스가랴서와 메시아 신앙에 관해서는 다음 문헌들을 보라. Wolter H. Rose, *Zemah and Zerubbabel: Messianic Expectations in the Early Postexilic Period* (JSOTSup 304; Sheffield: Sheffield Academic, 2000); Blenkinsopp, *David Remembered*, 71-103.

백성에게 정의와 의로움을 가져올 것이다(사 9:7; 11:3-5; 32:1; 렘 23:5-6; 겔 34:16, 23-24). 에스겔서는 그 땅에서 하나님의 백성을 평화롭고 안전하게 보살필 다윗 왕의 영원한 통치를 고대한다(겔 37:24-27). 에스겔 40-48장에서 그 통치자는 주로 성전 예배를 돌볼 책무를 맡는다(겔 44:3; 45:13-25; 46:2-15). 그 왕은 이사야서에서 "전능하신 하나님, 영존하시는 아버지"(사 9:6b)와 "임마누엘"(사 7:14)—이는 야웨께 속한 이름들이다—로 언급되듯이 하나님과 밀접한 관계가 있고 아마도 신성을 공유할 것이다.[188]

제2성전기 텍스트들에 나타난 왕권 담론

과거 50년 동안 많은 학자가 제2성전기/초기 유대교에 나타난 메시아 대망의 문제에 몰두했는데, 그 대망의 통일성 또는 다양성, 메시아의 구성 요소에 관한 정의, 메시아의 내용 또는 기능, 메시아에 대한 대망의 편만성 또는 결여의 문제가 대두되었다.[189] 일부 초기 유대교 텍스트들은 계속 도래하는

188 야웨와 왕 사이의 밀접한 관계에 관해서는 Litwa, *IESUS DEUS*, 188-91을 보라.

189 Jacob Neusner, William. S. Green, and Ernest Frerichs, ed., *Judaisms and Their Messiahs at the Turn of the Christian Era*(Cambridge: Cambridge University Press, 1987)에 수록된 대다수 논문은 "메시아"라는 용어에 고정된 내용이 없다고 주장하면서 **유대교의 메시아 신앙**을 지나치게 고양하는 소위 기독교 의제에 반대한다. 학자들이 실제로는 메시아라는 용어를 포함하지 않는 텍스트들을 **메시아** 텍스트로 분류하여 그 용어를 광의로 사용하는 데 대한 반대는 다음 문헌들을 보라. James H. Charlesworth, "The Concept of the Messiah in the Pseudepigrapha," *ANRW* 2.19.1, 188-218; M. de Jonge, "The Use of the Word 'Anointed' in the Time of Jesus," *NovT* (1966): 132-48; Schreiber, *Gesalbter und König*. Kenneth Pomykala는 성경의 다윗에 관한 텍스트와 유대교의 메시아 신앙 사이의 관계의 중요성 또는 존재에 의문을 제기했다(*The Davidic Dynasty in Early Judaism*). 그러나 Laato, *A Star is Rising*을 보라. Oegema는 유대교의 메시아 텍스트들이 성경의 선구자들을 재작업하는 방식과 그 텍스트들이 당대의 정치적 상황에 대응하는 방식을 모두 보여 준다(*The Anointed and His People*). Andrew Chester는 "메시아"라는 용어가 어떤 텍스트가 메시아에 관한 것인지를 결정하는 유일한 기준이 되어서는 안 된다고 주장한다(*Messiah and Exaltation: Jewish Messianic and Visionary Traditions and New Testament Christology* [WUNT 207; Tübingen:

제왕적 인물을 고대했고 **또한** 몇몇 텍스트들은 이상적인 왕에 관해 숙고한다. 그 텍스트들이 그렇게 하는 방법 중 하나는 이전 시기의 유대교의 왕권 텍스트들**과** 그리스의 왕권 텍스트들을 창의적으로 재작업하는 것이다. 예컨대 「솔로몬의 시편」은 시편 2편에 기록된 메시아적 심판을 집행할 다윗 가문의 의로운 왕을 고대하는데, 그 텍스트에서 하나님의 아들은 "죄인들의 교만을 토기장이의 항아리처럼 부수고 쇠 막대기로 그들의 모든 실체를 박살낸다"(「솔로몬의 시편」 17:23b-24; 참조. 시 2:9). "오, 하나님, 그들에게 주님의 종 이스라엘을 다스릴 그들의 왕, 다윗 가문의 아들을 일으키소서"라는 기도"(「솔로몬의 시편」 17:21)는 사무엘하 7:12-14, 아모스 9:11, 그리고 예레미야 23:5을 암시한다. 「솔로몬의 시편」 17-18장 여러 곳에서 저자는 "메시아 개념을 형성하는데, 거기서 이미 더 이상 존재하지 않는 뭔가—다윗 가문의 의로운 왕 메시아—가 기대되고 이상화된다."[190] 이 시기에 나온 많은 텍스트가 창세기 49:10, 민수기 24:17, 그리고 이사야 11:1-10이 정의를 가져올 왕과 재판관에 대한 제왕적 기대 속으로 재작업되고 변화되었다는 증거를 제공한다.[191] 그 텍스트들이 유대교 텍스트이든 유대교적 기독교 텍스트이든 「열두 족장의 유언」은 하나님이 유다의 계보에서 왕을 일

Mohr-Siebeck, 2007]). 증거에 대한 세련된 최대주의 견해, 그리고 메시아에 대한 기대의 통일성과 편만성을 주장하는 견해에 관해서는 Horbury, *Jewish Messianism and the Cult of Christ*를 보라.

190 Oegema, *The Anointed and His People*, 107.

191 예컨대 다음 문헌들을 보라. 「시빌라의 신탁」 3.767-808; 「레위의 유언」 17.2-11과 18.2-9; 「유다의 유언」 24장; 1Q28b; 1QM 11:6-7; 4Q252; 4QFlor; 4Q161; Philo, *Moses* 1.290; Josephus, *War* 6.310-12(참조. Tacitus, *Hist*. 5.13; Suetonius, *Vesp*. 4); 「에녹1서」 49:1-4. 다음 문헌들을 보라. Oegema, *The Anointed and His People*, 294-99; Novenson, *Christ among the Messiahs*, 57-58. 신약성서의 증거를 사용하면 (제왕/왕위 기대와 숙고에 대한 증거에서 배제할 좋은 이유가 없다) 그 목록이 풍부해질 것이다.

으키고 레위의 계보에서 제사장을 일으켜서 그 백성에 대한 하나님의 평화로운 통치를 가져올 것을 기대한다(「시므온의 유언」 7:1-2; 「레위의 유언」 2:11; 「납달리의 유언」 8:1-3; 「갓의 유언」 8:1). 노벤슨은 게르베른 S. 오에마의 중요한 연구에 다소 의존해서 제2성전기 유대교에서 "메시아 텍스트는 모두… **개념화**(*Konzeptualisierung*) 과정의 산물인데, 그 과정에서 성경의 전승이 당대의 정치적 실재의 유비를 통해 재해석되어 각각의 메시아 인물이 독자들이 익숙한 지배적인 권력 구조의 이미지를 지닌다"고 올바로 지적한다[192] 몇몇 유대교 텍스트에서도 그리스의 왕권 담론 재작업을 통해 이 재개념화가 일어난다. 예컨대 필론의 「요셉의 생애」(*Life of Joseph*)는 성경에 등장하는 인물에 대해 지혜, 미덕, 절제, 법률 준수를 구현하며 신과 같은 이상적인 정치가의 초상을 구축한다(80-87; 157-174). 이곳에서 모세는 이상적인 통치자로 묘사되고 헬레니즘 시대 제왕의 거의 모든 미덕과 기능을 구현하지만, 그중에서도 특히 법을 가장 명확하게 구현하며 따라서 살아 있는 법으로 기능한다(2.4-11, 36-48).[193] 마찬가지로 스미스는 요세푸스의 『유대 고대사』(*Jewish Antiquities*)에서 솔로몬이 "네 가지 기본적인 미덕인 지혜, 용기, 절제, 그리고 정의를 소유했음"(8.34)을 보여 주었다.[194] 솔로몬은 철학자 왕이고 완벽하게 절제한다(8.42-44). 그는 경건하고, 성전 건축자이며, 법률 선전자다(7.338-56; 8.51-52). 그는 자기 백성에게 평화와 자유를 확보해준다(7.337, 372; 8.21).[195] 요컨대 그는 적어도 헬레니즘 시대의 군주만큼 선하며

---

192 Novenson, *Christ among the Messiahs*, 61.

193 필론이 모세를 왕으로 묘사한 것은 실제 성경 내러티브에 관한 몇몇 중요한 성경 해석상의 통찰이 없지 않다. J. R. Porter, *Moses and Monarchy* (Oxford: Basil Blackwell, 1963)를 보라.

194 Smith, *Christ the Ideal King*, 157.

195 특히 Louis H. Feldman, *Josephus's Interpretation of the Bible* (Berkeley: University of California Press, 1998), 509-629을 보라.

아마도 그들보다 나을 것이다.[196] "아리스테아스의 편지"(*Letter of Aristeas*)는 그리스의 왕권에 관한 뛰어난 유대교 자료다.[197] 그 편지에 따르면 프톨레마이오스가 유대교의 성경을 그리스어로 번역해 줄 유대교 장로들을 1주일 동안의 연회에 초대했다. 이곳에서 프톨레마이오스는 그들에게 일흔두 가지를 물었는데 그 질문들의 대다수는 왕권 담론에 초점이 맞춰졌다. 유대교 장로들에게서 나온 답변들은 왕이 경건(210, 229, 234), 정의(209, 291-92), 절제(277-78), 그리고 신적인 은전을 가져오는 관대한 정신(205, 210, 259)을 지녀야 할 것을 암시한다.

위에서 그리스-로마 및 이스라엘-유대 문헌에 나타난 왕권 담론을 간략하게 요약한 내용은 일화적이고 종합적이지 않지만, 왕권 담론이 널리 퍼져 있다는 사실은 본서의 중요한 요점, 즉 믿을 수 없을 정도로 많은 1차 자료(중요한 문헌 자료)가—정치적이든, 철학적이든, 선전 목적이든, 또는 다른 내용이든 간에—선한 왕에 관한 숙고에 할애되었다는 것을 예시한다. 뒤에 나오는 각 장들은 바울 서신들에서 왕권 담론의 존재를 가정한다기보다는 그것을 뒷받침하는 논증을 펼치지만, 그 요약은 바울이 자기의 독자들이 왕권 이데올로기에 친숙했다고 기대했을 수 있음을 암시한다. 그러나 나의 논증에서 나는 **왕권 담론이 도처에 편만하기 때문에 반드시 그랬어야 했던 내용**에 호소하지 않으며, 나의 논증은 바울의 청중이 들었을지도 모르는 내용을 재구성하기라는 불가능한 과제(그것은 명백히 불가능한 과제다)에

196 요세푸스에 관해 좀 더 자세한 내용은 ibid., 155-62을 보라. 그러나 요세푸스는 대중적인 메시아 기대에 관해 그다지 우호적으로 말하지 않는다(예컨대 『유대 전쟁사』 2.57-62; 『유대 고대사』 17.273-278).

197 아리스테아스에 관해서는 다음 문헌들을 보라. Ibid, 133-42; Oswyn Murray, "Aristeas and Ptolemaic Kingship," *JTS* 18 (1967): 337-71; Erich S. Gruen, *Heritage and Hellenism: The Reinvention of Jewish Tradition* (Berkeley, CA: University of California Press, 1998), 202-22.

의존하지도 않고, 바울이 숨겨진 사본을 사용했다는 가정에 호소하지도 않는다.[198] 오히려 나의 논증은 바울의 텍스트들을 세심하게 읽고 바울의 텍스트들에 대한 바울의 언어상 및 개념상의 자료들이 선한 왕 개념이었음을 보여 주는 데 의존한다. 마지막으로, 나는 본서에서 에베소서와 골로새서의 저자가 바울인지에 관해서 의견을 제시하지 않지만, 본서의 논의에 그 서신들을 포함한다.[199] 마찬가지로, 나는 빌립보서 2:6-11과 골로새서 1:15-20에 수록된 찬송들이 바울 서신이 저술되기 전에 쓰인 것인지에 관해 계속되고 있는 논쟁에 끼어들려고 하지도 않는다. 이 중요한 사안들에 관해 독자들이 어떤 입장을 취하든 간에 우리는 이 텍스트들이 바울에 의해 쓰였거나 **아니면** 그것들이 바울의 교회의 세력권 안에 들어오게 되었음을 긍정할 수 있다.

나는 다음 장들에서 왕권 담론이 바울의 기독론적 언어에 대한 **하나의**

---

198 예컨대 James Harrison이 바울의 청자들이 들었을 가능성이 있는 내용을 자주 언급하는 것을 보라(*Paul and the Imperial Authorities at Thessalonica and Rome*, 86, 100-101, 104, 110, 138). 이것은 N. T. Wright가 바울이 로마 제국의 선전과 공유한 단어들(가령 복음, 주, 정의)을 사용한 것은 바울의 선교가 "제국에 반대하며 로마 제국의 전체 체계에 파괴적이라고 생각되었을 수밖에 없다.…"는 그의 이전 주장에서도 마찬가지다("Paul's Gospel and Caesar's Empire," in *Paul and Politics: Ekklesia, Israel, Imperium, Interpretation* [ed. Richard A. Horsley; Harrisburg PA: Trinity International Press, 2000], 160-83, 특히 162). 이 주장의 많은 부분은 Adolf Deissmann, *Light from the Ancient Near East* (trans. L. R. M. Strachan; 4th rev. German ed.; London: Hodder and Stoughton, 1927), 338-78에 거슬러 올라간다. 다음 문헌들도 보라. Dieter Georgi, *Theocracy: In Paul's Praxis and Theology* (Minneapolis: Fortress, 1991); Richard A. Horsley, ed., *Paul and Politics: Ekklesia, Israel, Imperium, Interpretation* (Harrisburg PA: Trinity International, 2000). 바울이 "숨겨진 사본"을 사용했다고 주장하는 사람들에 대한 강력한 비판은 Barclay, "Why the Roman Empire Was Insignificant to Paul," 381-82을 보라.

199 에베소서와 골로새서가 제2의 바울의 저작이라는 비평학자들의 정통적인 입장에 대한 최근의 도전은 Douglas A. Campbell, *Framing Paul: An Epistolary Biography*(Grand Rapids: Eerdmans, 2014)를 보라.

자료로 기능하며 율법에 대한 바울의 긍정적인 진술, 에베소서와 골로새서에 수록된 그리스도 찬송, 바울의 참여 구원론, 그리고 로마서에 나타난 바울의 정의 언어를 이해하기 위한 **가장 유용한 틀**을 제공한다고 주장한다. 즉 바울은 "왕과 법률"(2장), "왕과 찬양"(3장), "왕과 왕국"(4장), "왕과 정의"(5장)라는 정치적 이데올로기에 관해 숙고하며, 예수의 삶, 죽음, 그리고 부활 및 초기 그리스도인들의 계속된 그리스도 체험을 통해 정치적 이데올로기를 재작업하고 적응시킨다. 이후의 장들은 바울이 상징적인 우주와 그의 교회들의 사회적 실존의 지도를 다시 그릴 수 있는 새로운 제왕 이데올로기를 만든 가장 중요한 방식 몇 가지를 예시할 것이다.

2장

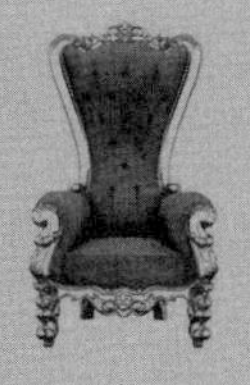

왕과 법률:
살아 있는 법으로서
왕이신 그리스도

"…다른 모든 사람의 미덕보다 뛰어난 미덕을 지닌 사람이 나올 때마다…이 개인이 왕이 된다."[1]

"군주제는 한 사람에게 책임이나 통제 없이 자기가 마음대로 할 수 있게 허용하는데, 우리가 어떻게 그것을 건전한 윤리 체계에 부합하게 만들 수 있는가?"[2]

"법이 왕이다."[3]

---

1 Aristotle, *Pol.* 1288a.

2 민주주의가 가장 좋은 정부 형태라고 주장한 오타네스의 연설(Herodotus, *Hist.* 3.80).

3 Pindar, Herodotus in *Hist*. 3.38에서 기록된 내용. 그것에 관해서는 Erich S. Gruen, *Rethinking the Other in Antiquity* (Princeton, NJ: Princeton University Press, 2011), 23-25을 보라. 변절한 스파르타의 데마라토스가 크세르크세스에게 스파르타의 삶의 방식에 관해서 한 연설을 주목하라: "그들은 자유롭지만, 완전히 자유로운 것은 아닙니다. 그들에게는 주인이 있는데 그 주인은 법입니다. 그들은 폐하의 신민들이 폐하를 두려워하는 것보다 법을 훨씬 더 두려워합니다"(Herodotus, *Hist.* 7.104).

무엇이 가장 좋은 정치 체제인가? 성문법이 최고 권위를 지니고 지배해야 하는가? 그리고 그래야 한다면 누가 이 법을 제정하는가? 덕망이 매우 높은 사람이 군주로 다스리는 것이 더 나은가? 우리가 어떻게 사람들이 법률에 순종하게 할 수 있는가, 또는 대안적으로 왕의 미덕을 확보할 수 있는가? 그리고 시민의 조화, 단합, 우정을 확보하기 위한 가장 좋은 정치적 조치들은 무엇인가? 그리스 시대와 로마 시대의 철학자들이 이런 표준적인 정치적 질문들을 자주 논의했지만 그런 질문들은 좀처럼 우리가 초기 그리스도인들의 율법 이해와 특히 바울의 율법 이해를 이해하는 데 관련이 있다고 생각되지 않았다.[4] 사실 몇몇 학자는 만일 바울이 율법에 관해 의미 있는 말을 한 적이 있다면 그것은 확실히 부정적인 말이거나 기껏해야 새로운 계시가 율법을 초월하고 상대화한다는 말일 것이라고 주장할 것이다.[5] 그 주장은 별로 도움이 되지 않았고, 토드 A. 윌슨에 따르면 율법에 관한 바울의 가장 긍정적인 진술—"그리스도의 (율)법"이라는 모호한 어구(갈 6:2과 고전 9:21)—은 해석자들을 당혹하게 만들었고 설득력 있는 언어상 또는 개념상의 배경이 없는 상태로 남아 있다.[6] 그 어구에 대한 의미 있는 배경을 발

4 에베소서와 관련하여 제왕 담론의 적실성이 Julien Smith, *Christ the Ideal King: Cultural Context, Rhetorical Strategy, and the Power of Divine Monarchy in Ephesians*(WUNT 2.313; Tübingen: Mohr-Siebeck, 2011)에 의해 설득력 있게 제시되었다.

5 초기 기독교에서의 율법의 역할 및 유대교와 로마(양자 모두 법에 관심을 기울였다)에 대비했을 때 기독교의 독특성에 관한 재미있는 논의는 Luke Timothy Johnson, "Law in Early Christianity," in *Contested Issues in Christian Origins and the New Testament: Collected Essays* (NovTSup 146; Leiden: Brill, 2013), 643-58을 보라.

6 Todd A. Wilson, "The Law of Christ and the Law of Moses: Reflections on a Recent Trend in Interpretation," *CBR* 5 (2006): 123-44, 특히 131. David G. Horrell, *Solidarity and Difference: A Contemporary Reading of Paul's Ethics* (London/New York: T & T Clark, 2005), 222-31에 수록된, 이 어구에 관한 학계의 논의에 관한 유용한 검토도 보라. Andrew Chester, "The 'Law of Christ' and the 'Law of the Spirit,' in *Messiah and Exaltation: Jewish Messianic and Visionary Traditions and New Testament Christology* (Tübingen: Mohr-Siebeck,

견하지 못한 학자들은 종종 그것을 반어적이라거나 장난이라거나 아무렇게나 쓴 것으로 묘사한다. 어떤 학자는 그 어구를 메시아 시대에 적용될 새로운 토라에 관한 언급으로 보며,[7] 일부 학자는 종말론적인 "시온-토라"로 보고(참조. 렘 31:31-34; 겔 36:22-28; 사 2:2-4),[8] 또 다른 학자는 모세의 율법으로 보고,[9] 혹자는 그리스도인의 윤리적 행동을 위한 간단한 원칙이나 기준으로 보고,[10] 어떤 학자는 예수의 가르침으로 볼[11] 정도로 이 어구는 혼란스럽다. 더욱이 많은 학자가 바울이 이스라엘의 율법과 관련해서 그리스도에 관해 긍정적으로 말하는 것을 발견하고 놀란다. 특히 바울이 그리스도와 율법을 대조하고 인간이 율법에 복종할 수 없음을 강조하는 서신들에서 그렇게 하는 데 놀란다(가령 갈 2:16; 3:13; 롬 6:14; 8:7). 그렇다면 무엇이 바울로 하여금 "그리스도의 법"(갈 6:2)이라는 어구를 만들어내고, 그리스도가 이스라엘의 율법을 완성했다고 묘사하게 하며(갈 5:14; 롬 8:3-4; 13:8b), 그리스도의 추종자들에게 자신을 본받아서 율법을 완성하라고 권고하게(롬 13:8-10; 갈 6:2) 했는가?

2007), 537-60, 특히 537-69도 보라.

7 W. D. Davies, *Torah in the Messianic Age and/or the Age to Come* (SBLMS; Philadelphia: Society of Biblical Literature, 1952), 90-91; idem, *Paul and Rabbinic Judaism: Some Rabbinic Elements in Pauline Theology* (rev. ed.; New York/Evanston: Harper & Row, 1948), 147-76. 비슷하게 주장하는 H. J. Schoeps, *Paul: The Theology of the Apostle in the Light of Jewish Religious History* (trans. Harold Knight; Philadelphia: Westminster, 1961), 171-75을 보라.

8 Peter Stuhlmacher, "The Law as a Topic of Biblical Theology," in *Reconciliation, Law, and Righteousness: Essays in Biblical Theology* (Philadelphia: Fortress, 1986), 110-33, 특히 126.

9 Wilson, "The Law of Christ and the Law of Moses," 123-44.

10 Stephen Westerholm, *Israel's Law and the Church's Faith: Paul and His Recent Interpreters* (Grand Rapids: Eerdmans, 1988), 214.

11 C. H. Dodd, "*Ennomos Christou*," in *More New Testament Studies* (Manchester: Manchester University Press, 1968), 134-48.

내가 아는 한 바울 학자들은 아직 법이나 왕 중 어느 쪽이 최고의 권위를 가지고 다스려야 하는지 및 시민 공동체에 어떻게 조화가 이뤄져야 하는지에 관련된 표준적인 정치적 주제들의 적실성을 발견하지 못했다. 법률(율법) 언어와 제왕 경칭(그리스도)은 적어도 표면상으로는 바울이 그의 독자들이 알아차렸을 정치적 논쟁을 다루었을 **가능성**을 암시한다. 나는 고대의 왕권 담론, 특히 왕과 법률 사이의 관계에 할애된 논의의 맥락 안에서 이 질문들과 "그리스도의 (율)법"이라는 바울의 모호한 어구가 이해되어야 한다고 제안한다. 고대 왕의 이상적인 역할 중 하나는 내적으로 법을 구현하고 좋은 법을 제정해서 백성을 변화시키고 그들을 법에 순종하도록 이끄는 것이다. 이 고대의 담론은, 가장 좋은 통치는 법이 최고의 권위를 가지고 다스리는 통치가 아니라 덕이 있는 왕이 법에 복종하고 법을 내면화하여 자신이 법의 화신—살아 있는 법—이 되는 통치임을 암시한다. 왕의 신민들이 그들 자신의 성품을 위한 완벽한 패턴을 제공하는 왕을 모방하는, 이러한 제왕의 "살아 있는 법"을 통해서만 그들이 법의 요구를 이행할 수 있다. 백성이 제왕의 살아 있는 법을 모방한 결과는 왕의 신민들 사이의 조화, 우정, 그리고 알력의 근절이다. 따라서 바울은 그리스도와 법에 관한 이러한 **긍정적**인 진술에서 일관성이 없거나 모순되는 것이 아니라, 이 왕권 담론의 언어 자료를 전용하고 있는 셈이다.

나의 논증은 세 부분으로 전개된다. 첫째, 나는 그리스-로마의 텍스트가 이상적인 통치자를 어떻게 종종 "살아 있는 법"—그것의 성격은 신법(神法)과 비슷하다—으로 묘사하는지 논의한다. 신민들은 왕을 모방함으로써 윤리적으로 변화되고 내적 조화를 달성한다. 둘째, 나는 유대 문헌에서 선한 왕은 토라에 헌신하고, 토라에 순종하며, 백성에게 순종의 모델로 기능했음을 보여 준다. 마지막으로 나는 "그리스도의 법"이라는 바울의 어구를 왕권 담론의 맥락에 위치시키며 그가 어떻게 그리스도를 살아 있는 법으로서의 제왕으로 제시하는지를 보여 준다.

그리스와 헬레니즘 시대 왕권 담론에 제시된 살아 있는 법으로서의 이상적인 왕

이상적인 정치 체제 또는 지배 구조에 관한 철학적 논의에서 법과 왕 사이의 적절한 관계가 자주 언급된다.[12] 플라톤과 아리스토텔레스 모두에게 있어서 이상적인 정치 체제는 철학자-왕 또는 우수한 사람이 다스리는 체제다.[13] 왕이 결코 도시의 법을 비웃지는 않지만 구현된 그의 지혜, 이성, 그리고 미덕들은 종종 성문법보다 우수하다고 묘사되었다. 플라톤의 『정치가』(*Statesman*)에서 소크라테스의 대화 상대 중 한 사람이 "법률 제정은 왕의 지식에 속한다.…그러나 가장 좋은 것은 법이 힘을 지니는 것이 아니라 현명하고 제왕다운 특성을 갖춘 사람이 통치자가 되는 것이다"라고 주장한다(294A; 참조. 267C; 293C). 최고의 인간이 지배하고 법률을 제정하면 성문법이 개별적인 상황에 대해 제공할 수 없는 유연성이 제공된다(294B-C; 297A-B).[14] 그러기 위해서는 최고의 인간만 다스려야 하는데 이는 통치자

12 F. W. Walbank, "Monarchies and Monarchic Ideas," in *The Cambridge Ancient History* (vol. 7.1; ed. F. W. Walbank, A. E. Astin, M. W. Frederiksen, and R.M. Ogilvie; Cambridge: Cambridge University Press, 1984), 62-100, 특히 75-81.

13 본서에서 조사된 텍스트 전체에 걸쳐 이상적인 통치자가 매우 덕이 있고 백성 앞에서 미덕과 경건에 대한 모범이 된다는 수사 어구가 계속 등장한다.

14 *The Statesman*에 수록된 왕과 법에 관한 내용은 Christopher Rowe, "The *Politicus* and Other Dialogues," in *The Cambridge History of Greek and Roman Political Thought* (ed. Christopher Rowe and Malcolm Schofield; Cambridge: Cambridge University Press, 2005), 254-61을

가 철학자-왕이어야 한다는 것(*Republic* 473D; 6.484A-502C), 즉 "전문 지식"을 지닌 통치자여야 한다는 것을 의미한다(*Statesman* 293C).[15] 따라서 가장 좋은 정치 체제는 "인간에게 있는 최고의 힘이 최고의 지혜 및 절제와 만나는 체제다"(*Laws* 712A). 이 선한 왕은 도시 국가에 조화를 만들어내고 사람들을 "우정과 감정의 공동체를 통해 공동생활로" 이끈다(*Statesman* 311B-C). 비록 이상적인 정치 체제는 미덕을 갖춘 왕 한 사람의 통치에 놓이겠지만, 필요할 경우 사람들이 통치자들이 그저 "제왕의 법률들"(νόμοις βασιλικοῖς)에 순종하기를 바라기만 할 수도 있다(*Epistle* 8.354C).

아리스토텔레스는 그럴 가능성에 관해 모호한 입장을 보이지만(*Politics* 1286a-1288a), 그는 만일 "최고의 미덕으로 말미암아 매우 뛰어난" 사람이 있다면 그런 사람은 "자신이 법"이라고 주장한다(*Politics* 1284a). "말하자면 정의의 화신(εἶναι οἷον δίκαιον ἔμψυχον)인" 선한 재판관처럼 말이다(*Nicomachean Ethics* 1132a).[16] 그런 사람이 존재한다면 "이 한 사람이 왕이 되고" "모든 사람이 그런 사람에게 순종하는 것"이 옳다(*Politics* 1288a; 참조.

보라. Angela Standhartinger, "Eintracht in Philippi: Zugleich ein Beitrag zur Funktion von Phil 2,6-11 im Kontext," in *Paulus—Werk und Wirkung: Festschrift für Andreas Lindemann zum 70. Geburtstag* (ed. Paul-Gerhard Klumbies and David S. du Toit; Tübingen: Mohr-Siebeck, 2013), 149-75, 특히 153을 보라.

15 추가로 C. D. C. Reeve, *Philosopher-Kings: The Argument of Plato's* Republic(Princeton, NJ: Princeton University Press, 1988)을 보라.

16 Christopher Rowe, "Aristotelian Constitutions," in *The Cambridge History of Greek and Roman Political Thought*," 375도 같은 입장이다. 아브디라의 아낙사르코스가 알렉산드로스 대왕에게 대왕은 자기 백성에게 "법이자 정의(justice)가 무엇인가에 관한 해석이라고 한 진술은 최고의 사람이 다스려야 한다는 플라톤과 아리스토텔레스의 개념을 상기시켜 준다(*Arrian* 4.9.7-8; Plutarch, *Alex.* 52.3-7). David E. Hahm, "Kings and Constitutions: Hellenistic Theories," in *The Cambridge History of Greek and Roman Political Thought*, 457-76, 특히 459을 보라.

1310b).[17] 성문법은 보편적인 사항들에 관해서만 말한다는 점에서 덕이 있는 왕은 "실제 상황을 염두에 두고" 법을 만들 수 있다(1286a).[18]

왕이 "살아 있는 법"이라는 믿음은 철학자-왕의 통치를 이상적인 통치 형태로 본 플라톤과 아리스토텔레스의 견해와 크게 다르지 않다.[19] 크세노폰의 『키루스의 교육』(*Cyropaedia*)에서 키루스는 "자신이 마땅히 되어야 할 사람이 되지 않는다면, 자기가 다른 사람들을 선하고 고상한 행동을 하게 할 수 없다고 생각한" 덕이 있는 통치자다(8.1.12).[20] 키루스는 미덕과 법에 대한 순종의 모범을 통해 그의 신민들을 변화시키고 그들에게서 미덕과 순종을 끌어낸다.

> 그는 그들의 주권자로서 자신이 그의 신민들 앞에서 미덕의 완벽한 모범을 제시하기 위해 노력하는 것보다 미와 선을 향한 욕구를 더 효과적으로 고취하는 방법은 없다고 믿었다. 그는 사람들이 기록된 법을 통해서도 나아질 수 있

---

17 이런 텍스트들에 관해서는 다음 문헌들을 보라. Francis Dvornik, *Early Christian and Byzantine Political Philosophy: Origins and Background* (2 vols.; Dumbarton Oaks Studies 9; Washington, DC: Dumbarton Oaks Center for Byzantine Studies, 1966), 184-86; Rowe, "Aristotelian Constitutions," 371-78.

18 아리스토텔레스의 진술은 인간의 법이 적절하지 않음에 대한 고대 담론을 명확하게 드러낸다. 추가로 Christine Hayes, *What's Divine About Divine Law? Early Perspectives* (Princeton, NJ: Princeton University Press, 2015), 62-66을 보라.

19 "살아 있는 법"으로서의 왕 개념은 "군주의 미덕에서…군주의 통치를 정당화"하는 것으로 거슬러 올라갈 수 있다. Oswyn Murray, "Philosophy and Monarchy in the Hellenistic World," in *Jewish Perspectives on Hellenistic Rulers* (ed. Tessa Rajak et al.; Berkeley, CA: California University Press, 2007), 13-28, 특히 21을 보라.

20 *Cyropaedia*에서 "미덕"의 역할에 관해서는 J. Joel Farber, "The *Cyropaideia* and Hellenistic Kingship," *The American Journal of Philology* 100 (1979): 497-514, 특히 499-501을 보라. 키케로는 크세노폰의 저작을 공정한 통치자에 대한 이상적인 묘사라고 말한다(*Ad Q. Fr.* 1.1.23). *Cyropaedia*의 소설적인 기법들에 관해서는 James Tatum, *Xenophon's Imperial Fiction: On the Education of Cyrus*(Princeton, NJ: Princeton University Press, 1989)를 보라.

> 다고 인식하는 한편, 좋은 통치자란 명령할 수 있을 뿐만 아니라 위반자를 보면 그를 처벌할 수도 있기 때문에 사람들을 보는 눈을 가진 법(τὸν δὲ γαθὸν ἄρχοντα βλέποντα νόμον ἀνθρώποις ἐνόμισεν)이라고 여겼기 때문이었다(8.1.21-22).

따라서 선한 왕인 키루스는 자신이 법을 내면화함으로써 자기 신민들의 윤리적 변화를 실현한다. 왕이 법을 내면화하면 "그의 부하들 편에서의 행동의 교정"이 따라온다(8.1.33). 키루스가 "좋은 통치자는 눈을 가진 법"이라고 생각했다는 진술은 법을 제정하고 법을 공정하게 적용할 수 있는 살아 있는 법으로서의 왕 개념을 표현한다. 그러나 왕의 기준은 "자신의 뜻이 아니라 법"(οὐκ ἡ ψυχὴ ἀλλ' ὁ νόμος ἐστίν, 1.3.18)이고 그의 과제는 "동시에 세상에서 가장 의롭고 법을 준수하는 사람이 되는" 것(1.6.27)이기 때문에 왕을 법과 동일시하는 것은 법의 남용을 초래한다.[21]

왕과 법 사이의 관계에 관해 숙고하는 가장 명시적인 텍스트는 "왕에 관한"(Περὶ Βασιλείας) 신 피타고라스학파의 문헌들이다.[22] 이 문헌들의 기

---

21 Farber는 키루스를 살아 있는 법으로 묘사한 것과 진정한 왕권이 법률에 대한 순종에 놓여 있다는 개념(1.3.18에서 언급되었다)이 모순된다고 생각한다("The *Cyropaideia* and Hellenistic Kingship," 502-5). 하지만 크세노폰은 결코 키루스가 법을 위반하거나 무시하는 것으로 묘사하지 않는다. 사실 키루스를 살아 있는 법으로 기능할 수 있게 해주는 요인은 그가 법에 복종하고 법을 구현했다는 점이다. 이 텍스트 및 헬레니즘 시대의 살아 있는 법으로서의 왕 개념에 관해 Walbank는 "법의 살아 있는 대변자라는 사실이 [왕을] 법을 준수할 의무에서 면제해주지 않는다"라고 올바로 진술한다("Monarchies and Monarchic Ideas," 81).

22 이 문헌들은 Stobaeus, *Anthologium*(5 vols.; ed. C. Wachsmuth and O. Hense; Berlin: Weidmann, 1958)에 보존되었다. 번역과 논평은 Erwin R. Goodenough, "The Political Philosophy of Hellenistic Kingship," *Yale Classical Studies* 1 (1928): 55-102을 보라. 유용한 주석은 Bruno Centrone, "Platonism and Pythagoreanism in the Early Empire," in *The Cambridge History of Greek and Roman Political Thought*, 567-75을 보라. 다음 문헌들도 유

능과 저작 연대는 신비에 가려져 있지만,[23] 우리의 목적상 중요한 점은 그 문헌들이 선한 왕을 그 왕을 모방하는 신민들 사이에 조화를 가져오는 살아 있는 법으로 제시한다는 사실이다.[24] 따라서 아르키타스는 "법과 정의에 관하여"(Περὶ νόμου καὶ δικαιοσύνης)에서 다음과 같이 진술한다.

> 법은 두 종류가 있는데, 살아 있는 법은 왕(ἔμψυχος βασιλεύς)이고, 죽은 법은 성문법이다. 따라서 법은 근본적이다. 법과 관련해서 왕은 적법하고(βασιλεὺς νόμιμος), 통치자직은 적절하며, 피통치자들은 자유롭고, 전체 공동체는 행복하다.…따라서 우수한 사람이 통치하고 열등한 사람이 통치를 받지만 양자 모두 효율성을 지니는 것이 적절하다.…가장 좋은 통치자는 법에 가장 가까운 사람일 것이다. 그러나 그는 자기의 이익을 위해서는 아무것도 하지 않고 자기의 신민들을 위해서만 행동할 것이다.[25]

그 주장들은 플라톤과 아리스토텔레스의 아이디어들이 발전한 것으로 보일 수도 있다. 선한 왕은 법률에 따라 통치하는 최고의 사람이며, 그의 뛰어

용하다. Smith, *Christ the Ideal King*, 34-47; Bruno Blumenfeld, *The Political Paul: Justice, Democracy and Kingship in a Hellenistic Framework* (JSNTSup 201; London: Sheffield Academic, 2001), 189-274.

23 연대 추정의 어려움에 관해서는 Glenn F. Chesnut, "The Ruler and the Logos in Neopythagorean, Middle Platonic, and Late Stoic Political Philosophy," *Aufstieg und Niedergang der romischen Welt*2.16.2 (1978), 1310-32, 특히 1313-15을 보라.

24 그리스어 텍스트는 Holger Thesleff, *The Pythagorean Texts of the Hellenistic Period* (Acta Academiae Aboensis 30.1; Abo: Abo Akademi, 1965)에서 취했다. 나는 Goodenough, "The Political Philosophy of Hellenistic Kingship"의 번역을 따른다. 하지만 Kenneth Sylvan Guthrie, *The Pythagorean Sourcebook and Library: An Anthology of Ancient Writings Which Relate to Pythagoras and Pythagorean Philosophy* (Grand Rapids: Phanes, 1987)도 보라.

25 Thesleff, *The Pythagorean Texts of the Hellenistic Period*, 33.8-18; Goodenough, "The Political Philosophy of Hellenistic Kingship," 59-60.

난 미덕이 그가 자기 신민들이 모방할 살아 있는 법으로 기능할 수 있게 해 준다. 마찬가지로 디오토게네스는 "왕에 관하여"(*On Kingship*)에서 다음과 같이 지적한다.

> 가장 공정한 사람은 왕일 것이고, 가장 적법한 사람은 가장 공정한 사람일 것이다. 정의가 없으면 아무도 왕이 되지 못할 것이고, 법이 없으면 정의[가 없을 것이다]. 정의는 법에 존재하고 법은 정의의 원천이기 때문이다. 하지만 왕은 살아 있는 법(νόμος ἔμψυχος) 또는 합법적인 통치자다. 따라서 그는 가장 정의롭고 가장 적법하다.[26]

그러므로 이상적인 왕은 가장 덕이 있기 때문에—이 경우 가장 "공정하고" 가장 "적법하다"—그는 법의 실제적인 화신**이다**. 왕은 자신이 법을 내면화함으로써 신들의 조화를 반영하고 그것을 통해 자기의 신민들을 위한 조화를 획득한다[27]

디오토게네스의 논문을 좀 더 살펴보자.

> 이제 왕은 국가에 대해 신이 세상에 대해 갖는 것과 동일한 관계를 지닌다. 그리고 국가는 세상에 대해서 왕이 신에 대해 지니는 것과 같은 관계를 지닌다.

---

26 Thesleff, *The Pythagorean Texts of the Hellenistic Period*, 71.18-23; Goodenough, "The Political Philosophy of Hellenistic Kingship," 65.

27 Chesnut는 이 점을 다음과 같이 멋지게 진술한다: "통치자의 과제는 자신의 삶에서 우주적 질서의 혼을 불어넣고 그럼으로써 그것이 땅으로 내려와서 지상의 상태가 우주적 조화를 반사하게 하는 것이었다"("The Ruler and the Logos in Neopythagorean, Middle Platonic, and Late Stoic Political Philosophy," 1312). 디오토게네스에 관해서는 Dvornik, *Early Christian and Byzantine Political Philosophy*, 248-50을 보라.

다른 많은 요소를 조화시킴으로써 만들어진 국가는 세상의 질서와 조화의 모방인 반면에, 절대적인 통치권을 지녔으며 그 자신이 살아 있는 법(αὐτὸς ὢν νόμος ἔμψυχος)인 왕은 인간들 사이의 신으로 변형했기 때문이다.[28]

법의 완벽한 화신으로서 그리고 국가에 대해 신으로 기능하는 존재로서 선한 왕은 자기의 신민들에게 조화를 가져온다. 왕은 자기가 신들을 모방함으로써 자기 안에 법과 정의를 확립하고, 통치를 받는 사람들은 왕이 법률에 순종하는 것을 모방함으로써 국가에 조화가 이루어진다.[29]

또 다른 파편에서 에크판투스는 법을 준수하는 왕과 그의 신민들에 관련해서 다음과 같이 진술한다. "공공의 선…그들의 일치된 순종으로부터 일종의 미세한 조화와 혼란의 조율이 만들어진다."[30] 스토아 철학자인 무소니우스 루푸스에게서도 같은 정서가 발견된다.

선한 왕이 고대인들에게 보였던 것처럼 좋은 통치와 조화를 가져오고, 무법과 불화를 억제하며, 제우스의 참된 모방자이고 제우스처럼 자기 백성의 아버지인 참으로 살아 있는 법(νόμον ἔμψυχον)이 되려면 그가 말과 행동에 있어서 흠이 없고 완벽해야 한다는 것이 매우 중요하다(*That Kings Also Should Study*

---

28 Thesleff, *The Pythagorean Texts of the Hellenistic Period*, 72.19-23; Goodenough, "The Political Philosophy of Hellenistic Kingship," 68.

29 유사한 의견은 Sthenidas를 보라: "왕은 현명한 사람이어야 한다.…그래야 그가 최고 신의 모방자가 될 것이기 때문이다.…지혜와 이해가 없이는 왕이나 통치자가 되는 것이 불가능하다. 실로 왕이자 현명한 사람은 신의 적법한 모방자이자 종복이 될 것이다"(Goodenough, "The Political Philosophy of Hellenistic Kingship," pp. 73-74).

30 Thesleff, *The Pythagorean Texts of the Hellenistic Period*, 81.25-26; Goodenough, "The Political Philosophy of Hellenistic Kingship," 84.

Philosophy 64.10-15).[31]

덕이 있는 왕은 제우스를 모방하고, 살아 있는 법이며, 그럼으로써 자기 신민들에게 조화를 가져온다.[32] 무소니우스가 "고대인들"에게 사용된 "살아 있는 법"으로서의 왕 개념을 언급한다는 사실은 그 개념이 편만했음을 암시한다.

나는 다음 단락에서 유대교 문헌들에 대해 논의할 예정이지만 이 대목에서 필론이 이스라엘의 족장들을 "살아 있는 법들"로 묘사했음을 언급하는 것이 일리가 있다.[33] "아브라함에 관하여"(*On Abraham*)에서 필론은 토라를 특정한 성문법과 원래의 불문법으로 구분한다(3-4). 후자는 이스라엘의 족장들이다. "이 인물들 안에서 우리가 생명과 이성이 부여된 법들(ἔμψυχοι καὶ λογικοὶ νόμοι)을 가지고" 있기 때문이다(5). 족장들은 성육신한 법률들이며 그럼으로써 그들은 "법률에 일치하게 살기를 원하는 사람들에게는… 어려운 과제가 없다"는 것을 보여 주는, 모방적인 교육적 기능을 한다(5). 필론은 아브라함의 생애를 "자신이 법이고 기록되지 않은 법령"이었던 생

31 영어 번역과 텍스트는 Cora E. Lutz, "M. Rufus, 'The Roman Socrates,'" *YCS* 10 (1947): 3-147을 보라.

32 William Klassen, "The King as 'Living Law' with Particular Reference to Musonius Rufus," *Studies in Religion/Sciences Religieuses* 14 (1985): 63-71. G. J. D. Aalders는 많은 스토아학파 저자들 역시 이상적인 왕을 그의 우수한 미덕 때문에 법의 화신으로 보았다고 추측한다 (*Political Thought in Hellenistic Times* [Amsterdam: Hakkert, 1975], 27).

33 W. Richardson, "The Philonic Patriarchs as Νόμος Ἔμψυχος," in *Studia Patristica: Papers Presented to the Second International Conference on Patristic Studies Held at Christ Church, Oxford, 1955* (ed. Kurt Aland and Frank L. Cross; Berlin: Akademie-Verlag, 1957), 515-25; John Martens, "*Nomos Empsychos* in Philo and Clement of Alexandria," in *Hellenization Revisited: Shaping a Christian Response within the Greco-Roman World* (ed. Wendy F. Helleman; Lanham, MD: University Press of America, 1994), 323-38.

애로 서술한다(275-76). 따라서 우리가 필론이 족장들의 생애를 그들의 부하들을 변화시킬 목적으로 법을 구현한 이상적인 통치자들의 생애로 묘사하는 것을 발견하더라도 놀랄 일이 아니다.[34] 필론의 "요셉에 관하여"(*On Joseph*)에서 그 족장은 이상적인 정치가다. 요셉은 감옥에서조차 감옥을 "시정의 집"으로 변화시키는 "풍성한 미덕을 보임으로써 그의 제왕다운 특성을 현시(顯示)한다(80). 필론은 죄수들의 윤리적 변화를 다음과 같이 묘사한다.

> 그는, 솜씨가 좋은 화가의 원본 그림과 같이, 그들 앞에 자신의 절제와 모든 미덕의 삶을 제시함으로써 구제 불능으로 보였던 사람들, 즉 영혼에 오랫동안 불만을 품어온 사람들조차도 변화시켜 그들이 자신의 과거에 대해 자책하고 다음과 같은 말을 하게 만들었다: "아, 옛날에 이 커다란 축복이 어디에 있었길래 우리가 처음에는 발견하지 못했단 말인가? 보라, 그것이 우리에게 비취니 우리가 거울에서 보듯이 우리의 비행을 보고 부끄러워한다"(87).

요셉의 미덕이 "무질서에서 질서를 창조하고 모든 사람이 자연적으로 불화하는 곳에서 일치를 창조하기" 때문에 교육적인 기능을 수행한다(269). 요셉의 형제들은 그를 관찰한 후 놀랍게도 그는 사람이 아니라 "하나님 또는 하나님의 말씀이나 법"(ἀλλ' ἢ θεὸς ἢ λόγος ἢ νόμος θεῖος)이라고 말한다(174).

그러나 필론에게 있어 참으로 이상적인 왕이자 철학자-왕과 "참으로 완벽한 통치자"의 완벽한 모델은 모세다(*Life of Moses* 2.2-3, 187).[35]

---

34 추가로 Hayes, *What's Divine about Divine Law?*, 121-24을 보라.

35 그 점에 관해서는 Wayne A. Meeks, "Moses as God and King," in *Religions in Antiquity* (ed. Jacob Neusner; Leiden: Brill, 1968), 354-71을 보라.

> 옳은 것을 명령하고 그릇된 것을 금지하는 것은 왕의 의무다. 그러나 해야 할 일을 명령하고 하지 말아야 할 일을 금지하는 것은 법의 고유한 기능이다. 따라서 왕은 살아 있는 법인 동시에 법은 공정한 왕이다(εἶναι τὸν μὲν βασιλέα νόμον ἔμψυχον, τὸν δὲβασιλέα δίκαιον)(2.4-5).

모세는 법의 화신이 됨으로써—"합리적이고 살아 있는 법(νόμος ἔμψυχός τε καὶ λογικός)을 인격화"함으로써—이스라엘에게 성문법을 준 하나님의 입법자로 기능할 수 있었다(1.162; 참조. 2.10-11).[36] 따라서 살아 있는 법으로서의 왕은 의로운 입법을 통해 법의 주요 기능을 수행할 수 있어야 한다.[37] 다시 말하거니와 모세는 바로 다른 사람들이 그를 모방하고 그들의 영혼에 그의 이미지를 심을 수 있도록 해주는 살아 있는 법이다(1.158-59). 인류는 모세를 모방하고 그에게 순종함으로써 "보다 나은 삶으로 인도되고"(2.36) 내적 조화와 질서를 얻는다(2.48).

마찬가지로 "교육받지 않은 통치자에게"(*To an Uneducated Ruler* [*Moralia* 779D-782F])에서 플루타르코스(기원후 50-120년)는 선한 왕은 "그의 안에 있는 생명과 함께 부여된(ἔμψυχος) 이성이 항상 그와 함께 거하고, 그를 지켜보며, 그의 영혼을 이성의 지도를 받지 않은 상태로 놔두지 않기" 때문에 살아 있는 법과 비슷하다고 말한다(780C).[38] 플루타르코스는 왕이 법에 의해 자신의 성품을 형성해서 "그의 신민들이 자신의 패턴에 어울리게" 한다

---

36 Richardson, "The Philonic Patriarchs as Νόμος Ἔμψυχος," 520.

37 Centrone, "Platonism and Pythagoreanism in the Early Empire," 566도 그렇게 생각한다.

38 플루타르코스와 왕권 담론에 관해서는 다음 문헌들을 보라. Chesnut, "The Ruler and the Logos in Neopythagorean, Middle Platonic, and Late Stoic Political Philosophy," 1321-24; W. Jeffrey Tatum, "The Regal Image in Plutarch's Lives," *JHS* 116 (1996): 135-51; Hayes, *What's Divine about Divine Law?*, 66-70.

고 진술한다(780B). 법에 순종하는 공정한 왕은 "복 있는 사람들과 현명한 사람들이 모방하고…모든 것 중에서 가장 아름다운 것의 모델로 삼는 이미지"가 된다(781F-782A). 이는 신민들에게 미덕을 고취하고 법률에 순종하게 하려는 왕의 목적을 달성한다.

왕들은 "인간들을 돌보고 보존하기 위한" 신들의 대리인들이며(780D), 이 "선물들과 축복들"은 "법을 실행하는 것을 임무로 하는(νόμος δ' ἄρχοντος ἔργον; 780E) 통치자"를 통해 매개된다. 선한 왕들은 군사적 힘 때문이 아니라 자기의 신민들 앞에서 법의 모범을 보여준 결과로 법과 동일시된다. "그러면 누가 통치자를 통치할 것인가?"라는 질문이 제기되면 "필멸의 존재와 불멸의 존재 모두의 왕인 법(νόμος ὁ πάντων βασιλεύς)"이라는 답변이 돌아온다(780C).[39] 왕은 법에 굴복하고 순종할 때에만 살아 있는 법이다.[40] 법에 대한 언급은 없지만 플루타르코스는 누마의 통치 시기를 황금기로 묘사한다. 그 당시의 누마의 신민들은

> 자기들의 통치자의 삶에서 미덕의 빛나는 모범을 보았다. 그리고 그들은 자발적으로 지혜의 길로 행하고, 그와 연합해서 의로움과 절제가 수반되는 우정과 상호 일치의 나무랄 데 없고 복된 삶을 살았다.…그는 대체로 자기의 신민

39 왕이 법에 복종하지 않으면 "살아 있는 법"으로서 왕이 권리를 남용할 수 있다는 점이 Plutarch, *Alex.* 52.3-4에서 예시된다. 그곳에서 아첨하는 아낙사르코스가 알렉산드로스 대왕을 격려하고 다음과 같은 말로 왕에게 영합한다: "여기 알렉산드로스 대왕이 있다. 이제 온 세상이 그를 기대하고 있다. 하지만 그는 법과 인간들의 비난이 두려워 바닥에 누워서 노예처럼 울고 있다. 그는 헛된 의견의 지배에 노예처럼 굴복할 것이 아니라 그가 다스리고 지배할 권리를 얻었기 때문에 그 사람들에게 법과 정의의 척도가 되어야 한다. 그대는…제우스가 세상의 지배자가 하는 모든 일이 적법하고 정의로울 수 있도록 정의와 법을 그의 옆에 앉혔음을 알지 못하는가?"

40 Chesnut, "The Ruler and the Logos in Neopythagorean, Middle Platonic, and Late Stoic Political Philosophy," 1323을 보라.

들에게 그런 삶과 기질을 불어넣을 수 있는 왕이다(*Life of Numa* 20.8; 참조. Virgil, *Aeneid* 6.809-35).

할리카르나소스의 디오니소스는 평화를 낳고 "로마의 조화"(ἡ Ῥωμαίων ὁμόνοια)를 확보한 로물루스의 입법을 칭찬한다(*Roman Antiquities* 2.11.2). 마카베오상의 저자는 그들의 통치자들(총독들)이 어떻게 조화와 통일을 이루었는지에 대해 감탄하면서 로마인들과 그들의 공화제 제도들을 이상화한다(비록 그가 그것들에 관해 다소 오해했지만 말이다). "그들은 매년 한 사람에게 그들을 통치하도록 맡기고(πιστεύουσιν ἑνὶ ἀνθρώπῳ ἄρχειν αὐτῶν) 그 땅을 통치하게 한다. 그들은 모두 한 사람에게 복종하고 그들 사이에 시기나 질투(φθόνος οὐδὲ ζῆλος)가 없다"(마카베오상 8:16, 공동번역을 사용하지 아니함). 베르길리우스는 『아이네이스』(*Aeneid*)에서 아우구스투스가 사투르누스가 인류에게 법을 주어서 완벽한 평화와 조화를 만들어냈던 시기인 사투르누스의 황금기로 인류를 회복한 존재라고 칭찬한다(8.319-28).[41]

우리는 이제 그리스-헬레니즘 시대의 왕의 직분 담론에서 선한 왕과 법 사이의 관계에 관한 종합적인 결론을 내리기에 충분한 텍스트를 살펴보았다.[42] 첫째, 그 자료들은 이상적인 왕의 통치의 토대는 왕의 뛰어난 미

41 Alan J. Thompson은 (반드시 법에 대한 순종을 통한 것은 아니었지만) 조화와 일치를 가져온 이상적인 통치자와 관련된 유용한 1차 자료 모음집을 제공한다(*One Lord, One People: The Unity of the Church in Acts in Its Literary Setting* [LNTS 359; London: T & T Clark, 2008], 19-29).

42 라틴어 텍스트에서는 우리가 키케로의 *Republic*도 조사해 볼 수 있는데 그곳에서 살아 있는 법으로서의 왕 개념도 발견된다(예컨대 1.12; 1.52; 2.51; 3.2). 다음 문헌들을 보라. Lester Kruger Born, "Animate Law in the Republic and the Laws of Cicero," *Transactions and Proceedings of the American Philological Association* 64 (1933): 128-37; Chesnut, "The Ruler and the Logos in Neopythagorean, Middle Platonic, and Late Stoic Political Philosophy," 1326. 로물루스가 법을 통해 사람들을 통일시킨 것에 관한 리비우스의 설명을 보라: "로물

덕과 법에 대한 순종이라는 데 동의한다. 둘째, 법에 대한 왕의 순종은 왕에게 법의 내면화를 가져와서 그가 바로 법**이고** 그의 본성이 성육신한 법으로 생각될 수 있게 한다. 이상적인 정치 체제는 최고로 덕이 있는 통치자가 백성을 다스리는 체제다. 셋째, 왕의 신민들은 살아 있는 법인 왕을 모방함으로써 윤리적으로 변화되고 법을 준수하게 된다. 왕은 그의 신민들이 모방할 귀감으로 기능하고, 또 그들이 법을 준수하는 자기들의 통치자를 모방함에 따라 그들의 법률 준수가 확보되는 수단으로 기능한다. 넷째, 법을 준수하는 왕은 그의 신민들을 이롭게 하는데, 그중 최고의 유익은 시민들 사이의 조화다.

구약성서에 나타난 살아 있는 법으로서의 이스라엘의 이상적인 왕

구약성서는 이스라엘의 이상적인 왕을 "살아 있는 법"이라는 언어로 묘사하지 않는다. 그럼에도 불구하고 많은 텍스트가 이스라엘을 향한 하나님의 계획에 핵심적인 존재이자 자신을 율법에 굴복시키며, 언약 준수를 솔선수범하고, 백성이 모방할 모델로 기능할 존재로서의 선한 왕에 대해 말한다.[43]

루스가 신들을 예배하는 일에 합당한 주의를 기울였을 때, 그는 군중을 소집해서 그들에게 법의 지배를 주었다. 법 외에는 아무것도 그들을 하나의 정치 조직체로 통일하지 못할 것이기 때문이었다. 그러나 그는 그가 권위의 상징을 채택함으로써 자신에게 위엄을 부여할 때에만 단순한 사람들의 눈에 구속력이 있는 것처럼 보이리라는 점을 납득했다"(*Livy* 1:8).

43 이 대목에서 Gerald Eddie Gerbrandt, *Kingship according to the Deuteronomistic History* (SBLDS 87; Atlanta: Scholars, 1986), 특히 108-13이 유용하다. Gerbrandt는 구약성서가 대체로 군주제에 우호적이며 이스라엘의 잘못은 왕을 구한 것이 아니라 모든 나라와 같이 왕을 구했다는 것이라고 주장한다(삼상 8:7). 하나님의 목적과 이스라엘의 군주제의 논란이 되는 성격에 관해서는 특히 다음 문헌들을 보라. Julius Wellhausen, *Prolegomena zur Geschichte Israels* (Berlin: Georg Reimer; 1883), 259-68; Martin Noth, *The Deuteronomistic*

따라서 구약성서 문헌에 살아 있는 법처럼 기능하는 이스라엘의 왕 **개념**이 존재한다.[44]

이스라엘의 이상적인 왕의 이 측면은 구약성서에서 왕의 직분에 관해 유일하게 언급하는 신명기의 "왕의 법"(17:14-20)에 가장 명확하게 표현된다.[45] 그곳에서 이스라엘의 통치자의 과제는 토라를 쓰고, 읽고, 토라에 순종하는 것이다.

> 그가 왕위에 오르거든 이 율법서의 등사본을 레위 사람 제사장 앞에서 책에 기록하여 평생에 자기 옆에 두고 읽어 그의 하나님 여호와 경외하기를 배우며 이 율법의 모든 말과 이 규례를 지켜 행할 것이라. 그리하면 그의 마음이 그의 형제 위에 교만하지 아니하고 이 명령에서 떠나 좌로나 우로나 치우치지 아니하리니 이스라엘 중에서 그와 그의 자손이 왕위에 있는 날이 장구하리라(신 17:18-20).

70인역은 이 규정들을 판례법으로 제공하는 것이 아니라 이스라엘에게 야웨 하나님이 그들을 위해 선택한 사람을 "네 위에 통치자로 임명하

History (trans. H. G. M. Williamson; JSOTSup 15; Sheffield: JSOT Press, 1981); Franz Crüsemann, *Der Widerstand gegen das Königtum: Die antiköniglichen Texte des Alten Testaments und der Kampf um den fruhen israelitischen Staat* (WMANT 49; Neukirchen-Vluyn: Neukirchener Verlag, 1978).

44 Erwin R. Goodenough, "Kingship in Early Israel," *JBL* 48 (1929): 169-205.

45 "왕의 법"과 그것의 고대 근동의 맥락 및 신명기적 역사 사이의 관계에 관해서는 J. G. McConville, "King and Messiah in Deuteronomy and the Deuteronomistic History," in *King and Messiah in Israel and the Ancient Near East: Proceedings of the Oxford Old Testament Seminar* (ed. John Day; JSOTSup 270; Sheffield: Sheffield Academic, 1998), 271-95을 보라.

라"(καθιστῶν καταστήσεις ἐπὶ σεαυτὸν ἄρχοντα)는 특수한 명령으로 제시한다.[46] 왕은 하나님에 의해 선택되고, 이스라엘 사람이어야 하며, 말이나 아내나 은과 금을 많이 얻지 않아야 하는 반면(15-17절), 왕에게 부과된 유일한 적극적인 규정은 율법을 부지런히 읽는 것**과** 지키는 것이다.[47] 율법을 쓰고 **또한** 그것을 날마다 읽을 과제는 왕이 토라를 내면화하는 수단으로 기능한다. 이것은 왕이 "하나님의 율법에 완전히 동화되게" 한다.[48] 그 텍스트에 관해 논평하면서 필론은 왕이 다음과 같이 외치는 것으로 묘사한다.

> 내가 왜 [율법을] 기록했는가? 다른 이유 때문이 아니라 이것들을 기록함으로써 내가 그것들을 내 영혼에 복사하고 그것들의 신적이고 지울 수 없는 특성을 내 마음에 새기기 위함이다. 다른 왕들은 실로 그들의 규로 막대기를 지니고 있지만, 나의 규는 영광과 명성에 있어서 필적할 만한 것이 없고 원형인 하나님의 왕적 통치를 따라 만들어진, 흠잡을 데 없는 통치권의 상징인 신명기 책이다(*Spec.* 4.160 이하).[49]

---

46 Horbury는 오경에 등장하는 다윗 가문의 왕에 대한 종말론적 기대를 격려하는 시적인 텍스트들(창 49:1-12; 민 23:21-23; 신 33:4-5)에 신 17:14-20이 덧붙여져야 한다고 주장한다(*Jewish Messianism and the Cult of Christ*, 48-49).

47 신명기의 "왕의 법"에 대한 자세한 분석은 다음 문헌들을 보라. Gerbrandt, *Kingship according to the Deuteronomistic History*, 103-16; Jamie A. Grant, *The King as Exemplar: The Function of Deuteronomy's Kingship Law in the Shaping of the Book of Psalms* (Academia Biblica 17; Atlanta: Society of Biblical Literature, 2004), 189-222. 「성전 두루마리」에 수록된 "왕의 법령"(11QTemple 56:12-59:21)에서 제사장들이 왕 대신 율법의 사본을 쓰는 사람들일 정도로 왕은 제사장들에게 종속된다. Kenneth E. Pomykala, *The Davidic Dynasty Tradition in Early Judaism: Its History and Significance for Messianism* (Society of Biblical Literature Early Judaism and its Literature 7; Atlanta: Scholars, 1995), 233-37을 보라.

48 Goodenough, "Kingship in Early Israel," 202.

49 Grant, *The King as Exemplar*, 207.

왕은 율법 위에 높여지지 않으며, 오히려 **모든 이스라엘 사람**이 준수해야 할 토라(가령 신 6:4-9; 31:11-12)를 한층 더 엄격하게 준수해야 한다.[50] 왕은 하나님이 백성에게 요구하는 토라 준수의 모델이 되고 그것을 내면화함에 있어서 솔선수범하는데, 이는 살아 있는 법으로서의 왕의 개념과 별로 다르지 않은 개념이다.[51]

구약성서 역사서들은 종종 이스라엘의 왕들과 통치자들을 토라의 내면화라는 신명기의 기준에 따라 평가한다. 예컨대 여호수아의 과제는 토라를 묵상하고 그것을 지키는 것인데 이는 신명기 17:18-20에 기록된 과제와 같다.[52] 여호수아 1:1-9에서 하나님은 그가 "[율법으로부터] 우로나 좌로나 치우치지 않고"(수 1:7; 참조. 신 17:20) "그것을 주야로 묵상하면"(수 1:8) 자신이 여호수아와 함께하고 백성들에게 그 땅을 주겠다고 약속한다.[53] 여호수아가 토라에 순종할 때 그는 이스라엘 백성의 순종을 받을 가치가 있으며, 따라서 누구든 그에게 불순종하는 사람은 죽임을 당해도 마땅하다(수 1:16-18).[54] 언약 갱신 의식에서 모든 사람이 참석한 가운데 "여호수아가 모

---

50 신명기의 어느 곳에서도 백성이 토라를 기록하는 것으로 말하지 않는다.

51 다음 문헌들을 보라. Patrick D. Miller, "Kingship, Torah Obedience and Prayer," in *Neue Wege der Psalmenforschung* (ed. K. Seybold and E. Zenger; Freiburg: Herder, 1995), 127-42, 특히 130; S. Dean McBride, "Polity of the Covenant People: The Book of Deuteronomy," *Int* 41 (1987): 229-44, 특히 241. 하나님 앞에서 백성의 대표로서의 왕에 관해서는 Sigmund Mowinckel, *He That Cometh* (trans. G. W. Anderson; New York/Nashville: Abingdon, 1951), 69-71을 보라.

52 이스라엘의 이상적인 왕의 원형으로서 여호수아에 관해서는 다음 문헌들을 보라. Richard D. Nelson, "Josiah in the Book of Joshua," *JBL* 100 (1981): 531-40; J. R. Porter, "The Succession of Joshua," in *Proclamation and Presence* (ed. J. R. Porter and J. I. Durham; London: SCM, 1970), 102-32; Geo Widengren, "King and Covenant," *Journal of Semitic Studies* 2 (1957): 1-32, 특히 13-16.

53 Widengren, "King and Covenant," 14.

54 Nelson, "Josiah in the Book of Joshua," 532.

세가 기록한 율법을 그 돌에 기록했다"(수 8:32).[55] 그는 이스라엘의 **모든** 사람 앞에서 율법 전체를 읽어서(수 8:35), 그의 일차적인 제왕적 기능이 토라 준수에서 그들을 이끄는 것임을 보여 준다.[56] 여호수아가 "너희는 크게 힘써 모세의 율법 책에 기록된 것을 다 지켜 행하라. 그것을 떠나 우로나 좌로나 치우치지 말라"고 한 마지막 말은 신명기 17장에서 취한 것이다(수 23:6; 참조. 신 17:20).

여호수아처럼 율법으로부터 "우로나 좌로나 치우치지 않은" 유일한 왕은 요시야다. 따라서 요시야가 이스라엘의 모범적인, 이상적인 왕임을 부정하기 어렵다. 요시야가 "그의 조상 다윗의 모든 길로 행했다"는 진술(왕하 22:2)은 다윗 왕이 율법 준수와 관련이 있음을 나타낸다.[57] 요시야 왕에 대한 긍정적인 평가는 그의 율법 책 발견과 율법 이행의 맥락에서 이뤄진다는 점에서 그가 율법을 존중한 데 기인한다는 것이 명백하다(왕하 22:3-20).[58] 요시야가 이스라엘의 장로들을 모으고 율법에 대한 순종을 이행하여 언약을 갱신한 데서 왕의 가장 중요한 과제가 드러난다.

> 왕이 여호와의 성전 안에서 발견한 언약 책의 모든 말씀을 읽어 무리의 귀에 들리고 왕이 단 위에 서서 여호와 앞에서 언약을 세우되 "마음을 다하고 뜻을 다하여 여호와께 순종하고 그의 계명과 법도와 율례를 지켜 이 책에 기록된 이 언약의 말씀을 이루게 하리라" 하매 백성이 다 그 언약을 따르기로 하니라

---

55 Gerbrandt, *Kingship according to the Deuteronomistic History*, 120.

56 Porter는 여호수아를 제왕적으로 묘사하는 것은 신명기 사가가 "언약 유지와 따라서 국가의 전체적인 종교적 및 사회적 복지에 대한 왕의 책임에 몰두"한 것과 일치한다고 주장한다 ("The Succession of Joshua," 132).

57 Nelson, "Josiah in the Book of Joshua," 534.

58 Gerbrandt, *Kingship according to the Deuteronomistic History*, 49-50도 그렇게 생각한다.

(왕하 23:2b-3).

요시야는 자기 백성을 모으고, 율법을 읽고, 백성을 인도하여 언약을 맺음으로써 자기의 신민들 가운데서 토라를 이행한다.[59] 이 이유로 서술자는 "요시야와 같이 마음을 다하며 뜻을 다하며 힘을 다하여 모세의 모든 율법을 따라 여호와께로 돌이킨 왕은 요시야 전에도 없었고 후에도 그와 같은 자가 없었다"고 선언한다(왕하 23:25; 참조. 왕상 2:3; 3:6; 8:58; 9:4-5).[60] 요시야가 모세의 모든 율법을 " 마음을 다하며 뜻을 다하며 힘을 다하여" 순종했다는 이 묘사는 이스라엘의 모든 사람에게 어떻게 야웨를 사랑할지를 지시하는 신명기 6:5에서 유래한다.[61] 따라서 요시야는 율법에 대한 순종을 통해 입증되었듯이 모델 이스라엘인이다. 역대기 사가는 이스라엘의 왕들이 율법에 대한 순종을 솔선하는지에 따라 그들을 평가하는 이 모델에서 벗어나지 않는다(대상 22:13; 28:7; 대하 6:16; 14:4; 33:8). 다윗은 야웨 앞에서 행하고 야웨가 율법과 법규를 통해 명령한 모든 것을 준수한 모델 왕으로 제시된다(왕하 7:17-18).[62] 토라를 준수하는 왕에 대한 묘사는 조화롭고 단합된

---

59 Widengren, "King and Covenant," 3-4.

60 Gerbrandt, *Kingship according to the Deuteronomistic History*, 194은 다음과 같이 진술한다: "이스라엘에서 왕은 백성을 언약에 대한 순종과 야웨께 대한 충성으로 이끌도록 기대된다. 그러면 왕과 백성은 야웨를 신뢰하고 야웨가 자기들에게 복을 주며 그들이 젖과 꿀이 흐르는 땅에서 살 때 적들로부터 구원할 것이라고 믿을 수 있었다."

61 Gerbrandt, *Kingship according to the Deuteronomistic History*, 54-55. Aubrey R. Johnson도 다음과 같이 진술한다: "그러므로 궁극적으로 국가의 의로움은 왕의 의로움에 의존한다.… 따라서 왕은 매우 실제적인 의미에서 자기 백성의 '방패'다. 그리고 그의 첫 번째 책무는 정의를 집행하고 야웨의 율법에 담긴 의로움의 공식적인 정의에 부합하는 순종을 확보하는 것이어야 한다"(*Sacral Kingship in Ancient Israel* [Cardiff: University of Wales, 1967], 137).

62 Scott W. Hahn, *The Kingdom of God as Liturgical Empire: A Theological Commentary on 1-2 Chronicles* (Grand Rapids: Baker, 2012), 72.

하나님의 백성과 불가분하게 관련된다.[63]

제왕시 뒤에 토라시가 이어지는 시편에서 이스라엘의 왕이 토라를 사랑하는 사람으로 제시되었다(시 1-2편; 18-21편; 118-119편).[64] 토라시가 제왕시 뒤에 배치됨으로써 왕이 토라의 모범적인 추종자로 묘사되는 효과가 있다.[65] 시편 1편과 2편 사이의 연결 및 그 시편들이 시편 전체에 대한 서론 역할을 한다는 점이 잘 알려져 있다.[66] "여호와의 율법을 즐거워하여 그의 율법을 주야로 묵상하는"(시 1:2) 사람에 대한 여호와의 축복에 관해 말하는 시편 1편과 야웨의 기름 부음을 받은 자(시 2:2, 6-7)에 관해 말하는 시편 2편의 결합은 토라를 묵상하는 것이 그의 과제인, 신명기 17장에 기록된 왕을 상기시킨다. 그렇다면 왕이 토라시의 화자로서 율법을 즐거워하는 시편 1편의 모델인 것은 놀랄 일이 아니다.[67] 왕은 토라를 즐거워하고, 가르치고, 내면화하는 모델 이스라엘인이다.[68] 시편 118편의 왕은 시편 119편에서 율법에 대한 그의 "즐거움"(시 119:35, 47), 그의 율법 "묵상"(시 119: 15, 23, 27), 그리고 그의 토라 준수의 흠 잡을 데 없음(시 119: 1, 80)을 드러낸다.[69] 왕이 율법을 사랑한다고 선언한 것은 그가 자신 안에 율법을 얼마나 내면화했는

---

63 "온 이스라엘"이라는 어구가 역대기 두 권에서 약 40회 등장한다. 하나님의 백성이 다윗 왕조를 지지해서 단합한 것도 보라(대상 11-13장).

64 Grant, *The King as Exemplar*; Miller, "Kingship, Torah Obedience and Prayer," 127-42.

65 Grant, *The King as Exemplar*, 190.

66 Gerald H. Wilson, *The Editing of the Hebrew Psalter* (SBLDS 76; Chico, CA: Scholars, 1985), 204-7; James L. Mays, *The Lord Reigns: A Theological Handbook to the Psalms* (Louisville: Westminster John Knox, 1994), 132-34.

67 Patrick D. Miller, "The Beginning of the Psalter," in *The Shape and Shaping of the Psalter* (ed. J. Clinton McCann; JSOTSup 159; Sheffield: JSOT Press, 1993), 83-92, 특히 91.

68 Miller, "The Beginning of the Psalter," 86-88도 그렇게 생각한다.

69 시 118편을 제왕시로 보는 견해에 관해서는 다음 문헌들을 보라. John H. Eaton, *Kingship and Psalms* (Studies in Biblical Theology 32; London: SCM, 1976), 61-63.

지를 보여 준다(시 119:47-48, 97, 113, 119, 127).[70]

다윗 왕은 "나의 하나님이여, 내가 주의 뜻 행하기를 즐기오니 **주의 법이 나의 심중에 있나이다**"라고 선언한다(시 40:8[LXX 39:9]; 참조. 시 1:2).[71] 그 진술은 자신의 인격 안에 율법을 내면화한 사람에 관해 말한다. 다윗의 제왕시인 시편 18편의 화자는 "내가 여호와의 도를 지키고 악하게 내 하나님을 떠나지 아니하였으며 그의 모든 규례가 내 앞에 있고 내게서 그의 율례를 버리지 아니하였다"고 주장한다(21-22절[LXX 17:22-23]). 시편 19편(다윗의 또 다른 시)은 왕이 토라를 즐거워하는 것을 강조하고 시편 1편의 토라를 즐거워하는 사람에 대한 축복을 상기시킨다. "여호와의 율법은 완전하여 영혼을 소성시키며 여호와의 증거는 확실하여 우둔한 자를 지혜롭게 하며…금 곧 많은 순금보다 더 사모할 것이며 꿀과 송이 꿀보다 더 달도다"(7, 10절[LXX 18:8, 11]).[72] 왕은 모든 이스라엘인에게 요구된 토라 준수를 구현한다. 시편 15편과 24편에서 왕은 토라를 즐거워하고 "흠잡을 데 없이" 행하는 사람에게 하나님의 임재에 대한 접근을 선언하는 시편 1편의 의인의 화신으로 묘사된다(시 15:2[LXX 14:2]).[73] 시편 곳곳에서 이처럼 왕과 토라 준수가 결합하는 것은 하나님의 율법을 사랑하고 준수하는 의로운 사람, 이스라엘의 대표자로서 자신 안에 토라를 내면화한 사람을 통해 백성을 통

70 Mays, *The Lord Reigns*, 125.

71 시편의 제목의 중요성은 특히 제목이 그 시편이 어떻게 해석되었는지를 증언한다는 점에 있다. Brevard S. Childs, "Psalm Titles and Midrashic Exegesis," *JSS* 16 (1971): 137-50을 보라.

72 시 1편과 19편 사이의 관계 및 이스라엘의 왕이 토라를 준수하는 것으로 묘사하기 위한 그 시편들의 편집상의 배치에 관해서는 다음 문헌들을 보라. Miller, "Kingship, Torah Obedience and Prayer," 127-28; Grant, *The King as Exemplar*, 101.

73 Miller, "Kingship, Torah Obedience and Prayer," 128-32.

치하려는 하나님의 의도를 증언한다.[74]

바울에게서 나타난 그리스도와 살아 있는 법

고대의 왕의 직분에 관한 위의 논의는 우리를 다음과 같은 일을 하는 바울의 **제왕으로서의 메시아적 인물**을 살펴볼 수 있도록 준비시켰다. 그는 (a) 이스라엘의 이상적인 왕으로 기능하고 "살아 있는 법"처럼 토라를 구현하며, 자신의 삶과 십자가 위에서 자기를 내어주는 죽음에서 레위기 19:18을 중심으로 율법을 변경하고 그럼으로써 율법을 놀랍게 완성한다, (b) 권위 있는 가르침을 통해 자신을 따르는 사람들을 위해 토라를 실행하고 해석한다, 그리고 (c) 자기를 따르는 사람들이 모방할 제왕의 패턴을 공급함으로써 공동체의 내적 조화를 확보한다. 바울에게 있어서 토라는 예수 전승과 레위기 19":18—"네 이웃 사랑하기를 네 자신과 같이 사랑하라"—을 구현한 왕의 내러티브 배치를 통해 굴절된다. 의심할 나위 없이 레위기 19:18이 제2성전기 유대인들과 초기 그리스도인들의 윤리적 숙고에 막대한 영향을 주었을 것이다.[75] 특히 위(僞)포킬리데스(*Pseudo-Phocylides*)의 저자가 레위기 19장을 토라 전체의 요약에 해당하는 것으로 보았고, 누가복음의 평지 설교(눅 6:27-42)에 나타난 예수의 가르침이 자주 레위기 19장을 해석하고 그것과 상호작용하며, 야고보서(가령 2:8)와 「디다케」(1:2) 같은 다른 초기 기독교 문헌에서 레위기 19장이 편만하게 사용된다는 사실은 레위기 19장이 토

74 Eaton, *Kingship and the Psalms*, 141-42.

75 Dale B. Allison Jr., *Constructing Jesus: Memory, Imagination, and History* (Grand Rapids: Baker, 2010), 352-53.

라 전체를 요약하는 것으로 해석될 수 있음을 암시한다.[76] 그렇다면 "그리스도의 (율)법"과 "모세의 율법" 사이에는 연속성과 불연속성이 있다.[77] 바울은 십자가 위에서의 메시아의 자애롭고 희생적인 죽음이 토라에 의해 요구된 이웃 사랑을 최고로 구현하며 그것을 통해 토라를 완성한다고 본다. 그러나 메시아는 십자가로써 토라를 변화시키고 이제 그리스도를 그리스도인들이 모방할 최고의 초점으로 제시하는 놀라운 방법으로 그렇게 한다.

갈라디아서 5:14과 6:2

예수가 **바로 그** 다윗 가문의 메시아이자 아브라함의 씨에 대한 약속의 수령인이라는 바울의 가정을 이용하는 갈라디아서 3:10-18에 나타난 바울의 메시아적 성경 해석은 그가 "너희가 짐을 서로 지라. 그리하여 그리스도의 법을 성취하라"(ἀναπληρώσετε τὸν νόμον τοῦ Χριστοῦ; 갈 6:2)고 한 명령에서 "법"과 "그리스도"를 결합한 것이 왕의 직분 담론을 활성화했을 개연성을 높여 준다.[78] 하지만 이 "그리스도의 법"은 무엇을 가리키는가? 많

76 Allison Jr., *Constructing Jesus*, 351-74.

77 "그리스도의 (율)법"에 대한 나의 주해에서 명백해지겠지만, 그것은 모세의 율법과 연속성이 있는데 나는 종종 그리스도가 어떻게 이웃 사랑을 통해 토라를 구현하고 완성하는지를 강조함으로써 이 결론에 이른다. 그러나 그리스도의 토라 구현은 자신을 내어주는 십자가상의 놀라운 죽음을 통해 이루어져서 그리스도가 토라를 변경하고 이제 그리스도인들에게 일차적인 권위가 있는 초점이 된다는 점에서 불연속성도 있다. 바울이 부분적으로는 갈 6:2과 5:13-14 사이의 관계 때문에 "그리스도의 (율)법"이라는 어구를 모세의 율법과 연속적인 것으로 보지만 몇 가지 중요한 한정과 구분을 둔다고 주장하는, "그리스도의 (율)법"에 관해 미묘한 차이가 있는 논의는 E. P. Sanders, *Paul, the Law and the Jewish People* (Minneapolis: Fortress, 1983[『바울, 율법, 유대인』 감은사 역간]), 93-105을 보라.

78 예컨대 다음 문헌들을 보라. Novenson, *Christ among the Messiahs*, 138-42; N. T. Wright, "Messiahship in Galatians?" in *Galatians and Christian Theology* (ed. Mark W. Elliott; Grand Rapids: Eerdmans, 2014), 3-23; Donald Juel, *Messianic Exegesis: Christological Interpretation*

은 학자가 갈라디아서에 편만한 "그리스도"와 "토라" 사이의 대립으로 인해 그 어구가 모세의 율법을 배제한다고 생각하**거나**, 그 어구가 아이러니하고 변증적인 방식으로 만들어졌고 따라서 바울의 신학에 별로 중요하지 않다고 생각한다.[79] 그러나 토라를 사랑하는 사람으로서의 이스라엘의 이상적인 왕에 대한 구약성서의 텍스트나 왕을 살아 있는 법으로 보는 그리스 시대의 저자들에 나타난 개념에 친숙한 독자는 "법"과 "그리스도"의 결합이 그렇게 이상한지에 대해 의문을 제기할 수도 있을 것이다. 갈라디아서 5:14—온 율법은 "네 이웃 사랑하기를 네 자신 같이 하라" 하신 한 말씀에서 이루어졌다(ὁ γὰρ πᾶς νόμος ἐν ἑνὶ λόγῳ πεπλήρωται, ἐν τῷἀγαπήσεις τὸν πλησίον σου ὡς σεαυτόν)—은 "그리스도의 법" 이해에 매우 중요하다. 갈라디아서 5:14과 6:2 사이의 유사성은 쉽게 알아볼 수 있으며, 비록 그리스도가 십자가 죽음을 통해 토라와 사랑의 명령을 변화시켰음에도 불구하고 그리스도의 법(τὸν νόμον τοῦ Χριστοῦ)이 토라를 전적으로 배제하지 않는다는 점을 확증한다.[80] 그러나 5:14에 사용된 완료 수동태 **플레로오**(πληρόω,

---

of the Old Testament in Early Christianity (Philadelphia: Fortress, 1988), 85-87.

79 Sam K. Williams는 그 어구를 "바울이 만들어낸 역설적인 표현"이라고 부른다(*Galatians* [ANTC; Nashville: Abingdon, 1997], 155). Hans Dieter Betz는 "바울이 그 개념을 반대자들의 개념에서 취했을" 개연성이 있으며 "만일 그 개념이…바울의 신학에 매우 중요했다면 바울이 그것을 갈라디아서의 서두에 언급했을 것이고 그 개념이 바울의 다른 서신들에서 좀 더 현저한 역할을 했을 것"이라고 말한다*Galatians* [Hermeneia; Philadelphia: Fortress, 1979], 300-1). E. Bammel은 그 표현이 "거의 장난삼아 만들어졌다"고 진술한다("Νόμος Χριστοῦ," in *Studia Evangelica Vol. III* [ed. F. L. Cross; Berlin: Akademie-Verlag, 1964], 120-28, 특히 128). Michael Winger는 그 어구가 "지도하기보다 오해를 일으킬 가능성이 크다"고 말한다("The Law of Christ," *NTS* 46 [2000]: 537-46, 특히 545). Heikki Raisanen은 그 어구를 "나중에 나온 생각"으로 지칭한다(*Paul and the Law* [Philadelphia: Fortress, 1986], 79).

80 John Barclay, *Obeying the Truth*, 131-32; E. P. Sanders, *Paul, the Law, and the Jewish People*, 96-98; James W. Thompson, *Moral Formation according to Paul: The Context and Coherence*

이루어졌다)와 6:2에 사용된 미래 능동 합성어 **아나플레로오**(ἀναπληρόω, 성취하라) 사이의 관계는 좀처럼 주목받지 못하는데, 그것은 두 절을 이해하는 열쇠다. 모든 율법이 "이루어졌다" 또는 "완성되었다"(πεπλήρωται)는 바울의 주장은 로마서 13:9에서 모든 계명이 레위기 19:18에 "요약되었다"(ανακεφαλαιοῦται)는 그의 진술과 상투적으로 동화된다.[81] 따라서 학자들은 종종 갈라디아서 5:14이 격언적으로 갈라디아인들의 행동을 위한 영원한 금언으로 기능한다고 가정한다.[82] 그럴 수도 있지만, 나는 특정한 요인들이 또 다른 해석을 제안한다고 주장한다. 예컨대 바울 서신에서 **플레로오**(πληρόω, 완성하다)의 어의상의 무게는 확실히 "완전한 이행" 또는 "완성" 개념으로 채워져 있으며,[83] 바울의 표현은 종종 하나님의 언약적 목적을 수행하는 종말론적 색조를 띤다(갈 4:4을 보라).[84] 더욱이 바울은 "메시아 예수 안

---

of Pauline Ethics (Grand Rapids: Baker, 2011), 126-27; Wilson, "The Law of Christ and the Law of Moses," 123-24. 그러나 Horrell의 현명한 논평을 보라. 그는 그리스도의 법을 모세의 율법과 너무 가깝게 동일시하는 데 대해 미묘한 경고를 제공하고 "'그리스도의 법'이 뭔가 독특한 것, 그리스도에 토대를 두었거나 그리스도에게서 유래한 원칙이나 법을 가리키기 위해 바울에 의해 채택되었을 수도 있다고 믿을 충분한 이유들"이 있다고 주장한다 (*Solidarity and Difference*, 227-32, 특히 228).

81 사실은 바울 서신에서 동사 **플레로오**(πληρόω)가 "요약하다"나 "결론지어 말하다"를 의미하는 병행 구절이 없다. Michael Thompson, *Clothed with Christ: The Example and Teaching of Jesus in Romans 12.1-15.13* (JSNTSup 59; Sheffield: JSOT Press, 1991), 128도 올바로 그렇게 지적한다. 레 19:18이 레 19장의 앞부분에 수록된 금지들을 재진술하고 요약한다는 점에 관해서는 Thompson, *Moral Formation according to Paul*, 160을 보라.

82 Betz, *Galatians*, 275과 Victor Paul Furnish, *The Love Command in the New Testament* (Nashville: Abingdon, 1972), 96-97도 그렇게 생각한다.

83 예컨대 롬 15:19; 고후 10:6; 빌 2:2; 4:19.

84 갈 5:14과 관련해서 Barclay는 **페플레로타이**(πεπλήρωται)가 "그리스도의 도래에서 종말론적 때가 찬 것과 병행하는, 하나님의 뜻의 완전한 실현"의 의미를 지닌다고 말한다(*Obeying the Truth*, 140). 좀 더 광범위하게는 다음 문헌들을 보라. C. F. D. Moule, "Fulfilment Words in the New Testament: Use and Abuse," *NTS* 14 (1967-68): 293-320; Chester, "The 'Law of Christ' and the 'Law of the Spirit'," 596-97.

에 있는 생명의 성령의 법"(롬 8:2)에 대해 긍정적으로 말하는, 율법의 성취에 대한 그의 가장 명시적인 언급에서 "우리에게 율법의 요구가 이루어지게 하려고"(ἵνα τὸ δικαίωμα τοῦ νόμου πληρωθῇ ἐν ἡμῖν; 8:4a; 참조. 롬 13:9, 11; 갈 6:2) "하나님의 아들"이라는 대리인을 통해 율법이 이행되었다고 선언한다(롬 8:3). 즉 로마서 8:2-4에서 인류와 토라가 모두 육신에 관련되어서 인류가 율법을 완수할 수 **없었기** 때문에 하나님의 아들이라는 대리인과 그의 활동을 **통해** 인류에 대한 율법의 요구가 이루어진다.[85] 이 대목에서 바울은 그리스도가 이웃을 자신처럼 사랑하라는 토라의 요구를 구현함으로써 토라를 완성했고, 토라를 완성한 이 행동이 갈라디아인들이 "사랑으로 서로 종 노릇할"(5:13b) 토대라고 언급하는 것일지도 모른다.[86] 그렇다면 바울은 그리스도가 그의 성품을 가급적 율법에 가장 가깝게 일치시켰고 그럼으로써 자신을 "살아 있는 법"으로 변화시켰다고 묘사하는 셈이다. 그래서 나는 바울이 그리스도가 이웃을 사랑하는 십자가의 패턴을 통해 이스라엘의 율법을 변화시킬 정도로까지 그것을 구현한다는 점에서 토라의 초점으로서

---

85 갈 5:14과 6:2의 이해에 있어서 롬 8:3-4의 중요성에 관해서는 다음 문헌들을 보라. Ben Witherington III, *Grace in Galatia: A Commentary on Paul's Letter to the Galatians* (Grand Rapids: Eerdmans, 1998), 382-83; Chester, "The 'Law of Christ' and the 'Law of the Spirit,'" 582-89.

86 다음 문헌들도 보라. Richard N. Longenecker, *Galatians* (WBC 41; Dallas: Word, 1990), 243; J. Louis Martyn, *Galatians* (AB 33A; New York: Doubleday, 1997), 486-91; James D. G. Dunn, "'The Law of Faith,' 'The Law of the Spirit,' and 'The Law of Christ'" in *Theology and Ethics in Paul and His Interpreters: Essays in Honor of Victor Paul Furnish* (ed. Eugene H. Levering Jr. and Jerry L. Sumney; Nashville: Abingdon, 1996), 62-82, 특히 76. Chester는 다음과 같이 말한다: "그렇다면 그것은 그리스도를 통해 특징지어지고 통제되는 법이다. 그것은 또한 성령을 통해 특징지어지고 통제되는 법이다. 따라서 그것은 그리스도 안에서, 그리고 성령 안에서 및 성령의 힘을 통해 살아내야 할 법이다. 그러므로 그것은 이제 시작된 메시아 시대에 관한 완전히 새롭고 독특한 바울의 비전에 속한다("The 'Law of Christ' and the 'Law of the Spirit,'" 601).

의 그리스도에 주의를 끌기 위해 "그리스도의"(τοῦ Χριστοῦ)와 "율법의"(τὸν νόμον)라는 소유격 한정사를 사용한다고 제안한다.[87] 따라서 바울은 갈라디아서 5:14에서 과거의 사건, 즉 율법과 관련하여 일어났던 사건을 전면에 내세우기 위해 **플레로오**(πληρόω, 완성하다)의 완료 수동태를 사용한다. 예컨대 우리는 갈라디아서 5:14에서 율법의 완성에 관한 바울의 진술이 "사랑으로 서로 종 노릇하라"(갈 5:13b)의 권고를 위한 **토대**로 기능하는 것을 발견한다.[88] 서로 사랑하는 것을 포함해서 교회의 윤리적 역량의 토대를 그리스도와 성령의 종말론적 사역에 두는 것이 바울의 전형적인 방법이다.[89] 우리는 갈라디아인들이 "자유를 위하여 부르심을 입었다"(5:13a)는 바울의 진술이 해방하는 그리스도의 선행 행위—"그리스도께서 우리를 자유롭게 하려고 자유를 주셨다"(5:1a)—의 결과라는 점에서 이것을 직접 알 수 있다.[90] 따라서 그리스도가 자기 백성을 해방한 것이 그의 백성이 서로 사랑으로 섬기는 토대 기능을 한다. 따라서 바울은 갈라디아서 5;14에서 그리스도가 율법을 성취하기 위해서 한 일, 즉 레위기 19:18에서 요구된 대로 이웃을 사랑하는 완벽한 패턴과 사랑의 구현을 제공한 것을 가리킨다.

이 점은 바울이 그리스도를 토라, 특히 레위기 19:18—네 이웃 사랑하기를 네 자신과 같이 사랑하라—의 "한 말씀"의 모범과 구현으로 특징짓는

87 나는 나의 설명이 소유격의 산뜻한 특정 "범주"에 들어맞지 않는다는 것을 인정하지만, 그럼에도 나의 독자들에게 소유격 한정사는 그것의 명사에 대한 모종의 제한적이고 형용사적인 관계를 끌어내는 기능을 한다는 것과 바울이 소유격을 다양한 방식으로 채택할 수 있다는 것을 상기시킨다.

88 갈라디아서 전체의 이해에 있어서 이 주제의 중요성에 관해서는 Brigitte Kahl, *Galatians Re-Imagined: Reading with the Eyes of the Vanquished* (Minneapolis: Fortress, 2010), 269-72을 보라.

89 다음 구절들도 마찬가지다. 빌 2:1-13; 고전 11:1; 고후 8:9; 롬 15:1-9; 살전 1:6.

90 Martyn, *Galatians*, 489-90.

그 서신 전체를 통해서 뒷받침된다. 그리스도는 그의 본성 자체가 레위기 19:18의 반영인 살아 있는 법으로 묘사된다. 갈라디아서 2:19-20에서 바울은 그리스도를 "나를 사랑하사 나를 위하여 자기 자신을 버리신 하나님의 아들"로 지칭한다.[91] 바울은 "이 악한 세대에서 우리를 건지시려고 우리 죄를 대속하기 위하여 자기 몸을 주신"(1:4a) 그리스도에 관한 갈라디아서 서두의 진술에서 자신을 주는 메시아의 사랑이라는 이 주제가 이 서신 전체에서 현저한 역할을 한다는 점을 나타낸다. 두 진술 모두 인류를 구원하기 **위해** 십자가 위에서 자신을 내어 준 그리스도의 죽음을 언급한다. 갈라디아서에서 그리스도의 일차적인 활동은 사실 인류의 구속과 해방을 위해 그들을 대신하여 자신을 내어준 죽음에서 표현된 하나님께 대한 이러한 순종이다(다음 구절들도 보라. 갈 3:1, 13-14; 4:4-5; 5:1).[92] 바울이 그리스도를 레위기 19:18을 통해 요구된 사랑의 구현으로 생각한다면 완료 수동태 **페플레로타이**(πεπλήρωται)의 암묵적인 주어는 거의 확실히 그리스도다. 그의 삶과 자기를 내어주는 죽음을 통해 그리스도는 레위기 19:18의 한 말씀을 완벽하게 구현함으로써 살아 있는 법과 같은 기능을 하며 그럼으로써 토라 전체를 완성한다.[93] 따라서 이제 메시아가 그리스도인들에게 권위가 있는 초점으로 기능하고, 그들은 그리스도의 성품에 일치하고 그것을 모방함으

91 자기 백성을 위한 그리스도의 구속적인 사랑과 갈라디아서에 나타난 그 사랑과 윤리 사이의 관계가 Richard B. Hays, "Christology and Ethics in Galatians: The Law of Christ," *CBQ* 49 (1987): 268-90에 멋지게 제시된다.

92 다음 문헌들을 보라. Hays, "Christology and Ethics in Galatians," 277; idem, *The Faith of Jesus Christ: The Narrative Substructure of Galatians 3:1-4:11* (2nd ed.; Grand Rapids: Eerdmans, 2002), 163-83. 좀 더 광범위하게 바울 서신을 살피는 내용에 관해서는 Michael J. Gorman, *Inhabiting the Cruciform God: Kenosis, Justification, and Theosis in Paul's Narrative Soteriology* (Grand Rapids: Eerdmans, 2009), 57-63을 보라.

93 Martyn, *Galatians*, 489도 비슷한 의견을 제시한다.

로써 그리스도의 법을 성취한다.

그렇다면 자신의 법률 준수가 자기 신민들의 적법한 순종을 확보하는 이상적인 왕처럼, 그리스도가 이웃 사랑의 구현을 통해 토라를 완성한 것이 "너희가 짐을 서로 지라. 그리하여 그리스도의 법을 성취하라(ἀναπληρώσετε)"(갈 6:2)는 그의 명령의 토대다. 달리 말하자면 그리스도가 토라를 구현한 행동이 갈라디아인들에게 그리스도의 법을 성취할 힘을 제공한다. 그리스도가 자신을 내어주는 죽음에서 율법을 완성한 것처럼 갈라디아인들도 이웃 사랑과 다른 사람의 짐을 지는 것을 통해 그리스도의 행동을 재연해야 한다. 그렇다면 그리스도의 법(τὸν νόμον τοῦ Χριστοῦ)이라는 어구는 "그리스도에 의해 구현된 토라"를 말하는 수사적인 약어일 수도 있으며, 이 해석은 살아 있는 법으로서의 왕 개념과 잘 들어맞는다.[94]

그러나 그리스도가 자신의 성품을 율법에 순응시키고 그것을 내면화하는 살아 있는 법이라고 하더라도 여전히 "제왕으로서의 그 살아 있는 법이 어떻게 백성의 순종과 율법 준수를 **가능하게 만드는가**?"라는 질문이 남아 있다. 이스라엘의 예언자들은 하나님이 백성의 **마음속에** 하나님의 율법을 심어서 백성에게 토라를 순종할 수 있게 해 줄 때를 고대했다(가령 렘 31:31-34; 겔 36:24-28; 참조. 신 30:6, 8). 백성의 변화를 가져와서 그들로 하여금 율법을 순종할 수 있도록 만들기 위해서는 **하나님의 현존**이 필요하다. 따라서 우리가 살펴본 바와 같이 하나님의 아들이자 하나님의 기름 부음을

94 Barclay는 그것을 "사랑 안에서 그리스도를 통해 재정의되고 성취된 율법"으로 정의한다(*Obeying the Truth*, 134). 바울이 짧은 공식을 사용해서 좀 더 큰 개념을 환기하는 것에 관해서는 Margaret M. Mitchell, "Rhetorical Shorthand in Pauline Argumentation: The Functions of 'the Gospel' in the Corinthian Correspondence," in *Gospel in Paul: Studies on Corinthians, Galatians and Romans for Richard N. Longenecker* (ed. L. Ann Jervis and Peter Richardson; Sheffield: JSOT Press, 1994), 63-88을 보라.

받은 자(예컨대 삼상 16:13; 삼하 7:12-14; 시 2:6-8; 89:20-38[LXX 88:21-39])로서 야웨와 관련된 이스라엘의 이상적인 왕의 과제는 이상적인 이스라엘인으로서 자기 안에 토라를 내면화하는 것이며, 따라서 왕의 현존은 어느 정도 백성의 순종을 격려하고 가능하게 한다. 마찬가지로 우리가 위에서 살펴본 그리스-로마 텍스트들에서 백성으로 하여금 법을 순종할 수 있게 하는 요인은 바로 덕이 있는 왕의 현존이다. 누마 왕의 삶의 "빛나는 모범"이 백성에게 미덕을 북돋운다(Plutarch, *Life of Numa* 20.1-8). 필론은 요셉의 덕이 있는 삶을 "그것이 우리에게 비춰니 우리가 거울에서 보듯이 우리의 비행을 보고서 부끄러워하게 하는" "솜씨가 좋은 화가의 원본 그림"으로 묘사한다(*Life of Joseph* 87). 그리고 크세노폰은 그의 현존을 통해 자기 백성의 의지를 형성하는 선한 지도자에 관해 말한다. "그러나 만일 그를 보고서 그들이 분발하고 좀 더 뛰어난 사람이 되겠다는 결심과 경쟁심과 열의가 모든 사람에게 임한다면, 나는 이 사람이 그 안에 제왕다운 본성의 기운을 가지고 있다고 말할 것이다"(*Oecemenicus* 21.9-10).[95] 따라서 덕이 있고 법을 준수하는 왕의 현존 자체가 그의 신민들 사이에서 법률 준수를 고취한다고 생각되었다.[96]

그리고 이 대목에서 우리는 바울이 다른 사람들을 향한 사랑을 포함해서 갈라디아인들의 변화된 행동이 어떻게 그리스도와의 연합을 통해서 나오며, 그리스도의 현존 자체가 이제 본질적으로 그리고 내면적으로 공유

95 나는 이 장의 이전 버전을 Paul J. Achtemeier상 수상자로서 세계성서학회 연례 총회(Baltimore, 2013)에 발표했을 때 Julien C. H. Smith가 보여 준 반응에 빚을 졌다. 그때 그는 내게 이 텍스트를 알려 줬다.

96 이 점에 관한 추가적인 확장과 왕이 자신의 현존을 통해 자기 백성을 변화시키는 것으로 묘사하는 좀 더 많은 텍스트는 Smith, *Christ the Ideal King*, 19-89이 제공한 탁월한 논의를 보라.

되어서 그의 추종자들의 행동을 변화시키고 그들로 하여금 그리스도의 법에 순종할 수 있게 한다고 묘사하는지를 즉각적으로 알아차린다. "그리스도 안에"(ἐν γὰρ Χριστῷ Ἰησοῦ) 있는 사람들에게는 "사랑을 통해 능력을 부여받은(ἐνεργουμένη) 믿음"이 갈라디아인들의 행동에 능력을 줄 "힘을 가졌다"(ἰσχύει)(갈 5:6).[97] 이 진술에서 힘 언어는 그들이 "그리스도 예수 안에" 편입됨으로써 사랑하도록 윤리적으로 변화되는 데 주의를 환기한다. 갈라디아인들은 그리스도를 통해 그들에게 부여된 자유(5:1)를 그들 자신의 유익을 위해 쓸 것이 아니라 "사랑으로 서로 종 노릇해야 한다"(5:13b). 사랑(5:22)은 "그리스도의 사람"(οἱ δὲ τοῦ Χριστοῦ; 5:24a)의 특징으로 열거된 첫 번째 "성령의 열매"다. 바울은 그들이 "그리스도로 옷 입었고"(Χριστὸν ἐνεδύσασθε; 3:27), "그리스도 예수 안에서 하나"(ὑμεῖς εἷς ἐστε ἐν Χριστῷ Ἰησοῦ; 3:28b)이며, "그리스도의 것"(ὑμεῖς Χριστοῦ; 3:29a)이고, 그들이 "예수 그리스도가 그들의 눈앞에서 십자가에 못박혔다고 공개적으로 묘사된 것"(οἷς κατ' ὀφθαλμοὺς Ἰησοῦς Χριστὸς προεγράφη ἐσταυρωμένος; 3:1b. 개역개정을 사용하지 아니함)을 보았다고 선언한다. 바울은 자기가 "너희 속에 그리스도의 형상을 이루기까지"(μέχρις οὗ μορφωθῇ Χριστὸς ἐν ὑμῖν; 4:19b) 수고한다고 말한다.[98] 그는 자신이 "그리스도와 함께 십자가에 못박혔고"(Χριστῷ συνεσταύρωμαι; 2:20) "그리스도가 내 안에 산다"(ζῇ δὲ ἐν ἐμοὶ Χριστός; 2:20)

---

97 갈 5:5-6에 존재하는 힘의 담론에 관해서는 Hung-Sik Choi, "PISTIS in Galatians 5:5-6: Neglected Evidence for the Faithfulness of Christ," *JBL* 124 (2005): 467-90, 특히 482-89을 보라.

98 Gordon D. Fee는 "이 어구[그리스도의 법]의 기독론적 측면은 참으로 상당하며 개념상으로 그들 안에서 그리스도가 '형성되는' 것(4:19)과 관련이 있다"고 올바로 진술한다(*Pauline Christology: An Exegetical-Theological Study* [Peabody, MA: Hendrickson, 2007], 231-32).

고 말한다. 그리스도의 인격과 패턴에 참여하는 것은 "그리스도의 법을 성취하는 것"(6:2)이 그리스도가 다른 사람들을 위해 자신을 내어준 데서 토라를 완성한 것(5:14)과 똑같은 패턴을 재연하는 것이라는 개념**과**, 그렇게 할 수 있는 능력은 그리스도가 이웃 사랑의 완벽한 모범과 구현을 제공한 데서뿐만 아니라 자기 백성을 자신에게 연합시키고 변화시키는 자신의 현존을 그들과 공유함으로써 그들이 다른 사람을 위한 그의 십자가의 사랑의 패턴 안으로 편입된다는 개념을 뒷받침한다.[99]

따라서 고린도전서 9:21(이 구절은 비슷한 어구가 사용된 유일한 곳이다)에서 바울은 자신을 "내가 하나님께는 율법 없는 자가 아니요 도리어 그리스도의 율법 아래에(in) 있는 자"(ἔν νομος Χριστοῦ)라고 언급하는바,[100] 전치사 "안에"(ἐν)는 이웃을 위해 자신을 내어주는 십자가 사랑의 패턴 안으로 편입되는 것에 관해 말하는 것으로 보일 수도 있다.[101]

바울이 고린도전서 9:21에서 "그리스도의 율법 아래에(원문에서는 안

---

99 더욱이 고후 3-4장에서 우리는 다음과 같은 사항을 발견한다. (a) 바울은 돌판에 쓴 모세의 언약과 살아계신 하나님의 영으로 육의 마음 판에 쓴 그리스도의 편지(ἐπιστολὴ Χριστοῦ)인 고린도 교인들을 뚜렷이 구분한다(3:3), (b) "영이신 주"(ὁ δὲ κύριος τὸ πνεῦμα ἐστιν; 3:17)와 추가로 "하나님의 형상인 메시아의 영광"을 보는 것과 "메시아 예수의 얼굴"(ἐν προσώπῳ Ἰησοῦ Χριστοῦ; 4:4, 6)을 보는 것으로 묘사된 행동인, 고린도 교인들의 존재론적 및 지적인 변화를 가져오는 "주의 영광"(τὴν δόξαν κυρίου; 3:18)을 보는 것이 강조된다, (c) 바울은 고린도 교인들이 예수의 죽음과 삶과 신실함을 짊어진 자신과 자신의 동료들을 봄으로써 이 변화가 일어난다고 말한다(4:7-15).

100 C. H. Dodd는 "하나님의 율법"과 "그리스도의 율법" 사이의 구분이 양자가 완전히 동일시될 수 없음을 시사한다고 지적한다(*Gospel and Law: The Relation of Faith and Ethics in Early Christianity* [Cambridge: Cambridge University Press, 1951], 64-83).

101 이는 세계성서학회 연례 총회(Baltimore, 2013)에서 내가 Paul J. Achtemeier상 수상을 위해 이 장의 이전 버전을 발표했을 때 그것에 대한 반응으로 David G. Horrell이 강조한 요점이다. Horrell, *Solidarity and Difference*, 229-30도 보라.

에) 있는"의 의미를 정의하거나 확대하지는 않지만,[102] 우리가 바울의 그리스도 묘사와 그리스도가 그리스도인들에 대해 지니는 윤리적 중요성을 간략히 살펴보면, 바울이 토라를 그리스도의 자기를 내어주는 죽음을 중심으로 재구성하면서도 그리스도를 레위기 19:18을 구현함으로써 토라를 완성한 살아 있는 법으로 본다는 것을 확인할 수 있다. 첫째, 예수의 자기를 내어주는 특징, 특히 십자가 위에서의 그의 죽음은 고린도전서 8-10장 전체에서 고린도 교인들의 행동을 형성하거나 형성해야 할 일차적인 윤리적 모범으로 기능한다.[103] 고린도 교인들은 "메시아가 그들을 위해서 죽은" 소위 더 약한 형제에 대한 그들의 권위를 제한해야 한다(δι' ὃν Χριστὸς ἀπέθανεν; 8:11). 그리스도는 약한 형제에게 죄를 짓는 것이 "그리스도에게 죄를 짓는"(εἰς Χριστὸν ἁμαρτάνετε) 것이 될 정도로 자신을 약한 자들과 동일시한다(8:12). 해석자들이 강조해온 바와 같이 고린도전서 9장에 기록된 바울의 사도로서의 모범은 그가 복음을 값없이 전하기 **위해** 자신의 권리들을 사용하기를 거부하고 그럼으로써 사회적 수치를(아마도 경제적 자기 비하를 통한 가난까지) 받아들인 것에 초점을 맞춘다(고전 9:18; 참조. 고전 4:8-13).[104] 이러한 자기 비하와 사회적 수치 수용이 자기를 기쁘게 하려고 하지 않은 그리스도를 본받는 모델이 되어(고전 10:33-11:1) 고린도 교인들에게 좀 더 약한 형제자매들의 유익을 위해 그들의 자유와 권리를 제한하도록 요구한다. 이는

---

102 Chester는 심지어 "그러나 고전 9장에서 '그리스도의 율법'의 내용이 무엇인지를 가리키는 것이 없다"고 말한다("The 'Law of Christ' and the 'Law of the Spirit,'" 592).

103 David G. Horrell, "Theological Principle or Christological Praxis? Pauline Ethics in 1 Corinthians 8:1-11:1," *JSNT* 67 (1997): 83-114.

104 특히 다음 문헌들을 보라. Dale B. Martin, *Slavery as Salvation: The Metaphor of Slavery in Pauline Christianity* (New Haven, CT: Yale University Press, 1990); Ronald F. Hock, *The Social Context of Paul's Ministry: Tentmaking and Apostleship* (Philadelphia: Fortress, 1980).

"그리스도의 율법"이라는 어구(고전 9:21)가 바울이 "내가 모든 사람에게서 자유로우나 스스로 모든 사람에게 종이 된 것(πᾶσιν ἐμαυτὸν ἐδούλωσα)은 더 많은 사람을 얻고자 함이다"(고전 9:19)라고 선언하는 맥락에서 발견되는 것과 일치한다. 특히 김세윤은 예수가 자신의 임박한 죽음에 관해 "너희 중에 누구든지 으뜸이 되고자 하는 자는 모든 사람의 종이 되어야 한다(ἔσται πάντων δοῦλος"(막 10:44)고 한 가르침과 공명한다고 올바로 지적했다.[105] 그렇다면 바울의 선교적 적응성은 바울을 그리스도의 식사 교제를 본받아 모든 사람과 공개적인 친교를 나누기 위해 자신의 권리를 거부하는 이상적인 손님으로 언급할 가능성이 있다.[106] 바울은 복음을 값없이 제공하기 위해 고린도 교인들로부터 재정적 보상을 받을 권리를 포기하듯이, 자신을 식사에 초대한 손님에 적응해서 모든 사람이 복음을 받아들일 수 있도록 만들기 위해 자신의 권리와 선호를 포기한다. 비록 그것이 자신의 사회적 지위를 낮추는 것을 의미할지라도 말이다. "약한 자들에게 내가 약한 자와 같이 된 것은 약한 자들을 얻고자 함이요"(고전. 9:22a).[107]

곳곳에서 예수의 말씀을 반향하는 고린도전서 8-10장이 레위기 19장을 반향한다는 점에서 바울의 권고 배후에 예수의 사랑의 십자가의 패턴에 구현된 레위기 19:18이 놓여 있음을 알 수 있다. 따라서 약한 형제들을 걸려 넘어지게(πρόσκομμα, 8:9; σκανδαλίζει, σκανδαλίσω, 8:13; ἀπρόσκοποι, 10:32)

---

105 Seyoon Kim, "*Imitatio Christi* (1 Corinthians 11:1): How Paul Imitates Jesus Christ in Dealing with Idol Food," *BBR* 13 (2003): 193-226, 특히 197.

106 David Rudolph, *A Jew to the Jews: Jewish Contours of Pauline Flexibility in 1 Corinthians 9:19-23* (WUNT 2.304; Tübingen: Mohr-Siebeck, 2011), 173-208. Kim, "*Imitatio Christi* (1 Corinthians 11:1)," 202-7도 보라.

107 빌 2:5-8; 고후 5:21; 8:9; 롬 8:3-4에 나타난 그리스도의 교환의 패턴과의 공명을 주목하라.

하지 말라는 바울의 언어는 시각장애인이나 청각장애인에게 "장애물을 놓지"(οὐπροσθήσειςσκάνδαλον) 말라는 요구(레 19:14)에 대한 예수 자신의 이해를 실행하고 적용시킨다(막 9:42-50).[108] 그러나 레위기 19:18 및 이웃을 사랑하라는 예수의 가르침(막 12:28-31)과 공명하는 구절들이 가장 중요하다. "누구든지 자기의 유익을 구하지 말고 남의 유익을 구하라"(고전 10:24), "나와 같이 모든 일에 모든 사람을 기쁘게 하여 자신의 유익을 구하지 아니하고 많은 사람의 유익을 구하여 그들로 구원을 받게 하라"(고전10:33). 고린도전서 9:19-23뿐만 아니라 이 진술들의 배후에도 거의 확실히 레위기 19:18에서 도출된, 이웃을 사랑하라는 예수의 명령 제정이 놓여 있다.

마지막으로, 바울은 자신을 그리스도를 본받는 자로 제시하며 그럼으로써 고린도 교인들이 본받을 패턴을 제공한다. 살아 있는 법으로서 덕이 있는 왕들의 성품을 모방하는 것이 조화 및 다툼과 불화의 근절을 가져올 것으로 기대되었듯이, 바울의 담론 역시 구성원들 가운데 "그리스도의 마음"(ἡμεῖς δὲ νοῦν Χριστοῦ)을 품고(고전 2:16) 그럼으로써 그 공동체의 개별 구성원들을 섬기고, 그들을 위해 희생하고, 그들을 사랑하는 단합된 공동체를 만드는 것을 목표로 한다(고전 1:10-11; 참조. 빌 2:1-11).[109] 따라서 고린도전서 9:21의 그리스도의 율법에 대한 언급은 갈라디아서 6:2보다 훨씬 더 모호하지만, 나는 갈라디아서 6:2에 관한 나의 견해에 의문을 제기할 만한 것을 발견하지 못했다. 그 두 텍스트가 상당히 겹친다는 점은 바울이 그리스도의 (율)법을 자신의 가르침에서 이웃 사랑을 요구했고 **또한** 자신의 성

---

108 Kim, "*Imitatio Christi* (1 Corinthians 11:1)," 198-99.

109 Luke Timothy Johnson, "Transformation of the Mind and Moral Discernment in Paul," in *Contested Issues in Christian Origins and the New Testament: Collected Essays* (NovTSup 146; Leiden: Brill, 2013), 255-75을 보라.

품을 레위기 19:18에 일치시킨 이스라엘의 메시아를 통해 존재하게 된 제왕적이고 살아 있는 법으로 보았음을 암시한다. 그리고 메시아는 이스라엘의 토라를 자신의 자애롭고 자신을 내어주는 죽음을 중심으로 바꿈으로써 토라를 완성했다.

따라서 나는 바울이 "그리스도의 (율)법"이라는 어구를 만들어낸 자료들 중 하나가 고대의 왕권 담론과 그의 삶이 법의 날인(捺印)인 살아 있는 법으로서 이상적인 왕이라고 제안한다. 그리스도는 토라를 준수하는 자 이상의 존재, 즉 그가 토라를 성취하고 자신이 레위기 19:18절의 모범을 보인 데서 토라를 구현하며, 자기를 따르는 사람들에게 서로 사랑하고 "그리스도의 법을 성취하도록"(갈 6:2) 힘을 줌으로써 그들의 변화를 확보하는 존재로 묘사된다.

로마서 13:8-15:13

"그리스도의 법"이라는 어구가 로마서에 등장하지는 않지만, 바울이 로마서 13:8-15:13에서 그리스도를 레위기 19:18의 완벽한 구현을 통해 토라를 완성하고 그럼으로써 그의 추종자들이 그를 본받아서 공동체의 내적인 조화를 가져오게 할 패턴으로 기능하는 제왕적인 인물로 묘사한다는 점은 명백하다.

첫째, 바울은 다윗의 시 두 편을 예수가 한 말인 것처럼 해석함으로써 예수를 메시아인 왕으로 묘사한다. 바울은 로마의 그리스도인들이 그들의 이웃을 기쁘게 하려고 해야 한다는 자신의 주장을 정당화하기 위해 "그리스도(ὁ Χριστός)께서도 자기를 기쁘게 하지 아니하셨나니 기록된 바 '주를 비방하는 자들의 비방이 내게 미쳤나이다' 함과 같으니라"라고 주장한다(롬 15:3).[110] 그 인용은 다윗의 제왕시 중 하나인 시편 69:9(LXX 68:10)에서 취한 것이다.[111] 그러나 시편 69편의 화자는 다윗이 아니라 앞 문장의 주어인 "그리스도"다.[112] 그리고 로마서 15:9에서도 시편 18편의 다윗의 말—"내가 이방 나라들 중에서 주께 감사하며 주의 이름을 찬송하리이다"(시 18:49[LXX 17:50])—의 주어는 앞 절들(롬 15:7, 8)의 주어인 "그리스도"다. 이처럼 "그리스도"를 성경 전통의 기름 부음 받은 왕과 동일시하는 것은 본론이 그리스도 예수를 "육신으로는 다윗의 혈통에서 나신" 하나님의 아들과 동일시함으로써 시작되고(롬 1:3), 그를 이사야 11:10에 기록된 "이새의 뿌리 곧 열방을 다스리기 위하여 일어나시는 이"와 동일시함으로써 마무리되는(롬 15:12) 서신에서는 놀랄 일이 아니다.[113] "그리스도"로 언급되고

---

110 Matthew W. Bates는 여기서 바울이 그리스도가 다윗의 말을 그리스도의 천상의 즉위와 수난 사건에 대한 숙고 관점에서 말하는 것으로 묘사한다는 점에서 인물 변증(prosopological) 주해의 한 사례라고 주장한다(*The Hermeneutics of the Apostolic Proclamation: The Center of Paul's Method of Scriptural Interpretation* [Waco, TX: Baylor University Press, 2012], 240-55).

111 제왕시로서 시 69편과 18편에 관해서는 Eaton, *Kingship and the Psalms*, 51-53, 113-16을 보라.

112 (롬 15:3, 9에서) 그 시편의 화자로서 그리스도에 관해서는 Richard B. Hays, "Christ Prays the Psalms: Paul's Use of an Early Christian Convention," in *The Future of Christology: Essays in Honor of Leander E. Keck* (ed. Abraham J. Malherbe and Wayne A. Meeks; Minneapolis: Fortress, 1993), 122-36을 보라. 롬 15:1-7에 제시된 바울의 권고를 그리스도의 내러티브에 토대를 둔다고 보는 견해에 관해서는 Douglas A. Campbell, "Participation and Faith in Paul," in *"In Christ in Paul: Explorations in Paul's Theology of Union and Participation* (ed. Michael J. Thate et. al.; WUNT 384; Tübingen: Mohr-Siebeck, 2014), 37-60, 특히 49-50을 보라.

113 이 수미상관 구조에 관해서는 다음 문헌들을 보라. Christopher G. Whitsett, "Son of God, Seed of David: Paul's Messianic Exegesisin Rom. 2 (sic):3-4," *JBL* 119 (2000): 661-81; Novenson, *Christ among the Messiahs*, 156-60; Joshua W. Jipp, "Ancient, Modern, and Future Interpretations of Romans 1:3-4: Reception History and Biblical Interpretation," *JTI* 3 (2009): 241-59, 특히 258.

(롬 15:3, 7, 8), 다윗의 시편을 말하고(롬 15:3, 9), 나라들을 다스리는(15:7-12) "이새의 자손"(롬 15:12)인 통치자의 이러한 묘사들은 로마서 13:8-15:13에서 바울이 그리스도를 이스라엘의 메시아인 왕으로 여긴다는 주장을 정당화한다.[114] 둘째, 바울은 왕이신 그리스도가 레위기 19:18에 의해 요구되는 이웃 사랑을 실행함으로써 토라를 구현하고 살아 있는 법으로 기능할 자신의 제왕의 책임을 이행하는 것으로 묘사한다. 그렇다면 그리스도는 **자신 안에** 법을 확립한다는 점에서 살아 있는 법인 제왕과 흡사하다. 그리스도의 일차적인 활동은 "그리스도께서도 자기를 기쁘게 하지 아니하셨다"(καὶ γὰρ ὁ Χριστὸς οὐκ ἑαυτῷ ἤρεσεν)는 바울의 진술이 로마 교인들, 특히 강한 자들(롬 15;1)이 본받을, 자신을 내어주는 십자가의 모델로 제시되는 15:3에서 나타난다. (시 69편에서 인용된 점으로 볼 때) 명백히 그의 고난과 죽음에 대한 언급인 그리스도가 자기를 기쁘게 하지 않은 것[115]은 강한 자들에게 "믿음이 강한 우리는 마땅히 믿음이 약한 자의 약점을 담당하고 자기를 기쁘게 하지 아니할(μὴ ἑαυτοῖς ἀρέσκειν) 것이라. 우리 각 사람이 이웃을 기쁘게 하되(ἕκαστος ἡμῶν τῷ πλησίον ἀρεσκέτω) 선을 이루고 덕을 세우도록 할지니라"고 호소하는 것을 정당화한다(롬 15:1-2). 이 대목에서 "이웃"에 대한 언급은 바울이 레위기 19:18을 바꿔서 설명하고 있음을 암시한다.[116] 그리스도는 레위기 19:18에서 요구되는 바대로 자기 이웃의 짐을 졌고 자기를 기쁘게 하지 않고 이웃의 유익을 추구한(롬 15:3a) 사람의 최고의 모범

114 Horbury, *Jewish Messianism and the Cult of Christ*, 142-43.

115 시 69편은 사복음서 모두의 수난 이야기에서 인용 및 암시된다(다음 구절들을 보라. 마 27:34; 막 15:32, 36; 눅 23:36; 요 2:17; 15:25; 19:28-29). 바울이 롬 15장에서 시 69편을 사용한 것과 예수 전승 사이의 관계에 관해서는 Allison, *Constructing Jesus*, 406-11을 보라.

116 Thompson, *Moral Formation according to Paul*, 125.

으로서 기능한다. 이 서신의 앞에서 바울은 그리스도를 "연약한 우리"를 위해 죽은 자로 말했다(5:6; 참조. 15:1). 이러한 주제 배열은 그의 이웃 사랑을 통해 토라를 완성하고 **또한 토라를 바꾼**(5:14) 그리스도를 본받아 다른 사람의 짐을 짐으로써 "그리스도의 법"(갈 6:2)이 성취되는 갈라디아서를 상기시킨다.[117]

바울이 그리스도가 자기 이웃의 유익을 위해 자기를 기쁘게 하기를 거절했다고 묘사한 점에 비추어 볼 때(롬 15:2-3), 그리스도가 바울이 13:8b에서 "남을 사랑하는 자는 율법을 다 이루었느니라"(ὁ γὰρ ἀγαπῶν τὸν ἕτερον νόμον πεπλήρωκεν)라고 한 말의 주어일 수도 있다. 바울은 자주 관사가 붙은 명사(articular substantives)를 사용해서 그리스도를 지칭하며(가령 롬 1:3, 4, 9; 5:10, 15, 17, 18, 19; 8:3, 23, 32; 9:3, 5; 15:3, 7, 19), 명사 분사를 사용해서 그리스도를 지칭한다(예컨대 롬. 8:34, 37; 참조. 6:7).[118] 토라의 성취로서 "네 이웃을 네 자신과 같이 사랑하는"(ἀγαπήσεις τὸν πλησίον σου ὡς σεαυτόν; 13:9b; 참조. 레 19:18) 것**과** "이웃"(τῷ πλησίον)을 기쁘게 한 사람으로서 그리스도(롬 15:2-3) 사이의 유사성은 그리스도가 레위기 19:18에 의해 요구되는 이웃 사랑을 실행함으로써 토라가 완성되었음을 암시한다.[119] 이 해석은, 갈라디아서 5:14에서와 마찬가지로, 그리스도가 토라에 대해 한 일(참조. 롬 8:3)에 주의를 환기할 때 완료 시제 "이루었다"(πεπλήρωκεν, 롬 13:8b)가 강조되게 해 줄 것이다. 더욱이 자신의 본성에 법을 구현한 제왕적인 인물에 대한

117 다음 문헌들을 보라. Barclay, *Obeying the Truth*, 133; Dunn, "'The Law of Faith,' 'The Law of the Spirit,' and 'The Law of Christ,'" 75-78.

118 Douglas A. Campbell, *The Rhetoric of Righteousness in Romans 3.21-26* (JSNTSup; Sheffield: Sheffield Academic, 1992), 210-11을 보라.

119 Dunn, "'The Law of Faith,' 'The Law of the Spirit,' and 'The Law of Christ,'" 76.

그런 묘사는 "그리스도는 토라의 목표"(τέλος γὰρ νόμου Χριστός)이고(10:4a) "하나님의 의가 **율법과 별도로**…그러나 예수 그리스도의 신실함을 통해 나타났다"—이는 이스라엘의 메시아를 "율법에 의해 약속된 의의 구현"으로 제시하는 문장이다—고 주장하는 텍스트에서 놀랄 일이 아니다.[120] 그리스도가 자신을 내어주는 죽음에서 인류에 대한 하나님의 사랑을 실행했다는 점도 로마서 전체에서 빈번히 반복되는데, 이 점 역시 그리스도를 레위기 19:8의 구현으로 만든다. 따라서 "우리가 아직 연약할 때에"(롬 5:6) 그리고 "아직 죄인일 때"(롬 5:8) 그리스도가 죽은 것이 "하나님의 사랑"을 드러냈다(롬 5:5, 8). 메시아가 죽었다 다시 살아난 이상 아무것도 우리를 "메시아의 사랑에서"(τῆς ἀγάπης τοῦ Χριστοῦ) 떼어낼 만큼 강하지 않다(롬 8:35). 그리스도는 "우리를 사랑한 분"(τοῦ ἀγαπήσαντος ἡμᾶς)이고 그럼으로써 자기를 따르는 이들을 "모든 일에 이길" 수 있게 해주는 존재로 묘사된다(롬 8:37). 연약한 자를 대신한 그리스도의 죽음이 사랑으로 행하는(κατὰ ἀγάπην) 원리(롬 14:15)와 연결된다. 그리스도에 대한 이런 묘사에 비추어 볼 때 그를 "남을 사랑하는 자" 그리고 그럼으로써 다른 사람들에게 "사랑의 빚 외에는(τὸ ἀλλήλους ἀγαπᾶν) 아무에게도 아무 빚도 지지 않게"(13:8) 해주는 자로 보는 것이 일리가 있다.[121] 따라서 그리스도 자신의 행동이 율법이 "우리 가운데서 이루어지게" 한다(롬 8:3-4).

---

120 Thompson, *Clothed with Christ*, 126을 보라. 참조. Robert Badenas, *Christ the End of the Law: Romans 10.4 in Pauline Perspective* (JSNTSS 10; Sheffield: JSOT Press, 1985). 롬 3:21-22에서 살아 있는 법으로서의 왕에 관해서는 Giorgio Agamben, *State of Exception* (trans. Kevin Attell; Chicago: University of Chicago Press, 2005), 70-71을 보라.

121 관사 τό는 바울이 예수가 공포한 유명한 명령을 언급하고 있음을 나타낸다(마 22:40; 막 12:30-31; 참조. 요 13:34-35; 15:12-13, 17; 요일 3:11). Thompson, *Clothed with Christ*, 123도 그렇게 생각한다.

더욱이 우리는 바울이 레위기 19:18을 사용해서 토라를 요약한 예수를 따르고 있을 가능성을 배제할 수 없다(마 22:40; 막 12:30-31).[122] 좀 더 넓은 맥락이 서로 사랑하고 섬기는 데 대한 관심을 표명하는 예수의 말씀에 대한 암시를 포함한다는 사실이 이 점을 뒷받침한다. 따라서 "부딪칠 것이나 거칠 것을 형제 앞에"(πρόσκομμα τῷ ἀδελφῷ ἢ σκάνδαλον) 두지 말라(롬 14:13)는 교회에 대한 바울의 호소와 "네 형제로 거리끼게 할"(ὁ ἀδελφός σου προσκόπτει) 것은 아무것도 먹거나 마시지 말라는 그의 권고(롬 14:21; 참조. 거리낌으로 먹는 사람[τῷ διὰ προσκόμματος ἐσθίοντι], 롬 14:20)는 " 누구든지 나를 믿는 이 작은 자들 중 하나라도 실족하게 하는 자"(ὃς ἂν σκανδαλίσῃ ἕνα τῶν μικρῶν τούτων τῶν πιστευόντων, 막 9:42; 참조. 막 9:43, 45, 47; 참조. 마 18:6-9)에 대한 예수의 많은 경고를 상기시켰다.[123] 바울은 이 대목에서 "너는 맹인 앞에 장애물을 놓지 말라"(οὐ προσθήσεις σκάνδαλον)는 레위기 19:14을 반향하고 있다.[124] 형제를 비판하기를 삼가라는 바울의 호소(롬 14:13, 22; 참조. 마 17:27; 눅 6:37-38)와 음식이 깨끗하다는 예수의 선언에 대한 그의 암시(롬 14:14, 20; 참조. 막 7:14-23)에서 예수 전승에 대한 추가적인 반향이 발견된다.[125]

그렇다면 그리스도는 다른 사람을 향한 그의 사랑에서 토라를 구현하고 그의 가르침을 통해 그것을 실행하는, 살아 있는 법으로 기능한다. 바울은 그의 권고 전체에 걸쳐 짐을 지고, 이웃을 사랑하는 왕의 이러한 제왕

122 Thompson, *Clothed with Christ*, 121-40.

123 Kim, "*Imitatio Christi* (1 Corinthians 11:1)," 198-99.

124 Thompson, *Moral Formation according to Paul*, 179도 그렇게 생각한다. 롬 12-14장에 수록된 바울의 많은 권고는 레 19장(또는 눅 6:27-42)에 대한 숙고에서 유래한 것으로 보인다.

125 다음 구절들을 비교하라. 롬 12:14과 마 5:44; 롬 12:17과 마 5:39; 그리고 롬 12:19-21과 마 5:38-39.

적 패턴에 의존한다. 교회는 그리스도를 닮고 그에게 순종함으로써 서로에 대해 특히 약한 자에 대해 그리스도가 보여준 것과 같은 사랑을 구현하는, 내적으로 조화된 공동체로 변화된다. 이처럼 바울이 그리스도를 살아 있는 법으로 묘사한 것(롬 13:8-10; 15:1-7)이 그가 약한 자를 사랑함으로써 그리스도를 본받으라고 한 권고(롬 14:1-23)를 앞뒤에서 감싼다.[126] "주 예수 그리스도로 옷 입으라"(롬 13:14)는 바울의 명령이 로마서 14장에 등장하는 권고들의 서두를 장식한다. 따라서 그들은 자신을 받아 준 그리스도(ὁ Χριστὸς προσελάβετο ὑμᾶς, 롬 15:7a; 참조. 14:3)를 본받아 "믿음이 연약한 자를 받고(προσλαμβάνεσθε)"(롬 14:1) "서로 받으라"(προσλαμβάνεσθε ἀλλήλους, 롬 15:7b)는 명령을 받는다. 우리는 형제가 걸려 넘어지지 않도록 보호하라는 바울의 명령이 복음서 전승에 수록된 예수의 가르침을 반향한다는 것을 살펴보았다(롬 14:13, 20-21을 막 9:42-45과 비교하라). 그리스도가 레위기 19:18을 실현해서 이웃 사랑을 구현했듯이 교회는 "사랑으로 행하라"고 요구된다(롬 14:15a). 가장 명시적으로는, 그들은 약한 자의 짐을 지고 자신을 기쁘게 하지 않음으로써 "자신을 기쁘게 하지 아니한"(롬 15:3; 참조. 15:1-2) 메시아적인 왕의 패턴을 따른다. 신민들이 살아 있는 법으로서의 왕을 따르는 결과는 공동체의 조화를 가져온다. "화평의 일과 서로 덕을 세우는 일"을 힘쓰고(롬 14:19), 하나님이 "그리스도 예수를 본받아 서로 뜻이 같게"(τὸ αὐτὸ φρονεῖν ἐν ἀλλήλοις κατὰ Χριστὸν Ἰησοῦν; 15:5) 하여 줌에 따라 그들은 "**한 입으로**(ὁμοθυμαδὸν ἐν ἑνὶστόματι) 하나님 곧 우리 주 예수 그리스도의 아버지께 영광을 돌릴" 수 있을 것이다(롬 15:6).

---

126 Thompson은 롬 14:1-23이 롬 12:9과 13:8에 의해 요구되는 이웃 사랑을 명료하게 표현한 것이라고 제안한다(*Moral Formation according to Paul*, 169).

결론

"그리스도의 법"에 관한 바울의 개념과 그리스도의 율법 성취에 관한 그의 진술들은 법의 살아 있는 실행으로서의 왕에 대한 고대의 정치적 담론의 맥락에서 이해하는 것이 가장 좋다. 갈라디아서 5-6장과 로마서 13:8-15:13 모두에서 바울은 그리스도를 레위기 19:18을 통해 요구된 이웃 사랑의 탁월한 모범을 제공함으로써 토라를 완성하는 제왕적인 인물로 묘사한다. 그리스도는, 자신을 내어준 그의 죽음에서 및 그의 가르침에서 토라를 실행한 데서 예시되듯이, 이웃 사랑이 그의 본성 안에 구현된다는 점에서 "살아 있는 법"으로 기능한다. 바울은 그리스도의 이웃 사랑의 예를 교회들이 본받아야 할 패턴으로 제시한다. 교회는 사랑으로 행하고, 서로를 받고, 다른 사람의 짐을 짐으로써 그들의 왕의 패턴을 모방하는데 그 결과 그들의 공동체가 내적으로 조화롭게 된다. 살아 있는 법으로서의 왕이라는 정치적 담론에는 "그리스도의 (율)법"이라는 까다로운 어구를 이해하는 개념적 배경을 제공하는 유익이 있을 뿐만 아니라 경쟁하는 대안들로 제시된 그 어구의 의미에 대한 학자들의 몇몇 제안을 통합하는 추가적인 유익도 있다.[127] 즉 그리스도의 (율)법은 다음 사항들을 요약한다. (1) 모세의 법, 특히 레위기 19:18을 통해 굴절된 모세의 법, (2) 예수의 인격, 특히 자애롭고 자신을 내어주는 그의 죽음에 나타난 토라의 모범적인 구현, 그리고 (3) 부분적으로는 토라의 핵심을 특정한 상황에 적용한 것으로 기능하는 예수의 가르침.

---

127 David G. Horrell은 세계성서학회 연례 총회(Baltimore, 2013)에서 내가 Paul J. Achtemeier 상 수상을 위해 이 장의 이전 버전을 발표했을 때 그것에 대한 반응으로 이 점을 명확히 했다. Chester, "The 'Law of Christ' and the 'Law of the Spirit,'" 571-77도 보라. 그는 이 접근법들 사이의 양립할 수 있는 몇 가지 공통적인 강조점들을 지적한다.

3장

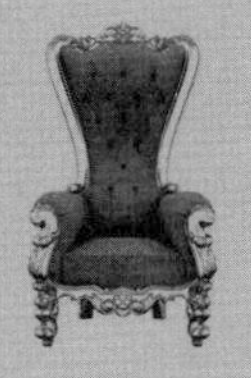

왕과 찬양:
왕이신 그리스도께 드리는,
제왕의 찬가로서의 찬송

"제우스로부터 왕들이 나온다. 제우스의 왕들보다 더 신적인 존재는 없기 때문이다."[1]

"내가 또 그를 장자로 삼고 세상 왕들에게 지존자가 되게 하며"[2]

"그리스도의 말씀이 너희 속에 풍성히 거하여 모든 지혜로 피차 가르치며 권면하고 시와 찬송과 신령한 노래를 부르며 감사하는 마음으로 하나님을 찬양하고"[3]

플리니우스가 트라야누스 황제에게 보낸 보고에 따르면 초기 그리스도인들은 "정해진 특정한 날 날이 밝기 전에 모여서 신에게 하듯이 그리스도에

---

1 Callimachus' *Hymn to Apollo*, 78-79.
2 시 89:27(LXX 88:28).
3 골 3:16.

게(*carmenque Christi quasi deo*) 대안적인 구절로 찬송 시 노래를 부르는 습관이 있었다."[4] 플리니우스의 진술은 기독교 회중의 예배 모임에서 "시와 찬송과 신령한 노래들로 서로 화답하며 너희의 마음으로 **주께** 노래하며 찬송한" 것이 흔한 관습이었다고 증언하는 초기 기독교의 텍스트들(엡 5:19; 참조. 고전 14:26; 행 16:25; 약 5:13)과 잘 일치한다. 요한계시록 4장과 5장의 찬송들(그리고 다음 구절들도 보라. 계 3:21; 5:5-6; 7:17)은 다른 곳에서는 하나님께만 속한 신적 속성들을 메시아인 왕 또는 통치자인 그리스도께 돌림으로써 초기 그리스도인들이 **신에게 하듯이** 그리스도께 대한 찬송을 짓는 관행이 있었다는 추가적인 증거를 제공한다(계 5:8-14을 4:8-11과 비교하라).[5] 요한계시록 15:3에서 예언자는 순교자들이 "하나님의 종 모세의 노래**와** 어린 양의 노래"를 부른다고 지적한다. 골로새서 3:16에서 바울은 "시와 찬송과 신령한 노래"를 부름으로써 그 회중에 "그리스도의 말씀"(ὁ λόγος τοῦ Χριστοῦ)이 거하기를 의도하는 것으로 보인다. 그리고 바울이 쓴 서신들은 메시아에 대한 찬송을 포함하는데 그중 가장 현저한 것은 "예수는 주"라는 것이다(가령 고전 12:2-3; 빌 2:10-11).[6] 아델라 야브로가 "바울은 확실히 종교적

---

4 *Ep.* 10.96; 참조. Eusebius, *Hist. eccl.* 3.33.1. 초기 기독교에서 그리스도에게 노래한 것에 관해서는 다음 문헌들을 보라. Martin Hengel, "The Song about Christ in Earliest Worship," in *Studies in Early Christology* (Edinburgh: T&T Clark, 1995), 227-291; Hermut Löhr, "What Can We Know about the Beginnings of Christian Hymnody?" in *Literature or Liturgy? Early Christian Hymns and Prayers in their Literary and Liturgical Context in Antiquity* (ed. Clemens Leonhard and Hermut Löhr; WUNT 2.363; Tübingen: Mohr-Siebeck, 2014), 157-74.

5 이 점에 관해서는 다음 문헌들을 보라. Steven J. Friesen, *Imperial Cults and the Apocalypse of John: Reading Revelation in the Ruins* (Oxford: Oxford University Press, 2001), 197-201; Martin Hengel, *Between Jesus and Paul: Studies in the Earliest History of Christianity* (trans. John Bowden; Philadelphia: Fortress, 1983), 78-96, 특히 81-86; Justin Jeffcoat Schedtler, *A Heavenly Chorus: The Dramatic Function of Revelation's Hymns* (WUNT 2.381; Tübingen: Mohr-Siebeck, 2014), 10-11, 35-36, 42.

6 William Horbury, *Jewish Messianism and the Cult of Christ* (London: SCM, 1998), 109.

인 노래들을 짓고 그것들을 공동체의 예배에서 제시하는 관행을 언급한다"고 지적했듯이 그 함의는 명백하다.[7] 초기 그리스도인들이 그리스도께 대한 찬송과 노래들을 지었다는 점은 빌립보서 2:6-11, 골로새서 1:15-20, 디모데전서 3:16, 그리고 요한계시록 5:9-14에서 시적인 요소들을 발견한 양식비평 작업을 통해 확인되었다.[8] 그러므로 신약성서의 증거는 그리스도인들이 그리스도께 찬송을 불렀다는 플리니우스의 진술과 잘 들어맞는다.[9]

그러나 초기 그리스도인들이 "신에게 드리듯이" 그리스도께 드리는 찬송을 지은 관행, 즉 신적 속성들을 취해서 그것들을 그리스도께 돌린 관행이 고대 그리스인, 로마인, 그리고 유대인들이 그들 자신의 통치자들을 어떻게 대했는지와 얼마나 밀접하게 일치하는지는 적절하게 인식되지 않

---

7 Adela Yarbro Collins, "The Psalms and the Origins of Christology," in *Psalms in Community: Jewish and Christian Textual, Liturgical, and Artistic Traditions* (ed. Harold W. Attridge and Margot E. Fassler; SBLSymS 25; Atlanta: Society of Biblical Literature, 2003), 113-23, 특히 113. 초기 그리스도인들이 히브리어 시편을 노래하는 계속적인 관행의 토대에서 시와 노래를 만든 것에 관해서는 Hughes Oliphant Old, "The Psalms of Praise in the Worship of the New Testament Church," *Int* 39 (1985): 20-33을 보라. Leonard Thompson, "Hymns in Early Christian Worship," *ATR* 55 (1973): 458-72도 보라.

8 많은 학자가 그런 작업을 했다. 다음 문헌들을 보라. Jack T. Sanders, *The New Testament Christological Hymns: Their Historical Religious Background* (SNTSMS 15; Cambridge: Cambridge University Press, 1971); Johannes Schattenmann, *Studien zum neutestamentlichen Prosahymnus* (München: C. H. Beck, 1965); Klaus Wengst, *Christologische Formeln und Lieder des Urchristentums* (SNT 7; Gutersloh: Gerd Mohn, 1972); Ralph P. Martin, *A Hymn of Christ: Philippians 2:5-11 in Recent Interpretation and in the Setting of Early Christian Worship* (Downers Grove, IL: InterVarsity, 1997). 좀 더 최근의 문헌은 Matthew E. Gordley, *The Colossian Hymn in Context: An Exegesis in Light of Jewish and Greco-Roman Hymnic and Epistolary Conventions*(WUNT 2.228; Tübingen: Mohr-Siebeck, 2007)를 보라.

9 참조. Horbury, *Jewish Messianism and the Cult of Christ*, 109-10. 다음 문헌의 훌륭한 연구를 보라. Margaret Daly-Denton, "Singing Hymns to Christ as to a God (Cf. Pliny *EP*. X, 96)," in *The Jewish Roots of Christological Monotheism: Papers from the St. Andrews Conference on the Historical Origins of the Worship of Jesus* (ed. Carey C. Newman et al.; Supplements to the Study for the Journal of Judaism 63; Leiden: Brill, 1999), 277-92.

왔다.[10] 왕들은 종종 신들과 동화되었고 심지어 신들과 동일시되었으며, 따라서 신적인 찬양을 받을 가치가 있는 것으로 여겨졌다. 마찬가지로 적어도 일부 유대인들은 찬송들을 통해—가장 현저하게는 오경의 시적인 부분들과 시편들에서—과거의 왕들 및 도래하기를 고대하는 왕을 찬양했다. 왕들에 대한 시편의 찬양들에서 우리는 왕을 찬양하는 세 가지 이유를 발견한다. (a) 왕은 신의 대리인이다, (b) 왕은 창조된 우주 또는 제국을 다스리고 유지하는 하나님의 대표자다, 그리고 (c) 왕은 자기의 신민들에게 평화의 선물을 부여한 은인이다. 이 장에서 나는 일차적으로 골로새서 1:15-20을 이해하기 위한 개념적 자료와 언어적 자료는 왕, 황제, 통치자들을 찬양하는 편만한 관행 안에 놓여야 한다고 주장한다.[11] 골로새서의 그리스도 찬가에서 찬양에 대한 세 가지 이유가 모두 등장한다. 즉 바울은 고대 제왕 담론의 언어적 자료와 개념적 자료들을 취해서 그리스도를 유일하고 최고로

---

10 대다수 학자는 대신 의인화된 지혜에 관한 그리스-유대의 사색 또는 **로고스**에 관한 중기 플라톤주의의 사색이 골 1:15-20에서 이루어진 고상한 주장을 이해하기 위한 맥락을 제공한다고 주장해왔다. 이는 다음과 같은 세 가지 이유로 놀랍다. (a) 그 찬송의 문학적 맥락 안에서 그 찬송의 지시어는 지혜가 아니라 하나님의 "사랑받는 아들"(이스라엘의 왕의 직분과 공명하는 경칭임)이다(골 1:13), (b) 그 찬송의 많은 요소가 의인화된 지혜나 로고스와 아무런 언어적 또는 개념적 유사성을 지니지 않는다, (c) 바울은 골로새서에서 지혜(σοφία)를 여섯 번 언급하는데(골 1:9, 28; 2:3, 23; 3:16; 4:5), 그 텍스트들에서 지혜는 도덕적 성품의 형성과 관련된 특징이 별로 없는 속성이며 의인화된 지혜와 아무 관련이 없다. 하지만 Gordon D. Fee는 가정된 바울의 지혜 기독론에 관해 철저하고 설득력이 있는 비평을 한 후 골 1:15-20에 관해 "바울의 문장들은 대신 하나님의 아들 기독론을 가리키는데, 그 기독론에서 바울은 창세기와 다윗의 왕위에서 나온 성경의 이미지를 사용한다"고 올바로 지적한다(*Pauline Christology: An Exegetical-Theological Study* [Peabody, MA: Hendrickson, 2007], 325). Sean M. McDonough, *Christ as Creator: Origins of a New Testament Doctrine* (Oxford: Oxford University Press, 2009), 175-76, 180도 보라.

11 따라서 바울의 언어와 이미지들이 그의 청중에게 쉽게 인식되었을 고대의 담론들을 통해 밝혀짐을 보이는 것이 나의 목표다. **언어적** 공명의 대부분은 70인역에서 나오지만, 왕들과 통치자들에 관한 소위 그리스-로마, 유대교, 그리고 이스라엘의 방식 사이에는 상당한 중첩이 있다.

높은 우주의 통치자로 묘사한다. 왕은 현명하고 공정한 결정을 내리고 자기 백성에게 그리고 그들을 위해 자신의 지혜를 하사하는 최고로 현명한 통치자라는 개념이 고대의 제왕 담론의 **편만한 한 가지 구성 요소**다. 나의 주장의 한 가지 함의는 지혜가 골로새서 1:13-20에 제시된 바울의 주장이 뜻하는 바를 이해하기 위한 렌즈로서의 의인화된 지혜로 여겨질 것이 아니라, 그리스도를 이상적인 최고의 통치자로 묘사하기 위한 한 가지 중요한 요소로 격하될 필요가 있다는 것이다.[12]

골로새서의 그리스도 찬송은 전형적인 제왕의 언어를 사용해서 그리스도를 왕으로 묘사한다는 점에서 고대의 왕권 담론 관점에서 볼 때 다소 전통적이다. 비록 그 찬송이 그리스도만이 통치자라는 점을 지적하기 위해 그렇게 하지만 말이다. 하지만 바울은 고대의 원권 담론을 변화 및 발전시키는데, 그리스도에 관한 그의 제왕적 주장들은 다른 모든 통치자에 의해 주장되었거나 그들을 위해 주장된 것들을 넘어서고 **심지어 그 주장들을 전복한다**. 그 찬송은 다음과 같은 점에서 매우 급진적이다. (a) 그리스도는 우주의 통치자일 뿐만 아니라 우주보다 먼저 존재하는, 우주 전체의 창조자라는 단호한 주장, (b) 그리스도가 죽은 자들로부터 최초로 부활해서 하나님의 오른쪽으로 높여졌다는 주장, 그리고 (c) 왕의 대적들의 손에 의해 왕이 피를 흘린 죽음을 통해 화해와 평화가 이뤄졌다는 대안적인 묘사를 통해 군사적 평정을 통한 평화와 화해라는 제왕의 수사를 전복함. 왕이신 그리스도에 대한 바울의 찬송은 제왕의 선전 도구들을 사용해서 골로새의 회중에 대해 통치와 힘을 주장하는 **다른 모든** 경쟁자를 반박한다.

12 따라서 그 관계는 메시아를 의인화된 지혜와 동일시하기보다는 지혜가 메시아 **안에서** 발견되는 것으로 올바로 개념화된다(골 2:3).

그 제왕의 찬송은 교회로 하여금 진정한 왕의 통치에 참여할 수 있게 해 주기 때문에, 교회가 이제 **바로 그** 왕이신 그리스도에 의해 더 낮고 덜 중요하게 보이는 다른 힘들에 몰두하는 것을 반박하는 기능을 한다. 바울의 찬송은 그의 청중을 이끌어 그들이 바울과 목소리를 합해 우주의 유일한 왕이자 통치자에게 영예, 즉 예배를 드리게 하고 그럼으로써 그들이 모든 힘과 권위를 주관하는 왕의 통치에 참여하는 상징적인 세계 안으로 사회화되게 한다.[13] 바울은 이어서 골로새서의 나머지 전체에서 그 찬송의 언어를 사용하여 골로새 교인들에게 그들이 이미 참된 왕의 통치에 참여하고 있음을 보여 주고, 그럼으로써 골로새 교인들이 영예와 예배를 드리도록 유혹을 당할 수도 있는, 그들에 대한 통치권을 주장하는 다른 경쟁적인 주장을 반박한다. 이 장의 많은 부분은 골로새서 1:13-20의 역사적-종교적 조사에 할애되지만, 나는 빌립보서 2:6-11에 수록된 찬송과 바울의 기독론적인 70인역 주해가 바울이 부분적으로는 제왕 이데올로기의 언어적 및 개념적 자료들을 창의적으로 숙고해서 그의 기독론 담론을 전개했다는 나의 좀 더 넓은 주장에 어떻게 기여하는지를 조사함으로써 이 장을 마칠 것이다. 나는 이 연구가 왕과 하나님 사이의 관계에 대한 고대의 숙고가 바울의 기독론에 대해 설득력이 있는 가장 유망한 역사적·종교적 틀을 제공할 가능성이 있다고 제안할 것이다. 나사렛 예수를 높인 초기 그리스도인들의 주장들은 하나님의 왕위를 공유하는 왕의 맥락 안에서 올바로 이해될 때 잘 설명될 수 있다.

---

13 Wayne A. Meeks는 "Shaping the comunities' Christology and shaping the comunities themselves"에서 골 1장과 빌 2장에 나타난 찬송들의 중요한 역할을 올바로 지적한다(*The Origins of Christian Morality: The First Two Centuries* (New Haven: Yale University Press, 1993), 98-99).

통치자들과 왕들에 대한 찬송과 찬가

신들과 인간들 모두 산문 작문의 수사학 교사들이 찬가(encomia)로 불렀던 것들을 통해 자주 영예와 찬양을 받는 존재였다.[14] 왕들, 통치자들, 영웅들에게는 그들의 미덕, 신들에 대한 관계, 선물과 발명품들, 그리고 군사적 승리에 대해 영예가 주어졌다.[15] 아일리우스 테온에 따르면 "신들에 대한 찬양은 찬송으로 불리지만" "혹자가 산 자나 죽은 자 또는 영웅이나 신 중 누구를 찬양하든 간에 **말하는 방법은 한 가지이며 똑같다**."[16] 아프토니오스는 "찬가는 고유한 탁월함을 표현하는 언어"이며 "찬송은 신들에 대한 찬양인 반면에 찬가는 필멸의 존재에 대한 찬양이라는 점에서…찬송과 다르다"고 말한다.[17] 송덕문(panegyric)의 구체적인 내용은 찬양되는 대상에 따라 다양하지만 아프토니오스에 따르면 "찬가의 가장 많은 제목은" "행위들"이다.[18]

---

14 신들에 대한 숭배에서 찬송을 사용한 것에 관해서는 다음 문헌들을 보라. William D. Furley and Jan Maarten Bremer, *Greek Hymns: Selected Cult Songs from the Archaic to the Hellenistic Period* (2 vols., Studies in Antiquity and Christianity 9/10; Tübingen: Mohr-Siebeck, 2001/2002); Ramsay MacMullen and Eugene N. Lane, ed., *Paganism and Christianity: A Sourcebook* (Minneapolis: Fortress, 1992), 50-63.

15 찬가의 저작 연대가 늦음에도 불구하고, 우리는 그것들이 전통적인 문학 양식의 기법들에 익숙했다고 가정할 수 있다. 신약성서 연구에서 *progymnasmata*의 사용에 관해서는 Ronald F. Hock and Edward N. O'Neil, ed., *The Chreia in Ancient Rhetoric: The "Progymnasmata"* (vol. 1; SBLTT 27/SBLGRS 9; Atlanta: Scholars, 1986)를 보라.

16 번역은 George A. Kennedy, *Progymnasmata: Greek Textbooks of Prose Composition and Rhetoric* (SBL Writings from the Greco-Roman World; Atlanta: Society of Biblical Literature, 2003), 50에서 취한 것이다. 찬송과 찬가에 관한 *progymnasmata*에 대한 유용한 논의는 Edgar Krentz, "Epideiktik and Hymnody: The New Testament and Its World," *BR* 40 (1995): 50-97, 특히 59-71을 보라.

17 Kennedy, *Progymnasmata*, 108. Plato, *Republic* 10.607A에서 신들에 대한 찬양으로서의 찬송과 위대한 인물들에 대한 찬양으로서의 찬가를 구분한 것을 보라.

18 Kennedy, *Progymnasmata*, 108.

마찬가지로 소피스트인 니콜라우스에 따르면 "찬가는 **인정된 공적을 토대로** 논설적인 방식으로 특정한 사람이나 물건에 대해 좋게 이야기하는 것이다."[19]

통치자들을 어떻게 칭찬하는가: 웅변가들과 프로김나스마타(Progymnasmata)

과시적인 연설들과 관련된 모든 주제를 다루는 핸드북 『페리 에피데이크티콘』(ΠΕΡΙ ΕΠΙΔΕΙΚΤΙΚΩΝ)에서 메난드로스는 "왕의 연설" 즉 "황제의 찬가"(ὁ βασιλικὸς λόγοςἐγκώμιόν ἐστι βασιλέως)에 많은 분량을 할애한다. 그가 보기에 제왕의 연설은 "황제에 부착된(ἀγαθῶν βασιλεῖ) 좋은 것들"을 상세히 설명한다(368.3).[20] 신들과 황제에 대한 찬양이 인생에서 가장 좋은 것이기 때문에 연설자들은 "우리의 능력이 닿는 한 영광을 돌리고 찬송해야(ὑμνεῖν) 한다(368.19-21). 메난드로스는 신들에 대한 찬송과 왕들에 대한 찬송의 유사성을 증언한다. "우리는 찬송과 찬양으로 신적인 힘을 달래듯이 말로 황제들을(βασιλέα λόγοις) 달랜다"(369.5-7). 찬가의 가장 긴 부분은 왕의 업적을 찬양해야 하는데, 그것은 평화 시와 전쟁 시의 그의 행동들로 구분된다(372.1-374.33). 황제가 "적시의 비, 바다로부터의 풍부함, 그리고 풍부한 수확"을 확보함으로써 창조세계를 유지하기 때문에 연설자는 신들에 대한 감사로 마무리해야 한다(377.21-24). 왕의 선물에 대한 답례로 "도시들, 민족들, 인종들, 그리고 부족들, 즉 우리 모두 그에게 화환을 씌우고, 그를 노래하고, 그에 관해 쓴다. 그의 형상들이 도시에 가득하다(πλήρεις

19 Kennedy, *Progymnasmata*, 155.

20 텍스트와 번역은 D. A. Russell and N. G. Wilson, *Menander Rhetor*(Oxford: Clarendon, 1981)를 보라. Krentz, "Epideiktik and Hymnody," 62-71도 보라.

εἰκόνων αἱ πόλεις)"(377.24-28).

퀸틸리아누스는 찬송들이 신들에 대해서 **및** 인간들에 대해서 지어질 수 있다고 주장한다.

> 신들에 관해서는…첫 번째 사항은 그들의 본성의 위엄에 대한 존경을 보이는 것이다. 그다음은 각각의 본성의 힘과 그가 인간을 이롭게 한 발견들 각각을 상술하는 것이다. "힘"은 예컨대 유피테르에게서는 우주를 통치하는 힘으로 나타나고, 마르스에게서는 전쟁의 힘으로 전시되며, 넵투누스에게서는 바다의 통제로 나타날 것이다. 발명들도 보여질 것이다. 예컨대 미네르바는 예술을 발명했고, 메르쿠리우스는 문자를 발명했으며, 아폴로는 의술을 발명했고, 케레스는 곡물을 발명했고, 바쿠스는 술을 발명했다. 다음에 우리는 역사에 알려진 그들의 위업을 언급해야 한다. 신들조차도 부모—예컨대 유피테르의 아들—와 나이(예컨대 카오스의 후손들), 그리고 그들의 자손(아폴로와 디아나는 그들의 모친인 라토나의 면목을 세운다)에게서 영예를 도출한다. 어떤 신들은 불멸의 존재로 태어났기 때문에 찬양받아야 하고, 다른 신들은 미덕을 통해 불멸성을 얻었기 때문에 찬양받아야 한다(3.7.7-9).[21]

신들**과 위대한 인간들** 모두에 적용되는 퀸틸리아누스의 주제들은 그들의 장엄한 본성, 혜택과 선물, 자연과 인간 통치, 위대한 행동, 명예로운 조상과 후손, 그리고 불멸의 본성 순서로 진행된다.[22]

위대한 인물들에 대한 찬양을 지어내기 위해 사용된 수사 기법들에 대

---

21 텍스트와 번역은 Quintilian, *The Orator's Education: Books 3-5*(trans. D. A. Russell; LCL; Cambridge, MA: Harvard University Press, 2001)을 보라.

22 Krentz, "Epideiktik and Hymnody," 57.

한 이 논의로부터 우리는 신들에 대한 찬송과 영웅적인 인간들에 대한 찬가를 짓는 것 사이에 상당한 정도의 중복이 있으며, 비록 찬양의 내용은 개인에 따라 다르지만 영웅의 강력한 행동, 특히 인간을 이롭게 한 혜택을 강조한다고 결론지을 수 있다.[23]

왕의 은전에 답례하는 신적 영예

왕들이 **왜** 그들이 신인 것처럼 찬양되는지를 이해하려면 왕들이 그리스 시대와 로마 시대에 통치자 숭배의 비호 아래 신들과 동일시되기 시작한 이유를 조사할 필요가 있다.[24] 고대 지중해인들은 신이 "힘의 전시, 특히 혜택을 수여할 힘(가령 압제에서 해방할 힘, 위험으로부터 보호할 힘, 또는 질병을 치료할

---

23 이런 수사 기법들은 알려진 가장 초기의 찬양 연설 중 하나인 이소크라테스의 "에바고라스"에 나타난 규칙과 비교될 수 있다. 이소크라테스는 키프로스의 그 통치자가 "제우스의 아들 중 한 명"이며(12-14) 따라서 제우스가 에바고라스의 왕위를 지지하기 때문에(25) 그를 찬양한다. 그 연설의 많은 부분은 왕의 행동들(33-9, 47-64), 특히 그의 혜택들(54-57, 65)에 할애된다. 그러므로 에바고라스는 "인간들 가운데서의 신, 또는 필멸의 신성"(ὡς ἦν θεὸς ἐν ἀνθρώποις ἢ δαίμων θνητός)으로 선언될 가치가 있다(72). 텍스트와 번역은 LaRue Van Hook, *Isocrates: In Three Volumes*(LCL; Cambridge, MA: Harvard University Press, 1968)를 보라. 이소크라테스의 키프로스 연설들에 관한 논의는 Julien Smith, *Christ the Ideal King: Cultural Context, Rhetorical Strategy, and the Power of Divine Monarchy in Ephesians* (WUNT 2.313; Tübingen: Mohr-Siebeck, 2011), 30-33을 보라. 그리고 Matthew E. Gordley, *Teaching through Song in Antiquity: Didactic Hymnody among Greeks, Romans, Jews, and Christians* (WUNT 2.302; Tübingen: Mohr-Siebeck, 2011), 111-15도 보라. 4세기에 찬송과 찬가를 통해 통치자들을 찬양하는 것이 만연했다는 점에 관해서는 Laurent Pernot, *La rhetorique de l'eloge dans le monde greco-romain* (2 vols.; Paris: Institut d'etudes augustiniennes, 1993), 1:23을 보라.

24 왕들이 원래는 신들에게만 주어지던 영예를 받는 것이 알렉산드로스 대왕 후에 편만해졌다. 아리아노스는 **이전에** 신들에게 유보된 영예와 인간에게 적용되는 영예가 구분되었음을 지적하는 칼리스테네스의 말을 자세히 설명한다: "인간들은 입맞춤으로 서로 인사한다. 그러나 아마도 신은 높이 좌정해 있고 만져서는 아니 되기 때문에 절로 경의를 표현하고 신들을 위해 합창단이 만들어지고 그들에게 찬가가 불려진다"(4.11).

힘)"에서 현시된다는 데 동의한다.[25] 그리스의 왕들과 이후 로마의 황제들은 지상의 왕에게 자신을 대신해서 행동하도록 자신의 힘을 부여한 신들의 대리인으로 여겨진다.[26] 왕들과 황제들에게 신적 영예를 수여하는 것은 강력한 은전에 대해 적절하게 감사를 표하는 답례로 기능한다.[27] 강력한 은전과 신적 영예 사이의 관계가 아우구스투스의 『업적록』(*Res Gestae*) 서두에서 예시된다.[28]

---

25 Litwa, *IESUS DEUS: The Early Christian Depiction of Jesus as a Mediterranean God* (Minneapolis: Fortress, 2014), 88. 그는 키케로의 『신들에 관하여』(*On the Nature of the Gods*)에 수록된 케오스의 프로디코스를 인용한다: "인간의 삶에 혜택을 주는(*ea quae prodessent*) 이런 것들은 신들에게 속한다고 여겨진다"(1.118).

26 F. W. Walbank, "Monarchies and Monarchic Ideas," in *The Cambridge Ancient History* (vol. 7.1; ed. F. W. Walbank, A. E. Astin, M. W. Frederiksen, and R.M. Ogilvie; Cambridge: Cambridge University Press, 1984), 62-100, 특히 84-96; Horbury, *Jewish Messianism and the Cult of Christ*, 70. 예컨대 다음 문헌들을 보라. Virgil, *Aen.* 1.286-291; Ovid, *Metam.*, 858-870. 이집트의 군주들의 은전에 대해 신적 영예를 돌린 것에 관해서는 Diodorus 1.90.1-3을 보라.

27 황제 숭배가 신들에 대한 숭배에 기초했고 그것과 얽혀 있음을 보여준 학자는 S. R. F. Price였다. 다음 문헌들을 보라. S. R. F. Price, *Rituals and Power: The Roman Imperial Cult in Asia Minor* (Cambridge: Cambridge University Press, 1984), 29-30, 32; Horbury, *Jewish Messianism and the Cult of Christ*, 69. 황제 숭배가 헬레니즘 시대의 통치자들에게 영예를 수여한 숭배에서 발생했다는 점에 관해서는 Paul Zanker, *The Power of Images in the Age of Augustus* (trans. Alan Shapiro; Ann Arbor, MI: University of Michigan Press, 1990), 297-302을 보라. Fergus Millar는 로마 황제의 주요 책임 중 하나는 그의 신민들의 요청을 듣고 선물과 혜택을 하사하는 것이었음을 보였다. 그의 저서 *The Emperor in the Roman World (31 BC-AD 337)*(London: Duckworth, 1977)를 보라. 다음 문헌들도 보라. Clifford Ando, *Imperial Ideology and Provincial Loyalty in the Roman Empire* Berkeley, CA: University of California Press, 2000), 175-90; Paul Veyne, *Bread and Circuses: Historical Sociology and Political Pluralism* (ed. Oswyn Murray and Brian Pearce; London, Penguin, 1990).

28 Ittai Gradel은 이것을 "신민과 통치자, 도시와 은인, 피부양자와 후원자, 노예와 주인 사이의 상호작용과 같이 로마 사회에서 힘과 사회적 지위가 매우 불균등한 상대방들 사이의 모든 관계에서 발견되는 은전에 대한 영예"로 부른다(*Emperor Worship and Roman Religion* [Oxford Classical Monographs; Oxford: Clarendon, 2002], 26). Price, *Rituals and Power*, 23: "헬레니즘 시대의 도시들에 의해 확립된 통치자 숭배는 정치적 은전에 대한 감사 표시로 수여되는 공정한 영예다." 이 점은 왜 황제들이 (일반적으로) 자신의 숭배를 확립하는 데

아래에 번역되고 새겨진 내용은 신인 아우구스투스의 업적과 선물들이다(πράξεις τε καὶ δωρεαὶ Σεβαστοῦ θεοῦ)…나는 열아홉 살 때 나의 주도로 그리고 나의 군대 유지 비용으로 국가를 음모자들에 의해 부과된 노예 상태에서 해방할 준비가 되었다(δουλήας /ἤλευ/θέρωσα). 이런 일들로 인해 원로원이 나를 찬양하는(ἐπαινέσασά με) 포고를 통과시켰다.[29]

에픽테토스는 "우리는 가장 큰 이익을 줄 힘을 지닌 존재가 신이라고 생각하기 때문에 신들 앞에서 하듯이 황제 앞에서 경의를 표한다"고 지적했다(4.1.60).[30] "가이우스에게 보낸 대사"(*Embassy to Gaius*)에서 필론은 아우구스투스가 로마에 내전을 끝낸 혜택을 줌으로써 신적 영예를 얻었다고 지적한다(149-151). 필론은 아우구스투스가 그의 은전들을 통해 "존경의 원천"(ἀρχὴ σεβασμοῦ, 143)과 우주의 통치자(144-148)가 되었다고 칭송한다.[31] 세상을 탁월하게 통치함으로써 그는 "첫 번째이자 가장 위대한 자(πρῶτος καὶ μέγιστος)이고, 모든 사람에 대한 공통의 은인"이다(149). 따라서 아우구스투스의 은전과 신적인 찬양을 받을 가치가 있는 그의 지위 사이에 명시적인 관계가 있다.[32] 신성은 본질의 문제라기보다는 빈번하고 강력한 선물

관여하기를 꺼렸는지와 황제 숭배가 왜 황제의 신민들에 의해 자발적으로 시작되었는지를 설명해준다. 추가로 Duncan Fishwick, "Dio and Maecenas: The Emperor and the Ruler Cult," *Phoenix* 44 (1990): 267-75을 보라.

29 Alison E. Cooley, *Res Gestae Divi Augusti: Text, Translation, and Commentary* (Cambridge: Cambridge University Press, 2009). 추가로 Zvi Yavetz, "The *Res Gestae* and Augustus' Public Image," in *Caesar Augustus: Seven Aspects* (ed. Fergus Millar and Erich Segal; Oxford: Clarendon Press, 1984), 1-36을 보라.

30 Ando, *Imperial Ideology and the Provincial Loyalty in the Roman Empire*, 389-90.

31 아우구스투스는 "온 인류가 멸망하기 직전에 있었을" 때 "거친 폭풍을 진정시킨" 사람으로 묘사된다(Philo, *Embassy to Gaius* 144, 145).

32 나는 헬레니즘 시대의 통치자 숭배와 로마의 황제 숭배 사이에 차이가 없다고 주장하는 것

들의 결과로 영예를 끌어내는, 수여된 지위의 문제다.[33] 즉 고대의 금언을 풀어서 표현하자면 신들이 힘을 행사하는 존재라면 왕은 신과 같은 존재다.[34] 신민들이 신들이 하는 일이라고 생각하는 일을 하면 왕들은 그 일을 통해 신적 영예를 받을 가치가 있다.[35] 디오 카시우스는 옥타비아누스에게 다음과 같이 말했다.

> 탁월함을 통해 많은 사람이 신들의 반열(ἰσοθέους)에 오릅니다.…폐하께서 인간으로서 선하고 통치자로서 명예롭다면(ἔστε σοὶ μὲν ἀγαθῷ τε ὄντι καὶ καλῶς ἄρχοντι), 그들의 사고에서 폐하가 영원히 소중하게 간직되고 영광을 받을 것이기 때문에 온 땅이 폐하의 신성한 영역이 되고, 모든 도시가 폐하의 신전이 되며, 모든 사람이 폐하의 조상(彫像)이 될 것입니다(52.35.5).[36]

이 아니다. 확실히 아우구스투스에게는 믿을 수 없을 정도로 높은 영예가 수여되었고, 그는 이제 온 세상의 은인으로 여겨졌다. 하지만 나의 목적상 중요한 점은 통치자 숭배와 황제 숭배 모두 은전에 대한 영예 체계뿐만 아니라 통치자들이 신들과 동화 및 동일시되는 것을 공유한다는 것이다. Price, "Rituals and Power," 52-55을 보라. 참조. Karl Galinsky, *Augustan Culture: An Interpretive Introduction* (Princeton, NJ: Princeton University Press, 1996), 322-31.

33 Michael Peppard, *The Son of God in the Roman World: Divine Sonship in Its Social and Political Context* (Oxford: Oxford University Press, 2011), 35을 보라.

34 다음과 같은 그리스의 금언을 보라: "신이란 무엇인가? 힘의 행사다. 왕이란 무엇인가? 신과 같은 존재다." Simon R. F. Price, "Gods and Emperors: The Greek Language of the Roman Imperial Cult," *JHS* 104 (1984): 79-95, 특히 95에 인용됨. Artemidorus, *The Interpretation of Dreams*, 2.36; 2.69도 보라. Gradel은 다음과 같이 진술한다: "중요한 것은 힘으로서 상대적인 신성이었다. 이 단계에서 카이사르의 힘은 유피테르의 힘처럼 의문이 제기되지 않았다. 신성에는 절대적인 힘이 수반되었고, 절대적인 힘을 지닌 존재는 신이었다"(*Emperor Worship and Roman Religion,* 72). 그리스와 헬레니즘 시대의 통치자들이 존칭으로서 "신"이라는 용어를 취한 것에 관해서는 Christian Habicht, *Gottmenschentum und griechische Städte* (2nd ed.; Munich: C. H. Beck, 1970), 99-105을 보라.

35 Walbank, "Monarchies and Monarchic Ideas," 93-94도 그렇게 생각한다.

36 텍스트와 번역은 Earnest Cary, *Dio's Roman History: In Nine Volumes*(LCL; Cambridge: MA: Harvard University Press, 1980)를 보라.

아우구스투스의 통치는 "선행들"(διὰ τῶν ἀγαθῶν ἔργων)과 "은전들"(ἐξ εὐεργεσιῶν)의 결과다(52.35.3). 다마스쿠스의 니콜라우스는 "사람들이 **그의 명예에 대한 그들의 평가에 따라** 그를 [세바스토스로] 여기기 때문에 그들은…그의 미덕의 위대함에 상응하게 **그리고 그들에게 베푼 그의 은전에 대한 답례로** 신전과 제사로 그를 공경한다"고 진술한다.[37]

헬레니즘 시대와 로마 시대 때 통치자들에 대한 찬송

성전, 축제, 제사, 헌주, 명예로운 명문, 왕/황제에게 드려진 기도 외에[38] 왕이 신적인 영예를 받는 일관성이 있는 방법 중 하나는 신들에게 유보된 찬양과 찬송을 통하는 것이었다.[39] 통치자들에 대한 찬송에 관한 아래의 설명

---

37 *Fragmenta Historicorum Graecorum* 90 F 125; S. R. F. Price, "Rituals and Power," in *Paul and Empire: Religion and Power in Roman Imperial Society* (ed. Richard A. Horsley; Harrisburg, PA: Trinity Press International, 1997), 47-71, 특히 47도 보라. 왕들에 대한 기도 사이의 관계에 관해서는 Horbury, *Jewish Messianism and the Cult of Christ*, 72을 보라: "통치자는 다른 신들과 마찬가지로 그의 특정한 힘의 범위에 놓인 사안에 대해 은혜를 요청받을 수 있으며 통치자 숭배에서 그의 힘이 광범위하고 효과적이어서 신들의 힘보다…효과적이라는 것이 강조될 것이다."

38 황제를 위한 축제 개최에 관해서는 Price, *Rituals and Power*, 101-32을 보라.

39 Price는 "왕과 황제에 대한 찬양은 신들의 숭배를 모방했다"고 진술한다("Gods and Emperors," 90). 다음 문헌들도 보라. Horbury, *Jewish Messianism and the Cult of Christ*, 68-77; David E. Aune, "The Influence of Roman Imperial Court Ceremonial on the Apocalypse of John," *Papers of the Chicago Society for Biblical Research* 28 (1983): 5-26, 특히 16; Erik Peterson, ΕΙΣ ΘΕΟΣ*: Epigraphische, formgeschichtliche und religionsgeschichtliche Untersuchungen* (FRLANT 41; Göttingen: Vandenhoeck & Ruprecht, 1926), 176-79; J. Daryl Charles, "Imperial Pretensions and the Throne-Vision of the Lamb: Observations on the Function of Revelation 5," *CTR* 7 (1993): 85-97. Jeffcoat-Schedtler, *A Heavenly Chorus*, 24을 보라: "신이 어떤 방법을 통해 찬양되든…그것은 궁극적으로 신에 대한 일종의 선물로 기능하고 그 신을 즐겁게 하기 위한 영예를 수여하며, 이 의미에서 제사와 마찬가지로 신이 탄원자에게 베푸는 은혜(χάρις)를 일으켰다."

에서 독자들은 강력한 은전에 대한 신적 영예, 통치자들의 신들에 대한 동화, 그리고 신들에 의한 통치자 선택 사이의 관계에 주의를 기울여야 한다.

플루타르코스는 스파르타의 장군 리산드로스가 "이전의 어떤 그리스인보다 강했고" 이 이유로 "…도시들이 **신들에게 하듯이**(ὡς θεῷ) 그에게 제단들을 세우고 제사를 지낸 최초의 그리스인이었고, 또한 그에게 승리의 노래가 불려진 최초의 그리스인이었다"고 말한다(*Lys*. 18.2-3). 그의 수행원 중에는 항상 "그의 업적을 시로 장식할(ὡς κοσμήσαντα τὰς πράξεις διὰ ποιητικῆς)" 코에릴로스와 "그를 기리는 몇몇 시를 쓴" 안틸로코스가 있었다(*Lys*. 18.4).[40]

아테네인들은 데메트리오스 폴리오르케테스에 대한 찬가를 부르면서 그를 맞이했으며, 그가 그들의 도시에 들어올 때 "그가 참된 유일한 신이고 다른 신들은 잠자고 있거나 여행 중이거나 존재하지 않는다는 후렴을 반복하는 노래를 부르고 춤을 추었다"고 전해진다. "그는 포세이돈과 아프로디테에게서 태어났고, 매우 아름다우며, 그의 자비심으로 모든 사람을 포용한다"(Athenaeus, *Deipn*. 6.253c).[41]

프톨레마이오스 2세 필라델포스에게 쓰인 찬송 두 편이 있는데 하나

40 플루타르코스가 리산드로스를 신적 영예를 받은 최초의 그리스인으로 묘사한 것에 관해서는 Lily Ross Taylor, *The Divinity of the Roman Emperor* (American Philological Association Monograph Series 1; Middletown, CT: 1931), 11을 보라.

41 몇 행 뒤에서 아테네인들은 다시 왕에게 아첨한다: "다른 신들은 멀리 있거나 귀가 없거나, 존재하지 않거나 우리에게 전혀 주의를 기울이지 않습니다. 하지만 우리는 나무로 만들어지지 않았고 돌로 만들어지지도 않은 참되신 왕을 직접 볼 수 있나이다. 그래서 우리는 왕께 기도하나이다, 무엇보다 먼저, 평화를 주소서!"(Athenaeus, *Deipn*. 6.253d-e). 텍스트와 번역은 Charles Burton Gulick, *Athenaeus: The Deipnosophists*(7 vols.; LCL; Cambridge, MA: Harvard University Press, 1957)를 보라.

는 칼리마코스가 쓴 것이고 다른 하나는 테오크리토스가 쓴 것이다.[42] 칼리마코스의 프톨레마이오스 찬양은 그의 "제우스에 대한 찬송"(*Hymn to Zeus*)에서 등장하며 사실 그 위대한 신에 초점을 맞춘다.[43] 그 시인은 제우스가 현명하게 프톨레마이오스 왕을 선택한 것을 찬양한다. "당신은 사람들 가운데서 가장 뛰어난 사람을 선택하셨나이다." 그리고 "당신은 도시들 자신의 통치자들을 선택하셨나이다"(69-70, 72).[44] 제우스와 왕 사이의 밀접한 관계가 다음 진술에 나타나 있다. "제우스로부터 왕들이 나온다. 제우스의 왕들보다 더 신적인 존재는 없기 때문이다"(ἐκ δὲ Διὸς βασιλῆες, ἐπεὶ Διὸς οὐδὲν ἀνάκτων θειότερον, 78-9).[45] 따라서 프톨레마이오스가 제우스의 대표로

---

42 이 찬송들에 반영된 찬양은 왕조의 종교에서 유래한 예배를 대표한다. 이 종교들은 좀 더 하향식 구조를 지녔지만, 신성과 은전은 프톨레마이오스 왕조와 셀레우코스 왕조의 본질적인 구성 요소인데, 이 점은 많은 왕이 "은인"이라는 경칭을 채택했다는 사실에서 명백히 나타난다(가령 Ptolemy III, Antigonus III Doson, Mithridates V, Ptolemy VIII). 다음 문헌들을 보라. Klaus Bringmann, "The King as Benefactor: Some Remarks on Ideal Kingship in the Age of Hellenism," in *Images and Ideologies: Self-definition in the Hellenistic World* (ed. Anthony Bulloch et al., Hellenistic Culture and Society 12; Berkeley: University of California Press, 1993), 7-24; Duncan Fishwick, *The Imperial Cult in the Latin West: Studies in the Ruler Cult of the Western Provinces of the Roman Empire* (2 vols.; Leiden: Brill, 1987), 1:1-20.

43 칼리마코스는 프톨레마이오스 2세의 가신으로서 많은 찬송, 경구와 궁정 시를 썼다. 추가로 Peter Green, *Alexander to Actium: The Historical Evolution of the Hellenistic Age* (Berkeley, CA: University of California Press, 1990), 179-86을 보라. 칼리마코스의 왕권 이데올로기에 관해서는 Ludwig Koenen, "The Ptolemaic King as a Religious Figure," in *Images and Ideologies: Self-definition in the Hellenistic World*, 81-113을 보라.

44 텍스트와 번역은 G. R. Mair, *Callimachus, Hymns and Epigrams. Lycophoron. Aratus*(LCL; Cambridge, MA: Harvard University Press, 1969)를 보라. 헬레니즘 시대와 로마 시대의 왕권 이데올로기 모두 거듭해서 신들이 자기들을 대신해서 통치하도록 왕을 선택했다고 말한다. 이 점은 왕이 특정한 신, 대개는 제우스와 동일시되거나 그 신에 동화하는 것과 연결된다. 이 점에 관해서는 탁월하고 포괄적인 연구인 J. Rufus Fears, *PRINCEPS A DIIS ELECTUS: The Divine Election of the Emperor as Political Concept at Rome* (Rome: American Academy at Rome, 1977)을 보라. Christian Habicht, *Gottmenschentum und griechische Städt*(Zetemata 14; München: Beck, 1956)도 보라.

45 참조. Callimachus의 *Hymn to Apollo*: "축복받은 자들과 싸우는 자는 나의 왕과 싸울 것이다;

서 통치한다는 점에 비추어 볼 때 제우스에 대한 찬양은 프톨레마이오스의 왕위를 정당화한다.[46] "잘 통치하는 자는 번영하는데, 우리의 통치자의 위대한 업적을 통해 입증되었듯이 그는 다른 모든 사람보다 뛰어나기 때문에 '우리가 우리의 통치자의 지배를 받는 것이 좋다'"(84-89).

테오크리토스의 프톨레마이오스 송덕문(17th Idyll)도 그 왕과 제우스 사이의 관계를 말한다.[47]

> 무사들(Muses)이시여, 우리의 노래에서 가장 위대한 불멸의 존재가 높여질 때 우리가 제우스로 시작하고 제우스로 끝내도록 기도하나이다. 그러나 나로서는 시작(πρώτοισι)도, 중간도, 그리고 마지막도 프톨레마이오스의 이름으로 기도하오니 이는 그가 사람 중에서 최고이기 때문입니다(1-4).[48]

제우스가 불멸의 존재를 통치하듯이 프톨레마이오스가 **인간들을 통치함으로써** 그들이 매우 밀접한 관계를 지니기 때문에 제우스 신이 프톨레마이오스의 통치를 정당화한다. 테오크리토스는 "찬송이 위에 있는 신들에 대해서도 답례이기 때문에 자기가 프톨레마이오스를 찬송할 것"이라고 말한다(7-8). 프톨레마이오스의 탄생에 관한 노래에서 그는 제우스가 힘센 독수리를 보낸 것을 노래한다. 제우스가 "가장 이른 시기부터 사랑한 왕들을 돌

나의 왕과 싸우는 자는 심지어 아폴론과도 싸울 것이다"(26-27).

46 마찬가지로 다음 문헌들을 보라. Fears, *PRINCEPS A DIIS ELECTUS*, 75-76; Gordley, *Teaching through Song in Antiquity*, 116.

47 테오크리토스는 목가적인 시의 개척자로 유명하다. 그의 작품들은 후대의 베르길리우스의 *Eclogues*와 비슷했으며, 그는 칼리마코스와 동시대 인물이었다. 테오크리토스의 역사적 맥락은 Green, *Alexander to Actium*, 233-47을 보라.

48 그리스어 텍스트는 R. L. Cholmeley, *The Idylls of Theocritus*(London: George Bell & Sons, 1901)를 보라.

보며" 그런 왕은 "큰 행운"을 받은 자이고 "스스로 땅과 바다에 대한 지배를 획득하기" 때문이다(73-6). 왕이 이 행운들을 사용해서 자기의 신민들에게 은전을 베푸는 것은 놀랄 일이 아니다(85-134).[49] 그 찬송은 "나는 너[프톨레마이오스]를 계속 다른 반(半)신으로 말할 것이다"라는 약속으로 끝난다(135).

찬송들이 황제 숭배의 주요 요소가 됨에 따라 로마 제국 시대에 찬송을 지어서 불렀다는 증거가 증가한다. 황제들을 위한 전문적인 찬송 작가들에게 이런 의무가 부여되었는데 이들은 **테올로고스**(θεολόγος) 또는 **세바스톨로고스**(σεβαστολόγος)로 불렸다.[50] **테올로고스**의 책임 중 하나는 속주의 황제 숭배에서 합창단을 통해 불릴 찬송을 지음으로써 황제의 은혜, 힘, 그리고 업적을 선전하는 것이었다.[51]

"아시아의 모든 합창단은 세바스토스 티베리우스 카이사르 신의 거룩한 생일에 페르가몬에 모여 황제의 집에서 세바스토스의 신들에게 찬송하고 제사를 드림으로써 세바스토스의 영광에 크게 기여하는 과제를 수행"

---

49 제우스에게서 난 혈통, 군사적 업적, 경건, 그리고 그의 신민들에 대한 은전을 통한 정당한 왕위의 선전은 알렉산드로스 대왕의 이데올로기에서 비롯된다. Alan A. Samuel, "The Ptolemies and the Ideology of Kingship," in *Hellenistic History and Culture* (ed. Peter Green; Hellenistic Culture and Society 9; Berkeley: University of California Press, 1993), 168-210, 특히 181을 보라.

50 페르가몬에 P. 아일리우스 폼페이아누스라는 사람의 비문이 있는데, 그는 "신적인 하드리아누스 (숭배에서) 시를 쓰는 사람이자 음유시인이고, 페르가몬에서 성전의 **테올로고스**(*theologos*)다." **테올로고스**(θεολόγος)의 임무를 묘사하는 또 다른 비명은 사망한 아우구스투스의 생일 축하에서 찬송가 지휘자는 "찬송가 가수들의 화환과 합창 강당에 존재하는 신비를 머리에 써야 한다"고 진술한다. Allen Brent, "John as Theologos: The Imperial Mysteries and the Apocalypse," *JSNT* 75 (1999): 75-92, 특히 90, 96에서 인용함.

51 왕들에 대한 찬가 경쟁이 빈번했으며 그것들은 통치자의 명예를 선전하는 기능을 했다. 다음 문헌들을 보라. Price, "Gods and Emperors," 95; Brent, "John as Theologos," 91-92; Collins, "The Psalms and the Origin of Christology," 113-23.

하라는 포고령을 포함하는 비명에서 이 점이 예시된다.[52] 아우구스투스는 "내 이름이 원로원의 포고에 의해 살리우스들(Salii, 무용수들)의 찬송 안에 구현되었다"고 선언한다(*Res Gestae* 10.1). 디오 카시우스도 아우구스투스에게 부여된 많은 영예 중 하나는 "그의 이름이 신들의 이름과 동등하게(τοὺς ὕμνους αὐτὸν ἐξ ἴσου τοῖς θεοῖς) 찬송들에 포함되어야 한다는 것"을 열거한다(51.20.1). 수에토니우스는 알렉산드리아의 배의 선원 이야기를 전하는데, 그들은 아우구스투스가 배를 타고 지나갈 때 "흰옷을 입고, 화환을 쓰고, 분향하고, 그에게 행운을 빌고, 찬양을 불렀다."(*Aug.* 98). 사이먼 R. F. 프라이스는 코안이라는 사람이 "그 도시의 설립자 세바스토스 카이사르와 은전자 티베리우스 카이사르 그리고 게르마니쿠스 카이사르와 그들의 모든 집에 대해서, **그리고 각각의 도시에 있는 다른 모든 신들에 대해서**" 찬가를 쓰는 대회에서 우승했다고 언급한다.[53] 디오는 원로원이 그의 왕좌 주위에 모여서 "그의 면전에서 그를 찬미하며 그에게 기도하면서 그날을 보냈다"고 말한다(59.24.5). 타키투스는 네로에게 그를 추종하면서 "밤낮으로 우레와 같은 박수를 치고 그 황제의 인격에 신들의 음성과 호칭을 적용한" 기사 5,000명이 있었다고 말한다(*Ann.* 14.15).[54] 안토니우스는 카이사르의 위업 때문에 "그를 하늘의 신으로 찬미했다"(ὡς θεὸν οὐρανίον ὕμνει)고 한다(Appian, *Bell. civ.* 2.146).[55] 스티븐 J. 프리센은 아시아 속주 의회에서 나온 칙

---

52 R. Cognat et al., *Inscriptiones Graecae ad Res Romanas Pertinentes*. Price, "Rituals and Power," 59에서 인용됨.

53 Price, "Gods and Emperors," 95-96.

54 Aune, "The Influence of Roman Imperial Court Ceremonial on the Apocalypse of John," 16을 보라.

55 율리우스 카이사르가 신의 영예를 받아들인 것과 특히 그와 유피테르의 동일시에 관해서는 Stefan Weinstock, *Divus Julius* (Oxford: Clarendon, 1971), 300-5을 보라.

령을 언급한다.

> 연중 황실에 경의와 경건한 고려를 공개적으로 보이는 것이 적절하므로—지극히 거룩한 세바스토스 티베리우스 카이사르의 생일에 페르가몬에 모이는—아시아의 모든 곳에서 나오는 찬송가들이 위대한 작업을 마쳐서 그 모임을 영광스럽게 하고 황실에 대한 찬송을 만들고 세바스토스의 신들에게 제사를 완료해야 한다.[56]

이 찬가들 대다수의 내용은 남아 있지 않지만 그것들이 자주 지어졌다는 증언은 널리 퍼져 있으며, 찬송들의 이념적인 내용은 비명에서 발견되는 많은 영예와 찬양들로부터 식별될 수 있다.[57] 그들의 통치자가 평화로운 새 세상의 질서를 **창조하거나 재창조한** 데 대한 찬양이 자주 등장하는 모티프 중 하나다.

> 가장 신적인 카이사르의 생일이 더 큰 즐거움의 문제인지 혜택의 문제인지는 알기 어렵다. 우리가 그것을 모든 일의 시작(τῶν πάντων ἀρχῆι)과 동등하다고 생각해도 무방하며, 그는 완벽하지 않고 불운에 떨어진 모든 형태를 자연적인 상태로는 아닐지라도 쓸모 있는 상태로 회복했다. 그리고 그는 온 세상에 다른 측면을 수여했다. 카이사르가 만물의 보편적인 유익을 위해 태어나지 않았더라면 세상 자체가 종말을 맞이했을 것이다. 그러므로 사람들이 이날이 생명의 호흡의 시작(ἀρχὴν τοῦ βίου καὶ τῆς ζωῆς)이었다고 생각하는 것이

56 Friesen, *Imperial Cults and the Apocalypse of John*, 105에서 인용됨.

57 Price, "Gods and Emperors," 95.

옳을 것이다.…그리고 각각의 경우에 우리가 답례할 뭔가 새로운 방법을 고안하지 않는 한 그의 큰 은혜들에 대해 우리가 적절하게 감사를 표현하는 것이 어렵기 때문이다.[58]

아우구스투스의 생일은 확실히 창조, 또는 좀 더 낫게 말하자면 새로운 세상의 창조를 나타낸다.[59] 아우구스투스의 출현을 "만물의 시작"이자 사람들에게 "생명의 호흡의 시작"이라고 말하는 찬양은 "전쟁을 종식시키고 모든 것에 평화로운 질서를 가져온"(τὸν παύσαντα μὲν πόλεμον, κοσμήσοντα [δὲ] εἰρήνην) 그의 강력한 은전을 가리킨다.[60] 아우구스투스는 "그의 전에 태어난 은인들을 능가했고 이후에 도래할 은인들에게 그를 능가할 소망조차 남기지 않았다. 그리고 그 신의 생일은 세상에 그의 도래를 통한 좋은 소식의 시작을 나타냈다."[61] 네로도 "그리스의 은인"이 된 데 대해 "온 세상의 주"(παντὸς κόσμου κύριος)로 찬양된다.[62] 인간에게 은전을 베푼, 특히 전쟁을 끝냄으로써 평화를 가져온 통치자들에게 부여된 신적인 영예의 이데올로기는 명백하며, 그것은 자주 창조자 또는 재창조자로서의 통치자 찬양 안으로 혼합된다.[63]

---

58 *Documents Illustrating the Reigns of Augustus and Tiberius*, collected by Victor Ehrenberg and A. H. M. Jones (2nd ed.; Oxford: Clarendon, 1955), 98a, 4-17행.

59 황제들을 새로운 세계 질서의 창조자로 묘사하는 종교적 전략에 관해서는 Friesen, *Imperial Cults and the Apocalypse of John*, 122-42을 보라.

60 *Documents Illustrating the Reigns of Augustus and Tiberius*, 98b, 35-36행.

61 *Documents Illustrating the Reigns of Augustus and Tiberius*, 98b, 39-41행.

62 W. Dittenberger, ed., *Sylloge Inscriptionum Graecarum*, 814, l30-35행.

63 이 점에 관해서는 James R. Harrison, *Paul and the Imperial Authorities at Thessalonica and Rome: A Study in the Conflict of Ideology* (WUNT 2.273; Tübingen: Mohr-Siebeck, 2011), 63-65을 보라.

시인 호라티우스가 쓴 찬송에서 우리는 이 모티프를 관찰할 수 있다. 우주적인 모티프들과 군사적 승리들이 얽힌 것이 특히 현저하다. 따라서 호라티우스는 아우구스투스의 통치가 다음과 같은 결과를 가져온 것을 찬양한다. "우리의 들판에 풍성한 곡물을 다시 가져왔고 거만한 파르티아인들의 문들에서 벗겨낸 깃발들을 우리의 유피테르에게 회복했다. 그리고 우리를 전쟁에서 해방했고, 야누스 퀴리누스의 성소를 닫았다"(*Carm.* 4.15.5-10).[64] 호라티우스는 "영원한 노래"(*Carmen Saeculare*)에서 아우구스투스에 대한 찬양을 신들에 대한 찬양 안에 위치시킨다(1-4).[65] 아우구스투스의 통치는 매우 위대해서 "바다와 땅이 그의 손의 힘을 인정하고"(53-54), "풍요의 여신이 오며 그녀의 풍요의 뿔을 가져온다"(59-60). 평화롭고, 풍요로우며 땅과 바다에 대한 완전한 통치의 이미지는 온 세상에 대한 아우구스투스의 우주적 지배의 범위를 확대한다.[66] 다른 찬송에서 호라티우스는 아우구스투스 황제가 자신의 신민들에게 평화(4.5.33-36)와 농업의 생산성(4.5.37-41)을 준 데 대해 그의 치세를 찬양한다. 그의 찬송들 전반에서 우리는 아우구스투스가 제우스를 대신해서 다스리는 지상의 통치자라는 빈번한 후렴을 만난다(1.12.50-60). 유피테르는 하늘에서 통치하며, 이와 유사하게 아우구스투스는 그 제국을 통치한다(3.5.1-6).[67]

---

64 나는 Sidney Alexander, *The Complete Odes and Satires of Horace*(Princeton, NJ: Princeton University Press, 1990)를 사용하고 있다.

65 다음 문헌들을 보라. Thomas Habinek, *The World of Roman Song: From Ritualized Speech to Social Order* (Baltimore: Johns Hopkins University Press, 2005), 152-57; Galinsky, *Augustan Culture*, 102-5.

66 아우구스투스가 이것을 선전 전략의 일환으로 사용한 점에 관해서는 Zanker, *The Power of Images in the Age of Augustus*, 172-83을 보라.

67 아우구스투스와 신들 사이의 관계에 관해서는 Zanker, *The Power of Images in the Age of Augustus*, 230-38을 보라. 호라티우스의 송시에 나타난 관련성은 Gordley, *Teaching through*

앞서 등장한 많은 모티프가 트라야누스를 이상적인 통치자로 찬양하는 3일 동안의 공연인 플리니우스의 "송덕문"(*Panegyricus*)에서 결합한다(*Ep*. 3.18).[68] 첫째, 플리니우스는 트라야누스가 인간임에도 불구하고(2.3-7) 유피테르에 의해 선택되었고, 미덕 면에서 신들과 대등하며, 신들을 대신해서 통치하기 때문에 그를 찬양한다(1.3-6; 5.2-3; 56.3).[69] 황제가 자기의 신민들을 위해 건강과 안전을 보장하는 한 신들이 그의 건강과 안전을 보장한다(67.5; 68.1-3). 둘째, 통치자의 일차적인 과제와 그에게 찬양을 수여하는 이유는 그가 자신의 신민들에게 선물을 주기 때문이다(2.8; 6.3-4; 50; 52.6-7).[70] 그의 통치는 제국에 평화를 확보하는 것 외에 농업의 풍작을 가져온다(31-32). 셋째, 트라야누스는 온 세상을 강력하게 통치한다. 그의 "명령의 말이나 동작이 땅과 바다를 통치하고 전쟁이나 평화를 결정한다[할 수 있다]"(4.4). 그는 전쟁과 불화를 끝내고 평화의 때를 가져온다(5.6-9; 80.3).

Song in Antiquity, 126-33을 보라.

68 텍스트와 번역은 Betty Radice, *Pliny: Letters and Panegyricus*(Cambridge, MA: Harvard University Press, 1969)를 보라. Habinek, *The World of Roman Song*, 214-15도 보라. 플리니우스의 *Panegyricus*의 왕권 이데올로기에 관한 유용한 세부 내용은 다음 문헌들을 보라. Smith, *Christ the King*, 81-83; Gordley, *Teaching through Song in Antiquity*, 139-45; Lester K. Born, "The Perfect Prince according to the Latin Panegyrists," *AJP* 55 (1934): 20-35.

69 트라야누스와 신들 사이의 관계에 관해서는 Daniel N. Schowalter, *The Emperor and the Gods: Images from the Time of Trajan* (HDR; Minneapolis: Fortress, 1993), 75-80을 보라. "한편 내가 내 마음속에서 그에게 불멸의 신들의 힘과 동등한 힘이 부여되는 것이 적절한 군주를 생각해내려고 했을 때 나는 기도 가운데서조차 우리가 지금 보고 있는 이 사람과 같은 존재를 생각하지 못했다"(*Pan*. 4.4).

70 Galinsky, *Augustan Culture*, 324.

구약성서에 나타난 다윗 가문의 왕에 대한 찬송과 예언적 찬양

골로새서의 그리스도 찬송은 같은 어휘의 몇몇 증거를 보여 주므로 나의 논증을 위해서는 다윗 왕이나 앞으로 올 통치자를 기념하여 지어진 찬송들과 시들의 역할도 조사할 필요가 있다.[71] 70인역 시편은 특히 이스라엘의 왕들을 기념하여 찬양을 노래하고 기도를 발하고 신탁을 짓는 관행을 증언한다.[72] 시편 곳곳에서 왕이 하나님의 통치에 참여하리라는 약속을 받았다는 점에 비추어 하나님께 유보된 언어로 왕이 찬양을 받는다(가령 "내가 나의 왕을 내 거룩한 산 시온에 세웠다", "내게 구하라, 내가 이방 나라를 네 유업으로 주리니 네 소유가 땅끝까지 이르리로다", 시 2:6, 8).[73] 왕은 하나님을 대신해서 통치하고 백성에게 구원을 제공하는 하나님의 대리인이며, 왕의 세계적인 지배는 하나님으로부터 그에게 선물 시대의 제왕 선전에서와 마찬가지로 왕이 하나님처럼 묘사되고 그런 지위를 지니는 것이 이스라엘의 제왕 이데올로기의 핵심적인 요소다. 예컨대 시편에서 **왕을 직접적으로 다루는** 유일한 찬송인 70인역 시편 44편(개역개정 45편)은 "내 마음이 좋은 말로(λόγον ἀγαθόν) 왕을 위하여(τῷ βασιλεῖ) 지은 것을 말하리니"(2a절, 개역개정 1a절)로 시작한다. 시인이 왕을 하나님으로 부른다는 점이 주목할 만하다: "하나님이여, 주의 보좌는 영원하며"(ὁ θρόνος σου, ὁ θεός, εἰς τὸν αἰῶνα τοῦ αἰῶνος, 7절[개역개

---

71 통치자들에 대한 유대인의 찬양에 대해서는 특히 Horbury, *Jewish Messianism and the Cult of Christ*, 127-40을 보라.

72 많은 시편이 제왕의 신탁과 왕을 위한 청원으로 시작했다. Scott R. A. Starbuck, *Court Oracles in the Psalms: The So-Called Royal Psalms in Their Ancient Near Eastern Contex* (SBLDS 172; Atlanta: Scholars, 1999)를 보라.

73 Erhard S. Gerstenberger는 시 2편을 메시아 찬송으로 부른다. 그의 *Psalms: Part One: With an Introduction to Cultic Poetry* (Grand Rapids: Eerdmans, 1988), 48을 보라.

정 6절]; 참조. 히 1:8).[74] 왕은 하나님의 보좌를 공유함으로써 하나님으로 불린다.[75] 왕은 통치자 숭배를 상기시키는 방식으로 신적 왕위의 **대표자**다.[76] 왕이 의로움을 사랑한 결과로 " 하나님 곧 왕의 하나님이 즐거움의 기름을 왕에게 부어 왕의 동료보다 뛰어나게 하셨다"(8절[개역개정 7절]). 시인은 다음과 같이 마무리한다. "내가 왕의 이름을 만세에 기억하게 하리니 그러므로 만민이 왕을 영원히 찬송하리로다"(18절[개역개정 17절]).

하나님의 보좌 공유를 통해 왕을 하나님의 대표자로 묘사하는 것은 70인역 시편 109편(개역개정 110편)의 제왕의 즉위식 찬송을 상기시킨다.

> 여호와께서 내 주에게 말씀하시기를(εἶπεν ὁ κύριος τῷ κυρίῳ μου) "내가 네 원수들로 네 발판이 되게 하기까지 너는 내 오른쪽에 앉아 있으라" 하셨도다. 여호와께서 시온에서부터 주의 권능의 규를 내보내시리니 주는 원수들 중에서 다스리소서((κατακυρίευε ἐν μέσῳ τῶν ἐχθρῶν σου). 주께는 통치가 있사오며(μετὰ σοῦ ἡ ἀρχή) 주의 권능의 날에 성도들의 광채 가운데, "태로부터 새벽 별이 뜨기 전에 내가 너를 낳았도다"(1-3절, 3절은 개역개정을 사용하

74 왕이 하나님으로 불리는 것으로 보이기 때문에 이 진술은 해석자들을 곤란하게 했다. 이 우려에 관해서는 Aubrey R. Johnson, *Sacral Kingship in Ancient Israel* (Cardiff: University of Wales Press, 1967), 30 각주 1을 보라. Mark W. Hamilton은 시 45편(MT)의 주석에서 다음과 같이 올바로 말한다: "제왕의 선전의 핵심적인 특징은 왕의 이례적이고, 신 같은 지위다"(*The Body Royal: The Social Poetic of Kingship in Ancient Israel* [Biblical Interpretation Series 78; Leiden: Brill, 2008], 49).

75 Hamilton, *The Body Royal*, 52-53.

76 이 점도 Adela Yarbro Collins에 의해 간략하게 언급되었는데, 그는 이런 제왕의 진술들은 그것으로부터 지상의 교회가 예수의 신적인 정체성을 단언한 토양이었을 수도 있다고 주장한다. 그녀의 "The Worship of Jesus and the Imperial Cult," in *The Jewish Roots of Christological Monotheism*, 234-57, 특히 239-40을 보라.

지 아니함).[77]

그 시편은 "태로부터 새벽 별이 뜨기 전에 내가 너를 낳았도다"(ἐκ γαστρὸς πρὸ ἑωσφόρου ἐξεγέννησά σε; 3b)라는 진술로 왕의 선재(preexistence)를 가정하는(또는 적어도 그 해석을 타당하게 만드는) 것으로 보인다.[78] 또한 다윗은 이 대목에서 하나님을 주로만 말하는 것이 아니라 주로서 **오실** 왕으로도 말하는데, 그의 권능(δύναμις)은 하나님에게서 나오고 그의 통치는 다윗의 통치를 능가할 것이다.[79] 시인은 미래의 어느 날 모든 적대적인 통치가 왕의 통치에 의해 전복될 것이라고 말한다.[80] 그렇다면 70인역 시편 44편(개역개정 45편)과 109편(개역개정 110편)에서 왕은 하나님의 보좌를 공유하고, 그를 대신하

---

77 제왕의 즉위식 찬송으로서의 70인역 시 109편이 왕을 공식적으로 부르는 데 어떻게 사용되었을지에 관해서는 S. E. Gillingham, *The Poems and Psalms of the Hebrew Bible* (Oxford: Oxford University Press, 1984), 225-26을 보라. 다음 문헌들도 보라. Gunkel, *Einleitung*, 141; Mowinckel, *Psalms in Israel's Worship*, 2:153; Klaus Homburg, "Psalm 110:1 im Rahmen des judäischen Krönungszeremoniells," *ZAW* 84 (1972): 243-46.

78 특히 Matthew W. Bates, *The Birth of the Trinity: Jesus, God, and Spirit in New Testament and Early Christian Interpretations of the Old Testament* (Oxford: Oxford University Press, 2015), 50-56을 보라. Adela Yarbro Collins and John J. Collins, *King and Messiah as Son of God: Divine, Human, and Angelic Messianic Figures in Biblical and Related Literature* (Grand Rapids: Eerdmans, 2008), 57-58도 보라. 마소라 텍스트는 믿을 수 없을 정도로 모호하다(문자적으로는 다음과 같다. "새벽의 태로부터 신성한 광채 가운데, 네게 땅의 이슬"[시 110:3]). 이형일은 다음과 같이 말한다: "우리는 3절[LXX 시 109:3]의 최종 번역은 후대의 독자들(가령 초기 그리스도인들?)에 의해 메시아의 선재를 암시하는 것으로 이해될 수 있게 된다는 점을 인정한다"(*From Messiah to Preexistent Son: Jesus' Self-Consciousness and Early Christian Exegesis of Messianic Psalms* [WUNT 2.192; Tübingen: Mohr-Siebeck, 005][(『예수와 하나님 아들 기독론』, 새물결플러스 역간)], 113). 마찬가지로 그러나 좀 더 넓게는 Horbury, *Jewish Messianism*, 96-97을 보라.

79 Schaper, *Eschatology in the Greek Psalter*, 106-7.

80 James L. Mays, *The Lord Reigns: A Theological Handbook to the Psalms* (Louisville: Westminster John Knox, 1994), 105을 보라.

여 다스리며, 찬송의 영예를 받을 가치가 있는 하나님의 대리인이다.[81]

왕의 세계적인 통치가 찬양되는 70인역 시편 88편(개역개정 89편)에서 시인은 다윗 왕이 창조세계를 통치할 것이라는 약속을 하나님 자신의 바다와 하늘에 대한 통치(10-12절[개역개정은 9-11절]) 안에 위치시킨다.

> 내가 또 그의 손을 바다 위에 놓으며 오른손을 강들 위에 놓으리니 그가 내게 부르기를 "주는 나의 아버지시요 나의 하나님이시요 나의 구원의 바위시라" 하리로다. 내가 또 그를 장자로 삼고 세상 왕들에게 지존자가 되게 하며(κἀγὼ πρωτότοκον θήσομαι αὐτόν, ὑψηλὸν παρὰ τοῖς βασιλεῦσιν τῆς γῆς) (26-28절[개역개정은 25-27절]).[82]

바다와 강들에 대한 왕의 통치는 "바다의 파도"를 다스리는 하나님(10절[개역개정은 9절])으로부터 온 선물이며 모든 것이 하나님의 통치에 속한다. "하늘이 주의 것이요 땅도 주의 것이라. 세계와 그중에 충만한 것을 주께서 건설하셨나이다"(12절[개역개정은 11절]).[83] 하나님이 우주적인 적을 멸망시킨

---

81 Eaton, *Kingship and Psalms* (Studies in Biblical Theology 32; London: SCM, 1976), 142-46. Eaton은 왕을 믿을 수 없을 정도로 야웨와 밀접하게 관련시키는 많은 텍스트를 지적한다(가령 시 18:20; 41:13; 61:5; 62:8; 63:8-10; 91:1, 4).

82 1-19절(개역개정은 1-18절)은 하나님의 의로운 통치를 기리는 찬송이고, 20-38절(개역개정은 19-37절)은 삼하 7장에 수록된 다윗과의 언약을 시적으로 확장한 것이며, 39-53절(개역개정은 38-52절)은 하나님이 다윗과 맺은 언약을 어긴 데 대해 하나님을 비난하는 탄식이다. Knut M. Heim, "The (God-)Forsaken King of Psalm 89: A Historical and Intertextual Inquiry," in *King and Messiah in Israel and the Ancient Near East: Proceedings of the Oxford Old Testament Seminar* (ed. John Day; JSOTSS 270; Sheffield: Sheffield Academic,1998), 296-322, 특히 296-99을 보라.

83 Jon D. Levenson은 하나님이 하나님의 원수들을 패배시킨 것과 그것에 수반하는 하나님의 통치가 어떻게 다윗 왕의 창조물 통치의 토대가 되는지를 통찰력 있게 설명한다. 하나님의 통치와 다윗의 통치 사이의 연결이 70인역 시 88편에 나타난 큰 탄식의 이유다. 다

것(10-11절[개역개정은 9-10절])이 왕이 그의 지상의 대적들을 패배시키는 토대다(21-25절[개역개정은 20-24절]).[84] 하나님이 하늘 보좌에서 다스리듯이(6-9절[개역개정은 5-8절]), 어느날 하나님이 왕의 "왕위를 하늘의 날과 같이" 확립할 것이다(30절[개역개정은 29절]). 하나님의 보좌가 의로움, 정의, 자비, 그리고 진리로 특징지어지듯이(15절[개역개정은 14절]), 하나님의 자비와 신실함을 통해 왕의 보좌가 확보된다(29-30절[개역개정은 28-29절]). 이로써 다윗 가문의 왕의 통치는 하나님의 하늘의 통치를 반영하고 그것을 실행한다. 하나님의 하늘 보좌와 지상의 왕의 통치는 믿을 수 없을 정도로 상응한다.[85] 리처드 J. 클리포드는 왕에 관한 명백한 "제왕적 주장의 과잉"은 왕이 모든 측면에서 야웨의 통치를 공유한다는 사실에서 나온다고 지적한다.[86]

음 문헌들을 보라. Levenson, *Creation and the Persistence of Evil: The Jewish Drama of Divine Omnipotence* (San Francisco: Harper & Row, 1988[『하나님의 창조와 악의 잔존』, 새물결플러스 역간]), 116-17; Bernard F. Batto, "The Divine Sovereign: The Image of God in the Priestly Creation Account," in *David and Zion: Biblical Studies in Honor of J. J. M. Roberts* (ed. Bernard Batto and Kathryn L. Roberts; Winona Lake, IN: Eisenbrauns, 2004), 143-86, 특히 179-85.

84 J. J. M. Roberts는 다음과 같이 말한다: "하나님은 다윗의 손을 바다 위에 놓고 그의 오른손을 강들 위에 놓는데, 바다와 강들은 하나님의 우주적인 두 대적이다(26절, 개역개정은 25절). 따라서 다윗 가문의 왕의 승리들은 단지 하나님의 원시적인 승리들에 대한 참여이고 그것의 복원일 뿐이다"("The Enthronement of Yhwh and David: The Abiding Theological Significance of the Kingship Language of the Psalms," *CBQ* 64 [2002]: 675-86, 특히 679). Jerome F. Creach, *The Destiny of the Righteous in the Psalms* (St. Louis: Chalice, 2008), 91-93도 보라.

85 Mays, *The Lord Reigns*, 104.

86 Richard J. Clifford, "Psalm 89: A Lament over the Davidic Ruler's Continued Failure," *HTR* 73 (1980): 35-47, 특히 44-45; idem., "Creation in the Psalms," in *Creation in the Biblical Traditions* (ed. Richard J. Clifford and John J. Collins; CBQMS 24; Washington, DC: Catholic Biblical Association of America, 1992), 57-69; Heim, "The (God-)Forsaken King of Psalm 89," 314-15. 두 사람 모두 J. B. Dumortier, "Un Rituel D'intronisation: Le Ps. lxxxxix 2-38," *VT* 22 (1972): 176-96의 영향을 받았다. J. Richard Middleton, *The Liberating Image: The Imago Dei in Genesis 1* (Grand Rapids: Brazos, 2005[『해방의 형상』,

마지막으로, 70인역 시편 71편(개역개정 72편)은 왕의 아들을 위한 기도다(1b절). 그 시편은 그의 통치를 "의가 번창하고 평화가 넘치는" 곳으로 생각한다(7절). 하지만 왕의 의롭고 평화로운 통치도 하나님 자신의 정의롭고 의로운 통치에 대한 참여로 나타날 것이다(1-2절).[87] 그의 "지배(κατακυριεύσει)"의 범위는 "바다에서부터 바다까지와 강에서부터 땅끝까지"(περάτων τῆς οἰκουμένης; 8절)다. 모든 "왕이 그의 앞에 부복하며(προσκυνήσουσιν αὐτῷ πάντες οἱ βασιλεῖς) 모든 민족이 다 그를 섬길 것이다"(11절). 왕의 통치는 에덴동산 같은 농업의 풍요를 확보하고(16절; 참조. 3절; 욜 2:24; 사 25:6-9), 따라서 그는 "그의 이름이 영구함이여, 그의 이름이 해와 같이 장구하리로다. 사람들이 그로 말미암아 복을 받으리니 모든 민족이 다 그를 복되다 하리로다"라고 기도한다(17절). 왕은 궁핍한 사람들에 대한 그의 해방, 자비, 그리고 구원 행위**의 결과로** 찬양을 받을 가치가 있다고 반복적으로 언급된다(4, 12-14절).

그 구절들이 찬송은 아니지만 이스라엘의 왕들에게 칭찬과 영예를 부여하는 것은 오경에 기록된 시적인 부분들 곳곳의 예언 형태를 띤다(LXX 창 49:8-12; 민 23-24장; 신 33:1-5).[88] 이런 시적인 텍스트들은 그의 세계적인 통치로 제왕의 영예를 받을 가치가 있는, **오실** 왕을 찬양하는 시편의 묘

SFC출판부 역간]), 247-49도 보라. 왕의 신 같은 특징에 관해서는 Hamilton의 저작을 보라. 그는 "제왕시는 왕을 거의 신적인 인물인 초인으로 묘사한다"고 말한다(*The Body Royal*, 91-92).

87 Roberts, "The Enthronement of Yhwh and David," 682-83도 그렇게 생각한다.

88 제왕의 찬양이 예언 형태를 띠는 점에 관해서는 Horbury, *Jewish Messianism and the Cult of Christ*, 127-32을 보라. 제2성전기 유대교의 메시아 텍스트에서 창 49:8-12과 민 23-24장을 빈번하게 사용하는 점에 관해서는 Matthew V. Novenson, *Christ among the Messiahs: Christ Language in Paul and Messiah Language in Ancient Judaism* (Oxford: Oxford University Press, 2012), 56-58을 보라.

사에서 우리가 본 것을 확인해준다.[89] 따라서 70인역 창세기 49:8-12에 수록된 "날들의 끝"(ἐπ' ἐσχάτων τῶν ἡμερῶν, 49:1b)에 관한 예언에서 유다의 후손이 예배를 받으리라는 내용이 나온다. "네 형제들이 너를 찬양할 것"(σὲ αἰνέσαισαν οἱ ἀδελφοί σου; 8a절)이고 "네 아버지의 아들들이 너를 예배할 것이다"(προσ κυνήσουσίν σοι; 8c절, 개역개정을 사용하지 아니함).[90] 그 시는 그만이 "민족들의 기대"(αὐτὸς προσδοκία ἐθνῶν)인, "유다에게서 나올 통치자"(ἄρχων ἐξ Ιουδα)를 고대한다(10절; 참조. 사 11:10; 롬 15:12). 이 제왕적 인물은 하나님의 백성의 원수들에 대해 승리하고 이스라엘의 구원과 땅의 에덴동산 같은 비옥함을 가져온 데 대해 찬양을 받을 것이다(8, 9b, 11-12절).[91] 70인역 민수기 24장에서 발람은 "많은 나라들을 다스릴 것이고(κυριεύσει ἐθνῶν πολλῶν), 그의 나라(βασιλεία αὐτοῦ)가 곡 위에 높여질(ὑψωθήσεται) 것이고, 그의 나라가 흥왕하게 될(αὐξηθήσεται ἡ βασιλεία αὐτοῦ)" 오실 왕에 대해 예언한다(7절. 개역개정을 사용하지 아니함). 이 제왕적 인물은 "모압의 통치자들을 멸망시키고, 셋의 모든 아들을 약탈할 것이고, 에돔은 그의 유산이 될 것이다. 이스라엘이 강하게 행동했기 때문이다"(17b-18절, 개역개정

89 유다의 신탁은 그리스도인들과 유대인들 모두에게 이상적인 왕을 기대하는 것으로 이해되었다. Joseph Blenkinsopp, "The Oracle of Judah and the Messianic Entry," *JBL* 80 (1961): 55-64, 특히 56-57을 보라. John H. Sailhamer는 이 시들(출 15:1-21 포함)이 오경에 제왕적인 형태를 주기 위한 고의적인 편집 전략의 일부라고 주장한다(*The Meaning of the Pentateuch: Revelation, Composition and Interpretation* (Downers Grove, IL: InterVarsity, 2009[『모세 오경 신학』, 새물결플러스 역간]), 324). 창 49:8-12의 제왕적 초점과 잠재적으로 메시아적인 초점에 관해서는 T. Desmond Alexander, "Messianic Ideology in Genesis," in *The Lord's Anointed: Interpretation of Old Testament Messianic Texts* (ed. Philip E. Satterthwaite et al., Grand Rapids: Baker, 1995), 19-39, 특히 32-37을 보라.

90 그 시들이 도래할 종말에 초점을 맞춘다는 점은 "마지막 날들에"라는 어구를 통해 나타내진다. Sailhamer, *The Meaning of the Pentateuch*, 468을 보라.

91 그 점에 관해서는 Sailhamer, *The Meaning of the Pentateuch*, 325-30을 보라.

을 사용하지 아니함).[92] 요컨대 그 왕의 통치는 모든 것을 포함할 것이다. 따라서 제왕의 영예가 그에게 어울린다. "그의 안에 통치자들의 영광이 있다"(τὰ ἔνδοξα ἀρχόντων ἐν αὐτῷ; 23:21. 개역개정을 사용하지 아니함). 그리고 70인역 신명기 33장의 모세의 노래에서 모세는 "사랑받는 자 안에 통치자가 있을"(ἔσται ἐν τῷ ἠγαπημένῳ ἄρχων; 5a절, 개역개정을 사용하지 아니함) 때를 노래한다.[93] 그 "통치자"는 이스라엘 가운데 도래할 이스라엘의 왕을 가리킬 가능성이 있다.[94]

시편과 오경에서 우리는 이스라엘의 왕이 찬송의 호칭(LXX 시 44편[개역개정 45편]), 하나님의 보좌와 세계적인 통치의 공유 약속(LXX 시 88편[개역개정 89편]; 109편[개역개정 110편]; 민 24:7, 17-18), 예배와 복종의 약속(LXX 시 71:11[개역개정 72:11]; 창 49:8; 민 23:21), 그리고 "하나님"(LXX 시 44:7[개역개정 45:6])과 "주"(LXX 시 109:1[개역개정 110:1])라는 호칭을 통해 찬양되는 것을 살펴보았다. 그 텍스트들에서 가장 주목할만한 점은 창조물에 대한 하나님의 통치와 왕의 통치가 겹쳐서 이스라엘의 통치자가 거의 하나님처럼

92 그 왕의 통치는 그것이 "날들의 끝"(ἐπ' ἐσχάτου τῶν ἡμερῶν; LXX 민 24:14b)과 관련이 있다는 언급을 통해 나타내진 바와 같이 명시적으로 종말론적 통치다. 민 23-24장에 수록된 오실 왕은 창 49:8-12에서 고대된 인물과 같은 인물로 보인다. 민 24:9("[그는] 꿇어앉고 누움이 수사자와 같고 암사자와도 같으니 일으킬 자 누구이랴?")과 창 49:9("그가 엎드리고 웅크림이 수사자 같고 암사자 같으니 누가 그를 범할 수 있으랴?")을 비교하라. 그 텍스트는 70인역 사 11:1("그 뿌리에서 한 가지가 나서 결실할 것이요")의 메시아적 신탁을 상기시킨다. 창 49장과 사 11장은 계 5:5에서 확실히 메시아적 의미로 취해졌다. 다음 문헌들을 보라. Sailhamer, *The Meaning of the Pentateuch*, 331, 335; Horbury, *Jewish Messianism and the Cult of Christ*, 50.

93 세 개의 예언적인 시 모두 **아르콘**(ἄρχων)이라는 단어를 사용해서 도래할 왕을 가리킨다.

94 Horbury는 70인역에 수록된 이 세 편의 찬양 시 텍스트를 멋지게 요약한다: "이 70인역 구절들은 메시아에 대한 일관성이 있는 일련의 소망을 가리키는데 이는 오경 해석에 포함될 정도로 3세기 유대인들 가운데 충분히 핵심적이고 널리 퍼진, 제왕적인 메시아를 중심으로 하는 기대를 구성한다" *Jewish Messianism and the Cult of Christ*, 51).

묘사된다는 것이다. 하나님이 왕으로서 모든 창조물을 통치하는 것이 왕이 우주의 통치와 유지에 참여하는 토대다. 하나님과 왕 사이의 관계는 야웨와 다윗 왕 모두 예배를 받는다는, 역대기 사가의 놀라운 묘사에 빛을 비춰 준다.

> 다윗이 온 회중에게 이르되 "너희는 너희 하나님 여호와를 송축하라" (Εὐλογήσατε κύριον τὸν θεόν) 하매 회중이 그의 조상들의 하나님 여호와를 송축하고 머리를 숙여 여호와와 왕에게 절하고(καὶ εὐλόγησεν πᾶσα ἡ ἐκκλησία κύριον τὸν θεὸν τῶν πατέρων αὐτῶν καὶ κάμψαντες τὰ γόνατα προσεκύνησαν τῷ κυρίῳ καὶ τῷ βασιλεῖ)…여호와께서 솔로몬을 모든 이스라엘의 목전에서 심히 크게 하시고(ἐμεγάλυνεν κύριος) 또 왕의 위엄을 그에게 주사(ἔδωκεν αὐτῷ δόξαν βασιλέως) 그 전 이스라엘 모든 왕보다 뛰어나게 하셨더라(대상 29:20, 25).

역대기 사가의 묘사는 우리가 그리스 및 로마의 통치자들에 관해 살펴본 묘사와 다르지 않으며, 하나님이 다윗 가문의 왕에게 영광과 통치권을 부여했기 때문에 지상의 왕이 신적 영예를 받을 수 있음을 암시한다.[95] 왕은 하나님께 유보된 예배를 받을 수 있을 정도로 하나님과 매우 가깝게 동일시된다.[96] 역대기 저자는 시편의 화자들과 마찬가지로(예컨대 LXX 44:7; 109

---

95 Horbury, *Jewish Messianism and the Cult of Christ*, 132도 비슷한 의견을 제시한다. 참조. Scott W. Hahn, *The Kingdom of God as Liturgical Empire: A Theological Commentary on 1-2 Chronicles* (Grand Rapids: Baker Academic, 2012), 97.

96 Matthew Lynch, *Monotheism and Institutions in the Books of Chronicles: Temple, Priesthood, and Kingship in Post-Exilic Perspective* (Tübingen: Mohr-Siebeck, 2014), 209-43을 보라.

편) 다윗의 아들이 하나님의 보좌를 공유한다고 진술한다. "솔로몬이 그의 아버지 다윗의 뒤를 이어 왕으로서 야웨의 보좌에 앉았다. 그는 번성했고 온 이스라엘이 그에게 복종했다"(대상 29:23, 개역개정을 사용하지 아니함).[97] 앞 장에서 역대기 사가는 다윗이 하나님이 "내 아들 솔로몬을 택하사 여호와의 나라 왕위에 앉혀 이스라엘을 다스리게 했다"(καθίσαι αὐτὸν ἐπὶ θρόνου βασιλείας κυρίου ἐπὶ τὸν Ισραηλ)고 선언한다고 묘사한다(대상 28:5b).[98] 이러한 **하나님의 보좌** 공유가 왕으로 하여금 하나님의 통치를 공유하고 하나님의 통치자로서 예배와 복종을 받을 수 있게 해준다(대상 29:20, 23).[99]

---

97 사실 Joachim Schaper는 *Eschatology in the Greek Psalter* (WUNT 2.76; Tübingen: Mohr-Siebeck, 1995), 80-81에서 70인역 시 44:7(개역개정 45:6)과 대상 29:23이 연결된다고 주장했다.

98 Mark A. Throntveit, "The Idealization of Solomon as the Glorification of God in the Chronicler's Royal Speeches and Royal Prayers," in *The Age of Solomon: Scholarship at the Turn of the Millennium* (Studies in the History and Culture of the Ancient Near East 11; ed. Lowell K. Handy; Leiden: Brill, 1997), 411-27, 특히 421-23을 보라.

99 이상적인 왕이 창조물에 대한 하나님의 통치를 공유함으로써 신적인 경칭을 받을 가치가 있다는 개념에 관해 우리는 필론의 *Life of Moses*도 살펴볼 수 있다. 필론은 그곳에서 모세가 "아버지이자 창조자"와 그 직책을 공유하는 영예를 받을 가치가 있는 존재로 여겨졌고 "온 나라의 신이자 왕(θεὸς καὶ βασιλεύς)으로 불렸다"고 묘사한다(158). 모세의 제왕 지위는 그가 "하나님의 소유를 공유"해서 "온 땅과 바다와 강 및 다른 모든 원소와 그것들의 조합의 부를 지배한 데 놓여 있다.…그러므로 각각의 원소가 모세를 자신의 주인으로 알고 모세에게 순종했으며, 자신의 속성을 변화시키고 그의 명령에 복종했다"(155-157). 필론의 저작에 묘사된 이상적인 왕으로서의 모세에 관해서는 다음 문헌들을 보라. Erwin R. Goodenough, *By Light, Light: The Mystic Gospel of Hellenistic Judaism* (New Haven: Yale University Press, 1935), 171-77; Ray Barraclough, "Philo's Politics: Roman Rule and Hellenistic Judaism," *Aufstieg und Niedergang der römischen Welt*, 2.1 (1984): 418-553, 특히 487-91. 좀 더 광범위하게는 Wayne A. Meeks, "Moses as God and King," in *Religions in Antiquity: Essays in Memory of Erwin Ramsdell Goodenough* (ed. Jacob Neusner; Studies in the History of Religions; Leiden: Brill, 1968), 354-71을 보라.

위의 조사에서 우리는 왕들과 통치자들에 대한 찬송이 왕들에게 영예를 수여하는 수단으로서 고대 세계에 편만했음을 보았다. 이런 찬송의 영예는 왕이 우주를 다스리며 유지하고 큰 혜택을 통해 인간인 신민들에게 은전을 베푼 신의 가시적인 대표자라는 믿음을 반영하여 주어진다. 그렇다면 찬양은 자기의 신민들에게 선물을 준 왕에게 신적인 영예를 주는 방법의 하나다. 고대의 왕권 이데올로기가 신(들)과 왕 사이의 밀접한 관계를 강조했다는 점에 비추어서, 그리고 은전에 대한 영예 수여 체계에 비추어서 그러한 찬양들은 종종 왕을 일반적으로 신(들)에게 사용되는 언어로 묘사한다. 따라서 왕은 종종 신의 신성한 보좌를 공유하고, 신의 경칭과 직위를 공유하며, 신(들)을 대신하여 모든 창조물을 다스리는(아마도 이 점이 가장 중요할 것이다) 하나님의 지상의 대표자로 묘사된다. 왕은 그의 통치에서 우주의 안정성을 확립하고 유지한다.

왕이신 그리스도에 대한 송덕문으로서 골로새서 1:15-20

나는 골로새서 1:15-20의 텍스트가 고대의 왕권 이데올로기와 대체로 일치하는, 메시아인 왕에게 찬양을 부여하기 위해 쓰인—아마도 산문 찬송[100]으로 분류되는 것이 가장 좋은—제왕 찬가(ὁ βασιλικὸςλόγος)라고 주장한

100 골 1:15-20의 찬송적인 특성에 관해서는 많은 글이 쓰였으므로 이 대목에서 이 일반적인 전통에 관해 자세히 언급하는 것은 번거로운 일일 것이다. 나는 단순히 다음과 같은 언어상 및 주제상의 평행 관계만을 언급한다. "모든 피조물보다 먼저 나신 이", 1:15 // "죽은

다. (a) 그는 하나님이 선택한 제왕적인(다윗 가문의) 대리인이다, (b) 그는 창조세계를 창조하고 유지하고 다스린다, 그리고 (c) 자기 백성을 다스리고 온 우주를 하나님께 화해시킴으로써 그들과 하나님 사이에 평화를 확립한다.[101] 고대 왕권 이데올로기에 이 모티프들이 편만한데, 우리는 통치자들에 대한 찬송에 관한 위의 논의에서 그것들을 살펴보았다. 그렇다면 이제 우리가 찬가들 안에서 이러한 제왕 모티프들의 존재와 기능을 확립해야 할 과제가 남아 있다.

왕이신 그리스도는 하나님의 아들이고 하나님의 형상이다

"그가 우리를 흑암의 권세에서 건져내사 그의 사랑의 아들의 나라로 옮겼다"(골 1:13)

위에서 조사된 찬송들은 제우스와 그가 선택한 왕들 사이의 빈번한 관계(Callimachus, *Hymn to Zeus* 78-79)뿐만 아니라 이스라엘의 하나님과 다윗 가문의 통치자 사이의 관계(가령 LXX 시 2편; 71편[개역개정 72편]; 88편[개역개정 89편]; 109편[개역개정 110편])도 볼 기회를 우리에게 제공해주었다. 마찬가지로 골로새서에 수록된, 바울의 메시아 찬사는 제왕의 경칭을 사용해서 그

자들 가운데서 먼저 나신 이", 1:18; " 만물이 다 그로 말미암고 그를 위하여 창조되었고", 1:16 // "[만물이] 그로 말미암아 자기와 화목하게 되기를", 1:20; "그가 만물보다 먼저 계시고", 1:17 // "친히 만물의 으뜸이 되려 하심이요", 1:18; "그는 보이지 아니하는 하나님의 형상이시오", 1:15 // "그가 근본이시요", 1:18. 고대의 찬송에 대한 설득력이 있는 정의는 Gordley, *The Colossian Hymn in Context*, 32-33을 보라. 골 1:15-20이 찬송으로서의 분류 기준을 충족한다는 점과 (찬가가 아니라) 찬송이 골 1:15-20의 좀 더 나은 분류라는 주장에 관해서는 Samuel Vollenweider, "Hymnus, Enkomion oder Psalm? Schattengefechte in der neutestamentlichen Wissenschaft," *NTS* 56 (2010): 208-31, 특히 225-27을 보라.

101 빌 2:5-11에 대해 Collins는, 왕권 이데올로기에 관한 조사는 언급하지 않았지만, "바울은 빌립보인들에게 익숙한 문화적인 언어로 그들을 지도하기 위해 그리스의 산문 찬송 양식을 채택했다"고 주장했다("The Psalms and the Origins of Christology," 123).

찬송의 주어를 유일한 제왕적 대표로서 하나님의 통치에 참여하는 하나님의 독특한 왕으로 묘사한다.

그(ὅς, 골 1:15a)와 이어서 나오는 모든 대명사의 선행사는 "지혜"가 아니고, 명시되지 않은 채로 남아 있지도 않으며, 명확하게 "그의 사랑의 아들"(τοῦ υἱοῦ τῆς ἀγάπης αὐτοῦ, 13b절)이다.[102] 이 아들은 구원을 받은 그의 신민이 "흑암의 권세에서 건져내진"(ἐρρύσατο ἡμᾶς ἐκ τῆς ἐξουσίας τοῦ σκότους, 13절) 자들이 거주하는 자신의 나라(βασιλείαν)를 가지고 있기 때문에 명백하게 제왕적인 인물로 서술된다.[103] 선한 왕과 마찬가지로 제왕적인 아들은 그의 신민을 악—"흑암의 권세"(골 1:13)와 "죄"(골 1:14)—에서 해방했다.

"아버지"(τῷ πατρί, 12절)와 "그의 사랑의 아들" 사이의 관계는 왕이 하나님의 아들이 되는 이스라엘의 제왕 이데올로기를 반향한다.[104] 좀 더 구체적으로 말하자면 그 언어는 다윗 가문에 대한 나단의 신탁을 반향한다. "나는 그에게 아버지가 되고 그는 내게 아들이 될 것이다"(ἐγὼ ἔσομαι αὐτῷ εἰς πατέρα, καὶ αὐτὸς ἔσται μοι εἰς υἱόν; 삼하. 7:14a).[105] 바울이 그의 사랑의 아들

102 그 찬송이 문학적 맥락에서 분리되면 "그의 사랑의 아들"이라는 그 찬송의 지시어가 종종 놓쳐진다. 이렇게 되면 "지혜"를 그 찬송의 주어로 잘못 끼워 넣게 된다. 다음 문헌들도 보라. James D. G. Dunn, *The Epistle to the Colossians and to Philemon* (NIGTC; Grand Rapids: 1996), 87; Schweizer, *The Letter to the Colossians: A Commentary* (Minneapolis: Augsburg, 1982), 63-69.

103 독자들은 선한 왕의 일차적인 책임 중 하나가 자신의 백성을 그들의 원수들로부터 해방하고 구원하는 것이었음을 잊지 않아야 한다. 본서의 5장 "왕과 정의"를 보라. Stefan Schreiber, *Gesalbter und König: Titel and Konzeptionen der Königlichen Gesalbtenerwartung in früjüdischen und urchristlichen Schriften* (BZNW 105; Berlin: de Gruyter, 2000), 421-22의 암시적인 논평을 보라.

104 Gerald Cooke, "The Israelite King as Son of God," *ZAW* 73 (1961): 202-25; Trygve N. D. Mettinger, *King and Messiah: The Civil and Sacral Legitimation of the Israelite Kings* (ConBot 8; Lund: Gleerup, 1976), 259-68; Eaton, *Kingship and the Psalms*, 146-49.

105 좀 더 자세한 내용은 다음 문헌들을 보라. Christopher A. Beetham, *Echoes of Scripture in the*

(τοῦ υἱοῦ τῆς ἀγάπης αὐτοῦ)이라는 경칭을 사용하여 반향한 사무엘하 7장은 "내 집이 무엇이기에 **주께서 나를** 이런 식으로 **사랑하셨나이까**?"(ἠγάπηκάς με ἕως τούτων, 삼하 7:18, 개역개정을 사용하지 아니함)라는 다윗의 반응에서 한 층 더 심화된다.

잘 알려진 바와 같이 이후 이스라엘의 많은 텍스트가 계속해서 이스라엘의 왕을 하나님을 대신하여 다스리는 하나님의 아들로 제시한다.[106] 따라서 시편 2편에서 "여호와와 그의 기름 부음 받은 자를 대적하여"(κατὰ τοῦ κυρίου καὶ κατὰ τοῦ χριστοῦ αὐτοῦ; 2:2b) 음모를 꾸미는 "땅의 왕들과 통치자들"(οἱ βασιλεῖς τῆς γῆς καὶ οἱ ἄρχοντες; 2:2a, 개역개정을 사용하지 아니함)에 대응해서 하나님은 통치할 왕을 세운다. "여호와께서 내게 이르시되 '너는 내 아들이라(Υἱός μου εἶ σύ). 오늘 내가 너를 낳았도다'"(시 2:7). 이 시편에서 반역적인 통치자들과 당국자들의 집단이 그들을 통치하기 위해 왕위에 오른 하나님의 제왕적인 아들을 통해 평정되는 그림이 그려진다.[107] 즉위 칙령(시 2:7)은 다윗 가문의 인물의 지위를 "그에 의해 왕"(βασιλεὺς ὑπ' αὐτοῦ, 시 2:6a)으로 옹립된 존재로 밝힌다.[108] 하나님이 왕에게 "이방 나라를 네 유업

Letter to the Colossians (Biblical Interpretation Series 96; Leiden: Brill, 2008), 97-112; David W. Pao, *Colossians and Philemon* (ZECNT; Grand Rapids: Zondervan, 2012), 76-77.

106 예컨대 대상 17장; 렘 33:14-22; 슥 6:12-13; 「솔로몬의 시편」 17장. 다음 문헌들을 보라. William M. Schniedewind, *Society and the Promise to David: The Reception History of 2 Samuel 7:1-17* (Oxford: Oxford University Press, 1999); Sam Janse, *"You are my Son": The Reception History of Psalm 2 in Early Judaism and the Early Church* (Leuven: Peeters, 2009), 51-75; Fee, *Pauline Christology*(『바울의 기독론』, 기독교문서선교회 역간), 540-42.

107 시 2:1-3에 관해 말하면서 James L. Mays(*The Lord Reigns: A Theological Handbook to the Psalms*(Louisville: Westminster John Knox Press, 1994, 109)는 다음과 같이 진술한다: "(3절의) 문제는 정부들과 통치자들이 힘을 장악하고 결합해서 세력의 관점에서 그들의 운명을 해결하려는 모든 장면을 규합한다. 그리고 그것은 모든 것의 음모를 신학적으로 야웨와 그의 기름 부음을 받은 자에 대한 반역으로 해석한다."

108 즉위식을 반영하는 시로서의 시 2편에 관해서는 다음 문헌들을 보라. Mowinckel, *He That*

으로"(ἔθνη τὴν κληρονομίαν σου) 주겠다고 약속한다(시 2:8).[109] 다윗 가문의 왕은 이로써 자기의 아버지인 하나님의 통치에 참여하며 하나님을 대신하여 통치하도록 위임되는 선물을 받는다.[110] 또 70인역 시편 88편(개역개정 89편)에서 왕은 그가 신의 아들인 결과로(28절[개역개정 26절]) "세상 왕들에게 지존자가 된다"(29절[개역개정 27절]).

하나님을 대신하여 다스리는 선물을 받은 하나님의 아들로서 이스라엘의 왕이라는 모티프는 "사랑의 아들"이 하나님이 **그를 통해** 죄로부터의 구원과 구속과 해방을 **성취하는, 권한이 수여된 대리인**이라는 바울의 언어(골 1:13-14)와 멋지게 부합한다.[111] 이처럼 바울은 그 찬사를 명시적으로 제왕인 메시아의 맥락 안에 두며 그 찬송이 왕의 지배와 통치의 성격을 확장하는 것에 관해 그의 청중을 준비시킨다.

Cometh, 67; Hamilton, *The Body Royal*, 60. 시 2편의 수용사에 관해서는 「에녹1서」 48:4, 10과 행 4:26을 보라. Paul Maiberger, "Das Verständnis von Psalm 2 in der Septuaginta, im Targum, in Qumran, im frühen Judentum und im Neuen Testament," in *Beiträge zur Psalmenforschung. Psalm 2 und 22* (ed. Josef Schreiner; Forschung zur Bibel; Würzburg; Echter, 1988), 85-151도 보라.

109 성도의 "기업의 부분"(εἰς τὴν μερίδα τοῦ κλήρου)을 얻기에 합당한 사람에 관한 바울의 진술(골 1:12)과 비교하라.

110 Collins and Collins, *King and Messiah as Son of God*, 22-24도 같은 입장을 취한다. Mays에 따르면 "왕이 '하나님의 아들'로 지명되었을 때 그 직위는 왕이 신의 대표자이자 대리인으로서 신과 매우 강하게 연합하고 응집되어서 '아들'이라는 용어만이 그 둘 사이의 교신과 주장들을 나타낼 수 있다는 믿음의 고백이었다"(*The Lord Reigns*, 112).

111 시 2편에서 하나님의 제왕적인 아들이 완전히 하나님께 의존한다는 점이 Jamie A. Grant, *The King as Exemplar: The Function of Deuteronomy's Kingship Law in the Shaping of the Book of Psalms* (SBL 17; Atlanta: Society of Biblical Literature, 2004), 58-60에서 올바로 강조된다.

"그는 보이지 아니하는 하나님의 형상이다"(골 1:15a)

고대의 수사학 핸드북이 찬사가 통치자의 명예로운 조상으로 시작하도록 권고하는 바와 같이 바울 역시 제왕의 경칭을 사용해서 하나님의 아들을 "그는 보이지 아니하는 하나님의 형상"(ὅς ἐστιν εἰκὼν τοῦ θεοῦ ἀοράτου, 골 1:15a)이라고 묘사한다. 유대교와 이교도의 맥락 모두에서 통치자들은 신들의 형상이라고 일컬어진다.[112] 신들의 살아 있는 형상으로서 왕들은 신들을 대신해서 다스리고 우주의 조화를 유지한다. 플라톤은 현명한 왕은 그의 통치에서 자신 안에 신의 형상을 재생산한다고 말한다(*Resp.* 500B-502A). 프톨레마이오스 왕조의 필로파토르 왕은 신의 형상(εἰκών τοῦ Διός)으로 불리고, 프톨레마이오스 5세는 신의 살아 있는 형상(εἰκὼν ζῶσα τοῦ Διός)으로 불린다.[113] 플루타르코스는 『교육받지 않은 통치자에게』(*To an Uneducated Ruler*)에서 "통치자는 만물에게 지시하는 하나님의 형상이다"(ἄρχων δ' εἰκὼν θεοῦ τοῦ πάντα κοσμοῦντος)라고 말한다(780d). 통치자가 신의 형상으로 여겨지는 것은 "통치자들이 신을 섬기는 일환으로 인간을 돌보고 보존한다"는 사실에 기인한다(780d-e). 왕은 우주의 조화를 유지하고 신들의 선물을 인간에게 분배할 책임이 있다(780f). 이와 비슷하게, 테미스토클레스가 페르

---

112 골 1:15a을 이해하기 위해 가장 자주 제안된 종교적 맥락은 로고스에 관한 중기 플라톤학파의 사색을 통해 매개된, 그리스적 유대교의 의인화된 지혜에 관한 숙고다. 다음 문헌들을 보라. Ronald Cox, *By the Same Word: Creation and Salvation in Hellenistic Judaism and Early Christianity* (BZNW 145; Berlin: de Gruyter, 2007), 172-73; Eduard Lohse, *Colossians and Philemon* (trans. William R. Poehlmann and Robert J. Karris; Hermeneia; Philadelphia: Fortress, 1971), 46-47. 예컨대 "그녀[즉 지혜]는…그의 선함의 형상이다"(εἰκὼν τῆς ἀγαθότητος αὐτοῦ; 「솔로몬의 지혜」 7:26). 필론은 로고스가 "하나님의 형상을 모방하여 만들어진 사람"(ὁ κατ 'εἰκόνα ἄνθρωπος')이라고 말한다(*Conf.* 146). 그러나 이는 바울이 그리스도는 하나님의 형상을 따라 또는 그 형상을 모방하여 만들어진 것이 아니라 하나님의 형상이라고 말한다는 사실에 어긋난다.

113 BDAG, "εἰκών," 282을 보라.

시아의 왕을 만날 때 그는 "왕을 존경하고 만물의 보존자인 신의 형상(ὡς εἰκόνα θεοῦ)으로서의 왕에게 경의를 표하는 것이 적절하다"는 말을 듣는다(*Themistocles* 125). 그리고 디오토게네스는 "왕의 직분은 신을 모방한 것이다"라고 말한다(*Stob*. 4.7.62).

하지만 "보이지 않는 하나님의 형상"으로서의 아들을 이해하기 위한 일차적인 맥락은 "하나님의 형상을 따라"(κατ' εἰκόνα θεοῦ) 만들어진 아담이라는 인물(창 1:27)이다.[114] 이것이 수반하는 바가 무엇인지에 관해 상세하게 논의하지 않더라도, 우리가 아담에게 주어진 다스리고 지배하라는 위임을 주목하면 길을 잃지 않을 것이다. 하나님의 형상으로서 아담은 창조세계의 모든 것을 "다스리도록" 창조되었다.(창 1:26). 하나님의 형상이 "생육하고 번성하여 땅에 충만하라. 땅을 정복하고 [만물을] 다스리라"(Αὐξάνεσθε καὶ πληθύνεσθε καὶ πληρώσατε τὴν γῆν καὶ κατακυριεύσατε αὐτῆς καὶ ἄρχετε)는 명령을 받았기 때문에(창 1:28) 창조세계의 만물이 하나님의 형상의 지배를 받는다. 저자가 정복, 지배, 주권, 그리고 심지어 "하나님의 형상"에게 지배를 창조세계의 만물로 확장하라고 지시하는 명령을 사용하는 데서 제왕의 모티프가 명백하게 드러난다. 시편 8편은 이 점을 확인하는데 이 시편에서 인간은 하나님의 창조세계를 지배하기 위해 창조되었다(4-8절). 그렇다면 "하나님의 형상"이 무엇을 의미하든 그것은 확실히 대표의 방식으로 하나님과 관련이 있으며, 다스리고 정복할 창조세계와도 관련

---

114 Seyoon Kim, *Paul and the New Perspective: Second Thoughts on the Origin of Paul's Gospel* (Grand Rapids: Eerdmans, 2002), 166-67; Nils A. Dahl, "Christ, Creation and the Church," in *The Background of the New Testament and Its Eschatology: In Honour of Charles Harold Dodd* (ed. W. D. Davies and D. Daube; Cambridge: Cambridge University Press, 1956), 422-33, 특히 432.

이 있다.[115]

대다수 학자는 창세기 1:26-28과 시편 8편에서, 왕을 신의 대표자 또는 심지어 신의 성육신으로 보는 다른 고대 근동 문화에서 발견되는 것과 비슷한 제왕 이데올로기를 인식했다. 고대 근동에서는 종종 왕이 자신의 통치에 대한 표시로서 정복지의 신전에 자신의 형상을 세웠다.[116] 나는 하나의 예로 충분하리라고 생각한다.[117] "투쿨티-니누르타" 서사시에서 아시리아의 그 왕은 **찬송 안에서** "홀로 영원한 엔릴의 형상"(18행)이자 그의 아버지인 신의 "장자"(20행)로 묘사된다. 엔릴과 왕 사이의 관계는 왕이 신의 통치에 참여하고 그의 군사적 위업을 통해 세계적인 조화를 낳는 관계다.[118]

---

115 Phyllis A. Bird, " 'Male and Female He Created Them': Gen 1:27b in the Context of the Priestly Account of Creation," *HTR* 74 (1981): 129-59, 특히 137-38. Middleton은 시 8편에 나타난 "하나님의 형상" 언어를 제왕적으로 해석하기 위해 왕의 즉위식 언어 및 인간의 통치와 하나님의 통치 사이의 비교에 주의를 기울인다(*The Liberating Image*, 57-59).

116 Bird, " 'Male and Female He Created Them'," 139-41; Peter Machinist, "Kingship and Divinity in Imperial Assyria," in *Text, Artifact, and Image: Revealing Ancient Israelite Religion* (ed. Gary Beckman and Theodore J. Lewis; Providence: Brown Judaic Studies, 2006), 152-87, 특히 153-59; Mark G. Brett, "Earthing the Human in Genesis 1-," in *The Earth Story in Genesis* (ed. Norman C. Habel and Shirley Wurst; The Earth Bible, Vol. 2; Sheffield: Sheffield Academic, 2000), 77; David J. A. Clines, "The Image of God in Man," *TynBul* 19 (1968): 55-103, 특히 95-99; John van Seters, "The Creation of Man and the Creation of the King," *ZAW* 101 (2009): 333-41; Batto, "The Divine Sovereign: The Image of God in the Priestly Creation Account," 143-86; Jeffrey H. Tigay, "The Image of God and the Flood: Some New Developments," in *Studies in Jewish Education and Judaica in Honor of Louis Newman* (ed. Alexander M. Shapiro and Burton I. Cohen; New York: Ktav, 1984), 169-82; Benjamin D. Sommer, *The Bodies of God and the World of Ancient Israel* (Cambridge: Cambridge University Press, 2009), 69-70.

117 좀 더 많은 예는 다음 문헌들을 보라. Clines, "The Image of God in Man," 83-85; G. K. Beale, *The Temple and the Church's Mission: A Biblical Theology of the Dwelling Place of God* (NSBT 17; Downers Grove, IL: InterVarsity, 2004 [『성전 신학』, 새물결플러스 역간]), 82-84; John Anthony Dunne, "The Regal Status of Christ in the Colossian 'Christ-Hymn': A Re-evaluation of the Influence of Wisdom Traditions," *TrinJ* 32 (2011): 3-18, 특히 11-13.

118 Machinist, "Kingship and Divinity in Imperial Assyria," 160.

데이비드 J. A. 클라인즈는 아시리아의 왕들이 일관성이 있게 하나님의 형상으로 일컬어졌다고 지적하며, 신하들에게 "내 주 왕의 아버지는 바로 벨의 형상이었고 벨의 형상 자체와 같다"고 언급된 에사르하돈 왕의 예를 제공한다.[119]

게르하르트 폰 라트는 창세기 1:26-28 주석에서 "하나님은 자신의 주님으로서의 권리를 뒷받침하고 집행하게 하려고 자신의 주권적 권위의 표시로서 세상에 인간을 세웠다"고 올바로 진술한다.[120] 아담은 하나님의 주권적 대표자로서 땅을 "정복하고"(κατακυριεύσατε) "다스려서"(ἄρχετε)(창 1:28) 하나님의 창조물의 신적 질서를 유지하고 확장하도록 위임되었다.[121] 히브리 성경에서 이 단어들이 일관성 있게 사용되어 제왕적 인물의 권위와 힘을 나타낸다.[122] 이 점이 중요한데, 그 단어들은 하나님 나라를 다스릴 이상적 메시아인 왕을 고대하는 종말론적 맥락에서 자주 등장한다.[123] 하나님의 형상으로서의 아담이, 장차 올 이스라엘의 왕에게 "다스리라"는 유사한 명령이 주어지는 후대의 일부 메시아 찬양의 맥락이라는 결론을 피하기 어렵다(민 24:17-19; 시 72:8-11). 예컨대 시편 110편에서 하나님의 오른쪽에 있는 왕에게 "다스리라(רדה)"는 명령이 주어지는데, 이는 창세기 1장의 언

---

119 Clines, "The Image of God in Man," 83. Cited from R. H. Pfeiffer, *State Letters of Assyria* (American Oriental Society 6: New Haven (1935) 9 이하(no. 161)에서 인용됨.

120 Gerhard von Rad, *Old Testament Theology. Volume I. The Theology of Israel's Historical Traditions* (New York: Harper and Row, 1962), 146.

121 창 1:1-2:3의 독특한 관심과 패턴으로서 창조세계에서의 하나님의 질서 확립에 관해서는 Bird, "'Male and Female He Created Them,'" 136-37을 보라.

122 예컨대 다음 구절들을 보라. LXX 왕상 5:4, 5:30; 9:23; 대하 8:10.

123 Stephen G. Dempster, *Dominion and Dynasty: A Theology of the Hebrew Bible* (New Studies in Biblical Theology 15; Downers Grove, IL: InterVarsity, 2003), 59-60의 통찰력이 있는 논의를 보라.

어를 반향한다.[124] 아담은 하나님이 선택한 제왕적인 아들로 세워져, 하나님의 주권자로 행동하면서 하나님 대신 땅을 정복하고 다스리도록 위임된 하나님의 제왕적인 통치자다.[125]

창세기 1:26-28에 등장하는 "하나님의 형상"의 중요한 측면 한 가지가 더 있는데, 그것은 아담이 "남자와 여자"로 창조되었고 그에게 생육하고 번성하라는 축복이 주어졌다는 점이다(창 1:28).[126] 그렇다면 인간이 창조물에 대해 통치와 지배를 행사하는 한 가지 방법은 하나님의 형상 담지자를 더 많이 출산하는 것이다. 따라서 저자가 하나님이 "하나님의 형상을 따라"(κατ' εἰκόνα θεοῦ) 아담을 창조한 것에 관해 두 번째 언급할 때(창 5:1) 아담의 생식 활동으로 구성된 계보가 이어지는 것이 놀랄 일이 아니다.[127]

바울 서신에서 아담이 거명될 때 그가 명시적으로 제왕적인 맥락에서 등장한다는 점에 비추어 볼 때(참조. 롬 5:12-21; 고전 15:20-28), 바울 학자들에게 있어서 보이지 않는 하나님의 형상(εἰκὼν τοῦ θεοῦ ἀοράτου)이 제왕적인 맥락에 놓였다는 것이 놀랄 일이 아닐 것이다.[128] 로마서 5:12-21에

---

124 시 110:2("주는 원수들 중에서 다스리소서[רדה]")을 창 1:28("바다의 물고기와 하늘의 새와 땅에 움직이는 모든 생물을 다스리라[ורדו]")과 비교하라. Levenson, *Creation and the Persistence of Evil*, 112-13을 보라.

125 아담이 하나님의 원형적인 왕이었다고 믿어졌다는 점은 유대교 전통에서의 주제이기도 하다(집회서 49:16; 「희년서」 2:14; 「에스라4서」 6:53 이하; 「에녹2서」 30:12; Philo, *Opif.* 136-50). 참조. Robin Scroggs, *The Last Adam: A Study in Pauline Theology* (Philadelphia: Fortress, 1966), 25.

126 Paul Niskanen은 이 점을 멋지게 진술한다: "창 1:26-28의 맥락은 지배에 관해 명확하게 말한다. 그것은 또한 남성과 여성으로서의 아담과 번식의 축복에 관해 명백히 말한다"("The Poetics of Adam: The Creation of אדם in the Image of אלהים," *JBL* 128 (2009): 417-36, 특히 432). Clines, "The Image of God in Man," 95도 보라.

127 Niskanen, "The Poetics of Adam," 433.

128 나는 이 점을 본서의 4장("왕과 왕국") 및 5장("왕과 정의")에서 훨씬 더 자세하게 확대할 것이다.

서 아담과 그리스도와 관련해서 "통치"와 "지배"의 언어가 사용된다. 그리고 고린도전서 15:20-28에서 아담은 "나라를 아버지 하나님께 바치고"(24절) 하나님의 원수들을 평정하며(24b-27절) 제왕시 8편과 110편의 주어인 그리스도와 반대인 존재로 언급된다. 그리고 숀 M. 맥도노프가 지적한 바와 같이 바울이 형상(εἰκών)이라는 단어를 사용할 때 그 단어는 거의 언제나 창세기 1장의 아담과 창조 내러티브를 반향한다(가령 롬 8:29; 고전 11:7; 15:49; 고후 3:18; 4:4; 골 3:10).[129] 그렇다면 바울이 보이지 않는 하나님의 형상(εἰκὼν τοῦ θεοῦ ἀοράτου)으로서 "사랑의 아들"을 언급할 때, 우리가 고려할 첫 번째 사항은 그가 모든 창조물에 대한 하나님의 제왕적인 대표로서 통치하고 그럼으로써 우주적 조화를 가져오는 하나님의 선택된 메시아를 강조하는 언어인 제왕적 언어를 사용한다는 것이다.[130] 고려할 가치가 있는 두 번째 요점은 재생산과 출산이 하나님의 형상에 대한 창세기의 묘사의 구성요소라면, 자기 백성에 대한 제왕의 통치를 확장하는 것이 그리스도의 과제 중 하나였을 수도 있다는 것이다.

---

129 McDonough, *Christ as Creator*, 90. Stephanie Lorenzen의 연구는 바울이 "형상"이라는 단어를 사용한 것은 주로 신체에 관한 것이며 따라서 지혜를 언급하는 것일 가능성이 낮음을 올바로 강조한다(*Das paulinische Eikon-Konzept: Semantische Analysen zur Sapientia Salomonis, zu Philo und den Paulusbriefen* [WUNT 2.250; Tübingen: Mohr-Siebeck, 2008]).

130 하나님의 형상으로서 그리스도의 제왕적인 대표자 기능은 그가 "보이지 않는 하나님을 **계시한다**"는 사실을 설명한다(강조는 덧붙인 것임). Stephen E. Fowl, *The Story of Christ in the Ethics of Paul: An Analysis of the Function of the Hymnic Material in the Pauline Corpus* (JSNTSup; Sheffield: Sheffield Academic, 1990), 107을 보라.

왕이신 그리스도는 창조하고 다스린다

"모든 피조물보다 먼저 나신 이"(1:15b)

바울은 "그의 사랑하는 아들"과 "보이지 아니하는 하나님의 형상"이라는 제왕적 경칭에 세 번째 경칭인 "모든 피조물보다 먼저 나신 이"(πρωτότοκος πάσης κτίσεως; 1:15b)를 추가한다.[131] 이스라엘에서 장자는 가족 안에서 특별한 지위를 지니는데 장자에게는 아버지의 유산이 증여되고, 아버지의 권위가 맡겨지며, 가족 안에서 제왕의 역할과 제사장의 역할이 주어진다.[132] 예컨대 야곱은 르우벤에게 "너는 내 장자요 내 능력이요 내 기력(자녀)의 **시작**"(πρωτότοκος μου σύ ἰσχύς καὶ ἀρχή τέκνων μου; LXX 창 49:3)이라고 선언한다.[133] 마찬가지로 장자의 유산을 보호하는 신명기 저자의 법규는 장자를 그의 아버지의 자녀들의 시작(οὗτός ἐστιν ἀρχὴ τέκνων αὐτοῦ; 신 21:17b)으로 부른다.[134] 그것이 아버지의 대표, 제왕적 특권, 그리고 유산과 관련이 있음

131 필론은 장자(πρωτότοκος)로서의 지혜나 로고스에 대해 언급하는 것이 아니라 제일 먼저 난 자(πρωτόγονος)로서의 지혜나 로고스를 언급한다(*Somn.* 1.215; *Conf.* 146). 나는 그리스적 유대교 또는 중기 플라톤학파의 문헌에서 골 1;15a에 병행하는 구체적인 언어를 알지 못한다. Fee, *Pauline Christology*, 320-21을 보라.

132 특히 다음 구절들을 보라. 창 25:25-34; 49:3; 신 21:15-17.

133 타르굼은 그 의미를 다음과 같이 부연 설명한다: "르우벤아, 너는 내 장자이고, 내 능력이고, 내 힘의 시작이다. 세 부분, 즉 장자권, 제사장직, 그리고 왕위를 취하는 것이 네게 적절했을 것이다"(Gen. 49:3, *T. Onq.*). "르우벤아, 너는 내 장자이고…너는 장자권, 제사장직과 왕위의 위엄을 가질 가치가 있었을 것이다. 그러나 내 아들아, 네 장자권은 요셉에게 주어졌고 네 왕위는 유다에게 주어졌으며 네 제사장직은 레위에게 주어졌다"(Gen. 49:3, *T. Ps.-Jon.*); Scott W. Hahn, *Kinship by Covenant: A Canonical Approach to the Fulfillment of God's Saving Promises* (AYBRL; New Haven, CT: Yale University Press, 2009), 137에서 인용됨.

134 그 점에 관해서는 Jon D. Levenson, *The Death and Resurrection of the Beloved Son: The Transformation of Child Sacrifice in Judaism and Christianity* (New Haven, CT: Yale University Press, 1993), 59-60을 보라. J. R. Porter는 장자를 그의 아버지의 힘으로 묘사하는 것은 "거의 기술적인 표현으로서 그것은 문제의 그 아들에게 아버지의 권위와 힘이

에 비추어 장자(πρωτότοκος)는 종종 출생 순서에 대한 문자적 묘사로 사용되기보다는 예컨대 이스라엘에 대해서처럼 경칭으로 사용된다(출 4:22; 렘 38:9).[135]

그러나 바울이 그리스도를 "모든 피조물보다 먼저 나신 이"라고 묘사한 것을 이해하기 위해 가장 중요한 자료는 하나님이 다윗과 맺은 언약을 묘사하는 시편의 텍스트다. "내가 그를 장자로 삼고 세상 왕들에게 지존자가 되게 하리라"(κἀγὼ πρωτότοκον θήσομαι αὐτόν, ὑψηλὸν παρὰ τοῖς βασιλεῦσιν τῆς γῆς; LXX 시 88:28[개역개정 89:27]). 이 제왕시가 바울의 진술에 대한 중요한 맥락을 제공한다는 점은 그 시편의 앞 절에서 하나님과 왕 사이의 관계를 아버지와 아들의 관계로 언급한다는 점을 통해 확인된다. "그가 내게 부르기를 '주는 나의 아버지시요(αὐτὸς ἐπικαλέσεταί με Πατήρ μου εἶ σύ) 나의 하나님이시요 나의 구원의 바위시라' 하리로다"(LXX 시 88:27[개역개정 89:26]; 참조. 골 1:13b).[136] 우리는 세상의 왕 중 지존자이자 하나님 자신의 장

모두 주어진다는 의미다"라고 말한다(*The Extended Family in the Old Testament* [London: Edutext, 1967], 10).

135 아담이라는 제왕적 인물이 암시되어 있다고 생각하는 학자들이 있다. Herman Ridderbos는 연결 관계가 있을 수도 있음에 관해 다음과 같이 논평한다: "그것[즉 "맨 처음 태어난"이라는 용어]은 단지 시간적 순서를 가리키는 것이 아니라 지배자의 지위를 가리키는 용어로서, 그 용어에서 아담이 하나님의 형상을 따라 창조된 덕에 모든 창조물 가운데서 차지했던 지위(창 1:28 이하)를 상기하기가 쉽다"(*Paul: An Outline of His Theology* [trans. John Richard de Witt; Grand Rapids: Eerdmans, 1975], [『바울신학』, 솔로몬 역간]81).

136 많은 학자가 LXX 시 88:28을 골 1:15을 이해하기 위한 많은 텍스트 중 하나에 포함시키지만 그 구절의 의미를 밝히는 학자는 별로 없다. 하지만 다음 문헌들을 보라. McDonough, *Christ as Creator*, 89-92; Dunne, "The Regal Status of Christ in the Colossian 'Christ-Hymn,'" 13-14. Beetham은 골 1:13의 제왕적인 성격에 관한 훌륭한 통찰력을 보여준 뒤 놀랍게도 골 1:15b을 이해하기 위한 맥락으로 잠 8:22-31을 선택한다(*Echoes of Scripture in the Letter to the Colossians*, 113-41). McDonough는 바울이 새 창조에서의 그리스도의 구속 사역으로부터 창조에서의 그의 사역으로 거슬러 추론했다고 이해한다: "종말론이 원형론의 토대를 형성한다면 우리는 원형론적인 πρωτότοκος(처음 난 자)가 종말론적인

자로서의 다윗 가문의 통치자에게 모든 창조물에 대한 하나님의 우주적 통치에 참여하는 선물이 주어진 것을 살펴보았다. 아버지의 보좌와 아들의 보좌는 모두 하나님의 확고한 사랑에 토대를 둔다(LXX 시 88:15, 29-30[개역개정 89:14, 28-29]; 참조. LXX 시 44:5-7[개역개정 45:5-7]). 아버지는 이처럼 왕의 "손을 바다 위에 놓으며 오른손을 강들 위에 놓는다"(LXX 시 88:24[개역개정 87:25]; 참조. 10-12절[개역개정 9-11절]). 그리고 야웨는 세상 왕들의 지존자로서의 왕의 적들을 패배시킬 것이라고 약속한다(ὠφελήσει ἐχθρὸς ἐν αὐτῷ; LXX 시 88:23a[개역개정 89:22a]; συγκόψω τοὺς ἐχθροὺς αὐτοῦ, LXX 시 88:24a[개역개정 89:23a]; 참조. 시 2:1-8).

"만물이 그에게서 창조되되 하늘과 땅에서 보이는 것들과 보이지 않는 것들과 혹은 왕위들이나 주권들이나 통치자들이나 권세들이나 만물이 다 그로 말미암고 그를 위하여 창조되었다"(골 1:16)

바울은 창조물에 대한 그리스도의 지배를 그 장자가 실제로 "그 안에서 모든 것이 창조된"(ἐν αὐτῷ ἐκτίσθη τὰ πάντα; 골 1:16a) 존재이며 "그를 통하여 그리고 그를 위하여 모든 것이 창조된"(τὰ πάντα δι' αὐτοῦ καὶ εἰςαὐτὸν ἔκτισται; 골 1:16c) 존재라는 주장으로 확대함으로써 제왕으로서의 메시아 이데올로기를 급진적으로 만든다. 즉 "세상 왕들의 지존자"(LXX 시 88:28[개역개정 89:27])로서 하나님의 제왕적인 아들은 좀 더 작은 통치자들, 즉 "왕위들이나 주권들이나 통치자들이나 권세들"(εἴτε θρόνοι εἴτε κυριότητες εἴτε

πρωτότοκος에서 유래한다고 주장할 수 있을 것이다. 예수가 새 창조의 처음 난 자이기 때문에 첫 창조의 처음 난 자였고 모든 권리와 특권이 그 지위에 속한다고 추론할 수 있을 것이다(p. 178).

ἀρχαὶ εἴτε ἐξουσίαι; 골 1:16)을 **다스릴 뿐만 아니라 그들을 창조하기도 한다.**[137] 좀 더 작은 통치자들의 정확한 정체성이 무엇이든 간에 그것들을 묘사하기 위해 사용된 언어는 정치적이다(참조. 엡 1:21).[138] 우리는 그리스도의 창조 활동이 그의 제왕적 역할에서 비롯된다는 점을 골로새서 1:16에 등장하는 좀 더 작은 통치자들이 그리스도의 제왕적 승리에서 공개적으로 수치를 당하고 드러내지는, 동일한 "통치자들과 권세들"(τὰς ἀρχὰς καὶ τὰς ἐξουσίας)이라는 사실(골 2:15b)을 통해 알 수 있다.[139]

우리는 하나님과 신적으로 선택된 왕 사이의 관계가 믿을 수 없을 정도로 높여진 언어를 낳았고, 그런 언어에서 하나님의 보좌를 공유하는 왕이 하나님이나 신으로 불리며 신적인 영예와 찬양를 받는다는 것을 살펴보았다. 그리고 70인역 시편 88편(개역개정 89편)이 골로새서 1:15b-16의 맥락이라면 바울이 하나님의 기름 부음을 받은 아들이 창조물을 다스릴 뿐만 아니라, 그가 자신의 아버지로부터 만물을 창조하는 우주적 유산을 받았다는 주장을 하는 것으로 해석될 수 있다. 창조 행위는 고대 근동에서 현저한 **왕의** 임무다.[140] 제왕시들이 암시하는 바와 같이(시 2:6-8; LXX 시 44편[개역개

---

137 계 1:5에서 그리스도에게 **프로토토코스**(πρωτότοκος)를 제왕적으로 사용하는 것도 보라(ὁ πρωτότοκος τῶν νεκρῶν καὶ ἄρχῶν τῶν βασιλέων τῆς γῆς). 그 용어는 히 1:6의 다윗 가문의 메시아 신앙이 풍부한 맥락(예컨대 히 1:2에서 사용된 시 2:8; 히 1:5에서 사용된 시 2:7; 히 1:5b에서 사용된 삼하 7:14; 히 1:8에서 사용된 LXX 시 44:7[개역개정 45:6]; 히 1:13에서 사용된 LXX 시 109:1[개역개정 110:1])에서도 채택된다. 추가로 Joshua W. Jipp, "The Son's Entrance into the Heavenly World: The Soteriological Necessity of the Scriptural Catena in Hebrews 1.5-14," *NTS* 56 (2010): 557-75을 보라.

138 참조. 계 2:13; 13:2.

139 로마 제국의 축전에서 수치의 제의화(ritualization)에 관해서는 Peter Marshall, "A Metaphor of Social Shame: *THRIAMBEUEIN* in 2 Cor 2:14," *NovT* 25 (1983): 302-17을 보라.

140 Middleton, *The Liberating Image*, 65-74.

정 45편]; 시 72편; 시 110:1-3) 하나님의 기름 부음을 받아 "자기 아버지의 힘"으로서 우주의 조화와 질서를 유지하는 존재에게 하나님이 땅의 모든 통치와 권위를 위임한다면 바울이 단순히, 그러나 깜짝 놀랄만하게 "메시아의 권위의 범위를 원시의 창조를 포함하도록" 확대하는 것일 수도 있다.[141]

"또한 그가 만물보다 먼저 존재한다"(1:17a)

바울의 찬가의 제왕적 주체가 "만물보다 먼저 존재한다"(αὐτός ἐστιν πρὸ πάντων; 골 1:17a)는 바울의 주장 역시 이스라엘의 왕에게 부여된 영예의 맥락에 놓일 수 있는데 이 주장은 아들의 선재**와** 탁월성 모두를 가리킬 수 있는 진술이다. 이른 시기에 그 인물을 **선재하며 앞으로 올 메시아적인 왕**으로 해석했을 가능성을 허용하는 제왕시가 적어도 두 편 존재한다.[142] 70인역 시편 109편(개역개정 110편)에서 야웨는 왕에 대해 "태로부터 새벽 별이 뜨기 전에 내가 너를 낳았도다"(ἐκ γαστρὸς πρὸ ἑωσφόρου ἐξεγέννησά σε)라고 말한다(LXX 109:3b[개역개정 110:3b], 개역개정을 사용하지 아니함). 이와 비슷하게 70인역 시편 71편(개역개정 72편)에서 번역자는 71:17(개역개정 72:17)의 πρὸ τοῦ ἡλίου를 "그의 이름이 **태양에 앞서**(לפני שמש) 영구하다"라고 번역하고, 그럼으로써 "그의 이름이 **태양[의 창조]에 앞서** 영구하다"라는 시간적 독법의 가능성을 만든다.[143] 그 맥락이 선재하는 메시아로 귀결되는 해석을 요구하지는 않지만 전치사 **프로**(πρό)의 사용이 그 해석을 가능하게 만든다.

---

141 McDonough, *Christ as Creator*, 67.

142 순교자 유스티누스는 시 72:17과 70인역 시 109:3(개역개정 110:3) 모두가 선재하는 메시아를 증언한다고 해석한다(*Dial.* 45.4과 76.7). 메시아적 왕의 선재에 관해서는 Horbury, *Jewish Messianism and the Cult of Christ*, 94-99을 보라.

143 Schaper, *Eschatology in the Greek Psalter*, 93-107. Collins and Collins, *King and Messiah as Son of God*, 58도 보라.

「에녹1서」 48:2-3에서 메시아의 이름의 선재가 추가로 확증된다. "영들의 주의 면전에서 사람의 아들의 이름이 불렸는데, 그의 **이름**은 날들의 우두머리에 **앞섰다**. 그리고 **태양**과 표지들이 창조되기 **전에**, 하늘의 별들이 만들어지기 전에, 그의 이름이 영들의 주의 **앞에서** 불렸다."[144] 그렇다면 그런 언급에 이어지는, 그리스도가 우주를 다스리고 창조한다는 바울의 주장은 그 왕의 존재가 우주보다 선행하며 왕이 우주보다 우월하다는 단언이다.

"그리고 만물이 그 안에 함께 섰다"(골 1:17b)

"만물이 그 안에 함께 섰다(그 안에서 결합한다)"(τὰ πάντα ἐν αὐτῷ συνέστηκεν; 골 1:17b)는 진술—αὐτῷ는 하나님의 아들, 하나님의 형상, 모든 창조물보다 먼저 난 자를 가리킨다—은 우주를 안정시키는 존재로서의 왕 개념을 반영한다.[145] 왕이 신적인 하늘의 조화를 땅에 확립함으로써 우주를 안정시킨다는 주제는 다윗의 시와 황제 찬사의 보편적인 주제다. 위에서 살펴본 바와 같이 시편 2편, 72편, 89편, 그리고 110편은 다윗 가문의 왕을 하나님을 대신해서 창조세계를 안정시키는, 야웨가 권위를 부여하고 자신의 대리로 임명한 통치자로 묘사한다. 존 D. 레벤슨은 시편 89편 주석에서 하나님이 왕에게 창조세계의 지배권을 선물로 준 데 대해 "이제 다윗의 보좌가 우주의

144 Lee, *From Messiah to Preexistent Son*, 109에 수록된 논의를 보라.

145 골 1:17에 기록된 바울의 진술은 실제로 로고스에 관한 그리스의 철학적 숙고와 어느 정도 일반적인 유사성이 있다. 그럼에도 불구하고 나는 골 1:17b과의 구체적인 언어상의 평행 관계를 알지 못한다. Cox가 제시한 언어들—집회서 43:26; 「솔로몬의 지혜」 8:1; Philo, *Her*. 23; *Fug*. 108-12—은 일반적이며 설득력이 없다(*By the Same Word*, 171). McDonough는 "'그 안에서 만물이 결합한다'와 같은 간결한 공식은 그것이 내장된 좀 더 넓은 철학 또는 종교 체계 안에서 읽힐 때에만 의미가 통한다"(*Christ as Creator*, 187)고 올바로 주장한다. 그리고 바울이 확립한 그 좀 더 넓은 틀 또는 "종교 체계"는 제왕적-메시아적이다.

질서를 보장한다.…다윗은 야웨의 지상 대리자다"라고 말한다.[146]

몇 가지 예를 들자면 플리니우스는 트라야누스 "송덕문"(*Panegyricus*)에서 "우주의 아버지가 그의 머리를 끄덕여 만물을 다스리는데" "그가 우리에게 폐하를 보내서 전체 인간에 관하여 자신의 역할을 하게 했기 때문에" 이제 그는 하늘의 사안들에 전념할 수 있다고 선언한다(80.5). 그리고 위(僞)피타고라스 문헌들은 일관성 있게 왕을 우주적 조화와 질서의 보장자로 묘사한다. 즉 왕은 신들을 반영하기 때문에 왕은 천상의 영역을 모방하고 반영함으로써 지상에서 질서와 안정성을 획득한다.[147] 따라서 예컨대 디오토게네스는 "왕은 그의 유일한 통치와 지도력으로 왕국 전체에 조화를 가져오고" "자신이 절대권력을 행사하는 조직의 감독자이고 설립자다"라고 말한다.[148] 하나님/신들이 "우주의 사안들을 유지하고 형성하는" 것으로 여겨졌듯이 "왕들도…자신의 왕국을 위해 그 일을 해야 했다."[149] 우리가 위에서 살펴보았듯이 플루타르코스는 "통치자는 **만물에게 지시하는** 신의 형상이다"라고 말한다(780e). 왕이 자신의 왕국에 조화를 가져와 우주의 질서를 확립한다는 개념은 고대의 왕권 텍스트들에 편만하다.[150]

우리는 위에서 아우구스투스의 통치에 대한 찬양은 종종 그가 우주의

---

146 Levenson, *Creation and the Persistence of Evil*, 22-23. McDonough도 우주의 질서와 지상의 질서 사이의 좀 더 넓은 관계 및 왕이 종종 어떻게 하늘의 조화와 땅의 조화 사이에 다리를 연결하는지를 논의한다(*Christ as Creator*, 46-64).

147 이런 내용을 담은 많은 텍스트가 본서의 2장 "왕과 법률"에서 논의되었다.

148 Erwin R. Goodenough, "The Political Philosophy of Hellenistic Kingship," *YCS* 1 (1928): 5-102, 특히 66-67.

149 Ibid, 69.

150 다음 문헌들도 보라. Musonius Rufus, *That Kings Also Should Study Philosophy*, 64.10-15 [in Cora E. Lutz, "M. Rufus, 'The Roman Socrates,'" *YCS* 10 (1947): 3-147]; Harrison, *Paul and the Imperial Authorities at Thessalonica and Rome*, 289-90.

안정과 조화를 창조한 데 집중되었음을 살펴보았다. 두 가지 예를 더 제시하자면 아우구스투스는 "모든 것이 붕괴하고 혼란해질 때 안정성을 회복했고 온 세상에 새로운 관점을 주었다."[151] 필론은 아우구스투스를 "모든 방면에서 거센 폭풍을 진정시켰고, 그리스인들과 야만인들에게 보편적인 전염병을 치유했고…무질서를 질서로 이끌었고, 사교적이지 않고 잔인한 모든 민족에게 온화한 태도와 조화를 가져온 카이사르"로 언급한다(*Embassy to Gaius* 145-147).[152] 그리고 마지막으로, 오비디우스의 『변신 이야기』(*Metamorphoses*)는 "유피테르는 하늘의 높은 곳들과 세 가지 형태의 우주의 왕국들을 통제한다. 그러나 땅은 아우구스투스의 지배하에 있다. 양자 모두 아버지이자 통치자다"라고 진술한다(858-60).

시들이 아우구스투스의 통치가 우주적인 비옥함과 풍성함의 기간을 시작시키는 것으로 묘사한 것이 우주가 왕에게 의존한다는 개념에 기여했다. 모든 창조세계가 "그 안에서 결합한다"는 바울의 주장은 그가 농업의 풍작 이미지를 메시아적으로 사용하는 것에 관해 빛을 비춰주는 것으로 보일 수도 있다. "너희가 전에 복음 진리의 말씀(τῷ λόγῳ τῆς ἀληθείας τοῦ εὐαγγελίου)을 들은 것이라. 이 복음이…**온 천하에서도 열매를 맺어 자라는도다**(ἐν παντὶ τῷ κόσμῳ ἐστὶν καρποφορούμενον καὶ αὐξανόμενον)"(골 1:5b-6a; 참조. ἐν παντὶ ἔργῳ ἀγαθῷ καρποφοροῦντες καὶ αὐξανόμενοι τῇ ἐπιγνώσει τοῦ θεοῦ[모든 선한 일에 열매를 맺게 하시며 하나님을 아는 것에 자라게 하시고], 골 1:10b; 창 1:28).[153] 따라서 그리스도의 질서 잡힌 통치의 결과 복음이 온 천하에 열

---

151 *Documents Illustrating the Reigns of Augustus and Tiberius* 98a, 4-9행.

152 추가로 Ando, *Imperial Ideology and Provincial Loyalty in the Roman Empire*, 389을 보라.

153 "복음"이 이사야서(사 40장, 52장, 61장을 보라)의 맥락을 강조하든 로마 제국의 맥락을 강조하든 간에 제왕의 함의를 지닌다는 사실이 잘 알려져 있다. N. T. Wright, "Paul's

매를 맺어 자란다(골 1:6).[154]

왕이신 그리스도가 자기 백성을 다스리고 우주의 평화를 확립한다

"그는 몸인 교회의 머리시다"(골 1:18a)

그리스도가 "몸인 교회의 머리시다"(αὐτός ἐστιν ἡ κεφαλὴ τοῦ σώματος τῆς ἐκκλησίας)는 바울의 진술(골 1:18a)은 카이사르 또는 다윗이 로마 제국/이스라엘의 머리라고 언급되는 것처럼 그리스도를 하늘에 보좌를 둔, 그의 국가(body-politick)에 대한 통치자로 묘사한다. 바울이 사용한 "머리"(ἡ κεφαλή)라는 표현에 관해 많은 글이 쓰였는데, 그것을 권위와 탁월함으로 보는 학자들이 있는가 하면 원천과 기원을 함의하는 것으로 보는 학자들도 있다. 그러나 나의 목적상으로는 "머리"가 어떻게 그리스도가 자신의 교회에 대해 제왕적인 권위를 강조하는 언어가 될 수 있는지를 보여 주는 것으로 충분하다.[155] 그리고 그리스-로마의 윤리학자들과 웅변가들이 일관성

Gospel and Caesar's Empire," in *Paul and Politics: Ekklesia, Israel, Imperium, Interpretation: Essays in Honor of Krister Stendahl* (ed. Richard A. Horsley; Harrisburg, PA: Trinity Press International, 2000), 160-84, 특히 164-65.

154 많은 해석자가 골 1:6, 10에서 창 1:28의 반향을 지적했다. 다음 문헌들을 보라. Beetham, *Echoes of Scripture in the Letter to the Colossians*, 41-59; McDonough, *Christ as Creator*, 180-82. 그 텍스트가 로마 제국의 선전과 공명하는 것을 지적한 학자는 많지 않다. 하지만 Brian J. Walsh and Sylvia C. Keesmaat, *Colossians Remixed: Subverting the Empire*(Downers Grove, IL: InterVarsity, 2004)를 보라.

155 나는 그 은유가 제왕적임을 강조하지만, 종종 "머리"라는 은유를 사용해서 통치자와 건강의 원천 모두를 나타냈던 고대 의학의 생리학적 이해의 유용성을 배제하지는 않는다. 고전 11:2-16에 관해서는 Clinton E. Arnold, "Jesus Christ: 'Head of the Church' (Colossians and Ephesians)," in *Jesus of Nazareth: Lord and Christ: Essays on the Historical Jesus and New Testament Christology* (ed. Joel B. Green and Max Turner; Grand Rapids: Eerdmans, 1994), 346-66을 보라.

있게 연방(commonwealth) 또는 국가로서의 제국에 대해 언급한 점에 비추어 볼 때 이는 놀라운 주장이 아니다.[156]

첫째, 내가 이 점을 거듭 강조한 바와 같이 해석자는 다른 자료를 참고하기 전에 바울의 은유를 자체의 문학적 맥락에서 읽어야 하는데, 우리가 살펴본 바와 같이 그 맥락은 신적인 아들(골 1:13), 하나님의 형상(1:15a), 모든 창조물보다 먼저 난 자(1:15b) 등 메시아적, 왕적인 은유들로 가득하다.[157]

둘째, 바울이 그리스도를 "만물 위에 교회의 머리"(κεφαλὴν ὑπὲρ πάντα τῇ ἐκκλησίᾳ; 1:22b)로 묘사하는 에베소서 1:20-23의 병행 텍스트에서 그 은유의 제왕적인 성격이 부정될 수 없다. 이 대목에서 그 맥락은 하나님이 메시아를 죽은 자들 가운데서 다시 살리고 "그를 하늘에서 자기의 오른편에 앉혀"(καθίσας ἐν δεξιᾷ αὐτοῦ ἐν τοῖς ἐπουρανίοις, 엡 1:20; 참조. LXX 시 109:1[개

156 예컨대 다음 문헌들을 보라. Plato, *Resp.* 8.556e; Livy 2.32.12-33.1; Dionysius of Halicarnassus, *Ant. Rom.* 6.83.2; Aristotle, *Pol.* 3.6.4; Dio Chrysostom, *1 Tars.* 16; *2 Tars.* 10-20; Aelius Aristides, *Oration* 24.38-39. 다음 문헌들도 보라. Dale B. Martin, *The Corinthian Body* (New Haven, CT: Yale University Press, 1995), 38-47; 그리고 Margaret M. Mitchell, *Paul and the Rhetoric of Reconciliation: An Exegetical Investigation of the Language and Composition of 1 Corinthians* (Louisville: Westminster John Knox, 1991), 157-64; Matthias Klinghardt, *Gemeinschaftsmahl und Mahlgemeinschaft: Soziologie und Liturgie frühchristlicher Mahlfeiern* (Tübingen: Francke, 1996), 308-15.

157 따라서 정치적이고 제왕적인 해석이 천상의 통치자에 의해 세상이 통제되는 것으로 보는 (플라톤의 *Timaeus*에서 발견되는 것과 같은) 철학적이고 우주론적인 해석보다 본질적으로 바울의 의도에 가까울 가능성이 크다. 예컨대 다음 문헌들을 보라. Lohse, *Colossians and Philemon*, 44-45; Schweizer, *The Letter to the Colossians*, 58-59; James D. G. Dunn, "The 'Body' in Colossians," in *To Tell the Mystery: Essays on New Testament Eschatology in Honor of Robert H. Gundry* (JSNTSup; Sheffield: Sheffield Academic, 1997), 163-81, 특히 173-75. 바울이 몸(τοῦ σώματος)을 수식하는 동격 소유격인 "교회의"(τῆς ἐκκλησίας)를 덧붙이는 점으로 미루어 볼 때 철학적·우주적 해석에는 바울이 "몸"을 우주적인 몸으로 얘기하지 않는다는 중요한 문제도 있다. Arnold, "Jesus Christ," 348-50을 보라. 그렇다면 "교회의"(τῆς ἐκκλησίας)를 바울이 원래의 찬송을 수정한 것으로 볼 필요가 없다.

역개정 110:1]) 그리스도를 "모든 통치와 권세와 능력과 주권 위에"(ὑπεράνω πάσης ἀρχῆς καὶ ἐξουσίας καὶ δυνάμεως καὶ κυριότητος, 엡 1:21a) 둔다. 하나님은 메시아를 제왕에 즉위시킴으로써 "만물을 그의 발아래 두었다"(πάντα ὑπέταξεν ὑπὸ τοὺς πόδας αὐτοῦ; 엡 1:22a; 참조. LXX 시 8:7[개역개정 8:6]).[158] 바울이 70인역 제왕시 8편(개역개정 9편)과 109편(개역개정 110편)에 의존해서 그리스도를 하늘의 머리(κεφαλή)로 말한 것은 그 은유가 왕의 권위와 연방에 대한 통치를 강조함을 나타낸다.[159] 바울이 통치자들이 그리스도 및 그리스도 안에 있는 자들에게 복종하는 것을 강조하는 맥락에서 그리스도를 "모든 통치자와 권세의 머리"(ἡ κεφαλὴ πάσης ἀρχῆς καὶ ἐξουσίας)로 말하는 골로새서 2:10에서도 마찬가지다.[160]

셋째, "통치자"를 뜻하는 히브리어 단어(שׂר)는 70인역에서 **대개** "머리"(κεφαλή)로 번역되지 않지만 그 단어가 제왕적이고 탁월하다는 함의를 지니는 경우가 많다.[161] 가장 중요한 예는 다윗이 하나님이 "그의 왕에게 큰 구원을 주시며 기름 부음 받은 자에게 인자를 베푸심"(μεγαλύνων σωτηρίας βασιλέως αὐτοῦ καὶ ποιῶν ἔλος τῷ χριστῷ αὐτοῦ; LXX 삼하 22:51a)을 찬양하는 그의 시다. 다윗은 "주께서 모든 민족의 으뜸으로 삼으셨으니(φυλάξεις με

---

158 Dunne, "The Regal Status of Christ in the Colossian 'Christ-Hymn,'" 14은 이 점을 올바로 지적한다.

159 엡 1:20-23에서의 시편 사용에 관해서는, T. Lincoln, "The Use of the OT in Ephesians," *JSNT* 14 (1982): 16-57, 특히 40-42을 보라. 골 2:10과 엡 1:20-23이 즉위한 통치자라는 의미에서 "머리"라는 용어를 사용한다는 점이 Gottfried Nebe, "Christ, the Body of Christ and Cosmic Powers in Paul's Letters and the New Testament as a Whole," in *Politics and Theopolitics in the Bible and Postbiblical Literature* (ed. Henning Graf Reventlow et al; JSOTSup 171; Sheffield: JSOT, 1994), 100-118, 특히 114-16에서 올바로 인식된다.

160 Arnold, "Jesus Christ," 364-65도 그렇게 생각한다.

161 예컨대 다음 구절들을 보라. 삿 10:18; 11:11; LXX 왕상 20:12; 사 7:8-9; 11:10-11; LXX 렘 38:7.

εἰς κεφαλὴν ἐθνῶν) 내가 알지 못하는 백성이 나를 섬기리이다"라고 노래한다(22:44). 마찬가지로, 필론은 프톨레마이오스 2세 필라델포스를 "머리가 인체에서 다스리는 역할을 하듯이 [그 왕이] 왕들을 지배한다고 말할 수 있다"(ἐν ζῴῳ τὸἡ γεμονεῦον κεφαλὴ τρόπον τινὰ τῶν βασιλέων)고 말한다(*Life of Moses* 2.30).

넷째, 바울의 진술은 카이사르를 머리이자 그의 제국의 몸의 통치자로 높이는 제국의 송덕문 작가들과 명백하게 병행한다.[162] 세네카는 『관용론』(*De Clementia*)에서 젊은 네로를 제국의 몸의 "머리"이자 "정신"이며, 제국을 안정시키고 그의 백성을 연합시키는 존재로 거듭 언급한다. "몸(*corpus*) 전체가 정신의 하인"이며 마치 한 사람이 "많은 군중의 정신이고, 그들이 그의 영에 의해 지배되고 그의 이성에 의해 인도되는 것처럼 그들이 그 사람을 둘러싼다"(1.3.5). "제국의 정신이 철회된다면" 제국이 희생자가 될 것이기 때문에 황제는 "자신을 통해 국가를 연합시키는 접착제이고, 이 많은 이들의 생명의 호흡이다"(1.4.1). 황제는 국민을 안정시키며 이것이 "국가가 머리를 필요로 하는" 이유다(1.4.2-3). "폐하의 정신의 위대함은 다른 사람들에게 전달될 것이다…그것은 제국의 모든 몸으로 퍼질 것이고, 건강은 머리로부터 나오기 때문에 그것이 폐하의 모습을 따라 형성될 것이다(2.2.1)."[163] 세네카에게 있어서 머리(황제)//몸(제국)이라는 은유의 기능은 **통치자와 피통치자 사이에는 놀랍고도 실질적인 연결** 관계가 있어서 네로가

---

162 몸의 다스리는 부분으로서의 머리에 관해서는 Plato, *Tim.* 44d을 보라.

163 참조. Harry Maier, "A Sly Civility: Colossians and Empire," *JSNT* 27 (205): 323-49, 특히 335 각주 29. Michelle V. Lee, *Paul, the Stoics, and the Body of Christ* (SNTSMS 37; Cambridge: Cambridge University Press, 2006), 35-39도 보라.

자신의 몸을 해치지 않고 돌본다는 점을 강조하는 것이다.[164] "교회"가 **머리의 몸이듯**이(골 1:18a), 세네카 역시 "마치 그 자신(즉 왕)의 일부인 것과 같은 국가"에 대해 말한다(1.13.4). 이 대목에서 "정신"과 "머리"로서의 왕이 **통치자이자 몸의 건강의 원천**이라는 함의를 지닌다는 점을 지적할 필요가 있는데, 그것이 바울이 "머리"(κεφαλή)를 교회를 다스리고(골 1:18a; 2:10) 몸에 건강과 영양을 공급하는(골 2:19) 그리스도에게 적용하는 것을 설명해준다. 해리 메이어가 골로새서 1:18의 함의를 가장 잘 진술한다.

> 로마 제국의 시인들이 몸을 입은 신으로 칭송했고 세네카가 몸인 로마 제국의 머리로서 모든 사람의 건강과 활력이 그에게 달려 있고 그에게 의존한다고 찬양한 네로와 마찬가지로, 성육신한 아들이자 보좌에 오른 예수는 우주의 머리가 되고 그를 통해서 모든 것이 결합되며(골 1.17) "그의 사랑의 나라"에서(골 1:13) 그로부터 성장과 갱신이 나온다(골 2:9-10, 19; 1:6).[165]

"그는 근본(통치자/시작)이다"(골 1:18b)

그리스도가 **아르케**(ἀρχή, 시작/근원)라는 바울의 진술은 그가 서열 면에서 최고이고 따라서 "통치자"임을 가리키거나, 창조의 "시작"으로서 시간 면에서 최고임을 나타낼 수 있다.[166] 두 가지 해석 모두 찬송에서 타당성이 있

---

164 사실 Matthew Thiessen이 내게 지적해준 바와 같이, 세네카와 바울이 황제/그리스도를 결정이 내려지고 몸에 대해 지시를 내리는 실제 장소인 국가의 실제적인 머리로 말하고 있다는 점에 비추어 "은유"는 이 대목에서 적절한 용어가 아닐 수도 있다.

165 Maier, "Sly Civility," 338.

166 시작으로서의 **아르케**(ἀρχή)에 관해서는 Gordley, *The Colossian Hymn in Context*, 222을 보라. "통치자로서의 그리스도의 지위로서의 ἀρχή에 관해서는 Dunne, "The Regal Status of Christ in the Colossian 'Christ-Hymn,'" 15을 보라.

다. 바울은 바로 앞 단락인 골로새서 1:5b-17에서 그리스도의 탁월성과 창조물에 대한 통치를 강조했는데, 그곳에서 그리스도는 통치자일 뿐만 아니라 만물의 창조자로 묘사되었다. 그리고 다음 행에서 바울은 그리스도를 죽은 자들 가운데서 **먼저** 나신 이로 묘사할 것이다(1:18c). 그러나 **아르케**(ἀρχή)의 어의상의 범위가 시간상의 수위성("시작")과 지위/계급의 수위성("통치자")을 모두 포함한다는 점을 우리가 인식할 필요가 있다.[167] 예컨대 우리는 프리에네의 편지가 아우구스투스의 생일을 "만물의 시작(τῶν πάντων ἀρχῆι)과 동등"하다(그리고 "생명의 호흡의 시작"[ἀρχὴν τοῦ βίου καὶ τῆς ζωῆς]이다)고 언급하는 것을 살펴보았다. 그러므로 우리는 이 언어가 통치자들에게 적용되어—때로는 계급과 지위 면에서, 그리고 때로는 원천, 기원, 시간적 우선성 면에서—그들의 탁월성을 강조하는 것을 발견한다. 따라서 70인역 오경에 등장하는 각각의 시적인 찬양들은 **아르케**(ἀρχή)로서 도래할 왕을 가리킨다(창 49:10; 민 23:21; 신 33:5).[168] 예컨대 70인역 이사야 9:5-6a에서 **아르케**(ἀρχή)가 제왕의 의미로 사용되어 이스라엘의 도래할 왕을 가리키는 것을 보라.

> 우리를 위해 한 아기가 났고 한 아들이 우리에게 주어졌는데 그의 주권(ἡ ἀρχή)이 그 어깨 위에 있고, 그의 이름은 "위대한 상담의 메신저"로 불릴 것이다. 이는 내가 통치자들 위에(τοὺς ἄρχοντας) 평화를 가져다주고, 평화와 건강을 그에게 가져다줄 것이기 때문이다. 그의 주권(ἡ ἀρχήαὐτοῦ)은 위대하고

---

167 Clinton E. Arnold, *The Colossian Syncretism: The Interface between Christianity and Folk Belief at Colossae* (Grand Rapids: Baker Academic, 1996), 260-61도 그렇게 생각한다.

168 70인역에서 **아르케**(ἀρχή)가 왕이나 통치자를 가리키는 다른 예는 다음 구절들을 보라. 신 17:20; 단 2:37; 7:27; 암 6:7.

그의 평화는 다윗의 보좌와 그의 왕국 위에 끝이 없을 것이다(개역개정을 사용하지 아니함).

아르케(ἀρχή)가 시간상 및 지위상의 탁월성 모두를 강조할 수 있다는 것을 우리는 시간상 처음으로서의(따라서 "내 기력[아들들]의 시작"이다) 이스라엘의 장자**와** 권리, 특권, 유산의 큰 부분이 그에게 속한 통치자로서의 이스라엘의 장자 사이의 연결에서도 알 수 있다(예컨대 창 49:3; 신 21:17; 참조. 위의 골 1:15b). 따라서 바울의 다음 진술이 그리스도를 "죽은 자들 가운데서 먼저 나신 이"로 언급하는 점에 비추어(골 1:18c) 우리는 부활하고 즉위한 메시아인 그리스도가 **통치자**로서 **및** 죽은 사람들로부터의 부활의 **시작** 모두로서 탁월하다고 결론지을 수 있다.[169]

"죽은 자들 가운데서 먼저 나신 이"(골 1:18c)

그리스도가 죽은 자들 가운데서 먼저 나신 이(πρωτότοκος ἐκ τῶν νεκρῶν)라는 바울의 묘사에서 골로새서 1:12-13의 메시아적인 맥락은 제왕적인 다윗 가문의 장자가 "세상 왕들에게 지존자가 될 것"(κἀγὼ πρωτότοκον θήσομαι αὐτόν, ὑψηλὸν παρὰ τοῖς βασιλεῦσιν τῆς γῆς)이라고 **약속되는** 70인역 시편 88:28(개역개정 89:27)의 반향으로서 그것의 활성화임을 암시한다.[170] 이 대목에서 아버지가 자기의 장자를 즉위시키는 것이 장자가 자기 아버지로부터 받는 유산으로서의 **그의 자손과 그의 왕위 모두**를 영원히 확보할 것이

---

169 계 1:5을 참조하라 Dunne은 "죽은 사람들로부터 먼저 나신 이"라는 어구가 제왕의 즉위와 관련된 점에 기초해서 "통치자"라는 해석을 선택한다("The Regal Status of Christ in the Colossian 'Christ-Hymn,'" 15-16).

170 LXX 시 88:20-38(개역개정 89:19-37)에서 계속 미래 시제가 사용됨을 주목하라.

다(καὶ θήσομαι εἰς τὸν αἰῶνα τοῦ αἰῶνος τὸ σπέρμα αὐτοῦ καὶ τὸν θρόνον αὐτοῦ ὡς τὰς ἡμέρας τοῦ οὐρανοῦ, LXX 시 88:30[개역개정 89:29]). 그러나 70인역 시편 88:20-38(개역개정 89:19-37)에서 다윗 가문의 왕에게 이뤄진 모든 약속이 39-51절(개역개정 38-50절)에서 취소되는데, 거기서 시인은 아버지가 그의 약속을 어기고 다윗 가문의 왕을 사망과 패배에 버려두었다고 비난한다(39-44절[개역개정 38-43절]). "주께서 그의 대적들의 오른손을 높이시고"(43a절[개역개정 42a]) "[주께서] 그의 젊은 날들을 짧게 하셨나이다"(46a절[개역개정 45a절]).[171] 따라서 세상의 왕들의 지존자의 지위를 약속받은 장자가 죽음과 그의 후손이 끊기는 상태에 놓이는 상황에 직면한다. 나는 바울에게 있어 장자가 죽은 자들의 영역으로부터 부활한 것이 다윗의 후손으로 하여금 높여지고 즉위한 왕으로서의 올바른 자리를 취하고 메시아의 후손을 계속 확보할 수 있게 해준다고 제안한다.

아버지가 그의 장자를 "세상의 왕들" 위에 지존자로 즉위시키는 것은 바울이 그리스도를 "모든 통치자와 권세의 머리"(ὅς ἐστιν ἡ κεφαλὴ πάσης ἀρχῆς καὶ ἐξουσίας)로 묘사하는 것(골 2:10b)과 잘 들어맞는다.[172] 그리고 신약성서의 다양한 구절(예컨대 행 2:22-36; 13:33 이하; 롬 1:3-4; 엡 1:20-23; 히 1:5-13)에서 메시아의 부활과 즉위가 거듭 관련된다—이러한 관련은 특히 시편에 의해서 가능해진다(예컨대 롬 1:4에 나타난 시 2:7; 고전 15:23-28에 나타난 LXX 시 8편과 109편[개역개정 110편])—는 점에 비추어 볼 때 바울이 예수의 메시아적 즉위를 지칭하기 위해 예수를 "죽은 자들 가운데서 먼저 나신 이"

---

171 Hamilton, *The Body Royal*, 92-94.

172 McDonough는 바로 이 "나라들에 대한 메시아의 승리가 원래의 창조세계로 소급적으로 해석되었고 우주적인 범위를 부여했다"고 제안한다(*Christ as Creator*, 184).

로 말했을 가능성이 있는 것으로 보인다.[173] 따라서 "죽은 자들 가운데서 먼저 남"은 히브리서 1:6에서 및 요한계시록 1:5에서와 마찬가지로 다윗 가문의 메시아가 (새) 창조세계에 대한 왕권을 행사하게 해준다.[174] 그러나 먼저 나신 이는 그의 부활에서 높여진 **왕좌**만을 받는 것이 아니라, 장자로서 그의 교회와 관련해서 장자권이라는 제왕의 권리를 지니고 있으며 죽은 자들 가운데서 **가장 먼저** 일으킴을 받은 자로서 그것을 통해 자기 후손의 부활을 확보하고 따라서 기름 부음을 받은 자의 후손을 영원히 확보하겠다는 하나님의 약속(LXX 시 88:30(개역개정 89:29); 참조. 고전 15:20-23; 롬 8:29)을 성취한다.[175] 메시아적인 왕은 최초로 부활을 경험하는 존재이지만 그의 즉위가 그의 후손이 그의 길을 따르리라는 것을 확증한다.[176]

"친히 만물의 으뜸이 되기 위해"(1:18d)

"죽은 자들 가운데서 먼저 나신 이"로서의 그리스도의 지위는 만물에 대한

---

173 고전 15:23-28에 기록된 제왕의 즉위로서의 메시아의 부활에 관해서는 다음 문헌들을 보라. N. T. Wright, *The Resurrection of the Son of God* (Christian Origins and the Question of God, Vol. 3; Minneapolis: Fortress, 2003[『하나님의 아들의 부활』, CH북스 역간]), 333-38; Dunne, "The Regal Status of Christ in the Colossian 'Christ-Hymn,'" 13. 롬 1:3-4에 관해서는 Joshua W. Jipp, "Ancient, Modern, and Future Interpretations of Romans 1:3-4: Reception History and Biblical Interpretation," *JTI* 3 (2009): 241-59을 보라.

174 그의 논의는 계 1:5에 등장하는 "땅의 임금들의 머리"인 "죽은 자들 가운데서 먼저 나신" 자에 대한 제왕적 묘사를 다루지만 G. K. Beale, *A New Testament Biblical Theology: The Unfolding of the Old Testament in the New* (Grand Rapids: Baker Academic, 2011[『신약성경신학』, 부흥과개혁사 역간]), 335-36을 보라.

175 Fee, *Pauline Christology*, 307도 비슷하게 주장한다.

176 Lidija Novakovic, *Raised from the Dead according to Scripture: The Role of Israel's Scripture in the Early Christian Interpretations of Jesus' Resurrection* (Jewish and Christian Texts in Contexts and Related Studies Series; New York/London: Bloomsbury, 2012), 152-53을 보라.

그의 탁월성으로 귀결되며, 바울이 사용한 "만물의 으뜸이 되기 위해"(ἵνα γένηται ἐν πᾶσιν αὐτὸς πρωτεύων)라는 목적절이 죽은 자들 가운데서 먼저 나신 이(πρωτότοκος ἐκ τῶν νεκρῶν)로서의 그리스도의 지위를 해석하고 그럼으로써 그 어구가 제왕적 경칭임을 추가로 확인한다. 그는 만물의 으뜸이 되기 **위해** "죽은 자들 가운데서 가장 먼저 났다." 즉 부활이 그에게 창조세계와 새로운 창조세계의 우주적인 통치자 자격을 부여한다. 탁월성과 첫째 됨의 언어는 찬송 및 기도를 포함한 과시적인 말에서 관습적이며, 영웅적인 인간들이나 신들의 독특성과 그들의 행동이 비할 데 없음을 표시했다.[177] 구약성서에서 야웨 외에 이스라엘의 왕들이 빈번하게 독특하고 비할 데 없다는 찬사를 받는 존재들이다. "너와 같은 왕이 없을 것이다"(솔로몬: 왕상 3:13; 10:23), "그의 전후 유다 여러 왕 중에 그러한 자가 없었다"(히스기야: 왕하 18:5), "…왕은 요시야 전에도 없었고 후에도 그와 같은 자가 없었다"(요시야: 왕하. 23:25).[178]

따라서 자신을 최초이자 독특한 존재로 확립하려는 걸출한 로마인들에게서 **프로테우**가 첨부된 형태(πρωτευ-)를 발견하는 것이 놀랄 일이 아니다. 가령 플루타르코스의 『카이사르의 생애』(*Life of Caesar*)에서 그 장군은 자부심(φιλοτιμία)에 의해 동기가 부여되어 계속 첫째 됨을 추구하는 것으로 제시된다. 플루타르코스는 카이사르를 찬미하는 사람들이 그에게 모든 사

177 예컨대 아리스토텔레스는 다음과 같이 말한다: "가령 주체가 유일하거나, 첫 번째(πρῶτος)이거나, 소수 중 한 명이거나, 뭔가를 한 사람일 경우 많은 종류의 부연을 사용해야 한다"(*Rhet.* 2.7.2). 참조. Quintilian, *Inst.* 3.7.16; Aelius Theon, *Progymnasmata*, 9.35-38. 추가로 Jerome H. Neyrey, "'First,' 'Only,' 'One of a Few,' and 'No one else': The Rhetoric of Uniqueness and the Doxologies in 1 Timothy," *Bib* 86 (2005): 59-87을 보라.

178 Gary N. Knoppers, "'There Was None Like Him': Incomparability in the Book of Kings," *CBQ* 54 (1992): 411-31을 보라.

람이 "그를 첫 번째 사람(πρωτεύσειν)으로 두고 싶다"고 말한다고 지적한다(6.4). 카이사르는 그 말에 대한 답변으로 야만인의 마을에서 "탁월함(περὶ πρωτείων)을 추구한다"고 말했다고 한다(11.2). "나는 로마에서 두 번째가 되기보다는 이곳에서 첫 번째가 되겠다(εἶναι μᾶλλον πρῶτος)"(11.3). 위에서 우리는 필론이 아우구스투스를 '첫 번째이자 가장 위대한 자"(πρῶτος καὶ μέγιστος)로 말하는 것을 보았다(*Embassy to Gaius*, 149).

"모든 충만이 그의 안에 거하기를 기뻐했기 때문에"(1:19)

나는 골로새서 1:19에서 모든 충만(πᾶν τὸ πλήρωμα)이라는 어구가 "…거하기를(κατοικῆσαι) 기뻐했다(εὐδόκησεν)"의 주어일 가능성이 있으며,[179] 그리스도가 왜 만물의 으뜸인지를(18d절) 설명하고 **또한** 20절에서 그리스도의 화해시키는 사역의 근거(ὅτι)를 제공한다고 제안한다. 즉 왕이신 그리스도는 하나님이 그에게 "모든 충만"을 부여했기 때문에 우주적 화해를 제공할 수 있다. 충만(τὸ πλήρωμα)이라는 명사가 골로새서에서 중요하지만 그 단어의 정확한 기능과 종교적 맥락을 결정하기는 어렵다. 나는 단순히 다음과 같은 두 가지 관찰 사항을 제시한다. 첫째, 70인역은 모든 창조물에 대한 하나님의 지배와 권위를 강조하는 맥락에서 자주 충만(τὸ πλήρωμα)이라는 언어를 사용한다. 두 가지 예를 들자면 다음과 같다. "땅과 **거기에 충만한 것**(τὸ πλήρωμα αὐτῆς)과 세계와 그 가운데에 사는 자들은 다 여호와의 것이로다"(LXX 시 23:1[개역개정 24:1]). 그리고 "하늘이 주의 것이요 땅도 주

179 다음 문헌들도 같은 입장을 보인다. P. T. O'Brien, *The Epistle to the Philippians: A Commentary on the Greek Text* (NIGTC; Grand Rapids: Eerdmans, 1991), 51; Schweizer, *The Letter to the Colossians,* 66-67; Stanley E. Porter, Καταλάσσω *in Ancient Greek Literature, with Reference to the Pauline Writings* (Estudios de Filologia Neotestamentaria; Cordoba: Ediciones El Almendro, 1994), 172-74.

의 것이라. 세계와 그중에 충만한 것(τὸ πλήρωμα αὐτῆς)을 주께서 건설하셨나이다"(LXX 시 88:12[개역개정 89:11]).[180] 우리는 70인역 시편 88편의 논의로부터 아버지가 제왕적인 아들에게 창조물에 대한 **자기의** 지배권을 선물로 주는 것을 기억한다. 따라서 그리스도를 아버지의 "모든 충만"을 구현하는 존재로 말하는 것(골 1:20)은 그를 우주를 통치하는, 하나님의 대리자로 임명된 대리인으로 묘사하는 셈이다.[181] 그러나 둘째, 이스라엘의 제왕 전통에서 "충만"이라는 언어는 종종 어의상 신적 "영광"과 중첩된다. 따라서 한 가지 예를 들자면, 이사야는 환상에서 야웨의 성전이 "그의 영광으로 충만한"(πλήρης ὁ οἶκος τῆς δόξης αὐτοῦ) 것(사 6:1)과 "온 땅이 그의 영광으로 충만한"(πλήρης πᾶσα ἡ γῆ τῆς δόξης αὐτοῦ) 것(사 6:3. 참조. 대하 7:1-6)을 본다.[182] 이스라엘의 전통은 종종 "충만"과 "영광"을 하나님, 하나님의 제왕적 대표, 그리고 성전의 특징으로 제시한다(예컨대 집회서 47:11; 49:12; 「마카베오3서」 2:9; 1QM xii 6-11; 4QFlor 1-7, 10-13; 「솔로몬의 시편」 17:30-32).[183] "충만"과 "영광" 사이의 어의상의 중첩은 골로새서에서도 계속되는데, 그 서신에서 그리스도는 신적 충만(골 1:19; 2:9)**과** 신적 영광(골 1:27; 3:4) 모두와 관련된 것으로 언급된다. 따라서 바울이 하나님의 모든 충만이 메시아 안에 거한다

---

180 두 개의 추가적인 예는 70인역 시 49:12[개역개정 50:12]과 렘 23:24을 보라.

181 이와 비슷하게 Suzanne Watts Henderson은 다음과 같이 지적한다: "그 찬송이 '그의 안에 거하는 모든 충만'에 관해 말할 때(골 1:19), 그 용어는 그리스도에게 '보이는 것들과 보이지 않는 것들과 혹은 왕위들이나 주권들이나 통치자들이나 권세들'에 대한 완전한 권위를 부여한다(골 1:16)"("God's Fullness in Bodily Form: Christ and Church in Colossians," *ExT* 118 [2007]: 169-73, 특히 172).

182 Grant Macaskill, *Union with Christ in the New Testament* (Oxford: Oxford University Press, 2013), 149-52도 보라.

183 이스라엘의 제왕 전통에서 "영광"이라는 표현의 사용에 관해서는 Carey C. Newman, *Paul's Glory-Christology: Tradition and Rhetoric* (NovTSup 69; Leiden: Brill, 1992), 113-26을 보라.

고 선언한 것은 메시아와 성전이 하나님의 신적 충만과 영광을 공유한다고 보는 이런 제왕 전통들과 궤를 같이할 것이다. 그리고 이 대목에서 창조와 성전 건축이 제왕의 과제로서 서로 밀접하게 연결되어 있음을 주목할 가치가 있다.[184]

셋째, 골로새서 1:19이 부분적으로라도 바울이 그리스도를 우주의 평화와 **만물**의 화해를 이루는(골 1:20) 제왕적 대리인으로 찬양하는 토대로 기능한다면 70인역에서 **에우데케오**(εὐδοκέω, 동의하다, 기뻐하다)가 하나님의 선택을 묘사하는 데 자주 사용되었음을 주목할 가치가 있을지도 모른다.[185] 예컨대 마카베오상 14:41은 유대인들이 "진정한 예언자가 나타날 때까지 시몬을 영구적인 영도자, 대사제로 삼기로 한 선택"(εὐδόκησαν)에 대해 말한다. 70인역 시편 67:17(개역개정 68:16)에서 하나님은 다른 모든 산을 제치고 시온을 높여진 산(εὐδόκησεν ὁ θεός)으로 선택한다(참조 마카베오하 14:35). 70인역 시편 151편에서 그 텍스트는 다윗의 음성으로 "나의 형들은 미남이고 키가 컸지만 주께서 그들을 **선택하지 않으셨다**"(οὐκ εὐδόκησεν ἐν αὐτοῖς, 151:5)고 말한다. 하나님이 다윗을 구원하는 이유는 하나님이 왕을 선택했기 때문이다(ὅτι εὐδόκησεν ἐν ἐμοί, 삼하 22:20). 따라서 하나님이 메시아를 하나님의 최고의 대리인으로 선택한 것과 신성의 모든 충만함을 기름 부음을 받은 이와 공유하기로 한 결정을 강조하는 해석이 골로새서 1:19의 타당한 해석 중 하나일 것이다.[186] 바로 야웨가 다윗 가문의 왕을 선택한

---

184 Middleton, *The Liberating Image*, 77-88; Joseph Blenkinsopp, "The Structure of P," *CBQ* 38 (1976): 275-92; Jon D. Levenson, *Creation and the Persistence of Evil: The Jewish Drama of Divine Omnipotence* (San Francisco: Harper & Row, 1998), 66-99.

185 이 대목에서 나는 Peppard, *The Son of God in the Roman World*, 106-12을 따른다. 참조. Collins, "The Worship of Jesus and the Imperial Cult," 249-51.

186 바울이 **에우도케센**(εὐδόκησεν)이라는 단어를 사용하여 하나님의 선택 또는 선출에 대

것**뿐만 아니라** 신들이 그들의 제국의 통치자를 선택한 것이 왕에 대한 가장 높은 주장을 하게 만들었다. 우리가 위에서 본 바와 같이 다윗이 선택받은 결과 그가 예배를 받게 된다(대상 29:16-26). 70인역 시편 44편(개역개정 45편)은 하나님의 기름 부음을 받은 자를 **하나님**으로 부른다(44:7[개역개정 45:6]). 그리고 70인역 시편 109편(개역개정 110편)은 또 다른 제왕적 대리인이 **야웨의 보좌를 공유**하는 것을 묘사한다(109:1-3[개역개정 110:1-3]). 그리고 우리는 그리스의 통치자 숭배와 로마 제국의 숭배들이 어떻게 왕을 그들에게 모든 신적 권위와 힘이 부여된, 신들의 선택된 대리인으로 말했는지를 살펴보았다.[187] 따라서 하나님이 그(이 인칭대명사의 선행사는 여전히 골 1:13b에 등장하는 그의 사랑의 아들[τοῦ υἱοῦ τῆς ἀγάπης αὐτοῦ]이다)의 안에서(ἐν αὐτῷ) 하나님의 모든 충만을 공유하기 위해 선택했다는 믿기 어려운 주장은 제왕 이데올로기로부터 자연적으로 파생된다.

"그의 십자가의 피로 화평을 이루사 만물 곧 땅에 있는 것들이나 하늘에 있는 것들이 그로 말미암아 자기와 화목하게 되기를 기뻐하심이라"(1:20)

골로새서 1:20에서 바울은 하나님이 **자기의 제왕적인 대리인을 통해**(δι' αὐτοῦ) 만물을 자기에게 화해시킨 것(ἀποκαταλλάξαι τὰ πάντα εἰς αὐτόν)을 찬

해 말한다는 추가적인 뒷받침을 엡 1:4-5에서 발견할 수 있다. 거기서 하나님이 "창세 전에 그리스도 안에서 우리를 선택(ἐξελέξατο)"한 것과 그가 "우리를 입양하기로 예정한 것(προορίσας)"이 그의 기쁘신 뜻을 따라(κατὰ τὴν εὐδοκίαν τοῦ θελήματος αὐτοῦ) 일어난다.

187 또 하나의 추가적인 예로 세네카가 네로가 다음과 같이 말하는 것으로 묘사한 『관용론』(*De Clementia*)의 처음 행들을 보라: "모든 죽을 인간들 중에서 내가 신들의 호의를 입었고 땅에서 그들을 대신하여 행동하도록 선택되었다는 말인가?"(1.1.2) J. Rufus Fears, "Nero as the Vicegerent of the Gods in Seneca's *De Clementia*," *Hermes* 103 (1975): 486-96을 보라.

양한다.[188] 우리는 어떻게 왕을 찬양할지를 자세하게 설명하는 수사학의 핸드북들이 통치자들의 위대한 행동이나 그의 백성들에게 베푼 은전을 강조해야 한다고 제안했음을 살펴보았다.[189] 이 지점에서 바울은 마침내 "십자가의 피로 화평을 이룸"(εἰρηνοποιήσας διὰ τοῦ αἵματος τοῦ σταυροῦ αὐτοῦ)으로써 우주적인 화해를 이룬 그리스도의 위대한 사역에 주의를 기울인다. 바울은 화해시키는 이 평화가 "그를 통하여"(δι' αὐτοῦ) 이루어지며,[190] 그것이 "땅에 있는 것들이나 하늘에 있는 것들"(εἴτε τὰ ἐπὶ τῆς γῆς εἴτε τὰ ἐν τοῖς οὐρανοῖς)을 포함하기 때문에 범위에 있어서 우주적이라는 점을 재차 강조한다.

선한 왕으로서 고대 제왕의 미덕들과 속성들이 많지만, 왕의 정당성에서 가장 중요한 **한 가지** 요소는 군사적 승리(즉 정복과 팽창 또는 적의 평정과 격퇴)였는데 이러한 승리는 평화와 일치로 귀결되었다.[191] 선한 왕의 가장 중

188 모든 충만(πᾶν τὸ πλήρωμα)을 골 1:19의 주된 동사의 주어로 보는 나의 이해에 비추어 볼 때 "하나님"을 하나님의 아들의 대리 행위를 통해(δι' αὐτοῦ) 화해를 이루는(ἀποκαταλλάξαι) 주체로 보는 것이 일리가 있다.

189 Gordley는 골 1:20절에서 그의 백성에게 베푼 그리스도의 은전을 강조하지만 찬양할 가치가 있는 왕들 및 통치자들과 연결하는 결론을 도출하지는 않는다(*The Colossian Hymn in Context*, 226-27).

190 사본상의 증거는 그 전치사구가 존재하는 것(P46, Sinaiaticus, A, C, D1, K, P, Ψ)과 존재하지 않는 것(가령 B, D*, F, G, I, L)으로 팽팽하게 나뉜다.

191 Andrew Wallace-Hadrill은 확립된 제왕의 미덕의 규범—아우구스투스에게 바쳐진 방패에서 발견되는 덕(*virtus*), 관용(*clementia*), 정의(*iustitia*), 그리고 경건(*pietas*) 같은—은 없었고, 그의 통치를 정당화하는 것은 "정복하고, 구원하고, 조화와 안정을 가져오고, 은전을 베풀 힘"임을 보여 주었다("The Emperor and His Virtues," *Historia* 30 [1981]: 298-323, 특히 316). 나는 이 대목에서 부분적으로는 Philip de Souza의 멋진 논문에 의존하는데, 그는 다음과 같이 진술한다: "고대 세계의 가장 현저한 정치적 및 문화적 특징 중 하나는 통치자들의 권위와 힘의 범위가 그들이 전쟁에서 거둔 성공에서 직접 유래했다는 것이다"("*Parta Victoriis Pax*: Roman Emperors as Peacemakers," in *War and Peace in Ancient and Medieval History* [ed. Philip de Souza and John France; Cambridge: Cambridge University Press, 2008], 76-106, 특히 76).

요한 특징은 제국의 적들을 격퇴하고 평정**함으로써** 평화와 조화를 만들어 내는 것이었다고 할 수 있다. J. 루퍼스 피어스는 제왕 이데올로기의 이 측면을 "승리의 신학"으로 부른다. "정복과 왕국의 확장은 참된 왕의 의무였고 그 국가의 신들은 그의 군사 활동을 도와서 그의 군대를 전장으로 이끌었다."[192] 적들의 평정이나 그들과의 화해를 통한 평화는 종종 우주적인 맥락에 놓이고 우주(또는 "땅과 바다")에 평화와 조화를 가져온 것으로 표현되며 또한 신들의 선물로 주어진 것으로 언급된다.[193] 따라서 제왕의 맥락이나 외교적 맥락에서 **카탈랏소**(καταλάσσω)와 **디알랏소**(διαλάσσω)의 형태들이 사용되어 지도자가 적들을 화해시키거나 평정한 것과 그것을 통해 평화와 우주적 조화를 가져온 것을 나타냈다.[194] 예컨대 페리안드로스는 화해자(κατήλλαξε)로 행동함으로써 미틸레네와 아테네 사이에 조화를 가져왔다(Herodotus, *Hist.* 5.95).[195] 플라톤은 그 폭군이 "자기의 적들을 화해시키거나 평정하기 시작한 후"(πρὸς τοὺς ἔξω ἐχθροὺς τοῖς μὲν καταλλαγῇ) 항상 더 많은 전쟁을 할 준비가 되어 있었다고 말한다(*Rep.* 8.566E). 플루타르코스는 알렉산드로스 대왕의 평정을 통한 평화와 조화의 이데올로기에 관해 다음과 같이 진술한다.

그러나 그는 자기가 하늘이 보낸 모든 사람의 통치자로서 그리고 온 세상을

---

192 Fears, *PRINCEPS A DIIS ELECTUS*, 45-46. 로마가 계속된 군사적 승리와 결합된 통치를 정당화함으로써 일치를 이루었다는 점에 관해서는 Ando, *Imperial Ideology and the Provincial Loyalty in the Roman Empire*, 49-70을 보라.

193 가령 Pliny, *Panegyricus*; Calpurnius Siculus, *Eclogue* 4.142-146을 보라.

194 예컨대 Anthony Bash, *Ambassadors for Christ: An Exploration of Ambassadorial Language in the New Testament* (WUNT 2.92; Tübingen: Mohr Siebeck, 1997), 29-32을 보라.

195 추가로 Herodotus, *Hist.* 6.108.5과 7.154.3을 보라.

위한 화해자(διαλλακτὴς τῶν ὅλων)로서 왔다고 믿었기 때문에, 그는 자기와 연합하도록 설득되지 않은 사람들을 무력으로 정복했고, 모든 곳의 모든 사람을 하나로 만들어서 말하자면 사람들의 생활, 성격, 결혼, 그리고 삶의 습관을 하나의 커다란 사랑의 컵 안에 연합하고 혼합했다(*On the Fortune of Alexander* 329C).[196]

플리니우스는 그들의 황제들을 통해 매개된 신들의 선물로서의 "로마의 평화의 측량할 수 없는 장엄함"에 관해 말하면서 동일한 로마 제국의 이데올로기를 전한다(*Nat.* 27.3).[197] 그리고 우리는 플리니우스가 트라야누스 황제가 자기의 신민을 위해 땅과 바다에 평화를 가져올 수 있는 것으로 인해 그를 찬양하는 것을 보았다(*Pan.* 4.4; 5.6-9).

군사적 승리는 알렉산드로스 대왕 및 그의 그리스인 후계자들의 왕위의 원천이자 토대였고, 율리우스 카이사르와 아우구스투스의 통치를 정당화할 때 큰 역할을 했다.[198] 마카베오상의 저자는 그의 작품의 서두에서 알렉산드로스의 왕위를 그의 군사적 위업과 새로운 영토 정복의 결과로 묘사한다(1:3-9).[199] 아우구스투스의 『업적록』(*Res Gestae*)의 첫 구절들은 그가 군대를 지휘해서 "그것을 통해 나라를 음모자들에 의해 부과된 노예 상태에서 해방한 것"을 자랑한다(1.1). 군사적 위업(2.1; 3.1; 21:1-3; 30.1), 아

---

196 알렉산드로스의 전략에 관해서는 Erich. S. Gruen, *Rethinking the Other in Antiquity* (Berkeley, CA: University of California Press, 2011), 65-75을 보라. "질서 있고 유일한 평화의 사이클"을 낳는 로마의 통치에 관해서는 Plutarch, *Fort. Rom.* 317B-C을 보라.

197 De Souza, "*Parta Victoriis Pax*," 98-99.

198 알렉산드로스와 그의 후계자들에 관해서는 M. M. Austin, "Hellenistic Kings, War and the Economy," *CQ* 36 (1986): 450-66을 보라.

199 Anathea E. Portier-Young, *Apocalypse against Empire: Theologies of Resistance in Early Judaism* (Grand Rapids: Eerdmans, 2011), 49-55을 보라.

우구스투스의 승리들(ἐθριάμβευσα, 4.1), 그리고 "땅과 바다에 평화를 이룬 것"(εἰρηνευομένης...πάσης γῆς τε καὶ θαλάσσης, 13.1; 참조. θάλασσα[ν] [εἰ]ρήνευσα-, 25.1; εἰρήνη κατέστησα, 26.2; θαλάσσης εἰρηνεύεσθαι πεπόηκα, 26.3)이 그의 업적 목록을 장식한다.[200] 아우구스투스가 내전을 종식시키고 외세의 힘에 대해 승리를 거둠으로써 "평화가 다시 찾아왔고", 그의 통치 전체가 "그의 승리들을 통한 세계의 평정"으로 묘사될 수 있게 되었다(Velleius Paterculus, *Roman History* 2.89).[201] 에픽테토스도 카이사르가 "더 이상 전쟁이나 전투가 없도록 우리에게 위대한 평화를 제공했다"고 말한다(*Dietr* 3.13.9). 타키투스는 냉소적으로 아우구스투스가 바로 "평화의 유혹"을 제공함으로써 자신의 제왕적 힘을 증가시킬 수 있었다고 주장한다(*Ann.* 1.2).[202] 키케로는 로마를 인도하려는 사람에게는 "명예를 갖춘 평화"(*cum dignitate otium*)가 필수적이라고 말한다(*Sest.* 98). 그리고 우리는 위에서 호라티우스, 플리니우스, 그리고 세네카가 평화의 대리인으로서의 황제를 어떻게 찬양하는지 살펴보았다.[203] 심지어 알렉산드리아의 필론도 로마의 승리의 제왕 신학을 증언한다.

> 이 사람이 바로 공공연한 전쟁과 산적들의 습격으로 벌어진 은밀한 전쟁 모두를 종식시킨 인물이다. 이 사람이 바로 바다에서 해적선을 소탕하고 바다를

---

200 De Souza, "*Parta Victoriis Pax*," 80-81.

201 Ibid., 82-83.

202 Zanker, *The Power of Images in the Age of Augustus*, 187을 보라. 제국의 "평화"에 대한 타키투스의 신랄한 비판을 보라: "그들은 세계를 약탈하며 모든 땅이 그들의 노략질을 통해 황폐해지면 바다를 찾아다닌다.…소위 그들의 제국의 이름으로 약탈하고, 살해하고, 강간한다. 그리고 자기들이 디저트를 만든 곳에서 그것을 평화라고 부른다"(*Agr.* 30).

203 네로 시대의 황제의 초상에 특별한 관심을 기울이는 Maier, "Sly Civility," 329-40을 보라.

상선들로 채운 인물이다. 이 인물이 바로 모든 나라에서 자유를 되찾고, 무질서를 질서로 이끌고(ὁ τὴν ἀταξίαν εἰς τάξιν ἀγαγών), 비사교적이고 야만적인 모든 나라에 정중한 태도를 들여오고, 새로운 많은 그리스를 통해 그리스를 넓히고, 그리스의 가장 중요한 지역인 바깥세상을 그리스화한 인물—평화의 수호자(ὁ εἰρηνοφύλαξ)—이다(*Embassy to Gaius* 145-47).

평정을 통한 평화와 조화로 말미암아 시인들은 일관성 있게 황제들의 통치가 다산과 풍요를 가져온다고, 즉 "신적으로 정해진 우주의 자연 질서의 산물"을 상징한다고 묘사했다.[204] 제왕의 초상을 통해 통치자들의 왕위가 찬양되고 정당화되었다. 예컨대 3년간 계속된 군사 원정에서 히스파니아와 갈리아를 평정한 것을 기념해서 "원로원은 나[아우구스투스]의 귀환을 기념하여 캄푸스 마르티우스의 옆에 아우구스투스의 평화의 제단이 바쳐져야 한다고 포고했다"(*Res Gestae* 12.2). 그 평화의 제단(*Ara Pacis*)은 야누스의 신전의 문들을 닫는 결정과 관련이 있는데, 이 결정은 평화 및 전쟁의 부재를 기념하는 상징적인 행동이며 그 행동을 통해 그 제단이 "평화는 땅과 바다에 로마의 지배권(*imperium Romanum*)을 확보한 군사적 승리의 결과라는 개념"과 연결된다.[205] 이와 유사하게 아프로디시아스에 소재한 신전 건물인 세바스테이온은 외국을 로마 황제의 통치하에 정복된 여성으로 의인화하여 평정을 통한 평화를 기린다.[206]

---

204 J. Rufus Fears, "The Theology of Victory," *ANRW* 2.17.2 (1981): 736-826, 특히 810. 아우구스투스와 승리에 관해서는 Ando, *Imperial Ideology and Provincial Loyalty in the Roman Empire*, 278-92을 보라.

205 Galinsky, *Augustan Culture*, 141.

206 다음 문헌들을 보라. Laura Salah Nasrallah, *Christian Responses to Roman Art and Architecture: The Second-Century Church amid the Spaces of Empire* (Cambridge: Cambridge University

따라서 그리스도가 "만물"을 화해시키고 평화를 가져온 그의 행동을 통해 우주("땅에 있는 것들과 하늘에 있는 것들")의 조화를 낳았다는 진술은 고대 제왕의 승리의 신학 개념과 일치한다.[207] 바울이 그리스도를 왕권 이데올로기의 이 요소에 따라 묘사한다는 점은 그가 골로새서 2:15에서 그리스도가 "통치자들과 권세자들"을 평정한 것을 좀 더 자세히 묘사한다는 점을 통해 확인된다. 그리스도는 로마의 장군이나 황제처럼 먼저 자기 적들의 권위를 "벗김"(ἀπεκδυσάμενος)으로써 그들을 평정하고, 이어서 반역적인 통치자들(θριαμβεύσας αὐτούς)에 대한 승리를 기념한다.[208] 승리의 축전은 장군들과 황제들이 열렬히 추구하는 명예였으며, 승리를 축하받은 승리자들은 신적인 명예를 받은 것으로 보였고 어떤 면에서는 유피테르의 현시로 보였다는 것이 잘 기록되었다(예컨대 Livy 10.7.10; 5.23.25; Suetonius, *Aug.* 94; Pliny, *Nat.* 33.111; 35.157; Plutarch, *Cam.* 7).[209] 거듭 말하거니와 커다란 은전은 신적인 영

Press, 2010), 76-83; Stefan Weinstock, "*Pax* and the 'Ara Pacis'," *JRS* 50 (1960): 44-58; Galinsky, *Augustan Culture*, 141-64.

207 이 점은 Maier, "Sly Civility," 329-40을 통해 자세하고 설득력이 있게 확증되었다.

208 분사들을 동시적으로 읽을 것이 아니라 시간 순서에 따라 읽어야 한다는 점에 관해서는 Scott J. Hafemann, *Suffering and the Spirit: An Exegetical Study of 2 Corinthians 2:14-3:3 within the Context of the Corinthian Correspondence* (Tübingen: Mohr-Siebeck, 1986), 33-34을 보라. 로마의 승리에 관해서는 Mary Beard, *The Roman Triumph*(Cambridge, MA: The Belknap Press of Harvard University Press, 2007)를 보라. 바울이 골 2:15에서 로마의 승리 축전에 의존한다는 점에 관해서는 다음 문헌들을 보라. Lamar Williamson, "Led in Triumph," *Int* 22 (1968): 317-32; Roy Yates, "Colossians 2.15: Christ Triumphant," *NTS* 37 (1991): 573-91; Wesley Carr, *Angels and Principalities: The Background, Meaning and Development of the Pauline Phrase* hai archai kai hai exousiai (Cambridge: Cambridge University Press, 1981), 47-86.

209 로마 학자들이 전적으로 동의하는 것은 아니지만 Beard는 다음과 같이 언급한다: "우리는 개선장군과 공화정 말기와 제국 초기에 매우 높았던 문화적 및 정치적 의제의 경합하는 여러 아이디어 사이에 긴밀한 연결 관계가 있었음을 안다.…로마인들에게 있어서 인간의 성공과 그에 부수하는 영광은 죽을 인간을 신으로부터 그를 분리하는 경계에 위치시키고 심지어 그것을 넘어 신으로 만들기도 한다.…그럼에도 불구하고 신적 능력과 지위는

예를 끌어내었으며, 따라서 바울은 그리스도가 권세들에 대해 거둔 위대한 승리를 축하하는 것으로 묘사함으로써 왕이신 그리스도가 신적인 영광을 받을 가치가 있음을 나타낸다. 이처럼 황제가 반역적인 통치자들을 평정한 것(골 2:15)은 사실상 그 찬송에 나타난 우주적 조화를 기념하는 데서 전제된다(골 1:20)[210] 따라서 모든 창조물이 반역적인 모든 권위를 평정한 하나님의 왕을 통해 우주적인 평화와 조화의 상태에 있게 된다. 이제 선택된 왕이 반역자들을 평정함으로써 지상의 조화가 천상의 신의 조화를 모방하고 그것에 필적한다는 것은 제국의 상투어다. 하지만 고대 왕위 문서에서 그리스도가 이 평정을 이룬 방법—"그의 십자가의 피로"(διὰ τοῦ αἵματος σταυροῦ αὐτοῦ; 골 1:20; 참조. ἐν αὐτῷ, 골 2:15)—은 유례가 없다. 따라서 악한 권력들에 대한 왕의 승리와 정복은 폭력적인 전쟁을 통해서가 아니라 왕의 죽음을 통해서 일어난다. 자신의 몸을 수치스럽고 유혈이 낭자한 죽음에 내주는 왕을 통한 화해와 평화의 조성이 왕 행세를 하는 자들의 궁극적인 패배와 불명예로 귀결된다(골 2:14-15).

그것에 비춰 인간을 판단하는 척도였고 매우 성공적인 사람들의 잠재적인 목표와 야망이었다"(*The Roman Triumph*, 233-34). H. S. Versnel, *Triumphus: An Inquiry into the Origin, Development and Meaning of the Roman Triumph* (Leiden: Brill,1970), 1도 보라: "로마의 의식 중 승리의 축전에서처럼 신과 인간이 서로 접근하는 의식은 없다."

210 Maier, "Sly Civility," 332.

왕이신 그리스도에 대한 송덕문으로서의 빌립보서 2:6-11

빌립보서 2장 역시 메시아를 자신이 하나님과 동등됨을 활용하기를 거절함으로써 왕의 힘을 **재정의**하고 이로써 우주를 통치하고 신적 영예를 받기에 합당해진 제왕적 인물로 묘사하기 때문에 빌립보서 2:6-11의 그리스도 찬송은 골로새서 1장에 수록된 찬송에 관한 나의 논지의 일반적인 가능성에 의문을 제기한다기보다는 나의 논지를 확인한다.[211] 나는 바울이 그 찬송을 지었는지는 알지 못하지만, 그 찬송은 확실히 에베소서의 좀 더 넓은 논지와 밀접하게 통합되어 있으며 따라서 그의 기독론 담화(특히 빌. 1:27-2:4과 3:20-21)를 대표하는 것으로 여겨져야 한다.[212] 그 찬송은 **"메시아** 예수"(5절)가 하나님과 분리되고 하나님과 구분될 수 있는 존재이지만 동시에 "하나님의 형태"(6a절)를 공유하고, 하나님과 같은 영예를 받을 가치가 있으며(6c절), 하나님에 의해 모든 것 위에 높여졌고(9절), 신적인 주(κύριος)라는 칭호를 지니고 있고(11절), 온 세상의 예배를 받을 종말론적인 대리인

---

211 골 1:15-20에 대해서와 마찬가지로 빌 2:6-11의 저자와 장르는 논쟁의 대상이 되고 있다. John Reuman은 그 구절을 찬사(encomium)로 부른다(*Philippians: A New Translation with Introduction and Commentary* [AB 33B; New Haven, CT: Yale University Press, 2008], 361). Collins는 그것을 산문 찬송으로 본다("The Psalms and the Origins of Christology"). 그 텍스트의 1회만 사용된 용어, 그것의 명백히 고양된 언어, 초기 그리스도인들이 마치 그리스도가 신인 것처럼 그에게 찬송을 부르던 경향(Pliny, *Ep.* 10.96.7), 그리고 왕위 모티프에 비추어 나는 그 텍스트가 찬송으로 분류되어야 한다고 생각한다. 하지만 Ralph Brucker, *'Christushymnen' oder 'epideiktische Passagen'? Studien zum Stilwechsel im Neuen Testament und seiner Umwelt* (FRLANT; Göttingen: Vandenhoeck & Ruprecht, 1997)를 보라.

212 사실 일부 신약성서 학자들은 그 찬송을 바울의 "마스터 스토리"(Master Story)로 볼 정도로 그 텍스트가 중요하다. 예컨대 Michael J. Gorman, *Inhabiting the Cruciform God: Kenosis, Justification, and Theosis in Paul's Narrative Soteriology* (Grand Rapids: Eerdmans, 2009), 9-39을 보라. 바울을 그 찬송의 저자로 보는 입장에 관해서는 O'Brien, *The Epistle to the Philippians*, 202을 보라.

(10-11절)이라고 묘사한다. 많은 학자가 모든 입이 "주 예수 메시아를 고백하여 하나님 아버지께 영광을 돌릴" 것이라는 바울의 선언(11b절)이 야웨가 자신만이 예배를 받기에 합당하다고 주장하는 이사야 45:23을 반향한다고 생각했다. 리처드 보컴(그리고 다른 많은 학자들)은 그 선언이 함의하는 바가 "예수는 이스라엘의 한 분 하나님 외에 별도로 추가된 것이 아니라 그 하나님의 유일한 정체성에 포함된다"는 것이라고 주장한다.[213]

하지만 유일신 신앙을 지닌 유대인이 어떻게 최근에 십자가에 못박힌 인간에 관해 이런 고양된 주장을 할 수 있는가?[214] 어떤 종교사적인 담론들이 바울로 하여금 보컴이 제안한 바와 같이 십자가에 처형된 이 메시아를 하나님의 유일한 정체성에 포함시키게 했는가? 바울에게 그리스도를 하나님의 대리인으로서 하나님과 구분될 수 있고 **또한** 하나님의 지위와 기능을 공유하는 존재로 제시하는 담론을 제공하는 언어적 및 개념적 자료들은 고대의 선한 왕/황제의 제왕 이데올로기다.[215] 이 통찰이 여러 연구를 통해 확인되었지만, 많은 제안이 **너무 정확하거나 구체적인** 선례를 찾으려고 시도했기 때문에 그것이 종종 인식되지 못하고 있다.[216] 빌립보서 전체에서 그

---

213 Bauckham, "Paul's Christology of Divine Identity," 209. 그러나 Bauckham의 정체성 언어 사용에 대한 Bates의 비판을 보라(*The Birth of the Trinity*, 22-26). Bates는 인격(위격) 은유의 수위성을 주장한다.

214 Litwa, *IESUS DEUS*, 210을 보라.

215 그렇다고 해서 이사야서의 종의 노래, 유대교의 보좌 신비주의, 그리고 마카비의 순교 전승 등 다른 모든 언어적 및 개념적 자료들을 배제하고서 이 이데올로기만을 주장하는 것은 아니다.

216 예컨대 K. Bornhauser, "Zum Verstandnis von Philipper 2,5-11." *NKZ* 44 (1033): 428-34, 453-62을 보라. Bornhauser는 다른 곳에서 그 찬송이 칼리굴라 황제가 신적 영예를 추구하는 것을 반대하기 위해 쓰였다고 주장한다(*Jesus Imperator Mundi [Phil 3,17-1 und 2,5-12]* [Gutersloh: Bertelsmann, 1938]). David Seeley, "The Background of the Philippians Hymn (2:6-11)," *Journal of Higher Criticism* 1 (1994): 49-72도 보라. Ernst Lohmeyer는 빌 3:20-21에 수록된 주장들이 로마의 황제를 황제 숭배의 주로 보는 것에 대항한다고 주

리고 특히 그 찬송에서 메시아는 신적 영예와 예배를 받기에 합당하면서도 제왕의 권위와 통치를 재정의하는 제왕적이고 황제 같은 인물로 묘사된다. 따라서 바울은 아마도 그리스도와 특정한 통치자나 황제를 비교하려고 한 것이 아니라, 미카엘 텔베가 주장했듯이 "그리스도의 승귀와 일반적인 지상의 통치자들 사이의 힘의 추구를 비교"하려고 했을 것이다.[217]

빌립보서 2:6에서 바울은 메시아를 "하나님의 형태"로(ἐν μορφῇ θεοῦ) 존재한다고 말하는데, 이 주장은 "하나님과 동등됨"(τὸ εἶναι ἴσα θεῷ)이라는 표현을 통해 명확해지며, **하르파그몬**(ἁρπαγμόν)을 "취할 것"이 아니라 "이용할 것"으로 보는 이해[218]는 선재하는 그리스도를 하나님과 동등한 존재로 묘사한다.[219] 나는 이미 통치자들, 왕들, 그리고 황제들을 가급적 가장 밀접하게 관련시키는 많은 증거를 제시했다. 그들은 신들의 지상 대리인들로서 기능하는 것으로 보인다.[220] 이 대목에서 나는 왕들과 황제가 신과 동등

장했다(*Kyrios Jesus: Eine Untersuchung zu Phil 2,5-11* [Heidelberg: Winters, 1928]). Wilfred L. Knox은 거의 70년 전에 빌 2:6-11이 영웅적인 행동으로 인한 신적 승귀, 왕이 신과 동일한 영예를 받기에 합당하다는 선언, 그리고 백성들에 의한 갈채라는 공통적인 요소를 포함하고 있기 때문에 왕들과 황제들에 대한 찬사와 매우 비슷하다고 주장했다("The 'Divine Hero' Christology in the New Testament," *HTR* 41 [1948]: 229-49). 참조. Collins, "The Worship of Jesus and the Imperial Cult," 247.

217 Mikael Tellbe, *Paul between Synagogue and State: Christians, Jews, and Civic Authorities in 1 Thessalonians, Romans, and Philippians* (Stockholm: Almqvist & Wiksell International, 2001), 256; Peter Oakes, *Philippians: From People to Letter* (SNTSMS 110; Cambridge: Cambridge University Press, 2001), 129-74. Schreiber, *Gesalbter und König*, 412-14도 보라.

218 이 점에 관해서는 거의 합의에 이른 것처럼 보인다. 특히 다음 문헌들을 보라. N. T. Wright, *The Climax of the Covenant: Christ and the Law in Pauline Theology* (Minneapolis: Fortress, 1992), 56-98; Roy Hoover, "The HARPAGMOS Enigma: A Philological Solution," *HTR* 64 (1971): 95-119.

219 Fee, *Pauline Christology*, 376-83을 보라.

220 Collins, "The Worship of Jesus and the Imperial Cult," 249-50도 그렇게 생각한다. 왕이 하나님과 관련되어서 왕에게서 신적 속성들과 이름들이 결합한다는 인상적인 증거도 있다. Litwa, *IESUS DEUS*, 187-210을 보라.

하며 가시적으로 신의 모습/형태로 나타난다는 많은 참고 자료 중 몇 가지만을 추가할 것이다.[221] 앞서 언급되었듯이 기원후 2세기의 파피루스는 믿을 수 없는 병행 텍스트를 제공한다. "신이란 무엇인가? 힘의 행사다. 왕이란 무엇인가? 신과 같은 존재다"(τὶ θεός; τὸ κρατοῦν. τὶ βασιλεύς; ἰσόθεος).[222] 필론은 칼리굴라가 자신을 "신의 형태"(θεοῦ μορφή)로 치장하려고 했다고 언급한다(*Leg.* 110; 참조. Josephus *Ant.* 18.257-309). 수에토니우스에 따르면 칼리굴라는 자기의 신(*numen*)을 위한 신전을 짓고 그의 신의 조상(彫像)의 복장과 똑같은 옷을 입었다. 위에서 주장된 바와 같이 신들에게 주어진 것과 동일한 영예는 대개 자신의 신민에게 가장 이례적인 은전을 제공한 제왕적 인물들에 대해서만 수여되었다.[223] 에릭 M. 힌에 따르면 디오도로스 시켈리오테스는 위인들과 반신(半神)들이 "모든 사람이 공유하는 은전을 베풂으로써 이후 세대에 의해 어떤 경우에는 신들에게 드려지는 것과 같은 제사를 통해 영예를 받았다"고 선언했다(4.1.4). 나는 이미 디오 카시우스가 아우구스투스에 대해 "그의 이름이 **신들의 이름과 동등하게**(τοὺς ὕμνους αὐτὸν ἐξ ἴσου τοῖς θεοῖς) 그들의 찬송들에 포함되어야 한다"(51.20.1)고 선언한 것을 언급했다. 다마스쿠스의 니콜라우스는 율리우스 카이사르의 신격화 및

221 우리는 **모르페**(μορφή)가 가시적인 외양을 의미한다는 점을 회피할 수 없다. 이 대목에서 Markus Bockmuehl, "'The Form of God' (Phil. 2:6): Variations on a Theme of Jewish Mysticism," *JTS* 48 (1997): 1-23을 보라. 옥타비아누스와 마르쿠스 안토니우스 사이의 선전전과 그들이 아폴론과 디오니소스 신의 복장을 착용한 점에 관해서는 Paul Zanker, *The Power of Images in the Age of Augustus*, 33-77을 보라.

222 위의 "왕의 은전에 답례하는 신적 영예" 단락을 보라.

223 이 대목에서 다음 문헌들이 유용하다. Erik M. Heen, "Phil 2:6-11 and Resistance to Local Timocratic Rule: *Isa theo* and the Cult of the Emperor in the East," in *Paul and the Roman Imperial Order* (ed. Richard A. Horsley; Harrisburg, PA: Trinity Press International, 2004), 125-53; Price," Between Man and God," 28-30.

공적인 장례식 후 모든 사람이 "최근에 신과 동등한 영예를 얻은 사람을 보고" 울었다고 말한다. 아피아누스는 아우구스투스가 자신의 양아버지에게 공식적으로 신적 영예를 부여함으로써 이후의 로마의 황제들이 "신과 동등한"(ἰσόθεοι) 영예를 받는 선례를 마련했다고 말한다(*Bell. civ.* 2.148).

모든 사람이 커다란 은전에 대한 답례로 통치자들에게 신적인 영예를 부여하는 과정이 적절하다고 생각한 것은 아니었다. 예컨대 힌은 기원후 19년에 이런 신적인 영예를 거절한 게르마니쿠스의 칙령을 지적한다. "내게는 비위에 거슬리고 신들에게 드려지는(*isotheous*) 그대들의 갈채를 나는 철저하게 경멸한다."[224] 유대교의 텍스트들은 종종 하나님과 같은 지위를 얻으려고 하는 통치자들의 욕구를 하나님께만 속한 것을 찬탈하려는 교만한 행동으로 부른다.[225] 예컨대 마카베오하의 저자는 그리스의 군주 안티오코스 4세가 다음과 같이 말했다고 기록한다. "하나님께 복종하는 것이 옳은 일이다. 죽어야 할 인간이 하나님과 동등하다고 생각하는 것은 당치 않은 일이다"(Δίκαιον ὑποτάσσεσθαι τῷ θεῷ καὶ μὴ θνητὸν ὄντα ἰσόθεα φρονεῖν; 9:12). 안티오코스 4세는 하나님께만 유보된 힘과 권위를 찬탈하려는 오만한 시도에 대해 하나님이 벌을 내린 결과 이것을 깨닫게 되었다(마카베오하 9:8-11을 보라).[226] 제4복음서에서 예수가 자기와 자기의 아버지 모두 일하

---

224 Heen, "Phil 2:6-11 and Resistance to Local Timocratic Rule," 145에서 인용됨.

225 Samuel Vollenweider, "Der 'Raub' Der Gottgleichheit: Ein religionsgeschichtlicher Vorschlag zu Phil 2.6(-11)," *NTS* 45 (1999): 413-33을 보라. 지상의 통치자들의 교만에 도전하는 하나님의 왕위를 묘사하는 성경의 텍스트들이 빌 2:5-11의 배경으로서 적실성이 있음을 보여준 것이 Vollenweider의 공헌 중 하나다. 예컨대 "그리스도에 대한 우리의 찬양은 성경과 유대교 전통에서 비롯되는데, 그곳에서는 하나님 나라와 세계의 강대국들이 뚜렷이 대조된다"(p. 425).

226 Heen, "Phil 2:6-11 and Resistance to Local Timocratic Rule," 146; Joseph H. Hellerman, "ΜΟΡΦΗ ΘΕΟΥ as a Signifier of Social Status in Philippians 2:6," *JETS* 52 (2009): 779-

고 있다고 선언했을 때 유대인들은 "그가 하나님을 자기의 친아버지라 하여 자기를 하나님과 동등으로 삼았기"(ἴσον ἑαυτὸν ποιῶν τῷ θεῷ) 때문에 그를 죽이려고 했다(요 5:18). 자무엘 폴렌바이더는 신적 영예를 추구하고 자기가 신과 동등하다는 가정을 활용하려는 통치자들의 교만을 비판하는 것이 흔한 수사였음을 보여 주었다.[227] 회복된 이스라엘의 남은 자들은 "내가 하늘에 올라(Εἰς τὸν οὐρανὸν ἀναβήσομαι) 하나님의 뭇 별 위에 내 자리를 높이리라(τὸν θρόνον μου). 내가 [높은 산 위에(ἐν ὄρει ὑψηλῷ),] 북극 집회의 산 위에(ἐπὶ τὰ ὄρη τὰ ὑψηλά) 앉으리라. 가장 높은 구름에 올라가 지극히 높은 이(ἔσομαι ὅμοιος τῷ ὑψίστῳ)와 같아지리라"라고 자랑한(사 14:13-14) 바빌로니아의 왕을 조롱할 것이다(사 14:4). 마찬가지로 예언자 에스겔은 신의 행세를 하려고 한 "두로 왕"의 교만한 시도에 대한 하나님의 심판을 선언한다. "네 마음이 교만하여 말하기를 '나는 신이라(θεός εἰμι ἐγώ). 내가 하나님의 자리 곧 바다 가운데에 앉아 있다' 하도다"(겔 28:1-2). 사도행전의 저자는 아그리파 1세가 "이것은 신의 소리요 사람의 소리가 아니다"(θεοῦ φωνὴ καὶ οὐκ ἀνθρώπου, 행 12:22)라며 자기를 신으로 부르는 군중의 갈채를 받아들여서 하나님의 심판을 받은 것을 묘사한다.[228] 폭군들과 사악한 왕들은 종종 탐욕스럽고 거만하며 건방진 것으로 묘사된다. 따라서 디온 크리소스토모스는 "모든 왕이 제우스로부터 왕위를 받는 것이 아니라 선한 왕들만 제우스로부터 왕위를 받는다"라고 선언하는데, 이는 선한 왕이 "오만과 건

97, 특히 789.

227 Vollenweider, "Der 'Raub' der Gottgleichheit," 420-25; Tellbe, *Paul between Synagogue and State*, 255-57. 이와 관련해서 이상적인 왕에 관한 디온 크리소스토모스의 네 번째 연설(*4 Regn.* 95)이 자주 인용되는데, 그 연설에서 사악한 왕은 그의 탐욕스러운 욕망이 원하는 것은 무엇이든 "낚아채는" 것으로 묘사된다.

228 Heen, "Phil. 2:6-11 and Resistance to Local Timocratic Rule," 147 각주 81도 보라.

방짐"(ὕβρεως καὶ ὑπερηφανίας)으로 채워지지 않을 것임을 의미한다(*1 Regn.* 1.12-13; 참조. 1.84). "거만하고 무례하며" 신민들에게 "자기의 힘을 과시하는" 왕은 "왕이 되거나 [제우스의] 영예나 칭호에 참여하기"에 합당하지 않다(*2 Regn.* 2.75-76; 3.40). 플루타르코스는 데메트리오스가 신적 영예를 받은 것을 부정적으로 평가한다. "데메트리오스가 크고 화려한 은전을 베풀자 아테네 사람들은 그에게 과도한 영예를 주기로 결정함으로써 그를 불쾌하고 밉살스러운 사람으로 만들었다"(Plutarch, *Demetr.* 10.2-3). 이것은 데메트리오스가 아테네를 방문하곤 할 때 그가 "데메테르 신과 디오니소스 신에게 바쳐진 영예"를 받는 데까지 나아간다(12.1-2).

통치자들을 신들과 연결시키고, 종종 통치자들의 공유된 힘 때문에 그들이 신과 같은 영예를 받을 자격이 있다고 제시하는 많은 예에서 우리는 고대의 제왕 이데올로기를 쉽게 발견할 수 있다. 그러나 이런 왕들(종종 폭군들)의 주장들에는 자주 의문이 제기되었고, 그들의 왕위, 왕국, 생명 자체가 필멸성에 굴복하는데, 성경 텍스트의 예에서는 하나님의 심판을 받는다는 사실을 통해서 그런 주장이 거만한 행동임이 입증되었다.

바울은 빌립보서 2:6에서 메시아가 이스라엘의 하나님과 **더불어** 존재하며 하나님의 형태를 공유하고 하나님과 동등한 영예를 받기에 합당하다고 제시함으로써 우리가 위에서 살펴본 것과 유사한 제왕 담론을 다룬다. 그러나 폴렌바이더가 보여준 바와 같이 "그리스도는 폭군 유형에 속하지 않으며, 하나님의 영예를 찬탈하지도 않는다."[229] 메시아는 다른 통치자들과 **달리** 자기의 신적인 지위를 이용하지 않고(빌 2:7-8) 종의 형태를 취해 십자가에서 죽기까지 복종함으로써 "고대 로마 세계에서 상상할 수 있는

---

229 Vollenweider, "Der 'Raub' der Gottgleichheit," 432.

가장 수치스러운 공적 **지위**와 가장 수치스러운 공적 **수치**를" 포용한다.[230] 그렇다면 메시아가 하나님과의 동등됨을 활용하기를 거절한 데서 참된 신적 통치와 힘이 드러난다. 실로 메시아는 하나님의 지위를 찬탈하여 하늘에 오르려고 하는 왕들의 패턴을 완전히 뒤엎음으로써 야웨께 순종하고 신적 영예와 특권을 이용하기를 거부한다.[231]

바로 메시아가 자신의 신적 지위를 이용하기를 거부한 결과 하나님이 그를 우주의 주로 높인다. 특히 피터 오크스는 바울이 빌립보서 2:9-11에서 그리스도와 로마의 황제를 비교한다고 설득력 있게 주장했다. 그리스도와 황제 모두 온 세상에 대한 권위를 받는 것으로 묘사된다.[232] 그리스도가 모든 창조물로부터 가장 높은 이름과 예배를 받는 것처럼 황제도 땅, 바다, 그리고 우주 전체를 다스리는 것으로 언급된다.[233] 예수가 하나님으로부터 받는 이름, 즉 "모든 이름 위에 뛰어난 이름"(ἐχαρίσατο αὐτῷ τὸ ὄνομα τὸ ὑπὲρ πᾶν ὄνομα; 9b절)은 70인역 시편 117편(개역개정 118편)에서 그의 정체성과 행동이 "야웨의 이름"(10, 11, 26절)을 구현하는 왕의 묘사와 공명한다. 그러므로 메시아에게 온 우주가 주 예수 그리스도(κύριος Ἰησοῦς Χριστός)라고 고백할 것이라는 약속이 주어지는데(빌 2:11),[234] 그의 본명을 감싸는 [주와 그

---

230 Joseph H. Hellerman, *Reconstructing Honor in Roman Philippi: Carmen Christi as Cursus Pudorum* (SNTSMS 132; Cambridge: Cambridge University Press, 2005), 131.

231 Ibid., 135. Hellerman은 이 점을 명확하게 진술한다: "신적 지위를 주장하고 그들의 지위를 이용해서 자신의 영광과 명예를 한층 더 강화한 로마의 통치자들과는 완전히 대조적으로—그리고 그들의 사회적 세계에서 로마의 가치들을 복제한 빌립보의 지역 엘리트들과는 완전히 대조적으로—진정으로 신적 지위를 소유했던 그리스도는…자신의 지위를 다른 사람들의 유익을 위해 자발적으로 내려놓아야 할 것으로 보았다."

232 주요 문헌 자료는 위의 골 1:15-20에 관한 나의 논평을 보라.

233 Oakes, *Philippians*, 149.

234 메시아는 최고의 주로 밝혀지지만, 그는 아직 온 우주에 대한 그의 제왕적 통치와 지배가 공개적으로 드러나기를 기다리고 있다. Otfried Hofius, *Der Christushymnus Philipper 2.6-11*

리스도라는] 두 경칭은 뚜렷이 제왕적인 함의를 지닌다.[235] 경칭 주(κύριος)와 하나님이 메시아를 높인 것(ὁ θεὸς αὐτὸν ὑπερύψωσεν, 빌 2:9a; 참조. 행 2:33; 5:31)은 야웨가 다른 제왕적 인물을 보좌에 앉히고 자신의 신적 이름을 그와 공유하는 70인역 시편 109:1(개역개정 110:1)과 공명한다.[236] 메시아가 신적 이름을 받기 때문에 그는 하나님의 통치에도 참여한다. 즉 그는 하나님의 대리인으로서 우주를 다스린다(빌 2:10-11). 그리스도가 빌립보서 2:10-11에서 제왕의 칭송을 받는 것은 고상한 과제를 수행하고 큰 은전을 베푼 왕들과 위대한 인물들에게 부여된 신적 영예의 맥락에 완벽하게 들어맞는다.[237] 빌립보서 3:20에 사용된 정확한 병행(κύριον Ἰησοῦν Χριστόν, 주 예수 그

(WUNT 17; Tübingen: Mohr-Siebeck, 1991)을 보라.

235 주(κύριος)라는 언어의 제왕적인 함의에 관해서는 다음 문헌들을 보라. Joseph D. Fantin, *The Lord of the Entire World: Lord Jesus, a Challenge to Lord Caesar* (Sheffield: Sheffield Phoenix Press, 2011); Hellerman, *Reconstructing Honor in Roman Philippi*, 152-53; Litwa, *IESUS DEUS*, 200 각주 88. 그리스도(Χριστός)에 대해서는 Novenson, *Christ among the Messiahs*를 보라.

236 Martin Hengel의 설명을 보라: "모든 이름 위의 이름(τὸ ὄνομα τὸ ὑπὲρ πᾶν ὄνομα)은 야웨(YHWH)의 신성4문자다. 70인역을 읽을 때 이미 퀴리오스(κύριος)가 그 용어를 대체하고 있었다. 즉 하나님은 십자가에 처형되고 승귀한 존재에게 말할 수 없는 자신의 이름을 주었다"("'Sit at My Right Hand!' The Enthronement of Christ at the Right Hand of God and Psalm 110:1," in *Studies in Early Christology* [Edinburgh: T & T Clark, 1995], 119-25, 특히 155-56). 다음 문헌들을 참조하라. Fee, *Pauline Christology*, 396-98; Richard Bauckham, "The Worship of Jesus in Philippians 2:9-11," in *Where Christology Began* (ed. Ralph P. Martin and Brian Dodd; Louisville: Westminster John Knox, 1998), 128-39, 특히 131; N. T. Wright, "Jesus Christ Is Lord: Philippians 2:5-11," in *The Climax of the Covenant: Christ and the Law in Pauline Theology* (Minneapolis: Fortress, 1991), 56-98, 특히 94.

237 신약성서에 등장하는 제왕의 칭송에 관해서는 다음 구절들을 보라. 마 21:9; 막 11:9-10; 눅 19:38; 요 12:13; 행 19:34. 제왕의 칭송에 관해서는 Charlotte Roueche, "Acclamations in the Later Roman Empire: New Evidence from Aphrodisias," *JRS* 74 (1984): 181-99을 보라. 로마 제국에서의 칭송과 은전에 관해서는 Ando, *Imperial Ideology and Provincial Loyalty in the Roman Empire*, 199-205을 보라. 빌 2:6-11에 관해 다음과 같이 논평하는 Litwa도 보라: "신의 이름을 부여하는 두 전통의 근저에 공통적인 의미가 남아 있다. 기원후 1세기

리스도)이 시민권, 황제의 힘, 그리고 제왕의 즉위 언어를 사용하는 맥락에 위치하는(특히 빌 3:21) 것처럼, 우리는 이미 제왕의 칭송 개념이 빌립보서의 맥락에서 나타나는 것을 살펴보았다.[238] 메시아는 야웨와의 관계를 이용하기를 거부하고 기꺼이 노예의 형태를 취하고 십자가 위에서 수치를 당함으로써 하나님과 동등한 신적 영예를 받는 공적인 지위로 높여졌다(διὸ καὶ ὁ θεὸς αὐτὸν ὑπερύψωσεν; 이러므로 하나님이 그를 지극히 높여, 2:9).[239] 통치자들은 그들이 자신의 신민에게 제공한 은전 때문에 신과 같은 지위를 지니는 것으로 보였는데 빌립보서 2:6-11에서 그 논리가 적용되는 것으로 보인다. 즉 선재하는 그리스도는 **이미** 하나님의 지위를 **공유했지만** 하나님께 대한 그의 순종과 기꺼이 십자가 위에서 수치를 당한 것—인간에게 베푼 가장 큰 은전—이 그의 통치를 정당화하고, 그에게 우주적 권위를 부여하며, 그에게 신적 예배를 받을 자격을 주는 **그 행동**이다.[240] 신이 주는 것 같은 은전을 토대로 통치자들과 황제들을 예배하는 것은 이스라엘의 하나님과 더불어 예수를 예배하는 현상이 발생한 데 대한 놀랍도록 유사한 병행을 제공하며, 자신의 신적 통치를 공유할 왕/메시아를 임명하는 성경-유대교의 하

에 지중해 주위의 그리스화된 사람들은 그들의 황제를 신격화하는 방법으로서, 즉 황제를 좀 더 넓은 그리스-로마 신들 숭배 안으로 통합하기 위해 신의 이름을 채택했다.…나는 유사한 기능이 빌 2:9-11에서 사용된 신의 이름의 토대를 이룬다고 믿는다"(*IESUS DEUS*, 211).

238 Peter Oakes, "Re-mapping the Universe: Paul and the Emperor in 1 Thessalonians and Philippians," *JSNT* 27 (2005): 301-22, 특히 318-19.

239 Wright는 추론을 나타내는 접속사를 "그것이 ~한 이유다"로 번역한다(*The Climax of the Covenant*, 86).

240 이런 주장들의 확장에 대해서 및 황제들에게 통치 자격을 주는 것으로 보였던 특정한 행동과 미덕들에 대해서는 다음 문헌들을 보라. *Philippians*, 151-60; Donald Dale Walker, *Paul's Offer of Leniency (2 Cor 10:1): Populist Ideology and Rhetoric in a Pauline Letter Fragment* (WUNT 2.152; Tübingen: Mohr-Siebeck, 2002), 147.

나님 개념은 이 제왕 전통의 일부로 생각될 수 있다.[241] 바울은 그리스도와 다른 통치자들을 비교할 때 제왕의 은전에 기인한 예배라는 이 넓은 패턴을 채택하지만, 그 패턴을 사용해서 진정한 제왕의 통치가 그리스도가 힘을 취하거나 이용하기를 거부하고, 하나님께 순종하고, 죽기까지 희생적으로 봉사한 데서 예시되었다며 진정한 통치를 재정의한다.[242] 찬송 및 시적 특성과 **결합한** 빌립보서 2:6-11의 제왕 이데올로기와 수사, 예수를 주라고 부르는 대중의 칭송(빌 2:11)은 그 찬송이 왕이신 그리스도의 송덕문으로 지어졌음을 암시하며 그럼으로써 초기 기독론의 발달로 들어가는 또 다른 창문을 제공해준다.[243]

바울의 기독론 전개

골로새서 1:15-20에서 바울이 유대-다윗 가문과 그리스의 왕권 이데올로기의 언어 자료를 사용하는 왕의 언어(ὁ βασιλικὸς λόγος)를 구축한다는 나의 주된 주장이 대체로 정확하다면, 이는 고대의 왕에 대한 숙고가 바울이 신적 기독론을 전개하고 명확히 표명하는 데 중요한 역할을 했음을 암시한다. 빌립보서 2:6-11에 수록된 찬송의 그리스도에 대한 묘사는 제왕 이데올로기와 황제 이데올로기로 가득 차 있기 때문에 그 찬송은 나의 논지를 확인하는 것으로 보인다. 두 찬송은 하나님과 더불어 다른 인간을 예배

241 Collins, "The Worship of Jesus and the Imperial Cult," 248-49.

242 유사하게 설명하는 Tellbe, *Paul between Synagogue and State*, 257-58도 보라.

243 Collins, "The Psalms and the Origins of Christology"; Seeley, "The Background of the Philippians Hymn (2:6-11)."

하는 것이 **어떻게** 생겨났는지에 대한 주목할 만한 단서를 제공한다.[244] 잘 알려진 바와 같이 바울의 기독론에서는 하나님과 예수의 정체성, 칭호, 그리고 기능이 믿을 수 없을 정도로 겹친다.[245]이 질문들에 답변하는 것이 단순히 개념적 선행사들을 가리키는 것보다 훨씬 복잡하고, 바울의 기독론적 진술들은 믿을 수 없을 정도로 혁신적이지만 왕과 하나님 사이의 관계에 대한 고대의 숙고가 바울의 기독론의 설득력 있는 역사적-종교적 틀을 제공할 가능성이 가장 크다. 그리스어 구약성서와 이후 유대교의 그리스어 구약성서 해석들이 다윗 가문의 왕/메시아가 하나님의 왕위를 공유하는 것으로 묘사하는 방식**뿐 아니라** 통치자들에게 신적 영예와 예배를 받을 수 있게 해 준 통치자/황제 숭배에서 왕들과 황제들이 빈번하게 신과 동화되는 것은 우리가 골로새서 1:15-20 및 빌립보서 2:6-11에서 발견하는 바와 놀라우리만큼 비슷하다. 두 구절에 수록된 찬송들은 하나님의 통치와 권위를 공유하고 자기의 생명을 십자가에 내려놓음으로써 진정한 통치와 힘을 드러내는 하나님의 대리인으로서의 메시아를 제시한다. 이 찬송들에서 70인역 제왕시들이 반향된다는 사실은 그리스도 찬송들이 초기 모임—거기서 예수를 예배한 사람들이 성경의 시편들과 더불어 하나님의 백성을 해방시키고 구원하며, 하나님의 보좌를 공유하고, 신적 영예와 예배를 받는 제왕적인 인물인 그리스도를 기념하여 만든 새로운 찬송을 노래했다—에서 발전했을 수도 있음을 암시한다.[246] 그리스도 찬송에서 반향되는 성경의 이

---

244 Vollenweider, "Hymnus, Enkomion oder Psalm?" 229-31에 수록된, 찬송들이 그리스도와 소위 기독론적 일신론의 발흥에서 수행한 역할에 관한 간략하면서도 시사점이 많은 논평도 보라.

245 특히 Chris Tilling의 중요한 저서인 *Paul's Divine Christology*(WUNT 2.323; Tübingen: Mohr-Siebeck, 2012)를 보라.

246 다음 문헌들을 보라. Hengel, *Between Jesus and Paul*, 92; Daly-Denton, "Singing Hymns to

시편들은 하나님이 신적인 보좌와 창조물에 대한 신적인 권위를 기름 부음을 받은 장자와 공유하고(LXX 시 88편[개역개정 89편]; 골 1:15, 18), 또 다른 주(主)에게 자신의 보좌를 공유하고 자신의 오른편에 앉도록 초대하며(LXX 시 109:1[개역개정 110:1]; 빌 2:9-11), 기름 부음을 받은 아들에게 나라들에 대한 통치권을 준다(시 2편; 골 1:13)고 묘사한다.[247] 메시아 예수의 정체성, 죽은 자들로부터의 부활, 그리고 강력한 구속 사역을 시편들에서 이스라엘의 왕들에 관해 이루어진 주장들—그중에서 많은 주장이 그리스-로마의 왕권 이데올로기와 공명한다—에 비추어 숙고한 초기 그리스도인들의 개념보다 무엇이 역사적으로 더 타당할 수 있겠는가? 그렇다면 나의 주장은 다음과 같이 주장한 윌리엄 호버리의 **몇몇** 통찰을 확장한 것으로 생각될 수 있다.

> 기독교가 발흥하기 전에 유대인들은 관습적으로 그들의 왕들과 그들이 기대한 미래의 왕들을 성경에서 유래했지만 이방인의 궁정과 성소에서 공유된 어휘로 찬양했으며, 그리스도인들은 그들의 동시대 인물인 헤롯 왕가와 로마의 통치자 숭배의 배경에 비추어 유대교의 이 용법을 발전시켰다.[248]

그리스도가 만물의 창조자이고(골 1:16), 시간상으로 만물보다 앞서며

Christ as to a God."

247 히 1:4-13에 수록된 일련의 성경 구절들을 조사하면 이 주장의 타당성이 강화될 수 있다. Jipp, "The Son's Entrance into the Heavenly World"를 보라.

248 Horbury, *Jewish Messianism and the Cult of Christ*, 112. 다음 진술도 보라: "이교도의 통치자 숭배의 짝에 해당했던 유대교의 메시아 신앙에서 메시아에 대한 존경은 중요했다. 예수의 사역 시기에 시작되었고 최초기 기독교 공동체에서 편만해진 메시아적 왕으로서의 그리스도 인식은 직접적으로 갈채와 존경의 장면으로 이어져 신약성서에 보존된 찬송들과 직함들을 낳았다"(p. 150).

(1:17a), 그의 안에 모든 신적 충만이 거하도록 선택되었고(1:19), 우주의 조화와 평화를 낳은 대리인(1:20)이라는 주장은 참으로 주목할 만하고 복잡하며 혁신적이고 한 가지 종교적 맥락이나 배경을 지적하는 것만으로는 설명될 수 없다. 하지만 나사렛 예수에 관한 이런 믿을 수 없는 주장들은 다음과 같은 존재로서의 왕의 제왕 개념 안에서 설명될 수 있다—인간이면서 **또한** 하나님의 보좌를 공유하는 존재로서의 왕(LXX 시 44:7[개역개정 45:7]; 109:1-3[개역개정 110:1-3]]), 하나님의 아들(시 2:6-8) 또는 제우스의 아들(Isocrates, *Evag.* 13-14; 72; Callimachus, *Hymn. Jov.* 69-79; Theocritus, *Id.* 17.1-4), 하나님 대신 땅을 안정시키고 통치하도록 하나님에 의해 선택받은 자(LXX 시 71[개역개정 72]:8-11; 88[개역개정 89]:25-30; Pliny, *Pan.* 4.4-9; 5.6; 80.3), 신처럼 평화와 조화라는 은전을 베푸는 존재(Athenaeus, *Deipn.* 6.253C; Plutarch, *Lys.*18.2-4; Augustus, *Res Gestae* 1; Philo, *Embassy to Gaius* 149-151; Horace, *Carm.* 4.5.33-36), 반역적인 적들을 정복하는 신들의 개선장군(Appian, *Bell. civ.* 2.146; Horace, *Carm.* 4.15.5-10), 칭송과 찬송과 찬가의 형태로 신적 영예와 예배를 받기에 합당한 존재(Plutarch, *Lys.* 18.2-4; LXX 창 49:8-12; 민 23:21; 대상 29:20, 25; 시 44편[개역개정 45편]). 왕들을 찬양하고 찬송하는 관행, 즉 그들에게 신적인 은전에 대한 답례로 신적인 영예를 주는 것이 원시 기독교의 기독론 발달의 단서를 제공할지도 모른다. 대담하게 말하자면, 예수가 하나님과 하나의 본질이면서 **또한** 완전히 인간이라고 고백되는 니케아로 가는 여정은 왕권 담론을 통해야 한다. 따라서 나는 이것이 예수가 인간인 동시에 신이라고 인정하는 가장 타당한 역사적, 종교적 틀이라고 주장한다.

그러나 이것이 바울의 교회들에게 어떤 의미가 있는가? 이렇게 메시아를 왕과 주로 제시하는 것이 그리스도를 우주의 최고의 통치자로 고백한 사람들에게 어떤 목적에 봉사하는가? 이 찬송들의 수사적 기능은 무엇이었으며, 바울이 단순히 기독론을 추상적으로 숙고한 것이 아니라고 가정할 경우 이 찬송들이 어떻게 바울의 교회들에게 특정한 행동을 취하도록 설득했는가? 다음 장에서 나는 바울의 기독론 담화가 우주의 진정한 통치자에 대한 고양된 묘사를 제시하는 방식뿐만 아니라, 이 참된 통치자에게 속한 사람들이 그의 통치를 공유하고 그것에 참여할 수 있게 되는 방식도 살펴볼 것이다.

4장

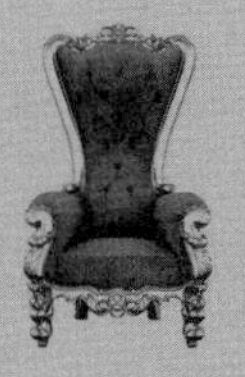

왕과 왕국:
왕이신 그리스도의 통치에
참여하기

"내가 전한 복음대로 다윗의 씨로 죽은 자 가운데서 다시 살아나신 예수 그리스도를 기억하라.…미쁘다, 이 말이여. 우리가 주와 함께 죽었으면 또한 함께 살 것이요, 참으면 또한 함께 왕 노릇 할 것이요."[1]

"신민이 그 제국을 기뻐하는 한 그 제국은 강력하게 유지될 것이다."[2]

예수의 일차적인 메시지가 하나님의 나라였다고 하더라도 그 말이 바울에게는 해당하지 않는다.[3] 바울은 확실히 초기 기독교의 하나님 나라 전통에 익숙했지만, 그는 자신의 서신들에서 그 개념을 창의적이거나 엄밀하게 발

---

1 딤후 2:8, 11-12a.

2 Livy 8.13.16.

3 하지만 이것이 예수와 바울 사이에 이 사안에 관해 연속성이 없다고 암시한다고 해석되지 않아야 한다. 예컨대 Richard J. Bauckham, "Kingdom and Church according to Jesus and Paul," *HBT* 18 (1996): 1-26을 보라.

전시키거나 통합하지 않았다.[4] 따라서 하나님 나라에 관한 바울의 진술 대다수는 바울 자신의 창의적인 채택과 사용이라기보다는 단순히 초기 기독교 전통에서 나온 것으로 보인다.[5] 그러나 이것은, 내가 이번 장에서 주장하는 바와 같이, 바울이 일관성 있게 그리스도의 백성이 왕의 통치와 혜택에 참여한다고 말한다는 사실 때문일 수도 있다. 그렇다면 바울의 그리스도 담론에서 하나님 나라는 그리스도가 자신의 통치를 자신의 신민과 공유하는 데서 나타난다. 왕권 담론에서 왕이나 황제가 종종 **제국** 또는 **국가와** 융합되는 점에 비추어 볼 때 바울은 왕과 신민을 가능한 가장 가깝게 연결하는 담론을 만드는 셈이다.[6]

고린도 교회를 두 번째 방문하려던 자신의 여행 계획을 변경하기로 한 결정을 변호하면서 바울은 자신의 사도직의 근거를 하나님의 신실함에 두고 다음과 같은 재미있는 주장을 한다. "우리를 너희와 함께 **그리스도 안에서** 굳건하게 하시고 **우리에게 기름을 부으신**(εἰς Χριστὸν καὶ χρίσας ἡμᾶς) 이

---

4 다음 구절들을 보라: 롬 14:17; 고전 4:20; 6:9-11; 15:24, 50; 갈 5:21; 살전 2:12. 저자 논란이 있는 바울의 서신들에서는 다음 구절들을 보라: 엡 5:5; 골 1:13; 4:11; 살후 1:4-5; 딤후 4:1, 8.

5 Karl P. Donfried, "The Kingdom of God in Paul," in *The Kingdom of God in 20th Century Interpretation* (ed. Wendell Willis; Peabody: Hendrickson, 1987), 175-90을 보라.

6 Stanley K. Stowers는 다음과 같이 올바로 진술한다: "우리는 참여의 언어를 이해할 수 있는 조건을 제공하는 담론(들)을 필요로 한다"("What Is 'Pauline Participation in Christ'?" in *Redefining First-Century Jewish and Christian Identities: Essays in Honor of Ed Parish Sanders* ([ed. Fabian E. Udoh; Notre Dame, IN: University of Notre Dame Press, 2008]), 352-71, 특히 353). 나는 Stowers가 하나의 담론, 즉 그리스도가 자신의 영(이 대목에서 그리스도의 재료 또는 물질로서의 물질주의적인 영 개념으로 이해된다)을 자기의 백성과 공유한다는 담론을 설득력 있게 입증했다고 생각한다. 이로써 이방인들이 아브라함에게 한 약속을 상속하고 아브라함의 족보 안으로 접붙여질 수 있게 된다(예컨대 고전 6:12-20; 15:35-50; 롬 8:29; 갈 3:26-29). Caroline Johnson Hodge, *If Sons, Then Heirs: A Study of Kinship and Ethnicity in the Letters of Paul* (Oxford: Oxford University Press, 2007)도 보라.

는 하나님이시니 그가 또한 우리에게 인치시고 보증으로 우리 마음에 성령(τοῦ πνεύματος)을 주셨느니라"(고후 1:21-22). 바울은 이 진술의 해석을 제공하지 않지만, 그가 하나님이 메시아를 왕으로 성별(聖別)한 것과 교회가 동일한 **제왕의** 정체성 **안으로** 성별된 것의 의미에 관해 언어유희를 하고 있을 가능성이 있는 것으로 보인다. 하나님의 성령을 통한 하나님의 메시아 성별 또는 기름 부음이 그들 자신의 기름 부음(χρίσας) 덕분에 메시아의 제왕적 성별에 참여하는 그리스도인들과 공유된다.[7] 마가렛 스롤은 이 점을 다음과 같이 잘 진술한다. "하나님이 메시아적 왕으로 성별하는 그리스도는 자신과 함께 통치할 자신의 공동체를 지닌다. 신자들 자신이 메시아적 왕국에 참여하기 위해 '기름 부음'을 받는다."[8] 따라서 고린도 교회가 메시아의 제왕적 통치와 왕국에 참여하는데, 이는 바울이 계속 말하는 바와 같이, 부활한 메시아의 성령을 공유함으로써 일어나는 것처럼 보일 것이다. 바울이 이미 그 교회에 보낸 이전의 편지에서 그들의 구원을 그리스도의 주권적 통치에 참여하는 것으로 개념화했다(고전 3:21-23; 4:8-9; 6:2-3, 9-11; 15:20-28, 50-58)는 점을 우리가 기억하면, 고린도 교인들이 고린도후서 1:21-22이 그들이 그리스도의 제왕적 신분과 부활한 메시아의 성령을 공유하는 덕분에 메시아의 왕국에서 그와 함께 통치하리라는 약속 안으로 통합되었음을 나타낸다고 이해했을 것이라는 추측이 타당해진다. 그러므로 고린도후서 1:21-22이 바울의 참여 구원론의 제왕적이고 메시아적

7 Matthew V. Novenson, *Christ among the Messiahs: Christ Language in Paul and Messiah Language in Ancient Judaism* (Oxford: Oxford University Press, 2012), 147을 보라.

8 Margaret Thrall, *2 Corinthians 1-7* (ICC; London/New York: Bloomsbury T & T Clark, 1994), 155. Martin Hengel, *Studies in Early Christology* (Edinburgh: T & T Clark, 1995), 5-6도 보라.

인 뿌리로 들어가는 유용한 지점을 제공할지도 모른다.

왕의 통치에 참여하기: 그리스도 찬송들의 수사적 기능

앞 장에서 나는 왕이신 그리스도에 대한 찬송시에 나타난 찬양이 바울의 교회에서 수행한 중요한 역할을 살펴보았다. 실제 찬송들(골 1:15-20과 빌 2:6-11), 찬송들과 노래들을 부르는 것이 바울의 교회들의 특징이라는 증거(가령 엡 5:19; 고전 14:26), 그리고 바울의 서신들에서 시편들을 자주 암시하는 것은 모두 바울의 교회들이 그리스도를 기념하여 찬송들을 짓고 노래했음을 암시한다. 나아가 (구약성서와 고대 지중해의 이데올로기 모두에서) 왕과 신 사이의 믿을 수 없을 정도로 가까운 관계에 비추어 볼 때, 찬송시에 나타난 찬양들이 통치자들과 황제들에 대한 찬양의 문화적 대본을 취해서 그것을 **변화시켜** 그리스도를 최고의 권위가 있고 하나님과 독특한 관계에 있으며 자기 백성에게 신적 선물과 구원의 혜택을 제공한 존재로 묘사했다고 볼 수 있다. 이 찬송들은 우리가 상징적인 우주—이 우주는 오직 그에게만 우주적 통치와 신적 권위, 그리고 적들로부터의 해방과 평화와 번영이라는 왕의 은전을 제공할 힘이 부여되고 그럼으로써 그들의 순종과 예배를 받기에 합당한 대안적인 통치자를 그의 교회들에게 제시한다—를 구성하는 바울의 작업 안으로 들어갈 수 있는 창을 제공한다. 바울의 찬송들은 그의 청중으로 하여금 바울과 합세해서 우주의 유일한 왕이자 통치자에게 신적 영예를 수여하게 만들고, 즉 예배를 드리게 만들고, 그럼으로써 그들을 모든 힘 위에 군림하는 왕의 통치에 참여하는 상징적인 세계 안으로 사회화한다. 그래서 바울은 그 서신의 나머지에서 **이 두 찬송의 언어와 주제를 사용**

해서 그 교회들이 진정한 왕의 통치에 참여하는 토대를 제공하고, 그럼으로써 경쟁하는 다른 모든 통치권 주장을 논박할 수 있다. 달리 말하자면 바울의 기독론 담화의 언어, 즉 바울이 제시한 왕이신 그리스도의 내러티브와 신분이 그리스도의 백성에게 적용되어서 그들이 참여를 통해 그리스도의 제왕의 내러티브와 신분에 참여한다.[9] 나는 로마서가 바울의 참여적 기독론을 가장 광범위하게 제공한다는 점에 비추어 주로 로마서에 제시된 바울의 기독론을 조사함으로써 이 논의를 확장하려고 한다. 우리는 바울이 로마서에서 메시아에 대한 제왕-다윗 가문의 궤적을 살피고 이 제왕의 궤적을 그리스도의 백성에게 적용해서 그들이 그리스도의 영(πνεῦμα)을 받고 그것을 통해 그의 제왕의 가족 안으로 들어감으로써 메시아의 통치에 참여한다고 주장하는 것을 살펴볼 것이다.

그러나 우리는 먼저 바울이 골로새서와 빌립보서의 찬송들의 언어를 사용해서 신자들이 그리스도의 통치에 참여하는 것을 묘사했음을 간략히 살펴봄으로써 앞 장의 논의를 마무리하고 **또한** 바울이 참여를 어떻게 제왕의 담론으로 개념화하는지, 즉 왕이신 그리스도의 통치, 내러티브, 그리고 신분에 참여하는 것으로 제시하는지에 대해 약간의 감을 잡을 것이다.

골로새서

골로새서의 저자는 그 서신의 나머지 부분에서 골로새서 1:15-20에 제시

---

9 바울의 기독론적 진술들이 그 기초를 이루는 내러티브들에 빚을 지고 있다는 점에 관해서는 다음 문헌들을 보라. Richard B. Hays, "Is Paul's Gospel Narratable?" *JSNT* 27 (2004): 217-39; idem, *The Faith of Jesus Christ: The Narrative Substructure of Galatians 3:1-4:11* (2nd ed.; Grand Rapids: Eerdmans, 2002), 210-15.

된 주장들에 의존해서 그의 청중이 거주할 독특한 상징적 우주,[10] 즉 힘과 권위가 약한 것들에 대한 매혹을 논박하는 우주를 구성한다(예컨대 골 2:6-8, 16-23).[11] 그리스도를 기념하는 바울의 찬송이 그 교회의 상징적인 우주 구축에서 핵심적인 역할을 한다는 사실을 부인할 수 없는 것으로 보이는데, 이는 "시와 찬송과 신령한 노래들을 통해 서로 가르치고 지도함**으로써** 메시아에 관한 말씀(ὁ λόγος τοῦ Χριστοῦ)이 그들 안에 거하게 하라(ἐνοικείτω ἐν ὑμῖν)"는 바울의 명령을 통해 뒷받침될 수도 있다(골 3:16, 개역개정을 사용하지 아니함).[12] 바울이 그 서신서 전체에서 그리스도 찬송을 반향한다는 점에 비추어 볼 때 그가 이 대목에서 골로새인들에게 그 제왕의 찬가를 노래하도록 권고하고 있을 개연성이 높아 보이는데, 이는 그들을 왕이신 그리스도가 온 우주의 창조자, 통치자, 그리고 회복자로서 최고의 권위를 가지고 통치하는 상징적인 우주 안으로 사회화하는 기능을 한다.[13] 왕이신 그리

10 예컨대 다음 문헌들을 보라. Walter T. Wilson, *The Hope of Glory: Education and Exhortation in the Epistle to the Colossians* (NovTSup 88; Leiden: Brill, 1997), 183-218; Wayne A. Meeks, "'To Walk Worthily of the Lord': Moral Formation in the Pauline School Exemplified by the Letter to the Colossians," in *Hermes and Athena: Biblical Exegesis and Philosophical Theology* (ed. Eleanore Stump and Thomas P. Flint; Notre Dame, IN: University of Notre Dame Press, 1993), 37-58, 특히 42-43; Stephen E. Fowl, *The Story of Christ in the Ethics of Paul: An Analysis of the Function of the Hymnic Material in the Pauline Corpus* (JSNTSup; Sheffield: Sheffield Academic Press, 1990), 123-54; Adam Copenhaver, "Echoes of a Hymn in a Letter of Paul: The Rhetorical Function of the Christ-Hymn in the Letter to the Colossians," *JSPL* 4 (2014): 235-55.

11 골로새의 상황과 그 상황이 골로새 교회가 우주적인 힘과 권위들에 관심을 가진 것 사이의 관계에 관해서는 다음 문헌들을 보라. Ian Smith, *Heavenly Perspective: A Study of the Apostle Paul's Response to a Jewish Mystical Movement at Colossae* (LNTS 326; London: T & T Clark, 2006); Clinton E. Arnold, *The Colossian Syncretism: The Interface between Christianity and Folk Belief at Colossae* (Grand Rapids: Baker, 1996).

12 나는 바울이 골로새서의 저자라고 생각하지만, 나의 주된 관심사는 단순히 바울의 교회의 테두리 안에서 문자로 기록된 왕권 담론이 사용되었음을 보여 주는 것이다.

13 Leonard Thompson, "Hymns in Early Christian Worship," *ATR* 55 (1973): 458-72도 보라.

스도가 최고의 주권자로서 통치하는 이 세계관 안으로 사회화되면 다른 영적 힘들에 대한 관심 또는 의식이나 관행이 덧붙여질 필요가 없을 것이다(골 2:16-19을 보라). 그러나 바울은 골로새서를 그리스도의 통치로부터 유익을 얻는 것으로만 아니라 **그리스도의 통치의 여러 측면에 참여하는 것으로**도 제시한다. 즉 골로새 교인들이 "[하나님의] 사랑의 아들의 나라로 옮겨졌다"(골 1:13b)는 바울의 주장은 골로새 교회가 골로새서 1:15-20에 묘사된 제왕의 통치에 참여할 수 있게 됨으로써 개념화된다. 나는 아래의 논의에서 단순히 왕과 그의 백성들 사이의 관계를 나열함으로써 그들이 왕의 통치에 참여하는 것에 주의를 기울일 것이다.

1:15a. 그리스도가 "보이지 않는 하나님의 형상"(ὅς ἐστιν εἰκὼν τοῦ θεοῦ τοῦ ἀοράτου)인 것과 마찬가지로(1:15a), 새로운 인간도 "자기를 창조하신 이[즉 새로운 인간]"의 형상을 따라(κατ᾽ εἰκόνα τοῦ κτίσαντος αὐτόν) 새롭게 되는 과정에 있다(3:10b).

1:16. 그리스도가 "모든 피조물보다 먼저 나신 이"이자(1:15b) 하늘과 땅에 있는 만물의 창조자이기 때문에(1:16), 바울은 또한 메시아를 "모든 통치자와 권세의 머리"(ὅς ἐστιν ἡ κεφαλὴ πάσης ἀρχῆς καὶ ἐξουσίας)로 단정할 수 있다(2:10b). 그러나 골로새 교인들이 "그 안에서 충만해졌기" 때문에(2:10a) 그들은 반역적인 우주적 힘들에 대한 그리스도의 승리에 참여할 수 있다(참조. 2:14-15).

1:17. "만물"(τὰ πάντα)이 그리스도 안에서(ἐν αὐτῷ) 안정되고 결합하기 때문에(골 1:17), 그리고 그리스도가 만물 가운데 뛰어나기(καὶ αὐτός ἐστιν

Thompson은 신들에게 찬송시를 노래하는 행동이 그 신을 해당 공동체에 임재하게 하는 기능을 했다고 지적한다.

πρὸ πάντων) 때문에[만물보다 먼저 계시기 때문에](1:17), 바울은 그리스도의 우주적 통치를 자기 백성을 안정시키고 연합시키는 데 적용할 수 있다. "그리스도는 만유시요 만유[모든 사람] 안에 계시느니라"(ἀλλὰ τὰ πάντα καὶ ἐν πᾶσιν Χριστός, 3:11b). 따라서 인종적·사회경제적·종교적 차이로 말미암아 분열되지 않은 통합된 새 인간의 토대가 그리스도가 우주를 안정시키고 통일시키는 것의 요소 중 하나다(3:10-11).

1:18a. "몸의 머리", 즉 그리스도의 자기 백성 통치는 자신의 유익을 위해 통치하는 것이 아니라 그의 몸의 양분과 성장과 유익을 위한 것이다(2:19). 바울이 그리스도와 그의 백성 사이의 관계를 몸에 대한 머리의 기능으로 개념화한 것은 통치자와 피통치자 사이의 놀라운 연결 관계를 강조하는 기능을 하며, 그리스도가 자신의 몸을 돌보고 영양분을 공급하고 상하게 하지 않을 것임을 암시한다.

1:18b(와 1:15b). "그리스도는 "모든 피조물보다 먼저 나신 이"(1:15b; 참조. LXX 시 88:28[개역개정 88:27]: κἀγὼ πρωτότοκον θήσομαι αὐτόν, ὑψηλὸν παρὰ τοῖς βασιλεῦσιν τῆς γῆς)이자 "죽은 자들 가운데서 먼저 나신 이"(πρωτότοκος ἐκ τῶν νεκρῶν, 1:18b)로 최고로 높여진다. 골로새 교인들은 그의 부활과 천상의 승귀에 참여함으로써 그리스도의 지고(至高)의 지위에 참여한다. "너희가 그 안에서 함께 일으킴을 받았느니라"(ἐν ᾧ καὶ συνηγέρθητε, 2:12), "너희를 하나님이 그와 함께 살리시고"(συνεζωοποίησεν ὑμᾶς σὺν αὐτῷ, 2:13b), "너희가 그리스도[메시아]와 함께 다시 살리심을 받았으면(συνηγέρθητε τῷ Χριστῷ, 3:1a), 위의 것을 찾으라. 거기는 그리스도께서 하나님 우편에 앉아 계시느니라"(ὁ Χριστός ἐστιν ἐν δεξιᾷ τοῦ θεοῦ καθήμενος, 3:1b; 참조. LXX 시 109[개역개정 110]:1). 그들이 메시아의 부활과 즉위에 참여하는 것이 메시아가 돌아올 때 그들이 메시아의 영광에 참여할 것이라고 보장하는 토대다

(3:4).[14]

1:19. "모든 충만이 그의 안에 거하게 한"(ἐν αὐτῷ εὐδόκησεν πᾶν τὸ πλήρωμα κατοικῆσαι, 1:19) 것과 같이 왕의 신민들도 바울이 "너희도 그 안에서 충만하여졌다"(ἐστὲ ἐν αὐτῷ πεπληρωμένοι, 2:10a)고 말하는 것처럼 하나님의 생명에 참여한다. 여기서 전치사구는 "그 안에는 신성의 모든 충만이 육체로 거하게" 한(κατοικεῖ πᾶν τὸπλήρωμα τῆς θεότητος σωματικῶς, 2:9) 존재를 가리킨다. 또한 "모든 충만이 그의 안에 거하게 한"(εὐδόκησεν...κατοικῆσαι) 이라는 문구가 하나님이 그리스도를 자신의 왕정 대리인으로 선택한 것을 가리키는 것이 옳다면 이것이 하나님이 골로새 교인들을 하나님의 백성으로 선택하는(ἐκλεκτοὶ τοῦ θεοῦ, 3:12; 참조 3:15b) 토대로 기능할지도 모른다.

1:20. 바울은 하나님이 그리스도를 통해 골로새 교인들을 하나님과 화해시킨 것(1:21-22)을 그리스도의 우주적인 화해 사역 안에 위치시킨다(1:20). 골로새 교인들은 "전에 멀리 떠나 원수가 되어"(ὑμᾶς ποτε ὄντας ἀπηλλοτριωμένους καὶ ἐχθρούς, 1:21) 메시아의 자신을 내어주는 죽음을 통한 하나님과의 화해를 필요로 하는(νυνὶ δὲ ἀποκατήλλαξεν ἐν τῷ σώματι τῆς σαρκὸς αὐτοῦ διὰ τοῦ θανάτου, 1:22) 사람들을 구성한다. 그리스도가 신적 화해를 이루고(δι᾽ αὐτοῦ ἀποκαταλλάξαι) "화목하게 하고"(εἰρηνοποιήσας; 1:20) 우주적 조화를 이룬 결과 골로새 교인들은 메시아의 평화에 참여할 수 있다(ἡ εἰρήνη τοῦ Χριστο ῦβραβευέτω ἐν ταῖς καρδίαις ὑμῶν, 3:15a).

바울이 골로새 교인들이 그리스도의 우주적인 통치 사역에 참여하는 것으로 개념화한 것은 훨씬 더 자세하게 부연될 수 있지만, 골로새서 1:15-

14 이 점에 관해서는 Christopher Rowland, "Apocalyptic Visions and the Exaltation of Christ in the Letter to the Colossians," *JSNT* 19 (1983): 73-83을 보라.

20과 이 서신의 나머지 사이의 이런 연결들은 그리스도에 대한 찬사의 기능 중 하나는 교회를 그리스도가 모든 경쟁자보다 뛰어난 영역 안으로 사회화시키는 것이었다는 요점을 증명한다. "그리스도에 관한 말"을 노래하고(골 3:16) 그들 자신이 자애로운 왕의 모든 측면에 참여한 것을 성찰함으로써 교회는 그리스도의 통치에 대한 모든 경쟁자를 적실성이 없게 만드는 실재 안에 토대를 두게 된다.

빌립보서

골로새서 1:15-20에서 바울이 그리스도를 다른 모든 통치와 권위 위에 군림하는 주권자로 묘사하듯이 빌립보서 2:6-11에 수록된 찬송은 메시아를 그의 신적 영예를 활용함으로써가 아니라 자기 포기와 타인 존중의 자세를 포용함으로써 신적인 힘과 주권 안으로 들어간 것으로 제시하는데, 이는 바울이 내적인 조화를 낳기 위해 그리스도 찬송을 통해 빌립보 교회에 가르치려고 하는 기질이다(빌 2:1-4). 빌립보서 2:6-11과 빌립보서에서 그 구절의 역할에 관해 많은 글이 쓰였지만, 나의 목적상으로는 그 구절의 수사적 기능 중 하나가 그리스도의 백성이 그리스도의 통치로부터 유익을 얻고 그 통치에 참여한다면 그들 모두가 따를 제왕의 패턴을 제시하는 것임을 주목하는 것으로 충분하다. 빌립보서의 논리는 그리스도의 신민들이 그리스도 자신이 보여줬던 것과 동일한 제왕의 미덕들을 보인다면 그리스도의 통치로부터 유익을 얻을 것이라는 개념을 활용한다.[15] 그리스도는 "주 예수

15 Peter Oakes, *Philippians: From People to Letter* (SNTSMS 110; Cambridge: Cambridge University Press, 2001), 201-2.

메시아"(빌 2:11)이기 때문에 교회는 그리스도만을 그들의 통치자로 고백한다. 그는 자신의 우주적 주권 안으로 들어갔고, 신적인 이름을 받았고, 다른 모든 힘 위에 높여졌지만(2:9-11), 힘이나 신적 영예와 유익에 대한 갈망을 통해서 그렇게 되지는 않았다. 오히려 그리스도는 하나님과 다른 사람들을 섬기기 위해 공개적인 수치를 순종적으로 받아들임으로써 진정한 힘, 권위, 그리고 통치를 재정의했다. 따라서 "그리스도의 복음에 합당하게 생활하는 것"(1:27a)은 그리스도가 세상에 대한 우주적 통치 안으로 들어가는 과정에서 모범을 보였던 것과 동일한 제왕의 미덕들을 취하는 것과 관련이 있을 것이다(즉 2:1-5과 2:5-11 사이의 연결). 지위 상실, 고난, 그리고 수치스러운 죽음에 직면해서도 하나님께 순종한 그리스도의 제왕적 순종에 비추어 그리스도의 백성이 그의 통치의 유익에 참여하기를 바란다면 그들 역시 자기의 왕을 통해 예시된 핵심적인 미덕들—고난(1:29-30; 2:17, 30), 수치, 타인 존중, 지위 상실(2:1-4; 2:20-21)—을 기꺼이 수용해야 한다. 바울이 부여받은 높은 지위를 거절한 것(3:2-7)은 "그리스도의 고난에 참여하고 그의 죽음에 일치하고자 하는"(3:10; 참조. 2:6-8) 그의 바람 중 하나다. 이렇게 고난과 수치를 수용하는 것이 그리스도의 부활 생명에 참여하기 위해 필요한 전제조건이기 때문이다(3:10a, 11).[16]

빌립보서 3:20-21에 수록된 그리스도 찬송의 정치적 어휘와 반향은 그리스도의 통치의 구원적이고 유익한 결과를 보여준다. 그리스도는 특히 "구원자"(σωτῆρα, 3:20)와 "주 예수 메시아"(κύριον Ἰησοῦν Χριστόν, 3:20; 참조.

16 빌 3:10과 빌 2:6-11 사이의 관계에 관해서는 Morna D. Hooker, *From Adam to Christ: Essays on Paul* (Cambridge: Cambridge University Press, 1990), 21을 보라. 빌 2:6-11과 빌 3:20-21 사이의 관계에 관해서는 Ben C. Blackwell, *Christosis: Pauline Soteriology in Light of Deification in Irenaeus and Cyril of Alexandria* (WUNT 2.314; Tübingen: Mohr-Siebeck, 2011), 208을 보라.

2:11)라는 제왕적인 용어로 묘사된다.[17] 그가 영광의 자리로 높여짐으로써 "하늘의 시민권"(τὸ πολίτευμα ἐν οὐρανοῖς, 3:20; 참조 1:27)과 "자기의 영광의 몸"(3:21)이 존재하게 되었다.[18] 바울의 하늘의 시민권 묘사와 "그리스도", "주", "구원자"라는 칭호 사용, 그리고 70인역 시편 8:7(개역개정 8:6)의 암시와 만물이 그의 통치에 복종하는 것 모두가 그리스도가 최고의 힘과 권위를 지니고 있음을 묘사한다.

교회가 고대하는 사건인 그리스도의 재림 때 그의 백성은 "우리의 낮은(수치스러운) 몸"(τὸ σῶμα τῆς ταπεινώσεως)의 변화(μετασχηματίσει)를 경험하게 되는데(3:21a), "수치스러운 몸"은 그리스도가 몸소 죽음을 경험한 것(σχήματι εὑρεθεὶς ὡς ἄνθρωπος ἐταπείνωσεν ἑαυτόν; 2:7-8)을 반향하는 언어다.[19] 이 변화는 그리스도의 부활에 참여하기, 즉 "그리스도의 영광의 몸의 형체와 같아지기"(σύμμορφον τῷ σώματι τῆς δόξης αὐτοῦ; 3:21b; 3:10-11)로 귀결될 것이다. "그리스도는 만물을 자기에게 복종하게 하실 수 있는 자의 역사로"(κατὰ τὴν ἐνέργειαν τοῦ δύνασθαι αὐτὸν καὶ ὑποτάξαι αὐτῷ τὰ πάντα, 3:21a) 하늘의 시민권에 속한 자들의 변화를 일으킬 것이다. 바울의 70인역 시편 8:7(개역개정 8:6, 이 구절은 창 1:26-28을 반향한다)의 암시는 그리스도

---

17 그리스의 왕들과 로마의 황제들에게 사용된 용어로서의 "구원자"에 관해서는 Gordon D. Fee, *Pauline Christology: An Exegetical-Theological Study* (Peabody, MA: Hendrickson, 2007), 402을 보라.

18 이 점에 관해서는 다음 문헌들을 보라. A. T. Lincoln, *Paradise Now and Not Yet: Studies in the Role of the Heavenly Dimension in Paul's Thought with Special Reference to His Eschatology* (SNTSMS 43; Cambridge: Cambridge University Press, 1991), 97-100; Pheme Perkins, "Philippians: Theology for the Heavenly Politeuma," in *Pauline Theology: Volume I: Thessalonians, Philippians, Galatians, Philemon* (ed. Jouette M. Bassler; Minneapolis: Fortress, 1991), 89-104.

19 Fee, *Pauline Christology*, 403.

가 **자신의 대리 행위를 통해** 창조물에 대한 제왕적 지배권 및 아담에게 의도된 영광과 영예를 **행사**하는 것으로 묘사한다.[20] 그리스도가 우주적인 최고 지위와 "만물"에 대한 주권자의 자리에 들어간 것은 빌립보서 2:9에 묘사된 사건인데, 그 텍스트에서 하나님이 그를 "지극히 높여"(ὑπερύψωσεν) 그에게 "모든 이름"(τὸ ὑπὲρ πᾶν ὄνομα) 위에 뛰어난 이름을 준다. 이 사건이 그리스도로 하여금 자신의 부활 생명을 자기 백성과 공유할 수 있게 해준다(3:21b). 모나 후커의 말마따나 "이 구절들에서 그리스도의 승귀의 의미가 신자들을 위해 작동된다. 그리스도인들은 그리스도 안에서 하나님이 그를 일으켰을 때 일어난 지위의 전복에 참여한다."[21] 그리스도는 자신의 승귀 때 그에게 주어진 힘과 주권을 통해 자신의 백성에게 이 몸의 변화를 일으킨다. 즉 "만물"이 메시아 예수의 강력한 주권에 복종함으로써(2:9-11; 3:21a) 그리스도가 자신의 **영광스러운 부활의 몸**을 자신의 백성과 **공유하여** 그들이 하늘의 시민권에 참여하기에 적합하게 될 것이다.

이 대목에서 나의 주장을 위해서는 중요한 두 가지 기본적인 요점이 필요하다. (a) 바울은 골로새서 1:15-20과 빌립보서 2:6-11의 기독론적 송덕문을 사용해서 그의 교회들을 그리스도만이 지고의 주권자이고 우주에 대한 신적 주권이 부여된 영역 안으로 사회화하며, (b) 바울은 이 서신들의 나머지 전체에서 이 찬송들에서 이루어진 주장들을 사용하고 그것들을 확장해서 그의 교회들에게 그들이 그리스도의 주권적 통치로부터 유익을 얻을 뿐만 아니라 그 **통치에 참여**하기도 한다는 것을 보여준다.

---

20 빌 3:21a이 70인역 시 8:7(개역개정 8:6)을 암시한다는 점에 관해서는 N. T. Wright, *Paul and the Faithfulness of God* (Christian Origins and the Question of God, vol. 4; Minneapolis: Fortress, 2013), 1292-94을 보라.

21 Hooker, *From Adam to Christ*, 21.

바울 서신에 나타난 왕권 담론과 참여

그런데 어떤 논리나 이념적 자원이 바울로 하여금 그리스도를 최고의 통치자로 제시할 뿐만 아니라 그의 백성이 실제로 그리스도의 통치에 참여한다고 말할 수 있게 해주는가? 학자들은 항상 그의 서신 도처에서 발견되는, "그리스도 안에" 있는 사람들은 이제 메시아 예수의 내러티브와 정체성 안으로 편입되고 그럼으로써 하나님과 성령의 생명 안으로 편입된다는 바울의 참여 구원론의 뭔가 이상한 측면의 내력을 밝히는 데 어려움을 겪어왔다.[22] 바울의 참여 언어는 의심할 나위 없이 혁신적이며 부활한 그리스도에 대한 자기의 경험에 관한 그의 창의적인 성찰이 적절히 인정되어야 하지만, 바울이 그 담론을 새롭게 만들어내지 않았다고 가정할 경우 우리가 그 묘사의 역사적·종교적 내력을 찾아내고 그럼으로써 바울이 그것들을 재형성하고 재구성한 것을 숙고할 수 있다면 이스라엘의 메시아와 인간의 연합에 관한 좀 더 견고하고 잘 짜인 묘사가 발견될지도 모른다.[23]

22 바울 서신에 나타난 그리스도와의 연합의 해석사에 관해서는 다음 문헌들을 보라. Constantine R. Campbell, *Paul and Union with Christ: An Exegetical and Theological Study* (Grand Rapids: Zondervan, 2012); Grant Macaskill, *Union with Christ in the New Testament* (Oxford: Oxford University Press, 2013), 17-41(『바울이 본 그리스도와의 연합』, 새물결플러스 역간).

23 이 장 전체에서 나는 참여, 연합, 그리고 통합이라는 단어를 교환 가능한 것으로 사용한다. 그러나 Campbell, *Paul and Union with Christ*, 406-20에서 이 단어들을 구분하는 것을 보라.

왕이 하나님의 왕위에 참여하고, 하나님의 백성을 대표한다.

아래에서 나는 바울의 참여 담론을 이해하기 위한 주된 뿌리는 하나님의 보좌를 공유하고 신적인 왕위에 참여하며 하나님의 영(πνεῦμα)을 공유하는 이스라엘의 왕 개념**과** 백성이 **신적인 왕의 통치에 참여**할 수 있게 해주는, 구현된 자기 백성의 대표 개념 **모두**라고 주장한다. 이는 바울이 그의 교회가 그리스도 메시아의 내러티브와 정체성에 참여하는 것을 개념화할 수 있는 문법과 논리를 제공한다(가령 골 1:15-20; 빌 2:6-11; 롬 1:3-4; 1 고전 15:3-4). 왕은 하나님과 하나님의 백성 사이를 이어주는 인물로 기능해서 왕이 하나님의 통치와 현존을 매개하며 자신의 **영**(πνεῦμα)을 백성과 공유하고 **또한** 동시에 자기 백성의 구현된 대표자로서 백성이 왕의 삶, 운명, 그리고 통치에 참여한다. 바울은 이스라엘의 제왕적인 메시아로서의 그리스도에 관한 명확하고 인식할 수 있는 정체성과 내러티브를 묘사하고, 이 제왕적 궤적을 메시아의 백성 위에 투사한다. 우리는 바울이 그리스도를 자기의 신민으로 하여금 부활하고 왕좌에 앉은 메시아의 통치와 혜택에 참여할 수 있게 해줌으로써 자신의 백성을 다스리는 신적이고 제왕적인 인물로 제시한다는 것을 살펴볼 것이다. 이 제왕적 혜택은 성자의 아들 됨에 대한 참여, 그리스도의 **영**(πνεῦμα)에의 참여, 메시아의 부활과 영화된 상태에의 참여, 메시아의 세계적인 유산에의 참여, 그리고 메시아의 주권에 참여함으로써 메시아와 함께 하나님의 원수들을 다스림을 포함한다. 이것들은 단지 그들의 왕에 의해 백성에게 부여된 선물들이 아니다. 오히려 그것들은 왕의 백성들과 공유되는, 왕의 통치의 요소들이다. 우리가 바울 서신의 관련 텍스트들—그중 가장 중요한 것은 로마서다—을 살펴보기 전에 왕이, 특히 다윗 가문의 통치자들에 대한 이상화된 묘사에서, 종종 하나님의 신적 대리인이자 자기 백성의 대표자로 묘사되는 방식을 조사할 필요가 있다.

왕이 신적 왕위에 참여한다

나는 이미 왕을 신들을 대신해서 통치하는 신들의 지상의 대표자로 묘사하는 그리스와 로마의 많은 텍스트를 언급했기 때문에 이 대목에서는 그것들을 간략히 상기시키기만 할 것이다.[24] J. 루퍼스 피어스는 신들이 그리스의 왕들과 로마의 황제들을 선택하는 현상을 기록했는데, 그는 왕위 주장을 정당화하는 방법으로서 신이 왕을 선택한다는 모티프가 믿을 수 없을 정도로 편만함을 입증했다. 피어스는 이 모티프가 호메로스까지 거슬러 올라간다는 것을 보여 주었으며,[25] 사실 "인간 왕이 지상에서 신들의 이름으로, 특히 신적 주권의 이름으로 다스렸다"는 개념은 고대 근동의 왕위 개념에서도 전형적이다.[26] 신이 왕을 선택하는 것은 흔히 우리가 키프로스의 통치자에 대한 송덕문인 이소크라테스의 『에바고라스』(*Evagoras*)에 등장하는 것과 같은 진술들을 통해 전달된다. 그 송덕문에서 에바고라스는 "제우스의 아들 중 한 명"(12-4)으로서 "인간들 가운데의 신 또는 죽을 존재인 신성"(72)으로 선언될 가치가 있다. 칼리마쿠스는 "그러나 제우스로부터 왕들이 나온다. 제우스의 왕들보다 더 신적인 존재는 없기 때문이다"고 묘사한다

---

24 3장 "왕과 찬양"을 보라.

25 J. Rufus Fears, *PRINCEPS A DIIS ELECTUS: The Divine Election of the Emperor as Political Concept at Rome* (Rome: American Academy at Rome, 1977).

26 Bernard F. Batto, "The Divine Sovereign: The Image of God in the Priestly Creation Account," in *David and Zion: Biblical Studies in Honor of J. J. M. Roberts* (ed. Bernard F. Batto and Kathryn L. Roberts; Winona Lake, IN: Eisenbrauns, 2004), 143-86, 특히 149; Dale Launderville, *Piety and Politics: The Dynamics of Royal Authority in Homeric Greece, Biblical Israel, and Old Babylonian Mesopotamia* (Grand Rapids: Eerdmans, 2003), 43-47.

(78-9).[27] 우리는 특히 신 피타고라스학파의 왕위에 관한 문헌들에서 왕들이 신적 영역에서의 질서를 모방해서 지상의 조화와 질서를 확보하기 때문에 빈번하게 신의 형상과 대표로 언급된다는 것을 보았다. 제우스는 창조세계를 직접 다스리는 것이 아니라 신적 통치자의 "형상"으로서 신적인 왕을 위해 지상에 질서와 평화와 정의를 확립하는, 자신이 임명한 왕을 통해 다스린다.[28] M. 데이비드 리트와는 성도들이 하나님의 통치에 참여하는 유대교 및 유대-기독교의 주제가 편만함을 보여 주었다.[29] 대다수 학자가 인식하듯이 인간이 하나님의 **형상**으로 창조되고 그들에게 땅을 다스릴 선물이 주어짐으로써(창 1:26-28; 시 8:4-8) 인간이 하나님 자신의 통치에 참여한다.[30] 예컨대 다니엘 7:13-14에서 인자 같은 이에게 주어진 "권세와 영광과 나라"가 "지극히 높으신 이의 거룩한 백성"에게 수여된다(단 7:27). 요한의 묵시 여러 곳에서 그리스도의 백성은 메시아의 전투, 승리, 그리고 그것에 수반하는 즉위에 참여한다(가령 계 3:20-21; 19:11-21).[31] 그러나 바울의 참여 언어를 이해하기 위해서는 이스라엘의 제왕 전통이 더 중요한데 그 전통은 야웨를 신적인 주권적 통치자(예컨대 LXX 시편 23편[개역개정 24편]; 28편[개역개정 29편]; 92편[개역개정 93편]; 94-98편[개역개정 95-99편]), 다윗과 그의 가문

---

27 참조. Callimachus, *Hymn to Apollo* 26-27: ""축복받은 자들과 싸우는 자는 나의 왕과 싸울 것이다. 나의 왕과 싸우는 자는 심지어 아폴론과도 싸울 것이다."

28 Julien Smith, *Christ the Ideal King: Cultural Context, Rhetorical Strategy, and the Power of Divine Monarchy in Ephesians* (WUNT 2.313; Tübingen: Mohr-Siebeck, 2011), 37-40.

29 M. David Litwa, *We Are Being Transformed: Deification in Paul's Soteriology* (BZNW 187; Berlin: de Gruyter, 2012), 172-92.

30 특히 J. Richard Middleton, *The Liberating Image: The Imago Dei in Genesis 1*(Grand Rapids: Brazos, 2005)을 보라.

31 Litwa는 다음 구절들도 지적한다. 사 60:1-15; 슥 10:10; 「욥의 유언」 33:2-9; 지혜서 3:7-8; 5:15-16 (*We Are Being Transformed*, 179-82).

을 선택해서 이스라엘을 통치하고 그럼으로써 야웨의 신적 왕위에 참여하게 하는 위대한 왕(특히 삼하 7장; 대상 17장)으로 말한다.[32] 하나님은 이스라엘에서 주권적 왕이다. "영광의 왕이 누구시냐? 만군의 여호와께서 곧 영광의 왕이시로다"(LXX 시 23:10[개역개정 24:10]); "여호와께서 홍수 때에 좌정하셨음이여, 여호와께서 영원하도록 왕으로 좌정하시도다"(LXX 시 28:10[개역개정 29:10]); "하나님 자신이 우리의 방패시며, 이스라엘의 거룩한 이가 우리의 왕이시니이다"(LXX 시 88:19[개역개정 89:18], 개역개정을 사용하지 아니함); "여호와께서 다스리시니 스스로 권위를 입으셨도다.…주의 보좌는 예로부터 견고히 섰으며"(LXX 시 92:1a, 2a[개역개정 93:92:1a, 2a]).[33] 하나님의 왕위와 왕국은 신들, 그의 원수들, 땅 위의 모든 백성 특히 이스라엘에 대한 주권적 통치를 포함한다.[34] 신적인 왕으로서의 하나님이라는 이 틀 안에서 다윗과 그의 왕조는 야웨의 주권적 왕위에 종속하지만, 그럼에도 야웨의 선택을 통해 이 신적인 왕위에 참여한다. 고대 이스라엘에서 왕은 기름부음을 통해 세워졌고 따라서 그는 "메시아"라는 칭호와 직무를 받았는데 이 직무는 그를 "단순한 '메시아'로서가 아니라 '야웨의 메시아'로" 나타냈

32 하나님이 다윗과 맺은 언약에 관해서는 Scott W. Hahn, *Kinship by Covenant: A Canonical Approach to the Fulfillment of God's Saving Promises* (New Haven, CT: Yale University Press, 2009), 176-213을 보라.

33 왕으로서의 하나님에 관해서는 다음 구절들을 보라. 시 5:2; 9:9-13; 10:16-18; 24:7-10; 29:10; 44:4; 47:7; 59:13; 68:24; 74:12; 84:3; 89:18; 93:1; 94:9-10; 96:10; 99:1; 144:15. 하나님의 통치에 관해서는 다음 구절들을 보라. 시 47:8; 93:1; 97:1; 99:1; 146:10. James L. Mays는 하나님의 왕위가 "시편의 신학을 조직하는 중심"이라고 주장한다(*The Lord Reigns: A Theological Handbook to the Psalms* [Louisville: Westminster John Knox, 1994], 12-22, 특히 13); Marc Z. Brettler, *God Is King: Understanding an Israelite Metaphor* (JSOTSup 76; Sheffield: Sheffield Academic, 1989); Marty E. Stevens, *Leadership Roles of the Old Testament: King, Prophet, Priest, and Sage* (Eugene, OR: Cascade, 2012), 2-10.

34 Mays, *The Lord Reigns*, 14-15.

다.[35]

트뤼그베 N. D. 메팅어는 "메시아"라는 용어가 "왕의 지위가 하나님과 연결되어 있고 따라서 침해할 수 없음을 나타내기 때문에 왕이 백성의 나머지와 명확히 분리되었음을 나타내며" 이 점은 메시아라는 용어가 **야웨의 메시아**의 수사적 단축어로 빈번하게 사용된다는 사실에서 드러난다고 지적한다(예컨대 삼상 2:10, 35; 24:7-11; 26:9-16; 삼하 1:14, 16; 19:22; 애 4:20).[36] 마찬가지로 롤랑 드보는 야웨의 기름 부음을 받은 자로서 왕에게 기름을 붓는 행위는 "왕과 하나님 사이에 특별한 관계를 확립하는 종교적 행위였다"고 지적한다.[37] 하나님의 영의 담지자로서 왕은 거룩하며 신성불가침이다(참조. 삼상 24:6; LXX 시 88:21-29[개역개정 89: 20-28]; 104:15[개역개정 105:15]; 사 11:1-2). 그러므로 하나님이 다윗에게 기름을 부은 것이 종종 신적인 왕의 선택과 하나님의 현존 및 거룩함의 수여와 결합된다(참조. 삼상 16:1-13).[38] 따라서 70인역 시편 88:21b(개역개정 89:20b)에서 하나님은 "나

---

35 Aubrey R. Johnson은 다음과 같은 텍스트를 지적한다. 삿 9:7-21; 삼상 16:1-13; 삼하 2:1-7; 5:1-5; 왕상 1:28-40; 왕하 9:1-13; 11:4-20(*Sacral Kingship in Ancient Israel* [Cardiff: University of Wales Press, 1967], 14-15).

36 Tryggve N. D. Mettinger, *King and Messiah: The Civil and Sacral Legitimation of the Israelite Kings* (Coniectanea Biblica Old Testament 8; Lund: Gleerup, 1976), 199. J. J. M. Roberts도 보라. 그는 "야웨의[그의] 기름 부음을 받은 자"라는 어구가 "야웨와 그가 선택해서 세운 왕 사이의 매우 밀접한 관계를 강조하는" 기능을 한다고 말한다("The Old Testament's Contribution to Messianic Expectations," in *The Messiah: Developments in Earliest Judaism and Christianity* [ed. James H. Charlesworth; Minneapolis: Fortress, 1987], 39-51, 특히 39).

37 Roland de Vaux, "The King of Israel, Vassal of Yahweh," in *The Bible and the Ancient Near East* (trans. Damian McHugh; London: Darton, Longman & Todd, 1971), 152-66, 특히 152. 참조. A. R. Johnson, "Hebrew Conceptions of Kingship," in *Myth, Ritual, and Kingship: Essays on the Theory and Practice of Kingship in the Ancient Near East and in Israel* (ed. S. H. Hooke; Oxford: Clarendon, 1958), 204-35, 특히 207-8.

38 참조. 「레위의 유언」 18:6-7: "하늘들이 열릴 것이고, 이삭의 아버지 아브라함에게서 나오

의 거룩한 기름"으로 다윗에게 기름을 부으며, 그 시편의 앞에서 "내가 택한 자와 언약을 맺으며(τοῖς ἐκλεκτοῖς μου) 내 종 다윗에게 맹세했다"(LXX 시 88:4[개역개정 89:3]; 참조. ὕψωσα ἐκλεκτὸν ἐκ τοῦ λαοῦ μου, LXX 시 88:20[개역개정 89:19])고 선언한다. 70인역 시편 77:70(개역개정 78:70)에서 하나님은 "그의 종 다윗을 택했다"(ἐξελέξατο Δαυιδ τὸν δοῦλον αὐτοῦ).[39] 그리고 왕과 하나님 사이의 이 관계를 통해 기름 부음을 받은 메시아가 하나님의 영을 위한 통로로 작동할 수 있었다(삼상 10:1-13; 16:13; 사 11:1-2; 61:1-3; 「솔로몬의 시편」 17:22, 37; 18:5-7).[40] 이처럼 인간 왕은 신적인 왕의 현존과 밀접하게 연결된다.[41] 사무엘상 16장-사무엘하 7장 여러 곳에서 하나님이 왕과 함께 하겠다고 다윗에게 약속한 내용이 등장한다(삼상 16:17-18; 18:12, 14, 28; 삼하. 5:10).[42] 사무엘하 7장에 기록된 다윗 언약의 기사는 다윗 "가문"을 통해 하나님의 현존을 이스라엘과 연결하는 데 초점을 맞춘다(삼하 7:6, 11, 13).[43]

는 음성과 같은, 아버지의 음성을 통해 영광의 성전에서 그에게 거룩함이 임할 것이다. 그리고 이해와 성화의 영이 물속에서 그의 위에 내려올 것이다." 이 묘사는 공관복음서들에 기록된 예수가 세례를 받는 장면(예컨대 막 1:9-11) 제시와의 유사성이 명백하지만 「레위의 유언」이 아마도 유대-기독교의 편집을 거쳤을 것이라는 사실이 하나님이 메시아를 선택한 것이 하나님의 영과 거룩함의 부여와 결합한다는 믿음을 증언한다는 사실을 무효로 만들지는 않는다(참조. 롬 1:4).

39 역대기 사가는 대상 28:6, 10; 29:1; 대하 2:11에서 하나님이 솔로몬을 제왕적인 성전 건축자로 **선택한 것**을 언급한다.

40 Johnson, *Sacral Kingship in Ancient Israel*, 114-15.

41 Mays, *The Lord Reigns*, 19: "야웨의 목적은 왕을 세워서 그의 왕위가 세상 나라들 가운데서 야웨의 주권에 상응하고 그것을 대표하게 하는 것이다." 따라서 이 견해가 널리 받아졌음에도 하나님을 왕으로 인정하는 것이 메시아적 통치자에 대한 믿음과 충돌하지 않는다. 이 대목에서 특히 William Horbury, *Jewish Messianism and the Cult of Christ* (London: SCM, 1998), 13-21의 현명한 논평을 보라.

42 P. K. McCarter, Jr., "The Apology of David," *JBL* 99 (1980): 489-504.

43 Macaskill, *Union with Christ in the New Testament*, 108: "이 현존 주제가 모든 언약에 핵심적이어서 하나님의 집과 다윗의 집 사이의 관련은 사실상 그 언약들이 다윗 가문의 왕의 역할을 중심으로 통합되게 한다."

다윗의 시편들에서 왕은 하나님의 제왕적 영광에 참여하고(시 3:4; LXX 시 20:7-8[개역개정 21:6-8]; 44:4[개역개정 45:3]; 61:9[개역개정 62:8]; 62:4[개역개정 63:3]), 주의 힘을 통해 승리를 얻고(LXX 시 20:2[개역개정 21:1]; 143:1[개역개정 144:1], 10), 하나님의 "오른손"(LXX 시 62:9)에 의해 확립된다(LXX 시 16:8[개역개정 17:8]; 60:5[개역개정 61:4]). 다윗 가문의 왕과 그의 왕좌는 자주 하나님의 영광에 참여하는 것으로 언급된다.[44] "영광"은 예컨대 시편 24편에 나타난 하나님의 현존과 왕위 및 "영광의 왕"으로 높여진 야웨의 찬양(특히 LXX 시 23[개역개정 24]:7-10)과 관련된 엄중한 광휘다.[45] 그러나 하나님이 "영광"과 "위엄"을 왕과 공유해서(시 3:3; LXX 시 44:4[개역개정 45:3]) 다윗의 왕좌가 종종 영광의 왕좌로 묘사된다(가령 LXX 집회서 47:11; 「솔로몬의 시편」 17:30-32; 4QFlor 1-13). 이것은 다윗 가문의 왕이 선물로서의 하나님의 신적 왕위에 참여함을 나타내는 또 하나의 수단으로 보일 것이다.[46] 존 H. 이튼은 하나님의 현존과 왕 사이의 이 관계에 대해 "하나님의 광휘 안으로 이끌린 왕은 하나님의 거룩과 영광으로 싸매지고 그것에 침투된다"고 말한다.[47]

---

44 시편에서 다윗 가문의 왕 및 그가 하나님의 영광과 관련되는 것에 관해서는 C. Carey Newman, *Paul's Glory-Christology: Tradition and Rhetoric* (NovTSup 69; Leiden: Brill, 1992), 44-52을 보라.

45 Newman, *Paul's Glory-Christology*, 116: "제왕 신학에서와 마찬가지로, 하나님의 영광의 현존은 하나님의 통치를 의미한다. 하나님은 자신이 선택한 종인 인간 왕을 통해 통치하는데, 왕은 신적 영광을 공유한다."

46 Macaskill은 이 점을 잘 진술한다: "하지만 이 점이 중요한데, 다윗 계보의 영광과 시온의 영광은 그것들에 고유한 속성이 아니다. 그것은 그것들에게 소통되었고 하나님의 현존에 의존하는 이질적인 속성이다.…어떤 면에서는 사람과 장소가 하나님의 영광에 참여할 수 있을지 몰라도 이 영광이 현존을 통해 소통된 이질적인 실재라는 사실은 계속 유지된다"(*Union with Christ in the New Testament*, 112).

47 John H. Eaton, *Kingship and the Psalms* (SBT 32; London: SCM, 1976), 144. 하나님과 사람 사이를 매개하는 사람으로서 왕의 제사장 역할에 관해서는 Deborah W. Rooke, "Kingship

왕은 하나님의 기름 부음을 받은, 자기 백성 이스라엘에 대한 신성한 통치자로서 신은 아니지만 하나님 자신의 왕위에 참여할 책임과 더불어 신적으로 은사를 부여받았다.[48] 왕은 즉위식을 통해 공개적으로 왕위에 오르는데, 즉위식에서 하나님의 아들로 지정되었다. "나는 그에게 아버지가 되고 그는 내게 아들이 되리니"(삼하 7:14a), "너는 내 아들이라. 오늘 내가 너를 낳았도다"(시 2:7; 참조. LXX 시 109:3[개역개정 110:3]).[49] 70인역 시편 88편(개역개정 89편)에서 다윗 가문의 왕은 하나님의 장자(πρωτότοκον; 88:28[개

---

as Priesthood: The Relationship between the High Priesthood and the Monarchy," in *King and Messiah in Israel and the Ancient Near East* (ed. John Day; JSOTSup 270; Sheffield: Sheffield Academic, 1998), 187-208을 보라.

48 하나님에 대한 그리스도의 관계와 하나님에 대한 인류의 관계 사이의 구분을 유지하기 위해 사용되었던 교부들의 언어를 차용하자면, 왕은 본래 하나님의 왕위에 참여하는 것이 아니라 은혜를 통해 참여한다. 따라서 이스라엘의 왕은 성육신한 하나님이 아니다. 따라서 넓게 말하자면 소위 신화와 제의 학파, 예컨대 S. H. Hooke, ed., *Myth, Ritual, and Kingship: Essays on the Theory and Practice of Kingship in the Ancient Near East and in Israel*(Oxford: Clarendon, 1958)을 보라. 그러나 이스라엘의 왕정은 단순히 하나님과 백성 사이의 관계에 관해 아무 함의도 없는 세속적인 제도도 아니다. 따라서 나는 의도적으로 "참여"라는 단어를 사용해서 신에 대한 왕의 관계를 묘사한다. 교부들이 그리스도가 본래 참여하는 것에 인간이 은혜를 통해 참여하는 것을 어떻게 설명하는지에 관해서는 Kathryn Tanner, *Christ the Key* (Current Issues in Theology; Cambridge: Cambridge University Press, 2010), 1-57을 보라. 신화와 제의 학파의 신적 왕위에 대한 이해에 대한 일반적인 평가는 Shirley Lucass, *The Concept of the Messiah in the Scriptures of Judaism and Christianity* (LSTS 78; London: T & T Clark, 2011), 73-91을 보라.

49 내가 즉위 시편들의 삶의 정황에 대한 구체적 제안들에 모두 찬성하는 것은 아니지만, 다음 문헌들에 나타난 제왕의 즉위식에 대한 유용한 논의들을 보라. G. Cooke, "The Israelite King as Son of God," *ZAW* 73 (1961): 202-25; Johnson, *Sacral Kingship in Ancient Israel*, 24-25; Sigmund Mowinckel, *He That Cometh: The Messiah Concept in the Old Testament and Later Judaism* (trans. G. W. Anderson; Grand Rapids: Eerdmans, 2005), 96-98; Eaton, *Kingship and the Psalms*, 111-13; Mark W. Hamilton, *The Body Royal: The Social Poetics of Kingship in Ancient Israel* (Biblical Interpretation Series 78; Atlanta: Society of Biblical Literature, 2005), 60-82; J. J. M. Roberts, "The Old Testament's Contribution to Messianic Expectations."

역개정 89:27])로 언급되며 그는 대관식 도중에 야웨께 "주는 나의 아버지"(αὐτὸς ἐπικαλέσεταί με Πατήρ μου εἶ σύ; 88:27[개역개정 89:26])라고 외친다. 이스라엘의 제왕 이데올로기는 하나님의 아들로서 주의 기름 부음을 받은 자에게 통치할 하나님의 권위와 힘이 부여된다고 보았다(시 2:6-9; LXX 시 88:27-29[개역개정 89:26-28]; 109:1-4[개역개정 110:1-4]; 참조. 삼하 7:12-14).[50] 나는 3장에서 70인역 시편 88편(개역개정 89편)이 어떻게 야웨가 제왕적 대리인에게 신적인 왕좌와 창조물에 대한 통치권을 선물로 주어서 의와 정의와 인자와 우주적인 적들의 멸망을 포함하는 야웨의 통치의 특징들(88:10-17[개역개정 89:9-16])이 왕의 통치의 특징도 되게 만드는지를(88:20-38[개역개정 89:19-37]) 언급했다.[51] 기름 부음을 받은 왕의 바다와 강들을 포함한 창조물에 대한 통치(88:26[개역개정 89:25]), 그의 대적들에 대한 통치(88:23-24[개역개정 89:22-23]), 하나님의 신실하심과 인자의 공유(88:25[개역개정 89:24], 29[개역개정 28]), 그리고 그의 영원한 왕위(88:29-30[개역개정 89:28-29])는 왕을 신과 같은 존재 및 하나님의 통치에 참여하는 존재로 묘사한다.[52] 신적인 왕은 우주의 질서를 확보하기 위해 다윗 왕조를 확립하며, 따

---

50 다음 문헌들을 보라. Eaton, *Kingship and the Psalms*, 146-49; Baruch Halpern, *The Constitution of the Monarchy in Israel* (Harvard Semitic Monographs 25; Chico, CA: Scholars, 1981), 13-19. Sigmund Mowinckel은 이스라엘의 왕위를 고대 근동의 맥락에서 말하면서 다음과 같이 진술한다: "왕은 이렇게 지상에서의 신들의 대표자이고 신이나 신들의 집사다. 신들은 왕을 통해 그들의 힘과 주권을 행사하며 왕은 그를 통해 신들로부터 축복과 행복과 풍요가 내게 흘러오는 통로다"(*The Psalms in Israel's Worship* [Biblical Resource Series; 2 vols.; trans. D. R. Ap-Thomas; Grand Rapids: Eerdmans, 2004], 1:51).

51 다음 문헌들을 보라. J. J. M. Roberts, "The Enthronement of Yhwh and David: The Abiding Theological Significance of the Kingship Language of the Psalms," *CBQ* 64 (2002): 675-86, 특히 679; Richard J. Clifford, "Psalm 89: A Lament over the Davidic Ruler's Continued Failure," *HTR* 73 (1980): 35-47, 특히 44-45.

52 Hamilton, *The Body Royal*, 91-92.

라서 왕의 "기능들은 야웨의 하늘의 역할에서의 기능들을 반사한다."[53] 시편 72편에도 이 관계가 나타난다. 그 시편에서 왕이 의롭고 평화롭게 이스라엘의 질서를 세우는 것은 왕이 하나님의 의로움에 참여하는 데 의존한다.[54] J. J. M. 로버츠는 70인역 시편 100편(개역개정 101편)에서 왕의 눈이 충성된 자에게 고정되고 속이는 자를 거절한다는 왕의 선언은 신의 말과 거의 교환될 수 있으며 "왕이 신적 통치에 어느 정도로 참여하는지를 강조한다"고 지적한다."[55] (이상적인 다윗 가문의) 왕은 하나님의 백성을 의롭게 다스리고, 가난하고 약한 자를 보호하며, 왕의 대적들로 말미암아 야기된 혼란과 폭력을 격퇴함으로써 우주적·사회적 질서를 떠받친다(LXX 시편 2, 71, 88, 100, 그리고 103편[개역개정 2, 72, 89, 101, 그리고 104편]을 보라).[56] 기원전 1세기 중반에 폼페이우스가 예루살렘을 침략한 데 대한 대응으로 쓰인 「솔로몬의 시편」은 제왕의 통치에 관한 비슷한 개념을 보여 준다. 「솔로몬의 시편」 17편은 하나님의 왕위에 대한 선언(1, 46절)으로 시작하고 끝나며 영원한 "하나님의 나라"(17:3b)에 관해 언급한다.[57] 그러나 하나님의 왕위와 왕

---

53 K. W. Whitelam, "Israelite Kingship. The Royal Ideology and its Opponents," in *The World of Ancient Israel: Sociological, Anthropological and Political Perspectives* (ed. R. E. Clements; Cambridge: Cambridge University Press, 1991), 119-39, 특히 129. 참조. Mays, *The Lord Reigns*, 105: "메시아의 통치는 하늘과 우주에서 실재인 것을 실현한다. 다윗의 왕위는 그것을 통해 하나님의 통치가 하늘에서 땅으로 확장되는 수단이며 우주적 혼동에 대한 신적 지배가 확장되어 역사적 무질서를 포함하게 된다."

54 Roberts, "The Enthronement of Yhwh and David," 683.

55 Ibid.

56 Whitelam은 다음과 같이 진술한다: "제왕적 세계관의 핵심적인 특징 중 하나는 우주가 신적으로 질서가 잡혔다는 것과 군주제 정부와 사회는 이 천상의 이상에 대한 세속적인 짝이라는 것이었다. 왕위를 둘러싼 파벌 싸움을 통한 정치적 소란이 지상의 실재일 수도 있지만, 왕위 점유자를 위해 관료들에 의해 선전된 세계관인 이념적 그림은 왕이 그 안에서 핵심적인 지상의 역할을 하는 섬세한 우주적 조화의 세계였다"("Israelite Kingship," 128-29).

57 Robert B. Wright (trans.), *Psalms of Solomon* in *The Old Testament Pseudepigrapha* (vol. 2; ed.

국은 하나님이 기름을 부어 다스리게 한 왕의 선택을 통해 매개된다(17:4). 기름 부음을 받은 왕의 왕위는 하나님의 왕위에서 파생된다. 따라서 이스라엘의 "왕은 주 메시아인"(βασιλεὺς αὐτῶν χριστὸς κυρίου, 17:32) 반면에 그 메시아에게는 "주님 자신이 그의 왕이다"(Κύριος αὐτὸς βασιλεὺς αὐτοῦ, 17:34a). 따라서 기름 부음을 받은 왕의—자기 백성을 정화하고, 사악한 나라들을 심판하고, 자기 백성을 거룩하게 만들고 그들을 의로움으로 돌보기 위한—행동들은 하나님 나라를 이 땅 위에 구현하는 행동이다.[58]

역대기 사가는 야웨의 왕국에 참여하고 야웨의 왕좌를 공유하는 다윗 가문의 왕에 관한 가장 고양된 묘사 중 하나를 제시한다. "[여호와께서] 내 아들 솔로몬을 택하사(ἐξελέξατο) 여호와의 나라 왕위에 앉혀(καθίσαι αὐτὸν ἐπὶ θρόνου βασιλείας κυρίου) 이스라엘을 다스리게 했다(대상 28:5),[59] "솔로몬이 여호와께서 주신 왕위에 앉아 아버지 다윗을 이어 왕이 되었다"(대상 29:23), "당신의 하나님 여호와를 송축할지로다. 하나님이 당신을 기뻐하시고 그 자리에 올리사 당신의 하나님 여호와를 위하여 왕이 되게 하셨도다"(ἐπὶ θρόνον αὐτοῦ εἰς βασιλέα τῷ κυρίῳ θεῷ σου, 대하 9:8). 선택과 참여를 통해 다윗 가문의 왕이 하나님의 왕좌를 공유하고, 하나님 나라를 다스리고, 그럼으로써 신적 왕위를 구현하는 것으로 묘사된다.[60] 역대기 여러 곳에서

James H. Charlesworth; Garden City, NY: Doubleday, 1985), 639-70을 보라.

58 추가로 다음 문헌들을 보라. Smith, *Christ the Ideal King*, 99-107; Gene L. Davenport, "The 'Anointed of the Lord' in Psalms of Solomon 17," in *Ideal Figures in Ancient Judaism: Profiles and Paradigms* (ed. John J. Collins and George W. E. Nickelsburg; SBLSCS 12; Chico, CA: Scholars, 1980), 67-92.

59 인간 왕의 신적 선택의 언어는 대상 28장 곳곳에서 빈번하게 등장한다. Scott W. Hahn, *The Kingdom of God as Liturgical Empire: A Theological Commentary on 1-2 Chronicles* (Grand Rapids: Baker Academic, 2012), 96도 보라.

60 Matthew J. Lynch, *Monotheism and Institutions in the Book of Chronicles: Temple, Priesthood,*

야웨는 다윗 왕조를 통해 절대적 주권과 독특성을 드러내는데, 다윗 왕조의 왕은 하나님의 은혜로운 선택 덕분에 하나님 나라와 왕좌와 통치에 참여한다. 따라서 다윗은 하나님의 왕위의 독특성과 수위성을 선언하면서도(대상 17:20-21), 하나님이 자신을 높은 지위와 영예의 자리로 높인 것도 지적한다. "여호와 하나님이여, 나를 존귀한 자들 같이 여기셨나이다(ὕψωσάς με, κύριε ὁ θεός). 주께서 주의 종에게 베푸신 영예(τοῦ δοξάσαι)에 대하여 이 다윗이 다시 주께 무슨 말을 하오리이까?(대상 17:17b-18)[61] 역대기 사가가 다윗에게 한 약속을 기록한 데서 다윗 가문의 왕과 신적 왕국 사이의 관계가 나타나는데, 거기서 둘 사이에 명확한 상호 관계가 존재한다. "내가 그 나라를 견고하게 하리니"(대상 17:11), "나는 그의 왕위를 영원히 견고하게 하리라"(대상 17:12), 그리고 "내가 영원히 그를 **내 집**과 **내 나라**에 세우리니 **그의 왕위**가 영원히 견고하리라"(대상 17:14).[62] 다윗 가문의 왕이 야웨의 통치에 참여하는 것은 이스라엘 백성이 "머리를 숙여 여호와와 왕에게 절했을" 때(대상 29:20) 놀라운 절정에 이른다.[63] 왕은 하나님의 통치의 가시적인 현시로서 하나님 자신의 왕위에 참여함으로써 "자기 아버지 다윗을 이어 야웨의 왕좌"에 앉은(대상 29:23), 높임을 받은 자다(참조. 대상 14:2).[64] 70인역

---

and Kingship in Post-Exilic Perspective (FAT 2.64; Tübingen: Mohr-Siebeck, 2014), 209-60. 다음 문헌들도 보라. Gary N. Knoppers, "David's Relation to Moses: The Contexts, Content and Conditions of the Davidic Promises," in *King and Messiah in Israel and the Ancient Near East* (ed. John Day; JSOTSup 270; Sheffield: Sheffield Academic, 1998), 91-118, 특히 102; Horbury, *Jewish Messianism and the Cult of Christ*, 45-46.

61 Lynch, *Monotheism and Institutions in the Book of Chronicles*, 229-30.

62 Hahn, *The Kingdom of God as Liturgical Empire*, 75-77도 비슷하게 설명한다.

63 Ibid., 97. Hahn은 "이것은 하나님과 그의 지상의 대표자인 왕 사이의 놀랄 만한 가까움에 대한 이례적이고 전례가 없는 인정이다"라고 언급한다.

64 이 장면에 관해서는 Lynch, *Monotheism and Institutions in the Book of Chronicles*, 232-34을 보라. Lynch는 왕의 통치의 이 측면을 야웨가 "다윗을 참여적으로 높인 것"으로 부른다.

시편 44:7(개역개정 45:6)에서 "하나님이여, 주의 보좌는 영원하며"(ὁ θρόνος σου, ὁ θεός, εἰς τὸν αἰῶνα τοῦ αἰῶνος)라고 왕에게 신성의 놀라운 예측을 한 것은 아마도 왕이 신적 왕위에 참여한다는 비슷한 아이디어에서 유래했을 것이다.[65] 마크 W. 해밀턴은 왕을 신과 같은 궁수(弓手, 예컨대 민 24:8; LXX 시 7:14[개역개정 7:13]; 17:15[개역개정 18:14])와 "영광과 위엄"으로 옷을 입은 자(LXX 시 44:4[개역개정 45:3]; 참조. LXX 시 95:6[개역개정 96:6]; 103:1[개역개정 104:1]; 110:3[개역개정 111:3]; 144:5[개역개정 145:5])로 묘사한 점에 비춰볼 때 시편 45편(LXX 44편)이 사실상 "왕의 몸을 야웨의 몸의 관점에서 묘사한다"는 것과 이렇게 "신성의 특징인 언어의 선택은 왕이 단지 죽을 운명인 존재에 지나지 않는 것이 아니라 신성에 근접하는 존재임을 나타낸다"는 것을 보여 주었다.[66] **앞으로 올** 이스라엘의 왕에게 신성을 귀속시키는 또 다른 놀라운 묘사에서 예언자 이사야는 제왕적인 다윗 가문의 인물을 "전능하신 하나님"과 "영존하시는 아버지"로 부른다(사 9:6).[67]

---

65 그리스어 번역자가 시 45편(LXX 44편)을 메시아적으로 번역했는지는 논란이 되고 있다. 이 문제에 관한 견해와 무관하게, 일단 다윗 가문의 그 메시아가 도래했다고 여겨지고 난 뒤에는 이 구절은 메시아적으로 해석되기 쉽다(예컨대 히 1:8-9). Hans Ausloos, "Psalm 45, Messianism and the Septuagint," in *The Septuagint and Messianism* (ed. M. A. Knibb; Leuven: Leuven University Press, 2006), 239-51을 보라. 추가로 Adela Yarbro Collins and John Collins, *King and Messiah as Son of God: Divine, Human, and Angelic Messianic Figures in Biblical and Related Literature* (Grand Rapids: Eerdmans, 2008), 14을 보라.

66 Hamilton, *The Body Royal*, 48-49. Othmar Keel, *The Symbolism of the Biblical World: Ancient Near Eastern Iconography and the Book of Psalms* (trans. Timothy J. Hallett, Winona Lake, IN: Eisenbrauns, 1997), 256-68도 보라.

67 많은 해석자가 왕이 신으로 여겨졌음을 부인하며, 따라서 시 45:7과 사 9:6이 상궤를 벗어났다고 생각한다. Hamilton은 시 45편에 관해 올바로 언급한다: "그 시편이 왕을 신격화하는 것은 단순한 '아첨'이 아니고 존재론적 추측도 아니다. 오히려 그것은 **한편으로는 왕과 하나님 사이의 관계에 관한 진술이고 다른 한편으로는 왕과 그의 신민들 사이의 관계에 관한 진술**이다"(강조는 덧붙인 것임)(*The Body Royal*, 52-53). 사 9:6-7에 관해서는 Roberts, "The Old Testament's Contribution to Messianic Expectations," 43을 보라.

그러나 야웨가 왕을 선택해서 그에게 자신의 신성한 왕권에 참여하게 했음에도 왕은 자주 다윗 가문의 통치자를 타도하려는 적대적인 대적들의 반대를 받는 것으로 묘사된다. 왕의 대적들은 추가로 "여호와와 그의 기름 부음 받은 자"(κατὰ τοῦ κυρίου καὶ κατὰ τοῦ χριστοῦ)를 멸망시키려고 하는 "세상의 군왕들"(οἱ βασιλεῖς τῆς γῆς)과 "관원들"(οἱ ἄρχοντες)로서 그들 자신이 정치적 통치자들로 묘사된다(시 2:2-3).[68] 이 반역자들에 대한 하나님의 대응은 왕을 통해 보고된 바와 같이 왕을 그의 박해로부터 구원하고(LXX 시 17:5-7, 44-49[개역개정 18:4-6, 43-38]; 19-20편[개역개정 20-21편]),[69] 그에게 하나님 자신의 제왕적 통치에 참여하게 함으로써 왕을 즉위시킨다.[70] 따라서 LXX 시편 109편(개역개정 110편)에서 하나님은 왕에게 자신의 왕좌를 공유하도록 초청함으로써 왕을 그의 대적들 위로 높인다.

여호와께서 내 주에게 말씀하시기를 "내가 네 원수들로 네 발판이 되게 하기까지 너는 내 오른쪽에 앉아 있으라(Κάθου ἐκ δεξιῶν μου, ἕως ἂν θῶ τοὺς ἐχθρούς σου ὑποπόδιον τῶν ποδῶν σου)" 하셨도다. 여호와께서 시온에서부터 주의 권능의 규를 내보내시리니 주는 원수들 중에서 다스리소서(109:1-2[개역개정 110:1-2]).[71]

---

68 Mays는 시 2:1-3에 관해 다음과 같이 진술한다: "[3절의] 문제는 정부들과 통치자들이 힘을 장악하고 결합해서 세력의 관점에서 그들의 운명을 해결하려는 모든 장면을 한데 모은다. 그리고 그것은 모든 것의 음모를 신학적으로 야웨와 그의 기름 부음을 받은 자에 대한 반역으로 해석한다"(*The Lord Reigns*, 109).

69 왕의 대적들에 의한 왕의 고난과 박해에 관해서는 Johnson, *Sacral Kingship in Ancient Israel*, 22-26을 보라.

70 하나님이 왕을 즉위시키는 것에 관해서는 Hans-Joachim Kraus, *Theology of the Psalms* (Minneapolis: Fortress, 1992), 112-13을 보라.

71 70인역의 맥락, 전승사, 그리고 신약성서에서 시 110:1의 사용에 관한 상세한 분석은 다음 문헌들을 보라. David M. Hay, *Glory at the Right Hand: Psalm 110 in Early Christianity* (SBLMS 18; Nashville: Abingdon, 1973); Martin Hengel, "'Sit at My Right Hand!':

이 장면은 신적인 주권자 야웨가 다윗 가문의 통치자에게 자신의 오른쪽에 앉아서(참조 LXX 시 79:18[개역개정 80:17]), "세상 왕들의 지존자"로서 그의 신성한 왕권을 공유하도록 초대하고(LXX 시 88:28[개역개정 89:27]) 그의 왕적 통치를 뒷받침하겠다고 약속하는 즉위의 행동을 묘사한다.[72] 하나님이 왕을 즉위시키고 통치하라는 명령을 부여하는 것은 하나님의 형상과 모양으로 창조되어 창조물을 다스리고 하나님의 지배를 확대할 임무가 맡겨진 아담에게 주어진 과제(창 1:26-28)와 다르지 않다.[73] 아담과 마찬가지로 왕은 그럼으로써 세상을 통치하는 하나님의 과업에 참여한다. "여호와께서 그의 보좌를 하늘에 세우시고 그의 왕권으로 만유를 다스리시도다"(LXX 시 102:19[개역개정 103:19]). "나라는 여호와의 것이요 여호와는 모든 나라의 주재심이로다"(LXX 시 21:29[개역개정 22:28]). 리트와는 "나라들을 통치하고 심판하는 이는 야웨이며, 야웨가 그 주권을 이스라엘의 왕에게 수여한다"고 올바로 지적한다.[74]

다시 말하거니와 시편 2편에서 정치적 반역자들에 대한 하나님의 반응은 하나님의 아들을 즉위시키는 것이다.

The Enthronement of Christ at the Right Hand of God and Psalm 110:1," *Studies in Early Christology* (Edinburgh: T&T Clark, 1995), 119-225; W. R. G. Loader, *Sohn und Hoherpriester: Eine traditionsgeschichtliche Untersuchung zur Christologie des Hebräerbriefes* (WMANT 53; Neukirchen-Vluyn: Neukirchener, 1981); Loader, "Christ at the Right Hand: Ps cx.1 in the New Testament," *NTS* 24 (1978): 199-217; Donald Juel, *Messianic Exegesis: Christological Interpretation of the Old Testament in Early Christianity* (Philadelphia: Fortress, 1988), 135-50.

72 Kraus, *Theology of the Psalms*, 109-11.

73 다음 구절들에서 왕의 직접적인 통치 또는 중개자를 통한 왕의 통치를 묘사하기 위해 사용된 용어를 보라. 왕상 5:4; 5:13; 9:23; 대하 8:10.

74 Litwa, *We Are Being Transformed*, 113-15.

"내가 나의 왕을 내 거룩한 산 시온에 세웠다" 하시리로다.…"너는 내 아들이라. 오늘 내가 너를 낳았도다. 내게 구하라. 내가 이방 나라를 네 유업으로 주리니 네 소유가 땅끝까지 이르리로다"(시 2:6, 7b-8).

즉위의 결과 왕은 하나님의 왕좌를 공유하고 하나님의 대적들 위에 군림하고 그럼으로써 하나님의 백성에게 평화와 번영으로 특징지어지는 의로운 통치의 시대를 가져온다.[75] 따라서 70인역 시편 2편과 109편[개역개정 110편]에 따르면 즉위식은 다음과 같은 기능을 수행한다. (a) 다윗 가문의 왕을 "하나님의 아들"로 세운다(2:7; 109:3[개역개정 110:3]; 참조. 삼하 7:12-14), (b) 왕이 하나님의 왕좌를 공유함에 따라 왕의 권위를 확립한다(2:6-8; 109:1[개역개정 110:1]), 그리고 (c) 왕이 자기의 대적들을 패배시키고 모든 나라를 포함하는 유산을 받으리라는 것을 확고하게 한다.

다시 말하거니와 이 단락에서 주요 요점은 구약성서가 하나님이 다윗(과 그의 가문)을 선택하고, 기름을 붓고, 높여서 **하나님의 지상 통치자로서 하나님의 왕권에 참여하게 한다**는 점을 확증하는 것이다. 그렇다면 왕은 하나님의 선택을 통해 하나님의 신적 왕위에 참여하도록 부름을 받은 인간**일 뿐이다**.[76] 나는 다시금 구약성서가 왕이 하나님의 왕위에 참여한다고 나타내기 위해 사용하는 고양된 언어를 지적한다. 즉 왕이 야웨의 왕좌에 앉고(대상 29:23; LXX 시 44:6[개역개정 45:5]), 야웨의 통치에 참여하며(LXX 시 2편; 88편[개역개정 89편]), 신적 영예를 받고(대상 29:20), 하나님의 오

75 Whitelam, "Israelite Kingship," 132.

76 따라서 "왕과 신 사이의 동일성으로 인해 왕이 지상에서 **성육신한 신**"이라는 개념(Mettinger, *King and Messiah*, 259)은 제한될 필요가 있다. 왕은 신이라기보다는 언약적 선택, 참여, 그리고 하나님의 영을 받음을 통해 하나님의 신적 왕위에 참여한다.

른쪽에 즉위하며(LXX 시 109편[개역개정 110편]; 참조. 시 2:6-8), "야웨의 기름 부음을 받은 자"(삼상 16:6; 24:6, 10; 26:9, 11; 삼하. 19:21; LXX 시 17:51; 88:39, 52; 131:10), "주"(LXX 시 109:1[개역개정 110:1]), "하나님의 아들"(LXX 시 2:7; 109:3[개역개정 110:3]; 참조. 삼하 7:12-14), 그리고 하나님의 "장자"(LXX 시 88:28[개역개정 89:27])라는 경칭을 받는다.[77]

하나님의 백성의 대표로서의 왕

다윗 가문의 왕은 신적 왕위에 참여할 뿐만 아니라 이스라엘 민족 전체의 대표로도 기능한다.[78] 올리버 오도노반은 왕의 이중의 관계를 다음과 같이 간략하게 말한다. "그는 백성에 대해 야웨의 역할을 대표해서 그들의 순종을 확보하고, 야웨에 대해 백성을 대표해서 야웨의 지속적인 호의를 확보한다."[79] 하나님이 이스라엘을 선민으로 선택한 것과 하나님이 아브라함과 언약을 맺어 약속한 신적 현존, 땅의 풍요, 적들로부터의 보호, 그리고 민족들이 복을 받게 되는 것은 이제 다윗 언약을 통해 다윗 왕가에 초점을 맞추게 된다.[80] 하나님이 이스라엘 백성에게 집합적으로 "나의 장자"라는 친족

---

77 따라서 하나님이 왕을 선택함으로써 하나님의 현존이 독특하게 왕의 몸 안에 거한다는 점에 비추어 왕의 몸은 하나님의 화신과 비슷한 것으로 기능한다. 고대 근동에서 신성의 개념화와 그것의 현시에 관해서는 Benjamin D. Sommer, *The Bodies of God and the World of Ancient Israel*(Cambridge: Cambridge University Press, 2009)을 보라.

78 고대 근동과 지중해 사회에서 왕들의 대표 기능은 전형적이다. Launderville, *Piety and Politics*를 보라. 야웨와 백성 사이의 언약의 전통적인 중개자로서의 왕에 관해서는 Geo Widengren, "King and Covenant," *JSS* 2 (1957): 1-32을 보라.

79 Oliver O'Donovan, *The Desire of the Nations: Rediscovering the Roots of Political Theology* (Cambridge: Cambridge University Press, 1996), 61.

80 창 12:2과 15:16-17을 다음 구절들과 비교하라. 삼하 7:9; LXX 시 2:7-12; 71:8-11(개역개정 72:8-11); 88:28-30(개역개정 89:27-29). 다음 문헌들을 참조하라. Hahn,

의 지위를 주었지만(출 4:22), 이제 하나님은 그의 다윗 가문의 통치자와 부자(父子) 간의 언약 관계를 만든다(삼하 7:14a; 대상 17장; LXX 시 2:7; 88:28[개역개정 89:27]; 4QFlor; 「에스라4서」 7:28-29; 13:32, 37). 다윗과 그의 왕조를 통해서 아브라함의 "이름이 창대해질" 것이고(창 12:2; 참조. 창 17:6, 16), 그를 통해 모든 민족이 복을 받을 것이고(창 12:3; 22:18), 이스라엘이 그 땅에서 그들의 원수들로부터 평화를 누릴 것(창 22:17)이라는 약속이 실현될 것이다(예컨대 삼하 7:19; LXX 시 21:28-32[개역개정 22:27-31]; 71:8-11, 15-17[개역개정 72:8-11, 15-17]).[81]

선택된 하나님의 약속 담지자로서 그 민족 전체의 건강과 성공은 다윗 가문의 생명과 운명에 달려 있다.[82] 특히 사무엘서와 열왕기에 기록된 이스라엘의 왕들의 역사는 이 점을 보여준다. 즉 왕이 하나님께 순종하면 이스라엘이 언약의 축복을 받지만, 왕이 불순종하면 이스라엘이 저주를 받는다.[83] 다윗 가문의 왕이 백성을 대표한다는 점은 왕을 이스라엘 백성에 대한 하나님의 목자로 표현하는 빈번한 묘사에서 볼 수 있다(가령 삼하 5:2; 7:7; LXX 시 77:70-72[개역개정 78:70-72]; 79:2-3[개역개정 80:1-2]). 이스라엘 왕가의 대표자에게 "…양 떼, 즉 그가 관할하는 공동체를 지키고, 먹이고, 양

Kinship by Covenant, 196-213; Macaskill, *Union with Christ and the New Testament*, 108-9; Mowinckel, *The Psalms in Israel's Worship*, 44.

81 아브라함 언약과 다윗 언약 사이의 관계에 관해서는 Ronald Clements, *Abraham and David: Genesis 15 and Its Meaning for Israelite Tradition*(SBT 2.5; London: SCM, 1967)을 보라.

82 Newman은 다윗 가문의 왕을 "그 민족 전체에 대한 모종의 은유"로 부른다(*Paul's Glory-Christology*, 46).

83 Mowinckel, *The Psalms in Israel's Worship*, 61. Iain W. Provan, "The Messiah in the Books of Kings," in *The Lord's Anointed: Interpretation of Old Testament Messianic Texts* (ed. Philip E. Satterthwaite, Richard S. Hess, and Gordon J. Wenham; Grand Rapids: Baker, 1995), 67-85을 보라.

육하고, 보호할 책임"이 맡겨진다.[84] 왕이 백성을 대표한다는 사실을 우리는 다음과 같은 구절에서 볼 수 있다. "[다윗] 왕은 우리 만 명보다 중하시오니"(삼하 18:3), 다윗은 "이스라엘의 등불"이다(삼하 21:17), "우리의 콧김, 곧 여호와께서 기름 부으신 자…우리가 그를 가리키며 전에 이르기를 '우리가 그의 그늘 아래에서 이방인들 중에 살겠다' 하던 자로다"(애 4:20).[85] N. T. 라이트는 이스라엘 백성이 그들이 **왕 안에 있고** 반역자들은 **왕 안에 있지 않다**고 주장하는 진술에서 우리가 다윗 가문의 왕의 대표 기능을 볼 수 있다고 제안했다. "왕은 우리의 종친인 까닭이라.…우리는 왕에 대하여 열 몫을 가졌으니 다윗에게 대하여 너희보다 더욱 관계가 있거늘"(삼하 19:42a, 43a), "우리는 다윗과 나눌 분깃이 없으며 이새의 아들에게서 받을 유산이 우리에게 없도다!"(Οὐκ ἔστιν ἡμῖν μερὶς ἐν Δαυιδ οὐδὲ κληρονομία ἡμῖν ἐν τῷ υἱῷ Ιεσσαι; 삼하 20:1; 참조. 왕상 12:16).[86] 이 진술들에서 이스라엘 백성은 전쟁에서의 그들의 운명과 성공을 다윗과의 관계적 동일시(또는 절연)에 맡긴다.[87] 우리는 왕의 대표 기능을 제왕시들에서도 볼 수 있는데, 그 시편들에서 왕의 운명은 백성의 운명과 얽히고 그 시편들의 화자는 왕("나")과 백성

84 John T. Willis, "David and Zion in the Theology of the Deuteronomistic History," in *David and Zion,* 125-40, 특히 135.

85 애 4:20과 그 구절의 이스라엘의 왕 묘사에 관해서는 Horbury, *Jewish Messianism and the Cult of Christ*, 91-92을 보라.

86 Wright, *Paul and the Faithfulness of God*, 828-29; 참조. Novenson, *Christ among the Messiahs*, 123-24.

87 Wright는 이스라엘에서 다윗 가문의 왕의 대표 역할을 자주 강조했다: "어떤 의미에서 왕은 그의 백성을 대표한다. 또는 대안적으로 (젊은 다윗과 같이) 혼자서 그 민족의 전쟁을 성공적으로 치른 사람은 그것을 통해 자신이 왕의 자격이 있음을 입증한다. 왕의 운명이 백성의 운명이 되고, 왕의 유산이 그들의 유산이 되며, 왕의 생명이 그들의 생명이 된다(*Paul and the Faithfulness of God*, 829-30).

("우리") 사이를 오간다.[88] 따라서 예컨대 70인역 시편 19편과 20편(개역개정 20편과 21편)에서 백성들은 "그의 기름 부음을 받은 자"(LXX 시 19:7[개역개정 20:6])와 "왕"(LXX 시 20:8[개역개정 21:7])의 건강과 승리와 생명을 위해 기도하며, 왕은 백성의 안전을 지키는 백성의 대표자로 기능한다.[89] 우리는 70인역 시편 19:6(개역개정 20:5)에서 왕과 백성 사이의 밀접한 관계를 볼 수 있다. "**우리**가 **너**의 승리로 말미암아 개가를 부르며 **우리** 하나님의 이름으로 **우리의** 깃발을 세우리니 여호와께서 **네** 모든 기도를 이루어 주시기를 원하노라." 따라서 이스라엘의 승리, 기쁨, 그리고 하나님의 현존의 경험은 야웨의 기름 부음을 받은 자의 그것들과 융합된다.[90] 70인역 시편 27편(개역개정 28편)에서 왕과 백성의 상호의존이 나타나는데 그 시편에서 왕의 기도는 그의 구원이 백성들의 구원을 가져오리라는 것을 암시한다. "여호와는 **그들**(자기의 백성)의 힘이시요 **그의 기름 부음 받은 자**의 구원의 요새이시로다. 주의 백성을 구원하시며 주의 산업에 복을 주시고 또 그들의 목자가 되시어 영원토록 그들을 인도하소서"(LXX 시 27:8-9[개역개정 28:7-8]). 시편

---

88 Mowinckel, *The Psalms in Israel's Worship*, 43: "민족 전체의 '영혼', 역사, 명예, 활력과 축복이 왕 안에 집중되었기 때문에 왕은 '대표'다. 반대로 다른 모든 사람은 그가 대표하는 것에 역동적으로 참여한다." 첫 번째 사례에서 "나"가 왕에 대한 언급이라는 점은 Steven J. L. Croft, *The Identity of the Individual in the Psalms*(JSOTSS 44; Sheffield: Sheffield Academic, 1987)에 의해 주장된다.

89 Jamie A. Grant를 보라. 그는 시 20편과 21편이 "왕과 백성의 역할을 혼동한다"고 지적한다(*The King as Exemplar: The Function of Deuteronomy's Kingship Law in the Shaping of the Book of Psalms* [Academia Biblica 17; Atlanta: Society of Biblical Literature, 2004], 117). Roberts는 사 55:3과 시 21편 같은 텍스트들은 포로 후의 상황에 대한 증거로서, 그 상황에서 "다윗 가문에 대한 하나님의 약속이 민주화되고 민족 전체(사 55:3)에게 적용되었다"고 주장한다("The Enthronement of Yhwh and David," 684).

90 Mowinckel은 "나"와 "우리"가 교차적으로 사용된 것이 "고대 때 숭배에서 대표자가 회중을 대신해서 말한다는 사실"에서 발견된다고 설명한다. "그 대표자는 자기 안에 회중을 구현하기 때문에 그가 회중이고 회중이 그 자신이다"(*The Psalms in Israel's Worship*, 46).

여러 곳에서 왕을 위한 백성의 기도는 왕의 현존, 그들의 적들로부터의 평화, 그 땅의 번영과 비옥함, 그리고 민족의 통합이 그들의 왕의 생명 및 운명과 융합되어 있다는 그들의 믿음을 보여 준다. 따라서 70인역 시편 71편(개역개정 72편)에서 가난한 자를 위한 정의(1-4, 12-14절), 민족들에 대한 지배(8-11절), 땅의 비옥함(16-17절; 참조. LXX 시 143:12-14[개역개정 144:12-14]), 그리고 모든 민족의 축복(17절)이 왕의 "생명"에 의존한다(5-6, 15, 17b절). 그러므로 그 시편의 화자는 왕이 "바다에서부터 바다까지와 강에서부터 땅끝까지 다스리기를" 기도한다(8절; 참조. 창 49:8-12; 민 24:17-19; 슥 9:10). 하나님이 왕의 왕좌를 확립함으로써 왕이 "그의 앞에서 그 대적들을 박멸하며 그를 미워하는 자들을 칠" 수 있다(LXX 시 88:24[개역개정 89:23]). 이 의로운 왕의 통치가 "사람들이 그로 말미암아 복을 받으리니 모든 민족이 다 '그를 복되다' 할"(εὐλογηθήσονται ἐν αὐτῷ πᾶσαι αἱ φυλαὶ τῆ ςγῆς, πάντα τὰ ἔθην μακαριοῦσιν αὐτόν) 미래의 실재로 귀결될 것이다(LXX 시 71:17[개역개정 72:17]; 참조. 창 12:1-3). 왕에게 생명을 달라는 왕과 백성의 기도들은 종종 기름 부음을 받은 자가 그의 대적들의 손에 고난을 당하지만 자신의 명분을 하나님께 맡기고 하나님이 구원하시리라고 신뢰하는 맥락에서 나타난다(특히 LXX 시 21편; 30편; 68편; 117편[개역개정 22편, 31편, 69편, 118편]을 보라).[91] 우리는 정치적 반역자들 및 하나님과 왕의 적들에 대한 하나님의 반응이 하나님의 신적인 아들로서 다윗 가문의 통치자를 높이는 것임을 보았다(LXX 시 2:6-8). 70인역 시편 2편의 마지막 부분은 "여호와께 피하는" 사람(11절), 즉 왕의 통치에 복종하는 사람은 복을 받고 멸망하지 않을 것이라

91 Joshua W. Jipp, "Luke's Scriptural Suffering Messiah: A Search for Precedent, A Search for Identity," *CBQ* 72 (2010): 255-74에 수록된, 시편에 나타난 다윗의 고난에 대한 나의 논의를 보라.

고 선언한다(9-10절). 70인역 시편 21편(개역개정 22편)에서는 극심한 고난과 박해의 상황에서(2-3절, 7-19절[개역개정 1-2절, 6-18절]) 하나님이 왕에게 생명과 구원을 준 것(21-25절[개역개정 20-24절])이 가난한 자들의 음식(27절[개역개정 26절])과 하나님에 대한 예배(28-32절[개역개정 27-31절])로 귀결될 것이다. 이는 백성이 왕이 "하나님 앞에서 영원히 왕좌에 앉도록"(LXX 시 60:7-8[개역개정 61:6-7]) "왕의 생명"을 위해 기도하기 때문이다. 70인역 시편 17편(개역개정 18편)에서 하나님이 고난에서 자기를 구원하리라는 왕의 믿음(2-7절[개역개정 3-8])과 그것에 동반하는 왕의 구원과 회복(17-20[개역개정 16-19]절, 44-49[개역개정 43-48]절)은 "그의 기름 부음을 받은 자 다윗"**과** "그 후손에게 영원히" 하나님의 인자를 보여 주며(51[개역개정 50]절), 그럼으로써 왕과 백성의 복지를 밀접하게 관련시키고 이스라엘에게 왕과 마찬가지로 구원을 위해 하나님께 부르짖도록 요구한다(26-28절[개역개정 25-27절]을 보라).[92]

R. A. 스타벅이 주장한 바와 같이 포로기 이전에 쓰인 많은 시편은 공동체적인 약속, 애도, 그리고 권고로 재해석되었다.[93] 마소라 텍스트 시편 89편에 기록된, 하나님이 기름 부음을 받은 자를 버린 것은 거의 확실히 "그것을 공동체 자체가 말한 것처럼 재전용되고 기억되었다."[94] 다윗 가문의 왕 또는 기름 부음을 받은 자가 그 애도의 표면상의 지시어이지만(3, 20,

---

92 Mays는 다음과 같이 진술한다: "메시아가 죽음의 고역 가운데서 야웨께 부르짖었을 때 그의 곤경은 메시아를 '백성들의 머리'로 확립하고 그에게 알려지지 않은 사람들이 그를 섬기게 함으로써 응답되었다(31-45절). 하나님의 구원에서 메시아에게 주어진 승리가 하나님의 나라를 가져온다"(*The Lord Reigns*, 103).

93 Scott R. A. Starbuck, *Court Oracles in the Psalms: The So-Called Royal Psalms in Their Ancient Near Eastern Context* (SBLDS 172; Atlanta: Society of Biblical Literature, 1999), 211-12.

94 Ibid., 130.

35, 38, 49, 51절), "신실한 자들"(19절)과 "주의 종들"(50절)이라는 복수는 다윗 왕조의 멸망이 "다윗에 대한 하나님의 신실함이 이스라엘, 곧 의로운 사람들에 대한 하나님의 돌봄 안에 포함된다"는 것을 암시한다.[95] 나아가 시편 90-106편에 수록된 추방된 모든 이스라엘의 운명에서 우리는 시편 89편에 기록된 다윗의 운명을 볼 수 있다. 둘 다 먼지로 변하고(시 89:39; 90:3), 둘 다 "언제까지이니이까?"라고 부르짖으며(89:46; 90:13), 둘 다 하나님의 진노에 이의를 제기한다(89:38; 90:7-8).[96] 따라서 불모, 고난, 그리고 다윗 왕이 거부된 것은 이스라엘이 집합적으로 경험한 실제들과 똑같다.

왕에게 미덕들과 모든 백성에게 요구되는 토라에 대한 순종의 모범을 보이라는 요구를 통해서도 왕의 대표 기능이 입증된다.[97] 나는 이미 "토라시"를 "제왕시" 다음에 둔 문학적 배치가 이스라엘의 왕을 모든 백성에게 요구되는 율법 준수의 전형적인 본보기로 묘사한다는 것을 지적했다. 의인에게 축복을 선언하는 시편 1편을 야웨의 기름 부음을 받은 자를 토라 준수의 의로운 모범으로 제공하는 시편 2편 앞에 배치한 것은 왕이 백성을 대표하는 모범이라는 점을 명백히 밝힌다.[98] 이처럼 왕은 전체 백성에 대해 토라 준수의 모범으로 기능한다(참조. 마소라 텍스트 시 18-19편과 시 118-119편).

따라서 나는 나의 발견 사항을 다음과 같이 요약한다. 다윗 가문의 왕은 자신의 통치가 하나님의 제왕적 통치를 지상에 현시하고 확장하는, 하

95 Jerome F. D. Creach, *The Destiny of the Righteous in the Psalms* (St. Louis: Chalice, 2008), 68.
96 Ibid., 100.
97 2장, "왕과 법률" 전체를 보라.
98 다음 문헌들을 보라. Grant, *The King as Exemplar*; 참조. Patrick D. Miller, "The Beginning of the Psalter," in *The Shape and Shaping of the Psalter* (ed. J. Clinton McCann; JSOTSup 159; Sheffield: JSOT Press, 1993), 83-92; Creach, *The Destiny of the Righteous in the Psalms*, 56-59.

나님의 선택받은 장자로서 신적 왕권에 참여하는 동시에 **또한** 하나님의 백성에게 하나님의 의롭고 평화로운 통치를 수여할 임무가 맡겨진 이스라엘의 제왕적 대표자다. 이 제왕적 정체성이 왕에게 하나님의 현존, 통치, 그리고 은전을 하나님의 백성에게 매개할 수 있게 해준다. 백성들은 신실하고 의로운 왕을 통해 영광스러운 땅의 상속, 평화와 번영, 그들의 적들로부터의 보호, 그리고 신의 아들 됨 및 하나님의 현존과의 만남을 받을 수 있다. 요컨대 이스라엘의 왕은 하나님의 나라를 매개 및 현시한다.

바울 서신에서 참여의 맥락으로서의 이스라엘의 왕의 통치에 참여하기

아래의 논의에서 우리는 바울의 참여 구원론이 **제왕 담론**이라는 것과 그것이 하나님의 영(πνεῦμα)의 소재지로서 신성한 왕권에 참여하는 자이자 백성의 인간 **대표자**라는 독특한 위치에 있는 왕 개념을 바울이 창의적으로 변화시킨 데서 유래했다는 것을 살펴볼 것이다. 하나님의 신적 통치에 참여하면서 **동시에** 이스라엘 백성을 대표하는 그리스도의 삶과 통치는 신적 통치**와** 신성한 왕권을 그의 백성에게 매개한다. 로마서 1:3-4과 그 서신의 여러 곳에서 바울은 그리스도를 하나님의 성령으로 특징지어지고 그의 제왕적인 경력을 통해 하나님의 통치를 실행하는, 하나님께 독특하게 기름부음을 받은 다윗 같은 인물로 묘사한다. 따라서 그는 그리스도, 하나님의 아들, 그리고 하나님의 형상으로 불린다. 그는 신적 주권에 순종하고 심지어 그의 (그리고 하나님의) 적들에게 고난과 박해를 당하는 와중에도 신적 주권에 맡기는 의로운 제왕적 수난자다. 그는 그렇게 함으로써 하나님의 영의 힘을 통해 죽은 자 가운데서 부활하고 종말론적 생명을 받는다. 그는 공개적으로 하나님의 아들로 지정된다. 그는 영광스러운 상속을 받아서 그의 적들에 대한 종말론적 주권을 수여받고 민족들 사이에서 그의 주권이 고백된다. 그는 하나님의 제왕적 지위와 영(πνεῦμα)을 받으며 **동시에** 그의 백성에게 하나님의 통치를 매개하는 제왕적인 대표자다. 바울은 메시아의 제왕 내러티브와 정체성을 취해서 그것을 성령의 강력한 사역을 통해 "그리스도 안에" 있는 사람들에게 연결한다. 따라서 바울은 메시아의 백성이 왕이신 그리스도의 통치의 각각의 측면에 참여한다고 제시한다.

로마서: 부활한 아들의 주권이라는 제왕 내러티브에 참여하기

하나님의 현존과 구원하는 왕권은 부활하여 왕위에 앉은 다윗 가문의 메시아를 통해 하나님의 백성에게 매개되는데, 메시아는 인간과 신의 대표자로서 자기 백성을 자신의 통치 안으로 통합함으로써 그의 메시아적이고 구원하는 통치를 확립한다. 그리스도의 백성은 그리스도가 죽은 자 가운데서 살아났을 때 받았던 것과 동일한 영(πνεῦμα)을 받음으로써 그의 구원하는 통치와 가족 안으로 통합된다.

참여의 그리스도론적 토대: 로마서 1:3-4

바울은 그의 청중에게 자신이 "하나님의 복음(εὐαγγέλιον θεοῦ)을 위하여" "택하심을 입은" 사도임을 상기시킴으로써 로마서를 시작한다(롬 1:1b). 이 구절이 로마 제국, 초기 기독교, 또는 유대-성경적 맥락의 어느 곳에 놓였든 간에 그것은 신적인 왕권과 통치라는 제왕적 함의를 지닌다.[99] 흔히 로마 황제들의 생애에서 중요한 사건들을 기념하는 데 사용된 용어인 복음(εὐαγγέλιον)의 제국적 함의는 로마서 1:3-4에 제시된 바울의 메시아 묘사가 확실히 제왕적인 색조를 띠게 한다. 바울이 하나님의 복음과 이스라엘 사이의 관계를 숙고할 때 이사야 52:7을 인용한다는 점에 비추어 볼 때(롬 10:14-16을 보라), 그리고 바울이 직접 하나님의 복음은 "선지자들을 통하여 그의 아들에 관하여 성경에 미리 약속하신 것"(ὃ προεπηγγείλατο διὰ τῶν προφητῶν αὐτοῦ ἐν γραφαῖς ἁγίαις, 1:2)으로 이해되어야 한다고 제시하는 점으로 미루어 볼 때 독자는 복음이라는 용어에서 이사야서에 등장하는, **하나님**이 백성과 함께할 것이라는 좋은 소식의 색조가 있음을 알아차릴 것이다.[100] 하나님은 그들의 적들로부터의 평화를 확보할 것이다. 즉 그는 구원과 위로와 회복과 해방을 가져오고, 백성을 목양할 것이다(다음 구절들을 보라. 사 40:1-11; 52:7-12; 61:1-4).[101] 우리는 복음이 하나님이 적극적으로 자기 백성과 함께하고 그들을 구원하는 하나님의 신성한 왕권을 확립하는 방법

99 "복음"의 로마 제국의 함의에 관해서는 3장, "왕과 찬양"을 보라. Neil Elliott, "Paul and the Politics of Empire," in *Paul and Politics: Ekklesia, Israel, Imperium, Interpretation* (Harrisburg PA: Trinity International, 2000), 17-39, 특히 24도 보라.

100 복음과 하나님의 현존에 관한 다음 구절들을 보라: "여호와의 길을 예비하라. 사막에서 우리 하나님의 대로를 평탄하게 하라(사 40:3); "여호와의 영광이 나타나리라"(사 40:5); "보라, 주 여호와께서 장차 강한 자로 임하실 것이요 친히 그의 팔로 다스리실 것이라(사 40:10a); "좋은 소식을 전하며 평화를 공포하며 복된 좋은 소식을 가져오며 구원을 공포하며 시온을 향하여 이르기를 '네 하나님이 통치하신다' 하는 자의 산을 넘는 발이 어찌 그리 아름다운가!"(사 52:7)

101 Wright는 복음은 "언약의 하나님이 고대의 언약을 이행했다는 것과, 지금 자기 백성을 그들 자신의 죄로 말미암아 야기된 노예 상태로부터 구원하고 있고 그들을 포로로 삼은 이방 제국을 패배시키고 그들을 약속된 땅의 집으로 돌려보내고 있다는 것과, 그럼으로써 하나님 자신과 그의 주권적인 왕권, 그의 의로움, 그의 구원과 특히 그의 영광을 드러내고 있다는 것"이라고 말한다(*Paul and the Faithfulness of God*, 915).

이라고 말할 수 있을 것이다.

바울에 따르면 신적이고 구원하는 하나님의 왕권은 부활하여 왕위에 오른 다윗 가문의 메시아의 제왕적인 정체성과 내러티브를 통해 확립되는데(롬 1:3-4), 로마서 1:2에 제시된 그의 주장에 비춰볼 때 하나님이 성령을 통해 다윗 가문의 메시아를 부활시키고 왕위에 앉힌 이 내러티브가 거룩한 성경의 **내용이다**.[102] 로마서 1:3-4의 그리스도론적 고백의 간결성은 로마서 전체에서 그리스도 묘사 및 특히 신자들이 그 안으로 통합되는 그리스도론적 패턴과 정체성을 제공함에 있어서 **그 묘사의 표제적인 중요성**과 균형이 맞지 않는다.[103] 바울 학자들은 서서히 그러나 확실하게 로마서 1:3-4이 바울 이전의 전승인지에 관한 학계의 선입견과는 별도로 그 구절이 로마서에서 바울의 기독론적 담론에 대한 전형적인 성격을 지니고 있음을 인식하게 되었다. 사무엘하 7:12-14, 시편 2:7-8, 그리고 70인역 시편 109:1(개역개정 110:1)과의 상호 텍스트성 및 그 구절들을 넌지시 암시하는 반향은 하나님의 복음, 다윗 가문의 메시아직과 후손, 그리고 신적 아들 됨, 부활, 즉위, 성결의 영, 힘, 그리고 주권이라는 주제와 더불어 하나님의 제왕적 아들이자 하나님의 백성의 대표자인 왕으로서 메시아 예수의 내러티브

---

102 J. R. Daniel Kirk, *Unlocking Romans: Resurrection and the Justification of God* (Grand Rapids: Eerdmans, 2008), 44-45은 이 점을 올바로 지적한다.

103 롬 1:3-4에 관한 학계의 논의는 이 구절이 바울 이전의, 양자론(養子論)의 기독론 고백을 포함하고 있는지와 관련된 질문에 의해 압도된다. 예컨대 다음 문헌들을 보라. Robert Jewett, "The Redaction and Use of an Early Christian Confession in Romans 1:3-4," in *The Living Text: Essays in Honor of Ernest W. Saunders* (ed. Dennis E. Groh and Robert Jewett; New York: University Press of America, 1985), 99-122, 특히 100-102; James D. G. Dunn, "Jesus—Flesh and Spirit: An Exposition of Romans 1:3-4," *JTS* 24 (1973): 40-68; 다음 문헌들에 제시된 이 접근법에 관한 나의 방법론적 논평을 보라. Joshua W. Jipp, "Ancient, Modern, and Future Interpretations of Romans 1:3-4: Reception History and Biblical Interpretation," *JTI* 3 (2009): 241-59, 특히 243-48.

를 설정한다.[104] 로마서 1:3-4은 다음과 같이 진술한다.

> 그의 아들에 관하여 말하면 육신으로는 다윗의 혈통에서 나셨고 성결의 영으로는 죽은 자들 가운데서 부활하사 능력으로 하나님의 아들로 선포되셨으니 곧 우리 주 예수 그리스도시니라(περὶ τοῦυίο ῦαὐτοῦ τοῦ γενομένου ἐκ σπέρματος Δαυὶδ κατὰ σάρκα τοῦ ὁρισθέντος υἱου θεοῦ ἐν δυνάμει κατὰ πνεῦμα ἁγιωσύνης ἐξ ἀναστάσεως νεκρῶν, Ἰησοῦ Χριστοῦ τοῦ κυρίου ἡμῶν).

바울은 이 고백을 사용해서, 그리스도의 정체성을 하나님의 왕권에 참여하고 **또한** 하나님의 백성의 성육신한 대표자인 하나님의 아들로서 **이스라엘의 제왕 이데올로기**에서 언급된 다윗 가문의 메시아로 확립한다. 기독론적인 이 고백은 그리스도의 정체성과 내러티브에 대한 제왕적인 궤적을 확립하기 때문에 이 서신 전체의 표제 역할을 한다. 바울은 로마서 5-8장에서 이 제왕적인 궤적을 우주적으로 재해석해서 그 기독론적 내러티브를 그리스도의 백성에게 적용한다. 그 이야기에는 많은 구성 요소들과 하위 줄거리들이 많지만, 하나님의 아들에 관한 이 기독론적 내러티브는 그의 아들(τοῦ υἱοῦ αὐτοῦ)을 수식하는 두 개의 한정 분사에 상응하는 두 개의 주요 궤

104 Douglas A. Campbell, *The Deliverance of God: An Apocalyptic Rereading of Justification in Paul* (Grand Rapids: Eerdmans, 2009), 696도 같은 의견을 보인다: "이 구절은 본질적으로 예수의 메시아직과 부활과 주권을 연결하는, 신학적 중요성이 풍부한 내러티브 기사—이야기—다. 그리고 확실히 신성한 왕권과 인간의 왕권에 관해 말하는 구약성서의 많은 텍스트가 그 구절과 공명할 것이다."

적을 지닌다.[105] 즉 (a) 아들은 다윗의 씨로부터(ἐκ σπέρματος Δαυίδ)[106] "태어난"(τοῦ γενομένου) 약속된 자로서 육체로 인간의 실존에 참여할 필요가 있었고(롬 1:3), (b) 아들은 부활해서 권능있는 왕위에 오른 주로서 성령을 통해 "취임"(τοῦ ὁρισθέντος)함으로써 하나님의 왕권에 참여했다(롬 1:4).[107] 아들의 삶에서 이 사건들 모두—그가 (부활 전에) 다윗의 씨로부터의 인간의 육신에 참여한 것**과** 부활하여 권능있는 하나님의 아들로 취임한 것—가 하나님의 복음(롬 1:1)과 구약성서의 약속(롬 1:2)의 내용을 구성한다. 바울은 그럼으로써 이스라엘의 제왕 이데올로기를 재형성하고 그것을 그리스도의 죽음과 부활에 대한 자신의 특정한 이해의 관점과 자신의 특정한 수사적 필요에서 변화시킨다.

바로 위에서 언급된 바와 같이 로마서 1:3-4은 선재하는 하나님의 아들의 삶에서 일어난 두 사건 또는 궤적을 묘사한다. 바울이 그리스도의 선재를 강조하지는 않지만 1:3-4에 등장하는 인물은 그의 출생 **전에** "하나

---

105 따라서 롬 1:3-4은 로마서의 문학적 맥락 안에서 고기독론에 앞서는 양자론 기독론에 대한 증거를 제공하지 않는다. Timo Eskola, *Messiah and Throne: Jewish Merkabah Mysticism and Early Christian Exaltation Discourse* (WUNT 2.142; Tübingen: Mohr-Siebeck, 2001), 225-26은 이 점을 올바로 지적한다. Rudolf Bultmann, *Theology of the New Testament* (trans. Kendrick Grobel; 2 vols; New York: Scribners and Sons, 1951/1955), 1:50은 이와는 다른 입장을 유지한다.

106 나는 이 대목에서 그 전치사구가 그의 출생의 **원천** 또는 **기원**을 가리키는 것으로 해석한다(롬 1:4에서 죽은 자들 가운데서의 부활[ἐξ ἀναστάσεως νεκρῶν]을 그의 강력한 신적 아들됨의 시작의 원천으로 보는 것도 마찬가지다).

107 따라서 롬 1:3(예수는 다윗의 후손이고 인간이다)과 롬 1:4(부활해서 왕위에 오른 주로서의 강력하고 성령의 능력을 받은 아들 됨)의 주장 모두 바울의 그리스도 묘사에 매우 중요하다. 하지만 유감스럽게도 많은 학자가 바울이 예수가 다윗의 후손이라는 사실에 대해 전혀(또는 별로) 관심이 없었다고 가정했다. 예컨대 Per Beskow, *Rex Gloriae: The Kingship of Christ in the Early Church*(trans. Eric J. Sharpe; reprint; Eugene, OR: Wipf & Stock, 2014)를 보라: "교회는 그리스도가 다윗의 후손이라는 것과 왕권이 거기에서 나온다는 것에 큰 의미를 부여하지 않았다. 대신 그리스도의 왕권은 그의 신적 아들 됨으로 거슬러 올라갔다."

님의 아들"(τοῦ υἱοῦ αὐτοῦ)로 일컬어진다(롬 1:3a; 참조. 롬 8:3; 갈 4:4-5).[108] 아들의 궤적의 첫 번째 단계는 1:3에서 묘사되는데 바울은 그곳에서 하나님의 아들이 "육신으로는 다윗의 혈통에서 나셨다"(τοῦ γενομένου ἐκ σπέρματος Δαυὶδ κατὰ σάρκα)고 선언한다. 예수가 다윗의 후손이라는 사실을 강조한 것은 하나님이 다윗과 맺은 언약—하나님이 다윗을 이어 그의 **씨**를 확보할 것이고(ἀναστήσω τὸ σπέρμα σου μετὰ σέ, ὃς ἔσται ἐκ τῆςκοιλίας, 삼하 7:12), 다윗의 씨가 영원한 왕국을 소유하게 할 것이고(ἀνορθώσω τὸν θρόνον αὐτοῦ ἕως εἰς τὸν αἰῶνα, 삼하 7:13), 다윗과 그의 왕조와 부자 관계에 들어갈 것(ἐγὼ ἔσομαι αὐτῷ εἰς πατέρα, καὶ αὐτὸς ἔσται μοι εἰς υἱόν, 삼하 7:14; 참조. 대상 17:11-14)이라고 약속하는 언약—을 넌지시 암시한다.[109] 매튜 V. 노벤슨이 지적한 바와 같이 로마서 1:3은 70인역 성경에서 "그리스도", "다윗" 그리고 "씨"가 가까이 등장하는 곳 중 한 곳인 사무엘하 22:51/70인역 시편 17:51(개역개정 18:50)에 수록된 언어의 패턴에서 도출된다.[110] 그 시편은 자기의 원수들로부터 자기를 구원함으로써 다윗 왕조에 보여준 하나님의 신실하심에 대한 다윗의 찬양을 제시한다(특히 LXX 시 17:43-49[개역개정 18:42-28]을 보라).[111] 다윗 가문의 종말론적인 왕에 대한 성경과 제2성전기 유대교의 기대

---

108 하나님의 아들은 인간이 된 선재하는 존재라는 바울의 전제에 관해서는 Matthew W. Bates, *The Hermeneutics of the Apostolic Proclamation: The Center of Paul's Method of Scriptural Interpretation* (Waco, TX: Baylor University Press, 2012), 80-94을 보라. C. E. B. Cranfield는 그 고백의 서두에 등장하는 "그의 아들"의 위치가 롬 1:3과 1:4에 등장하는 분사 절들을 통제하며 "다윗의 씨로 태어난 존재가 두 번째 분사를 통해 표시된 행동 전에 그리고 그것에 앞서 이미 하나님의 아들이었음을 암시한다고 보일 것"이라고 올바로 지적한다(*Romans 1-8* [ICC; London/New York: T & T Clark, 2004], 58).

109 Dennis Duling, "The Promises to David and Their Entrance into Christianity: Nailing Down a Likely Hypothesis," *NTS* 20 (1973): 55-77.

110 Novenson, *Christ among the Messiahs*, 168.

111 70인역 시 17:51(개역개정 18:50): μεγαλύνων τὰς σωτηρίας τοῦ βασιλέως αὐτοῦ καὶ

배후에 하나님이 **다윗 왕가의 계보에서** 영원한 **씨를 확보하리라**는 이 약속이 놓여 있어서(예컨대 LXX 시 88:2-5[개역개정 89:1a, 2-4], 20-21[개역개정 19-20]; 사 11:1-10; 렘 23:5; 33:14-26; 겔 33:14-18; 34:23-24; 37:24-25; 슥 6:12; 「솔로몬의 시편」 17-18; 4QpIsa a; 4QFlor), 성경에 등장하는 다윗 가문의 군주를 통해 세상을 통치하겠다는 하나님의 약속은 다윗의 후손을 통해서만 실현되게 되어 있었다.[112] 따라서 바울이 아들을 "육신으로는"(κατὰ σάρκα) 다윗의 혈통으로 나셨다고 한 묘사는(롬 1:3) 예수가 다윗 가문의 후손이라는 사실의 가치를 깎아내리는 기능을 수행하는 것이 아니라,[113] 오히려 메시아 예수를 하나님이 다윗의 씨에게 한 언약의 약속을 실현한 것으로 제시한다(참조. 롬 15:8).[114] 다윗 가문의 제왕 이데올로기와 특히 다윗의 계보에서 나올 메시아적 왕에 대한 약속에 익숙한 초기 그리스도인들에게 있어서 로마서 1:3은 거의 확실히 다윗의 제왕 전통을 메시아 예수를 중심으로 다시 읽게

ποιῶν ἔλεος τῷ χριστῷ αὐτοῦ τῷ Δαυιδ καὶ τῷ σπέρματι αὐτοῦ ἕως αἰῶνος.

112 Cranfield, *Romans 1-8*, 58-59; Donald Juel, *Messianic Exegesis: Christological Interpretation of the Old Testament in Early Christianity* (Philadelphia: Fortress, 1988), 61-77; Lidija Novakovic, *Raised from the Dead according to Scripture: The Role of Israel's Scripture in the Early Christian Interpretations of Jesus' Resurrection* (Jewish and Christian Texts in Context and Related Studies; London: T & T Clark, 2012), 138; James M. Scott, *Adoption as Sons of God: An Exegetical Investigation into the Background of* ΥΙΟΘΕΣΙΑ *in the Pauline Corpus* (WUNT 48; Tübingen: Mohr Siebeck, 1992), 7-39; Christopher G. Whitsett, "Son of God, Seed of David: Paul's Messianic Exegesis in Romans 1:3-4," *JBL* 119 (2000): 661-81, 특히 675-76.

113 그 전치사구가 예수가 다윗 가문의 후손이라는 사실의 가치를 깎아내린다고 생각하는 해석자들에 관해서는 Jipp, "Ancient, Modern, and Future Interpretations of Romans 1:3-4," 243-45을 보라. 이 대목에서는 Matthew W. Bates, "A Christology of Incarnation and Enthronement: Romans 1:3-4 as Unified, Nonadoptionist, and Nonconciliatory," *CBQ* 77 (2015): 107-127의 해석이 더 낫다. 특히 121-23을 보라.

114 Whitsett, "Son of God, Seed of David," 671: "바울에게 있어서 삼하 7장에 기초해서 발전한 성경 및 이후 유대교에 나타난 메시아 전통은 아브라함에게 한 약속처럼 씨, 즉 다윗의 씨에게 말해진 약속이었다(삼하 7:12; 참조. 시 89:4; 18:50)."

했을 것이고 하나님이 이스라엘에게 메시아적인 다윗 가문의 통치자를 보내주겠다고 한 약속을 지켰다고 이해하게 했을 것이다.[115]

진정한 다윗의 **씨**로서 이스라엘의 제왕적 대표자로 기능하기 위해서는 하나님의 아들이 인간적인 다윗 가문의 육신에 참여할 필요가 있다.[116] 아돌프 슐라터는 이 점을 다음과 같이 명확히 진술한다. "그가 육신에 참여해서 이스라엘과 다윗의 가문에 속하지 않았더라면 약속된 하나님의 아들이 아니었을 것이다."[117] 따라서 바울이 아들의 출생을 묘사한 "육신에 따른"(κατὰ σάρκα)은 인간의 육체적 실존에 참으로 참여하기 위한 "아들"을 한정한다(참조. 육신으로 우리 조상인 아브라함[Ἀβραὰμ τὸν προπάτορα ἡμῶν κατὰ σάρκα], 롬 4:1; 나의 형제 곧 골육의 친척을 위하여[ὑπὲρ τῶν ἀδελφῶν μου τῶν συγγενων μου κατὰ σάρκα], 9:3; 육신으로 하면 그리스도가[ὁ Χριστὸς τὸ κατὰ σάρκα]; 9:5. 참조. 9:8; 11:14).[118] 물론 바울의 육신(σάρξ)이라는 명사 사용은 믿을 수 없을 정도로 유연하지만 이 대목에서 그 단어는 주로 인간의 실존과 그에 수반하는 모든 것을 공유하는 실제 인간으로서의 아들, 즉 다윗의

---

115 Whitsett, "Son of God, Seed of David," 676을 보라.

116 예수를 "육신으로는 다윗의 혈통에서" 난 것으로 묘사할 필요성은 바울이 예수를 의로운 수난자로서의 왕에 대한 시편의 묘사를 실현하는 것으로 이해한 데서 나오며, 바울이 예수를 소위 민족주의적인 메시아로 생각했던 유대인 그리스도인 공동체의 환심을 살 필요가 있었다는 주장과는 별로 관계가 없다. 예컨대 Bultmann, *Theology of the New Testament*, 1:49-50을 보라.

117 Adolf Schlatter, *Romans: The Righteousness of God* (Peabody, MA: Hendrickson, 1995), 9.

118 "육신으로는"이라는 어구는 우선 단순히 물리적 조상 관계를 나타내는 것으로 읽혀야지 롬 5-8장에서 발견되는 육신/성령을 나타내는 것으로 읽혀서는 안 된다. Joshua W. Jipp, "Rereading the Story of Abraham, Isaac, and 'Us' in Romans 4," *JSNT* 32 (2009): 217-42, 특히 227-28에 수록된 롬 4:1에 관한 나의 주석을 보라. Novenson, *Christ among the Messiahs*, 169도 같은 견해를 보인다. 다음 문헌들은 반대 견해를 보인다. Dunn, "Jesus—Flesh and Spirit"; Eduard Schweizer, "Romer 1,3f. und der Gegensatz von Fleisch und Geist vor und bei Paulus," *EvT* 15 (1955): 563-71.

씨에 관해 말한다.[119] 아들이 육체적으로 인간의 실존과 동일시된 것은 다른 곳에서의 바울의 주장과 일치한다.[120]

> 하나님이 자기 아들을 죄 있는 육신의 모양으로 보내사(ὁ θεὸς τὸν ἑαυτοῦ υἱὸν πέμψας ἐν ὁμοιώματι σαρκὸς ἁμαρτίας, 롬 8:3)

> 종의 형체를 가지사 사람들과 같이 되셨고 사람의 모양으로 나타나사(μορφὴν δούλου λαβών, ἐν ὁμοιώματι ἀνθρώπων γενόμενος, καὶ σχήματι εὑρεθεὶς ὡς ἄνθρωπος, 빌 2:7b-8a)

> 하나님이 그 아들을 보내사 여자에게서 나게 하시고(ἐξαπέστειλεν ὁ θεὸς τὸν υἱὸν αὐτοῦ, γενόμενον ἐκ γυναικός, 갈 4:4)

하지만 아들이 인간의 육신을 취했다는 이런 묘사들에서 바울은 육신적인 인간의 실존이 약함, 고난, 죽음으로 특징지어진다는 것을 강조한다(참조. 고전 15:42-43).[121] 바울의 서신들 곳곳에 나타나는 육신의 영역에서의 인

---

119 σάρξ(육신)의 어의상의 유연성에 관해서는 Robert Jewett, *Paul's Anthropological Terms* (Leiden: Brill, 1971), 49-166을 보라.

120 Mehrdad Fatehi, *The Spirit's Relation to the Risen Lord in Paul: An Examination of Its Christological Implications* (WUNT 2.128; Tübingen: Mohr-Siebeck, 2000), 258; Aquila H. I. Lee, *From Messiah to Preexistent Son: Jesus' Self-Consciousness and Early Christian Exegesis of Messianic Psalms* (WUNT 2.192; Tübingen: Mohr-Siebeck, 2005), 311-13.

121 선재하는 그리스도가 인간의 육신과 동일시된 것에 관해서는 다음 문헌들을 보라. Fee, *Pauline Christology*, 500-512; Vincent P. Branick, "The Sinful Flesh of the Son of God (Rom 8:3): A Key Image of Pauline Theology," *CBQ* 47 (1985): 246-62. "육신으로는"이라는 어구에 관해 Richard B. Gaffin은 다음과 같이 언급한다: "그 어구는 그리스도의 인성을 보여줄 뿐만 아니라 인성을 취한 것이 그에게 들여온 질서와 이 인성이 필연적으로 관련을 맺고

간 실존은 "육체를 지향하는 인간 존재, 특히 인간의 연약함, 몸의 욕구, 그리고 물질적 부패와 관련이 있다."[122] 다윗 가문의 왕이 자기 백성의 대표자 역할을 했다는 점에 비추어볼 때 바울이 "육신으로는"이라는 한정사를 포함시킨 것은 하나님의 아들이 이스라엘의 인류학적이고 육신적인 실존 안으로 들어와 육신의 존재에 수반하는 물리적인 모든 약함과 부패를 몸소 취했음을 나타내는 역할을 한다(참조. 롬 7:17-25).[123]

바울이 이 대목에서 아들의 고난을 직접 말하는 것은 아니지만, 그의 경력의 이 단계, 즉 "죽은 자들"(νεκρῶν; 롬 1:4a) 가운데 있게 되는, 모든 인간에게 공통적인 경험에서 아들의 굴욕과 죽음이 암시된다. 로마서 1:4에 묘사된 부활과 천상의 즉위는 육신을 입은 인간 존재의 상황이 죽은 자들 가운에 존재하는 상황에 길을 내주었음을 가정한다. 메흐르다드 파테히는 이 점을 다음과 같이 잘 진술한다. "바울이 로마서 1:4에서 아들이 부활 후 힘을 지닌 상태에 들어갔음을 강조하는 것은 그가 육신으로(κατὰ σάρκα) 존재했을 때 약한 상태에 있었음을 암시하며, 바울이 1:3에서도 그리스도의 고난과 죽음을 염두에 두고 있었을 개연성이 높아지게 한다."[124] 다음과 같

그것으로부터 떼어내질 수 없는 환경도 예리하게 보여준다. 3절의 완전한 사상은 성육신을 통해(다윗의 씨로 태어남으로써) 하나님의 아들이 σάρξ의 영역, 옛 시대, 현재의 악한 세대에 들어왔다는 것이다"(*Resurrection and Redemption: A Study in Paul's Soteriology* [2nd ed.; Philipsburg, NJ: Presbyterian and Reformed Publishing, 1987], 109).

122 Bates, *The Hermeneutics of the Apostolic Proclamation*, 91; N. T. Wright, "The Letter to the Romans," in *The New Interpreter's Bible: A Commentary in Twelve Volumes* (vol. 10; Nashville: Abingdon, 2002), 417-18.

123 이 점은 Bates, *The Hermeneutics of the Apostolic Proclamation*, 92에 멋지게 진술된다: "요컨대 원신조[롬 1:3]의 첫 번째 구절은 하나님의 아들의 선재를 전제하지만, 이것에 의존하지 않고 오히려 아들이 다윗의 메시아 계보 안에서 인간의 물리적 실존의 약하고 연약한 상태로 옮겨온 것에 초점을 맞춘다." 참조. Jipp, "Ancient, Modern, and Future Interpretations of Romans 1:3-4," 256.

124 Fatehi, *The Spirit's Relation to the Risen Lord in Paul*, 258.

은 이유로도 바울이 이곳에서 메시아의 죽음을 암시할 가능성이 있다. (a) 메시아의 죽음은 초기 기독교 선포(kerygma)의 표준적인 구성 요소였다(참조. 고전 11:23-26; 15:3),[125] (b) 이와 관련하여 바울이 예수의 죽음과 부활의 중요성에 관해 말할 때 그는 반복적으로 그리스도(Χριστός)라는 칭호를 사용한다(예컨대 롬 5:5-6; 14:9, 15; 고전 5:7; 8:11; 고전 15:20; 갈 2:21; 3:13),[126] (c) 로마서 15:3에서 바울은 **메시아가 70인역 시편 68편**(개역개정 69편)**에 기록된 제왕적 수난자의 말을 발한 것과 관련하여** 메시아의 죽음에 대해 말하고("그리스도[ὁ Χριστός]께서도 자기를 기쁘게 하지 아니하셨나니"), 그럼으로써 메시아의 고난과 죽음이 이스라엘의 시편에 등장하는 왕의 고난의 틀 안에서 이해되었음을 암시한다.[127] (d) 사무엘하 7:12-14 외에 로마서 1:3이 반향할 가능성이 가장 큰 성경 텍스트는 70인역 시편 17편(개역개정 18편)인데, 이 시편은 하나님이 왕을 죽이려고 하는 난폭한 적들에게서 그를 구원하는

---

125 특히 C. H. Dodd, *The Apostolic Preaching and Its Developments*(New York: Harper & Row,1964)를 보라. 롬 1:1-6과 고전 15:1-11에 관해서는 Bates, *The Hermeneutics of the Apostolic Proclamation*, 59-106을 보라.

126 Larry W. Hurtado, *Lord Jesus Christ: Devotion to Jesus in Earliest Christianity* (Grand Rapids: Eerdmans, 2003[『주 예수 그리스도』, 새물결플러스 역간]), 100-1도 그렇게 생각한다. Hurtado는 Werner Kramer의 기념비적인 연구인 *Christ, Lord, Son of God* (SBT 50; London: SCM, 1966), 26-28을 인용한다. 누가가 예수의 죽음이 다윗/메시아적 중요성을 지닌 것으로 묘사한 점에 관해서는 Jipp, "Luke's Scriptural Suffering Messiah"를 보라.

127 특히 Richard B. Hays, "Christ Prays the Psalms: Paul's Use of an Early Christian Exegetical Convention," in *The Future of Christology* (ed. Abraham J. Malherbe and Wayne A. Meeks; Minneapolis: Fortress, 1993), 122-36을 보라. 텍스트 안에서 말하는 사람을 정의하는(prosopological) 주해의 고대 수사 기법의 예로서의 롬 15:3에 관해서는 Bates, *The Hermeneutics of the Apostolic Proclamation*, 244-55을 보라. 또한 바울은 롬 15:9에서 제왕적 수난자의 시편을 메시아 예수에게 귀속시킨다(LXX 시 17:50[개역개정 18:49]). Joel Marcus는 바울이 고전 2:6-8에서 통치자들이 영광의 주를 십자가에 못 박았다고 묘사한 배후에 시 2편이 놓여 있다고 주장했다(*The Way of the Lord: Christological Exegesis of the Old Testament in the Gospel of Mark* [Louisville: Westminster, 1992] [『주님의 길』, 성서와함께 역간], 63).

것을 기린다(특히 42, 46-47절[개역개정 41, 45-46절]).[128] 바울은 종종 다윗의 시편들의 언어와 의로운 제왕적 수난자 묘사에 의존하여 하나님이 메시아 예수를 그의 고난과 죽음으로부터 부활시키고 구원하는 패턴을 수립한다는 점을 주목할 가치가 있다(롬 8:36에 사용된 LXX 시 43:23[개역개정 44:22]; 롬 15:3에 사용된 LXX 시 68:10[개역개정 69:9]; 롬 11:9-10에 사용된 LXX 시 68:23[개역개정 69:22]; 고후 4;13에 사용된 LXX 시 115:1[개역개정 116:10]; 엡 1:20-2:3에 사용된 시 2:1-3).[129] 그러므로 나는 바울이 메시아의 굴욕과 죽음을 직접 말하지는 않지만 그것이 메시아의 육신으로의(κατὰ σάρκα) 존재(롬 1:3b), 그의 "죽은 자들" 가운데서의 부활(1:4) 묘사, 그리고 바울이 이스라엘의 제왕시들이 메시아가 그의 대적들의 손에 고난을 당하고 하나님이 자신이 기름부은 자를 구원하는 것에 관해 말한다고 해석하는 좀 더 넓은 패턴에 암시되었다고 주장한다.

메시아의 궤적의 두 번째 단계는 바울이 아들의 기독론적 궤적을 묘사하기 위해 사용하는 두 번째 한정 분사, 즉 "능력으로 하나님의 아들로" "선포되었다"(installed, τοῦ ὁρισθέντος)를 통해 표시된다(1:4a).[130] 아들의 내러티브의 첫 번째 단계는 이스라엘의 제왕적 대표자로서 인간의 육신에 참여함으로써 나타나지만(롬 1:3) 두 번째 단계는 그의 제왕적 즉위와 하나님의 영을 공유함으로써 하나님의 왕권에 참여하는 것으로 나타난다. 예수를 "하나님의 아들"로 "임명된" 것으로 묘사한 것은 독자들에게 이스라엘의 제왕

128 Novenson, *Christ among the Messiahs*, 168을 보라.

129 이 패턴에 관해서는 Hays, "Christ Prays the Psalms," 125-31을 보라.

130 나는 ὁρισθέντος를 "정하다" 또는 "임명하다"를 의미하는 신적 수동태로 이해한다. Cranfield의 저서도 보라. 그는 다음 구절들에서 이것이 그 단어의 의미라고 지적한다: 눅 22:22; 행 2:23; 10:42; 11:29; 17:26, 31; 히 4:7(*Romans 1-8*, 61 각주 2).

의 즉위 담론 특히 시편 2:7을 올바로 상기시킨다. "내가 여호와의 명령을 전하노라. 여호와께서 내게 이르시되 '너는 내 아들이라. 오늘 내가 너를 낳았도다'"(διαγγέλλων τὸ πρόσταγμα κυρίου[131] Κύριος εἶπεν πρός με Υἱὸς μου εἶ σύ, ἐγὼ σήμερον γεγέννηκά σε).[132] 우리가 살펴본 바와 같이 시편 2편의 맥락에서 하나님이 다윗의 후손을 입양하여 왕위에 앉혀서 하나님의 통치에 참여하게 하는 것은 하나님과 왕의 대적들의 폭력적인 준동(시 2:1-3)에 대한 하나님의 대응이다. 시편 2:8에 따르면 아들의 통치의 일부는 하나님이 왕에게 "나라들을 유산으로" 주는 것(δώσω σοι ἔθνη τὴν κληρονομίαν σου)을 포함한다. 우리가 로마서 1:4에 나타난 메시아의 존재의 높아진 궤적에 대한 바울의 묘사를 이해하려면, 깔끔하게 분리하기는 어렵지만, 아들의 즉위의 네 가지 구성 요소가 중요하다.

첫째, 초기 그리스도인들이 시편 2편에 묘사된 제왕의 즉위와 메시아의 아들 됨**과** 부활을 연결 지은 것에 비춰볼 때(가령 행 2:22-36; 13:33; 고전 15:23-26; 히 1:5; 5:5), 바울이 예수가 "하나님의 아들"로 선포된 것이 "죽은 자들 가운데서 부활하여"(ἐξ ἀναστάσεως νεκρῶν, 롬 1:4a) 일어났다고 보는 것이 이해할 만하다.[133] "네 씨를 네 뒤에 세우겠다"(ἀναστήσω τὸ σπέρμα σου)

131 ὁρισθέντος와 "여호와의 명령"(τὸ πρόσταγμα κυρίου, 시 2:7)이 관련이 있을 가능성에 관해서는 Leslie C. Allen, "The Old Testament Background of (προ)ὁρίζειν in the New Testament," *NTS* 17 (1970): 104-8을 보라.

132 Whitsett, "Son of God, Seed of David," 676; Kirk, Unlocking Romans, 41-42; Juel, *Messianic Exegesis*, 80-81.

133 Kirk는 이 점에 관해 잘 말한다: "1:3과 같이 읽히면 롬 1:4에서 예수를 아들의 지위에 둔 것은 올바른 상속자인 왕의 즉위에 상응한다: 비록 다윗의 씨로 태어났지만 그는 부활할 때까지는 즉위하지 않았다, 즉 하나님의 아들로 지정되지 않았다"(*Unlocking Romans*, 42). 삼하 7:12과 롬 1:3-4에 관해서는 Eskola, *Messiah and Throne*, 244-45을 보라. 롬 1:2-4과 누가-행전 사이의 유사한 기독론 전통에 관해서는 Jens Schroter, *From Jesus to the New Testament: Early Christian Theology and the Origin of the New Testament Canon* (trans. Wayne

는 하나님의 약속(삼하 7:12)은 바울과 많은 초기 그리스도인들에게 있어 하나님이 다윗의 후손으로 태어난 그리스도를 죽은 자들 가운데서 부활시킨 실재로 보였다. 따라서 로마서 1:3과 1:4에 제시된 주장들은 서로 불가분하게 관련되어 있다. 하나님이 다윗 가문의 왕을 구원하여 그를 통치자의 자리에 즉위시킴으로써 왕의 대적들의 음모에 대응한 것과 마찬가지로, 하나님이 아들을 죽은 자들 가운데서 부활시킨 것은 하나님이 "능력으로 하나님의 아들"을 통치의 자리에 임명하는 수단 역할을 한다. 다른 곳에 제시된 바울의 기독론적 진술들(예컨대 롬 8:3; 빌 2:6-11)과 신약성서에 등장하는 다른 사례들—그 구절들은 하나님이 메시아를 권좌에 즉위시켜 통치하고 심판하게 하는 것을 언급한다(가령 고전 2:7; 행 10:42; 17:31)—에 기초해서 판단하건대 "선포하다"(ὁ ρισθέντος)는 거의 확실히 통치의 자리에 "지정하다" 또는 "지명하다"를 의미한다. 일반화된 복수 "죽은 자들 가운데서 부활하사"(ἐξ ἀναστάσεως νεκρῶν)는 하나님이 왕좌에 앉힌 아들이 최종적인 종말론적 대단원에 앞서 부활의 생명과 영광에 들어갔음을 추가로 강조한다.[134]

둘째, 그가 임명된 하나님의 아들의 지위—우리는 이스라엘의 제왕 이데올로기로부터 이 지위가 그를 하나님의 통치를 공유하도록 구별한다고 알고 있다—는 능력으로(ἐν δυνάμει) 특징지어지는 신적 아들 됨이다.[135] 바

Coppins; Baylor-Mohr Siebeck Studies in Early Christianity; Waco, TX: Baylor University Press, 2013), 232-33을 보라.

134 Wright, "Romans," 419: "바울은 예수에게 일어난 일이 이 일반적인 부활의 특수한 경우를 현재화한 것이라고 믿었는데, 그것은 유기적으로는 여전히 '죽은 자들 전체의 부활'에 속했고 그것을 고대했다." 참조. Cranfield, *Romans 1-8*, 62; Novakovic, *Raised from the Dead according to Scripture*, 135-36.

135 강조가 신의 아들의 성령으로 능력을 부여받은 새로운 존재 형태에 놓이기 때문에 전치사구 ἐν δυνάμει는 "하나님의 아들"을 한정하는 것으로 이해될 때 의미가 가장 잘 통한다. 특히 고전 15:43을 보라. 거기서 동일한 전치사구가 실제로 부활한 몸의 특징을 이룬

울은 특히 하나님이 예수를 죽은 자들 가운데서 다시 살린 행동에서 나타난 하나님의 속성으로서의 "능력"에 대해 말한다(고전 6:14; 15:24, 43; 고후 13:4; 빌 3:10, 21). 따라서 예컨대 에베소서 1장에서 바울은 다음과 같이 기도한다.

> 그의 힘의 위력으로(κατὰ τὴν ἐνέργειαν τοῦ κράτους τῆς ἰσχύος αὐτοῦ) 역사하심을(ἐνήργησεν) 따라 믿는 우리에게 베푸신 능력의 지극히 크심(μέγεθος τῆς δυνάμεως αὐτοῦ)이 어떠한 것을 너희로 알게 하시기를 구하노라. 그의 능력이 그리스도 안에서 역사하사 죽은 자들 가운데서 다시 살리시고(1:19-20).

에베소서 1:19-23, 고린도전서 15:24-25, 그리고 빌립보서 3:21에서 70인역 시편 109편(개역개정 110편)을 넌지시 언급한 것은 아들의 부활이 참으로 메시아가 죽음에서 구원되어 종말론적이고 부패하지 않는 생명, 즉 자신과 하나님의 대적들에 대한 권력과 통치를 수반하는 부활의 생명 안으로 들어간 것을 수반하는 제왕의 즉위임을 나타낸다.[136]

셋째, 하나님의 아들의 부활과 신적 능력(δυνάμις)에의 참여는 이제 그의 부활의 실존을 특징 짓는 "성결의 영"의 결과다.[137] 야웨가 기름 부음을 받은 자를 성령으로 성결케 함으로써 그를 선택했듯이, 소위 능력이 있

다. Trevor J. Burke, *Adopted into God's Family: Exploring a Pauline Metaphor* (NSBT 22; Downers Grove, IL: InterVarsity, 2006), 104도 보라.

136 좀 더 광범위하게는 다음 문헌들을 보라. John H. Hayes, "The Resurrection as Enthronement and the Earliest Church Christology," *Int* 22 (1968): 333-45; Duling, "The Promises to David and Their Entrance into Christianity," 70; Novakovic, *Raised from the Dead according to Scripture*, 144-45; Eskola, *Messiah and Throne*, 217-50.

137 Fatehi는 "성결의 영으로는"이라는 어구가 "그리스도의 부활에서 나오는 그의 존재와 작동 상태의 특징"이라고 말한다(*The Spirit's Relation to the Risen Lord in Paul*, 254).

는 하나님의 아들은 생명을 주는 성령의 활동에 의해 부활하여 왕좌에 앉은 하나님의 아들로 지정된다.[138] 이스라엘의 이상적인 메시아적 왕이 그의 사명을 이행하고 그의 백성을 통치할 능력을 부여하기 위해 하나님의 영을 충만하게 지닐 것이라는 기대(예컨대 사 11:1-4; 61:1-4) 역시 이제 하나님의 강력한 영을 특징으로 하는 부활한 그리스도를 이해하기 위한 중요한 맥락을 제공한다. 유대인의 성경은 하나님의 영을 빈번하게 생명 및 하나님과의 친밀한 관계를 창조할 힘과 연결시킨다(가령 겔 36:26-28; 「희년서」 1:23-24; 「유다의 유언」 24:3).[139] 따라서 우리는 예수의 "육신에 따른"(κατὰ σάρκα) 메시아 지위(롬 1:3)가 그의 신적인 아들 됨을 수식하는 "성결의 영에 따른"(κατὰ πνεῦμα ἁγιωσύνης, 1:4)과 병행하는 것을 볼 수 있다. 이 대목에서 바울이 인간의 육신을 공유하는 몸과 능력으로 충만한 부활의 몸을 대조하는 것이 적실성이 있다. "약한 것으로 심고 강한 것으로 다시 살아난다"(σπείρεται ἐν ἀσθενείᾳ, ἐγείρεται ἐν δυνάμει, 고전 15:43b). 즉위한 하나님의 아들은 그가 이제 하나님의 영의 소재지이기 때문에 하나님의 능력의 소재지다. "마지막 아담은 살려 주는 영이 되었다"(ὁ ἔσχατος Ἀδὰμ εἰς πνεῦμα ζῳοποιοῦν, 15:45b).[140] 부활한 그리스도가 "생명을 준다"고 묘사한 것은 하나님께만 속한 기능을 단언한 것이다. 루크 티모시 존슨의 말마따나 "그러나 그리스도의 경우 부활은 하나님의 현존과 능력 안으로 높여짐을 의미한다.

---

138 Kirk, *Unlocking Romans*, 42-43. 성령이 생명과 관련되는 점에 관해서는 겔 37:1-14과 롬 8:9-11을 보라. 추가로 John R. Levison, *Filled with the Holy Spirit*(Grand Rapids: Eerdmans, 2009)을 보라.

139 Johnson Hodge, *If Sons, Then Heirs*, 73-74은 이 점을 올바로 지적한다.

140 롬 1:3-4의 확장으로서의 고전 15:20-28, 45-49에 관해서는 Novakovic, *Raised from the Dead according to Scripture*, 146을 보라.

하나님만이 생명의 수여자이기 때문이다."[141] 따라서 부활하여 왕위에 오른 하나님의 아들의 실존은 이제 성령의 특질 및 속성을 통해 나타나는데 그중 가장 중요한 요소들은 부활(롬 8:9-11), 하나님과의 가족 관계(롬 8:14-17), 그리고 적대적인 주인들로부터 해방되어 하나님을 기쁘게 해드리고 하나님을 예배할 수 있게 해주는 능력(롬 7:5-6; 8:5-8)과 관련한 종말론적인 생명을 가져오는 능력이다.

넷째, 아들은 신적인 주권을 공유함으로써 하나님의 통치에 참여한다. 바울은 나아가 "메시아 예수"를 "우리 주"로 묘사한다(롬 1:4b). 바울(과 초기 그리스도인들)이 70인역 시편 109:1(개역개정 110:1)을 적용해서 하나님과 부활한 메시아 예수 사이의 관계를 묘사한 점에 비추어 볼 때 그가 이 경칭을 메시아에게 적용한 것이 일리가 있다. "여호와께서 내 주에게 말씀하시기를(Εἶπεν ὁ κύριος τῷ κυρίῳ μου) '내가 네 원수들로 네 발판이 되게 하기까지 너는 내 오른쪽에 앉아 있으라' 하셨도다."[142] 바울은 로마서의 뒤에서 70인역 시편 109편(개역개정 110편)에 의존해서 왕위에 오른 아들이 하나님의 오른쪽에 앉아서 자기의 백성을 위해 간구하는 것으로 묘사한다(롬 8:33-34). 바울이 로마서의 다른 곳에서 예수의 부활과 신적인 주권을 그의 법정적·사법적 능력과 연결하는 것을 통해 바울이 메시아의 부활과 그가 주권자로 즉위한 것을 이해했음이 암시된다(롬 2:16; 8:33-34; 10:5-13; 14:8-12).[143]

마지막으로, 바울은 "그로 말미암아 우리가 은혜와 사도의 직분을 받

---

141 Luke Timothy Johnson, "Life-Giving Spirit: The Ontological Implications of Resurrection in 1 Corinthians," in *Contested Issues in Christians Origins and the New Testament: Collected Essays* (NovTSup 146; Leiden: Brill, 2013), 277-93, 특히 286.

142 Beskow, *Rex Gloriae*, 47-55; Eskola, *Messiah and Throne*, 247-48.

143 Bates, *The Hermeneutics of the Apostolic Proclamation*, 94.

아 그의 이름을 위하여 모든 이방인 중에서(ἐν πᾶσιν τοῖς ἔθνεσιν) 믿어 순종하게 하나니"(롬 1:5; 참조. 롬 15:7-12)라는 진술에서 그의 사도직을 이 제왕적인 기독론 내러티브 안에 위치시킨다. 로마서 1:4에서 반향된, 시편 2편에 수록된 하나님의 포고가 "이방 나라를 네 유업으로"(ἔθνη τὴν κληρονομίαν σου) 주겠다고 약속한 것(시 2:8)이라는 점에 비춰볼 때 바울이 자신의 사도직을 자신의 사도로서의 사역을 통해 하나님의 아들의 유산을 확보하는 것으로 보았을 가능성이 있어 보인다.[144] 두 가지 추가적인 요소들이 이 방향을 가리킨다. 로마서에서 다윗 가문의 메시아의 수미상관 구조 역할을 하는 로마서 15:9-12에 수록된 높여진 메시아에 관한 언급은 로마서 15:12에서 이사야 11:10의 말로 끝난다.

> 이새의 뿌리[참조. 롬 1:3에 등장하는 다윗의 씨], 곧 열방을 다스리기 위하여 일어나시는 이(ὁ ἀνιστάμενος ἄρχειν ἐθνῶν)[죽은 자들 가운데서 부활하사 능력으로 하나님의 아들로 선포되셨으니, 롬 1:4a]가 있으리니[145] 열방이 그에게 소망을 두리라[이방인들의 믿음의 순종, 롬 1:5].

부활하여 왕위에 오른 주는 민족들을 다스리는 위치로 높여지는데, 바울 "자신이 시편 2:7b-8//로마서 1:4-6에 나타난, 하나님이 그리스도에게 수

---

144 마찬가지로 Marie Emile Boismard, "Constitue Fils de Dieu (Rom. 1.4)," *RB* 60 (1953): 5-17, 특히 15을 보라.

145 결정적이지는 않지만 롬 1:3-5과 현저하게 병행하는 롬 15:9-12이 부활하여 왕좌에 오른 메시아를 제시한다는 점과 "소망"을 빈번하게 부활 및 종말론적 실재들과 연결하는 점은 일어나시는 이(ὁ ἀνιστάμενος)가 민족들에 대한 메시아의 부활한 통치를 지칭하는 것으로 읽혀야 함을 암시한다. Kirk, *Unlocking Romans*, 51-53을 보라.

여한 유산에 대한 무명의 집행자다."[146]

그리스도의 왕권에 참여하기: 로마서 5:12-8:39

로마서 8-9장은 바울 서신에서 발견될 수 있는 참여 구원론을 가장 완전하게 표현하며, 거의 모든 학자가 로마서 8-9장이 바울이 이해한 그리스도의 구원의 의미에서 핵심적이라고 생각한다.[147] 로마서의 그 부분은 우주적으로 펼쳐지는 왕권 담론으로 가득 차 있다. 예컨대 아담과 그리스도가 지배를 공유하고(롬 5:12-21), 죄와 사망이 지배하며((6:9, 12, 14), 인간이 심판이나 신원을 기다리고(8:1, 33-34), 인간이 그리스도의 제왕-아들의 지위를 공유함으로써 해방되고(8:15, 29), 부활을 통해 주권자의 자리에 즉위하는 반향이 풍부하다(8:9-17, 33-34).[148] 에른스트 케제만의 말마따나 "[인간

---

146 Whittsett, "Son of God, Seed of David," 677. 롬 1:3-4과 15:12 사이의 관계에 관해서는 Donald Dale Walker, *Paul's Offer of Leniency (2 Cor 10:1): Populist Ideology and Rhetoric in a Pauline Letter Fragment* (WUNT 2.152; Tübingen: Mohr-Siebeck, 2002), 172-73도 보라.

147 다음 문헌들에서 롬 5-8장에 바울의 신학을 이해하기 위한 우선적인 지위가 주어졌다. Campbell, *The Deliverance of God*; William Wrede, *Paul* (trans. E. Lummis: London: Green & Hull, Elson, 1907), 74-154; Albert Schweitzer, *The Mysticism of Paul the Apostle* (trans. William Montgomery; Baltimore: The Johns Hopkins Press, 1998 [original 1931], 특히 101-140. Beverly Roberts Gaventa, ed., *Apocalyptic Paul: Cosmos and Anthropos in Romans 5-8*(Waco, TX: Baylor University Press, 2013)에 수록된 논문을 보라. Richard Longenecker는 롬 5-8장이 바울이 로마 교회에 주기를 원하는 (롬 1:11에 언급된) 신령한 은사라고 주장했다("The Focus of Romans: The Central Role of 5:1-8:39 in the Argument of the Letter," in *Romans and the People of God: Essays in Honor of Gordon D. Fee on the Occasion of His 65th Birthday* [ed. Sven K. Soderlund and N. T. Wright; Grand Rapids: Eerdmans, 1999], 49-70).

148 Douglas A. Campbell의 유용한 고찰을 보라. 그는 롬 8장의 근저에 "부활을 통한 영광과 천상의 즉위 이야기"가 놓여 있다는 것과 이 이야기는 "제왕적인 메시아 신학, 특히 구약성서의 즉위 텍스트에 의해 설명되는데 그중에서도 특히 시 89편이 탁월하다"는 것을 보여 주었다("The Story of Jesus in Romans and Galatians," in *Narrative Dynamics in Paul: A Critical Assessment* [ed. Bruce W. Longenecker; Louisville: Westminster John Knox, 2002], 97-124,

의] 삶은 처음부터 하나님과 세상의 통치자들 사이의 대결에 영향을 받는다. 즉 그것은 세상의 주권을 놓고 겨루는 우주적 투쟁을 반영하며 그 투쟁의 구체적 발현이다."[149] 인간은 아담이나 그리스도의 정체성과 그에 따른 결과를 공유한다. 아담과 그리스도 모두 인간에 지배권을 행사하는 왕으로 묘사된다(5:12-21). 바울은 이 인물들과 그들의 행동들이 인간에 대한 우주적이고 종말론적인 영향을 끼친다고 생각한다. 인간은 죄, 윤리적으로 무능력해진 인간의 육신, 사망, 그리고 심판 **또는** 의로움, 도덕적 변화, 부활, 그리고 종말론적 생명에 참여한다.[150]

그러나 나는 이 대목에서 바울이 로마서 1:3-4의 간결한 고백을 취해 그것을 재작업하여 로마서 전체에서 기독론 내러티브가 메시아의 정체성의 표제가 되게 했으며, 로마서 5-8장에서 자세히 설명된 바와 같이 인간이 그리스도와 연합하기 위한 기독론적 토대를 제공한다고 주장할 것이다. 즉 로마서 5-8장은 1:3-4에서 제시된 그리스도의 제왕적 정체성을 구원론적 의미에서 우주적이고 묵시론적으로 전개하고 적용한 것이다.[151] 따라서 인간의 육신을 공유하는 다윗의 씨로서 그리스도의 메시아적 정체성,

---

특히 116).

149 Ernst Käsemann, "On the Subject of Primitive Christian Apocalyptic," in *New Testament Questions of Today* (trans. W. J. Montague; Philadelphia: Fortress, 1969), 108-137, 특히 136.

150 나는 "우주적"이라는 말을 이 인물들의 행동의 결과가 모든 인간과 세상의 존재들에게 보편적으로 결정적이라는 의미로 사용한다. 그리고 "묵시론적"이라는 말은 바울이 세상이 우주적인 지배자들과 권세들의 통치를 받고 있고 하나님의 개입만이 그 상태로부터의 해방을 제공할 수 있다고 신화화한다는 뜻이다. 이 사안에 관해 추가적인 내용은 Martinus C. de Boer, "Paul's Mythologizing Program in Romans 5-8," in *Apocalyptic Paul,* 1-20을 보라.

151 롬 1:3-4에 제시된 기독론적 진술이 구원론을 지향한다는 점은 그 인물이 다윗의 혈통을 공유하고 부활 및 즉위하기 전에 **이미** 하나님의 아들이라는 사실과(1:3a) 롬 1:3-4과 복음이 구원과 연결되는 롬 1:16-17 사이에 중요한 어휘들이 공유된다는 사실을 통해 암시된다. Fatehi, *The Spirit's Relation to the Risen Lord in Paul,* 256-57도 보라.

그가 하나님의 능력 있는 아들로 선포됨, 죽은 자들로부터의 부활, 하나님의 영으로 특징지어지는 그의 부활한 상태, 그리고 민족들에 대한 주권자 지위로의 즉위가 바울에 의해 제왕적인 사건으로 **우주적으로** 재작업되는데, 인간은 그 사건들에 참여한다. 인간이 죽음, 죄, 그리고 적대적인 우주적 권세들의 노예가 된 상황에서 구원받고 신의 아들 됨, 부활, 그리고 성령에 참여하기 위해서는 이스라엘의 메시아가 이 실재들에 참여하고 그럼으로써 인간이 메시아의 제왕적 정체성과 내러티브에 참여하여 그것들을 경험할 수 있는 길을 낼 필요가 있다. 동시에 하나님의 아들로서 하나님의 왕권에 참여하고 **또한** 이스라엘을 대표하며 인간의 육신으로서의 존재에 참여하는 그리스도는 하나님의 통치와 그것의 유익을 확장하고 인간과 공유할 수 있는 존재로서 독특한 지위를 지닌다.[152]

로마서 5:1-11은 1:18-4:25에서 5:12-8:39으로 옮겨가는 역할을 하며, 그럼으로써 5-8장에 대한 서론을 제공한다.[153] 이 대목에서 바울은 확연하게 정치적이고 제왕적인 용어로 메시아가 인간을 악한 권세들로부터 구원한 것에 관해 말한다. 즉 메시아 예수가 "하나님과의 평화"를 제공하고(롬 5:1), 메시아 예수가 이 은혜에 대한 **"접근권"**을 주고(5:2), **아들**의 죽음이 인간이 여전히 하나님과 적대적인 관계에 있을 때 인간을 하나님과

---

152 그러므로 왕과 하나님 사이의 관계 및 왕과 인간 사이의 관계를 조사하는 이 장의 첫 번째 단락이 필요하다. Wright, *Paul and the Faithfulness of God*, 1012: "메시아 자신이 롬 5-8장 전체의 주요 주제들 가운데 하나인 바, 모든 부분이 우리 주 예수 메시아를 통해 또는 메시아 예수 안에서라는 후렴으로 끝난다. 메시아인 예수의 성취와 예수인 메시아의 포함적인 삶(incorporative life)이 형식과 내용 모두에 매우 중요하다."

153 롬 5:1-11이 롬 5:12-8:39로 옮겨가는 기능을 하는 점에 관해서는 특히 Douglas J. Moo, *The Epistle to the Romans* (NICNT; Grand Rapids: Eerdmans[『NICNT 로마서』, 솔로몬 역간], 1996), 292-95을 보라. Nils A. Dahl, "Two Notes on Romans 5," *ST* 5 (1952): 37-48도 보라.

화해시킨다(5:10-11).[154] 하나님의 아들, 메시아, 예수가 인간을 화해시키고 구원하는 방법이 로마서 5:12-8:39에서 설명되는데 바울은 그 부분에서 로마서 1:3-4의 구원하고 해방하는 실재를 그리스도의 백성들에게 적용한다. 인간이 그리스도의 구원론 내러티브에 참여하는 것에 관한 바울의 묘사는 로마서 1:3-4에 제시된 두 개의 궤적에 깔끔하게 상응한다.

1. 아담의 지배

이스라엘을 포함한 인간은 적대적인 우주적 권세들에게 노예가 되어 있는데 로마서 5:12-21에 제시된 아담-그리스도의 대조에서 이 우주적인 권세들이 소개된다.[155] 이는 그리스도에게 참여하는 것에 대한 부정적인 대비인데, 그것 역시 명시적으로 제왕의 언어로 인간이 아담의 지배에 동참하는 것으로 묘사된다는 것을 우리가 인식할 필요가 있다.[156] 아담은 이스라엘의 왕들처럼 바로 인간의 대표자로서 창조세계에 대한 하나님의 지배에 참

154 전쟁 당사자들 사이의 적대감을 중단시키는 데 사용된 정치적 용어로서의 화해에 관해서는 3장 "왕과 찬양"을 보라. Cilliers Breytenbach, *Versöhnung: Eine Studie zur paulinische Soteriologie*(Neukirchen-Vluyn: Neukirchener, 1989)도 보라.

155 주지하다시피 롬 5장 이하에서 구약성서를 직접 인용하는 경우는 매우 드물다. 하지만 바울이 이 대목에서 여전히 하나님과 이스라엘 사이의 언약적 관계에 관심이 있다는 점에 관해서는 Frank Thielman, "The Story of Israel and the Theology of Romans 5-," in *Pauline Theology III: Romans* (ed. D. M. Hay and E. E. Johnson; Minneapolis: Fortress, 1995), 169-95을 보라.

156 유대교의 많은 텍스트가 아담을 통치자로 묘사한다. 예컨대 다음 구절들을 보라. 「에녹2서」 30:12; 31:3; 지혜서 9:1-3; 10:1-2; 집회서 17:1-4; 「희년서」 2:13-15. 추가로 John R. Levison, *Portraits of Adam in Early Judaism: From Sirach to 2 Baruch* (JSPSup 1; Sheffield: JSOT Press, 1988)을 보라. James R. Harrison은 바울이 죄와 사망의 개념을 유대교의 사상에 나타난 두 시대로부터의 통치 권력으로 본다고 주장한다(*Paul and the Imperial Authorities at Thessalonica and Rome* [WUNT 2.273; Tübingen: Mohr-Siebeck, 2011], 108-9).

여한다.[157] 따라서 바울이 아담을 보완적인 두 가지 방식으로 묘사하는 것이 놀랄 일이 아니다. 첫째, 아담은 원형적인 인간이다(예컨대 한 사람으로 말미암아[δι 'ἑνὸς ἀνθρώπου], 5:12). 둘째, 아담은 그의 불순종의 행동을 통해 사망과 죄의 전제적인 지배에 참여하는 **제왕적 인물**이다(예컨대 사망이 왕노릇했다[ἐβασίλευσεν ὁ θάνατος], 롬 5:14; 사망이 그 한 사람을 통하여 왕 노릇했다[ὁ θάνατος ἐβασίλευσεν διὰ τοῦ ἑνός], 롬 5:17; 죄가 사망 안에서 왕 노릇했다[ἐβασίλευσεν ἡ ἁμαρτία ἐν τῷ θανάτῳ], 5:21).[158] 바울은 아담의 인간성과 원시 왕권으로 말미암아 "죄와 사망의 세계적인 지배를 풀어 놓은 사람으로서의 아담"을 환기시킨다.[159] 그리스도의 해방 사역이 없다면 이 악한 군주들이 구속받지 않은 인간의 몸과 육신에 뿌리를 내림으로써 그들의 지배권을 행사하고 그럼으로써 사망과 심판을 가져온다. 예컨대 "죄가 너희 죽을 몸을 **지배**하지 못하게 하라"(Μὴ οὖν βασιλευέτω ἡ ἁμαρτία ἐν τῷ θνητῷ ὑμῶν σώματι, 롬 6:12). 바울은 반복적으로 제왕의 언어와 군사적 언어, 좀 더 구체적으로는 노예로

157 Batto, "The Divine Sovereign,"; 또한 Richard Middleton, *The Liberating Image: The Imago Dei in Genesis 1* (Grand Rapids: Brazos, 2005), 93-184; Gerhard von Rad, *Old Testament Theology. Volume I. The Theology of Israel's Historical Traditions* (New York: Harper and Row, 1962), 146; G. K. Beale, *The Temple and the Church's Mission: A Biblical Theology of the Dwelling Place of God* (NBST 17; Downers Grove, IL: InterVarsity, 2004), 66-80.

158 해석자들은 종종 이 대목에서 바울의 인간론을 이해하기 위해서는 아담이 중요하다는 것을 올바로 인식하지만, 흔히 바울이 모종의 "아담—기독론"을 전개하는지 여부에 관심을 기울이며, 따라서 내게는 많은 학자가 롬 5:12-21의 제왕적 언어를 깨닫지 못하는 것으로 보인다. 예컨대 Macaskill은 아담의 신화를 롬 5장에 투사하는 것에 대해 올바로 경고하지만, 그 과정에서 아담의 지배를 묘사하는 데 사용된 제왕의 이미지의 중요성을 인식하지 못한다(*Union with Christ*, 237-38). Fee, *Pauline Christology*, 271-72도 마찬가지다. 하지만 롬 5-6장을 "두 지배와 그 지배들의 군주들 사이의 대조"로 읽는 Robert C. Tannehill을 보라(*Dying and Rising with Christ: A Study in Pauline Theology* [BZNW; Berlin: de Gruyter, 1967], 14).

159 Kirk, *Unlocking Romans*, 105; Campbell, *Paul and Union with Christ*, 345도 보라.

삼는 강력한 폭군을 묘사하는 데 사용되는 언어를 사용해서 죄와 죽음의 권세들의 "왕적인 지배"(βασιλευέω, 롬 5:13, 17, 21; 6:12), "지배"(κυριεύω, 롬 6:9, 14), "노예화"(δοῦλος와 δουλόω, 롬 6:15-22) 그리고 "싸워서 사로잡음"(롬 7:23)에 대해 말한다.[160]

로마서 7장의 "나"는 최선의 의도와 욕구에도 불구하고 몸 안에 자리를 잡고 사망을 낳는 죄에 의해 노예화되고 감금된, 육신에 있는 인간의 몸의 무기력한 상태를 증언한다(특히 7:17-24).[161] 사실 죄는 하나님의 선한 계명을 취해서 그것을 자기의 전쟁을 수행하기 위한 "작전(ἀφορμήν) 기지"로 사용한다(롬 7:8, 11).[162] 이 지점에서 죄의 힘이 인간의 육신의 연약함을 이용해서 성공적으로 그리고 전략적으로 전쟁을 벌인다.

> 내 지체 속에서 한 다른 법이 내 마음의 법과 싸워 내 지체 속에 있는 죄의 법으로 나를 사로잡는 것을 보는도다. 오호라, 나는 곤고한 사람이로다. 이 사망의 몸에서 누가 나를 건져내랴?(βλέπω δὲ ἕτερον νόμον ἐν τοῖς μέλεσίν

160 David Southall, *Rediscovering Righteousness in Romans: Personified Dikaiosyne within Metaphoric and Narratorial Settings*(WUNT 2.240; Tübingen: Mohr-Siebeck, 2008)는 제왕적인 이미지를 지적하고 그것을 강조한다. Beverly Roberts Gaventa, "Neither Height nor Depth: Discerning the Cosmology of Romans," *SJT* 64 (2011): 265-78, 특히 270-73도 바울의 군사적인 투쟁의 언어에 민감하다.

161 롬 7:7-25과 시내산 언약 아래에 있는 사람에 대한 (그리스도 사건의 관점에서) 회고적인 묘사에 관해서는 Joshua W. Jipp, "Educating the Divided Soul in Paul and Plato: Reading Romans 7:7-25 and Plato's *Republic*," in *Paul: Jew, Greek, and Roman* (ed. Stanley E. Porter; Pauline Studies 5; Leiden: Brill, 2008), 231-57을 보라. 다음 문헌들도 보라. D. J. Moo, "Israel and Paul in Romans 7.7-12," *NTS* 32 (1986): 122-35; Emma Wasserman, "The Death of the Soul in Romans 7: Revisiting Paul's Anthropology in Light of Hellenistic Moral Psychology," *JBL* 126 (2007): 793-816; Wright, *Paul and the Faithfulness of God*, 1016-17.

162 이 단어는 흔히 전쟁을 치르는 맥락에서 사용된다. 다음 문헌들을 지적하는 Gaventa를 보라. Polybius 3.69; Philo, *Flacc.* 47; Dionysius of Halicarnassus 5.5.3; 6.25.3 ("Neither Height nor Depth," 272).

μου ἀντιστρατευόμενον τῷ νόμῳ τοῦ νοός μου καὶ αἰχμαλωτίζοντά με ἐν τῷ νόμῳ τῆς ἁμαρτίας τῷ ὄντι ἐν τοῖς μέλεσίν μου. Ταλαίπωρος ἐγὼ ἄνθρωπος, τίς με ῥύσεται ἐκ τοῦ σοματος τοῦ θανάτου τούτου)(7:23-24)

인간이 아담과 같은 몸으로 존재한다는 사실이 죄와 사망이 몸의 내부에서 전제적인 힘을 행사하도록 허용한다. "나는 육신에 속하여 죄 아래에 팔렸도다"(ἐγὼ δὲ σάρκινός εἰμι πεπραμένος ὑπὸ τὴν ἁμαρτίαν, 7:14b).[163] 그리고 이것이 아담의 몸의 존재가 본질상 도덕적으로 무력화되었다는 언급의 모호성을 설명한다(내 속에 거하는 죄[ἡ οἰκοῦσα ἐν ἐμοὶ ἁμαρτία, 7:17]; 내 속 곧 내 육신에 선한 것이 거하지 아니하는 줄을 안다[Οἶδα γὰρ ὅτι οὐκ οἰκεῖ ἐν ἐμοί, τοῦτ 'ἔστιν ἐν τῇ σαρκί μου, 7:18]; 내 속에 거하는 죄[ἡ οἰκοῦσα ἐν ἐμοὶ ἁμαρτία, 7:20]; 나에게 악이 함께 있다[ὅτι ἐμοὶ τὸ κακὸν παράκειται, 7:21]). 죄가 인간의 육신에 거함에 따라 인간은 죄의 노예가 되고 이는 불가피에게 사망으로 귀결된다. 그래서 바울은 구속받지 않은 인간을 하나님의 적(ἐχθροί, 5:10; 8:8)이라는 정치

163 플라톤이 『국가』(*Republic*)에서 내적 갈등을 극적으로 표현하는 방법의 하나로 폭군의 비유를 사용하는 것과 플라톤의 "분열된 영"은 롬 7장에 등장하는 분열된 "나"의 내적 갈등을 반향한다는 것을 주목할 가치가 있다. 예컨대 "그렇다면 그대는 그런 영혼이 노예 상태라고 말하겠는가 아니면 자유롭다고 말하겠는가? '아마도 노예 상태일 것이다.' 노예화되고 압제당하는 도시가 적어도 그것이 참으로 원하는 바를 해야 하지 않는가? '확실히 그렇다.' 그렇다면 압제당하는 영혼—나는 이 대목에서 영혼 전체에 관해 말하고 있다—역시 그것이 원하는 것을 할 것이다. 그러나 항상 욕망이라는 귀찮은 존재에게 견인되고 그것에 이끌려 혼동과 후회로 가득 찰 것이다. '물론이다.' 압제당하는 도시가 부유하겠는가, 가난하겠는가? '가난할 것이다.' 그렇다면 압제하는 영혼 역시 필연적으로 항상 궁핍하고 충족되지 않은 욕구로 고통을 당할 것이다.…그리고 그대는 다른 도시에서 좀 더 많은 애도와 신음과 통곡을 발견할 것으로 생각하지 않는가?"(*Resp.* 577d8-311) Plato의 *Republic*에 등장하는 의지의 압제자와 연약함에 관해서는 나의 "Educating the Divided Soul in Paul and Plato," 245-48을 보라.

적·군사적 언어로 묘사한다.[164]

그리스도의 영광스러운 부활과 양자 됨에 참여하려면 인간은 먼저 아담의 지배와 그가 통치하는 동안 그들의 주권을 행사하는 권세들로부터 구출되어야 할 것이다. 그리고 이 구출은 그것들이 약하고, 무기력해지고, 육신에 속한 존재와 연합할 능력과 대결함으로써 이 군주들의 힘을 무력화해야 한다. 이 대목에서 하나님의 아들이 친히 인간의 육신을 지님으로써(κατὰ σάρκα, 롬 1:3) 이 상황에 동참했음을 우리가 기억할 필요가 있다.[165] 바울은 다윗의 씨에서 나온 후손으로서 그리고 이스라엘의 제왕적인 대표자로서 메시아가 인간의 곤경에 참여하는 것이 그의 제왕의 과제를 이행하기 위해 절대적으로 필요하다고 묘사한다. 그리고 우리가 살펴본 바와 같이 이렇게 인간의 육신에 참여한 것이 하나님의 아들이 "시체들" 가운데서 발견되는, 예측 가능한 결과로 귀결된다(롬 1:4). 바울은 로마서 8:3에서 "하나님이 자기 **아들**(τὸν ἑαυτοῦ υἱόν)을 죄 있는 육신의 모양으로(ἐν ὁμοιώματι σαρκὸς ἁμαρτίας), 즉 바울이 로마서 7:14-25에서 매우 부정적으로 서술했던 인간의 인류학적 조건으로 보내었다(참조. 나는 육신에 속하여 죄 아래에 팔렸다[ἐγὼ δὲ σάρκινός εἰμι πεπραμένος ὑπὸ τὴν ἁμαρτίαν, 7:14b])고 말하면서 이 메시아적인 고백(롬 1:3)의 구원론적인 중요성을 설명한다.[166] 리처드 H. 벨이 주장하듯이 바울은 이 대목에서 "그리스도를 인간 존재의 영역 안으로 보

164 Tannehill, *Dying and Rising with Christ*, 15-16.

165 나는 Jipp, "Ancient, Modern, and Future Interpretations of Romans 1:3-4," 256-57에서 비슷한 주장을 했다.

166 롬 1:3과 8:3에 등장하는 아들을 가리키는 바울의 언어 사이의 유사성을 인식하는 학자의 문헌에는 Campbell, "The Story of Jesus in Romans and Galatians," 104; Fatehi, *The Spirit's Relation to the Risen Lord in Paul*, 258-59이 포함된다. 롬 8:3에서 7:14이 반향되는 점에 관해서는 Fee, *Pauline Christology*, 247을 보라.

내는 것과 그 존재의 구조의 일부는 죄"라는 것에 관심을 기울인다.[167] 로마서 1:3과 8:3 사이의 유사성은 충분히 명확하지만(예컨대 하나님의 메시아적인 아들, 육신의 공유), 이제 바울이 로마서 5-8장에서 육신에 속한 몸의 인간을 묘사한 것에 비추어 독자들은 하나님이 인간을 우주적인 군주들로부터 구출하는 방식은 바로 그의 메시아적인 아들의 육신에 속한 몸을 통한 것임을 알 수 있다. 메시아적 아들이 "죄 있는 육신"에 동참함으로써 그가 노예가 된 인간의 몸의 존재와 동일시하고 자신을 "속죄제"(περὶ ἁμαρτίας)로 제공해서[168] "그의 육신 안에 죄를 정죄"할(κατέκρινεν τὴν ἁμαρτίαν ἐν τῇσαρκί, 8:3b, 개역개정을 사용하지 아니함) 수 있었다.[169] 속죄제로서 아들은 인간의 존재와 완전히 **동일시**하고 그의 몸이 심판과 사형 선고를 경험하는 인간의 대표자다.[170] 인간의 대표자로서 그리스도는 자신의 속죄제를 통해 인간의

---

167 Richard H. Bell, "Sacrifice and Christology in Paul," *JTS* 53 (2002): 1-27, 특히 6. Branick, "The Sinful Flesh of the Son of God (Rom 8:3)"을 보라

168 **페리 하마르티아스**(περὶ ἁμαρτίας)라는 전치사구는 70인역에서에서 속죄제를 가리키는 데 빈번하게 사용된다(가령 레 17장 여러 곳). 다음 문헌들을 보라. N. T. Wright, *The Climax of the Covenant: Christ and the Law in Pauline Theology* (Minneapolis: Fortress, 1992), 200-225; Burke, *Adopted into God's Family*, 109. 바울은 롬 3:25, 12:1, 그리고 15:16에서 제사의 이미지도 사용한다. 바울의 제사 은유 사용에 관해서는 다음 문헌들을 보라. Stephen Finlan, *The Background and Content of Paul's Cultic Atonement Metaphors* (SBLAB 19; Atlanta: Society of Biblical Literature, 2004); David Hill, *Greek Words and Hebrew Meanings: Studies in the Semantics of Soteriological Terms* (Cambridge: Cambridge University Press, 1995).

169 "그의 육신 안에"라는 어구는 거의 확실히 죄와 그것에 수반하는 정죄를 흡수한 메시아의 인간의 육신을 가리킨다. Bell, "Sacrifice and Christology in Paul," 8도 같은 견해를 보인다: "핵심적인 아이디어는 죄가 그것이 다스리는 장소, 즉 육신 안에서 정죄된다는 것이다."

170 구약성서의 제사에서 제사를 드리는 자가 (순전히 대속적이라기보다는) 자신을 희생제물의 운명과 **동일시하는 것**의 중요성에 관해서는 Hartmut Gese, *Essays on Biblical Theology* (trans. Keith Crim; Minneapolis: Augsburg, 1981), 93-116을 보라. 바울과 관련해서는 다음 문헌들을 보라. Richard H. Bell, "Sacrifice and Christology in Paul," 1-27; Grant Macaskill, "The Atonement and Concepts of Participation in the New Testament," in *Earliest*

죄악된 존재를 파괴한다.[171]

로마서 6:3-11에서도 비슷한 아이디어가 제시된다. 바울은 그 단락에서 로마서 5:12-21에 제시된 두 지배권 사이의 대조를 계속한다. 이 단락에서 인간은 "그의 죽으심과 같은 모양으로 연합함"(σύμφυτοι γεγόναμεν τῷ ὁμοιώματι τοῦ θανάτου αὐτοῦ, 6:5a; 참조. 6:3, 4)으로써 죽음과 죄에서 해방된다.[172] 인간이 그리스도의 죽음에 참여한다는 것이 무슨 의미이며, 그리스도의 죽음에 참여하는 것이 어떻게 인간을 죄와 죽음에서 해방시키는가? 바울은 "우리의 옛사람이 십자가에 못박히는 것"(ὁ παλαιὸς ἡμῶν ἄνθρωπος συνεσταυρώθη)과 "죄의 몸이 죽는 것"(τὸ σῶμα τῆς ἁμαρτίας)을 언급하면서 이 질문들에 넌지시 답변한다(롬 6:6). 이 죄의 몸은 첫 번째 아담 및 그의 지배에 속하는 모든 인간과 공유된(롬 5:12) "사망의 몸"(롬 7:24)과 동일하며, "죄 있는 육신"(롬 8:3)과 동일하다. 그리스도의 십자가 처형을 통해 "옛사람"과 "죄의 몸"이 십자가에 못박히고 죽게 되는데, 이는 메시아가 십자가에 못박힌 자신의 몸 안에서 아담의 지배의 우주적인 힘을 자신에게 가져감을 암시한다.[173] 따라서 바울은 그리스도가 아담의 인성에 동참하고 십자가

Christian History: History, Literature & Theology (ed. Michael F. Bird and Jason Matson; WUNT 2.320; Tübingen: Mohr-Siebeck, 2011), 363-80.

171 Bell은 그럼으로써 롬 8:3이 롬 7:7-25에서 제시된 문제에 대한 답변과 해결책을 제시한다고 올바로 지적한다("Sacrifice and Christology in Paul," 5). Jean-Noël Aletti는 다음과 같이 올바로 지적한다: "하나님의 아들은 죄, 고통, 유혹, 그리고 사망으로 특징지어지는 우리의 무력한 육신을 취함으로써 죄가 지배하는 바로 그 장소, 즉 육신에서 죄를 정죄할 수 있었다"("Romans 8: The Incarnation and its Redemptive Impact," in *The Incarnation: An Interdisciplinary Symposium on the Incarnation of the Son of God* (ed. Stephen T. Davids; Daniel Kendall, and Gerald O'Collins; Oxford: Oxford University Press, 2002], 93-115, 특히 97).

172 Tannehill은 그리스도의 존재의 두 가지 형식을 구분하기 위해 "같은 모양"(롬 6:5; 8:3; 빌 3:21)이라는 언어를 사용한다고 주장한다(*Dying and Rising with Christ*, 34-39).

173 Kirk는 이 점을 다음과 같이 멋지게 진술한다: "롬 6:6에서 바울은 시대의 변화가 그것에

처형에 복종함으로써 죽음이 그리스도에게 주권을 행사했다(θάνατος αὐτοῦ οὐκέτι κυριεύει)고 말할 수 있다(롬 6:9). 이런 고찰들은 로마서 6:7에서 언급된 존재("이는 **죽은 자**가 죄에서 벗어나 의롭다 하심을 얻었음이라"[ὁ γὰρ ἀποθανὼν δεδικαίωται ἀπὸ τῆς ἁμαρτίας])의 신원이 **우선** 그리스도인데 그의 죽음이 그 죽음에 동참하는 모든 사람에게 자유와 죄로부터의 해방을 가져온다는 것을 추가로 암시한다.[174] 그리스도는 죽음(롬 6:9; 7:4; 8:3), 율법(롬 7:4), 죄(롬 6:10; 8:3), 그리고 고난(롬 8:17)을 포함하여 옛 지배를 특징짓는 모든 것에 직면한다. **인간의 대표가 될 수 있는 유일한 존재**, 즉 "육신으로는 다윗의 혈통에서 난"(롬 1:3) 하나님의 아들을 통해 인간의 연약한, 육신에 속한 몸의 존재가 "십자가에 못박히고"(롬 6:6a), "죽임을 당하고"(롬 6:6b), "정죄된다"(롬 8:3).[175] 그 결과 바울은 그리스도가 해방해준 윤리적 결과를 단호한 우주적·정치적 관점에서 묘사한다. "죄가 너희 죽을 몸을 **주장**하지 못하게 하라"(롬 6:12), "죄가 너희를 **주장**하지 못하리니"(롬 6:14a), "너희 지체를 불의의 **무기**로 죄에게 내주지 말고…너희 지체를 의의 **무기**로 하나님께 드리라"(롬 6:13), "[너희가] 의에게 **종이 되었느니라**"(롬 6:18; 참조. 롬 6:20).[176]

의존하는 사건인 그리스도의 십자가 처형에 참여함으로써 옛 시대, 즉 아담 안에서 들어온 세계 질서가 죽음을 맞이한다고 단언한다"(*Unlocking Romans*, 111). Tannehill, *Dying and Rising with Christ*, 27-28도 같은 견해를 보인다.

174 바울이 그리스도의 내러티브에 참여하는 것을 강조한다는 사실은 기독론적 이해가 일반적/인류학적 이해를 넘어서 그리고 그것에 반하는 방식으로전개될 필요가 없음을 암시한다(내가 2장. "왕과 법률"에서 롬 13:8에 관해 주장한 내용도 마찬가지다). 기독론적 이해를 강조하는 (그러나 인간이 그리스도의 죄에 대한 죽음에 참여하는 것에 민감한) 문헌에는 Kirk, *Unlocking Romans*, 111-14이 포함된다.

175 따라서 Campbell의 질문들("왜 그리스도 밖에 있는 모든 인간이 아담에 포함되는가? 인간이 왜 그에게 통합되는가? 아담의 행동들이 왜 '모든 사람에게 귀속'되는가?'")은 하나님의 제왕적인 인간 대표자들의 제왕적인 정체성을 통해 답변되어야 한다(*Paul and Union with Christ*, 344).

176 Gaventa, "Neither Height nor Depth," 271을 보라.

그리스도의 십자가 처형이 인간이 죄와 사망의 압제에서 해방될 수 있게 해줄 뿐만 아니라, 그가 이제 하나님의 영(πνεῦμα)을 지닌 하나님의 부활한 아들로 선포된 것이 자기 백성에 대한 그의 메시아적인 통치를 시작하기 위한 촉매로서 기능한다. 로마서 5-8장의 구원론적 논리와 문법은 다음 사항들에 의존한다. (a) 로마서 1:4의 고백, 즉 메시아의 부활과 자신의 백성, 우주, 자신의 적들에 대한 주권자의 지위로의 즉위,[177] 그리고 (b) 예수의 메시아-제왕으로서의 정체성이 하나님의 통치와 영(πνεῦμα)을 공유하는 존재로서 그에게 인간의 대표자로서 독특하게 신적 실재를 인간에게 확장할 수 있게 해주는 방식. 바울이 인간의 구원을 그리스도의 통치를 구성하는 사건들, 즉 그의 아들 됨, 부활의 생명, 성령을 받음과 우주적 상속에 참여하는 것으로 설명하기 때문에 로마서 1:4에 나타난 아들의 제왕의 즉위의 모든 측면에는 참여적인 결과가 있다.

로마서 8장에서 바울이 그리스도에게 속한 사람은 이제 "하나님의 아들들"(υἱοὶ θεοῦ)이라고 주장하는 것(8:14; 참조. 8:15-17, 19, 21, 23, 29-30)은 그들이 로마서 1:4에서 "능력으로 하나님의 아들로 선포된" 존재의 메시아적 아들 됨에 참여한 결과다.[178] 바울이 이 주장을 할 수 있는 능력은 부분적으로는 다윗 가문의 왕을 하나님의 왕권과 성령에 참여하는 존재이자 독

177 나는 아들에 관한 내러티브가 롬 8장의 근저에 놓여 있다는 Campbell의 주장("The Story of Jesus in Romans and Galatians," 97-124)에 동의한다.

178 다음 문헌들은 이 점을 올바로 지적한다. Scott, *Adoption as Sons of God*, 244-45; Michael Peppard, *The Son of God in the Roman World: Divine Sonship in Its Social and Political Context* (Oxford: Oxford University Press, 2011), 138-40; Blackwell, *Christosis*, 162; Johnson Hodge, *If Sons, Then Heirs*, 70: "롬 1:4에 등장하는 그리스도와 마찬가지로 이방인들은 성령을 통해 아들들이 되며 따라서 그들은 상속자들, 곧 그리스도와 '공동 상속자들'이 된다."

특하게 이스라엘을 대표하는 존재로 제시하는 이스라엘의 제왕 이데올로기에 의존한다. 우리가 앞에서 살펴본 바와 같이 왕은 그럼으로써 신적 약속을 받는다. "나는 그에게 아버지가 되고 그는 나에게 아들이 되리라"(삼하 7:14). 그리고 바울이 로마서 8:15과 8:29에서 70인역 시편 88편(개역개정 89편)을 넌지시 언급하는 것을 통해 이 제왕 이데올로기를 작동시키는 것의 적절성이 확인된다. 70인역 시편 88편에서 다윗 가문의 왕은 하나님의 장자(πρωτότοκον)로 일컬어지는데(28절[개역개정 27절]) 그는 즉위식에서 야웨께 "주는 나의 아버지시요(αὐτὸς ἐπικαλέσεταὶ με Πατήρ μου εἶ σύ), 나의 하나님이시요, 나의 구원의 바위시라"고 외친다(27절[개역개정 26절]).[179] 왕의 외침은 "가까운 친족 관점에서 표현된, 새 왕과 그 민족의 하나님 사이에 방금 확립된 강력한 언약 관계를 요약한다."[180] 로마서 8:15에서 바울은 인간이 신의 아들이 되는 것을 70인역 시편 88편에 묘사된 메시아의 즉위에 입각시킨다. "너희는 다시 무서워하는 종의 영을 받지 아니하고 양자의 영을 받았으므로 우리가 '아빠 아버지'라고 부르짖느니라"(ἀλλ' ἐλάβετε πνεῦμα υἱοθεσίας ἐν ᾧ κράζομεν, αββα ὁ πατήρ).[181] 다음과 같은 요인들은 인간이 "아빠 아버지!"라고 외치는 것은 메시아의 아들 됨에 참여하는 것임을 나타낸다. "아빠 아버지"라는 외침은 예수의 지상 사역에서 그의 아들 됨(막 14:36),[182] 70인역 시편 88편에서 왕이 즉위식에서 하나님께 부자 관계를 외치는 것

---

179 비슷하게 설명하는 Scott, *Adoption as Sons of God*, 259-62을 보라.

180 Campbell, "The Story of Jesus in Romans and Galatians," 116.

181 "성령을 받는다"와 같은 진술은 기독교 운동 안으로 가입하는 모종의 공식 역할을 한다(가령 고후 11:4; 갈 3:2, 14).

182 때때로 지나친 면이 있지만 Joachim Jeremias는 "아빠"(Abba)라는 용어가 예수와 하나님 사이의 부자 관계를 나타낸다는 것과 초기 교회는 예수가 하나님을 "아빠"로 부르는 것을 기억할 만하고 독특하다고 생각했다는 것을 보여준다(*The Prayers of Jesus* [London: SCM, 1967], 11-65). Fee, *Pauline Christology*, 217-20도 보라.

에 대한 언급, 그리고 그리스도가 인간의 맏형과 원형으로 묘사된다는 사실(특히 롬 8:29)[183]을 상기시킨다. 바울은 갈라디아서 4:6에서 메시아의 아들 됨과 인간의 양자 됨 사이의 관계를 명시적으로 밝히는데, 그 구절에서 사람으로 하여금 "아빠 아버지"로 부르도록 고취하는 존재는 "**그의 아들의** 영"(τὸ πνεῦμα τοῦ υἱοῦ αὐτοῦ)이다.[184] 그렇다면 그리스도의 백성은 그리스도와 동일한 영(πνεῦμα)을 가지기 때문에 그리스도와 그의 왕가에 속한다.[185] 그리고 루시앙 서포가 지적하듯이 성령은 하나님의 (친) 아들**과** 하나님의 (수양) 아들들 안에서 역사해서 "하나님의 아들이 그의 아버지에 대해 느끼는 감정인 아들 같은 느낌"을 고취한다.[186] 하나님이 아버지라는 언약상의 친밀한 관계의 외침은 자비롭고 애정 어린 그리스도의 통치(특히 롬 8:35,

---

183 Moo는 이 점을 멋지게 진술한다: "'아빠 아버지'라고 외칠 때 신자는 자기가 자녀로서 하나님께 속했다는 의식을 드러낼 뿐만 아니라 자기가 **예수 자신의 지위와 비교될 수 있는 지위를 가지고 있다**는 것도 드러낸다"(강조는 덧붙인 것임)(*The Epistle to the Romans*, 502). Volker Rabens는 아빠라는 외침이 "간헐적인 경험을 나타내는 것이 아니라 계속적인 사랑의 관계를 나타내는데, 그것은 활발한 모든 관계와 마찬가지로 경험적인 측면을 가지고 있다"고 주장한다(*The Holy Spirit and Ethics in Paul: Transformation and Empowering for Religious-Ethical Life* [2nd ed.; Minneapolis: Fortress, 2014], 226-27). James D. G. Dunn은 롬 8:15과 갈 4:6이 "널리 인식되고 사용된 언어"를 포함하고 있다는 데 동의한다. "그 경우 신약성서의 다른 곳에서 격렬하거나 큰 외침을 나타내기 위해 규칙적으로 사용하는 것이 좀 더 관련성이 있다"(*Romans 1-8* [WBC 38a; Dallas: Thomas Nelson, 1988], 453).

184 Fatehi는 "바울이 말한 '그의 아들의 영'은 **부활한 아들의 생생한 현존과 능력을 매개하는 역할**을 하는 성령을 의미한다"고 주장한다(강조는 원저자의 것임, *The Spirit and the Risen Lord in Paul*, 216).

185 Johnson Hodge, *If Sons, Then Heirs*, 75: "즉 이방인들이 그리스도의 영(*pneuma*)을 그들의 마음 안으로 받아들이고, 그의 실체를 그들 안으로 통합함으로써 그리스도와 결합한다. 생산하는 영(*pneuma*)은 이런 식으로 새로운 친족을 만들어내는데, 물질적으로 그렇게 한다." 비슷하게 언급하는 Stowers, "What Is 'Pauline Participation in Christ'?" 352-71을 보라. 하지만 바울이 영을 물질적으로 개념화하는 것에 관해서는 Rabens, *The Holy Spirit and Ethics in Paul*, 25-120을 보라.

186 Lucien Cerfaux, *Christ in the Theology of St. Paul* (New York: Herder and Herder, 1966), 453.

37, 38-39을 보라)와 죄와 사망이 아담에 속한 인간에게 휘두르는 압제적인 통치의 특징인 "두려움" 및 "노예 상태" 사이의 대조를 이룬다.[187] 따라서 고대 세계의 입양에서 돈독한 가족 간의 애정이 있었든 없었든 간에 바울이 다른 많은 요인 중에서도 "메시아의 사랑"(τῆς ἀγάπης τοῦ Χριστοῦ; 8:35; τοῦ ἀγαπήσαντος ἡμᾶς, 8:37)과 "메시아 예수 우리 주 안에 있는 하나님의 사랑"(τῆς ἀγάπηςτοῦ θεοῦ τῆς ἐν Χριστῷ Ἰησοῦ τῷ κυρίῳ ἡμῶν, 8:39b; 참조. 5:5)을 강조하는 것은 언약적 사랑과 친밀함이 인간의 양자 됨의 핵심적인 구성 요소라는 것을 암시한다.[188] 그랜트 매커스킬은 사용된 단어가 아들(υἱοί, 8:14)에서 자녀(τέκνα, 8:16-17)로 변한 것은 "단순한 법률적인 입양 개념을 넘어서 가족 간의 친밀성과 심지어 가족 간의 유사성을 강조하는 실재"를 암시할지도 모른다고 생각한다.[189]

로마서 8:29은 인간이 하나님의 아들이 되는 것을 하나님의 아들의 아들 됨에 참여하는 것에 한층 더 긴밀하게 연결한다. 그 구절에서 바울은 신자들과 관련된 하나님의 행동을 "[그들을] 그 아들의 형상을 본받게 하

---

187 롬 5-8장에서 인간이 이런 권세들에게 노예가 된 것은 이미 롬 7:14-25에서 가장 극적으로 언급되고 강조되었다. 그곳에서 바울은 속박과 죄에 사로잡힘에 관해 말하지만(특히 롬 7:14, 23), "두려움"의 전망은 이 힘들이 그리스도의 통치 외부에 있는 사람들에게 종말론적 사망과 심판의 전망을 제시한다는 사실과 연결되어 있을 것이다(참조. 롬 8:2, 34-39). 비슷하게 설명하는 다음 문헌들을 보라. Volker Rabens, *The Holy Spirit and Ethics in Paul*, 216; Dunn, *Romans 1-8*, 451-52(『로마서 1-8』, 솔로몬 역간). Campbell은 바울이 이 대목에서 "그리스도인들이 분투와 고난에 직면해서 하나님의 사랑은 흔들리지 않으며 궁극적으로 그들을 위해 모든 것을 정복할 것이라는 확신을 주는 데" 관심이 있다고 주장한다("The Story of Jesus in Romans and Galatians," 115).

188 성령이 윤리적 행동을 고취하기 위해 이 친밀성을 소통함에 있어서 적극적인 역할을 한다는 사실은 Rabens, *The Holy Spirit and Ethics in Paul*, 203-37의 핵심적인 내용이다. Rabens는 언약적 사랑과 양자 됨에 관해 구약성서와 유대교 문헌에 나타난 야웨와 이스라엘 사이의 관계를 올바로 지적한다(예컨대 출 4:22; 신 7:7-8; 사 63:8-10, 16; 호 11장).

189 Macaskill, *Union with Christ in the New Testament*, 240.

기 위하여 미리 정하셨으니 이는 그로 많은 형제 중에서 맏아들이 되게 하려 하심이니라"(προώρισεν συμμόρφους τῆς εἰκόνος τοῦ υἱου αὐτοῦ, εἰς τὸ εἶναι αὐτὸν πρωτότοκον ἐν πολλοῖς ἀδελφοῖς)라고 말한다.[190] 선택, 형상, 아들, 그리고 장자라는 언어는 고대의 제왕 담론과 잘 부합하며, 특히 70인역 시편 88편(개역개정 89편)에 비춰볼 때 부분적으로는 그리스도를 하나님에 의해 지극히 높여지고 하나님의 주권적 통치에 참여하도록 하나님에 의해 선택된 것으로 제시하는 기능을 한다.[191] 그러나 그리스도의 주권적 통치와 아들 됨은 그의 가족과 공유되며, **프로오리조**(προόριζω, 신자들이 아들로 미리 정해짐; 롬 8:29, 30)와 **호리조**(ὁρίζω, 하나님의 아들로 선포됨; 롬 1:4) 사이의 어휘상의 유사성은 하나님이 인간을 아들로 선택한 것은 로마서 1:4에서 하나님이 그리스도를 하나님의 아들로 선포한 것에서 파생함을 추가로 암시한다.[192] 더욱이 다른 모든 왕 위에 위치하는 하나님의 장자로 높여진 그리스도의 장자 지위(롬 8:29; LXX 시 88:26[개역개정 89:27])는 그리스도의 많은 "형제자매들"에게 그의 제왕적인 신분과 내러티브가 현재 그들과 공유되고 있고 미래에도 공유될 것임을 보증한다.[193] 그리고 이 점은 아들과 그의 형제

190 추가로 Reidar Aasgaard, *'My Beloved Brothers and Sisters!': Christian Siblingship in Paul* (JSNTSup 265; London: T&T Clark, 2004)을 보라.

191 특히 3장("왕과 찬양")과 골 1:15-20에 관한 나의 논의를 보라.

192 Jipp, "Ancient, Modern, and Future Interpretations of Romans 1:3-4," 257을 보라. Macaskill은 롬 8장에 등장하는 선택 언어가 "우리가 언약의 영역 안에 있다는 것을" 암시한다고 주장한다(*Union with Christ*, 242). Kirk는 다음과 같이 올바로 지적한다. "죽은 자들로부터 살아남으로써(그리고 영화롭게 됨으로써) 그리스도는 하나님의 아들로 구별되었고(롬 1:4), 그럼으로써 하나님을 대신해서 창조물을 통치하는 새로운 인간의 최초의 구성원으로서 형상 담지자의 상태로 들어가게 되었다. 그것이 하나님의 형상과 영광으로 창조된 원래의 인간의 목적이었다"(*Unlocking Romans*, 143).

193 다음 문헌들을 보라. Mark Forman, *The Politics of Inheritance in Romans* (SNTSMS 148; Cambridge: Cambridge University Press, 2011), 118-19; Aasgard, *'My Beloved Brothers and Sisters!'* 142-43.

자매들 사이의 운명 공유(예컨대 롬 8:16, 17)를 묘사하는 로마서 5-8장 곳곳에 등장하는 **쉰**-(σύν-, 같이, 함께) 접두사뿐만 아니라 신자들이 그의 아들의 형상을 닮아가고 있다(συμμόρφους τῆς εἰκόνος τοῦ υἱοῦ αὐτοῦ)는 진술을 일리 있게 만든다.[194]

우리는 인간의 입양과 메시아 자신의 아들 됨에 대한 참여가 "양자의 **영**"(πνεῦμα υἱοθεσίας)을 받았기 때문임을 살펴보았다(롬 8:15). 하나님이 "성결의 영"을 통해 하나님의 아들을 통치의 자리에 앉힌 것처럼(롬 1:4), 신자들도 하나님과 그리스도의 백성 사이에 부자 관계를 만들어내는 동일한 영을 통해 양자가 된다(참조. 갈 4:6). 바울은 그것을 통해 하나님이 정한 왕의 아들 됨이라는 이스라엘의 약속(삼하 7:12-14; 시 2:7; LXX 시 88:26-27[개역개정 89:27-28])이 성령 덕분에 메시아의 백성에게 확장된다고 암시한다. 구약성서는 하나님의 성령이라는 은사가 왕을 거룩하고, 신성하고, 하나님의 현존의 장소인 인물로 선포한다고 묘사하는 반면에 이제 메시아 예수는 성령이라는 제왕적 은사를 자신의 백성 모두와 공유한다. 따라서 메시아의 아들 됨에 참여하는 사람들은 동일한 성령을 받고 "영 안에" 있다고 묘사된다(롬 8:9a). 그래서 바울은 같은 구절에서 "하나님의 영"(πνεῦμα θεοῦ, 롬 8:9a)을 "그리스도의 영"(πνεῦμα Χριστοῦ, 롬 8:9b)으로 부른다.[195] 성령이 아들로 하여금 약하고 부패할 수 있고 죽은 육신의 상태에서 부활의 존재로 옮겨갈 수 있게 한 것처럼(롬 1:3-4), 이제 신자들은 그리스도의 영

---

194 Campbell, "The Story of Jesus in Romans and Galatians," 106: "성령을 통해 아들이 한 일과 그가 있었던 장소는 이제 그리스도인들 '위로 매핑되고'(mapped onto) 있다."

195 부활한 그리스도가 성령의 내주를 통해 자기 백성 가운데서 현존하고 활동하는 점에 관해서는 Fatehi, *The Spirit and the Risen Lord in Paul*, 213-15을 보라. 추가로 Fee, *Pauline Christology*, 269-70을 보라.

(πνεῦμα)을 공유함으로써(롬 8:9) 육신에 있지 아니하고(Ὑμεῖς δὲ οὐκ ἐστὲ ἐν σαρκί) 영에(ἀλλ᾽ ἐν πνεύματι) 있게 된다(육신의 영역에서 영의 영역으로 옮겨간다).[196] 강력한 메시아는 죽은 자들 가운데서 부활함으로써 성령의 소재지가 된다. 즉 부활한 메시아는 "생명을 주는 영"이 된다(고전 15:45; 참조. 롬 1:4). 다시 말하거니와 메시아를 죽은 자들 가운데서 살리는 존재는 성령이며, "그리스도 예수를 죽은 자 가운데서 살리신 이가 너희 안에 거하시는 그의 영으로 말미암아 너희 죽을 몸도 살릴" 것이다(ὁ ἐγείρας Χριστὸν ἐκ νεκρῶν ζῳοποιήσει καὶ τὰ θνητὰ σώματα ὑμῶν, 롬 8:11b; 참조. 롬 1:4; 4:24-25).[197] 메시아의 영(πνεῦμα)을 공유하는 것이 메시아의 백성에 **속하는**, 또는 그 백성의 **일부**인 표시다(롬 8:9b; 참조. 고전 15:23). "메시아께서 너희 속에 계시면"(롬 8:10a), 성령이 메시아의 죽은 몸, 즉 죄 있는 인간의 육신을 취한 몸에 부활의 생명을 준 것처럼(롬 1:3; 7:4-5; 8:3) 그 사람에게도 동일한 성령이 죄로 가득한 죽은 몸에 생명을 주어서 메시아의 영이 그 사람 안에 거주하게 **할 것이다(롬** 8:10-11). 바울은 이 실재를 "죄로 말미암아 죽은 몸"(τὸ μὲν σῶμα νεκρὸν διὰ ἁμαρτίαν; 8:10a)으로 특징지어지는 영역에서 "의로 말미암아 살

196 "영"에 대해 물질주의 개념을 갖고서 말하기는 하지만 Stowers는 다음과 같이 올바로 지적한다: "예수가 부활 때 받은 하나님의 영의 특정한 형태는 신자들에게 공유된다. 즉 우리는 그리스도가 그들 가운데 있다고 말할 수 있다. 그러나 그들은 우선 그리스도에게 속한 것을 공유할 뿐이기 때문에 우리는 그들이 '그의' 것이라고 말하거나 '그의 안에' 있다고 말할 수 있다. 그리스도가 아브라함의 요소를 공유했고 아브라함 안에 있었듯이 말이다. 그리스도 안에 있거나 그의 소유인 사람들이 실제로 그런 것들의 일부로서 그리스도의 요소, 즉 그의 영의 일부를 소유한다는 것을 이해하지 않고서는 우리가 바울의 참여 개념을 이해할 수 없다"("What Is 'Pauline Participation in Christ'?," 362).

197 롬 1:4과 롬 8:11 사이의 연결 및 인간 안에서 "예수와 똑같이 죽었다가 사는 패턴을 재현하는" 성령의 사역에 관해서는 Luke Timothy Johnson, "Transformation of the Mind and Moral Discernment in Paul," in *Contested Issues in Christians Origins and the New Testament: Collected Essays* (NovTSup 146; Leiden: Brill, 2013), 255-75, 특히 270을 보라.

아 있는 영"(τὸ δὲ πνεῦμα ζωὴ διὰ δικαιοσύνην; 8:10b)으로 특징지어지는 영역으로 옮긴 것으로 설명한다. 메시아는 생명으로 부활시키는 성령의 사역을 이미 경험했지만(롬 1:4; 4:24-25; 5:17-18; 8:11), 인간은 "하나님의 영광이 드러나기"를 기다리고(롬 5:5; 8:18b), "하나님의 아들들이 나타나는 것"을 기다리며(롬 8:19), "하나님의 자녀들의 영광의 자유"를 고대한다(롬 8:21). 그러나 성령의 현재 사역은 신자들에게 그들이 아들이라는 사실을 증언하고 보증하며(롬 8:15-16) 그들의 양자라는 사실이 드러나는 것, 즉 "우리 몸의 구속"을 "탄식"하며 기다리게 한다(롬 8:23b).[198]

메시아를 죽은 자 가운데서 부활시키는 데 있어서 성령이 수행한 역할로 말미암아 성령이 "생명"을 낳는다는 표현이 빈번하게 반복된다(롬 8:2, 6, 10, 11, 13). 그리고 이 점은 로마서 5:12-21에 기록된 아담의 지배와 현저하게 대조된다. 그곳에서는 죄와 죄에서 비롯되는 심판을 통해 사망이 인간을 지배한다(특히 롬 5:14-17과 6:23을 보라). 롬 5:12-21로 돌아오자면, 우리는 바울이 성령이 메시아에게 생명을 준 부활 사건을 그리스도의 백성이 그의 통치, 즉 메시아의 부활 생명을 공유하는 영역에 있는 존재가 되는 사건으로 본다는 것을 알 수 있다. 따라서 그리스도의 백성은 "생명 안에서 다스릴" 것이다(ἐν ζωῇ βασιλεύσουσιν, 롬 5:17). 아담의 죄에 기인하는 정죄(εἰς κατάρκιμα, 롬 5:16, 18)와 대조적으로 그리스도의 영역에 있는 사람들은 "의롭다 함을 받아 생명에 이르고"(εἰς δικαίωσιν ζωῆς, 롬 5:18), "의로 말미암아 영생에 이르는"(διὰ δικαιοσύνης εἰς ζωὴν αἰώνιον, 롬 5:21; 참조. 롬 6:9) 의의 지배를 경험한다.[199]

---

198 198. 입양의 종말론적 측면에 관해서는 다음 문헌들을 보라. Blackwell, *Christosis*, 147-48; Macaskill, *Union with Christ in the New Testament*, 241.

199 로마서에서 "의"와 "생명" 사이의 어의(語義)상의 중복에 관해서는 Morna Hooker, "Raised

3. 추가적 고찰

바울이 로마서 1:3-4에서 하나님이 다윗 가문의 왕에게 이방 나라를 그의 유업으로 주겠다고 약속하는 시편 2:7-8을 반향하고, 메시아를 70인역 시편 109:1(개역개정 110:1) 및 주의 원수들에 대한 권위를 약속하는 데 빚진 호칭인 "우리 주"(τοῦ κυρίου ἡμῶν)로 언급하는 것(롬 1:4b)은 즉위한 주님이 **유대인들과 이방 민족들을 포함하여 온 우주**를 다스리는 것을 묘사하기 위해 사용하는 언어상의 자료다. 나는 이미 바울이 자신의 사도직의 임무를 "모든 이방인 중에서 믿어 순종하게" 함으로써 시편 2편에 기록된 메시아의 "유업"을 확보하는 것으로 인식하는데, 이 점은 창세기 49:8-12—"모든 백성의 복종"을 받게 될, 유다 지파 출신의 왕을 고대하는 제왕의 신탁—에 대한 암시를 통해 추가로 확인된다는 점을 지적했다(창 49:10b; 참조. 민. 24:17-19; 사 11:10).[200] 바울이 자신의 임무를 민족들의 복종을 받게 될

---

for Our Acquittal," in *Resurrection in the New Testament* (ed. R. Bieringer et al.: Leuven: Leuven University Press, 2002), 323-41을 보라. 신자들이 그리스도의 통치에 참여한다는 바울의 견해의 맥락에 관해서는 Litwa, *We Are Being Transformed*, 172-82을 보라. Tannehill은 이 진술들이 독자들로 하여금 바울이 롬 6장(그리고 나는 여기에 롬 5-8장을 모두 덧붙일 것이다)에서 두 통치를 대조하는 것에 대비하게 한다고 올바로 지적한다(*Dying and Rising with Christ*). Harrison은 바울이 인간이 죄 아래 있다고 묘사하는 것이 로마 황제가 신과 같은 존재인 체하는 데 도전한다고 본다(*Paul and the Imperial Authorities at Thessalonica and Rome*, 114-15). 확실히 이 텍스트를 그런 식으로 읽는 사람이 있을 수도 있지만 나는 이런 해석은 (혹시 존재하더라도) 본말이 전도된 경우라고 생각한다.

200 70인역은 "그는 민족들의 기대다"(προσδοκία ἐθνῶν)로 표현했다. 내가 알기로는 Don Garlington만이 비슷하게 주장하는 해석자인데, 그는 롬 1:5의 배경이 "포로가 된 백성으로 하여금 자신에게 복종하게 할 왕/아들을 고대하는 타나크(Tanakh)의 여러 구절을 통해 제공된다"고 진술한다. Don Garlington, "Israel's Triumphant King: Romans 1:5 and the Scriptures of Israel," in *Jesus and Paul: Global Perspectives in Honor of Jams D. G. Dunn for his 70th Birthday* (ed. B. J. Oropeza, C. K. Robertson, Douglas C. Mohrmann; LNTS 414; London: T & T Clark, 2010), 173-83을 보라. 창 49:10의 메시아적 해석의 궤적에 관해서는 다음 문헌들을 보라. 4QpGen a-d; 4QBer; 「유다의 유언」 22:2-3.

다윗 가문의 도래할 왕을 고대하는 성경의 약속이 실현되었다는 맥락 안에 위치시킨다는 것은 로마서 15:9-12에 등장하는 일련의 인용을 통해 추가로 암시되는데, 이 인용들은 즉위한 주님이 종말론적으로 자신의 제왕의 유산을 받고 민족들을 통치하게 된 것을 축하하는 구절이라고 해석되는 것이 가장 좋다.[201] 로마서 1:3-4과 15:9-12 모두에서 바울은 "예수의 부활을 토대로, 그리고 이방인들에 대한 예수의 통치와 관련해서 예수의 다윗 가문의 유산과 왕권을 해석한다."[202] 바울은 또한 앞에서 아브라함**과 그의 씨**(ἢ τῷ σπέρματι αὐτοῦ)가 온 세상을 상속받을 것이라고(τὸ κληρονόμον αὐτὸν εἶναι κόσμου) 말했는데(롬 4:13), 이 대목에서 이 진술은 하나님이 "다윗의 씨에서 나온" 아들에게 준 우주적 통치라는 선물을 반향한다(롬 1:3-4)는 것과 이 유산이 "죽은 자를 살리는 하나님"(롬 4:17b)의 행동을 통해 아브라함과 그의 씨에게 온다는 것이 중요하다.[203]

따라서 인간의 종말론적 양자 됨(8:19, 21, 23)에 상응하여 만물이 회복된다. 새로워진 창조물은 하나님의 저주들(창 3:17-19)이 뒤집히는 것을 경험할 것이고 영광(롬 8:18, 21), 자유(8:21), 썩지 아니함(8:21), (현재에는 고대되는) 성령의 현존(8:23), 구속된 영광으로 가득한 인간의 몸(8:18, 23), 그리고 인간의 유산에 대한 소망의 실현(8:18-19, 23-25)으로 특징지어질 것이다.[204] 메시아의 통치가 에덴동산과 그 동산의 평화롭고 비옥한 상태로의 복

---

201 70인역 구약성서로부터 롬 15:9-12에 인용된 네 개의 구절 모두에 민족들(τὰ ἔθνη)이라는 단어가 나온다.

202 Whitsett, "Son of God, Seed of David," 673.

203 롬 4장과 바울의 의라는 언어 이해에 있어서 그리스도가 죽은 자들 가운데서 부활한 것의 중요성에 관해서는 나의 논문 "Rereading the Story of Abraham, Isaac, and 'Us' in Romans 4," *JSNT* 32 (2009): 217-42을 보라. Forman, *The Politics of Inheritance in Romans*, 58-101도 보라.

204 롬 8:18-30에는 재미있고 복잡한 많은 문제가 있지만, 나의 목적이 제한되어 있기 때문

귀와 같을 것이라는 점은 우리가 살펴본 바와 같이 이스라엘의 메시아 기대 중 하나로서 빈번하게 입증된다(예컨대 LXX 시 71편[개역개정 72편]; 사 11장).[205] 바울의 이사야 11:10 인용("이새의 뿌리 곧 열방을 다스리기 위하여 일어나시는 이가 있으리니 열방이 그에게 소망을 두리라", 롬 15:12)은 부활한 메시아의 통치를 모든 창조물에게 평화를 가져오는, 성령으로 능력을 부여받은 통치자와 명시적으로 연결한다.[206] 다윗과 그의 씨가 아브라함에게 주어진 세계적인 지배와 민족들의 지배/축복에 관한 약속의 수령인이듯이(예컨대 창 15:18; 렘 33:14-26), 바울은 그리스도를 하나님이 약속한 창조물과 모든 나라에 대한 세계적인 주권의 상속자로 본다.[207] 그렇다면 메시아의 유산(시

에 우리가 여기서 그것들을 모두 살펴볼 수는 없다. 하지만 다음 문헌들을 보라. Harry Alan Hahne, *The Corruption and Redemption of Creation: Nature in Romans 8.19-22 and Jewish Apocalyptic Literature* (LNTS 336; London: T & T Clark, 2006); Edward Adams, "Paul's Story of God and Creation," in *Narrative Dynamics in Paul*, 19-43; "Christology and Identity in an Intertextual Perspective: The Glory of Adam in the Narrative Substructure of Paul's Letter to the Romans," in *Identity Formation in the New Testament* (ed. Bengt Holmberg and Mikael Winninge; WUNT 227; Tübingen: Mohr-Siebeck, 2008), 1-18.

205 창 1-3장에 등장하는 에덴동산 및 창세기의 아브라함 내러티브에 나타나는 땅의 약속과 롬 8:18-25 사이의 관련성에 관해서는 Kirk, *Unlocking Romans*, 145-47을 보라.

206 Wright, *Paul and the Faithfulness of God*, 820.

207 이 점은 왕을 위한 기도에서 가장 명시적으로 볼 수 있다: "사람들이 그로 말미암아 복을 받으리니 모든 민족이 다 그를 복되다 하리로다"(εὐλογηθήσονται ἐν αὐτῷ πᾶσαι αἱ φυλαὶ τῆς γῆς, πάντα τὰ ἔθνη μακαριοῦσιν αὐτόν, LXX 시 71:17[개역개정 72:17]). 창 22:18과 비교하라: "또 네 씨로 말미암아[씨 안에서] 천하 만민이 복을 받으리라"(καὶ ἐνευλογηθήσονται ἐν τῷ σπέρματί σου πάντα τὰ ἔθνη τῆς γῆς). 다음 구절들에 등장하는 씨에 대한 약속도 보라. 창 13:15; 17:8; 24:7. 다음 문헌들을 보라. Juel, *Messianic Exegesis*, 87; Whitsett, "Son of God, Son of David," 671-72. 창 22:18이 바울의 "그리스도 안에서"라는 공식의 선례를 제공했다는 주장이 있는데, 그 주장은 어느 정도 개연성이 있다. Nils A. Dahl, "The Missionary Theology in the Epistle to the Romans," in *Studies in Paul: Theology for the Early Christian Mission* (Minneapolis: Augsburg Publishing House, 1977), 131을 보라. 갈 3장과 롬 4장 모두 바울이 아브라함의 약속을 다윗 언약의 렌즈를 통해서 본다는 중요한 증거를 제공한다. 다음 문헌들도 비슷한 의견을 표명한다. Novenson, *Christ among the Messiahs*, 138-42; Scott, *Adoption as Sons of God*, 254-56.

2:7-8; 롬 4:13; 8:17)은 온 세상에 대한 그의 통치와 세상의 종말론적 갱신이다(롬 8:18-25).[208] 로마서 8:18-25에 나타난 메시아의 창조물 통치가 드러나는 것에 대한 종말론적 기대는 거의 확실히 아우구스투스의 통치를 평화, 농업의 풍작, 그리고 풍요로 특징지어지는 평화로운 세계 질서를 출범시킨 것으로써 찬양한 로마의 황제 시들에 의문을 제기하는 것으로 들렸을 것이다.[209]

그러나 바울은 즉위한 주의 통치와 유산을 **그의 백성과 공유되는** 것으로 본다. 바울은 또한 이 공유된 유산을 메시아가 자기 백성으로 하여금 회복된 창조물에 대한 자신의 우주적 통치에 참여할 수 있게 해주는 것으로 개념화한다. 메시아의 우주적 통치와 그가 이 통치를 자기 백성에게 확대하는 것을 통해 인간을 하나님의 대리인으로서 창조물을 통치하게 하려는 하나님의 의도(창 1:26-28; 시 8:4-6)—이 의도는 아담이 죄의 지배, 죽음, 그리고 우주의 부패를 풀어 놓음으로써 좌절되었었다(롬 5:12-21)—가 달성된다.[210] 바울의 논거는 그리스도가 성령으로 능력을 부여받아 부활한 자기의 아들 됨을 자신의 백성과 공유하는 데서 나온다. 따라서 인간이 이 아들 됨을 공유하면 그들도 "하나님의 상속자요 그리스도와 함께 한 상속자니 우리가 그와 함께 영광을 받기 위하여 고난도 함께 받아야 할 것"(κληρονόμοι μὲν θεοῦ, συγκληρονόμοι δὲ Χριστοῦ, εἴπερ συμπάσχομεν ἵνα καὶ

---

208 Wright, *Paul and the Faithfulness of God*, 819도 같은 견해를 표명한다.

209 3장 "왕과 찬양"을 보라. 추가로 Neil Elliott, "Creation, Cosmos, and Conflict in Romans 8-9," in *Apocalyptic Paul*, 131-56, 특히 141-44에 수록된 유용한 논의를 보라.

210 Forman, *The Politics of Inheritance in Romans*, 117-18도 보라. 창조물이 허무한 데 굴복하는 것은 자기의 뜻이 아니고 "굴복하게 하시는 이로 말미암은" 것이라는 바울의 진술(롬 8:20) 배후에 거의 확실히 아담이 놓여 있다. Trevor J. Burke, "Adopted as Sons (ΥΙΟΘΕΣΙΑ): The Missing Piece in Pauline Soteriology," in *Paul: Jew, Greek, and Roman* (ed. Stanley E. Porter; Pauline Studies 5; Leiden: Brill, 2008), 259-86, 특히 284-86을 보라.

συνδοξασθῶμεν)이다(롬 8:17b).[211] 메시아가 부활하여 영광을 받기 전에 고난을 받고 죽었다는 점에 비추어(롬 4:24; 5:6-8; 6:3-4, 8-9; 7:4; 8:11, 34; 10:9; 14:9, 15; 15:3), 그리스도인들도 고난에 동참하고(8:17-19) 아담의 지배의 특징인 창조물의 속박(8:20-23)에 동참하는 동일한 내러티브 패턴을 따른다.[212] 신자들의 미래의 "영광"(8:17)과 "우리에게 나타날 영광"(8:18), 그리고 "하나님의 자녀들의 영광의 자유"(8:21b)는 바로 "부활하고 즉위한 메시아의 새로운 몸의 존재"를 통해 "구속된 인간에게 종말론적으로 회복된, 아담에게 의도되었던 원래의 영광"이다.[213]

이 상속은 범위 면에서 우주적이며 아들과 공유된다(참조. 롬 8:17). 하나님이 어떻게 "그 아들과 함께 우리에게 모든 것을 아낌없이 주시지" 않겠는가?(σὺν αὐτῷ τὰ πάντα ἡμῖν χαρίσεται, 8:32b) 바울은 고린도전서 3:21-23에서 "만물이 다 너희 것이다"(πάντα γὰρ ὑμῶν ἐστιν, 3:21b)라고 유사한 진술을 한다. 고린도 교인들의 주권적 통치는 다음과 같은 점에서 로마서 8:32b과 잘 어울리는 병행을 제공한다. (a) 그들의 통치는 그들이 그리스도의 통치에 참여하는 것에 명백하게 연결된다(너희는 그리스도의 것이요 그리스도는 하나님의 것이니라[ὑμεῖς δὲ Χριστοῦ, Χριστὸς δὲθ εοῦ], 고전 3:23), 그리고 (b) 그

211 우리는 위에서 하나님이 자신의 영광(이는 신적 현존의 완곡어다)을 다윗 가문의 왕과 공유하는 것을 보았다. 이 대목에서 "영광"이라는 용어는 부활 생명이 영예, 썩지 않음, 그리고 신적 현존이라는 특징을 지니리라는 것을 나타낸다(다음 구절들도 보라. 고전 15:39-45; 롬 1:23; 3:23; 5:1-2; 8:19, 21). 이 점에 관해서는 Newman, *Paul's Glory-Christology*를 보라.

212 롬 8:18-30에 나타난 시대들의 중첩에 관해서는 Blackwell, *Christosis*, 152-57을 보라.

213 Adams, "Paul's Story of God and Creation," 29. Ben C. Blackwell, "Immortal Glory and the Problem of Death in Romans 3:23," *JSNT* 32 (2010); 285-308도 보라. 바울이 아담을 "오실 자의 모형"으로 얘기하지만(롬 5:14b), 그리스도는 하나님의 형상으로서 아담은 그를 모방하여 만들어졌다.

들의 통치는 범위 면에서 우주적이고 종말론적이다(세계나 생명이나 사망이나 지금 것이나 장래 것이나 다 너희의 것이요[εἴτε κόσμος εἴτε ζωὴ εἴτε θάνατος, εἴτε ἐνεστῶτα εἴτε μέλλοντα, πάντα ὑμῶν], 고전 3:22b).[214] 따라서 로마서 8:32에 등장하는 하나님이 "그와 함께 **모든 것**을 우리에게 주심"은 거의 확실히 로마서 8:31-39에서 그리스도의 백성에 대한 그리스도의 **자애로운** 통치로부터 그들을 분리하려고 하는 우주적인 힘들에(롬 8:35, 39) 확장된다. 그리스도의 백성은 그의 우주적 통치에 참여하기 때문에 이 힘들은 "우리를 대적하거나"(롬 8:31b), "우리를 고발하거나"(롬 8:33), "정죄하거나"(롬 8:34), "우리를 하나님의 사랑에서 끊지"(롬 8:35, 39) 못한다.[215] 바울이 로마서 8:29에서 "처음 난"(πρωτότοκον)이라는 용어로써 그리스도의 우주적이고 보편적인 주권(LXX 시편 88:26[개역개정 89:27]: "내가 또 그를 장자로 삼고 **세상 왕들에게 지존자가 되게 하며**")을 넌지시 언급하고 로마서 8:34(그는 하나님 우편에 계신 자요 우리를 위하여 간구하시는 자시니라)에서 70인역 시편 109:1[개역개정 110:1]을 암시한 것은 로마서 8:32에 등장하는 "모든 것"과 "그리스도와 함께하는 유산"이 옛 영역의 우주적인 적들에 대한 그리스도의 통치에 대한 참여를 포함한다는 것을 암시한다.[216] 사실 로마서 8:33-34은 부활하고 즉위한 메시아가 자기 백성을 자신의 적들과 그들의 적들에게서 사법적으

---

214 바울은 고전 4:8에서 고린도 교인들의 종말론적 통치를 빈정거리는 투로 말하지만, 그 빈정거림은 고린도 교인들의 통치를 대상으로 한 것이 **아니라** 바울과 **별도로** 상상된 통치를 대상으로 한다. 마찬가지로 고전 6:3에서 바울은 고린도 교인들이 장차 천사들의 심판에 참여할 것에 호소한다. Litwa, *We Are Being Transformed*, 185-86도 보라.

215 그리스도의 왕권이 인간에게 어떻게 종말론적 승리를 보장하는지에 관한 강력한 신학적 숙고는 Philip G. Ziegler, "The Love of God Is a Sovereign Thing: The Witness of Romans 8:31-39 and the Royal Office of Jesus Christ," in *Apocalyptic Paul*, 111-30을 보라.

216 Scott, *Adoption as Sons of God*, 249-54.

로 보호해준다고 제시한다.[217] 메시아가 신적 권력의 자리로 즉위함으로(롬 8:34; 참조. 롬 1:4) 말미암아 창조세계의 어떤 측면도, 즉 아담의 영역에 속하는 어떤 우주적인 힘도 그리스도의 백성을 죄와 사망이 통치하던 이전의 노예 상태로 되돌릴 수 없다.[218]

"평강의 하나님께서 속히 사탄을 너희 발아래에서 상하게 하시리라"(ὁ θεὸς τῆς εἰρήνης συντρίψει τὸν σατανᾶν ὑπὸ τοὺς πόδας ὑμῶν ἐν τάχει, 16:20; 참조. 시. 8:6; 창. 3:15)라는 바울의 약속은 하나님이 **인간**으로 하여금 악에 대한 자신의 종말론적 승리에 참여할 수 있게 해준다는 점에서 적실성이 있다.[219] 다시 말하거니와 이런 대적들에 대한 신자들의 우주적 통치는 부활한 메시아의 종말론적 내러티브에 의존한다. 신자들이 고난(롬 8:35), 옛 시대의 권세자들과 세력들(롬 8:38), 죽음(롬 8:36, 38), 그리고 사탄(롬 16:20)에 대해 주권을 지니는 것은 부활하고 즉위한 주의 운명과 유산을 공유하는 것에 의존하기 때문이다(롬 8:34. 참조. 8:29).[220] 따라서 옛 시대의 모든 표지와 힘들에 대해 "우리를 사랑하시는 이로 말미암아 우리가 넉넉히 이긴다"(ὑπερνικῶμεν διὰ τοῦ ἀγαπήσαντος ἡμᾶς, 롬 8:37). 그리스도의 백성은 이기는 사람들이지만, 이 승리는 그들이 메시아의 승리에 참여함으로써 일어난

217 사법적 담론으로서의 롬 8:33-34에 관해서는 Eskola, *Messiah and Throne*, 186을 보라. 참조. Kirk, *Unlocking Romans*, 153-54.

218 Ziegler, "The Love of God Is a Sovereign Thing," 122-26을 보라.

219 Michael J. Thate, "Paul at the Ball: *Ecclesia Victor* and the Cosmic Defeat of Personified Evil in Romans 16:20," in *Paul's World* (ed. Stanley Porter; Pauline Studies 4; Leiden: Brill, 2007), 151-69.

220 Forman은 롬 8:29과 대가족에서 장자로서의 그리스도의 지위에 관한 주석에서 다음과 같이 진술한다: "이 점은 신자들이 그리스도와 같이 변화하는 과정에서 하나님의 아들의 '형제자매들'이 되는 것을 암시하는데, 이는 하나님의 백성이 창조물에 대한 그리스도의 통치에 참여하는 관계다"(*The Politics of Inheritance in Romans*, 119).

다.[221]

에베소서와 고린도전서에 나타난 그리스도의 통치에 참여하기

바울이 이스라엘의 제왕 전통을 예수를 중심으로 혁신적으로 읽어서 참여 구원론을 전개한다는 것은 그가 자신의 다른 서신들의 상당한 부분에서 이 담론을 배치한다는 점을 통해 확인된다. 그리고 이 대목에서 이 서신들에 대해 충분히 주해할 수는 없지만 나는 이 논지의 개요가 대략적으로 제시되면 우리가 이미 살펴본 것들이 확인되리라고 주장한다. 그러면 바울이 제왕의 참여 구원론을 창의적으로 사용한 것이 바울 서신들의 다양한 상황들의 필요를 충족했음이 드러날 것이다.

에베소서

바울은 에베소서에서 이스라엘의 제왕-메시아 이데올로기, 특히 70인역 시편 109편(개역개정 110편)을 재해석해서 메시아의 백성이 메시아의 부활, 즉위, 그의 대적들에 대한 통치, 그리고 천상의 우주적 축복들로부터 유익을 얻을 뿐만 아니라 그것들에 참여하기도 한다고 봄으로써 그의 참여 구원론을 전개한다.[222] 바울의 참여 은유들은 메시아의 부활과 즉위에서 일어

---

221 롬 8:37의 "우리가 넉넉히 이기느니라"에 관한 주석에서 Macaskill은 이 아이디어를 다음과 같이 멋지게 진술한다: "그 동사는 그리스도 자신의 승리라는 맥락에서 이해되어야 하는 그 승리가 신자들의 행위로 돌려지는 방식 때문에 주목할 가치가 있다. 이는 그리스도의 내러티브가 신자들의 활동을 통해 그들 안에서 실현됨을 암시한다"(*Union with Christ in the New Testament*, 241).

222 나는 Joshua W. Jipp, "Sharing in the Heavenly Rule of Christ the King: Paul's Royal Participatory Language in Ephesians," in *"In Christ" in Paul: Explorations in Paul's Theology of Union and Participation* (ed. Michael J. Thate, Kevin J. Vanhoozer, and Constantine R.

난 일은 참여를 통해 메시아의 백성에게도 해당한다고 선언한다.

에베소서에서 바울은 하나님을 행동의 주체로 말하면서 하나님이 메시아라는 채널을 통해 행동한다고 말한다.[223] 하나님이 메시아를 통해 활동한다는 점은 종종 그리스도 안(ἐν Χριστῷ)이라는 어구 및 관련된 전치사 구문의 사용을 통해 암시된다. 따라서 우리는 하나님이 주어인 동사가 그리스도 "안에서/에 의해" 효과가 생기는 패턴을 자주 만난다.[224] "그리스도 안에"라는 많은 전치사구의 구문론적 의미가 얼핏 보기에는 도구적이지만,[225] 나는 이 구절들의 대다수에 처소적 또는 참여적 의미도 있을 가능성이 있다고 주장한다. 따라서 예컨대 "하나님이 **메시아 안에서/를 통해서** 너희가 무죄라고 선고하셨다"(ὁ θεὸς ἐν Χριστῷ ἐχαρίσατο ὑμῖν, 엡 4:32).[226] 하나님이 "**메시아 안에서/를 통해서** 하늘에 속한(ἐν τοῖς ἐπουρανίος ἐν Χριστῷ) 모든 신령한 복을 우리에게 주셨다"(엡 1:3; 참조. 엡 1:4).[227] 하나님이 그를 자기의

Campbell; WUNT 2.384; Tübingen: Mohr-Siebeck, 2014), 251-79에서 에베소서에 관련하여 이 주장을 훨씬 더 자세하게 제시했다.

223 이 점은 Smith를 통해 주장되었는데 그는 메시아에게서 나타나는 하나님의 일관성이 있는 활동은 "지존하신 하나님의 섭정으로 행동한 고대의 이상적인 왕 개념에 잘 부합한다"는 주장으로 결론짓는다(*Christ the Ideal King*, 185-95, 특히 195).

224 학자들은 이 점을 자주 "하나님이 메시아 안에서/에 의해서 하나님의 백성에게 어떤 일을 하거나 어떤 것을 수여한다"고 묘사한다. Smith, *Christ the Ideal King*, 183을 보라. Campbell은 그 어구가 빈번하게 사용되어 "신자들을 향한 하나님의 행동들은 그리스도를 통해 수행되거나 모종의 방식으로 그리스도를 조건으로 하거나 그리스도와 관련이 있다"는 것을 가리킨다고 말한다(*Paul and Union with Christ*, 94). 참조. Te-Li Lau, *The Politics of Peace: Ephesians, Dio Chrysostom, the Confucian* Four Books (NovTSup 133; Leiden: Brill, 2010), 53-54.

225 John A. Allan, "The 'In Christ' Formula in Ephesians," *NTS* 5 (1958): 54-62.

226 엡 4:32에 등장하는 전치사의 도구적 및 처소적 힘을 전달하려고 하는 노력은 Lau, *The Politics of Peace*, 53-54을 보라: "하나님이 그리스도를 통하여 너희가 무죄라고 선고하셨고 너희를 그리스도 안으로 들어오게 하셨다."

227 나는 "그리스도 안에서"(ἐν Χριστῷ)의 도구적 의미를 부인하지 않지만, [그리스어에서] 그 앞에 나오는, 확실히 처소격인 "하늘에 속한"(ἐν τοῖς ἐπουρανίος)은 이 대목에서 "그리

오른편에 앉힘으로써 "메시아 안에서/를 통해서" 그의 큰 능력을 나타냈다 (Ἣν ἐνέργησεν ἐν τῷ Χριστῷ, 엡 1:20).

그렇다면 메시아는 존 A. 앨런의 말마따나 "하나님이 그를 통해 자기의 의지를 관철하고 자기의 교회를 선택하고, 구속하고, 무죄 선고하고, 축복하고, 교회에 새 생명을 주고, 교회를 세우는" 하나님의 대리인이다.[228] 따라서 바울은 "그리스도 안에서"(ἐν Χριστῷ) 및 그 어구와 관련이 있는 표현들을 메시아를 하나님의 목적을 실현하는 하나님의 대리인으로 제시하기 위한 단축어로 사용한다. 그러나 바울이 확실히 그 공식을 사용해서 신자들이 메시아의 정체성에 참여한다고 언급하기 때문에 "메시아 안에서" 공식은 종종 처소적 의미도 갖고 있으며, 그럼으로써 이런 많은 구문에서 참여적 함의를 갖고 있다.[229] 예컨대 메시아의 승귀(엡 1:20-23)는 교회가 함께 부활하고 "메시아 예수 안에서 하늘의 처소에"(ἐν τοῖς ἐπουρανίοις ἐν Χριστῷ

스도 안에서"라는 공식이 그리스도 안에 있는 사람들의 위치 또는 지위를 가리킴을 암시한다. 그들은 "그리스도 안에" 있다, 즉 그리스도와 함께 "하늘에" 있다. 이 점은 바울이 그리스도가 부활하여 하늘에서 왕좌에 즉위했고 그리스도 안에 있는 사람들은 이 하늘의 즉위에 참여한다고 묘사한다(엡 1:20-23과 2:5-6)는 사실을 통해 한층 강화된다. 그 전치사구가 주로 도구적 의미를 가진다고 주장하는 해석은 Campbell, *Paul and Union with Christ*, 82-84을 보라.

228 Allan, "The 'In Christ' Formula in Ephesians," 59.

229 Ibid.: "이제 에베소서에서 바울의 그 공식 사용에 좀 더 깊고 현저한 특성은 전혀 없다는 것과 바울 서신에서 그것이 나타내는 강렬한 개인적 감정의 흔적도 거의 또는 전혀 없다는 것이 명확하다. 그 서신에서 그 공식이 매우 광범위하게 사용되지만, 그 공식의 사용은 전적으로는 아니더라도 주로 도구적 의미에서 사용된다.… '그리스도 안에서'는 더 이상 이 저자에게 그리스도 안으로 통합되는 공식이 아니라 그리스도를 통한 하나님의 활동을 나타내는 공식이 되었다." Lau는 "그리스도 안에서"가 "하나의 의미를 지닌 공식이 아니다"라고 주장한다는 것과 그 전치사구가 종종 도구적 함의와 처소적 함의를 지닌다는 것을 주장한다는 점에서 좀 더 정확하다(*The Politics of Peace*, 52-57, 특히 52). 에베소서와 관련하여 비슷한 견해로는 Moule, *The Origin of Christology* (Cambridge: Cambridge University Press, 1977), 62-63을 보라.

Ἰησοῦ) 함께 높여지는 토대다(엡 2:6b).[230] 따라서 메시아의 부활은 하나님이 "[교회를] 그와 함께 살리는"(συνεζωοποίησεν τῷ Χριστῷ, 엡 2:5b)토대다. 따라서 하나님이 교회에게 "메시아 안에서/를 통해서 하늘에 속한 모든 신령한 복을"(ἐν τοῖς ἐπουρανίοις ἐν Χριστῷ) 주실 것을 축복하는 바울의 표현(엡 1:3)에서 "그리스도 안에서"(ἐν Χριστῷ)가 도구적 의미(즉 대리인으로서의 메시아)와 처소적 의미(즉 교회가 메시아의 정체성에 참여한다)를 모두 지닐 가능성이 있다. 메시아와 그의 백성 사이의 관련을 나타내는 **쉰**-(σύν-, 같이, 함께) 접두사는 "안에서"(ἐν)라는 전치사구가 처소격을 배제하지 않음을 한층 더 암시한다.[231] 따라서 신자들은 단지 **메시아를 통해** 하나님의 행동들을 받을 뿐만 아니라, 메시아의 정체성 및 그의 통치에 그와 함께 참여하기도 한다고 언급된다. 바로 하나님이 **메시아를 통해** 행동할 때 **사람들을** 메시아의 정체성과 통치 **안으로 통합하기 위해** 행동하기 때문에 그 공식이 두 가지 함의를 유지한다고 할 수 있는가?(참조. 엡 5:5) 즉 하나님이 다스리고 구원하고 무죄 선고하는 방법은 메시아의 대리를 통해서인데, 그들은 메시아의 통치에 참여한다. 메시아는 구원의 대리인**이고** 구원이 발견되는 장소이기 때문에 나는 우리가 그리스도 안에서(ἐν Χριστῷ)의 도구적 의미와 처소적 의미를 모두 유지해야 한다고 주장한다.[232] 따라서 "그리스도 안에서"(ἐν

---

230 Thomas G. Allen, "Exaltation and Solidarity with Christ: Ephesians 1:20 and 2:6," *JSNT* 28 (1986): 103-20을 보라.

231 Campbell은 엡 2:5-6에서 쉰-(σύν-) 접두사가 달린 동사들과 관련해서 그것들이 "그리스도의 부활, 승천, 하늘에서의 즉위에 참여하는 것을 포함하여 성취와 연관을 표현한다"고 진술한다(*Paul and Union with Christ*, 233). 다음 구절들에서 그 공식의 처소적 의미를 추가로 발견할 수 있다. 엡 1:1, 4, 13; 2:15; 3:11; 4:21.

232 비슷한 의견을 개진하는 Ernest Best, *One Body in Christ: A Study in the Relationship of the Church to Christ in the Epistles of the Apostle Paul* (London: SPCK, 1955), 5을 보라. 참조. Moule, *The Origin of Christology*, 54-56, 62.

Χριστῷ) 공식에 두 가지 함의가 있다면 하나님은 예컨대 **메시아를 통해서**, 즉 **사람들이 메시아의 부활 생명에 참여할 수 있게 함으로써** 사람들에게 부활의 생명을 준다(엡 2:5-6).[233]

70인역 시편 109편(개역개정 110편)은 에베소서 1:20-23에 기록된, 하나님이 메시아를 부활시키고 즉위시킨 것에 대한 내러티브의 전개와 범주들을 제공한다. 바울은 부활에 초점을 맞추지만, 승리를 거둔 이 사건의 전제는 메시아가 시편 2편에 등장하는 기름 부음을 받은 인물처럼 적대적인 정치적-우주적인 힘들의 저항에 직면하고 그들이 메시아를 죽일 수 있었다는 것이다(참조. 죽은 자들 가운데서[ἐκ νεκρῶν], 엡 1:20a). 메시아의 백성도 전에는 그들의 범죄와 죄로 죽은(ὑμᾶς ὄντας νεκρούς, 엡 2:1; ὄντας ἡμᾶς νεκρούς, 엡2:5) 상태에 있었다. 인간의 "죽음"의 상태의 원인이 되는 존재들은 메시아의 대적들(참조. 엡 1:21), 즉 "이 세상 풍조"(τὸν αἰῶνα τοῦ κόσμου τούτου, 엡 2:2)의 적대적인 통치자들이다.[234] 바울이(엡 1:20에서) 70인역 시편 109:1(개역개정 110:1)과 (엡 1:22에서) 8:7(개역개정 8:6)을 직접 인용하는 점에 비추어볼 때, 바울이 하나님과 그의 기름 부음을 받은 자의 대적들을 시편의 기름 부음을 받은 자에 대한 반대 묘사(시 2:2-3; LXX 109:2-3[개역개정 110:2-3]; 참조. 단 7:27)의 렌즈를 통해 이해했을 가능성이 있다.[235]

그러나 하나님은 큰 능력이 "그리스도를 죽은 자들 가운데서 다시 살림으로써 **메시아 안에서** 역사함을"(Ἣν ἐνήργησεν ἐν τῷ Χριστῷ ἐγείρας αὐτόν ἐκ νεκρῶν) 보임으로써 메시아의 적들에게 응답한다(엡 1:20a). 하나

233 Best, *One Body in Christ*, 29.

234 엡 1:20-23과 2:1-6 사이의 연결 관계에 관해서는 Allen, "Exaltation and Solidarity with Christ," 103-4을 보라.

235 Novenson, *Christ among the Messiahs*, 144-45도 보라.

님은 메시아를 다시 살릴 뿐만 아니라 "그를 하늘에서 자기의 오른편에 앉히기"(καθίσας ἐν δεξιᾷ αὐτοῦ ἐν τοῖς ἐπουρανίοις, 엡 1:20b; LXX 시 109:1[개역개정 110:1])도 한다.[236] 메시아는 시편 2편에서처럼 하나님이 자기의 기름 부음을 받은 자에게 부활의 생명을 주고 하나님의 섭정과 하늘 보좌를 공유하는 행동을 통해 [자신의 적들을] 이겨낸다. 하나님의 오른쪽에서 제왕의 자리를 취한, 부활하여 왕좌에 오른 메시아는 이제 만물을 자기 발아래 복종시킨다(엡 1:22a; 참조. 시 8:6).[237] 메시아가 상상할 수 있는 하늘의 모든 힘 위에, 즉 "모든 통치와 권세와 능력과 주권과 이 세상뿐 아니라 오는 세상에 일컫는 모든 이름 위에" 높여졌다(ὑπεράνω πάσης ἀρχῆς καὶ ἐξουσίας καὶ δυνάμεως καὶ κυριότητος καὶ παντὸς ὀνόματος ὀνομαζομένου οὐ μόνον ἐν τῷ αἰῶνι τούτῳ ἀλλὰ καὶ ἐν τῷ μέλλοντι, 엡 1:21)는 점에서 하나님이 자신이 택한 왕을 즉위시킨 것은 범위 면에서 우주적이다. 이제 메시아가 지배하는 이 통치자들은 "이 세상 풍조"(τὸν αἰῶνα τοῦ κόσμου τούτου, 엡 2:2)의 적대적인 통치자들, 즉 인간을 죽음과 죄의 속박 상태로 붙잡아 두었던(엡 2:1, 5) "공중의 권세를 잡은 통치자들"(τὸν ἄρχοντα τῆς ἐξουσίας τοῦ ἀέρος, 엡 2:2)이다. 메시아가 악한 권세들 위에 즉위한 것은 왕의 신민들의 구원과 구조로 귀결된다(χάριτί ἐστε σεσῳμένοι, 엡 2:5; Τῇ γὰρ χάριτί ἐστε σεσῳμένοι, 엡 2:8; αὐτὸς σωτὴρ τοῦ σώματος, 엡 5:23).[238]

---

236 Timothy G. Gombis는 바울이 "그 시편 전체의 전개, 특히 엡 2장에 나타난 하나님과 그리스도의 정복 활동이 시 110편에 나타난 야웨와 그가 임명한 왕의 지배 활동을 반영하는 방식을 반향한다"고 주장한다("Ephesians 2 as a Narrative of Divine Warfare," *JSNT* 26 [2004]: 403-18, 특히 408-9). Fee, *Pauline Christology*, 353도 보라.

237 시 110:1과 시 8:6 사이의 연결은 초기 기독교 기독론의 시작 단계에 개발된 것으로 보인다(다음 구절들을 보라. 고전 15:23-28; 히 2:5-18; 벧전 3:22). Lee, *From Messiah to Preexistent Son*, 216-23을 보라.

238 자기 백성의 구주로서의 선한 왕과 헬레니즘 시대의 여러 왕에 대한 전형적인 경칭으로

그러나 바울은 메시아의 부활과 즉위가 메시아의 신민들에게 긍정적인 함의 이상을 가지는 것으로 본다. "메시아 예수 안에"(ἐν Χριστῷ Ἰησοῦ, 엡 2:6b, 7b) 있는 사람들은 실제로 메시아의 부활과 즉위에 참여한다. 따라서 하나님은 "그들을 메시아와 함께 살렸고"(συνεζωοποίησεν τῷ Χριστῷ, 2:5), "그들을 함께 일으켜"(συνήγειρεν) "메시아 예수 안에서 함께 하늘에 앉혔다"(συνεκάθισεν ἐν τοῖς ἐπουρανίοις ἐν Χριστῷ Ἰησοῦ, 엡 2:6).[239] 에베소서 2:5-6에 등장하는 **쉰**-(σύν-, 함께) 접두사가 붙은 복합 동사 세 개는 바울이 에베소서 1:20-23에서 70인역 시편 109편(개역개정 110편)을 사용한 것을 상기시키지만,[240] 이 대목에서 그는 제왕의 부활과 즉위 개념을 메시아 예수 안에 있는 모든 사람에게 적용하며, 그럼으로써 왕의 신민들을 제왕으로 만든다.[241] 하나님이 메시아를 "죽은 자들 가운데서" 구해내고(엡 1:20a) "그를 하늘에서 자기의 오른편에 앉힌" 것처럼(엡 1:20b), 메시아의 신민을 "죽음"에서 구해내고(엡 2:1, 5) 그들을 "하늘에, 즉 메시아 예수 안에"(ἐν τοῖς

서의 "구주"에 관해서는 Donald Dale Walker, *Paul's Offer of Leniency (2 Cor 10:1): Populist Ideology and Rhetoric in a Pauline Letter Fragment* (WUNT 2.152; Tübingen: Mohr-Siebeck, 2002), 127-28 각주 138을 보라. 선한 왕은 자주 자기의 신민에 대한 사랑(φιλανθρωπία)에서 자기의 신민을 구조하고 그들의 싸움을 싸우는 것으로 묘사된다(*Let. Aris.* 289-290; Plutarch, *Alex.* 21.3; Dio Chrysostom, *1 Regn.* 20). 추가로 Celsus Spicq, "La philanthropie hellénistique, vertu divine et royale (à propos de Tit 3:4)" *ST* 12 (1958): 169-91을 보라.

239 Campbell, *Paul and Union with Christ*, 84-86을 보라.

240 σύν- 접두사가 붙은 동사 세 개는 메시아와 그의 백성 사이의 관계적 연대를 강조한다. 다음 문헌들도 그렇게 생각한다. Allen, "Exaltation and Solidarity with Christ," 105; Campbell, *Paul and Union with Christ*, 232-33. 엡 1:20-23과 2:5-6 사이의 관계의 중요성에 관해서는 A. T. Lincoln, "A Re-Examination of 'the Heavenlies' in Ephesians," *NTS* 19 (1973): 468-83, 특히 472-74을 보라.

241 Gombis, "Ephesians 2 as a Narrative of Divine Warfare," 410-11; Markus Barth, *Ephesians 1-3: A New Translation with Introduction and Commentary* (AB 34; New York: Doubleday, 1974), 164-65.

ἐπουρανίοις ἐν Χριστῷ Ἰησοῦ, 2:6b) 앉혔다. 그 앞의 전치사구들은 신자들이 현재 통치하는 메시아적-제왕적 영역—메시아 자신과 함께 하늘에 있는 영역—을 가리키기 때문에 우리가 그것들의 처소격의 힘을 놓치지 않아야 한다.[242] 메시아의 부활 생명과 천상의 통치는 이제 메시아의 백성이 메시아 예수와 그의 통치 안으로 통합됨으로써 그것에 참여하는 실재다. 즉 이스라엘의 시편에서 왕에게 한 제왕적 약속들, 특히 부활과 즉위의 약속들이 이제 메시아**와 그의 백성 모두**에게 속한다.

백성이 메시아의 부활과 즉위에 참여하는 것은 그들이 악의 세력들과 싸울 때 악한 권세들에 대한 메시아의 승리에 적극적으로 참여하는 토대다(엡 6:10-20). "주 안에서와 그 힘의 능력으로 강건하여지라"(ἐνδυναμοῦσθε ἐν κυρίῳ καὶ ἐν τῷ κράτει τῆς ἰσχύος αὐτοῦ, 엡 6:10)는 바울의 말에서 "주 안에서"와 "그 힘의 능력으로"가 하나님의 능력을 일컫는지 **또는** 메시아의 능력을 가리키는지는 결정하기가 어렵다.[243] 그러나 바울이 앞에서 힘이라는 언어를 언급한 것에 근거해서 나는 바울이 하나님이 메시아를 부활시킨 데서 절정에 달한 **하나님의 강력한 행동**을 가리킨다고 주장한다. 따라서 에베소서 1:19-20에서 그는 성도들이 "**그의 힘의 위력**으로 역사하심을 따라(κατὰ τὴν ἐνέργειαν τοῦ κράτους τῆς ἰσχύος αὐτοῦ) 믿는 우리에게 베푸신 능력의 지극히 크심이 어떠한 것을" 알기를 기도했다. "**그의 능력이 그리스도 안에서 역사하사**(Ἣν ἐνήργησεν) **죽은 자들 가운데서 다시 살리시고 하늘에서 자기의 오른편에 앉혔다.**" 따라서 신의 능력이라는 바울의 언어는 아들을 부활시키고 자신의 오른편에 앉힌 하나님의 강력한 행동과 밀접하게 연결된다.

---

242 Allen, "Exaltation and Solidarity with Christ," 106.

243 Campbell, *Paul and Union with Christ*, 151-54.

바울이 에베소서 1:19-20과의 병행에 기초해서 **"우리 가운데서 역사하시는 능력대로"**(κατὰ τὴν δύναμιν τὴν ἐνεργουμένην ἐν ἡμῖν, 엡 3:20a) 사람들에게 신의 뜻을 실행하는 존재로서의 이 강력한 하나님(Τῷ δὲ δυναμένῳ, 3:20b)께 기도하면서, **부활시키는 하나님의 능력**이 교회의 생명에 본질적이라고 선언하는 셈이다. 따라서 교회는 부활하여 즉위한 메시아와 연합함으로써(엡 1:20-23; 2:5-6), 부활시키는 하나님의 능력으로 강해져서 교회의 적들과 싸울 수 있게 된다. 그러나 교회의 적들은 메시아가 이미 패배시킨 동일한 적들이라는 점에 비추어볼 때(엡 6:12) 교회가 적들을 이길 필요는 없고 단순히 그들에게 저항하기만 하면 된다(엡 6:11, 13). 그들은 메시아가 "하늘에서"(ἐν τοῖς ἐπουρανίοις, 엡 1:20b) 즉위하여 "하늘에 있는"(ἐν τοῖς ἐπουρανίοις, 엡 6:12b) 악한 영역을 종식시켰을 때 자신의 통치에 복종시켰던 존재들과 동일한 "통치자들"(τὰς ἀρχάς, 엡 6:12; 참조. πάσης ἀρχῆς, 엡 1:21), "권세들"(τὰς ἐξουσίας, 엡 6:12; 참조. πάσης…ἐξουσίας, 엡 1:21; τὸν ἄρχοντα τῆς ἐξουσίας τοῦ ἀέρος, 엡 2:2b), 그리고 "이 어둠의 세상 주관자들"(τοὺς κοσμοκράτορας τοῦ σκότους τούτου, 엡 6:12; τὸν αἰῶνα τοῦ κόσμου τούτου, 엡 2:1)이다.

고린도전서 15:20-28

고린도전서 1:9에서 바울은 하나님이 "그의 아들 예수 그리스도 우리 주와 더불어 교제하게 하려고"(εἰς κοινωνίαν τοῦ υἱοῦ αὐτοῦ Ἰησοῦ Χριστοῦ τοῦ κυρίου ἡμῶν) 고린도 교회를 불러서 존재하게 했다고 말한다. 그리고 바울은 그리스도의 영을 공유함으로써 만물에 대한 메시아의 주권적 지배에 참여하는 것을 통해 교회가 아들과 교제하는 것을 개념화한다. 바울은 "만물"이 그들에게 속했는데(고전 3:21) 거기에는 심지어 단순히 바울이나 아볼로 같은 기독교 지도자들만 포함되는 것이 아니라 "세계나 생명이나 사망이나 지금 것이나 장래 것이나 다 너희의 것"(εἴτε κόσμος εἴτε ζωὴ εἴτε θάνατος, εἴτε ἐνεστῶτα εἴτε μέλλοντα, πάντα ὑμῶν, 고전 3:22; 참조. 롬 8:32)이기 때문에 고린도 교인들이 자기들이 가장 선호하는 사도에 관해 자랑할 때 그들의 우주적인 유산에 대한 시야를 잃었다고 질책하면서 그들에게 이 점을 상기시킨다.[244] 그러나 이런 우주적인 힘들이 고린도 교인들에게 복종하는 것은 **그들이 메시아에게 속했기** 때문이다. "너희는 그리스도의 것이요 그리스도는 하나님의 것이니라"(고전 3:23). 그렇다면 고린도전서 4:8-9에 나타난 바울의 빈정거림은 자기들이 왕이 될 것이라는 고린도 교인들의 기대에 관한 것이 **아니라** 그들이 바울과 별도로 그리고 바울이 없이도 왕이라는(χωρὶς ἡμῶν ἐβασιλεύσατε) 사실에 관한 것이다. 사실 바울은 고린도 교인들이 "우리가 너희와 함께 왕 노릇하기 **위하여** 참으로 너희가 왕이 되기를"(ἐβασιλεύσατε, ἵνα καὶ ἡμεῖς ὑμῖν συμβασιλεύσωμεν) 원한다(고전 4:8b; 참조. 롬 5:17-19; 딤후 2:8-11a).[245] 고린도전서 6:1-11에서 바울은 적절한 도덕적 행동의 토대로서 고린도 교인들이 그리스도의 통치권에 참여하기를 바라는 소망에 두 번 호소한다. (a) 고린도 교인들은 "그들이 세상을 판단(심판)할 것"이고(고전 6:2) "천사들을 심판할 것"이기(6:3) 때문에 그들의 형제자매들을 법정에 데려가면 안 된다. 그리고 (b) 그들이 "우리 주 예수 그

---

244 바울과 고린도 교인들 사이의 여러 의견 불일치들은 유대교의 묵시론적이고 종말론적인 바울의 사상과 그리스의 철학과 수사에서 영향을 받은 고린도 교인들의 사상 사이의 갈등에서 나오는 것으로 보인다. 다음 문헌들을 보라. Dale B. Martin, *The Corinthian Body* (New Haven: Yale University Press, 1995); Bruce W. Winter, *After Paul Left Corinth: The Influence of Secular Ethics and Social Change* (Grand Rapids: Eerdmans, 2001). 바울이 고린도 교인들로 하여금 종말론적으로 생각하게 하려고 한 시도에 관해서는 Richard B. Hays, "The Conversion of the Imagination: Scripture and Eschatologically in 1 Corinthians," *NTS* 45 (1999): 391-412을 보라.

245 Litwa, *We Are Being Transformed*, 186-87을 보라.

리스도의 이름과 우리 하나님의 성령 안에서" 통합됨으로써 매개된 구원의 실재(고전 6:11)가 그들이 "하나님의 나라를 유업으로 받지 못하는"(θεοῦ βασιλείαν οὐ κληρονομήσουσιν; 6:9; οὐκ…βασιλείαν θεοῦ κληρονομήσουσιν, 고전 6:10) 자들 가운데 있지 **않을 것**이라고 보장한다.[246] 고린도 교인들이 부활한 메시아의 영(πνεῦμα)에 참여했다는 점에 비추어 메시아와 성령 사이의 밀접한 관계(주 예수 그리스도의 이름과 우리 하나님의 성령 안에서, ἐν τῷ ὀνόματι τοῦ κυρίου Ἰησοῦ Χριστοῦ καὶ ἐν τῷ πνεύματι τοῦ θεοῦ ἡμῶν, 고전 6:11)가 그들로 하여금 하나님 나라를 상속받을 수 있게 해준다. 고린도전서 6:12-20과 15:35-49의 복잡한 내용을 살펴보지 않고서도 우리는 바울의 참여 담론이 고린도 교인들이 같은 영(πνεῦμα), 즉 메시아가 죽은 자들로부터 살아났을 때 그가 받은 동일한 성령에 참여한다는 약속에 의존한다는 것을 알 수 있다(특히 고전 6:13; 15:45). 고린도 교인들은 그리스도의 영(πνεῦμα)에 참여함으로써 주와 결합하고 그리스도의 부활에 참여할 것을 보장받는다(고전 6:14, 17).[247] 이것이 고린도전서 12장의 논리이기도 하다. 바울은 그곳에서 고린도 교회가 메시아에게 속한 하나의 그리고 동일한 영(πνεῦμα)을 공유하기 때문에(고전 12:3, 11, 12-13) 그 교회가 "메시아의 몸"(σῶμα τῷ Χριστοῦ)이라고 주장한다(고전 12:27). 우리는 이미 그리스-로마의 저자들이 어떻게 왕과 백성 사이의 관계를 왕은 백성의 정신 또는 영이고 백성은 왕의 몸인 관계로 개념화하는지에 관한 사례를 살펴보았다.[248] 세네카(그리고 다른 저자

246 이 점에 관해서는 Forman, *The Politics of Inheritance in Romans*, 208-9을 보라.

247 ὁ δὲ κολλώμενος τῷ κυρίῳ ἓν πνεῦμά ἐστιν(주와 합하는 자는 한 영이니라, 고전 6:17). 다음 문헌들을 보라. Martin, *The Corinthian Body*, 174-79; Stowers, "What Is 'Pauline Participation in Christ'?," 357-59.

248 3장 왕과 찬양"을 보라. 특히 Seneca, *Clem.* 1.3.5; 1.4.1-3; 2.2.1을 보라.

들)는 왕이 몸을 인도하는 정신 또는 영이라고 보는 반면에 이 대목에서 바울은 메시아가 자신의 영(πνεῦμα)을 공유한 것을 그리스도의 신민으로 하여금 왕의 통치에 참여할 수 있게 해주는 유대(bond)로 본다.[249]

따라서 바울은 고린도 교인들이 하나님 나라를 상속하는 것과(고전 15:50) 그리스도의 우주적 통치에 참여하는 것이 그리스도의 영(πνεῦμα)을 지니는 데 의존한다고 개념화한다(고전 6:9-11, 12-20; 12:1-31; 15:35-49). 바울이 고린도 교인들에게 그들이 하나님의 나라와 주권에 참여할 것이라고 한 약속은 메시아의 부활과 그의 재림을 중심으로 재작업된 도식(schema)인 고린도전서 15:20-28의 묵시적 시나리오에 기초를 둔다.[250] 바울은 이 대목에서 메시아와 그의 전투를 우주적-정치적 언어로 묘사한다. (a) 메시아의 재림은 **파루시아**(παρούσια)로 지칭되는데 그 말은 왕의 방문을 반향하는 용어다.[251] (b) 고린도전서 15:23a에서 죽은 자들 가운데서 그리스도의 부활과 장래의 부활 사이의 차이를 묘사하기 위해 사용된 용어인 **타그마**(τάγμα, 대대, 개역개정에서는 차례로 번역되었음)는 군대에서 병력을 나누는 것을 묘사하는 데 자주 사용되었으며, 이 점은 바울이 그리스도와 그의 백성을 전투를 치를 준비가 된 메시아의 군대로 묘사한다는 것을 암시한다.[252] (c) 그의 신민들, 즉 "그리스도에게 속한 자"(οἱ τοῦ Χριστοῦ, 고전

249 비록 저자들이 그 개념을 그리스도의 왕권/메시아직과 연결하지는 않지만 다음 문헌들을 보라. Johnson Hodge, *If Sons, Then Heirs*; Stowers, "What Is 'Pauline Participation in Christ'?"

250 Richard B. Hays, *1 Corinthians* (Louisville: Westminster John Knox, 1997), 264(『고린도전서(목회자와 설교자를 위한 주석)』, 한국장로교출판사 역간).

251 BAGD, 629-30; Anthony C. Thiselton, *The First Epistle to the Corinthians* (NIGTC; Grand Rapids: Eerdmans, 2000), 1230.

252 다음 예들을 보라. *Let. Aris.* 26; Josephus, *Ant.* 20, 122; *1 Clem.* 37:1-3; 40:1. 다음 문헌들도 보라. Hays, *1 Corinthians*, 264-65; Thiselton, *The First Epistle to the Corinthians*, 1229;

15:23)가 승리한 메시아의 뒤를 따른다는 개념은 초기 유대교와 신약성서에서 잘 알려진 상투적 표현이었다.[253] 그리고 (d) 메시아의 주요 활동은 그가 우주적-정치적 세력들을 파괴함으로써(καταργήσῃ πᾶσαν ἀρχὴν καὶ πᾶσαν ἐξουσίαν καὶ δύναμιν, 고전 15:24) 승리를 거두는 것이다.[254] 그리스도의 승리에 대한 바울의 묘사는 하나님으로부터 나라와 통치와 권위를 받아서 하나님의 적들을 굴복시키는, 다니엘서의 인자라는 인물을 강하게 반향한다(참조. 단 7:13-14, 특히 7:27).[255] 메시아가 이 적들을 패배시키는 것은 그가 "나라를 아버지 하나님께 바치는"(παραδιδῷ τὴν βασιλείαν τῷ θεῷ καὶ πατρί, 고전 15:24b) 것과 동시에 발생하며 이것이 궁극적으로 "하나님이 만유 안에 계시려 하는"(ἵνα ᾖ ὁ θεὸς πάντα ἐν πᾶσιν, 고전 15:28b) 목적인데, 이 진술은 하나님을 대신해서 그를 위해 통치하는 메시아에 대한 이스라엘의 제왕적 묘사를 반향한다.[256]

고린도전서 15:20-28이 창세기 1-3장의 반향, 군사 용어, 다니엘서에 등장하는 인자로 가득 차 있지만, 그리스도가 그의 대적들 위에 군림하는 우주적이고 보편적인 통치자가 된 근저에는 예수가 다윗 가문의 메시아

BAGD, 802-3.

253 Martinus C. de Boer, *The Defeat of Death: Apocalyptic Eschatology in 1 Corinthians 15 and Romans 5* (JSNTSup 22; Sheffield: JSOT Press, 1988), 200-202; J. Christian Beker, *Paul the Apostle: The Triumph of God in Life and Thought* (Philadelphia: Fortress, 1980).

254 고전 15:23-25의 정치적 공명에 관해서는 Forman, *The Politics of Inheritance in Romans*, 210-12을 보라.

255 Novenson, *Christ among the Messiahs*, 143-44을 보라. James A. Waddell, *The Messiah: A Comparative Study of the Enochic Son of Man and the Pauline Kyrios* (T & T Clark Jewish and Christian Texts Series 10; London: T & T Clark, 2011), 154-56을 참조하라.

256 Novenson은 이 대목에서 그리스도가 "하나님의 궁극적인 왕권"의 목적에 기여한다는 것과 "그리스도는 하나님의 대표자로서 현재의 악한 세대에서 하나님께 대적하는 모든 적대적인 세력들을 진압하는 것이 그의 일"이라는 것을 올바로 지적한다(*Christ among the Messiahs*, 144).

라는 사실이 놓여 있다. 그리스도는 하나님의 적들을 패배시키고 통치하는, 즉위한 주로서 신성한 왕권을 공유하는 존재이며(δεῖ γὰρ αὐτὸν βασιλεύειν ἄχρι οὗ θῇ πάντας τοὺ ςἐχθροὺς ὑπὸ τοὺ ςπόδας αὐτοῦ[그가 모든 원수를 그 발아래에 둘 때까지 반드시 왕 노릇 하시리니], 고전 15:25에 사용된 LXX 시 109:1[개역개정 110:1]) **또한** 이 정치적-우주적 적들을 진압하는 존재인데 그중에서 가장 큰 적은 "사망"이다(고전 15:24, 26). 그는 창조물에 대한 우주적인 지배권을 가지라는 아담의 소명을 공유하고 그것을 구현한다(πάντα γὰρ ὑπέταξεν ὑπὸ τοὺς πόδας αὐτοῦ[만물을 그의 발아래에 두셨다], 고전 15: 27a에 사용된 LXX 시 8:7[개역개정 8:5]).[257] 예수가 다윗 가문의 메시아라는 점에 비추어 노벤슨은 "바울은 다윗의 시편들이 직접 그리스도에 관한 것인 것처럼 그 시편들에 호소하는데, 바울에게는 그 시편들이 직접 그리스도에 관한 것이다."[258] 라이트가 주장한 바와 같이, 바울은 그래서 "예수가 약속에 따라 세상을 창조주 하나님의 구원하는 통치 아래로 들어오게 하는 역할을 담당하기 때문에 메시아의 모든 백성에게 장래의 부활이 보장되는 것을 강조하기 위해 시편 110편과 다니엘서에 등장하는 왕권과 메시아의 통치 주제를" 함께 엮는다.[259]

"사망이 한 사람으로 말미암았다"(고전 15:21a), "아담 안에서 모든 사

257 고전 15:20-28의 묵시적 시나리오 배후에 예수가 다윗 가문의 메시아라는 사실이 놓여 있다는 점에 관해서는 Novenson, *Christ among the Messiahs*, 143-46을 보라. 바울이 70인역 시 109편(개역개정 110편)과 8편을 사용해서 그리스도의 즉위를 묘사한다는 점에 관해서는 Eskola, *Messiah and Throne*, 182-84을 보라. Jan Lambrecht, "Paul's Christological Use of Scripture on 1 Cor. 15:20-28," *NovT* 28 (1982): 502-27도 보라. 구약성서의 반향은 N. T. Wright, *The Resurrection of the Son of God* (Christian Origins and the Question of God, vol. 3; Minneapolis: Fortress, 2003), 333-38에 명확히 제시되어 있다.

258 Novenson, *Christ among the Messiahs*, 146.

259 Wright, *The Resurrection of the Son of God*, 335.

람이 죽었다"(고전 15:22a)는 바울의 진술은 아담이 창조물에 대해 하나님의 의로운 통치를 확장하지 못하고 오히려 하나님의 적들을 통해 창조세계에 사망의 지배를 풀어놓은 것에 관해 말한다.[260] 아담의 씨에서 나오는 누군가가 뱀의 머리를 부술 것이라는 소망(창 3:15)은 이스라엘의 제왕 전통에서 이스라엘의 우주적-신화적 적들을 왕의 발아래 분쇄함으로써 그 적들을 정복할 다윗 가문의 구원자에 대한 기대로 재작업되었다.[261] 적들은 절하고 "티끌을 핥을 것이다"(LXX 시 71:9[개역개정 72:9]). 그들은 "발아래" 굴복할 것이다(LXX 시 109:1[개역개정 110:1]; 참조. 시 8:6; 삼하 23:39). 마찬가지로 용의 머리가 "부숴질" 것이고(LXX 시 73:13-14[개역개정 74:13-14]), 뱀은 "발아래 밟힐" 것이다(LXX 시 90:13[개역개정 91:13]).[262] 창세기 3:15의 영향을 가장 많이 받은 것으로 보이는 두 텍스트는 시편 8편과 LXX 시편 109편(개역개정 110편)이다. 시편 8편에서 하나님이 "만물을 그의 발아래" 두었다고 묘사된다(시 8:6). 그리고 70인역 시편 109:1(개역개정 110:1)에서 하나님은 왕좌를 공유하는 존재에게 "내가 네 원수들로 네 발판을 만들겠다"라고 선언한다. 우리가 살펴보았듯이 하나님이 "사탄을 너희 발아래에서(ὑπὸ τοὺς πόδας ὑμῶν) 상하게 하시리라"는 바울의 약속은 하나님의 메시아를 통해 악

260 Oscar Cullmann은 바울이 "인자"라는 경칭을 채택한 복음서 전승을 어느 정도 알았을지도 모른다고 주장했다. 바울이 이 전승을 사용했다는 증거는 빈약하고 증명하기 어렵지만, 유대교 전승에서 아담과 인자 사이의 관계로 미루어볼 때 바울이 그것을 알았을 가능성이 있을 것이다(*The Christology of the New Testament* [Philadelphia: Westminster, 1963], 172,). Joel Marcus, "Son of Man as Son of Adam," *RB* 110 (2003): 38-61을 보라.

261 시편의 화자의 제왕 이데올로기에서 창 3:15의 역할에 관해서는 다음 문헌들을 보라. Alexander, "Royal Expectations in Genesis to Kings," 204-5; W. Wifall, "Gen 3:15—Protevangelium?" *CBQ* 36 (1974): 361-65.

262 후기 유대교 텍스트에서 널리 퍼진, 이스라엘의 적들이 발아래 분쇄될 것이라는 소망 역시 창 3:15을 숙고한 결과일 가능성이 없지 않다. 예컨대 다음 텍스트들을 보라. 「에녹1서」 10:4, 11-12; 13:1-2; 「모세의 유언」 10:1; 1QS 3:18; 4:18-23.

이 패배한다는 이스라엘의 메시아 전통을 채택해서 인간이 하나님의 적들을 패배시키는 데 참여하게 한다(롬 16:20; 창 3:15; 시 8:6; LXX 시 109:1[개역개정 110:1]).[263] 그리고 고린도전서 15:27-28에서 **휘포타쏘**(ὑποτάσσω, 정복하다)와 관련된 단어들이 다섯 번 사용되었다는 점은 모든 창조물을 하나님의 통치 아래 굴복하게 할 수 있는 그의 능력 안에서 그리스도의 메시아적 정체성이 발현된다는 것을 보여 준다.[264] **타그마**(τάγμα, 순서, 고전 15:23)라는 단어에서 파생된 **휘포타쏘**(ὑποτάσσω) 형태가 여섯 번 등장한다는 것은 아버지에 대한 아들의 복종이 아담 안에서 상실된 창조물의 질서를 회복한다는 것을 암시한다. 따라서 바울은 종말론적 드라마에서 아버지가 아들보다 우선한다고 주장한다.[265] 아들은 아버지의 궁극적인 승귀와 영광을 위해 일하는 아버지의 대리인이다(고전 15:28).[266]

---

263 「시므온의 유언」 6:5에 수록된 창 3:15의 메시아적 독법을 주목하라. 그것은 확실히 기독교의 삽입이다. "주 하나님, 곧 이스라엘의 위대하신 이가 땅 위에 나타날 것이기 때문에 셈이 영광을 받을 것이다. 하나님은 홀로 아담을 구원할 것이다. 그때 모든 오류의 영들이 넘겨져 발아래 밟힐 것이다. 그리고 인간들이 악한 영들을 지배할 것이다." 추가로 Max Wilcox, "The Promise of the 'Seed' in the New Testament and the Targumim," *JSNT* 5 (1979): 2-20을 보라.

264 πάντα γὰρ ὑπέταξεν ὑπὸ τοὺς πόδας αὐτοῦ. ὅταν δὲ εἴπῃ ὅτι πάντα ὑποτέτακται, δῆλον ὅτι ἐκτὸς τοῦ ὑποτάξαντος αὐτῷ τὰ πάντα. ὅταν δὲ ὑποταγῇ αὐτῷ τὰ πάντα, τότε καὶ αὐτὸς ὁ υἱὸς ὑποταγήσεται τῷ ὑποτάξαντι αὐτῷ τὰ πάντα, ἵνα ᾖ ὁ θεὸς τὰ πάντα ἐν πᾶσιν("만물을 그의 발 아래에 두셨다" 하셨으니 "만물을 아래에 둔다" 말씀하실 때에 만물을 그의 아래에 두신 이가 그 중에 들지 아니한 것이 분명하도다. 만물을 그에게 복종하게 하실 때에는 아들 자신도 그때에 만물을 자기에게 복종하게 하신 이에게 복종하게 되리니 이는 하나님이 만유의 주로서 만유 안에 계시려 하심이라).

265 Wayne Meeks는 "고린도 가정 교회 회중에게 만연했던 것으로 보이는 지위와 구별 경쟁"을 논박하기 위해 바울이 아들의 복종을 강조했을지도 모른다고 주장한다. Wayne A. Meeks, "The Temporary Reign of the Son: 1 Cor 15:23-28," in *Texts and Contexts: Biblical Texts in Their Textual and Situational Contexts* (ed. Tord Fornberg and David Hellholm; Oslo: Scandinavian University Press, 1995), 801-11, 특히 807을 보라.

266 Robin Scroggs, "Paul: Myth Remaker. The Refashioning of Early Ecclesial Traditions,"

맨 나중에 멸망받을 원수는 사망이라는 바울의 진술은 독자들에게 개념적으로 및 언어적으로 아담을 명시적으로 상기시킨다. 사망이 아담을 통해 지배권을 얻었었다(δι' ἀνθρώπου θάνατος, 고전 15:21). 사망은 메시아와 그의 백성들의 우주적인 적으로서 아담이 창조세계를 부패시킨 표지로 묘사된다. 사망은 또한 인간에 대한 우주적 지배를 행사하는 것으로 묘사되는데(고전 15:24-26), 이 점은 "**아담 안에서** 모든 사람이 죽는다"(고전 15:22a)는 바울의 (부정적인) 참여적 진술이 인간의 (실패한) 대표자로서 아담이 수행한 왕의 역할을 말한다는 것을 암시한다. 죽음을 초래하는 아담의 지배의 종식은 메시아가 죽은 자들 가운데서 부활한 사건을 통해서 일어나는데, 이는 메시아가 왕위 등극과 신적인 능력을 지닌 지위를 시작하는 사건이다(고전 15:25-27). 이 점은 "죽은 자의 부활도 한 사람으로 말미암는다"(δι' ἀνθρώπου ἀνάστασις νεκρῶν, 고전 15:21b)와 "메시아 안에서 모든 사람이 삶을 얻으리라"(ἐν τῷ Χριστῷ πάντες ζῳοποιηθήσονται, 고전 15:22b)는 바울의 기독론적인 참여적 진술과 그리스도의 주권에 참여할 것이라는 앞의 약속들(고전 3:21-23; 4:8-9; 6:2-3, 9-11)이 그리스도와의 연합을 그리스도의 제왕 내러티브와 정체성, 특히 그의 적들에 대한 우주적 승리, 하나님 나라 확립, 그리고 부활의 생명과 죽음에 대한 승리에 참여하는 것으로 개념화한다고 이해되어야 함을 암시한다. 그리스도 안에 있고 그의 부활 생명에 참여하는 사람들(고전 15:21-22)은 또한 하나님 나라를 상속하는 사람들이다(σὰρξ καὶ αἷμα βασιλείαν θεοῦ κληρονομῆσαι οὐ δύναται οὐδὲ ἡ φθορὰ τὴν ἀφθαρσίαν

---

in *Pauline Conversations in Context: Essays in Honor of Calvin J. Roetzel* (ed. Janice Capel Anderson, Philip Sellew, and Claudia Setzer; JSNTSup 221; Sheffield: Sheffield Academic, 2002), 87-103, 특히 98.

κληρονομεῖ, 고전 15:50).[267] "만물"의 통치자(3:21-23)이자 "하나님 나라를 상속하는" 사람(6:9-11; 15:50)으로서 바울은 그리스도와의 연합을 다윗 가문의 **메시아의 우주적인 통치, 승리, 그리고 심판에 참여**하는 것으로 개념화한다.

결론

이 장에서 내가 바울의 참여 구원론의 **모든** 것을 이해하기 위한 틀이나 맥락을 제시한 것은 **아니다**. 예컨대 바울은 식사(고전 10:14-22; 11:23-26), 결혼과 성교(롬 7:4-6; 엡 5:21-33; 고전 6:12-20), 그리고 세례(롬 6:3-6; 골 2:12)를 사용해서 그리스도와의 연합을 개념화하는데, 이 이미지들과 관행들은 왕권 이데올로기와 직접적인 관련이 없다. 하지만 나는 다른 사람들과 마찬가지로 바울이 예수를 왕적인 인물로 이해한 것은 예수가 다윗 가문의 메시아라는 점에 근거한다고 생각한다. 즉 예수가 하나님 자신의 왕권을 공유하고 **또한** 자신의 위격 안에서 자기 백성을 대표한다는 사실이 명시적인 제왕 모티프가 없는 곳에서도 바울의 참여 담론에 대한 논리를 제공한다. 왕만이 하나님의 생명과 구원을 백성에게 매개할 수 있는 사람이라는 독특한 지위를 갖는다. 나는 바울이 그리스도와의 연합을 개념화하기 위해 사용한 풍부한 제왕 담론이 다윗 가문의 메시아로서 예수의 정체성—하나님께 순종해서 고난을 받고 죽었다가 부활해서 성령에 의해 하나님의 오른

267 고전 15:50과 15:23-25 사이의 관계에 관해서는 Forman, *The Politics of Inheritance in Romans*, 209을 보라.

편에 등극한 존재로서의 그의 특정한 내러티브와 관련한 정체성—이 바울이 그리스도의 백성이 메시아 예수의 정체성과 내러티브에 안에 거주하고 그것에 참여한다고 창의적으로 개념화하는 데 기여했을 가능성이 있음을 확증한다고 생각한다. 내가 보기에는 바울이 (바울 전에 출현한 것일 수도 있는) 기독론적 고백들(예컨대 롬 1:3-4; 고전 15:1-5)과 찬송들(골 1:15-20; 빌 2:6-11)을 취해서 그것들을 그리스도가 그의 구원하는 통치를 자기 백성들과 공유하도록 발전시키고 확장한 데서 바울의 혁신과 창의성이 드러난다.

5장

왕과 정의:
로마서에 제시된 하나님의 의와
의로운 왕

왕은 군사적 리더십을 발휘하고 정의를 실행하고 신들을 숭배할 세 가지 의무를 진다.[1]

그가 나를 기뻐하시므로 나를 구원하셨도다. 여호와께서 내 의를 따라 상 주셨도다.[2]

의인은 없나니 하나도 없다.[3]

바울이, 특히 로마서에서, **디크**-(δικ-) 합성어를 빈번하게 사용한 것이 모

---

1 Diotogenes, Erwin R. Goodenough, "The Political Philosophy of Hellenistic Kingship," *YCS* 1 (1928): 55-102, 이 부분은 66에서 인용됨.

2 70인역 시 17:20b-21a(개역개정 18:19b-20a).

3 롬 3:10.

든 로마서 해석자를 당황하게 했다.[4] 예컨대 "하나님의 의"(롬 1:17; 3:5, 21, 22, 25, 26; 10:3)의 의미가 무엇인가? 바울은 독자들이 "**하나님의** 의"와 소유격 한정사가 없는 명사 "의"를 구분할 것을 의도하는가? "하나님의 의"와 어의상으로 관련이 있는 동사인 "의롭다고 인정하다"(롬 2:13; 3:24, 30; 4:2, 5) 사이에는 어떤 관계가 있는가? 하나님의 의와 메시아가 의와 관련되는 것(롬 5:15-21)의 차이는 무엇인가? 바울은 어떻게 하나님의 의가 그리스도의 죽음(가령 롬 3:24-25)**과** 그리스도의 부활(가령 롬 4:24-25)에서 드러났다고 말할 수 있는가? 그리고 하나님의 의와 하나님의 백성 이스라엘의 현재 상태 사이에는 어떤 관계가 있는가?(롬 9-11장)

현대의 다양한 "정의" 개념은 말할 것도 없고 **디크**-(δικ-) 합성어의 믿을 수 없을 정도로 넓은 어의상의 범위와 그 단어들이 사용되는 다양한 맥락에 비춰볼 때, 바울이 사용한 "의"라는 단어의 의미를 결정하는 것은 믿을 수 없을 정도로 복잡한 작업이다.[5] 바울의 의라는 단어의 해석들은 종종 칭의와 속죄 사이의 관계를 **올바로** 강조하며, 로마서 3:21-26의 확실한 기능 중 하나는 예수의 죽음이 하나님의 의를 드러낸다는 것을 보여 주는 것이다(예컨대 롬 3:24-26; 5:9-11). 그러나 바울이 제사 용어를 채택한 데 주의를 기울임에 따라 때때로 바울이 의/의롭다 함과 부활을 연결한다는 사실

---

4 내가 세어 본 바로는 이 단어 그룹이 63회 등장한다. 바울의 의라는 단어에 관해 저술하는 모든 사람이 인정하듯이 영어에는 바울의 δικ- 합성어들의 어의상의 뉘앙스를 반영할 수 있는 단어나 단어 그룹이 없다. 이는 부분적으로는 이 단어들이 광범위한 어의상의 범위를 가지며 믿을 수 없을 정도로 다양한 (법정적 및 비법정적) 맥락에서 사용된다는 사실에 기인한다.

5 그리고 롬 1:16-17과 3:21-26의 주석상 및 어의상의 복잡성은 악명이 높다. 그 점에 관해서는 Douglas A. Campbell, *The Rhetoric of Righteousness in Romans 3:21-26* (JSNTSup 65; Sheffield: JSOT Press, 1992), 22-69을 보라.

이 소홀히 취급되기도 한다.[6]

이 장에서 나는 바울이 로마서에서 사용한 의라는 단어에 대해, 부활하고 왕위에 오른 아들 사건에서 하나님의 복음이 드러났다는 바울의 서두의 주장(롬 1:1-4)을 진지하게 고려하여 해석할 것을 제안한다. 이는 고대의 왕권 담론, 특히 왕들과 정의 사이의 관련성이 바울의 의라는 단어에 대해 좀 더 논리정연한 해석을 촉진할 수도 있다는 나의 주장에 대해 **시초의** 정당화를 제공한다. 우리는 고대 왕들이 세상을 안정시키고 그럼으로써 신들을 위해 우주의 질서를 유지한다고 생각되었음을 살펴보았다. 이 목표에 기여하는 왕의 주요 과제 중 하나는 부당한 자에게 심판을 집행하는 것이었다. 사악한 자들이 흔히 의로운 자들에게 폭력을 가했기 때문에 불의한 자에게 심판을 집행하는 것은 종종 의인에게 가해진 잘못을 교정하는 결과를 가져왔다. 왕이 자신의 의로운 신민을 신원하는 것뿐만 아니라 사악한 자를 심판하는 것 역시 우주의 질서를 보존하며, 종종 신적 정의를 유지하는 것으로 여겨졌다. 따라서 신이 의인을 구조하고 그들에게 틀림없이 정의가 실현되게 하는 것은 올바른 일이다. 로마서에서 바울이 메시아를 선한 왕으로 묘사한다는 사실은 하나님의 제왕적 섭정으로서 사악한 자에게 하나님의 심판을 매개하고 자기 백성을 신원하고 구원하며, 그럼으로써 그들에게 정의를 세우는 메시아적인 왕을 제시한 데서 드러난다.[7]

---

6 의롭다 함/의와 그리스도의 속죄 사역 사이의 관계에 관해서는 다음 문헌들을 보라. Campbell, *The Rhetoric of Righteousness in Romans 3:21-26*, 102-37; D. A. Carson, "Atonement in Romans 3:21-26: 'God Presented Him as a Propitiation'," in *The Glory of the Atonement: Biblical, Historical, and Practical Perspectives: Essays in Honor of Roger P. Nicole* (ed. Charles E. Hill and Frank A. James III; Downers Grove, IL: InterVarsity, 2004), 119-39.

7 하나님의 심판에서 그리스도의 역할이 메시아의 제왕적 특성의 측면 중 하나로 여겨져야 한다는 점은 Donald Dale Walker, *Paul's Offer of Leniency (2 Cor 10:1): Populist Ideology*

로마서에 등장하는 바울의 의 담론은 성경 텍스트, 특히 시편과 이사야서에 대한 고찰에 의존하는데, 시편과 이사야서는 고난당하고 하나님에 의해 신원되는 **의로운** 제왕적 인물을 묘사한다는 점에서 70인역 성경에서 제왕적-메시아적으로 해석될 가능성이 가장 큰 부분이다. 로마서에서 하나님은 의로운 메시아를 통해 자신의 정의를 드러내고 실행하는 신적인 왕이다. 바울이 로마서 1:3-4에서 부활한 하나님의 제왕적인 아들에게 초점을 맞춘다고 정의한 복음에 "하나님의 의"(δικαιοσύνη θεοῦ)가 나타났다(롬 1:16-17)고 한 주장에 비춰볼 때, 하나님이 메시아를 죽은 자들 가운데서 부활시켜 그를 즉위시킨 것이 이 신적 정의라고 이해되어야 한다. 즉 이 두 텍스트 사이의 관계는 독자들이 신적 정의가 로마서 1:3-4에 제시된 제왕 내러티브에서 실증되었다고 본다는 것을 암시한다. 로마서의 청중은 로마 제국에서 살았고, 서문에서 세상을 통치하는 하나님의 제왕적인 아들(1:3-4)

and Rhetoric in a Pauline Letter Fragment (WUNT 2.152; Tübingen: Mohr-Siebeck, 2002), 148-49에 의해 주장되었다. James A. Waddell, *The Messiah: A Comparative Study of the Enochic Son of Man and the Pauline Kyrios* (T & T Clark Jewish and Christian Texts Series; London: T & T Clark, 2011), 163-66에 의해 제공된 바울 서신에서의 메시아와 「에녹1서」에서의 메시아적 인물 사이의 비교도 유익하다. 우리는 다른 방식으로 결론에 도달하지만 나는 "하나님의 의는 이 점을 나타낸다. 하나님의 힘이 세상에 미치고 세상의 구원은 세상이 하나님의 주권에 다시 장악되는 데 놓여 있다"는 Ernst Käsemann의 주장이 옳았다고 생각한다. 그의 다음 문헌들을 보라. "'The Righteousness of God' in Paul," in *New Testament Questions of Today* (trans. W. J. Montague; Philadelphia; Fortress, 1969), 168-82; ibid., *Commentary on Romans* (trans. Geoffrey W. Bromiley; Grand Rapids: Eerdmans, 1980), 79-80, 145-50. 비슷한 의견을 개진하는 Adolf Schlatter, *Gottes Gerechtigkeit: Ein Kommentar zum Römerbrief* (Stuttgart: Calwer, 1935), 35-38도 보라. Peter Stuhlmacher, *Revisiting Paul's Doctrine of Justification: A Challenge to the New Perspective* (Downers Grove, IL: InterVarsity, 2001), 28도 보라: "하나님의 의의 복음을 예수를 주님과 구주로 고백하는 개별적인 죄인들에 대한 무죄 선고의 메시지로 제한함으로써 칭의 교리의 이러한 묵시적 넓이가 줄어들어서는 안 된다. 그리스도의 죽음을 통한 하나님의 의가 나타난 것과 그리스도의 부활 그리고 세상의 주님, 변호자, 구주이자 심판자로서 그의 지속적인 활동은 바로 우주 전체에 하나님의 의로움을 확립하는 것과 관련이 있다.

에 관해 말하는 편지의 내용을 들었으며, 그 편지의 첫 번째 주제에서 메시아를 통해 매개된 신적 정의, 심판, 신적 분노, 그리고 의라는 단어가 채택된다. 바울이 자기의 편지를 듣는 사람들이 메시아를 정의와 관련시킬 것이라고 기대했다는 주장이 개연성이 없다고 보이지는 않을 것이다.

바울이 사용한 **디크**-(δικ-) 합성어들은 매우 빈번하게 조사되었다. 나는 주요 증거나 그 증거에 대한 상세한 검토들을 제시할 의도가 없다.[8] 이 연구는 "개념 숙달"을 추구하려고 하지 않을 것이다. 그렇게 하려면 의에 관한 모든 구절의 의미를 설명해야 할 것이다.[9] 나는 마크 세이프리드가 지적한 "어떤 합성어 또는 단어 그룹의 적절한 정의는 그 용어들의 다양한 의미를 끌어내는 맥락을 묘사해야 한다는 어의상의 통찰"을 명심함으로써 바울의 의라는 단어를 이해하려고 할 때 많은 해석자를 괴롭히는 보편적인 문제도 피하려고 할 것이다.[10] **디크**-(δικ-) 합성어들에 대한 이전의 연구들

---

8 Hermann Cremer의 연구는 여전히 중요하다. 그는 바울의 "의" 언어의 관계상의 함의를 밝히는 데 도움을 주었다. Cremer, *Die paulinische Rechtfertigungslehre im Zusammenhänge ihrer geschichtlichen Voraussetzungen*(Gutersloh: Bertelsmann, 1900)을 보라. 나는 주요 증거, 특히 Mark Seifrid, "Righteousness Language in the Hebrew Scriptures and Early Judaism," in *Justification and Variegated Nomism: The Complexities of Second Temple Judaism* (vol. 1; ed. D. A. Carson et al.; Grand Rapids: Baker Academic, 2001), 415-42을 검토함으로써 연구에 도움을 받았다. 추가로 다음 문헌들을 보라. John Ziesler, *The Meaning of Righteousness in Paul* (Cambridge: Cambridge University Press, 1972); M. T. Brauch, "'God's Righteousness' in Recent German Discussion," in E. P. Sanders, *Paul and Palestinian Judaism* (Philadelphia: Fortress, 1977), 523-42(『바울과 팔레스타인 유대교』, 알맹e 역간).

9 John Reumann, *"Righteousness in the New Testament": "Justification" in the United States Lutheran-Roman Catholic Dialogue* (Philadelphia: Fortress, 1982), 13을 보라.

10 Seifrid, "Righteousness Language in the Hebrew Scriptures and Early Judaism," 422. Stanley K. Stowers도 보라. 그는 다음과 같이 지적한다: "해석자는 우선 갈라디아서와 로마서가 텍스트들 사이의 연결망으로부터 구성된 내러티브, 논증, 그리고 비유들로 이루어졌음을 깨달아야 한다. '의'라는 단어가 사용되는 각각의 경우의 의미는 이런 내러티브, 논증, 그리고 비유들이 그 단어 및 그 단어의 직접적인 맥락에 따라 결정되어야 한다"(*A Rereading of Romans: Justice, Jews, and Gentiles* [New Haven: Yale University Press, 1994], 306).

이 바울이 사용한 의라는 언어의 가능한 의미를 확립하는 데 도움이 될 수도 있지만, 어떤 의미가 사용되고 있는지는 바울의 직접적인 맥락이 결정한다.[11] 나의 목적상으로는 이 통찰은 의로운 행동(옳은 행동)은 의라는 단어가 등장하는 맥락 또는 담론에 전적으로 의존한다는 것을 의미한다. 예컨대 신적 의는 일반적으로 모종의 하나님의 옳은 행동을 의미하지만, 구체적인 옳은 행동은 그 단어가 사용되고 있는 담론에 의존한다.[12] 그러므로 바울의 **디크**-(δικ-) 합성어는 맥락에 주의를 기울임으로써 발견되어야 하는데, 나는 이 맥락이 그리스도 사건에 대한 바울의 특정한 이해에 기초한 제왕적 함의를 지닌다고 주장할 것이다.

이 장의 나머지 부분에서 나는 로마서에 나타난 바울의 정의와 심판 담론은 그 담론이 고대의 왕과 정의에 관한 논의의 맥락에서 고려될 때 가장 잘 이해될 수 있다고 주장할 것이다. 좀 더 구체적으로 말하자면 나는 로마서에서 하나님이 자기 백성을 구하고 적들을 심판하는 하나님의 메시아적인 왕을 통해 우주에 대한 공정한 통치를 확립한다고 주장할 것이다(롬 1:16-17; 3:21-22). 하나님의 의는 하나님이 **의롭고**, 신실하고, 순종하는 메시아를 죽은 자 가운데서 부활시킴으로써 드러나고 사람들에게 확립되는데, 그의 죽음은 부정의가 묵시적으로 드러난 사건이었다.[13] 따라서 의인을

---

11 Campbell, *The Rhetoric of Righteousness in Romans*, 155-56도 그렇게 생각한다.

12 다음 문헌들도 같은 그렇게 생각한다. Stephen Westerholm, "Righteousness, Cosmic and Microcosmic," in *Apocalyptic Paul: Cosmos and Anthropos in Romans 5-8* (ed. Beverly Roberts Gaventa; Waco, TX: Baylor, 2013), 21-38, 특히 29; Christopher D. Marshall, *Beyond Retribution: A New Testament Vision for Justice, Crime, and Punishment* (Grand Rapids: Eerdmans, 2001), 45-47.

13 Marshall, *Beyond Retribution*, 50을 보라: "왕은 부채를 탕감하고, 땅을 해방시키고, 약자를 보호하는 것 등을 통해 언약 공동체에 정의와 형평을 가져오는 행동을 할 때 의롭다. 신적인 왕은 스스로를 구할 수 없는 사람들을 구하기 위해 개입해서 자신이 언약에 충실함을 증

정당화하기 위한 이 신적인 강력한 행동에서 하나님의 의가 드러나고, 전에는 압제를 받았지만 이제 신원된 자가 의의 지위, 즉 하나님이 실제로 의인을 구제함으로써 수반되는 지위를 지닌다. 바울에게는 메시아가 **의롭고, 신실하고, 순종하는 유일한 존재다**. 나머지 인간은 사악하고, 불의하고, 난폭하고, 신의 분노로 특징지어지는 상황에 제약되어 있다(롬 1:18-19, 32; 2:5; 3:9-20). 그리고 바로 **이 불의하고 사악한 인간**이 정의를 잘못 실행함으로써 하나님의 의로운 메시아를 죽였다(롬 3:9-20). 따라서 불의하고 회개하지 않는 인간에 대한 하나님의 보응하는 심판에서 하나님의 의로운 판결이 나타난다. 역으로 메시아와 그의 백성 사이의 불가분한 관계에 비춰볼 때 메시아를 부활시킨 데서 나타난 하나님의 의는 메시아에게 속한 사람들을 **구원하는** 결과를 가져온다. 즉 칭의, 구속, 그리고 속죄는 하나님이 그의 메시아를 죽음에서 **올바로** 구원하는 선행 행동에 의존한다.

왕과 정의

바울이 로마서에서 사용한 의라는 단어를 살펴보기 전에 그리스-로마 문헌과 구약성서에 나타난 왕과 정의 사이의 관계를 다소 자세하게 논의할 필요가 있다. 단순히 왕과 정의 사이의 관계가 나타나는 빈도 외에 그 주제의 네 가지 구성 요소가 중요하며, 그 요소들이 이후의 논의 전반에 엮여 있다. 첫째, 고대 왕들이 백성을 위해 정의를 실행하는 책무가 그들의 표준적

명하기 때문에 의롭다."

인 책임 중 하나였다.[14] 왕들의 목표 중 하나는 자기 백성에 대한 공정하고 평화로운 통치를 창조하고 조장하는 것이었다. 둘째, 왕이 신민에게 정의를 실행하는 것과 관련된 책무로서 왕은 사악한 자들과 백성에 대한 왕의 정의로운 통치를 위협하려고 하는 자들에게 심판을 집행할 책임이 있었다. 공정한 판결과 집행은 고대 왕들의 표준적인 의무였다. 셋째, 왕에게 자기 백성에 대해 정의를 확립할 책임이 있다면, 많은 텍스트가 왕이 사회에서 가장 공정한 인물이 되기 위해 노력해야 한다는 것을 강조하는 것이 놀랄 일이 아니다. 마지막으로, 70인역 성경과 유대인의 문헌에서 왕은 종종 불의한 자들에게 고난을 받아 생명이 위협당하는 상황에 놓이고, 왕은 자신과 하나님의 의를 토대로 자기를 수치와 죽음에서 구해 달라고 호소한다.

그리스-로마 텍스트에 나타난 왕과 정의

정의로운 왕은 먼저 자신 안에 정의라는 미덕을 확립할 것으로 기대되며, 왕의 정의는 종종 신적 정의를 반영한 것이다. 왕의 소명은 신의 대리인으로서 신을 투영하는 것이기 때문에 왕이 정의에 헌신할 필요가 있다. 신들

---

14 왕과 정의 사이의 관계는 고대 이집트와 메소포타미아의 제왕 이데올로기에 뿌리를 두고 있는 것으로 보인다. 그 이데올로기는 신들을 섬김에 있어서 통치자의 "보호 기능과 정의 및 질서에 대한 책임"을 강조했다. Kurt A. Raaflaub, "Poets, Lawgivers, and the Beginnings of Political Reflection in Archaic Greece," in *The Cambridge History of Greek and Roman Political Thought* (Cambridge: Cambridge University Press, 2000), 23-59, 특히 52을 보라. 고대 근동의 맥락에서 사회적 정의를 통해 우주의 질서를 확보하는 데 있어서 왕들의 역할에 관해서는 다음 문헌들을 보라. Henri Frankfort, *Kingship and the Gods: A Study of Ancient Near Eastern Religion as the Integration of Society and Nature* (Chicago: University of Chicago Press, 1948), 51-52, 277-81; Dale Launderville, *Piety and Politics: The Dynamics of Royal Authority in Homeric Greece, Biblical Israel, and Old Babylonian Mesopotamia* (Grand Rapids: Eerdmans, 2003), 234-36.

이 정의를 사랑하기 때문에 왕은 신의 정의를 투영해야 한다. 왕은 언제나 공정하게 정의를 실행해야 하는데, 이는 때때로 잘못을 저지른 자에게 처벌적인 정의로 귀결된다. 그러나 왕의 신민들에게는 왕의 정의가 자주 구원, 악으로부터의 해방, 평화, 그리고 자유를 수반한다.[15]

그리스와 로마에서 왕의 정의에 관한 숙고하는 원천은 호메로스의 서사시들이다. 우리는 그 서사시들에서 제우스의 통치에 근거한 정의의 규범을 포함한 사회 규범을 발견한다. 예컨대 네스토르는 아가멤논 왕에게 "왕은 많은 사람의 주이며, 제우스가 왕의 손에 규(scepter)와 심판할 권리들을 주어서 백성의 왕이 되게 하셨습니다"라고 말한다(*Il.* 98-99).[16] 그 시의 앞부분에서 아킬레우스는 규에 관해 그리스인들이 "제우스의 정의를 집행할 때 위엄을 갖추어 손에 들고 있다"고 언급했다(*Il.* 234-239). 군사들에 대한 오디세우스의 질책은 신적인 왕의 선택과 정의를 주선할 왕의 책임 사이의 관계를 이용한다. "한 통치자, 한 왕이 있어 크로노스(그는 기만적인 신이다)의 아들[제우스]이 왕에게 규와 심판할 권리를 주어서 그의 백성을 감독하게 하라"(*Il.* 2.204-206). "트로이인들이 광포한 회합에서 비뚤어진 칙령을 통과시키고, 그들 가운데서 의를 몰아내고, 신들이 생각하는 것에 전혀 관심을 기울이지 않기 때문에" 제우스가 트로이인들의 부정의에 대해 분노를 발한다(*Il.*16.385-388).[17] 이소크라테스의 『에바고레스』(*Evagoras*)는 제왕의 정의가 어떻게 시민들에게는 유익을 주지만 사악한 자들에게는 처벌을 집행하

15 Goodenough, "The Political Philosophy of Hellenistic Kingship," 71.

16 Meira Z. Kensky, *Trying Man, Trying God: The Divine Courtroom in Early Jewish and Christian Literature* (WUNT 2.289; Tübingen: Mohr-Siebeck, 2010), 68-80을 보라.

17 William Allan, "Divine Justice and Cosmic Order in Early Greek Epic," *JHS* 126 (2006): 1-35, 특히 10.

는지를 예시한다. "그는 평생 누구에게도 불공정하게(ἀδικῶν) 행동하지 않았고 선한 사람들을 존중했다. 그리고 그는 자기의 신민을 근면하게 통치했지만, 악을 행하는 자들(ἐξαμαρτόντας κολάζων)은 처벌했다"(*Evag.* 43).

이소크라테스는 『니코클레스』(*Nicocles*)에서 국가에서 조화와 질서를 얻기 위해 "절제와 정의의 일들"이 필요하다는 입장을 피력한다(*Nic.* 41). 크세노폰의 키루스 왕 묘사는 그 통치자에 대한 묘사를 포함하는데, 그는 매우 젊은 나이에 "정의에 통달해서 사람들이 그에게 가져온 사건들을 결정할 수 있었다"(*Cyr.* 1.3.16; 참조. 1.3.17-18; *Mem.* 4.2.11).[18] 키루스의 부친은 장래의 통치자에게 키루스가 "세상에서 가장 의롭고(δικαιότατός) 법을 준수하는 사람이어야" 한다고 가르쳤다(*Cyr.* 1.6.27). 훗날 크세노폰이 그 통치자가 친구들과 동맹국에 대해 어떤 "부정의"(ἀδικεῖν)도 보이지 않았고(8.1.26) "정의(δικαίων)를 구하는 누구에게나" 정의를 베풀었다(8.3.20)고 제시하는 점으로 볼 때 키루스는 이 교훈을 배운 것으로 보인다.[19] 디온 크리소스토모스의 왕권 연설들은 이상적인 왕이 공정하다고 묘사한다. "공평하고 정의로운(ἴσου καὶ δικαίου) 왕보다 유익한 것이 무엇이겠는가?"(*Or.* 1.35) 디온은 호메로스가 "왕의 중요한 두 가지 미덕은 용기와 정의(ἀνδρείαν καὶ δικαιοσύνην)"라고 가정했다고 지적한다(*Or.* 2.54). 알렉산드로스가 디오게네스에게 어떻게 하면 최고의 왕이 될 수 있는지 물었을 때 그 철학자는 "왕은 가장 용감하고 의로우며(δικαιότατος), 자비로우며, 어떤 역경이나 욕

---

18 선한 왕에 관한 크세노폰과 이소크라테스의 사상에 관해서는 Julien Smith, *Christ the Ideal King: Cultural Context, Rhetorical Strategy, and the Power of Divine Monarchy in Ephesians* (WUNT 2.313; Tübingen: Mohr-Siebeck, 2011), 25-33을 보라.

19 J. Joel Farber, "The *Cyropaideia* and Hellenistic Kingship," *AJP* 100 (1979): 497-514, 특히 503을 보라.

망에도 굴하지 않기 때문에 왕이 인간들 가운데서 최고이십니다"라고 대답했다(4.24; 참조. 3.7, 10, 69; 4.24).

디오토게네스에 따르면 "정의를 베푸는 것"은 왕의 세 가지 주요 의무 중 하나다.[20] 정의는 "이웃과 조화를 이루기 위한 유일한 토대이기" 때문에 왕에게는 "부정의가 가장 큰 죄다."[21] 에크판토스의 문헌 "법과 정의에 관하여"(περὶ νόμου καὶ δικαιοσύνης)에 따르면 지식과 법률에 대한 순응을 통해 "왕이 정확하게 판단할 수 있을 것이고 그의 힘을 통해 처벌할 수 있을 것이기" 때문에 왕은 정의를 배우기 위해 부지런히 공부해야 한다.[22] 그러면 왕이 신을 섬김에 있어서 자기 안에 정의를 확립한다. 신적 정의를 반영한 이 정의는 왕으로 하여금 자기의 백성에게 신적 정의를 실행할 수 있게 해준다.

플루타르코스는 인간의 번성을 공정한 통치자가 자기 백성에게 신의 선물들을 수여하는 것과 관련짓는다. "정의는 통치자의 목표이며, 통치자는 모든 것을 명령하는 신의 형상이다"(*Mor.* 780E). "제우스는…자신이 정의이자 올바름이기 때문에"(Δὶι τὴν Δίκην εἶναι καὶ τὴν Θέμιν; 781B) 그리고

20 그리스어 텍스트는 Holger Thesleff, *The Pythagorean Texts of the Hellenistic Period*(Acta Academiae Aboensis 30.1; Abo: Abo Akademi, 1965)에서 취했다. 나는 Goodenough, "The Political Philosophy of Hellenistic Kingship"의 번역을 따른다. 하지만 Kenneth Sylvan Guthrie, *The Pythagorean Sourcebook and Library: An Anthology of Ancient Writings Which Relate to Pythagoras and Pythagorean Philosophy*(Grand Rapids: Phanes, 1987)도 보라. 다음 문헌들도 보라. Bruno Blumenfeld, *The Political Paul: Justice, Democracy, and Kingship in a Hellenistic Framework* (JSNTSup 201; London: Sheffield Academic, 2001), 189-274; Thesleff, *The Pythagorean Texts of the Hellenistic Period*, 72.3-5; Goodenough, "The Political Philosophy of Hellenistic Kingship," 66.

21 Thesleff, *The Pythagorean Texts of the Hellenistic Period*, 74.20-23; Goodenough, "The Political Philosophy of Hellenistic Kingship," 72.

22 Thesleff, *The Pythagorean Texts of the Hellenistic Period*, 33.4-10; Goodenough, "The Political Philosophy of Hellenistic Kingship," 59-60.

"정의가 없이는 제우스조차도 잘 다스릴 수 없기 때문에"(781B) 통치자가 공정한 국가를 만드는 것은 그가 신적 "형평, 정의(δίκης), 진리, 그리고 관대함을 공유하는 데 의존한다"(781A).[23] 로마의 영웅 누마는 정의로운 왕의 중요한 예인데, 그의 의로운 통치가 평화로운 정의의 황금시대를 수립했다.

> 로마인들은 그들의 왕들의 의와 온화함(τῇ δικαιοσύνῃ καὶ πρᾳότητι τοῦ βασιλέως)에 마음이 누그러지고 그들에게 매료되었을 뿐만 아니라, 주위의 도시들도 로마로부터 더위를 식혀주는 바람이나 상쾌한 바람이 불어오기라도 하는 듯이 기질의 변화를 경험하기 시작했고 그들 모두 좋은 정부를 가지고, 평화롭게 지내고, 조용히 땅을 경작하고, 자녀를 양육하고, 신들을 예배하기를 바라는 욕구로 가득찼다.…누마의 지혜로부터 명예와 정의(δικαίων)가 모든 사람의 마음속으로 흘러 들어갔다(*Num.* 20.1-4).

누마의 통치가 사람들에게 확장되어서 사람들은 그들의 통치자를 모방하고 "그와 연합하여 의(δικαιοσύνης)와 절제가 수반된 우정과 상호 일치의, 흠이 없고 복된 삶을 살게" 되었다(*Num.* 20.8).[24]

아우구스투스의 통치를 정당화하는 제국의 선전의 중요한 한 가지 측면은 그를 매우 공정한 통치자로 제시하는 것이었다는 것이 놀랄 일이 아니다.[25] 『아우구스투스 업적록』(*Res Gestae Divi Augusti*)에 그의 미덕이 제시되

---

23 Smith, *Christ the Ideal King*, 76-77에 수록된 유용한 논의를 보라.

24 Agesilaus in Plutarch, *Mor.* 545a에 수록된 아게실라오스의 정의를 참조하라.

25 황제와 황제 이데올로기에서 미덕 숭배의 대두에 관해서는 다음 문헌들을 보라. J. Rufus Fears, "The Cult of Virtues and Roman Imperial Ideology," *ANRW* II 17.2 (1981): 827-948; Andrew Wallace-Hadrill, "The Emperor and His Virtues," *Historia* 30 (1981): 298-323; James R. Harrison, *Paul and the Imperial Authorities at Thessalonica and Rome: A Study*

는데,[26] 그 책에서 그는 원로원이 자기에게 "명문을 통해 나의 용맹과 관대함과 정의와 경건을 증언하는"(διὰ τῆς ἐπιγραφῆς ἀρετὴν καὶ ἐπείκειαν κα[ὶ δ]ικαιοσύνην καὶ εὐσέβειαν ἐμοὶ μαρτυρεῖ) 황금 방패(*clupeus virtutis*, 미덕의 클럽, 기원전 27년)를 준 것을 회상한다(34.2; 참조. 26.3). 아우구스투스가 정의를 구현한 것은 자기가 정부를 원로원에 돌려주었다는 그의 주장 및 제1인자(*princeps*)로서 적절한 합법성을 준수한 것과 연결된다.[27] 로마의 시인들과 웅변가들은 종종 황제가 정의를 구현한 것을 칭송할 가치가 있다고 생각한다. 아우구스투스가 기원후 13년에 여신 유스티티아(정의의 여신)의 신전을 세운 것은 신적 정의를 황제의 미덕과 밀접하게 연결하며, 이로 말미암아 오비디우스는 정의의 여신이 이미 "[아우구스투스의] 마음의 신전에 모셔졌다"고 선언했다(*Ex Ponto* 3.6.23-29).[28] 베르길리우스는 아우구스투스의 통치가 로마를 "정의와 더불어 부과된 평화, 패자를 용서하고 거만한 자를 진압할" 운명으로 이끌 것이라고 예언한다(*Aen.* 6.852-855). 호라티우스는 사투르누스 신과 그의 섭정인 황제를 찬양하면서 "그가 정의로 넓은 땅을 다스릴 때 당신[사투르누스]에게만 뒤질 것입니다"라고 말한다(*Odes* 1.12.6). 플리니우스의 『송덕문』(*Panegyricus*)은 상당한 분량을 할애해서 트라야누스가 정의에 헌신한 것을 찬양하는데(77-80), 그의 사법적 책임에서 유일한

26 Alison E. Cooley, *Res Gestae Divi Augusti: Text, Translation, and Commentary* (Cambridge: Cambridge University Press, 2009). Karl Galinsky는 이 미덕들이 "아우구스투스의 일반적인 전통과 개인적 혁신의 조합"을 대표한다고 말한다(*Augustan Culture: An Interpretive Introduction* [Princeton, NJ: Princeton University Press, 1996], 81).

27 Galinsky, *Augustan Culture*, 85.

28 Neil Elliott, *Liberating Paul: The Justice of God and the Politics of the Apostle* (Maryknoll, NY: Orbis, 1994), 190-92을 보라. in his *Conflict of Ideology* (WUNT 2.273; Tübingen: Mohr-Siebeck, 2011), 138-44.

목표는 "정의가 실행된 것"을 알고 만족하는 것이었다(80.2-3).[29]

그리스적 유대교의 문헌에서 왕과 정의 사이의 비슷한 관계가 발견된다. 요세푸스는 솔로몬이 달성한 지혜, 용기, 절제, 그리고 정의를 격찬한다(*Ant.* 8.34 이하). 필론은 모세를 선한 통치자로 제시하며 모세가 정의를 포함하여 상상할 수 있는 모든 미덕을 갖춘 것으로 묘사한다(*Mos.* 1.154). 『아리스테아스의 편지』(*Letter of Aristeas*)에서 프톨레마이오스 2세는 유대인 번역자들에게 선한 통치에 관해 질문한다. 그들은 거듭 하나님이 정의를 사랑하기 때문에 선한 왕들은 정의를 사랑해야 한다고 답변한다(209, 189, 212, 232, 267). 모든 왕국의 가장 중요한 특성은 왕이 그의 판결에서 정의를 실행함으로써 시민들이 평화를 누린다는 것인데, 이는 왕이 "악을 미워하고 선을 사랑하며 인간의 생명을 구하는 것을 귀하게 여겨야 한다"는 것을 의미한다(292).

이스라엘의 왕과 정의 및 의

"정의와 의는 왕의 가장 중요한 책임이 되었고 다른 모든 것은 정의와 의에 의존했다."[30] 그러나 성경은 이스라엘이 [하나님으로터] 왕을 받기도 전에 하나님을 섬김에 있어서 정의와 의를 실행할 이스라엘의 책임에 관해 말하는데, 이 점은 종종 가난한 사람들과 압제당하는 사람들에 대한 사회적 의

29 Fergus Millar는 로마 황제가 정의의 화신과 같은 존재로 기능했음을 보여 주었다. 그는 순행할 때 소송 당사자, 청원자, 그리고 사절단들로부터 끊임없이 정의를 실행해 달라는 요청을 받았다. Fergus Millar, *The Emperor in the Roman World (31 BC-AD 337)* (London: Duckworth, 1997), 특히 28-40을 보라.

30 James L. Mays, *Psalms* (Interpretation; Louisville: Westminster John Knox, 2011), 287.

무에서 드러났다(창 18:19-20; 사 5:7, 16; 59:8-9; 렘 4:2-4; 암 5:24; 미 6:8; 참조. 겔 16:49).[31] 따라서 **종종** 관계 안에서 적절하고 옳은 관계를 나타내는 데 의와 정의라는 단어가 사용되었으며, 이스라엘이 정의와 의를 실행하는 것은 세상에 대한 하나님 자신의 의로운 통치를 반영하기 위한 것이었다.[32] 따라서 예컨대 하나님이 "고아와 과부를 위하여 정의를 행하시며 나그네를 사랑하여 그에게 떡과 옷을 주시기" 때문에(신 10:18; 참조. 슥 7:9-10) 이스라엘은 모든 사람에게 공평한 정의를 보여야 한다. 하나님은 자주 정의를 사랑하고, 정의와 의로 세상을 통치하고, 따라서 사람들을 해방하고, 사람들에게 자유를 주며, 압제를 당하는 사람들에게 공정한 판결을 내리는 존재로 묘사된다(예컨대 LXX 시 32:4-5[개역개정 33:4-5]; 88:15-16[개역개정 89:14-15]; 96:1-2[개역개정 97:1-2]; 98:4[개역개정 99:4]; 102:6[개역개정 103:6]; 잠 20:28; 25:5).[33] 하나님의 의는 압제당하는 사람들을 긍휼히 여기는 데서 드러나며, 또한 부당하고 불의한 사람들에 대한 심판에서도 드러난다(LXX 시 7:10, 12[개역개정 7:9, 11]; 11:4-7[개역개정 12:3-6]; 사 5:5-7).[34] 하나님의 정의는 어떤 상태의 달성**만이** 아니라는 것이 분명하다. 세이프리드가 히브리

---

31 중요한 다음 문헌들을 보라. Moshe Weinfeld, *Social Justice in Ancient Israel and in the Ancient Near East* (Minneapolis: Fortress, 1995), 7-12; Sun Myung Lyu, *Righteousness in the Book of Proverbs*(Tübingen: Mohr-Siebeck, 2012), 38-45(『잠언의 의 개념 연구』, 새물결플러스 역간).

32 Christopher J. H. Wright, *Old Testament Ethics for the People of God* (Downers Grove, IL: InterVarsity, 2004), 253-80을 보라.

33 Wright, *Old Testament Ethics for the People of God*, 268(『현대를 위한 구약윤리』, IVP 역간).

34 하나님의 의가 하나님의 통치의 한 측면으로서 응보적인 심판과 관련이 있을 수도 있다는 점에 관해서는 Herman Cremer, *Die paulinische Rechtfertigungslehre im Zusammenhange ihrer geschichtlichen Voraussetzungen*(Gütersloh: Bertelsmann, 1988)을 보라. 하나님의 의가 사악한 자에 대한 응보적 정의와 관련이 있다는 것은 부인하기 어렵다. 다음 구절들도 보라. 느 9:33; 사 10:22; 28:17; 단 9:7-16.

성경에 나타난 의 연구에서 지적한 바와 같이 "우리는 단순한 판결을 발견하는 것이 아니라 신원하는 행동에 표현된 판결을 발견한다."[35] 하나님의 의, 또는 왕의 정의 실행은 흔히 구원, 해방, 자유 또는 수치, 파괴, 그리고 불명예를 수반한다.

이스라엘의 왕에게는 의를 주선할 책임이 맡겨지는데 이는 "창조세계의 선과 유익한 질서를 확보하기로 작정한 신적인 왕인 하나님으로부터" 파생된다.[36] 하나님이 다윗을 선택해서 "그의 왕위가 세상 나라들 가운데서 야웨의 지배에 상응하고 그것을 대표하게" 한 점에 비추어 볼 때 왕의 의는 하나님의 의를 반영한다.[37] 왕이 자기 백성에게 정의를 실행하는 것은 흔히 압제를 당하는 사람에게 공평한 판결을 내리고, 그의 백성을 적들로부터 구원하고 보호하며, 그들의 자유를 확보하고 보호하는 형태를 취한다.[38] 따라서 왕의 의나 정의 실현은 왕이 행동하고 있는 특정한 맥락에 의존한다.

다윗은 "모든 백성에게 정의와 공의(κρίμα καὶ δικαιοσύνην)를 행하여"

---

35 Mark A. Seifrid, "Paul's Use of Righteousness Language against Its Hellenistic Background," in *Justification and Variegated Nomism: II. The Paradoxes of Paul* (Grand Rapids: Baker Academic, 2004), 39-74, 특히 41.

36 Seifrid, "Righteousness Language in the Hebrew Scriptures and Early Judaism," 426.

37 James L. Mays, *The Lord Reigns: A Theological Handbook to the Psalms* (Louisville: Westminster John Knox, 1994), 19을 보라. 왕으로서의 하나님과 그가 의를 확립하는 것 사이의 관계에 관해서는 Weinfeld, *Social Justice in Ancient Israel and in the Ancient Near East*, 195-208을 보라.

38 Seifrid는 의 언어와 힘, 권위, 그리고 전쟁 언어 사이의 관계를 빈번하게 강조하는 것을 올바로 강조한다. 그는 다음 구절들을 지적한다. (마소라 텍스트) 삿 5:11; 사 9:6-7; 41:10; 50:8-9; 51:6-8; 54:11-17; 잠 31:9; LXX 시 45:3-5(개역개정 46:2-4). 하지만 다음 구절들도 보라. 삼상 12:7; 사 59:16-17; 63:1("Righteousness Language in the Hebrew Scriptures and Early Judaism," 427). 다음 문헌들도 같은 입장을 보인다. Weinfeld, *Social Justice in Ancient Israel and in the Ancient Near East*, 189-90; Wright, *Old Testament Ethics for the People of God*, 270-72.

이스라엘을 다스렸다(삼하 8:15; 대상 18:14). 스바의 여왕은 솔로몬에게 왕위를 주어 그를 "왕으로 삼아 정의와 공의를 행하게"(τοῦ ποιεῖν κρίμα ἐν δικαιοσύνῃ) 한 하나님을 송축한다(왕상 10:9; 대하 9:8). 솔로몬의 정의는 두 창녀에 대한 그의 판결을 통해 드러나며, 이 행동을 통해 이스라엘은 "정의를 실행할 하나님의 지혜가 그[왕]에게 있음을 알았다"(왕상 3:16-28; 참조. 왕하 6:24-31).[39] 잠언은 의와 정의를 선한 삶을 위한 하나님의 방법으로 제시하지만(11:30-31; 12:26-28; 16:8), 그것은 특히 왕의 책임이다(8:15-16; 16:10, 12-13; 20:28; 25:5; 29:4).[40] 이 예들에서 볼 수 있는 바와 같이 정의와 의를 실행할 왕의 책임은 미덕과 관련이 있을 뿐만 아니라 사회적 정의를 이루고 의로운 자를 신원하는 것과도 관련이 있다.[41]

하나님은 왕이 "정의와 의에 따라(Ποιεῖτε κρίσιν καὶ δικαιοσύνην) 행동하고" 강탈당한 사람들을 압제자(ἀδικοῦντος)의 손에서 구원하라(렘 22:3; 참조. 22:13-17)는 하나님의 명령을 듣는지에 따라 유다 왕국을 굳게 세우겠다고 약속하거나(렘 22:4) 멸망시키겠다고 위협한다(렘 22:5). 이스라엘의 예언자들이 보기에 이스라엘의 왕들은 대개 공정한 사회를 만들 수 있는 의를 나타내지 못했다. 이스라엘과 그 왕들은 의인들에게 부정의를 가져올 행동들

---

39 이스라엘의 왕들에 의한 정의의 실행에 관해서는 다음 구절들도 보라. 삼하 15:1-6; 대하 19:4-11. 백성에게 정의를 제공할 이스라엘 왕의 책임에 관해서는 다음 문헌들을 보라. Marc Zvi Brettler, *God Is King: Understanding an Israelite Metaphor* (JSOTSup 76; Sheffield: Sheffield Academic, 1989), 109-13; Weinfeld, *Social Justice in Ancient Israel and in the Ancient Near East*, 45-50; Keith W. Whitelam, *The Just King: Monarchical Judicial Authority in Ancient Israel* (JSOTSup 12; Sheffield: Sheffield Academic, 1979); A. R. Johnson, "Hebrew Conceptions of Kingship," in *Myth, Ritual, and Kingship: Essays on the Theory and Practice of Kingship in the Ancient Near East and in Israel* (ed. S. H. Hooke, Oxford: Clarendon, 1958), 204-35, 특히 207-8.

40 Weinfeld, *Social Justice in Ancient Israel and In the Ancient Near East*, 59.

41 Seifrid, "Righteousness Language in the Hebrew Scriptures and Early Judaism," 427.

에 자주 연루되고(예컨대 사 58:1-9; 겔 18:5-9; 45:9; 미 3:9-12), 이것이 왕의 부정의로 말미암아 신적 진노와 사망을 초래한다(사 59:14-18; 겔 18:4, 19-21; 미 3:12; 슥 7:8-14; 참조. LXX 시 81:8[개역개정 82:8]). 이러한 정의의 결여는 흔히 신적 의를 완전히 구현할 왕이 올 것이라는 기대를 일으킨다.[42] 의로운 왕이 하나님의 의와 관련을 맺을 때 왕이 자기 백성에게 의를 실행할 수 있다는 것이 바로 **로마서에 제시된 바울의 의 담론의 결정적인 맥락**이다.[43] 예레미야는 하나님이 다음과 같이 행동할 날을 고대한다.

> 내가 다윗에게 한 의로운 가지(ἀνατολὴν δικαίαν)를 일으킬 것이라. 그가 왕이 되어 지혜롭게 다스리며 세상에서 정의와 공의를 행할(ποιήσει κρίμα καὶ δικαιοσύνην) 것이며 그의 날에 유다는 구원을 받겠고 이스라엘은 평안히 살 것이며 그의 이름은 "여호와 우리의 공의"(ὃ καλέσει αὐτὸν κύριος Ιωσεδεκ)라 일컬음을 받으리라(렘 23:5-6; 참조. 렘 33:14-16).

왕이 의와 정의를 실행하면 그의 백성의 구원이 실현된다.[44] 이사야 9장은 이 다윗 가문의 왕이 어떻게 "정의와 공의로 그 나라를 굳게 세우고 보존할"(κατορθῶσαι αὐτὴν καὶ ἀντιλαβέσθαι αὐτῆς ἐν δικαιοσύνηκαὶἐν κρίματι, 사 9:7b) 것인지에 관해, 그리고 그의 의로운 통치가 그들의 포악한 압제자들을 멸

---

42 Jerome F. D. Creach, *The Destiny of the Righteous in the Psalms* (St. Louis: Chalice, 2008), 88.

43 로마서의 독자들은 이 점을 좀처럼 알아차리지 못한다. 하지만 Arland J. Hultgren, *Paul's Gospel and Mission: The Outlook from His Letter to the Romans* (Philadelphia: Fortress, 1985), 21-26을 보라.

44 적들로부터 백성을 구할 왕의 책임에 관해서는 삼상 9:16과 10:1을 보라. Sigmund Mowinckel, *He That Cometh: The Messiah Concept in the Old Testament and Later Judaism* (trans. G. W. Anderson; Grand Rapids: Eerdmans, 2005)도 보라.

망시킴으로써 하나님의 백성의 해방을 수반하는 구체적인 내용에 관해 말한다(사 9:4-6). 다윗 가문의 통치자와 의 사이의 관계는 이사야 11장에서 한층 더 강해진다.

> 이새의 줄기에서 한 싹이 나며 그 뿌리에서 한 가지가 나서 결실할 것이요… 그의 눈에 보이는 대로 심판하지 아니하며 그의 귀에 들리는 대로 판단하지 아니하며 공의로 가난한 자를 심판하며 정직으로 세상의 겸손한 자를 판단할 것이며 그의 입의 막대기로 세상을 치며 그의 입술의 기운으로 악인을 죽일 것이며, 공의(δικαιοσύνη)로 그의 허리띠를 삼으며 성실로 그의 몸의 띠를 삼으리라(11:1, 3b-5).

우리는 다시금 정의의 두 측면을 본다. 즉 왕은 포악한 압제자들에 **맞서** 그들에게 보응하고 압제당하는 자들의 해방을 **위해** 정의를 실행한다.[45] 왕의 정의는 하나님에 대한 그의 관계에서 나온다(사 11:2-3). 따라서 왕의 정의는 하나님의 의로운 통치 확립에 기여하는데, 우리는 왕(또는 메시아의 시대)과 정의 사이의 이 연결 관계를 이사야의 신탁 곳곳에서 발견한다(예컨대 사 16:5; 32:1; 45:1; 45:8, 22-25; 59:14-21; 61:1-11).[46] 메시아의 시대와 의 사이의 관계는 이사야서 곳곳으로 확대된다(사 45:8, 22-25; 59:14-21; 61:1-11; 참조. 사 2:1-4; 말 4:1-4).[47]

---

45 Weinfeld는 정의를 실행할 왕의 책무는 대개 가난한 사람들과 압제당하는 사람들의 권리와 자유를 확보하는 것이었음을 보여 준다(*Social Justice in Ancient Israel and in the Ancient Near East*, 25-44).

46 왕이 백성을 의롭게 세우는 것은 종종 채무로부터의 해방과 자유 부여와 관련된다. Weinfeld, *Social Justice in Ancient Israel and in the Ancient Near East*, 75-96을 보라.

47 정의와 의를 실행할 종말론적 왕에 대한 이스라엘의 기대에 관해서는 Weinfeld, *Social*

시편에서 정의를 부과할 신적 능력에서 나타난 하나님의 의는 하나님의 왕권과 밀접한 관련이 있다. "주의 팔에 능력이 있사오며 주의 손은 강하고 주의 오른손은 높이 들리우셨나이다. 의와 공의(δικαιοσύνη καὶ κρίμα)가 주의 보좌의 기초라"(LXX 시 88:14-15a[개역개정 89:13-14a]; 참조. LXX 시 9:5, 8[개역개정 9:4, 7]; 32:4-5[개역개정 33:4-5]; 102:6[개역개정 103:6]).[48] 하나님의 통치와 하나님의 정의 사이의 관계는 70인역 시편 93편(개역개정 94편)과 95-99편(개역개정 96-100편)에 명백히 나타나는데, 그 시편들에서 하나님의 왕권은 의에서 드러난다. 70인역 시편 96편(개역개정 97편)과 98편(개역개정 99편)은 신성한 왕의 통치를 찬양하는 것으로 시작하는데 (LXX 시 96:1; 98:1) "의와 공평이 그의 보좌의 기초"이며(LXX 시 96:2) 왕은 "정의를 사랑하고" "야곱에게 정의와 공의를 행한다"(LXX 시 98:4b). 하나님의 의는 창조세계의 통치(LXX 시 96:1-5), 구원하는 능력(LXX 시 97:1-3), 공평한 판결 제공(LXX 시 95:10, 13; 96:8; 97:9; 참조. LXX 시 66:5[개역개정 67:4]; 74:6-10[개역개정 75:5-9])에서 나타나는데, 그것이 나라들이 하나님을 왕으로 찬양하는 이유다(LXX 시 95:1-3; 96:3-7; 98:1-3).[49]

시편의 화자는 의로운 자와 압제당하는 자의 구원을 실행하는 토대로서 하나님의 의에 호소한다.[50] 하나님의 왕권은 "고아와 압제당하는 자를

Justice in Ancient Israel and in the Ancient Near East, 57-74을 보라.

48 하나님의 신성한 왕권의 한 측면으로서 하나님의 완벽한 정의와 의에 관해서는 다음 문헌들을 보라. Brettler, *God Is King*, 113-16; Weinfeld, *Social Justice in Ancient Israel and in the Ancient Near East*, 181-83.

49 하나님의 왕으로서의 통치는 흔히 보편적인 요소를 갖고 있으며 하나님이 모든 사람에게 정의를 세우는 것과 연결된다. Seifrid, "Righteousness Language in the Hebrew Scriptures and Early Judaism," 425을 보라.

50 Campbell은 시편과 바울 서신에 나타난 왕권 담론과 의 사이의 관계에 주의를 기울였다. 그는 시편의 화자의 의가 왕정의 배경에서 등장할 때는 해방하는 성격이 있고 하나님의 구

위하여 심판하사 세상에 속한 자가 다시는 위협하지 못하게" 할 것이라는 약속에서 나타난다(LXX 시 9:37-39[개역개정 10:16-18]). 의인을 위한 하나님의 정의 실행은 사악한 자에 대한 심판으로 귀결된다(LXX 시 9:22-36[개역개정 10:1-15]).[51] 시편에서 의롭지 않은 자가 의인을 폭력적으로 박해한다고 묘사하는 방식은 인상적이다.[52] 이 대목에서 하나님의 구원에 호소하는, 압제를 당하는 의인의 전형이 의로운 왕이라는 점이 중요하다.[53] 시편 1편과 2편이 결합되면 의인이 다윗 가문의 왕과 융합되어 다윗이 의인의 모델이 된다(특히 다음 구절들을 보라. 1:5-6; 2:7-8, 12).[54] 왕은 자신을 의인과 동일시하고 사악한 자의 폭력을 당하는 의로운 존재로 묘사된다.[55] 왕이 자신을 그의 백성과 동일시하고 그들이 왕의 의로움과 자기들을 구원할 왕의 능력에 의존한다는 점에 비춰볼 때 **하나님이 왕을 위해 자신의 의를 드러내는 것은 백성의 구원과 연결된다.**[56]

조 또는 구원을 나타낸다고 주장한다(*The Deliverance of God*, 692-94).

51 시편에 등장하는 사악한 자들에 대한 요약은 Creach, *The Destiny of the Righteous in the Psalms*, 38-40을 보라.

52 Sun Myung Lyu, *Righteousness in the Book of Proverbs* (FAT 2.55; Tübingen: Mohr-Siebeck, 2012), 117(『잠언의 의 개념 연구』, 새물결플러스 역간).

53 시편의 서론 역할을 하는 시 1편과 2편 외에 제1권에 수록된 이후의 모든 시는 다윗의 시라는 표제가 붙어 있다. 시 3편과 관련해서 Creach는 "시 3편의 화자를 다윗으로 적시한 것은 의인의 운명을 야웨의 기름 부음을 받은 자인 다윗의 역할에서의 그의 미래와 연결한다"고 지적한다(*The Destiny of the Righteous in the Psalms*, 61).

54 시 1-2편이 시편의 서론 역할을 하는 점에 관해서는 다음 문헌들을 보라. Jamie A. Grant, *The King as Exemplar: The Function of Deuteronomy's Kingship Law in the Shaping of the Book of Psalms* (SBLAB 17; Atlanta: Society of Biblical Literature, 2004), 227-34; Daniel C. Owens, *Portraits of the Righteous in the Psalms: An Exploration of the Ethics of Book I* (Eugene, OR: Wipf and Stock, 2014), 175.

55 Creach, *The Destiny of the Righteous in the Psalms*, 89을 보라.

56 Creach, *The Destiny of the Righteous in the Psalms*, 54-69, 86-98을 보라.

나의 하나님, 나의 주여! 떨치고 깨셔서 나를 공판하시며 나의 송사를 다스리소서. 여호와 나의 하나님이여, 주의 공의대로 나를 판단하사(κρῖνόν με κατὰ τὴν δικαιοσύνην σου)…나의 재난을 기뻐하는 자들이 함께 부끄러워 낭패(αἰσχυνθείησαν καὶ ἐντραπείησαν)를 당하게 하시며 나를 향하여 스스로 뽐내는 자들이 수치와 욕(αἰσχύνην καὶ ἐντροπήν)을 당하게 하소서. 나의 의(τὴν δικαιοσύνην μου)를 즐거워하는 자들이 기꺼이 노래 부르고 즐거워하게 하시며…나의 혀가 주의 의(τὴν δικαιοσύνην σου)를 말하며 종일토록 주를 찬송하리이다(LXX 시 34:23-24, 26-28[개역개정 35:23-24, 26-28])

화자는 속박 상태에 있으며 하나님께 불의한 압제자에게 정의를 보여달라고 간청한다(Δίκασον, κύριε, τοὺς ἀδικοῦντας με, [여호와여, 나와 다투는 자와 다투시고] LXX 시 34:1a[개역개정 35:1a]).[57] 왕의 탄원은 신원과 그것에 수반하는 구원의 토대로서 하나님의 의에 호소한다. 이스라엘의 의로운 왕이 하나님의 의에 의존해서 자기를 불의한 압제자들로부터 구원해 달라는 탄원은 시편의 여러 곳에서 나타난다. 왕이 하나님의 의를 구하는 것은 하나님이 자기를 구원하고 **또한** 사악한 자에게 수치를 가해 달라는 요청이다. 불의한 자들은 의인들에 대한 폭력적인 공격으로 유명하다(예컨대 LXX 시 3:1-2[개역개정 3:1]; 5:8[개역개정 5:7]; 17:1-4[개역개정 18:1-3]; 53:2-4[개역개정 54:1-2]; 68:1-4[개역개정 69:1-3]).[58] 따라서 예컨대 70인역 시편 70편(개역개정 71편)에서 왕은 의인을 구원하고 사악한 자에게 수치를 가져옴으로써(13, 24b

57 Patrick D. Miller, *They Cried to the Lord: The Form and Theology of Biblical Prayer* (Minneapolis: Fortress, 1994), 108-9.

58 Gordon J. Wenham, *Psalms as Torah: Reading Biblical Songs Ethically* (Studies in Theological Interpretation; Grand Rapids: Baker Academic, 2012), 152-54.

절) 하나님의 의가 나타나게 해 달라고 계속 호소한다(1-2, 4, 15, 24절). 다윗 가문의 왕이 의로우며 하나님의 구원을 신뢰하기 때문에 하나님이 그의 왕을 구원하는 것은 **하나님이 해야 할 옳은 일**이다. **즉 하나님의 의와 왕의 의 사이에는 상호 작용이 있다.** 왕이 의롭게 행동하고 압제를 당하는 상황에 있으면 하나님이 그를 신원함으로써 왕의 의로움에 반응하는 것이 정의로운 하나님에게 옳은 일이다.

시편 안에서 왕이 하나님의 구원을 신뢰하고 하나님 안에서 피난처를 찾고 하나님께 순종하고 사악한 자를 미워한다는 점에 비춰볼 때 왕은 의인의 전형적인 모범이다.[59] 의인들의 중요한 특징은 하나님이 구원할 것이라는 그들의 신뢰와 소망이며, 왕은 하나님 안에서 피난처를 찾는 사람의 주요 모델이다(LXX 시 2:12; 117[개역개정 118]:8-9). 제왕 시편의 여러 곳에서 하나님과 다윗 가문의 의로운 왕 그리고 사악한 자들 사이의 역동적인 상호작용이 있으며, 그것으로 말미암아 의로운 왕이 그의 적들로부터 구원을 받는 것이 위험에 처한다.[60] 따라서 다윗은 자기의 의로움을 토대로 하나님의 구원을 호소한다. "여호와께서 만민에게 심판을 행하시오니 여호와여, **나의 의**…[를] **따라** 나를 심판하소서"(κρῖνον με, κύριε, κατὰ τὴν δικαιοσύνην μου)(LXX 시 7:8[개역개정 8:8]). "하나님이여, 나를 판단하시되(Κρῖνον με, ὁ θεός) 경건하지 아니한 나라에 대하여 **내 송사**(just case)를 변호

---

59 화자들이 자기의 의로움을 선언하는 이런 시편들에 관해서는 다음 문헌들을 보라. Lyu, *Righteousness in the Book of Proverbs*, 120-29; Wenham, *Psalms as Torah*, 154-56; Miller, *They Cried to the Lord*, 109.

60 왕의 구원이 위험에 처해 있는 제왕시에 사용된 구원 관련 단어에 관해서는 Owens, *Portraits of the Righteous in the Psalms*, 188-90을 보라. 예컨대 다음 구절들을 보라. LXX 시 17:1-3(개역개정 18:1-2), 35-36(개역개정 18:34-35), 50(개역개정 18:49); 19:5(개역개정 20:4); 20:1-2(개역개정 21:1), 5-6(개역개정 21:4-5).

하시며(καὶ δίκασον τὴν δίκην μου) 간사하고 불의한(ἀδίκου) 자에게서 나를 건지소서"(LXX 시 42:1[개역개정 43:1]; 참조. LXX 시 53:3-4[개역개정 54 1b-2]). 하나님이 왕을 그의 적으로부터 구원할 때 그는 다음과 같이 선언한다.

> 나를 기뻐하시므로 나를 구원하셨도다. 여호와께서 내 의를 따라 상 주시며(κατὰ τὴν δικαιοσύνην μου)…또한 나는 그의 앞에 완전하여 나의 죄악에서 스스로 자신을 지켰나니 그러므로 여호와께서 내 의를 따라(κατὰ τὴν δικαιοσύνην μου) 갚으시되 그의 목전에서 내 손이 깨끗한 만큼 내게 갚으셨도다(LXX 시 17:20b-21[개역개정 18:19b-20], 24-25[개역개정 18:23-24]; 참조. 삼하 22:21-25).

왕의 의로움에 대한 하나님의 응답은 하나님이 왕을 구원하고 왕의 적들에게 수치와 패배를 가하는 데서 발현된다(가령 LXX 시 17:32-51[개역개정 18:31-50]).[61] 70인역 시편 16편(개역개정 17편)에서 왕은 하나님께 **"나의 의"**에 주의를 기울여 달라고 간청한다(1절). 70인역 시편 117편(개역개정 118편)에서 왕은 고통 중에 하나님께 부르짖고(5절) 하나님이 자기를 죽음에서 구원하는 토대로서 하나님의 의에 호소한다(17-20절). 70인역 시편 7편에서 청원자는 다음과 같이 기도한다. "여호와께서 만민에게 심판을 행하시오니 여호와여, **나의 의**와 나의 성실함을 **따라** 나를 심판하소서"(9절[개역개정 8절]). 화자는 그 시편의 끝에서 아마도 자신의 구원에서 나타난(1-2[개역개정 1절], 12-16[개역개정 11-15절]) "야웨의 의(τὴν δικαιοσύνην αὐτοῦ)에 대해

61 Aubrey R. Johnson은 이것을 메시아의 "결과적인 정당화, 또는 좀 더 나은 표현으로는 그의 의에 대한 이후의 신원"으로 부른다(*Sacral Kingship in Ancient Israel* [Cardiff: University of Wales Press, 1967], 116-17).

그에게 감사한다." 그 시편의 화자는 왕을 의와 정의를 사랑하는 사람으로 묘사하기 때문에 왕이 자기의 의에 호소하는 것은 공허한 자랑이 아니다.[62] 이 점은 예컨대 하나님이 왕에게 의를 수여하는 것이 가난한 사람들에게 정의를 가져오는 70인역 시편 71편(개역개정 72편)에서 볼 수 있다.

> 하나님이여, 주의 판단력을 왕에게 주시고 주의 공의를 왕의 아들에게 주소서. 그가 주의 백성을 공의로 재판하며 주의 가난한 자를 정의로 재판하리니 의로 말미암아 산들이 백성에게 평강을 주며 작은 산들도 그리하리로다. 그가 가난한 백성의 억울함을 풀어 주며 궁핍한 자의 자손을 구원하며 압박하는 자를 꺾으리로다.…모든 왕이 그의 앞에 부복하며 모든 민족이 다 그를 섬기리로다. 그는 궁핍한 자가 부르짖을 때에 건지며, 도움이 없는 가난한 자도 건지며, 그는 가난한 자와 궁핍한 자를 불쌍히 여기며, 궁핍한 자의 생명을 구원하며, 그들의 생명을 압박과 강포에서 구원하리니 그들의 피가 그의 눈 앞에서 존귀히 여김을 받으리로다(71:1-4, 11-14).

여기서 왕의 의는 그의 백성들의 의와 구원의 토대다.[63] 백성들, 특히 불의한 자에게 박해를 받는 가난한 사람들은 하나님이 왕에게 의를 수여하는

---

62 하나님의 언약에 대한 헌신의 확인으로서 왕이 자신의 의에 호소하는 것에 관해서는 Grant, *The King as Exemplar*, 81-83을 보라. 다음 문헌들도 보라. Gert Kwakkel, *According to My Righteousness: Upright Behaviour as Grounds for Deliverance in Psalms 7, 17, 18, 26 and 44* (OtSt 46; Leiden: Brill, 2002). Lyu, *Righteousness in the Book of Proverbs*, 124; Mays, *The Lord Reigns*, 136-45.

63 Johnson, *Sacral Kingship in Ancient Israel*, 137: "그러므로 궁극적으로 국가의 의는 왕의 의에 의존한다.…따라서 왕은 매우 실제적인 의미에서 그의 백성의 '방패'다. 그리고 그의 최고의 관심사는 정의의 실행이어야 한다." Sigmund Mowinckel, *The Psalms in Israel's Worship* (rev. ed.; trans. D. R. Ap-Thomas; 2 vols.; Grand Rapids: Eerdmans, 2004), 67-70도 보라.

것에 그들 자신의 의, 번영, 그리고 풍작을 의존한다.[64] 왕이 백성을 위해 옳은 일을 할 때, 즉 압제자들로부터 그들을 구원하고, 보호하고, 방어할 때 왕의 의가 드러난다.[65] 70인역 시편 100편(개역개정 101편)에서 왕은 충성과 정의를 노래하며(1절), 공정하게 통치하겠다고 서약하고, 이 토대에서 그는 "자기가 곤궁할 때 야웨가 자기를 도와주러 올 것을 확신하며 기대할" 수 있다.[66] 그러나 왕이 정의를 서약하는 것은 **백성을 의롭게 통치**하기 위한 것이다.[67] 70인역 시편 44편(개역개정 45편)에서 하나님이 왕의 보좌를 확립하는 것(7절[개역개정 6절])과 하나님이 그에게 기름을 부어 왕으로 삼는 것(8b절[개역개정은 7b절])은 왕이 의를 사랑하는 것과 연결된다(8a절[개역개정은 7a절]). 그 시편의 저자는 왕이 의와 공의에 헌신하는 것을 기초로 하나님의 의가 왕을 신원하고 구원할 것이라고 기대한다.[68] 따라서 왕은 자신의 관계상의 충성과 의가, 하나님이 왕을 신원하는 데서 드러나듯이, 하나님의 의를 가져올 것이라고 기대할 수 있다. 우리가 시편에서 다음과 같은 패턴이 나타난다고 말해도 무방하다. (a) 왕이 불의한 자들에게 난폭하게 압제를 당한다, (b) 왕이 하나님께 자신의 의를 호의적으로 봐 달라고 요청한다,[69] (c) 왕은 하나님이 왕을 구원할 것이라는 약속의 토대로 하나님의 의에 호

64 다음 문헌들을 보라. Whitelam, *The Just King*, 29-37; Creach, *The Destiny of the Righteous in the Psalms*, 94-95.

65 Weinfeld, *Social Justice in Ancient Israel and in the Ancient Near East*, 48-50.

66 Johnson, *Sacral Kingship in Ancient Israel*, 114-15.

67 Ibid., 115-16. 70인역 시 100편(개역개정 101편)은 Mowinckel이 주장한 바와 같이 왕이 자신의 통치에서 하나님의 정의와 의를 확립할 것을 다짐한다는 점에서 70인역 시 71편(개역개정 72편)의 짝이다. Mowinckel, *The Psalms in Israel's Worship*, 67을 보라.

68 Lyu, *Righteousness in the Book of Proverbs*, 122-23.

69 하나님이 의인을 존중하고 구원해 달라는 왕의 기도와 하나님이 그렇게 할 것이라는 왕의 믿음(LXX 시 7:9-11[개역개정 7:8-10]; 25:1-2[개역개정 26:1-2]).

소하며,[70] (d) 왕은 하나님의 의가 불의한 자들을 부끄럽게 할 것을 기대한다.[71] 제임스 L. 메이스는 하나님의 통치가 시편의 중심적인 은유이며 하나님의 세계 지배가 하나님과 **다윗 가문의 왕**의 역할을 묘사하기 위한 넓은 틀을 제공한다고 설득력 있게 주장했다.[72] 이렇게 의인을 신원하는 것은 하나님의 통치에 매우 중요하다. 하나님의 의로운 정체성은 의인의 운명을 구현하는 의로운 왕을 해방하는 것을 통해 드러나며, 하나님이 왕을 구원하는 것은 왕에게 속한 모든 자의 신원이다.

이사야서의 종의 노래들에서 유사한 역학 관계가 발견된다. 그 종의 정체에 관한 합의는 이뤄지지 않았지만 그를 다윗 가문의 제왕적 인물로 볼 좋은 이유들이 있다.[73] 이 대목에서 나는 종과 의와 관련된 언어 사이의 관계를 지적한다. 첫 번째 종의 노래는 종이 모든 민족에게 정의를 베풀 것

70 하나님이 신원, 구원, 그리고 해방해 달라는 왕의 기도(LXX 시 42:1[개역개정 43:1]; 43:5[개역개정 44:4])와 의인에게 구원과 구제를 제공하는 토대로서 하나님의 의에 호소하는 왕의 기도(LXX 시 5:9[개역개정 5:8]; 7:18[개역개정 7:17]; 9:7-9[개역개정 9:6-8]); 30:1[개역개정 31:1], 15-19[개역개정 14-18]; 44:5[개역개정 45:4]).

71 자기의 적들을 심판하고 그들을 부끄럽게 해 달라는 왕의 기도(LXX 시 43:11-16[개역개정 44:10-15]).

72 특히 Mays, *The Lord Reigns*, 12-22을 보라.

73 다음 문헌들을 보라. Daniel I. Block, "My Servant David: Ancient Israel's Vision of the Messiah," in *Israel's Messiah in the Bible and the Dead Sea Scrolls* (ed. Richard S. Hess and M. Daniel Carroll R.; Grand Rapids: Baker Academic, 2003), 17-56, 특히 43-49; Richard Schultz, "The King in the Book of Isaiah," in *The Lord's Anointed: Interpretation of Old Testament Messianic Texts* (ed. Philip E. Satterthwaite, Richard S. Hess, and Gordon J. Wenham; Grand Rapids: Baker, 1995), 141-65. Shirley Lucass는 그 종이 왕으로 불리지는 않지만 "그 종에게 부여된 역할은 주변의 문화들과 시편에 나타난 왕들의 역할의 요소들과 밀접하게 반향한다"고 올바로 지적한다(*The Concept of the Messiah in the Scriptures of Judaism and Christianity* [LSTS 78; New York: Bloomsbury T & T Clark, 2011], 108). 이사야 타르굼 역시 사 52:13에 관한 주석에서 이사야서에 등장하는 종이 메시아라고 말한다. Bruce D. Chilton, *The Isaiah Targum: Introduction, Translation, Apparatus and Notes*(The Aramaic Bible 11; Edinburgh: T & T Clark, 1987)를 보라.

이라는 기대를 표시하는데, 이는 70인역 시편 71:1-4(개역개정 72:1-4, 참조. 사 42:1-4)에 묘사된 왕의 책임과 가까운 과업이다.[74] 그가 정의를 실행하는 것은 압제당하는 자들에게 공정한 판결과 구원을 제공하는 데서 나타난다(사 42:2-3, 7). 종은 시편의 화자처럼 자기의 적들로부터 폭력적인 압제를 경험하며 하나님께 자기와 자기의 대적들을 판단해 달라고 요청한다. 종은 하나님이 자기를 수치에서 구원해 줄 것을 기대하며 신적 도움에 호소하여 자신의 의로움을 인정해 달라고 요청한다(사 50:7-9). 세 번째 종의 노래는 시편에 수록된 고난받는 왕의 묘사와 유사하다. 하나님으로부터 민족들에게 정의를 제공하라는 임무를 위임받은 존재는 이제 그의 대적들로부터 수치스러운 불명예를 당한다.[75] 하지만 종은 거역하지 않고 자기의 대의를 하나님께 맡긴다(사 50:4-5). 하나님이 자기를 판단하고 그럼으로써 자기를 신원해 달라는 그의 탄원은 종이 의로우며 **또한** 하나님의 의가 자기가 의롭다고 인정받을 것을 보장한다는 것을 전제한다. 그 언어는 명백히 법정적이지만 종은 하나님의 신원이 자기를 실제로 수치에서 벗어나게 해줄 것으로 기대한다는 점이 지적되어야 한다.

이사야 53장에서 종은 사악한 자의 범죄를 짊어지고 자신이 고난을 받는다. 고난받는 종과 시편의 박해받는 왕 사이의 병행은 광범위하다. (a) 그는 멸시받고 버려지고 고난을 많이 겪는다(53:1-3), (b) 그는 죄가 없고 의로우며(53:8-9, 11) 그의 죽음은 정의가 잘못 집행된 것이다(53:8), (c) 하나님이 그를 신원하고 높이겠다고 약속한다(52:13; 53:11-12), 그리고 (d) 하나님이 "친히 많은 사람의 종이 된 의인을 옳다고 인정할"(δικαιῶσαι

---

74 Lucass, *The Concept of the Messiah in the Scriptures of Judaism and Christianity*, 108-9도 그렇게 생각한다.

75 Mowinckel, *He That Cometh*, 193-96을 보라.

δίκαιον) 것이다(53:11b, 개역개정을 사용하지 아니함).[76] 하나님이 의로운 종을 신원하는 것이 그 종으로 하여금 다른 사람들을 구원할 수 있게 한다.[77]

이사야 51장은 고난받는 의로운 종에 대한 하나님의 신원을 말하는 세 번째와 네 번째 종의 노래 사이에 위치하는데, 이 신탁에서 하나님은 자기의 의로운 자를 보내 사람들을 구원하고 해방하겠다고 거듭 약속한다.

> 내 백성과 왕들이여, 내 말을 들으라. 내 율법이 내게서 나오고 만민에 대한 빛을 위한 내 정의가 나올 것임이라. 내 의가 속히 오고 내 구원이 빛으로 나갈 것이라(ἐγγίζει ταχὺ ἡ δικαιοσύνη μου, καὶ ἐξελεύσεται ὡς φῶς τὸ σωτήριόν μου). 그리고 민족들이 내 강한 오른팔 안에서 소망을 가질 것이니라.…내 구원이 영원하고 내 의(ἡ δὲ δικαιοσύνη μου)가 주춤거리지 않을 것이라.…내 의(ἡ δὲδικαιοσύνη μου)가 영원하고 내 구원이 대대로 미칠 것이라(51:4-5a, 6b, 8b, 개역개정을 사용하지 아니함).

하나님의 의가 세 번이나 "나의 구원"과 연결된 데서 알 수 있듯이, 하나님의 의는 구원을 가져오는 모종의 것이다. 그리고 하나님의 의의 출현은 하나님이 출애굽과 같은 경험을 통해 그들을 유배에서 구출할 것이라는 이스라엘의 소망이라는 맥락 안에서 일어나기 때문에 하나님의 의는 해방하는 색조를 지닌다(사 51:9-11). 세 번째 종의 노래(사 50:4-11)와 네 번째 종의 노래(사 52:13-53:12) 사이에 등장하는 구원하는 하나님의 의의 현시는 하나님이 제왕적인 의로운 종을 정당화하고 수치와 죽음과 사악한 자의 폭력

---

76 시편과 고난받는 종 사이의 유사성에 관해 좀 더 자세한 내용은 Lucass, *The Concept of the Messiah in the Scriptures of Judaism and Christianity*, 110-11을 보라.

77 Mowinckel, *He That Cometh*, 204-5.

에서 구출하는 것과 관련이 있는 것으로 보인다.

하나님이 다윗 가문의 의로운 왕을 일으켜서 백성을 의롭게 세울 것이라는 소망은 제2성전기에도 계속되는데 그 소망은 특히 「솔로몬의 시편」에서 두드러진다. 그 문헌의 저자가 보기에 하스몬 왕조의 불의가 예루살렘에 로마인들을 통한 하나님의 심판을 가져왔다.[78] 「솔로몬의 시편」 17편에서 저자는 이스라엘에 "그들 가운데 의나 정의를 실행하는 사람이 한 명도 없었다"고 한탄한다(19b절). 하나님은 "그들 위에 의로운 왕"(βασιλεὺς δίκαιος)을 세우는 것으로 응답하는데, 그 왕은 "그가 사는 날 동안 그들 가운데 불의가 없게 할" 것이다. "이는 모든 것이 거룩할 것이고 그들의 왕은 야웨 메시아일 것이기 때문이다"(32절; 참조. 18:7).[79] 그는 이스라엘을 "의 가운데(ἐν δικαιοσύνῃ) 이끌고 그들의 하나님 야웨에 의해 거룩해진 백성을 심판할 것이다"(26절). 왕은 "그의 지혜 가운데서 백성들과 나라들을 심판할 것이다"(29a절).[80] 이 심판은 시편 2:9의 제왕의 심판을 집행하는 것과 관련

78 「솔로몬의 시편」은 폼페이우스가 기원전 63년에 예루살렘에 침입해서 하스몬 왕조를 멸망시키고 나서 얼마 뒤에 쓰였다. 그 시의 구성은 외국 침략자들과 하스몬 왕조 모두에 비판적이다(「솔로몬의 시편」 2:1-14과 8:1-22을 보라). 「솔로몬의 시편」에 등장하는 메시아에 대한 논의는 다음 문헌들을 보라. Smith, *Christ the Ideal King*, 99-106; Gene L. Davenport, "The 'Anointed of the Lord' in Psalms of Solomon 17," in *Ideal Figures in Ancient Judaism: Profiles and Paradigms* (ed. John J. Collins and George W. E. Nickelsburg; SBLSCS 12; Chico, CA: Scholars, 1980), 67-92.

79 Smith는 "왕은 의의 귀감"이라고 말한다(*Christ the Ideal King*, 104-5). 저자는 의로운 왕이 다윗의 후손임을 명백히 밝힌다(「솔로몬의 시편」의 다음 구절들을 보라. 17:4, 6, 21, 32). 이 점은 앞으로 올 다윗 가문의 왕에 대한 성경의 기대에 대한 많은 암시를 통해서도 나타나는데 그중 가장 현저한 구절들은 다음과 같다: 시 2:9; 72:1-4; 사 11:1-5. Loren T. Stuckenbruck, "Messianic Ideas in Apocalyptic and Related Literature of Early Judaism," in *The Messiah in the Old and New Testaments* (ed. Stanley E. Porter; Grand Rapids: Eerdmans, 2007), 90-112, 특히 94도 보라.

80 Stuckenbruck, "Messianic Ideas in Apocalyptic and Related Literature of Early Judaism," 94.

이 있는데, 그 심판에서 하나님의 아들이 "죄인들의 오만을 토기장이의 그릇처럼 박살 내고 그들의 모든 물건을 철장(鐵杖)으로 부순다"(17:23b-24). 왕의 통치를 경험하는 사람들은 복되게도 "의롭고 강하게" 굳게 설 것이고 "의롭게 행동하고 하나님을 경외하도록" 인도될 것이다(「솔로몬의 시편」 18:7-8).

「에녹1서」에 포함된 「비유의 책」은 묵시와 지혜의 프레임워크로 구성되어 있고 **다윗 가문**의 메시아가 없다는 점에서 앞서 언급된 텍스트들과는 다르지만, 그 책은 의로운 왕이 사악한 자들에 대한 심판을 통해 자기의 의로운 백성을 의롭게 세운다는 익숙한 묘사를 포함하고 있다.[81] 「에녹1서」는 악인과 의인에 대한 하나님의 심판에 초점을 맞추며(「에녹1서」 1:8), 「비유의 책」은 심판을 실행함에 있어서 "메시아"(48:10; 52:4), "인자" (62:5-16), "선택된 자"(45:3-5; 49:2)로 묘사된 인물에게 핵심적인 역할을 부여한다(38:2-3; 참조. 39:6).[82] 그 의로운 이의 과업은 악인의 심판과 의인을 위한 구원과 계시의 확립에 집중된다(50:4-5).

> 의인의 회중이 나타날 때 죄인들은 그들의 죄에 대해 심판을 받아 지면에서 쫓겨날 것이다. 그리고 의로운 이가 의인들, 곧 선택받은 이들의 면전에 나타

81 Ibid., 100. Stuckenbruck은 그 책이 메시아를 다윗과 연결하려고 하지 않는다는 것이 놀랍다고 지적한다. 「비유의 책」의 저작 시기와 그것이 기독교 이전의 작품인지에 관한 유용한 논의는 Waddell, *The Messiah*, 22-27을 보라. 텍스트는 Michael A. Knibb, *The Ethiopic Book of Enoch*(2 vols.; Oxford: Clarendon, 1978)을 보라. 번역은 Ephraim Isaac, "1 (Ethiopic Apocalypse of) Enoch," in *Old Testament Pseudepigrapha* (ed. James H. Charlesworth; 2 vols.; Garden City, NY: Doubleday, 1983/1985), 1:5-89을 보라.

82 이 경칭들은 한 명의 통치자만을 가리킬 가능성이 있다. 예컨대 James C. VanderKam, "Righteous One, Messiah, Chosen One, and Son of Man in 1 Enoch 37-1," in *From Revelation to Canon: Studies in the Hebrew Bible and Second Temple Literature* (Leiden: Brill, 2000), 413-38을 보라.

날 때 그들의 행동은 영들의 주에게 매달리고 그가 땅에 거주하는 의롭고 선택받은 이들에게 빛을 드러낼 것이다.…의로운 이의 비밀들이 드러날 때 그는 죄인들을 심판할 것이다. 그리고 악인들은 의롭고 선택된 이들로부터 쫓겨날 것이다(38:1-3a)

"영들의 주"의 보좌를 공유하는 의로운 이(45:3; 47:3; 51:3-5; 60:2)는 불의한 자들의 권력을 뒤엎는, 의로운 회중의 대표자로 등장한다(45:3-6; 46:4-7; 50:4-5; 53:5-7). 그는 또한 "의롭고 신실한, 선택된 이"(38:6a)로 불리며 그의 임무는 의를 만들어내고 종말론적 시대에 의인들을 굳게 세우는 것이다(38:5-8). 그는 "의가 그에게 속하고, 의가 그와 함께 거하는" 존재이며(46:3), 그럼으로써 그는 의인들을 악인들의 압제로부터 구할 수 있다(46:4-8).

로마서 1:18-3:20에 제시된 인간의 부정의와 신적 심판

왕과 정의에 관한 고대의 사고에 대해 살펴본 우리는 이제 심판의 대리인으로서 자기 백성을 공의 안에서 굳게 세우는 하나님의 **의로운** 왕의 죽음과 부활에서 하나님의 의가 나타난다는 바울의 주장을 살펴볼 준비가 되었다. 인간의 운명은 그들의 왕의 운명 안에 싸여있기 때문에 인간의 구원은 하나님의 의가 나타나는 것, 즉 하나님이 의로운 왕을 구원하는 것에 의존한다.

로마서 1:18-3:20은 바울 서신에서 학자들에게 가장 악명이 높은 난제들을 포함하고 있지만, 이 대목에서 나는 하나님의 의가 나타난 것이 어떻게 인간의 불의에 대한 하나님의 공정한 심판으로 현시되고, 그럼으로써 의로운 왕을 구원을 위한 인간의 유일한 희망으로 만드는지를 보여 주려고 시도할 것이다.[83] 위에서 조사된 많은 텍스트가 의로운 왕의 구원을 그에 따르는 불의하고 사악한 자들의 심판과 관련지었듯이, 메시아를 통해 하나님의 의가 나타나는 것은 불의하고 사악한 자들의 심판을 가져온다. 하나님의 의가 메시아에게서 나타났다는 바울의 선언에 비추어 볼 때(롬 1:16-17; 3:21-26), 이 단락이 그리스도에 대해 언급하지 않는 것은 놀랄 만하다. 이 단락에서 그리스도에 대한 유일한 언급은 매우 강력한데, 이는 바울이 마지막 심판에 관해 "나의 복음에 이른 바와 같이 하나님이 예수 그리스도로 말미암아(κατὰ τὸ εὐαγγέλιόν μου διὰ Χριστοῦ Ἰησοῦ) 사람들의 은밀한 것을 심판하시는 그날"이라고 말하면서 [가상의] 화자와의 대화를 중단시키는 대목에 등장하기 때문이다(롬 2:16; 참조. 2:5).[84] 바울이 로마서 1:1-4에서 하나님의 복음을 묘사한 내용에 비춰볼 때 로마서 2:16에 등장하는 바울의 외침은 하나님의 심판이 이 제왕적 인물에 대한 그들의 관계를 통해서 매개될 것이라는 그의 믿음을 암시한다.

---

83 롬 1:18-3:20은 재판관으로서의 하나님과 임박한 종말론적 심판에 의해 지배된다. Kensky, *Trying Man, Trying God*, 182-90을 보라. "하늘로부터" 나타나는 하나님의 진노는 심판이 임박했음을 강조한다(롬 1:18; 참조. 살전 1:10; 살후 1:7). 인간은 "핑계하지 못한다"고 언급된다(롬 1:20). 다음 문헌들을 보라. Markus Barth, *Justification: Pauline Texts Interpreted in the Light of the Old and New Testaments* (trans. A. M. Woodruff III; Grand Rapids: Eerdmans, 1971), 25-34; Mark A. Seifrid, *Christ, Our Righteousness: Paul's Theology of Justification* (NSBT 9; Downers Grove, IL: InterVarsity, 2000), 48-51.

84 나는 "예수 그리스도로 말미암아"(διὰ Χριστοῦ Ἰησοῦ)가 "심판하시는"(κρίνει)을 수식하며 그럼으로써 메시아가 그를 통해 하나님이 세상을 심판할 대리인임을 암시한다고 생각한다(참조. 고전 4:4; 고후 5:10). Stefan Schreiber, *Gesalbter und König: Titel und Konzeptionen der Königlichen Gesalbtenerwartung in frühjüdischen und urchristlichen Schriften* (BZNW 105; Berlin: de Gruyter, 2000), 416-17을 보라.

로마서의 이 단락 곳곳에서 바울은 하나님이 모든 인간의 불의에 대해 공정한 논쟁을 벌이고 그럼으로써 인간이 신적 분노하에 처하는 상황이 초래된다고 묘사한다. 바울은 반대되는 두 영역—하나는 신적 정의로 특징지어지는 영역(롬 1:17; 참조. 3:3-5; 3:21-26)이고 다른 하나는 인간의 불의로 특징지어지는 영역(롬 1:18-32)이다—사이의 대조를 제시한다.[85] 로마서 1:17(δικαιοσύνη γὰρ θεοῦ...ἀποκαλύπτεται, 하나님의 의가 나타나서)과 1:18(Ἀποκαλύπτεται γὰρ ὀργὴ θεοῦ ἀπ' οὐρανοῦ, 하나님의 진노가 하늘로부터 나타나나니) 사이의 병행 구조와 신적 진노가 드러나는 것과 하나님의 의가 나타나는 것(롬 1:16-17)을 연결하는 1:18의 **가르**(γάρ, ~ 때문에. 개역개정에서는 명시적으로 번역되지 않았음)는 하나님의 진노가 나타나는 것은 하나님의 의와 반대되는 것이 아니라 하나님의 의의 묵시적 현시임을 암시한다.[86] 달리 말하자면 하나님의 의가 나타나는 것은 인간의 불의에 대해 하나님의 진노가 나타나는 것과 짝을 이룬다. 이는 우리가 살펴본 바와 같이 구약성서 곳곳에서 등장하는 보편적인 주제다(예컨대 시 9편; 34편; 사 11장). 하나님의 아들에게 초점을 맞춘(롬 1:1-4) 복음에 하나님의 의가 나타났다는 바울의 주장

---

85 Neil Elliott, *The Arrogance of Nations: Reading Romans in the Shadow of Empire* (Minneapolis: Fortress, 2008), 73을 보라.

86 롬 1:18에 등장하는 γάρ 및 그 단어와 롬 1:16-17 사이의 관계를 어떻게 이해해야 하는지에 관해 다양한 제안이 제시되었다. 다음 문헌들을 보라. Richard H. Bell, *No One Seeks for God: An Exegetical and Theological Study of Romans 1:18-3:20* (WUNT 106; Tübingen: Mohr-Siebeck, 1998), 12-17; Steve Finamore, "The Gospel and the Wrath of God in Romans 1," in *Understanding, Studying and Reading: New Testament Essays in Honour of John Ashton* (ed. Christopher Rowland and Crispin H. T. Fletcher-Louis; JSNTSup 153; Sheffield: Sheffield Academic, 1998), 137-54, 특히 140-45. 이는 하나님의 진노가 나타난 것이 하나님의 의가 나타난 것(롬 3:21-26)에 선행하고 그것에 앞서 발생한다(롬 1:18-3:20)는 주장이 틀렸음을 암시한다. Jonathan A. Linebaugh, "Debating Diagonal Δικαιοσύνη: The Epistle of Enoch and Paul in Theological Conversation," *EC* 1 (2010): 107-28, 특히 118에 대해서는 미안한 말이지만 말이다.

(롬 1:16-17)은 그가 로마서 1:18-3:20에서 초점을 가차 없이 인간의 불의로 옮기는 것을 한층 더 두드러지게 한다. 하나님의 의가 복음에 나타났고(1:17a),[87] 바울이 복음이 하나님의 아들의 부활에 초점을 맞춘다고 정의했다면(롬 1:1-4), 하나님이 자기 아들을 신원한 것 역시 하나님의 아들을 십자가에 못박은 불의한 **인류**에 대한 하나님의 의로운 심판이 나타난 것이다. 바울은 이 대목에서 예수의 죽음에 관여한 역사적 행위자들을 생각하고 있는 것이 아니라, "나타나다"(ἀποκαλύπτω)라는 단어가 사용되고 하나님의 활동이 강조된 맥락이 명백히 보여 주듯이, 그 상황을 묵시적으로 생각해서 하나님의 아들의 죽음과 하나님이 자기의 아들을 부활시킨 것이 **모든 인간**을 악하고, 불의하고, 거짓말하는 자로 드러낸다고 생각하는 것으로 보인다.[88] 하나님의 메시아를 죽임에 있어서 인간이 공모하고 거짓말을 사용한 점에 비추어볼 때 바울이 조금 뒤에 "모든 사람이 거짓말쟁이"라고 외친 것(롬 3:4a)이 바울에게는 명백한 진실이다.[89] 그리고 우리는 하나님의 정의가, 특히 70인역에서, 바로 하나님이 사악한 자를 심판함**으로써** 의인이 구원되는 데서 드러나는 것을 살펴보았다.[90] 그렇다면 하나님의 의가 하나

87 그것 안에(ἐν αὐτῷ)라는 전치사구는 1:16의 τὸ εὐαγγέλιον(복음)을 가리킨다.

88 하나님의 진노(롬 1:18)를 예수를 십자가에 못박은 인간에 대한 하나님의 의의 현시로 보는 학자의 문헌은 다음을 포함한다. C. E. B. Cranfield, *The Epistle to the Romans* (ICC; 2 vols, London: T & T Clark, 1975), 1:110; Robert Jewett, *Romans* (Hermeneia; Minneapolis: Fortress, 2007), 150: "그리스도의 십자가는 인간들과 기관들이 그들의 뛰어난 미덕과 명예라는 가식을 유지하기 위해 진리를 짓밟고 하나님에 대항하여 전쟁을 벌이는 경향을 폭로한다. 그리스도의 부활은 인간의 노력의 핵심에 있는 이 사악한 비밀을 폭로했으며, 인간들과 하나님의 역할을 바꾸려는 시도의 성격에 관한 충격적인 진실을 드러낸다."

89 Jewett, *Romans*, 151: "[롬] 1:3-4의 고백에 담긴 전제를 따를 때 부활은 예수를 '하나님의 아들'로 '지명했고' 따라서 그를 못박은 사람들의 '불경건과 불의'(롬 1:18)를 드러낸다."

90 위에서 하나님의 의를 의인에 대해 사악하고 불의한 박해자들에 대한 심판을 **통해** 하나님의 기름 부음을 받은 자를 구원하는 것으로 다룬 많은 텍스트를 보라.

님의 살해당한 아들의 부활에서 나타난다면 이 의의 계시가 이처럼 정의를 오용한 데 책임이 있는 사람들에 대한 신적 분노로 귀결되기**도** 하리라는 것이 논리적으로 보일 수 있을 것이다.[91] 로마서 1:18에 포함된 묵시적 단서들("계시", "진노", "하늘로부터")은 불의에 대한 하나님의 진노가 **현재** 나타난 것은 하나님의 종말론적 심판을 미리 맛보는 것임을 암시한다.[92]

구약성서에서 하나님이 사악하고 불의한 자들이 정의를 오용한 것을 처벌했듯이, 이 대목에서 우리는 "하나님의 진노가 불의로(ἐν ἀδικίᾳ) 진리를 막는 사람들의(ἀνθρώπων) 모든 경건하지 않음과 불의(ἀδικίαν)에 대하여 하늘로부터 나타나는" 것을 본다(롬 1:18). 불의(ἀδικία)가 반복적으로 사용되는 것(1:18에서 두 번 사용됨)은 하나님의 정의와 예리한 대조를 이루며 하나님에 대한 인간의 사무친 앙심에 주의를 기울이게 한다.[93] 로마서 1:18의 이 진술은 로마서 1:32과 함께 이루는 수미상관 구조를 시작하는데, 바울은 그 대목에서 인간이 "하나님의 의로운 평결"(τὸ δικαίωμα τοῦ θεοῦ)에 주의를 기울이기를 거절해서 불의하고 사악한 자들이 "죽어 마땅하다"고 지적한다. 로마서 1:18-32은 불의에 대한 하나님의 진노가 이방인 세계를 악덕과 불경건 속으로 더 깊이 가라앉힘에 따라 문명이 쇠퇴하는 이야기의 흔적을 지닌다고 지적되어왔다.[94] 상상할 수 있는 모든 악덕은 문명이 우상숭배와 악한 욕망으로 퇴보한 것에 대한 표지인데, 그중에서 불의나 하나님의 의에 영광을 돌리기를 거부하는 것이 가장 뚜렷하게 강조된다(롬 1:18,

---

91 그렇다면 롬 1:18-3:20은 "하나님의 의가 나타나는 것에 대한 근거를 제시하는 것으로 이해되지" 않아야 한다(Bell, *No One Seeks for God*, 17). 로마서의 이 부분에 묘사된 하나님의 종말론적 심판은 오히려 불의한 인간에 대한 하나님의 정의의 현시다.

92 Ibid., 14-15.

93 Jewett, *Romans*, 153.

94 가령 Stowers, *A Rereading of Romans: Justice, Jews, and Gentiles*, 85-100.

29, 32에서 두 번 언급된다). 불경건, 불의, 부도덕, 반사회적 행동, 죄, 그리고 신의 분노는 우리가 아우구스투스의 황금시대나 하나님의 창조세계 통치 또는 예언서나 시편에 나타난 바와 같이 하나님이 의로운 왕을 통해 자기의 백성을 통치하는 것에서는 발견하지 못할 특징이다.[95]

로마서 2장에서 바울은 이제 그의 [가상의] 대화자와 하나님의 심판은 보편적이고, 공평하고, 인간의 행동에 엄격하게 부합한다고 논쟁한다.[96] 이 대목에서 바울이 로마서 2:1에서 시작하는 통렬한 비난 어투로 수사 기법을 변경한 것과 1:18-32과 2:1-11 사이의 어휘상 및 주제상의 연결 관계는 바울이 1:18-32에서 주장한 내용을 새로운 청중, 즉 하나님이 이교도의 우상숭배를 정죄한다는 것을 인정하면서도 위선적으로 같은 짓을 하는 대화 상대자에게 확장하고 있음을 암시한다.[97] 로마서 1:18-32에 묘사

---

95 우리가 위에서 살펴본, 의로운 통치자가 하나님의 백성을 다스리는 결과로서 하나님의 백성에게 임하는 유토피아적인 황금시대에 관해 말하는 성경의 많은 텍스트를 보라. 아우구스투스의 황금시대와 그것이 바울의 텍스트들과 공명한다는 점에 관해서는 다음 문헌들을 보라. Andrew Wallace-Hadrill, "The Golden Age and Sin in Augustan Ideology," *Past and Present* 95 (1982): 19-36; Stowers, *A Rereading of Romans*, 52-58; Harrison, *Paul and the Imperial Authorities at Thessalonica and Rome*, 146-53.

96 바울의 진술(예컨대 롬 2:1-3, 3:9-10, 20)의 보편적 함의를 강조하는 주장에 관해서는 다음 문헌들을 보라. Andrew T. Lincoln, "From Wrath to Justification: Tradition, Gospel, and Audience in the Theology of Romans 1:18-4:25," in *Pauline Theology*, vol. 3, *Romans* (ed. David M. Hay and E. Elizabeth Johnson; Minneapolis: Fortress, 1995), 130-59, 특히 135-46; Francis Watson, *Paul and the Hermeneutics of Faith* (London: T & T Clark, 2004), 54-55. 그러나 Matthew Thiessen and Rafael Rodriguez, ed., *The So-Called Jew In Paul's Letter to the Romans*(forthcoming; Minneapolis: Fortress Press, 2016)에서 이방인을 유대인으로 개종시키는 사람(Gentile Judaizer)으로서의 바울의 대화자의 민족적 신원의 문제를 다시 꺼내는 중요한 저작을 보라. 나의 평가는 나의 답변 논문 "What are the Implications of the Ethnic Identity of Paul's Interlocutor? Extending the Conversation"에서 볼 수 있다.

97 롬 1:18-32과 2:1-11 사이의 연결에 관해서는 다음 문헌들을 보라. Jewett, *Romans*, 196; Jouette M. Bassler, *Divine Impartiality: Paul and a Theological Axiom* (SBLDS 59; Chico, CA: Scholars, 1982), 124-31. 롬 1:18-32이 바울의 수사적 반대자에 대한 혹독한 비난을

된 악한 행동을 비난하면서 자기들이 정죄하는 바로 그 악한 행위들을 하는 사람들은 그들 역시 하나님의 심판 앞에서 "변명할 수 없음"을 알게 될 것이다(롬 2:1; 참조. 1:20). 바울의 대화자의 정체에 관해서는 여전히 학자들이 논쟁을 벌이고 있지만, 바울의 비난은 하나님이 이스라엘을 선택한 것과 그들이 토라를 소유한 것과 이스라엘의 구원사적 특권이 최종 심판에서 이방인 개종자에는 속하지 않은 이점을 유대인(또는 이방인 개종자)에게 제공하리라고 생각하는 사람과 관련이 있어 보인다(참조. 롬 2:10b; 2:17-24; 3:1-2).[98] 그러나 바울은 하나님이 이스라엘을 선택함으로써 그들에게 부여된 이런 특권들이 위선적으로 판단하는 아무도 "하나님의 심판을 피할" 수 있게 해주지 않을 것이고, 그 특권이 "하나님의 의로운 심판이 나타날"(ἀποκαλύψεως δικαιοκρισίας τοῦθεοῦ; 롬 2:5b) 때 회개하지 않는 사람에게 아무런 도움도 제공하지 않을 것이라고 생각한다. 하나님의 심판은 절대적으로 공평하며(롬 2:10b-11), 하나님은 "각 사람에게 그 행한 대로 보응할

포함한다는 Campbell의 주장은 이제 유명하다(*The Deliverance of God*, 547-48). 그 통렬한 비난에 관해서는 다음 문헌들을 보라. Stanley K. Stowers, *The Diatribe and Paul's Letter to the Romans* (SBLDS 57; Chico, CA: Scholars, 1981); Runar M. Thorsteinsson, *Paul's Interlocutor in Romans 2: Function and Identity in the Context of Ancient Epistolography* (ConBNT 40; Stockholm: Almqvist & Wiksell, 2003).

98 Douglas Campbell은 대화 상대자가 유대인인 그리스도인이라고 주장한다(*The Deliverance of God*, 547-87). Stowers는 롬 2:1-16은 1:18-32에서 정죄된 사악한 행동을 부지중에 그리고 위선적으로 행하는 이방인들을 겨냥한 것인 반면에, 2:17부터 4장에서는 바울이 이방인들에 대한 유대인 교사들과 대화한다고 주장한다(*Rereading Romans*, 126-42). 그러나 최근에 그 대화 상대자가 이방인을 개종시키는 사람이라고 주장하는 학자들이 급증한 데 대해서는 다음 문헌들을 보라. Thorsteinsson, *Paul's Interlocutor in Romans 2*; Rafael Rodriguez, *If You Call Yourself a Jew: Reappraising Paul's Letter to the Romans* (Eugene, OR: Cascade, 2014); Matthew Thiessen, *Paul and the Gentile Problem* (New York: Oxford University Press, 2016).

것이다"(롬 2:6; 참조. LXX 시 61:13b[개역개정 62:12b]).[99] 이 원칙에 따르면 선을 추구하는 사람들에게는 생명이 수여되겠지만(롬 2:7), "불의(τῇ ἀδικίᾳ), 진노, 그리고 수난"을 추구하는 사람들에게는 환난이 올 것이다(롬 2:9). 하지만 바울은 그의 대화 상대자의 가정에 대응해서 토라를 준수하는 사람만이 하나님의 심판에서 의롭다 함을 받을 것(οἱ ποιηταὶ νόμου δικαιωθήσονται)이라고 주장한다(롬 2:13b). 이는 토라의 요구를 행하는, 할례를 받지 않은 이방인들이 하나님의 마지막 심판 때 그들의 의로운 행동이 하나님에 의해 정당화될지도 모른다(롬 2:12-16)는 놀라운, 그러나 그 대화의 조건에 따르면 논리적인 가능성으로 이어진다(롬 2:25-29).

그러나 하나님의 심판이 참으로 공평하다면 바울의 주장은 하나님이 이스라엘을 선택한 것을 무효로 만들지 않는가? 따라서 바울의 상대자가 다음과 같이 질문하는 것이 이해할 만하다. "그런즉 유대인의 나음이 무엇이며 할례의 유익이 무엇이냐?"(롬 3:1) 하나님의 공평이 이스라엘을 선택한 것을 무효로 만들고 따라서 하나님의 성실성에 의문을 제기하는지가 문제다. 이스라엘에게 "하나님의 신탁이 맡겨졌지만"(롬 3:2; 참조. 1:2), 바울은 인간의 불충실과 불의(롬 3:3, 5)에 대한 하나님의 공평한 정의의 우선성을 굳게 붙잡고 그것을 약화시키지 않는다. 이스라엘에게 하나님의 신탁이 맡겨졌지만 이스라엘은 믿지 않았다(εἰ ἠπίστησάν τινες, μὴ ἡ ἀπιστία αὐτῶν τὴν πίστιν τοῦ θεοῦ, 롬3:3).[100] **모든 사람**이 거짓말쟁이고(πᾶς δὲ ἄνθρωπος ψεύστη,

---

99 하나님의 공평한 심판은 성경 텍스트와 유대교 텍스트에서 잘 알려진 모티프다(가령 신 10:16-19; 잠 24:12; 집회서 35:12). Lincoln, "From Wrath to Justification," 141-42을 보라.

100 예수를 하나님의 의의 계시로 믿지 못하는 "믿음의 결여"에 관해서는 다음 문헌들을 보라. Mark Seifrid, "Unrighteous by Faith: Apostolic Proclamation in Romans 1:18-:20," 136-37; Charles H. Cosgrove, "What if Some Have Not Believed? The Occasion and Thrust of

롬 3:4) 불의하다(εἰ δὲ ἡ ἀδικία ἡμῶν, 롬 3:5a). 따라서 하나님은 믿음의 결여와 불의가—신적 약속에 신실하지 않다는 점에서 **또는** 신적인 의로운 성실성이 훼손되게 한다는 점에서—하나님의 신실함을 뒤집도록 허용하지 않을 것이다. 바울은 이 주장들을 뒷받침하면서 70인역 시편 115:2(개역개정 116:11)을 넌지시 언급하고 70인역 시편 50:6(개역개정 51:4)을 인용한다. "주께서 '주의 말씀에 의롭다 함을 얻으시고 판단받으실 때에 이기려 하심이라' 함과 같으니라"(ὅπως ἂν δικαιωθῇς ἐν τοῖς λόγοι ςσου καὶ νικήσεις ἐν τῷ κρίνεσθαί σε, 롬 3:4b). 70인역 시편 50편(개역개정 51편)의 좀 더 넓은 맥락은 하나님의 의와 비난할 데 없음을 인간의 부정의와 대조하기 때문에 바울의 논증과 깔끔하게 들어맞는다.[101] 그 시편은 인간의 부정의에 대한 하나님의 심판이 정당하다는 점을 잘 증명한다.[102] 하나님이 메시아 안에서 하나님의 의를 나타냈기 때문에(롬 1:16-17; 3:21-26; 참조. 롬 1:1-4) 바울은 이스라엘이 메시아를 믿지 않는 것(롬 3:2-3)을 "불의"로 보며(롬 3:5), 하나님이 그 백성을 심판한 것을 옳다고 본다.[103] 그렇다면 하나님은 진노를 내려도 불의한 것으로 입증되지 않을 것이고(μὴ ἄδικος ὁ θεὸς ὁ ἐπιφέρων τὴν ὀργήν, 롬 3:5b) 온 세상이 하나님의 의에 굴복하기를 거절한 데 대해 세상과 논쟁한다(롬 3:6-7). 이 대목에서도 바울이 로마서 1:18-32에서 우상숭배를 정

Romans 3:1-8," *ZNW* 78 (1987): 90-105.

101 Richard B. Hays, *Echoes of Scripture in the Letters of Paul* (New Haven: Yale University Press, 1989), 48도 그렇게 생각한다.

102 Sylvia C. Keesmaat, "The Psalms in Romans and Galatians," in *The Psalms in the New Testament* (ed. Maarten J. J. Menken and Steve Moyise; New Testament and the Scriptures of Israel; London: T & T Clark, 2004), 139-61, 특히 144-45도 그렇게 생각한다. Jewett는 바울과 그의 대화 상대자가 "인간의 부정의는 신적 진노 아래 떨어지며, 따라서 하나님의 의를 드러낸다"는 견해를 공유한다고 지적한다(*Romans*, 247).

103 Cosgrove, "What if Some Have Not Believed?"

죄하면서 사용한 유사한 언어—거짓말, 불의, 진노, 심판—로 "유대인"(롬 3:1)을 묘사한 것은 모든 사람이 똑같은 곤경에 처해 있고 진노를 받아 마땅하다는 것을 암시한다.

로마서 3:9에서 바울은 다시 자기와 그의 대화자가 하나님의 심판이 공정하다는 것을 확고히 했음을 암시하지만, 이 대목에서 그는 **모든 사람**을 불의한 상태에 있게 만든 동인(動因)으로서 죄를 도입한다. " 유대인이나 헬라인이나 다 죄 아래에 있다(ὑφ' ἁμαρτίαν εἶναι)고 우리가 이미 선언하였느니라."[104] 바울은 로마서 3:10-18에서 대체로 시편에서 일련의 성경 구절을 인용하여 독자를 압도함으로써 하나님이 인간이 자기의 몸을 이용하여 악과 불의가 편만해지게 한 데 대해 기소한다는 점을 좀 더 확실하게 밝힌다.[105] 그 일련의 성구 인용문이 인간의 불의를 확고하게 입증한다는 점은 마틴 C. 알블의 말마따나 "의"라는 단어가 "모든 시편의 좀 더 넓은 내용에서 적어도 한 번 및 이사야 59장에서 여러 번" 나온다는 사실에서 명백히 드러난다.[106] 바울이 인간의 **부정의**를 보여 주는 데 관심이 있다는 점은 "기록된 바 '의인은 없나니'"(οὐκ ἔστιν δίκαιοςοὐδε εἷς)라는 성경 인용의 서두(롬 3:10)를 통해서 암시되는데, 그 텍스트는 명백히 "선을 행하는 자가 없으니

---

104 그러면(Τί οὖν) 공식은 롬 3:1-8에 수록된 논증을 마무리하고 롬 3:10-20로 옮겨가는 기능을 한다. 바울이 "죄 아래에"라는 전치사구를 사용해서 어떤 동인이 사람을 통제할 수 있는 능력을 나타내는 것에 관해서는 다음 문헌들을 보라. J. Louis Martyn, *Galatians* (AB 33A; New York: Doubleday, 1997), 370-71; Ernst Käsemann, *Romans*, 86; Dunn, *Romans 1-8*, 148.

105 Hays, *Echoes of Scripture in the Letters of Paul*, 50; Keesmaat, "The Psalms in Romans and Galatians," 145. Martin C. Albl은 그 구절은 "죄에 관여하는 몸 전체의 이미지"를 통해 통합된다고 지적한다(*'And Scripture Cannot Be Broken': The Form and Function of the Early Christian* Testimonia *Collections* [NovTSup 96; Leiden: Brill, 1999], 172).

106 Albl, *'And Scripture Cannot Be Broken'*, 172.

하나도 없도다"(LXX 시 13:3b[개역개정 시 14:3b]; 참조. 전 7:20a)에서 변경된 것이다.[107] 그렇다면 일련의 성구 인용의 그 서두는 이 성경 텍스트들이 어디에서도 인간의 의가 발견되지 않음을 증언한다는 것을 보여 주는 기능을 한다.

그러나 이 성경 텍스트들이 사실은 **의로운 사람들과 불의한 사람들**을 구분하는데, 바울은 놀랍게도 이 텍스트들이 인간의 보편적인 부정의를 보여 준다고 주장한다.[108] 즉 프랜시스 왓슨이 지적한 바와 같이 그 텍스트들은 "다윗과 그의 적들뿐만 아니라, 다윗의 위험을 공유하고 구원을 감사하는 의인의 회중도 가리킨다."[109] 예컨대 바울이 인간의 부정의를 증언하기 위해 의존하는 시편(LXX 시 13:1-3[개역개정 14:1-3])은 "의인의 세대에 대한"(ὁ θεὸς ἐν γενεᾷδικαίᾳ) 도움도 약속한다(LXX 시 13:5b[개역개정 14:5b]; 참조. 롬 3:10b-12). 바울이 사악한 자의 난폭한 말을 말하기 위해 의존하는 시편(시 5:9; 롬 3:13)은 의인에 대한 하나님의 보호와 축복도 약속한다(ὅτι σὺ εὐλογήσεις δίκαιον, 시 5:13a). 70인역 시편 139:4(개역개정 140:3)은 의인을 대적하여 말하는 악한 자의 말이 독사의 독과 같다고 선언하지만, 그 시편은 하나님이 의인에게 정의를 베풀어줄 것이라는 약속으로 마무리된다(LXX 시 139:13-14[개역개정 140:12-13]).[110] 70인역 시편 35:1-2(개역개정 36:1)에

107 Watson, *Paul and the Hermeneutics of Faith*, 58-59; Steve Moyise, "The Catena of Romans 3:10-18," *ExpT* 106 (1995): 367-70.

108 Keesmaat은 그 문제를 인식하지만 해결하지 않는다: "사악한 자들과 대조적으로, 이 시편들은 의로운(δίκαιος) 자들을 하나님께 소망을 두는 자들(LXX 시 5:13[개역개정 5:12]; 40:14[개역개정 41:13]), 가난한 자들과 압제받는 자들(시 9:9, 12, 18; 10:12, 14, 18; 14:6; 140:12)로 묘사하는데, 하나님은 그들을 위해 행동할 것이다"("The Psalms in Romans and Galatians," 146). Bell, *No One Seeks for God*, 220-22도 보라.

109 Watson, *Paul and the Hermeneutics of Faith*, 62.

110 70인역 시 35:7, 11(개역개정 36:6, 10)과 사 59:4, 9, 14, 그리고 17을 보라.

서 우리는 악인의 "눈에는 하나님을 두려워하는 빛이 없다"는 것을 보지만 그 시편의 화자는 또한 하나님이 "마음이 정직한 자에게 주의 공의를"(τὴν δικαιοσύνην σου τοῖς εὐθέσι τῇ καρδίᾳ, 35:11[개역개정 36:10]) 베풀 것을 신뢰한다. 그 구절들은 의인과 불의한 자들을 구분하고, 불의한 자들의 사납고 거짓된 말이 의인을 박해한다는 공통점을 갖고 있다.[111] 악인들의 목구멍은 "열린 무덤"이며(롬 3:13a; LXX 시 5:10[개역개정 5:9]), 그들의 입술 위에는 독이 있고(롬 3:13c; LXX 시 139:4[개역개정 140:3]), 그들의 입에서 저주와 신랄함이 나온다(롬 3:14; 시 10:7). 따라서 바울이 인용한 성경 텍스트들의 맥락 안에서 의인들은 자기들의 말과 몸을 이용해 의인에게 폭력을 가하는 악인들로부터 죽임을 당할 위험에 처해 있으며, 하나님이 자기들을 신원하고 악인들로부터 구해 줄 것을 기대한다.[112]

그러나 바울은 이 시편들을 의인들과 불의한 자들 사이의 구분을 확립하는 것으로 읽지 **않는다**. 오히려 일련의 성구 인용문의 서두에서 명확히 하는 바와 같이 모든 사람이 불의하며, 이는 바울에게 있어 "의인들"—시편에 의해 증명된—이 실제로 존재하는지 의문을 제기하게 한다(롬 3:10).[113]

---

111 Beverly Roberts Gaventa, "From Toxic Speech to the Redemption of Doxology in Paul's Letter to the Romans," in *The Word Leaps the Gap: Essays on Scripture and Theology in Honor of Richard B. Hays* (ed. J. Ross Wagner, C. Kavin Rowe, and A. Katherine Grieb; Grand Rapids: Eerdmans, 2008), 392-408, 특히 398-99.

112 바울이 롬 3:10-18에서 다른 자료에 의존할 개연성이 있는데, 그 경우 이 자료의 배경은 자기들이 의인이며 악인들에게 폭력적으로 박해를 받고 있다고 생각하는 집단에 잘 들어맞을 것이다(참조. 「솔로몬의 시편」 17:15-20). 다음 문헌들도 보라. Albl, *'And Scripture Cannot Be Broken,'* 176-77; A. T. Hanson, "The Reproach and Vindication of the Messiah," in *Studies in Paul's Technique and Theology* (London: SPCK, 1974), 23.

113 직관적으로 율법의 요구를 이행하는 의로운 이방인이 존재할 가능성이 없음이 입증된다. Gaventa, "From Toxic Speech to the Redemption of Doxology in Paul's Letter to the Romans," 403: "롬 2:12-16과 25-29을 들었고 시편의 전통적인 취지와 지혜 문학의 전통적인 내용을 아는 청중들은 롬 3:10-18에서 그들이 기대하지 않은 결론을 듣게 된다. 그들

나는 바울이 시편을 놀랍게 읽어서 인간의 **보편적인** 부정의를 증언하는 것은 그의 앞선 기독론적 가정에 기인한다고 제안한다. 바울은 성경의 텍스트들을 그리스도 사건에 대해 묵시론적으로 구성된 이해의 관점에서 읽어서 그리스도만이 "의로운 존재"이고 모든 인간은 시편에 등장하는 "불의한" 자들의 역할을 한다고 생각한다.[114] 죄의 강력한 지배—인간은 모두 그 지배에 종속한다—는 유대인이나 비유대인을 막론하고 의인이 존재할 가능성을 차단한다(롬 2:12-15, 25-29; 3:1-20).[115] 인간이 하나님의 메시아를 죽인 것은 모든 인간이 시편에 등장하는 하나님의 의인에 대한 불의하고 거짓말하고 폭력적인 박해자임을 보여 주었다는 바울의 확신이 아니었다면, 그는 거의 확실히 이 결론에 이르지 않았을 것이고 인용된 그 성구들이 인간의 보편적인 불의를 단언하는 것이 설득력이 있다고 생각하지도 않았을 것이다.[116] 하나님이 메시아를 죽은 자들로부터 부활시키고 신원한 것은 인간에 대한 하나님의 진노와 심판을 드러내고 의인에 대한 인간의 폭력을

이 예상했던 바대로 하나님이 악을 처벌하고 무죄한 자를 구할 것이라고 보증하는 대신에, 바울은 무죄한 자는 없으며 모든 입이 닫힌다고 단언한다."

114 Bell도 비슷하게 생각한다. 그는 바울이 롬 3:10-18에서 그 성경 구절들을 놀라운 방식으로 사용하는 것에 관해 주석한다: "가능한 다른 설명은 바울에게 있어서 의인은 예수 그리스도만 존재했다는 것이다. 나는 바울이 예수 그리스도만 의롭다고 생각했다고 믿는데, 흥미롭게도 그는 신약성서의 다른 저자들과 마찬가지로 예수 그리스도를 시 69편(LXX 시 68편)의 고난받는 의인으로 보았다(*No One Seeks for God*, 221).

115 다음 문헌들도 그렇게 생각한다. Bell, *No One Seeks for God*, 216; Lincoln, "From Wrath to Justification," 145. 다음 문헌들도 보라. Stephen Westerholm, "Paul's Anthropological 'Pessimism' in Its Jewish Context," in *Divine and Human Agency in Paul and His Cultural Environment* (ed. John M. G. Barclay and Simon Gathercole; LNTS 335; London: T & T Clark, 2006), 71-98, 특히 74-77; idem, "Righteousness, Cosmic and Microcosmic," 31-32.

116 Hanson의 저작을 보라. 그는 롬 3:10-18에 수록된 성경 구절들이 그리스도의 수난 사건에 잘 들어맞는다고 생각한다("The Reproach and Vindication of the Messiah," 18-27).

폭로하는 사건이다(롬 1:3-4, 16-17). 바울이 메시아가 의인의 역할을 하고 인간이 악인의 역할을 하는 것으로 본다면 악인들의 폭력과 거짓말은 예수의 죽음을 둘러싼 사건들에서 가장 의미 있는 맥락을 발견할 것이기 때문에, 이 성경 구절들을 이렇게 이해하는 것은 그 성구들이 악인들의 폭력과 거짓말에 집요하게 초점을 맞추는 것을 일리가 있게 만든다.[117] 그렇다면 로마서 3:10-18에 수록된 성구들이 "예수를 죽인 자들과…잘 부합한다"는 스토워즈의 말이 옳다.[118]

이 해석은 제왕의 수난 시편을 예수의 수난을 증언하는 것으로 이해한 초기 기독교 전통에 비춰볼 때 한층 더 개연성이 있으며, 바울 역시 그리스도를 악인들의 폭력적이고 수치스러운 말을 듣는 70인역 시편 68:10(개역개정 69:9)의 고난받는 의로운 제왕으로 제시한다. "그리스도께서도 자기를 기쁘게 하지 아니하셨나니 기록된 바 '주를 비방하는 자들의 비방이 내게 미쳤나이다' 함과 같으니라"(롬 15:3; 참조. 롬 11:9-10에 인용된 LXX 시 68:23[개역개정 69:2]).[119] 그리스도는 로마서 3:10-18에 인용된 성구들의 화자로 묘

---

117 그 성경 구절 모음집의 구조와 그것이 바울 전에 만들어졌을 가능성에 관해서는 Leander E. Keck, "The Function of Rom 3:10-18: Observations and Suggestions," in *God's Christ and His People: Studies in Honour of Nils Alstrup Dahl* (ed. Jacob Jervell and Wayne A. Meeks; Oslo: University of Oslo, 1977), 141-57을 보라. Christopher Stanley는 바울이 로마서에서 사용하기 전에 그 성구집을 만들었다고 주장한다(*Paul and the Language of Scripture: Citation Technique in the Pauline Epistles and Contemporary Literature* [SNTSMS 69; Cambridge: Cambridge University Press, 1990], 87-99). 하지만 Bell, *No One Seeks for God*, 219-20을 보라. 롬 3:10-18과 Justin Martyr, *Dialogue with Trypho* 27.3 사이의 병행은 해석자들이 그 성구집이 바울이 아닌 누군가에 의해 만들어졌다고 확신하는 데 큰 역할을 했다. 하지만 Dietrich-Alex Koch, *Die Schrift als Zeuge des Evangeliums: Untersuchungen zur Verwendung und zum Verständnis der Schrift be Paulus* (BHT 9; Tübingen: Mohr-Siebeck, 1986), 184을 보라.

118 Stowers, *A Rereading of Romans*, 184-85.

119 Richard B. Hays, "Christ Prays the Psalms: Paul's Use of an Early Christian Exegetical

사되지 않지만,[120] 나는 바울로 하여금 그리스도만이 하나님의 의인인 반면에 모든 인간은 불의하고 사악한 자들과 보조를 같이하는 것으로 볼 수 있게 만든 요인은 그리스도의 죽음이라고 제안한다. 그렇다면 이 사건은 바울이 "율법이 말하는 바는 율법 아래에 있는 자들에게 말하는 것"(롬 3:19)이라고 확신하게 만든 요인이다. 즉 로마서 3:10-18에서 성경 텍스트들을 선포한 목적은 악한 자들의 말을 막고 온 세상이 하나님 앞에서 책임이 있음을 보여주는 것이다(ἵνα πᾶν στόμα φραγῇ καὶ ὑπόδικος γένηται πᾶς ὁ κόσμος τῷ θεῷ, 3:19b).[121] 이 대목에서도 바울은 왕과 그들의 말을 사용하여 하나님을 예배하는 의로운 회중 및 "불의한 것들을 말하는 자들을 막는"(ἐνεφράγη στόμα λαλούντων ἄδικα) 것 사이에 구분을 확립하는 70인역 시편 62:12(개역개정 63:11)의 언어에 의존한다. 그러나 바울에게는 의로운 자와 의롭지 않은 말을 하는 자들 사이에 대조가 없다. 오히려 율법은, 시편의 언어를 사용하자면 "율법의 행위로 그의 앞에 의롭다 하심을 얻을 육체가 없음"(διότι ἐξ ἔργων νόμου οὐ δικαιωθήσεται πᾶσα σὰρξ ἐνώπιον αὐτοῦ)을 증언한다(롬 3:20; ὅτι οὐ δικαιωθήσεται ἐνώπιόν σου πᾶς ζῶν, LXX 시 142:2b[개역개정 143:2B]).[122] 실비아 C. 키이즈마트는 그것을 잘 진술한다. "바울이 로마서 3:5-6에서 제기한, 하나님의 정의라는 근저의 질문은…인간이 정의롭지 않다는 압도적

Convention," in *The Future of Christology: Essays in Honor of Leander E. Keck* (ed. Abraham J. Malherbe and Wayne A. Meeks; Minneapolis: Fortress, 1993), 122-36을 보라. 누가-행전에 나타난 시편의 사용에 관해서는 Joshua W. Jipp, "Luke's Scriptural Suffering Messiah: A Search for Precedent, a Search for Identity," *CBQ* 72 (2010): 255-74을 보라.

120 Hanson, "The Reproach and Vindication of the Messiah"는 그렇게 생각한다.

121 Jewett, *Romans*, 265; Bell, *No One Seeks for God*, 222-23. 롬 3:10-18을 기독론적으로 해석하기를 거부하는 견해는 Watson, *Paul and the Hermeneutics of Faith*, 64-65을 보라.

122 Hays, *Echoes of Scripture in the Letters of Paul*, 51-52; Keesmaat, "The Psalms in Romans and Galatians," 147; Watson, *Paul and the Hermeneutics of Faith*, 67-68.

인 증거에 직면해서 이 대목에서 결정적으로 답변되어야 하는 것처럼 보인다."[123] 그 시편은 하나님이 "그의 종을 심판하게 되면" 의롭다 함을 받기가 불가능하다고 선언하는 반면에(LXX 시 142:2a[개역개정 143:2a]), 그 시편의 나머지는 심판으로부터의 안전(1-2절), 적들로부터의 구원(9-10절), 그리고 생명의 수여(11절)를 하나님의 의(δικαιοσύνη)에 의존한다.[124] 바울은 70인역 시편 142편(개역개정 143편)을 반향하여 인간의 의는 환상이며 신적 도움에 대한 토대를 제공하지 않는다는 그의 논증을 깔끔하게 마무리한다. 그러나 그것은 하나님의 구원하는 의는 다른 수단을 통해 현시될 것이라는 희망도 암시한다.

하나님의 정의와 의로운 메시아를 의롭다 함

바울은 인간에게는 보편적으로 정의가 없다는 것을 확고하게 밝혔다(참조. 롬 1:18-19, 29-32). 하나님이 신원해줄 의인이 없다는 점에 비춰볼 때, 시편 저자들의 외침처럼, 하나님이 의인을 신원하고 악인을 심판해 달라는 절규는 무시되리라고 보일 것이다. 의인은 아무도 없으며(롬 3:9), 이 사실은 "온 세상"이 하나님의 진노와 심판 앞에서 책임이 있는 상황으로 귀결되었다(롬 3:5-6, 19-20). 그러나 이것은 하나님의 의가 나타나서 죄 있는 인간이 의롭다 함을 받는다는 로마서 3:21-26 및 "의인은 믿음으로 말미암아 살

123 Keesmaat, "The Psalms in Romans and Galatians," 147.

124 다음 문헌들을 보라. Richard B. Hays, "Psalm 143 and the Logic of Romans 3," *JBL* 99 (1980): 107-115, 특히 114-15; N. T. Wright, *Paul and the Faithfulness of God* (Christian Origins and the Question of God, vol. 4; Minneapolis: Fortress, 2013), 995.

리라"는 로마서 1:17의 바울의 단언과 반대되는 상황이다. 무엇이 인간으로 하여금 이렇게 가공할 죄, 부정의, 그리고 신적 분노의 상황에서 벗어나 구원하는 신적 정의의 영역으로 옮겨갈 수 있게 하는가?

나의 제안의 핵심은 바울이 의로운 왕으로서 신적인 왕을 섬기는 가운데 자기 백성을 구원하고 그들을 정의와 공의 안에서 굳게 세우는 하나님의 메시아 개념이라는 고대의 넓은 담론 안에서 이 문제에 답변한다는 것이다. 하나님이 자신의 의로운 메시아—의롭고 따라서 하나님이 자신을 정당화해 주리라고 기대할 수 있는 유일한 인간—를 부활시키고 그럼으로써 그를 신원할 때 하나님의 의가 나타난다. 그러나 의로운 메시아에 대한 하나님의 올바른 반응은 메시아의 백성을 의롭게 하는 것을 목표로 한다. 선한 왕들이 자기 백성을 구원하고 보호했듯이, 하나님도 자신의 죽음으로 자기 백성을 속죄하고 또한 자신의 의(즉 부활)를 자기의 백성과 공유함으로써 백성을 구원할 메시아적인 왕을 보냄으로써 하나님의 의를 나타낸다. 그렇다면 하나님의 의는 메시아의 속죄 죽음과 하나님이 의로운 메시아를 정당화한 것 및 메시아의 의로운 무죄 선고를 메시아에 속한 자들에게 확장한 것에서 드러난다. 이것을 좀 더 간단하게 진술하기 위해 나는 다음과 같이 주장한다. (a) 하나님의 의는 그가 메시아를 부활시키고 메시아에게 종말론적 생명을 수여한 데서 드러난다, (b) 메시아가 죽음에서 신원된 것은 그가 선한 왕으로서 하나님 앞에서 의로움을 확고히 했기 때문이다, (c) 하나님이 메시아를 의롭다고 한 결과 그리스도는 자신의 의롭다 함/부활을 그리스도의 백성과 공유함으로써 자기 백성을 구원할 수 있다. 바울의 의롭다 함(칭의) 언어는 하나님의 의를 자기 백성을 위해 정의를 확립할 임무를 지닌, 의롭지만 박해받는 하나님의 메시아와 관련짓는 70인역 텍스트들(위에서 언급된 내용을 보라)에 대한 암시로 가득 차 있다.

하나님이 메시아를 부활시킨 데서 하나님의 의가 드러났다

로마서 1:17과 3:21-26에 등장하는 "하나님의 의"(δικαιοσύνη θεοῦ)가 나타난 것은 압제를 받았지만 의로운, 하나님의 기름 부음을 받은 자를 부활시키고 따라서 의롭다고 하기 위한 하나님의 올바른 반응이다.[125] 최근의 로마서 학자 대다수는 **디카이오쉬네 테우**(δικαιοσύνη θεοῦ, 하나님의 의)가 속성이나 하나님 앞에서 인간의 의로움에 대한 신적 요구라기보다는 모종의 신적 행위 또는 행동을 가리킨다는 것을 올바로 강조해왔다.[126] "하나님의 의"를 하나님이 메시아를 죽은 자들 가운데서 살려서 신원한 것으로 이해할 근거는 상당히 강력하다. 특히 바울의 담론이 고대의 왕과 정의라는 주제의 맥락 안에서 이해될 경우에는 말이다.[127] 또한 이 견해는 하나님이 어떻게 메시아적인 왕의 사역을 통해서 불의한 사람들을 정의와 공의 가운데 굳게 세울 수 있는지에 대한 강력한 설명을 제공할 수 있다. 로마서 1:16-17에

---

125 Campbell, *The Deliverance of God*, 677-711. 바울 서신에서 하나님의 의와 생명 사이의 관계는 Brendan Byrne, *Romans* (SP 6; Collegeville, MN: Liturgical Press, 1996), 52-53을 보라.

126 Sam K. Williams의 중요한 연구인 "The 'Righteousness of God' in Romans," *JBL* 99 (1980): 241-90을 보라.

127 하나님의 의를 이스라엘에 대한 하나님의 언약적 신실함으로 이해하는 것이 상당히 유행하게 되었다. 예컨대 A. Katherine Grieb, *The Story of Romans: A Narrative Defense of God's Righteousness* (Louisville: Westminster John Knox, 2002), 12-13을 보라. Hays는 하나님의 의는 구원론보다는 신정론에 관한 것이라는 입장을 가장 강력하게 피력한다(*Echoes of Scripture in the Letters of Paul*, 46-57[『바울서신에 나타난 구약의 반향』, 여수룬 역간]). 나는 로마서에 등장하는 바울의 수사적 의제 중 하나는 백성에게 한 약속에 대한 하나님의 의와 신실함을 보여 주는 것이라는 점을 부인하지 않지만, **디카이오쉬네 테우**(δικαιοσύνη θεοῦ)가 이스라엘에 대한 하나님의 언약적 신실함을 가리킨다는 해석을 옹호하는 사람들은 종종 텍스트에 들어있지 않은 것을 텍스트 안으로 들여온다. 오히려 바울은 (소유격 한정사를 그리스도의 신실함을 가리키는 것으로 보는 주격 해석을 가정할 경우) 하나님의 의가 메시아 안에서 드러난다는 것을 명확히 밝힌다.

서 바울은 다음과 같이 진술한다.

> 내가 복음을 부끄러워하지 아니하노니 이 복음은 모든 믿는 자에게 구원을 주시는 하나님의 능력이 됨이라. 먼저는 유대인에게요 그리고 헬라인에게로다. 복음에는 하나님의 의가 나타나서 믿음으로 믿음에 이르게 하나니 기록된 바 "오직 의인은 믿음으로 말미암아 살리라" 함과 같으니라.

> Οὐ γὰρ ἐπαισχύνομαι τὸ εὐαγγέλιον, δύναμις γὰρ θεοῦ ἐστιν εἰς σωτηρίαν παντὶ τῷ πιστεύοντι, Ἰουδαίῳ τε πρῶτον καὶ Ἕλληνι. δικαιοσύνη γὰρ θεοῦ ἐν αὐτῷ ἀποκαλύπτεται ἐκ πίστεως εἰς πίστιν, καθὼς γέγραπται, ὁ δὲ δίκαιος ἐκ πίστεως ζήσεται.

대체로 리처드 B. 헤이스의 선구적인 연구로 말미암아 대다수 해석자는 이제 로마서 1:16-17이 70인역 시편 97:2(개역개정 98:2)에 대한 명확한 언급을 포함한다는 것을 인정한다.

> 여호와께서 그의 구원을 알게 하시며 그의 공의를 뭇 나라의 목전에서 명백히 나타내셨도다. 그가 이스라엘의 집에 베푸신 인자와 성실을 기억하셨으므로 땅끝까지 이르는 모든 것이 우리 하나님의 구원을 보았도다(LXX 시 97:2-3).

> ἐγνώρισεν κύριος τὸ σωτήριον αὐτοῦ, ἐναντίον τῶν ἐθνῶν ἀπεκάλυψεν τὴν δικαιοσύνην αὐτοῦ. ἐμνήσθη τοῦ ἐλέους αὐτοῦ τῷ Ιακωβ καὶ τῆς ἀληθείας αὐτοῦ τῷ οἴκῳ Ισραηλ, εἴδοσαν πάντα τὰ πέρατα τῆς γῆς τὸ σωτήριον τοῦ

θεοῦ ἡμῶν.[128]

우리는 70인역 시편 97편(개역개정 98편)이 모든 창조물에 대한 하나님의 왕권을 찬송하는 좀 더 넓은 찬송가 모음(LXX 시 92편[개역개정 93편]; 94-98편[개역개정 95-99편])에 수록되어 있다는 것을 보았다. 하나님의 왕으로서의 통치—창조의 능력, 다른 신들에 대한 통치, 적들에 대한 심판, 그리고 백성들의 구원에서 나타난다—는 하나님의 정의, 즉 백성의 구원 **및** 그들의 적들의 심판으로 귀결되는 정의가 나타나는 측면의 하나다. 그렇다면 하나님의 정의는 모든 백성에 대한 신적 왕권의 확립에 뿌리를 둔다. 따라서 이 왕권 찬양 곳곳에서 하나님은 "땅을 심판하러" 임하실 것이고 "의로(ἐν δικαιοσύνῃ) 세계를 판단하시며 공평으로 그의 백성을 심판하실" 분으로 묘사된다(LXX 시 97:9[개역개정 98:9]). 하나님은 "[영광의 왕이시고] 정의를 사랑하시느니라. 주께서 공의를 견고하게 세우시고 주께서 야곱에게 정의와 공의(κρίσιν καὶ δικαιοσύνην)를 행하시나이다"(LXX 시 98:4[개역개정 99:4]). 시편의 화자는 "의와 공평(δικαιοσύνη καὶ κρίμα)이 그의 보좌의 기초"이며(LXX 시 96:2b[개역개정 97:2b]) 이 신적인 의가 하나님의 의로운 심판—이 심판은 하나님의 백성에게는 구원을 가져오지만, 우상을 숭배하는 자들에게는 수

128 두 텍스트 모두 다음과 같은 언급을 포함한다: (a) 하나님의 의, (b) 나타나다, (c) 유대인/야곱의 집과 이스라엘 및 백성들, (d) 그리고 구원으로 귀결됨. Hays는 롬 1:16-17에 관해 다음과 같이 진술한다: "이 표제의 선언의 모든 중요한 신학적 용어들은 70인역의 언어를 반향한다. 사실 특정한 70인역 구절들에서 이 용어들은 바울의 공식을 현저하게 미리 말해주는 방식으로 수렴한다"(*Echoes of Scripture in the Letters of Paul*, 36). 다음 문헌들도 보라. Campbell, *The Deliverance of God*, 688-89; Keesmaat, "The Psalms in Romans and Galatians," 142-43; Seifrid, *Christ Our Righteousness*, 38-40; Jewett, *Romans*, 143; T. L. Carter, *Paul and the Power of Sin: Redefining 'Beyond the Pale'* (SNTSMS 115; Cambridge: Cambridge University Press, 2002), 138.

치를 가져온다—에서 나타난다고 선언한다(7-12절). 따라서 바울이 로마서 1:16-17에서 70인역 시편 97편의 신적인 왕을 반향하고 있다면—주제상 및 어휘상의 유사성에 비추어 볼 때 그것은 확실해 보인다—**디카이오쉬네 테우**(δικαιοσύνη θεοῦ)는 하나님이 신적 정의—이스라엘과 민족들을 포함한 사람들의 구원을 가져오는 정의(가령 LXX 시 97:2-3[개역개정 98:2-3])—와 하나님의 원수들에 대한 심판을 실행함으로써 모든 창조물에 대한 하나님의 우주적 통치를 확립하는 것을 가리킨다고 보일 것이다.[129]

그런데 하나님의 의가 어떻게 나타나는가? 신들이 그들의 대표자인 왕을 통해 그들의 통치를 확립하듯이 바울은 하나님의 의의 계시를 특히 메시아적인 배경 안에 위치시킨다. 로마서 1:16-17은 (주석자들이 좀처럼 강조하지 않지만) 로마서 1:1-5에 등장하는 "하나님의 복음"에 대한 바울의 묘사를 확장한 것이기 때문이다.[130] 즉 하나님은 로마서 1:3-4에서 제시된 복음을 통해—우리가 70인역 시편 97편(개역개정 98편)에서 살펴본 바와 같이—

---

129 Mark A. Seifrid는 롬 1:16-17에 등장하는 **디카이오쉬네 테우**(δικαιοσύνη θεοῦ) 해석에 있어서 70인역 시 97:1-3(개역개정 시 98:1-3)과 70인역 사 51:4-8이 중요하다고 올바로 주장하지만, 놀랍게도 그것을 "신적 요구 또는 선물로" 이해하는 경향이 있다(*Justification by Faith: The Origin and Development of a Central Pauline Theme* [NovTSup 68; Leiden: Brill, 1992], 215-17, p. 215에서 인용됨). Denny Burk는 하나님의 의는 하나님의 구원 활동 및 구속 활동의 환유어라고 주장한다. 즉 의는 하나님의 구원 활동의 토대 또는 동기로 기능하는 하나님의 속성이다("The Righteousness of God (Dikaiosune Theou and Verbal Genitives: A Grammatical Clarification," *JSNT* 34 [2012]: 346-60).

130 롬 1:16-17을 "로마서의 주제 또는 제목"으로 보는 주요 주석가는 Jewett, *Romans*, 135 각주1을 보라. Rikki E. Watts, "'For I Am Not Ashamed of the Gospel': Romans 1:16-17 and Habakkuk 2:4," in *Romans and the People of God* (ed. Sven K. Soderlun and N. T. Wright; Grand Rapids: Eerdmans, 1999), 3-25도 보라. 하지만 Hays, *Echoes of Scripture in the Letters of Paul*, 36-37의 유용한 주석을 보라. J. R. Daniel Kirk는 롬 1:2-4과 1:16-17 사이의 몇 가지 중요한 연결을 지적하고 "바울이 롬 1:16-17에서 취하는 '주제'는 그 서신의 서두를 확장해서 '열거된 주제'에 지나지 않는다"고 주장한다(*Unlocking Romans: Resurrection and the Justification of God* [Grand Rapids: Eerdmans, 2008], 49).

신적 왕권을 확립한다. 소위 주제 진술이라는 로마서 1:16-17에 등장하는 많은 단어와 어구들은 바울이 로마서 1:1-5에서 한 진술을 개념화한 것을 떠나서는 모호할 것이다. 그런데도 로마서 1:16-17은 자주 로마서 1:1-5을 거의 조금도 고려하지 않은 채 해석되어왔다.[131] 두 구절이 공통 단어 **유앙겔리온**(εὐαγγέλιον, 복음)을 공유할 뿐만 아니라(롬 1:1b, 16a; 참조. 1:9),[132] 그 고백은 메시아를 "하나님의 능력 있는 아들"(υἱοῦ θεοῦ ἐν δυνάμει, 롬 1:4)로 말하는 반면에 바울은 복음을 "구원을 주는 하나님의 능력(δύναμις…θεοῦ)"으로 부른다(롬 1:16). 구원을 주는 이 신적 능력은 롬 1:4에 등장하는 메시아의 부활과 관련이 있으며, 바울은 그의 서신들의 다른 곳에서 자주 **뒤나미스**(δύναμις, 능력)라는 단어를 사용해서 부활을 묘사한다.[133] 따라서 "구원을 주는 하나님의 능력"(롬 1:16a)은 하나님이 그의 아들을 권능의 자리에 앉히는 것에 의존할 것이다.[134] 부활해서 왕위에 오른 하나님의 아들에게 신적 능력이 수여되며, 따라서 로마서 1:16에서 복음과 하나님의 능력

131 Stephen L. Young, "Romans 1.1-5 and Paul's Christological Use of Hab. 2.4 in Rom. 1.17: An Underutilized Consideration in the Debate," *JSNT* 34 (2012): 277-85, 특히 279의 통찰력이 있는 주석을 보라. J. R. Daniel Kirk의 설명도 보라. 그는 롬 1:16-17에서 "그는 자신의 [롬 1:2-4의] 복음 메시지—바울이 이미 예수의 부활-왕권의 관점에서 설명한 메시지—에 대한 추가적인 묘사와 함의를 제시한다"고 지적한다(*Unlocking Romans*, 46).

132 몇몇 중요한 그리스어 사본은 롬 1:16에서 그리스도의 복음(τὸ ὐαγγέλιον τοῦ Χριστοῦ)으로 제시하는데, 이는 롬 1:16-17이 롬 1:1-4로 좀 더 명시적으로 되돌아간다고 보이게 만들 것이다.

133 몇몇 예는 다음 구절들을 보라. 고전 6:14; 15:43; 고후 4:7; 12:9; 13:4; 엡 1:19, 21; 3:16; 빌. 3:10. 부활과 관련된 동사 형태는 빌 3:20을 보라. Dunn, *Romans 1-8*, 39을 보라.

134 특히 "하나님의 능력"(롬 1:16b)과 "능력 있는 하나님의 아들"(롬 1:4) 사이의 관계로 말미암아 Desta Heliso는 바울이 하나님의 능력(δύναμις γὰρ θεοῦ)을 "예수에게서 구현된 어떤 것"을 함축한다고 의도했을지도 모른다고 주장했다(Pistis *and the Righteous One: A Study of Romans 1:17 against the Background of Scripture and Second Temple Jewish Literature* [WUNT 2.235; Tübingen: Mohr-Siebeck, 2007], 80-83). "하나님의 의"와 부활시키는 능력 사이의 관계는 Käsemann, "'The Righteousness of God' in Paul," 173-74을 보라.

사이의 관련은 로마서 1:17에 나타난 그리스도의 부활과 하나님의 의 사이의 연결을 한층 더 확증한다.[135] 그리고 복음의 범위가 "먼저는 유대인에게요 그리고 헬라인에게" 확대된다는 바울의 주장(롬 1:16b)은 그의 사도직이 "모든 이방인 중에서(ἐν πᾶσιν τοῖς ἔθνεσιν) 믿어 순종하게" 하기 위함이라는 바울의 진술(롬 1:5)에서 준비되었다. 하지만 이 점이 가장 중요한데, 1:17의 "그것 안에"(ἐν αὐτῷ)라는 전치사구는(개역개정에는 "복음에는"으로 번역되어 있음)는 거의 확실히 앞 절 서두의 복음(τὸ εὐαγγέλιον)을 가리키며, 따라서 "하나님의 의"가 "복음"—그 내용은 1:3-4에서 정의되었다[136]—에 계시된다는 것을 나타낸다.[137] 세이프리드는 이 점을 잘 진술한다. "복음은 인간을 위해 인간 안에서, 즉 육신을 따라서는 다윗의 씨로 태어났고 죽은 자 가운데서 부활함으로써 하나님의 아들로 지정된(롬 1:3-4) 하나님의 아들 안에서 행하는 하나님의 구원 사역과 밀접한 관계가 있다."[138]

로마서 1:16-17의 해석에서 학자들은 바울이 이미 하나님의 복음을 다음과 같이 정의했다는 사실을 너무도 자주 무시한다. (a) 구약성서에서 약속되었다(롬 1:2), (b) 제왕-메시아 전통을 실현해서 다윗의 씨에서 태어난 하나님의 아들에 초점을 맞춘다(1:3), 그리고 (c) 그 아들은 죽은 자들 가운데서 부활하여 하나님의 성령이 기름을 부은 아들로서 강력한 통치자 지위에 등극했다(1:4). 그렇다면 이 맥락상의 특징들은 복음에 나타난 **디카이오쉬네 테우**(δικαιοσύνη θεοῦ)의 내용은 하나님이 자신의 제왕적인 아들을 죽은 자들 가운데서 부활시켜서 이 아들을 민족들에 대한 강력한 주권자의

135 Heliso, Pistis *and the Righteous One*, 82-83.

136 따라서 그 전치사구는 하나님의 의가 나타난 곳을 가리키는 처소격으로 이해되어야 한다.

137 Dunn, *Romans 1-8*, 47도 그렇게 생각한다.

138 Seifrid, "Unrighteous by Faith," 111; Wright, *Paul and the Faithfulness of God*, 997-98.

자리에 등극시킨 것임을 암시한다.[139]

바울이 중요한 제왕적 메시아에 관한 성경 텍스트를 채택해서 하나님의 복음과 의를 정의한 것은 하나님의 의의 계시는 우선 하나님이 메시아를 부활시킨 것과 직접 관련이 있음을 암시한다. 예컨대 우리는 이미 바울이 로마서 1:3-4에서 시편 2:7과 사무엘하 7:12-14을 사용해서 예수의 부활과 즉위를 가리킨다는 것을 살펴보았다(참조. 행 13:33; 히 1:5; 5:5; 계 3:21-22). "내가 여호와의 명령을 전하노라. 여호와께서 내게 이르시되 '너는 내 아들이라. 오늘 내가 너를 낳았도다. 내게 구하라. 내가 이방 나라를 네 유업으로 주리니 네 소유가 땅끝까지 이르리로다'"(시 2:7-8)라는 약속과 하나님이 다윗에게 "내가 네 몸에서 날 씨를 네 위에 세우겠다"(삼하 7:12b)라고 한 약속은 하나님이 기름 부음을 받은 자를 죽은 자 가운데서 살려서 그를 능력으로 하나님의 아들로 세웠을 때(롬 1:4) 실현되었다.[140] 나의 목적상으로는 "복음에 하나님의 의가 나타났다"(롬 1:17a)는 바울의 주장이 메시아

139 비슷한 견해로는 Young, "Romans 1.1-5 and Paul's Christological Use of Hab. 2.4 in Rom. 1.17," 279-80을 보라. Seifrid는 롬 1:16에 관해 다음과 같이 주석한다: "'하나님의 의'는 '복음 안에' 나타난다. 바울이 위치를 지정하는 선언은 바울이 구원에서의 중요성을 전달하기 위해 성경의 언어를 채택해서 십자가에 처형된 그리스도의 부활을 가리킨다는 것을 암시한다. '하나님의 의'는 **우리를 위해** 죽은 자들 가운데서 그리스도를 살리는 하나님의 '신원하는 행동'이다"(*Christ Our Righteousness*, 46). Watson은 롬 1:16-17//3:21-22과 1:1-5 사이의 관계를 간과하고 다음과 같이 말한다: "만일 [바울이] 그 인용[롬 1:17에 수록된 합 2:4]을 기독론적으로 이해했다면 그는 이 점을 이미 롬 1:17에서 명확히 했을 것이다"(*Paul and the Hermeneutics of Faith*, 75). Watson은 다음과 같이 말함으로써 자신의 주장을 훼손하는 것으로 보인다: "그리스도의 죽음에서 시작해 그 죽음으로 되돌아오는 양방향 움직임에서 그리스도 안에서의 하나님의 구원하는 행동은 그것의 참된 모습을 인식하는, 응답하는 신앙을 끌어내려고 한다. 그렇다면 신앙은 **하나님의 구원하는 행동의 화신인 예수 그리스도는 신앙의 기원이자 목표라는 이중의 의미에서 '예수 그리스도에 대한 신앙'이다**"(강조는 덧붙인 것임, pp. 75-76). 나는 이 진술에 충심으로 동의한다!

140 롬 1:1-4과의 좀 더 상세한 상호작용 및 이차적인 관련 문헌과의 상호작용은 4장 "왕과 왕국"에서 찾아볼 수 있다.

의 부활과 신원을 가리키는 제왕 텍스트들을 넌지시 언급하며 그럼으로써 하나님의 의가 하나님이 자기 아들을 죽은 자 가운데서 다시 살려서 즉위시킨 하나님의 올바른 행동에서 나타난다는 주장을 좀 더 뒷받침한다는 점이 중요하다.

그러나 "내가 복음을 부끄러워하지 않는다(Οὐ γὰρ ἐπαισχύνομαι)"(롬 1:16a)는 바울의 주장 역시 하나님이 그의 의를 보내서 악인에게 수치를 가져오고 의인을 신원해 달라고 호소하는 많은 예언서 텍스트 및 시편을 넌지시 언급한다.[141] 그리고 이 대목에서 나는 단순히 바울이 로마서 1:2과 3:21에서 확립한 실마리를 따른다. 로마서 3:21에서 하나님의 의는 "율법과 선지자들에게 증거를 받은 것"(μαρτυρουμένη ὑπὸ τοῦ νόμου καὶ τῶν προφητῶν)이라고 언급된다. 70인역 성경의 두 텍스트가 로마서 1:16-17과 3:21-22에 사용된 바울의 언어에 상당한 어휘를 제공한 것으로 보인다.

> 여호와여, 내가 주께 피하오니 내가 영원히 수치를 당하게 하지 마소서(μὴ καταισχυνθείην). **주의 의로** 나를 건지시며 나를 풀어 주시며(ἐν τῇ δικαιοσύνῃ ῥῦσαί με καὶ ἐξελοῦ με) 주의 귀를 내게 기울이사 나를 구원하소서(σῶσόν με).…나의 하나님이여, 나를 악인의 손 곧 불의한(ἀδικοῦντος) 자와 흉악한 자의 장중에서 피하게 하소서.…내 영혼을 대적하는 자들이 수치와 멸망을 당하게 하시며(αἰσχυνθήτωσαν) 나를 모해하려 하는 자들에게는 욕과 수욕(αἰσχύνην καὶ ἐντροπήν)이 덮이게 하소서.…내가…주의 공의(τὴν δικαιοσύνην σου)와 구원(τὴν σωτηρίαν σου)을 내 입으로 종일 전하

141 그러나 다음 구절들도 보라. 70인역 시 24:2(개역개정 25:2); 43:10(개역개정 44:9); 사 28:16.

리이다.…나의 혀도 종일토록 주의 의(τὴν δικαιοσύνην σου)를 작은 소리로 읊조리오리니 나를 모해하려 하던 자들이 수치와 무안(αἰσχυνθῶσιν καὶ ἐντραπῶσιν)을 당함이니이다(LXX 시 70:1-2[개역개정 71:1-2], 4, 13, 15a, 24).

70인역 시편 70편과 로마서에 등장하는 바울이 사용한 의 언어 사이의 주제상 및 어휘상의 유사성이 축적된 것은 바울이 이 (그리고 다른) 70인역 텍스트(들)를 사용해서 **디카이오쉬네 테우**(δικαιοσύνη θεοῦ)의 의미를 설명한다는 것을 암시한다.[142] 하나님이 신적 의를 나타내기 위해 행동할 때 다윗 가문의 인물은 이것이 자기의 구원과 수치로부터의 보호, 악인들로부터의 구원, 그리고 대안적으로 악인들의 수치를 가져올 것이라고 기대한다. 따라서 하나님의 의는 다윗 가문의 하나님의 의로운 아들의 구원에서 나타나는데, 이 점은 하나님의 의가 나타나는 것(롬 1:17)을 부활하고 즉위한 다윗 가문의 하나님의 아들의 복음(롬 1:3-4) 안에 위치시키는 것을 참으로 일리가 있게 만든다. 그렇다면 바울이 부끄러워하지 않는 것(Οὐ…ἐπαισχύνομαι)은 하나님의 의의 강력한 계시가 의인을 신원했고 악인들에게 신적 진노와 심판을 가져왔다는 그의 믿음에서 나온다.[143] 바울은 바로 복음의 능력이 메시아가 수치와 불명예로부터 구원된 데서 나타난 것을 보았기 때문에 하나님

142 여기에는 수치(롬 1:16), 하나님의 의(1:17; 3:21-22), 구원(1:16), 그리고 악인들의 심판(1:18 이하)에 관한 언급이 포함된다. Geoffrey Turner는 시편을 바울이 사용한 의 언어들을 이해하기 위한 맥락으로 강조한 소수의 학자 중 한 명이다. 그의 "The Righteousness of God in Psalms and Romans," *SJT* 63 (2010): 285-301을 보라.

143 많은 주석가는 자주 이 점을 놓치고 대신 바울의 선교적 열심에 초점을 맞추거나 바울이 부끄러워하지 않는 것을 명예-수치 관계의 역전 안에 위치시킨다. 예컨대 Jewett, *Romans*, 136-37을 보라. 하지만 Hays, *Echoes of Scripture in the Letters of Paul*, 38-39을 보라.

의 복음을 부끄러워하지 않는데, 이는 메시아에게 속한 사람들에게 동일한 능력을 미치는 사건이다.

이사야서의 세 번째 종의 노래는 종이 자기의 적들로부터 폭력을 경험하고 하나님께 자기와 악인들 사이에서 판단해 달라고 요청하는 유사한 역학 관계를 포함한다. 시편의 화자와 마찬가지로 종은 하나님이 자기를 의롭다 하고 수치로부터 구원해 줄 것을 신뢰한다.

> 나를 때리는 자들에게 내 등을 맡기며 나의 수염을 뽑는 자들에게 나의 뺨을 맡기며 모욕(ἀπὸ αἰσχύνης)과 침 뱉음을 당하여도 내 얼굴을 가리지 아니하였느니라. 주 여호와께서 나를 도우시므로 내가 부끄러워하지 아니하고(οὐκ ἐνετράπην) 내 얼굴을 부싯돌 같이 굳게 하였으므로 내가 수치를 당하지 아니할 줄(οὐ μὴ αἰσχυνθῶ) 아노라. 나를 의롭다 하시는 이(ὁ δικαιώσας)가 가까이 계시니 나와 다툴 자가 누구냐?(τίς ὁ κρινόμενός μοι) 나와 함께 설지어다. 나의 대적이 누구냐? 내게 가까이 나아올지어다. 보라, 주 여호와께서 나를 도우시리니 나를 정죄할 자 누구냐? 보라, 그들은 다 옷과 같이 해어지며 좀이 그들을 먹으리라(사 50:6-9).

우리는 이미 바로 제왕적인 종을 통해 하나님의 모든 백성을 위해 하나님이 정의를 실행하고 그들을 수치에서 구원할 것이라는 점을 살펴보았다. 따라서 의로운 메시아가 의롭다 함을 선언 받았고 죽은 자들 가운데서 살아남으로써 하나님의 강력한 의의 계시가 이미 그 사건에서 실행되었다는 확신이 "복음을 부끄러워하지 않는다"는 바울의 주장(롬 1:16) 배후에 놓여 있다. 이 사건은 악인들에게는 (종말론적인) 수치와 진노를 가져오지만 의인들에게는 구원을 가져온다. 이것은 바로 하나님이 다음과 같은 바울의 주장의 토대를 제공하는, 하나님의 의를 계시하는 사건이다. 인간이 "그리스도 예수 안에 있는 속량으로 말미암아 하나님의 은혜로 값없이 의롭다 하심을 얻은(δικαιούμενοι δωρεάν) 자 되었느니라"(롬 3:24).[144] "예수는 우리가 범죄한 것 때문에 내줌이 되고 또한 **우리를 의롭다 하시기 위하여**(διὰ τὴν δικαίωσιν ἡμῶν) **살아나셨느니라**"(롬4:25). 즉 하나님이 인간을 의롭다고 하는 것은 부당하게 처형된 메시아에게 올바로 응답하여 그를 부활시킨 사전의 행동에 의존하며, 이는 우리가 하나님과 왕 사이의 관계에 대해 시편과 이사야서에서 본 바와 일치한다.

메시아는 의롭다

"의인은 없다"(롬 3:10a)는 바울의 주장에 비추어볼 때, 누가 수치로부터 구원을 받을 것으로 기대할 수 있는가? 달리 말하자면 모두 불의, 우상숭배, 그리고 죄에 매여 있는데(롬 1:18-19; 3:9, 19-20) 어떻게 하나님의 의가 유대인과 이방인에게 구원을 가져올 수 있는가? 바울에게 있어서 이 질문들에 대한 답변은 메시아가 **선하고 의로운 왕이며** 자신을 정의, 순종, 그리고 신실함 안에 굳게 세운 유일한 인물이라는 것이다. 따라서 그는 **의인**으로서 하나님에 의해 올바로 의롭다는 선언을 받았고 죽음에서 종말론적 생명을 수여 받았다. 즉 하나님이 의로운 메시아를 부활시켰다.[145] 때때로 하나님이

---

144 "그의 은혜로 값없이 의롭다 하심을 받았다"가 (롬 3:24a와 연결되는 것이 아니라) 롬 3:21-23과 연결된다는 점에 관해서는 Douglas A. Campbell, *The Rhetoric of Righteousness*, 90-95을 보라.

145 Heliso는 이 점을 잘 진술한다: "그리스도는 그의 부활을 통해 **의롭다**고 신원되었기 때문에 하나님의 의로 묘사된다"(Pistis *and the Righteous One*, 101).

자기를 신원해 줄 토대로서 자신의 의에 의존하는 시편의 화자들과 마찬가지로, 메시아의 의가 하나님이 메시아를 죽은 자 가운데서 신원하게 한다. 하나님의 의로운 메시아적 아들을 부활시킨 올바른 행동에서 하나님의 의가 나타나는데, 이는 메시아가 인간에게 생명을 수여하는 토대가 되는 행동이다. 우리가 왕과 의 사이에서 관찰한 믿을 수 없는 관계(예컨대 사 53:10-12; 렘 23:5-6; 33:15; 슥 9:9; 「솔로몬의 시편」 17:35)에 비추어볼 때 바울이 메시아를 의인으로 보는 것은 놀랄 일이 아니다. 나는 바울이 왕/메시아와 정의 사이의 관계가 자기의 논증의 논리에 필요하다고 가정한다고 주장하지만, 바울이 메시아를 유일한 의인으로서 그 사실을 통해 자신의 백성을 의롭다고 할 수 있다고 본다는 것을 암시하는 몇 가지 중요한 신호가 있다.

메시아는 하박국 2:4 인용(롬 1:17a)에 등장하는 의인이다

바울이 **로마서 1:18-30에서 완전하고 보편적인 인간의 부정의**에 대해 계속 초점을 맞추는 것은 바울에게 있어서는 애초에 로마서 1:17b(ὁ δὲδίκαιος ἐκ πίστεως ζήσεται, 의인은 믿음으로 말미암아 살리라)에 등장하는 의인(ὁ δίκαιος)의 신원이 메시아일지도 모른다는 가능성을 암시한다.[146] 즉 "의인은 없나니 하나도 없다"(롬 3:10b)는 바울의 주장은 **인간을 구원할 수 있는 의로운 인물을 제외하고** 모든 인간을 사망 선고에 구속되는 상태에 위치시키며, 따라서 메시아를 "의인"으로 지정될 좀 더 논리적인 후보로 만든다.[147] 그리

146 나는 전치사구가 동사를 수식한다는 것("의인은 믿음으로 말미암아 산다")이 확립되었다는 입장을 취한다. D. Moody Smith, "Ο ΔΕ ΔΙΚΑΙΟΣ ΕΚ ΠΙΣΤΕΩΣ ΖΗΣΕΤΑΙ," in *Studies in the History and Text of the New Testament in Honor of Kenneth Willis Clark* (ed. Boyd L. Daniels and M. Jack Suggs; Salt Lake City: University of Utah Press, 1967), 13-25에 수록된, 이 해석에 대한 예리한 논증을 보라.

147 유사한 견해는 Douglas A. Campbell, "Romans 1:17— *Crux Interpretum* for the ΠΙΣΤΙΣ

고 몇몇 학자들은 바울이 로마서 1:17b에서 하박국 2:4을 인용한 것을 기독론적으로 해석하는 데 강력하게 반대하지만, 바울이 그 예언서의 텍스트가 하나님이 의인의 믿음 때문에 메시아에게 생명을 수여하는 것을 증언한다고 볼 가능성이 있다는 강력한 논거들이 있다.[148] 로마서에서 "생명"은 종종 종말론적인 방향을 지니며, 따라서 이 대목에서 "살리라"(ζήσεται)는 바울의 언급은 그리스도의 부활을 가리킬지도 모른다(가령 롬 5:10, 17, 18, 21; 6:4, 10, 11, 23; 8:2, 11; 14:9).[149] 달리 말하자면 로마서 1:17b은 의로운 메시아가 그의 믿음 때문에 생명을 받는다고 진술한다. 비록 이것은 그리스도의 백성이 그의 의를 공유함으로써 참여하는 실재라는 것을 우리가 살펴보겠지만 말이다. 우리가 살펴본 바와 같이 의롭다고 선언하는 하나님의 평결은 메시아의 적들의 사악함과 불의를 드러내기 때문에—하나님이 의로운 메시아를 다시 살린 것으로 이해된—하나님의 의가 나타난 것(롬 1:17)은 동시에 인간의 불의에 대한 하나님의 진노가 나타난 것이기도 하다(롬 1:18). 하박국 2:4b이 원래의 맥락에서 불의에 대한 하박국의 불평에 대한 하나님의 응답 역할을 한 것과 마찬가지로(합 1:2-4; 2:1),[150] 이 대목에서 바

ΧΡΙΣΤΟΥ Debate," *JBL* 113 (1994): 265-85, 특히 282을 보라.

148 이 견해를 지지하는 학자들의 문헌은 다음을 포함한다. C. H. Dodd, *According to the Scriptures* (London: Nisbet, 1952), 51; A. T. Hanson, *Studies in Paul's Technique and Theology*, 39-45; Campbell, "Romans 1:17—A *Crux Interpretum* for the ΠΙΣΤΙΣ ΧΡΙΣΤΟΥ Debate," 265-85; Richard B. Hays, "'The Righteous One' as Eschatological Deliverer," in *Apocalyptic and the New Testament: Essays in Honor of J. Louis Martyn* (ed. Joel Marcus and Marion Soards; JSNTS 24; Sheffield: JSOT Press, 1989), 191-215; Kirk, *Unlocking Romans*, 46-49; Young, "Romans 1.1-5 and Paul's Christological Use of Hab. 2.4 in Rom. 1.17," 277-85; Stowers, *A Rereading of Romans*, 198-202.

149 Campbell, *The Deliverance of God*, 613; Young, "Romans 1.1-5 and Paul's Christological Use of Hab. 2.4 in Rom. 1.17," 280; Heliso, Pistis *and the Righteous One*, 150-51.

150 70인역 사본의 대다수는 인칭대명사의 존재에서 마소라 텍스트와 다르다. "의인은 **나의** 믿음으로 말미암아(ἐκ πίστεώς μου) 살리라." 이 대목에서 강조된 대명사는 의심할 나위 없

울은 그 예언자의 음성에 의존해서 인간의 부정의에 직면하여 하나님의 정의를 입증한다. 달리 말하자면 하나님이 악인을 심판하고 의인에게 생명을 줄 것이고, 하나님이 악인을 심판함으로써 하나님의 구원하고 신원하는 활동이 임할 것이다(합 2:4-5).[151] 하박국 1-2장에서와 마찬가지로 하나님의 의가 나타남으로써 하나님이 의인을 의롭다고 선언하는 것(롬 1:16-17)은 불의한 자에 대한 신적 심판이 나타나는 것(롬 1:18-32; 3:10-18)과 불가분하게 관련되어 있다.[152] 하나님이 의로운 메시아를 의롭다고 선언하는 것은 동시에 백성을 구원하는 하나님의 정의**와** 악하고 부당한 자들에 대한 하나님의 심판을 드러낸다.[153]

다음과 같은 이유로 의인(ὁ δίκαιος)이 메시아를 가리킬 가능성이 매우 높다. 첫째, 바울은 그리스도를 관사가 있는 명사로 묘사하는 경향이 있다. 그리스도는 "그 아들"(τοῦ υἱοῦ, 롬 1:3; 참조. 1:4, 9; 5:10; 8:3, 29, 32), "그 메시아"(τοῦ Χριστοῦ, 롬 9:3; 참조. 9:5; 14:18; 15:3, 7), "그 죽은 자"(ὁ ἀποθανών, 롬 8:34; 참조. 6:7)이며 따라서 적어도 그가 "그 의인"일 수도 있다는 것

이 의인에게 생명을 주는 하나님의 신실함을 가리킨다. 그러나 그리스어 사본 두 개는 그 인칭대명사를 포함하고 있지 않으며, 히브리서의 저자가 이 전통을 따르는 것으로 보인다. 히브리서에 등장하는 "의인은 믿음으로 말미암아 살리라"(히 10:38)라는 진술은 "의인"을 메시아의 칭호로 간주하지 않는다. 비록 믿음의 화신은 명확히 예수이지만 말이다(히 12:1-2을 보라). 바울이 하박국서를 인용할 때 70인역을 사용했지만 인칭대명사를 빠뜨렸다고 주장하는 Smith의 문헌을 보라("Ο ΔΕ ΔΙΚΑΙΟΣ ΕΚ ΠΙΣΤΕΩΣ ΖΗΣΕΤΑΙ," 15-16).

151 Kensky, *Trying Man, Trying God*, 192-93; Seifrid, "Unrighteous by Faith," 112-13.

152 Andrew T. Lincoln, "From Wrath to Justification: Tradition, Gospel and Audience in the Theology of Romans 1:18-4:25," in *Pauline Theology*, vol. 3, *Romans*, 130-59, 특히 136도 그렇게 생각한다.

153 Michael Bird, *The Saving Righteousness of God: Studies on Paul, Justification, and the New Perspective* (Eugene, OR: Wipf and Stock, 2007), 173-74도 비슷하게 생각한다.

을 고려할 가치가 있다.[154] 둘째, 로마서에서 바울은 일반적으로 **디카이오스**(δίκαιος)를 그것이 하나님이든(3:26b), 율법이든(7:12), 또는 선한 사람(2:13; 5:7)이든 간에 경건한 것에 대해 절대적인 의미로 사용한다.[155] 셋째, 우리는 로마서 1:2에서 바울이 구약성서를 읽을 때 기독론적인 해석을 확립해서 "하나님의 복음"(1:1b)이 "그의 선지자들을 통하여 성경에"(1:2) 미리 약속되었다고 말하는 것을 보았다. 하나님의 복음은 하나님이 능력으로 다윗 가문의 아들을 부활시켜 아들로 선포하는 것을 내용으로 한다(롬 1:3-4). 바울을 통해 정의된 하나님의 복음은 하나님의 메시아적 아들의 내러티브를 풀어놓은 것이다. 따라서 로마서 1:16-17에서 바울이 하박국서, 즉 예언자들 중 한 명(참조. 롬 1:2!)으로부터 인용해서 "복음"(롬 1:16; 참조. 1:1)에 관한 그의 주장을 입증할 때, 그가 예언자에게 의존해서 하나님의 아들에 관한, 특히 그의 부활에 관한 무언가를 말했을 가능성이 훨씬 크다고 보일 것이다.[156] 바울은 확실히 구약성서를 다양한 방식으로 채택하지만, 그가 하박국 2:4에 의존해서 믿음에 의해 인간이 의롭다 함을 받는다고 주장하는 것은 그가 로마서 1:2에서 독자에게 제공한 기독론적 해석의 실마리에 일치하지 않을 것이다.[157]

---

154 Campbell, *The Deliverance of God*, 613을 보라.

155 Campbell, *The Rhetoric of Righteousness in Romans 3:21-26*, 166-67.

156 Young, "Romans 1.1-5 and Paul's Christological Use of Hab. 2.4 in Rom. 1.17," 280. Campbell, *The Deliverance of God*, 615. Watson, *Paul and the Hermeneutics of Faith*는 바울이 롬 1:17b에서 합 2:4의 기독론적 해석을 의도했다면 그가 독자들에게 좀 더 명시적인 단서를 제공했을 것이라고 기대하는 학자들을 대표한다. Watts, "'For I Am Not Ashamed of the Gospel'," 16도 마찬가지다. 그러나 이 주장은 바울이 이 실마리들을 롬 1:1-4에서 제공한다는 사실을 고려하지 않는다. 거기서 바울은 구약성서에 대한 기독론적 해석을 확립한다.

157 바울이 구약성서를 기독론적으로 인용하는 예는 다음 구절들을 보라. 롬 9:33에 인용된 사 8:14과 28:16; 롬 10:6-7에 인용된 신 9:4과 30:12-14; 롬 15:3에 인용된 70인역 시 68:10(개역개정 69:9); 그리고 롬 15:12에 인용된 사 11:10.

넷째, 헤이스 등은 메시아를 "그 의인"으로 말하는 다양한 유대교 텍스트와 기독교 텍스트들에 주의를 기울이며, (갈 3:11에서의 가능성을 제외하고) 바울이 다른 곳에서 그리스도에게 이 칭호를 사용하지는 않지만, 메시아에게 이 칭호를 부여하는 것이 희귀했던 것으로 보이지 않는다.[158] 예컨대 "의인"은 선택된 자, 인자, 그리고 메시아와 더불어 「에녹1서」에서 메시아적 대리인을 식별하는 데 사용된 주요 칭호 중 하나다. 여기서 그 의인(the Righteous One)은 "의인(the righteous)의 회중"의 대표자로서 그가 나타남은 의인의 신원과 불의한 자의 멸망으로 귀결될 것이다(예컨대 「에녹1서」 38:1-6; 53:1-6). "의롭고 신실한 선택한 자"가 임하면 모든 의인을 위해 의가 굳게 설 것이다(39:6). 그 의인은 간단히 말하자면 그를 통해서 하나님이 정의를 집행하는 매개자이자 대리인이다.[159] 신약성서에서 "의인"이라는 칭호는 종종 그의 의로움에도 불구하고 불의한 자들에게 고난을 받은 사람으로서의 메시아를 묘사하는 기능을 한다(마 27:19; 행 3:14-15; 7:52; 약 5:6; 벧전 3:18; 요일 2:1-2; 참조. 행 22:14; 요일 1:9; 2:29; 3:7). 누가복음의 수난 내러티브에서 로마의 백부장은 예수가 마지막 숨을 쉬고 다윗처럼 자신을 하나님께 맡기는 순간에(눅 23:46; 참조. 시 31:6) "이 사람은 정녕 의인이었도다(δίκαιος)"라고 선언한다(눅 23:47).[160] 이사야 53장에 등장하는 종의 존재도 이런 텍스트의 몇몇에 영향을 준 것으로 보인다. 예컨대 사도행전 3:13-15에서 예수를 "넘겨진"(παρεδώκατε) 하나님의 "종"(τὸν παῖδα αὐτοῦ)으로서 "거룩하고 의로운 이"(τὸν ἅγιον καὶ δίκαιον)로 묘사한 것은 많은 사람에게

158 Hays, " 'The Righteous One' as Eschatological Deliverer," 191-215.

159 Ibid, 194.

160 누가복음이 이 장면을 다윗 시편의 제왕적 인물의 고난과 의로운 행동을 따라 형성하는 점에 관해서는 Jipp, "Luke's Scriptural Suffering Messiah," 260-64을 보라.

인간의 죄 때문에 부당하게 넘겨진 하나님의 의인이라고 칭해진 이사야서의 종을 상기시켰다(사 53:6, 11-12).[161] 마찬가지로 "그리스도께서도 단번에 죄를 위하여 죽으사 의인으로서 불의한 자를 대신하셨다"(벧전 3:18a)는 진술은 베드로전서 2:21-25에 수록된 찬송과 더불어 거의 확실히 이사야 53장을 채택한 것이다.[162]

더욱이 그리고 아마도 이 점이 가장 중요한데, 우리는 이미 상당한 시간을 할애해서 그리스-로마 텍스트에서 선한 왕이 자신을 의라는 미덕 안에 굳게 세우는 것으로 묘사되는 것과 성경 텍스트에서 다윗 가문의 왕이 하나님께 자기의 의를 보고서 자기를 신원해달라고 부르짖는 공정한 통치자이자 고난받는 의인으로 제시되는 것을 살펴보았다. 그리고 메시아적 인물에 초점을 맞추고 메시아가 다윗의 혈통이라고 직접적으로 언급함으로써 시작하고 마무리하며(롬 1:3-4; 15:7-12) 그의 역할은 그의 적들의 손에 죄 없이 고난을 받는 것으로 묘사되는(롬 15:3) 로마서에서 바울이 1:17b의 의인(ὁ δίκαιος)이 메시아를 가리킨다고 의도했다는 것이 놀랄 일이 아닐 것이다.[163]

---

161 Hays, "'The Righteous One' as Eschatological Deliverer," 195; Donald Juel, *Messianic Exegesis: Christological Interpretation of the Old Testament in Early Christianity* (Philadelphia: Fortress, 1988), 127-31; Wright, *Paul and the Faithfulness of God*, 998-1000.

162 Otfried Hofius, "The Fourth Servant Song in the New Testament Letters," in *The Suffering Servant: Isaiah 53 in Jewish and Christian Sources* (ed. Bernd Janowski and Peter Stuhlmacher; Grand Rapids: Eerdmans, 2004), 163-88, 특히 185-88; Hays, "'The Righteous One' as Eschatological Deliverer," 199.

163 부분적으로는 사 53장과 다윗의 탄식시에 대한 묵상에서 나온 것이 거의 확실한 「솔로몬의 지혜」 2-5장에 등장하는 의롭게 고난받는 제왕/하나님의 아들에게도 동일한 통찰이 적용된다.

메시아는 이사야 53:11을 넌지시 언급하는 의인이다(롬 4:24-25)

바울이 메시아를 의인으로 본다고 암시하는 두 번째 증거는 이사야서가 종을—특히 죄 없이 고통받는 자로서의 그의 행동에서—의인으로 부르는데, 바울이 이사야 53장에 의존해서 인간의 의롭다 함을 설명한다는 사실이다.[164] 로마서 4:25에서 바울은 그리스도의 죽음과 부활의 구원을 가져오는 결과에 관해 말한다. "예수는 우리가 범죄한 것 때문에 내줌이 되고 또한 우리를 의롭다 하시기 위하여 살아나셨느니라"(ὃς παρεδόθη διὰ τὰ παραπτώματα ἡμῶν καὶ ἠγέρθη διὰ τὴν δικαίωσιν ἡμῶν). 그 구절은 예수의 경력의 두 단계—죽음과 부활—를 간략하게 요약하고, 메시아와 그의 백성들 사이의 상호교환을 깔끔하게 요약한다. 즉 의인이 인간에게 속해야 마땅한 죄와 죽음에 동참하고, 메시아가 자기의 의와 부활을 그의 백성과 공유한다.[165] 그 진술은 거의 확실히 이사야 53장을 넌지시 언급하는데, 거기서 종은 "그들의 죄 때문에 넘겨"지며(διὰ τὰς ἁμαρτίας αὐτῶν παρεδόθη, 사 53:12; 참조. 53:6b), 그의 의 때문에 의롭다 함을 받는다(δικαιῶσαι δίκαιον, 사 53:11).[166]

---

164 이 장에서 나는 롬 3:27-4:25에 별로 관심을 기울이지 않지만, 의와 관련된 바울의 언어에 관한 나의 생각을 이미 Joshua W. Jipp, "Rereading the Story of Abraham, Isaac, and 'Us' in Romans 4," *JSNT* 32 (2009): 217-42에서 상세히 밝혔다. 유사한 의견으로는 Stephen L. Young, "Paul's Ethnic Discourse on 'Faith': Christ's Faithfulness and Gentile Access to the Judean God in Romans 3:21-5:1," *HTR* 108 (2015): 30-51을 보라.

165 "상호교환"이라는 단어에 관해서는 Morna D. Hooker, *From Adam to Christ*(Cambridge: Cambridge University Press, 1990)를 보라.

166 Jipp, "Rereading the Story of Abraham, Isaac, and 'Us' in Romans 4," 229-31; Morna D. Hooker, "Did the Use of Isaiah 53 to Interpret His Mission Begin with Jesus?" in *Isaiah 53 and Christian Origins* (ed. W. H. Bellinger and W. R. Farmer; Harrisburg, PA: Trinity Press International, 1998), 88-103, 특히 101-3; Hofius, "The Fourth Servant Song in the New Testament Letters," 180-82; Shiu-Lun Shum, *Paul's Use of Isaiah in Romans: A Comparative Study of Paul's Letter to the Romans and the Sibylline and Qumran Sectarian Texts* (WUNT 2.156; Tübingen: Mohr-Siebeck, 2002), 189-92; Stuhlmacher, *Revisiting Paul's Doctrine of*

이 종은 그의 고난이 거듭 "우리를 위한" 것으로 얘기되는 대표자로서의 인물이며(사 53:4, 5, 6), "의로운 이를 의롭다 하는 것"은 "많은 사람"에게 구원을 주는 결과를 가져온다(사 53:11).[167]

그러나 로마서 4:23-25은 바울이 메시아를 하나님의 의인으로 본다는 좀 더 많은 증거를 제공하는 것을 넘어서, 의에 관한 표현과 부활 사이를 명시적으로 연결한다는 점에서 중요하다.[168] 로마서 4:23-24a에서 바울은 **"미래에 의로 여겨질 것"**(οἷς μέλλει λογίζεσθαι, 롬 4:24a)을 약속하는데,[169] 다음과 같은 점을 고려할 때 이 의가 그리스도의 부활에 참여하는 것이라고 믿을 좋은 이유들이 있다. (a) 이 "의로 여기심"은 "예수 우리 주를 죽은 자 가운데서 살리신 이를 믿는" 자들을 위한 미래의 실재다(롬 4:24b; 참조. 1:4), (b) 예수 자신의 부활은 "우리를 의롭다 하시기 위하여"라고 일컬어지는데(롬 4:25b), 그럼으로써 부활과 무죄 선고/의롭다 함을 명확하게 연결한

Justification, 21-22, 58.「클레멘스1서」는 사 53:11이 메시아에 대한 정당화로서 그의 부활을 증언하는 것으로 여겨졌다는 증언을 제공한다: "그리고 야웨가 많은 사람에게 좋은 종인 **의로운 이를 의롭다고 하기 위해**(δικαιῶσαι δίκαιον) 그의 영혼의 고통을 가져가고, 그에게 빛을 보여 주고, 그에게 이해를 형성하기를 원했다(「클레멘스1서」 16:12).

167 Bernd Janowski, "He Bore Our Sins: Isaiah 53 and the Drama of Taking Another's Place," in *The Suffering Servant: Isaiah 53 in Jewish and Christian Sources*, 48-74을 보라.

168 의롭다 함/의와 부활 사이의 관계는 다음 문헌들에서 올바로 강조된다. Seifrid, *Christ Our Righteousness*, 46-47; Michael F. Bird, "Justified by Christ's Resurrection: A Neglected Aspect of Paul's Doctrine of Justification," *Scottish Bulletin of Evangelical Theology* 22 (2004): 72-91; Markus Barth, *Justification*, 51-60; Morna D. Hooker, "'Raised for Our Acquittal [Rom. 4,25],'" in *Resurrection in the New Testament* (ed. R. Bieringer, V. Koperski, and B. Lataire; Leuven: Peeters, 2002), 323-41; 좀 더 잠정적으로는 C. F. D. Moule, "From Defendant to Judge—And Deliverer: An Inquiry into the Use and Limitation of the Theme of Vindication in the New Testament," in *The Phenomenon of the New Testament: An Inquiry into the Implications of Certain Features of the New Testament* (Studies in Biblical Theology 1; London: SCM, 1967), 82-99, 특히 94을 보라.

169 그것(μέλλει)의 주어는 확실히 4:22-23의 의(δικαιοσύνη)다. Jipp, "Rereading the Story of Abraham, Isaac, and 'Us' in Romans 4," 230-31을 보라.

다, (c) 바울은 로마서 5-8장에서 의와 관련된 단어를 종말론적 생명 및 부활과 관련시킨다(가령 롬 5:18; 6:7; 8:10-11; 29-38). 따라서 이사야 53:11—이는 하나님이 의인을 의롭다고 하는 것을 가리키는 텍스트다—이 로마서 4:24-25의 배후에 놓여 있다면 바울이 그리스도를 그의 의의 결과로서 생명을 받는 "그 의인"으로 볼 가능성이 커진다.

메시아의 의로운 행동이 모든 사람에게 의를 가져온다(롬 5:15-21)

우리는 이미 바울이 왕권 언어를 사용해서 로마서 5:12-21에 수록된 그의 아담-메시아 대조에서 각각의 통치자의 통치를 묘사한 것을 살펴보았다. 바울은 **바실레우오**(βασιλεύω, 통치하다. 개역개정에서는 "왕 노릇하다"로 번역되었음) 동사를 다섯 번 사용해서 아담을 통해 작동한 사망과 죄의 지배와 메시아를 통해 작용하는 생명, 의, 그리고 은혜의 지배를 대조한다(5:14; 5:17에서 두 번; 5:21에서 두 번).[170] 그 구절은 로마서 5-8장 전체에 걸쳐 전개될 생명과 의 및 사망과 정죄 사이의 대조를 표제처럼 소개하는 기능을 한다.[171] 바울이 이곳에서 메시아의 의의 행동—이 행동은 그의 백성에게 의와 생명을 가져온다—에 관해 명확하게 말하기 때문에 바울이 왕권/지배 언어를 사용한 것은 매우 중요하다.

바울은 "정죄에 이른"(εἰς κατάκριμα) 아담의 "심판"(κρίμα)과 "무죄 선

---

170 그 주장에서 "그의 행동이 그를 따랐던 사람들을 지배할 일련의 상태를 가져온 사람"으로서의 아담의 기능에 관해서는 Grant Macaskill, *Union with Christ in the New Testament* (Oxford: Oxford University Press, 2013), 238을 보라. 다음 문헌들도 보라. Jewett, *Romans*, 377; Kirk, *Unlocking Romans*, 100-102; Constantine R. Campbell, *Paul and Union with Christ: An Exegetical and Theological Study* (Grand Rapids: Zondervan, 2012), 344-45.

171 C. Clifton Black, "Pauline Perspectives on Death in Romans 5-8," *JBL* 103 (1984): 413-33을 보라.

고/의롭다 함에 이른"(εἰς δικαίωμα)[172] "은사"(τὸ δὲ χάρισμα)를 대조한다(롬 5:16).[173] **카타크리마**(κατάκριμα)가 아담의 지배 아래 있는 모든 사람의 정죄와 그에 수반하는 사망을 가리킨다는 점에 비춰볼 때(참조. 롬 5:12, 14-15),[174] **디카이오마**(δικαίωμα)는 메시아의 통치를 공유하는 사람들에 속하는 무죄 선고와 의롭다 함을 가리킬 가능성이 있다.[175] **디카이오마**가 하나님의 의로운 평결을 가리키는 것으로 해석되는 것이 가장 좋겠지만(참조. 롬 1:32; 8:4), 이 평결이 실제로 의미하는 내용은 로마서 5:17-18에서 설명된다. 사망은 아담의 범죄를 통해 통치한 반면에(5:17a), 하나님의 "의로운 판결"(5:16b)은 "은혜와 **의의**(τῆς δωρεᾶς τῆς δικαιοσύνης) **선물**을 넘치게 받는 자들이 한 분 예수 그리스도를 통하여 **생명 안에서** 왕 노릇 할(ἐν ζωῇ βασιλεύσουσιν)" 것을 보장한다(5:17b). "의/의롭다 함"이라는 단어는 생명이라는 단어와 밀접한 관련이 있는데, 바울이 하나님의 의를 의로운 메시아의 부활, 즉 하나님이 하나님의 아들을 의롭다고 한 행동에서 나타난 사건으로 보기 때문에 이 점은 거의 확실하다. 따라서 인간의 무죄 선고(δικαίωμα; 5:16), "의의 선물"(5:17), 그리고 **생명 안에서** 통치할 약속(5:17)은 메시아에게 생

---

172 D* 사본에서 εἰς δικαίωμα ζωῆς로 좀 더 긴 형태를 취한 것은 5:18b에 동화된 결과다. 그럼에도 소유격 수식어는 하나님의 의로운 평결/의롭다 함의 결과의 정확한 해석 즉 종말론적 생명을 제공할 것이다.

173 추가로 Nils A. Dahl, "Two Notes on Romans 5," *ST* (1951): 37-48, 특히 45-46을 보라. 바울이 아담과 메시아 사이에 설정한 유비의 한계에 관해서는 다음 문헌들을 보라. Stowers, *A Rereading of Romans*, 254-55; Cranfield, *The Epistle to the Romans*, 1:284.

174 Jewett는 **크리마**(κρίμα)는 평결을 가리키는 반면에 **카타크리마**(κατάκριμα)는 그 평결에 기인하는 벌을 가리킨다고 주장한다(*Romans*, 382).

175 바울이 이 대목에서 드물게 사용된 용어인 **디카이오마**(δικαίωμα)를 사용한 이유는 그 단어가 **카타크리마**(κατάκριμα)에 대한 명확한 대조 역할을 할 수 있기 때문일 가능성이 있다. 다음 문헌들도 그렇게 생각한다. Cranfield, *The Epistle to the Romans*. 1:287 각주 2; Byrne, *Romans*, 179.

명을 가져온 의로운 무죄 선고 평결에 참여하는 것이다.[176] 이제 의롭다는 선언은 그리스도와 함께 생명 안에서 통치하는 것으로 귀결될 것이다(βασιλεύσουσιν, 5:17).

로마서 5:18-19에서 바울은 하나님이 **왜** 메시아와 그의 백성 모두를 의롭다고 하고 그들에게 생명을 수여하는지를 보여 준다. 5:18b에서 바울은 "한 의로운 행위로 말미암아 많은 사람이 의롭다 하심을 받아 생명에 이르렀느니라"(δι' ἑνὸς δικαιώματος εἰς πάντας ἀνθρώπους εἰς δικαίωσιν ζωῆς)라고 말한다. 이 대목에서 그리스도의 의로운 행동이 강조되는데, 이는 그 진술이 아담의 범죄(παραπτώματος)와 대조를 형성한다는 점에 비춰볼 때 명백한 것으로 보인다(롬 5:18a).[177] 다음 절에서 바울은 그리스도의 순종을 그의 백성이 의인이 되는 수단으로 언급함으로써 그의 요점을 재진술한다(5:19b). 둘 다 그의 백성의 의롭다 함과 생명을 가져오는 **그리스도의 의로운 행동**과 **그리스도의 순종** 사이의 어의(語義)상의 관계는 명확하다.

δι' ἑνὸς δικαιώματος εἰς πάντας ἀνθρώπους εἰς δικαίωσιν ζωῆς(롬 5:18b)

---

176 Hooker의 논문을 보라. 그는 롬 5:16에 대한 주석에서 "우리는 아마도 우리가 아담에게 선고된 평결을 공유하는 것과 마찬가지로 **그리스도**에게 선고된 평결을 공유할 것이다"라고 말한다("'Raised for Our Acquittal (Rom. 4:25),'" 326). Barth는 다음과 같이 진술한다: "하나님에 의한 의롭다 함은…정죄의 면제를 의미하는 것이 아니라 정죄받아 죽음에 내주어진 사람들을 새 생명으로 들어 올리는 것을 의미한다. 따라서 의와 생명, 의롭다 함과 부활은 동의어다"(*Justification*, 59). 참조. Jewett, *Romans*, 384; Byrne, *Romans*, 180; Reumann, *Righteousness in the New Testament*, 79-80.

177 다음 문헌들을 보라. Jewett, *Romans*, 385; Cranfield, *The Epistle to the Romans*, 1:289; Peter Stuhlmacher, *Paul's Letter to the Romans: A Commentary* (trans. Scott J. Hafemann; Louisville: Westminster John Knox, 1994), 87-88; Westerholm, "Righteousness, Cosmic and Microcosmic," 34. 그러나 Hooker의 논문을 보라. 그는 **디카이오마**(δικαίωμα)가 롬 6:16에 나타난 의미의 결과 "무죄 선고"나 "신원"으로 번역되어야 한다고 생각한다("'Raised for Our Acquittal (Rom. 4,25),'" 327).

(한 의로운 행위로 말미암아 많은 사람이 의롭다 하심을 받아 생명에 이르렀느니라)

διὰ τῆς ὑπακοῆς τοῦ ἑνὸς δίκαιοι κατασταθήσονται οἱ πολλοί(롬 5:19b)
(한 사람이 순종하심으로 많은 사람이 의인이 되리라)

바울은 이렇게 그리스도의 의와 순종 사이의 관계를 확립하는데, 이것은 거의 확실히 메시아가 하나님께 순종해서 십자가 위에서 죽음에 직면한 것을 가리킨다(참조. 빌 2:6-8; 히 5:7-8).[178] 그리스도의 의로운 행동(즉 그의 순종)이 그의 백성을 공의 안에서 굳게 세우는 결과, 즉 "생명으로 귀결되는 무죄 선고"를 가져온다(롬 5:18b).[179] 우리는 로마서 5:21에서 그리스도의 의로운 행동이 생명을 가져오는, 의와 생명 사이의 관계를 추가로 볼 수 있다. "은혜도 또한 의로 **말미암아**(διὰ δικαιοσύνης) 왕 노릇하여 우리 주 예수 그리스도로 **말미암아** 영생에 **이르게** 하려(εἰς ζωὴν αἰώνιον) 함이라." 의롭다 함의 종말론적 측면은 "의인이 되리라"(의롭다고 **확립될 것이다**, κατασταθήσονται)라는 미래 시제에서 명백하게 나타난다(롬 5:19a).[180] **디카이오시스**(δικαίωσις)가 어렵고 희귀한 단어이기는 하지만 바울은 독자에

178 Luke Timothy Johnson, "Romans 3:21-26 and the Faith of Jesus," *CBQ* 44 (1982): 77-90, 특히 87-88; Jewett, *Romans*, 385; Dunn, *Romans 1-8*, 283; Cranfield, *The Epistle to the Romans*, 1:291; Wright, *Paul and the Faithfulness of God*, 890.

179 소유격 **조에스**(ζωῆς, 생명의)는 **디카이오신**(δικαίωσιν, 의롭다 함)의 **결과**를 가리킨다. 이것을 다른 말로 바꿔 표현하면 다음과 같다: "종말론적 생명을 가져오는, 무죄라는 의로운 평결." 다음 문헌들을 보라. Cranfield, *The Epistle to the Romans*, 1:289; Hooker, "'Raised for Our Acquittal (Rom. 4,25),'" 328.

180 Dunn, *Romans 1-8*, 285; Seifrid, *Christ, Our Righteousness*, 71; Johnson, "Romans 3:21-26 and the Faith of Jesus," 89.

게 그 단어의 의미를 결정하기에 충분한 실마리를 제공했다. 우리는 이미 로마서 4:25에서 그리스도의 부활이 인간을 의롭다고 하기 위한 토대라는 것을 살펴보았다. 그리고 로마서 5:10에서 바울은 인간이 "그의 생명을 통해"(ἐν τῇ ζωῇ αὐτοῦ) 화해되고 구원되었다고 말한다.[181] 그리고 이곳 로마서 5:18-19에서 바울은 그리스도의 죽음과 부활 생명이 그리스도의 지배를 공유하는 사람들에게 생명의 평결이라는 의로운 선고를 하는 토대임을 확증한다.[182] 로마서 5:18b은 바울이 로마서 1:17b에 인용된 하박국 2:4b을 하나님이 그 의인의 신실함 때문에 그에게 생명을 수여하는 것으로 본다는 추가적인 증거를 제공한다. 이 해석에서는 두 텍스트 모두에서 그리스도는 의로우며(ὁ δίκαιος; 1:17; δι' ἑνὸς δικαιώματος; 5:18b) 그의 의가 생명을 가져온다(ζήσεται; 1:17; εἰς δικαίωσιν ζωῆς; 5:18b).[183] 바울이 로마서 여러 곳(가령 롬 1:5; 6:16-18; 15:18; 16:26)에서 확립한 "믿음"과 "순종" 사이의 어의상의 관계와 로마서 1-4장에서 확립한 **피스티스**(πίστις, 믿음, 신실함)와 **디카이오쉬네**(δικαιοσύνη, 의) 사이의 관계, 그리고 로마서 5-6장에서 확립한 **휘파코에**(ὑπακοή, 순종)와 **디카이오쉬네** 사이의 관계는, 로마서 5:18-19에서 그리스도의 순종이 의롭다 함을 가져오는 것과 마찬가지로 로마서 1:17b에서

181 Jipp, "Rereading the Story of Abraham, Isaac, and 'Us' in Romans 4," 231; Bird, "Justified by Christ's Resurrection," 84-85; D. B. Garlington, "The Obedience of Faith in the Letter to the Romans: Part III: The Obedience of Christ and the Obedience of the Christian," *WTJ* 55 (1993): 87-112, 특히 94 각주 20.

182 Seifrid는 롬 5:15-21에 등장하는 **디크**-(δικ-) 용어에 관해 "바울은 이 대목에서 단지 평결만을 생각하는 것이 아니라 우리의 부활에서 그 평결이 실행되는 것에 관해 생각하고 있다"라고 올바로 주석한다(*Christ, Our Righteousness*, 71).

183 롬 5-8장에 등장하는 "생명"과 롬 1:17b에 인용된 합 2:4에 등장하는 생명 사이의 관계에 관해서는 Garlington, "The Obedience of Faith in the Letter to the Romans: Part III," 88을 보라.

그리스도의 **신실함**(ἐκ πίστεως)이 믿는 자들(εἰς πίστιν)을 의롭다고 할 가능성을 암시한다.[184] 그리고 이 점은 로마서 3:21-22에서 **디카이오쉬네 테우**(δικαιοσύνη θεοῦ, 하나님의 의)의 나타남은 "메시아 예수의 신실함"을 통해서(διὰ πίστεως Ἰησοῦ Χριστοῦ) 일어난다는 것을 확인해줄 것이다.[185] 우리가 그 소유격 구문을 예수가 **죽음에 직면해서** 하나님께 순종한 것과 **그 후에 하나님이 그를 부활시킨 것이 하나님의 의를 드러낸다**는 것을 넌지시 언급하는 환유라고 생각할 경우, 이는 그리스도의 의와 순종이 인간의 의롭다 함을 가져온다는 바울의 주장(롬 5:18-19)과 깔끔하게 들어맞을 것이다.[186] 사실 바울이 로마서 3:26b에서 하나님이 예수를 의롭다고 한 것을 가리키는지를 고려할 가치가 있다. 그 맥락은 하나님의 의의 증거로서(εἰς ἔνδειξιν τῆς δικαιοσύνης αὐτοῦ, 자기의 의로우심을 나타내려 하심이니, 3:25b; πρὸς τὴν ἔνδειξιν τῆς δικαιοσύνης αὐτοῦ, 자기의 의로우심을 나타내사, 3:26a) 그리스도의 속죄 활

---

184 Johnson, "Romans 3:21-26 and the Faith of Jesus," 86-87; Campbell, *The Deliverance of God*, 611-12; Kirk, *Unlocking Romans*, 103. 믿음과 순종 사이의 관계에 관해서는 D. B. Garlington, "The Obedience of Faith in the Letter to the Romans: Part I: The Meaning of ὑπακοὴ πίστεως(Rom 1:5; 16:26)," *WTJ* 52 (1990): 201-24을 보라.

185 다음 문헌들을 보라. Douglas A. Campbell, "The Faithfulness of Jesus Christ in Romans 3:22," in *The Faith of Jesus Christ: Exegetical, Biblical, and Theological Studies* (ed. Michael F. Bird and Preston M. Sprinkle; Milton Keynes, UK: Paternoster, 2009), 57-71; Richard B. Hays, "Πίστιςand Pauline Christology: What Is at Stake?" in *The Faith of Jesus Christ: The Narrative Substructure of Galatians 3:1-4:11* (2nd ed.; Grand Rapids, Mich.: Eerdmans, 2002), 272-97. 목적격 소유격을 지지하는 가장 강력한 주장에는 다음 문헌들이 포함된다. R. Barry Matlock, "Detheologizing the ΠΙΣΤΙΣ ΧΡΙΣΤΟΥ Debate: Cautionary Remarks from a Lexical-Semantic Perspective," *NovT* 42 (2000): 1-23; idem, "Even the Demons Believe;" idem, "ΠΙΣΤΙΣ in Galatians 3:26: Neglected Evidence for 'Faith in Christ?'" *NTS* 49 (2003): 433-39; Francis Watson, "By Faith (of Christ): An Exegetical Dilemma and Its Scriptural Solution," in *The Faith of Jesus Christ*, 147-63; idem, *Paul and the Hermeneutics of Faith*, 71-77.

186 Hays, *The Faith of Jesus Christ*, 161-62을 보라.

동—속죄제사, 그의 피, 그리고 신실함—을 강조한다. 바울은 3:26b에서 이것의 결과를 말한다. "εἰς τὸ εἶναι αὐτὸν δίκαιον καὶ δικαιοῦντα τὸν ἐκ πίστεως Ἰησοῦ[ν](자기도 의로우시며 또한 예수 믿는 자를 의롭다 하려 하심이라)." 이 문제는 좀 더 길게 논의할 가치가 있지만 중요한 증거들(D, L, Ψ, 33, 614, 945, 1506, 1881, 2464, 그리고 알렉산드리아의 클레멘스)은 몇몇 사람이 3:26b을 "하나님이 의로우며 **예수의 신실함을 통해 그가 의롭다고 하는 이**임을 보이기 위함"이라고 이해한다고 증언한다. 그리고 이는 그 텍스트가 하나님을 "의롭다"고 묘사하는 것과 완벽하게 조화를 이룰 것이다. 즉 하나님이 신실하고 의로운 메시아를 의롭다고 선언하는 것은 옳은 일이다.[187] 마지막으로 로마서 5:18-19에서 예수를 "그의 의로움이 '많은 사람'에게 대리적으로 효과가 있는" 의인으로 묘사하기 위해 그 배후에 로마서 4:25에서와 마찬가지로 하나님이 "많은 사람을 위해 스스로 종이 되는 의인을 의롭다고 하는" 이사야 53:11이 놓여 있을지도 모른다는 점을 주목할 가치가 있다.[188]

바울이 메시아를 유일한 의인으로 묘사한 것을 지지하는 앞의 논거들은 자신의 백성을 공의 안에서 굳게 세우는 의로운 왕이라는 좀 더 넓은 담론 안에서는 충분히 일리가 있다. 시편의 화자와 이사야서의 종이 자신의 사안을 하나님 앞에 호소하면서 신적인 왕에게 왕의 의를 굽어보아 그를

187 이 해석은 개연성이 있는데, 나는 다음과 같은 이유로 가능성이 크다고 생각한다. (1) 그 해석은 텍스트상의 상당한 지지를 받는다, (2) 그 해석은 하나님이 그리스도를 통해 구원을 이룰 때의 맥락을 유지할 수 있게 해주며 개인들의 주관적인 반응을 도입하지 않는다, (3) 그 해석은 바울이 다른 곳에서 그리스도의 의롭다 함/의로운 행동에 대해 직간접적으로 말하는 것과 일치한다(롬 4:25; 5:18-19; 6:7). Campbell, *The Deliverance of God*, 673-76도 보라.

188 Hays, "'The Righteous One' as Eschatological Deliverer," 209; Jewett, *Romans*, 387; Byrne, *Romans*, 185; Stuhlmacher, *Paul's Letter to the Romans*, 85.

신원하고 구원해 달라고 요청했듯이, 바울은 하나님의 의를 그의 메시아적인 아들의 의에 반응해서 그를 의롭다고 하고 그에게 부활 생명을 수여하는 것으로 본다. 메시아의 순종과 신실함에서 예시된 그의 의는 메시아의 백성을 구원하는 데 있어서 결정적인 역할을 한다. 메시아가 자기의 의와 생명을 그들과 공유함으로써만 그들을 구원하기 때문이다.

메시아가 자기 백성을 공의 안에서 굳게 세운다

왕과 정의의 모티프에서 우리는 왕의 의의 목적은 자신의 백성을 정의와 공의 안에서 굳게 세우는 것임을 살펴보았다. 이교도 도덕가나 히브리 예언자 또는 시편의 화자에게 있어 선한 왕이 정의를 추구하면 그의 백성이 구원을 받고 악으로부터의 보호되며 불의한 자의 공격으로부터 신원을 받을 것이다. 따라서 바울은 그의 특별한 묵시적 지평에서 신원된 의로운 메시아를 자기 백성을—그들이 메시아가 의롭다 함을 받은 것에 참여함으로써—의와 생명의 영역 안에 굳게 세우는 선한 왕으로 말한다.[189] 우리는 이 점을 이미 앞 단락에서 살펴보았다. 그곳에서 메시아의 부활은 그의 백성이 의와 부활에 참여하는 토대였고(롬 4:25), 그리스도의 의는 죄와 사망이 지배하는 아담의 영역에서 인간을 풀어준다. 즉 제왕의 의가 그들로 하여금 정죄를 피하고 무죄 선고를 받고 종말론적 생명에 참여할 수 있게 해준다(롬 5:16-19). 따라서 로마서 5-8장 곳곳에서 바울은 메시아의 의가 그의

189 Garlington은 이와 유사하게 말한다: "그러므로 하나님의 의가 종말론적으로 나타난 것은(롬 1:17; 3:21) 마지막 아담인 예수 그리스도의 순종을 본뜬 의로운 공동체의 형성(롬 5:21-22)과 좀처럼 분리될 수 없다"("The Obedience of Faith in the Letter to the Romans: Part I," 211).

신민들에 대해 지니는 **구원론적 의미**를 제시한다.

로마서 5:1-11의 정확한 기능에 관해서는 일치하지 않지만, 해석자들이 오랫동안 인식해온 바와 같이 그 구절은 로마서 1-4장을 요약하고, 내가 주장한 바와 같이, 인간이 메시아의 통치와 지배에 참여하는 것을 강조하는 부분인 로마서 5-8장의 요소들을 미리 보여줌으로써 그 서신에서 전환 부분 역할을 한다.[190] 인간이 의롭다 함을 얻은 결과에 기인하는 제왕적 접근(τὴν προσαγωγήν, 롬 5:1-2), 그리스도를 통해 적대적인 상대방들 사이의 적의가 극복됨에 따른 화해(롬 5:10-11), 그리고 왕의 신원이 그의 박해자들에 대한 수치와 왕에 대한 신원을 가져오는 이사야서와 시편 화자의 수치 언어에 대한 언급에서 제왕 모티프들이 암시된다.[191] 따라서 바울이 로마서 5:1에서 인간을 "의롭다 한 것"(δικαιωθέντες)을 "하나님과의 평화"(εἰρήνη... πρὸς τὸν θεόν)와 연결한 것은 해석자들에게 이사야 32:17을 올바로 상기시켰다. 이사야 32장에서 의로운 왕의 통치(참조. 사 32:1)는 "공의의 열매는 화평"인(τὰ ἔργα τῆς δικαιοσύνης εἰρήνη, 17a절; 참조. 다음 문헌들에 나타난 왕과 정의/평화. 사 9:6-7; 겔 37:26; Plutarch, *Num.* 20.1-4; *Aen.* 6.852-855) 상태로 이어진다.[192] 심판 때 불안과 두려움이 없이 하나님과 평화를 누린다는 이 특징이 로마서 5-8장 전체에 걸쳐 등장하는데, 그것은 메시아가 자신의 의를 그의

190 롬 5:1-11의 기능에 관해서는 Jewett, *Romans*, 346을 보라. 그는 그 구절이 어떻게 "앞의 주장을 전개하고 확대하는 한편 질문들과 이의들에 답변하는지를" 보여 준다. Dahl의 고전적 연구인 "Two Notes on Romans 5"를 보라.

191 롬 5:10-11을 제국의 수사를 사용한 것으로 보는 관점에 관해서는 R. Harrison, *Paul and the Imperial Authorities at Thessalonica and Rome*, 195-97을 보라.

192 롬 5:1에 넌지시 언급된 사 32:17-18에 관해서는 Garlington, "The Obedience of Faith: Part III," 90-91을 보라. 바울이 롬 4:25에서 사 53:11에 등장하는 "의인을 의롭다 함"을 넌지시 언급했다면 사 32장에 등장하는 의로운 왕의 통치를 넌지시 언급하는 것이 존재한다는 점은 더 확실해진다.

백성에게 확장한 결과다.[193]

나는 **애초에** 바울이 "죽은 자가 죄에서 벗어나 의롭다 하심을 얻었음이라"(ὁ γὰρ ἀποθανὼν δεδικαίωται ἀπὸ τῆς ἁμαρτίας)라고 말하는 로마서 6:7에서 그리스도가 거의 확실히 **디카이오오**(δίκαιοω)의 주어라고 주장했다. 그럴 경우 우리는 그리스도가 **디크**-(δικ-) 합성어의 주어로 기능하는 또 다른 예를 지니게 된다. 그 진술은 아담의 죄의 몸을 취한(롬 6:6), 십자가에 못박힌 그리스도가 죄와 사망의 지배로부터 의롭다 함을 받았음을 간결하게 선언한다.[194] 따라서 이 대목에서 **데디카이오타이**(δεδικαίωται)는 거의 확실히 하나님이 메시아를 죽은 자 가운데서 살리는 행동을 가리키며, 이 사건은 메시아를 죄의 영역**으로부터**(ἀπό) 해방시키기 때문에 묵시적 파급효과를 지닌다(참조. ἐλευθερωθέντεςδὲ ἀπὸ τῆς ἁμαρτίας, 죄로부터 해방되어, 롬 6:18; 6:22도 보라).[195] 앞의 맥락에서 바울은 직전에 인간이 **메시아와 함께** 십자가에

---

193 고통과 환난에 직면해서 그리고 최후의 심판에 비추어 소망을 가진다는 주제는 롬 5-8장 전체에서 중요한 역할을 하며 5:1-11과 8:31-39에서 특히 강조된다.

194 "죽은 자"가 그리스도를 가리킨다는 견해를 거부하는 해석은 7절에 등장하는 **가르**(γάρ)와 그 단어가 7절에서 구문상으로 바울이 6절에서 한 진술을 증명하는 방식을 설명하지 못한다는 점에서 설득력이 없다. 그러나 그리스도가 "이는 죽은 자가 죄에서 벗어나 의롭다 함을 얻었음이라"의 주어라면, 이 구절은 6절의 주장을 깔끔하게 설명한다. 그리고 그리스도의 죽음이 인간이 죄에서 벗어나는 토대가 되는 행동이라는 점은 바울의 주장의 초석 중 하나다. Kirk, *Unlocking Romans*, 111-12도 보라. "죽은 자"가 그리스도의 죽음/부활/의롭다 함 및 그리스도와의 연합을 통한 그리스도인의 죽음/부활/의롭다 함을 모두 가리키는 방식에 올바로 주의를 기울이는 설득력 있는 해석은 Conleth Kearnes, "The Interpretation of Romans 6,7," *Studiorum paulinorum congressus internationalis catholicus 1961* (AnBib 17-18; Rome: Biblical Institute, 1961), 1:301-7, 특히 307을 보라.

195 다음 문헌들을 보라. Campbell, *The Deliverance of God*, 826; Schreiner, *Romans*, 319. Jewett는 이 해석이 "7절을 맥락에서 떼어내고 의롭게 하는 과정이 신자들이 아니라 그리스도와 관련이 있다는 이상한 개념을 가져오기" 때문에 이 해석을 거부한다(*Romans*, 404 각주 147). 그 맥락은 메시아의 죽음 그리고 특히 **죄에 대한** 그의 죽음이 그리스도의 백성을 해방하는 **토대가 되는 사건**이라는 주장으로 가득 차 있기 때문에 Jewett의 첫 번째 주장은 명백히 옳지 않다. 그의 두 번째 비판은 롬 1:17b에 대한 특정한 해석 및 롬 4:25과 5:18-19

못박힌 것에 관해 말했고, 그리스도가 죄에 대해 죽은 것과 그에 수반하는 생명에 관해 말할 것이다(롬 6:8, 10). 바울은 인간이 죄와 사망과 불의라는 아담의 영역에 몸으로 참여한다는 문제를 다룬다. 그리스도는 아담에 속한 인간의 절망적인 몸의 상태(참조. 7:24; 8:3)에 참여함으로써, 특히 죽음에 참여함으로써(롬 6:9-10; 7:4) 자기의 백성을 구원하며, 그의 **부활과 생명의 선물을 통해** 죽음과 불의를 파괴한다. 따라서 그리스도의 죽음에 참여하는 사람은 의롭다 함과 "죄로부터의" 구원**에도** 참여하며(롬 6:7b) 그것을 통해 그리스도의 부활에 참여함으로써(롬 6:10) "그와 함께 살" 것(συζήσομεν αὐτῷ)이라는 약속을 받는다(롬 6:8). 이 대목에서 요점은 그리스도가 죄로부터 "의롭다 함을 받은 것"—그것은 그의 무죄 선고가 부활 및 생명과 의로움의 새로운 영역의 창조를 가져온다—이 그의 백성을 의롭다 하는 것과 미래에 있을 부활의 토대라는 것이다.

바울이 로마서 5:12-21에서 아담과 그리스도를 비교한 것은 로마서 6:12-23에서 계속되는데, 그것은 이제 인간을 지배하는 두 주인에 초점을 맞춘다. 이 대목에서 두 주인은 "죄"와 "의"다. 로마서에서 바울이 그리스도를 하나님의 의를 드러내는 의로운 왕으로 제시한다면 바울이 "의"라는 용어를 사용해서 이제 그리스도 안에 있는 인간이 참여하고 있는 지배에 대해 말하는 것은 왕들에게 그들의 백성을 위해 의롭고 평화로운 지배를 확립하라는 임무가 맡겨진 것에 잘 들어맞는다. 우리는 왕들이 자기 백성을 위해 정의와 의로 가득 찬 땅을 만드는 것을 살펴보았는데, 그리스도도 선한 통치자로서 자기 백성을 위해 의로운 지배를 만들고 확립한다. 바울은 로마서 6:12-23에서 제왕적 주인에게 종이 되는 은유를 채택하며,

---

을 포함하여 이 장에서 다뤄진 많은 진술을 간과한 데 의존한다.

5:12-21부터 계속 "죄와 사망과 권세들의 왕권-통치 언어"를 사용한다.[196] 따라서 우리가 4장("왕과 왕국")에서 살펴보았듯이 "죄"와 "의"는 **바실레우오**(βασιλεύω, 지배하다, 롬 6:12), **퀴리에우오**(κυριεύω, 통치하다, 롬 6:14), 그리고 **엘레우테레오**(ἐλευθερέω, 롬 6:18, 20, 22)라는 정치적인 단어들의 동사 형태의 주어들인데, 이 점은 죄와 의를 인간에 대해 힘을 행사하는 자체의 지배력을 지닌 의인화된 실체들로 보는 주요 논거를 제공한다.[197] 바울은 이 대목에서 **디카이오쉬네**(δικαιοσύνη, 의) 언어를 사용해서 하나님을 대신한 그리스도의 통치에 대해 말하는데, 이것이 명백한 이유는 의의 의인화와 로마서 5:21-21에 등장한 주제들이 계속되기 때문만이 아니라 그리스도가 로마서 5:21과 6:23에서 주로 언급되기 때문이기도 하다(참조. 롬 6:14).[198] 그러므로 의는 그리스도의 강력한 주권(lordship)과 밀접하게 연결된다.[199] 로마서 6:18-23에서 **디카이오쉬네**가 의인화된다는 점은 명백하다. 그리스도의 백성은 죄의 지배에서 해방되어 "의에게 종이 되었다"(ἐδουλώθητε τῇ δικαιοσύνῃ, 6:18b). 그래서 그들은 자신의 몸을 "의에게 종으로 내주어 거룩함에 이를"(δοῦλα τῇ δικαιοσύνῃ εἰς ἁγιασμόν, 6:19b) 수 있게 된다. 인간이 죄에게 종이 되었을 때 그들은 "의에 대하여 자유로웠다"(ἐλεύθεροι ἦτε τῇ

---

196 Kirk, *Unlocking Romans*, 117. 롬 6장에 등장하는 종의 은유에 관해서는 Dale B. Martin, *Slavery as Salvation: The Metaphor of Slavery in Pauline Christianity*(New Haven: Yale University Press, 1990)를 보라.

197 Dunn은 의는 "삶을 특정한 방향으로 결정하는" 힘이기 때문에 의가 하나님과 그리스도의 이형이라고 말한다(*Romans 1-8*, 345). Seifrid, *Christ, Our Righteousness*, 73도 보라.

198 많은 해석가가 바울이 의를 의인화하거나 그것이 힘이라고 이야기한다는 점을 지적했다. 특히 David J. Southall, *Rediscovering Righteousness in Romans: Personified dikaiosyne within Metaphoric and Narratorial Settings* (WUNT 2.240; Tübingen: Mohr-Siebeck, 2008), 83-112을 보라.

199 Douglas J. Moo, *The Epistle to the Romans* (NICNT; Grand Rapids: Eerdmans, 1996), 387; Reumann, *Righteousness in the New Testament*, 82.

δικαιοσύνη, 6:20b).[200]

이 대목에서도 의라는 용어는 부활과 생명에 밀접하게 연결된다(참조. 5:17, 21; 6:4, 11).[201] 바울은 로마서 5:12-21과 6:6-7에서 그리스도의 의와 무죄 선고를 인간의 의롭다 함과 생명의 토대로 말했는데, 6:12-23에서는 로마 교회 교인들에게 그리스도의 의의 지배에 어울리게 행동하라고 요구한다. 바울은 교회가 의에 순종하는 것을 현재에 그리스도의 부활에 참여하는 것으로 이해하기 때문에 의를 부활과 관련시킨다.[202] 따라서 **디카이오쉬네**에게 종이 되는 것은 자기의 몸을 "불의의 무기"(ὅπλα ἀδικίας)로 사용하는 대신 "죽은 자 가운데서 다시 살아난 자"(ὡσεὶ ἐκ νεκρῶν ζῶντας)로서의 정체성대로 사는 것이다(롬 6:13).[203] 불의와 죄에 순종하고 그것들의 종이 되어 살면 사망에 이르지만(롬 6:16, 21, 23) "그리스도 예수 우리 주"의 영역에 참여하는 사람들은 "영원한 생명"을 지닌다(롬 6:23; 참조. 6:22b).[204] "너희는 너희가 순종하는 자의 종이다. 죄의 종으로 사망에 이르거나 순종의 종

---

200 Southall, *Rediscovering Righteousness in Romans*, 118-19.

201 Jewett, *Romans*, 411.

202 Brendan Byrne는 롬 6:1-11과 6:12-23 사이의 관계에 관해 다음과 같이 말한다: "따라서 바울은 그가 방금 새로운 도덕적인 삶의 기독론적 토대를 확립한 맥락에서 '의'라는 용어를 재도입한다"("Living Out the Righteousness of God: The Contribution of Rom 6:1-8:13 to an Understanding of Paul's Ethical Presuppositions," *CBQ* 43 [1981]: 557-81, 특히 563).

203 Hooker는 롬 6장에 나타난 의와 부활의 관련에 관해 다음과 같이 주석한다: "그러나 부활은 여전히 미래의 희망이지만, 그리스도의 부활은 현재 경험될 수 있다. 하나님이 한 일의 '직설법'이 적절한 삶의 '명령법'의 토대를 형성한다"("'Raised for Our Acquittal (Rom. 4,25),'" 334). Kirk, *Unlocking Romans*, 117도 보라. 바울이 이 대목과 롬 5-8장 전체에서 우주적 갈등 언어를 사용하는 것에 관해서는 Beverly Roberts Gaventa, "Neither Height nor Depth: Discerning the Cosmology of Romans," *SJT* 64 (2011): 265-78, 특히 270-72을 보라.

204 의가 생명과 겹친다는 점에 관해서는 Reumann, *Righteousness in the New Testament*, 83-84을 보라.

으로 의에 이른다"(ὑπακοῆς εἰς δικαιοσύνην)는 바울의 주장(롬 6:16b)은 그리스도의 순종과 의가 그의 백성의 의와 생명으로 이어진다는 로마서 5:18-19의 주장과 유사하다.[205] 그리스도의 백성은 그들의 순종(롬 6:16)이 그리스도의 순종(롬 5:19)을 따르고 그럼으로써 의에 이른다는 점에서 그리스도의 경로를 따른다. 따라서 의는 부활의 생명에 이르는 그리스도의 순종의 경로와 관련이 있으며, 그리스도의 백성은 동일한 순종과 의의 패턴을 따른다.[206]

바울은 로마서 7장에서 토라가 어떻게 죄에게 이용됨으로써 생명을 목표로 한 토라가 생명 대신 죽음으로 이어졌는지를 설명한 뒤, 8장에서 그리스도가 어떻게 자기 백성을 정죄로부터 보호하고 그들에게 의와 부활의 생명을 주는지를 보여 준다. 나는 로마서 8장이 로마서 1:1-5에 수록된 제왕-메시아 고백의 확장이자 적용이라고 주장했다. 따라서 나는 이 대목에서는 그 주장들을 되풀이하지 않을 것이다.[207] 이곳에서 나는 단순히 그리스도가 완전한 자애로써 그의 제왕으로서의 책임과 사법적 책임을 실행해서 그들을 "정죄"(κατάκριμα, 롬 8:1)나 고발(τίςἐγκαλέσει, 롬 8:33)—죽음으로 귀결될(롬 8:2b; 참조. 롬 5:16, 18) **평결을 내리는 것**—로부터 보호한다고만 지

---

205 Wright는 롬 6:16 배후에 "5:19에 등장하는 그리스도의 순종이 놓여 있다"고 올바로 지적한다(*Romans*, 544). 많은 주석가가 바울이 "생명에 이르는 의"에 대해 쓰지 않은 것을 당혹스럽게 생각하지만 롬 5:19과의 연결이 인식되면 이 문제가 완화된다. Jewett는 심지어 바울이 "순종"을 언급한 것은 중복 오사일지도 모른다고 주장하기까지 한다(*Romans*, 417).

206 Southall은 의의 의미를 기독론적이고 내러티브적으로 결정해야 한다는 점을 올바로 강조한다: "이 대목에서 롬 6장의 모순되고 서술적인 측면은 특히 **그리스도의 이야기**를 따라, 특히 그의 주권 측면에서 진행된다는 점을 언급할 필요가 있다(롬 5:21; 6:23; 7:25; 8:39)" (*Rediscovering Righteousness in Romans*, 123).

207 4장 "왕이신 그리스도의 통치에 참여하기"를 보라.

적해둘 것이다.[208] 그러나 그리스도가 죄와 사망을 흡수하고 처형을 받음으로써 "율법의 요구"(τὸ δικαίωμα τοῦ νόμου, 율법의 의로운 평결, 롬 8:4)—즉 **생명**—가 성령을 지닌 자에게 이루어질 수 있게 해준다(롬 8:3-4). 그리스도에게 속하고 그의 성령을 지닌 사람들은 "의로 말미암아" 생명에 참여한다(τὸ δὲ πνεῦμα ζωὴ διὰ δικαιοσύνην, 롬 8:10b).[209] 생명과 의 사이의 이 관계는 하나님이 성령이라는 대리인을 통해(참조. 롬 1:4) 예수를 죽은 자 가운데서 살린 데(롬 8:11) 근거한다. 그리고 이 점은 바울이 하나님이 예수를 다시 살린 것을 의로운 메시아가 의롭다 함을 받은 것으로 본다는 사실에서 나오는, 의와 생명 사이의 밀접한 관계를 추가로 뒷받침한다.[210]

그리스도 안에 있는 사람들은 그들의 만형인 하나님의 장자의 형상과 같은 모습이 되어 가기 때문에 그들은 자기들이 의롭다 함을 받은 것이 미래의 영화, 즉 부활로도 이어질 것임을 확신할 수 있다(οὓς δὲ ἐδικαίωσεν, τούτους καὶ ἐδόξασεν, 의롭다 하신 그들을 또한 영화롭게 하셨느니라, 롬 8:30b; 참조. 5:2; 8:17-25).[211] 그리스도의 백성에 대해 어떤 원수도 정죄 평결을 내리지 못하는 것(τίς ὁ κατακρινῶν, 누가 정죄하리요?, 롬 8:34a)은 하나님 자신이 무죄

208 동사 **엥칼레오**(ἐγκαλέω)는 누군가를 상대로 고발하는 과정을 상기시키는 법률 용어이지만(가령 잠 19:5; 집회서 46:19; 행 19:38; 23:28), 이 대목에서의 맥락은 최종 판결의 맥락이다. 다음 문헌들을 보라. Dunn, *Romans 1-8*, 502; Moo, *The Epistle to the Romans*, 541.

209 "몸은 죄로 말미암아 죽었다"(τὸ μὲν σῶμα νεκρὸν διὰ ἁμαρτίαν)는 언급(롬 8:10)은 롬 6:5-11에 설명된 바와 같이 그리스도의 죽음을 통해 "죄의 몸"이 파괴되었음을 암시할 가능성이 있다(참조. 롬 7:24-8:3). 유사한 의견은 Jewett, *Romans*, 491-92을 보라.

210 롬 8:9-11은 확실히 롬 4:23-25과 유사하다.

211 Seifrid는 칭의에 이은 영화는 다른 행동이 아니라 "신적 평결에 수반되는 신원이다. 그것은 죽은 자들 가운데서의 부활로 이루어지는데, 그 안에서 하나님의 자녀는 그리스도와 함께 영화롭게 된다(롬 8:17, 18, 23)"고 올바로 진술한다(*Christ, Our Righteousness*, 75). 로마서에 나타난 종말론적 부활 생명으로서의 영광과 영화 언어에 관해서는 Ben C. Blackwell, *Christosis: Pauline Soteriology in Light of Deification in Irenaeus and Cyril of Alexandria* (WUNT 2.314; Tübingen: Mohr-Siebeck, 2011), 157-63을 보라.

를 선고하고 백성을 구원하는 데 근거한다. "의롭다 하시는 이는 하나님이다"(θεὸς ὁ δικαιῶν, 롬 8:33b).[212] 하나님이 메시아를 의롭다고 선언하고 죽음의 영역에서 부활시켰기 때문에 바로 이 메시아(그리스도의 백성은 그에게 참여한다)—"죽으실 뿐 아니라 다시 살아나신 그리스도 예수"(Χριστὸς Ἰησοῦς ὁ ἀποθανών, μᾶλλον δὲ ἐγερθείς, 롬 8:34b)—는 하나님이 의롭다 하는 이라는 데 대한 결정적인 증거 역할을 한다.[213] 그리고 로마서 8:34에 나타난 70인역 시편 109:1(개역개정 110:1)의 반향은 확실히 그리스도를 그에게 제왕적 힘과 사법적 힘이 부여된 인물로 묘사하는 기능을 한다.[214] 모나 D. 후커의 말마따나 "다시 살아나신 그리스도가 하나님 우편에서 우리를 위해 중보하기 때문에 우리는 미래의 신원을 확신할 수 있다."[215] 그리스도는 그의 부활과 즉위로 인해 자기 백성을 다른 모든 힘으로부터 보호할 수 있는 강력한 종말론적 심판관이다(롬 8:38-39; 참조. 롬 1:4; 2:16; 14:10).[216] 그리스도 안에 있는 사람들에게 속한 안전과 생명이 초점이기는 하지만, 부활한 그리스도가 의롭다 함을 받았다는 사실이 그리스도의 백성에게 생명과 부활과 정죄

---

212 Kirk는 다음과 같이 진술한다: "유대교 배경과는 완전히 다르게 보이는 방식으로 부활한 그리스도는 심판 장면에 그의 그림자를 드리운다. 하나님이 신자들을 위해 구원한 그리스도가 심판 때 하나님의 우편에 앉아서 자신과 연합한 사람들에게 유리하게 말한다(롬 8:34)"(*Unlocking Romans*, 153).

213 이 대목에서 70인역 시 109:1(개역개정 110:1)—이 시편은 예수의 부활을 그의 신원 및 즉위와 일관성 있게 관련시키는 텍스트다—을 넌지시 암시한 것은 그리스도의 의롭다 함/무죄 선고가 그것을 통해 하나님이 백성을 의롭다고 하는 수단임을 암시한다. 롬 8:34에서 70인역 시 109:1을 넌지시 암시한 데 관해서는 다음 문헌들을 보라. Martin Hengel, "'Sit at My Right Hand!': The Enthronement of Christ at the Right Hand of God and Psalm 110:1," *Studies in Early Christology* (Edinburgh: T&T Clark, 1995), 119-225, 특히 137-43; Keesmaat, "The Psalms in Romans and Galatians," 151-52.

214 Gaventa, "Neither Height nor Depth," 274; Campbell, *The Deliverance of God*, 696-97.

215 Hooker, "'Raised for Our Acquittal (Rom. 4,25),'" 336.

216 Dunn, *Romans 1-8*, 503.

가 없음을 보증한다. 그리스도는 그의 무죄 선언과 즉위의 결과 종말론적 재판관과 신원자 역할을 한다.[217] 이 점은 바울이 "누가 정죄하리요?"라는 질문에 대한 답변으로 예수를 "죽으실 뿐 아니라 다시 살아나신 이"라고 언급한 점을 통해서만이 아니라(롬 8:34), C. F. D. 모울이 말한 바와 같이, 그 구절이 본질적으로 "이사야 59:8, 9을 기독교의 색조로 바꿔 쓴 것"이라는 사실을 통해서도 드러난다.[218] 이사야서의 세 번째 종의 노래는, 우리가 살펴본 바와 같이, 하나님의 의로운 종을 그의 고난에도 불구하고 수치로부터 구원을 받는 존재로 제시한다. 하나님이 의로운 종을 의롭다고 하는 것(ὁ δικαιώσας)이 자랑할 거리를 준다. "누가 나와 다툴 테냐?(τίς ὁ κρινόμενός μοι) 함께 서자. 누가 나와 다툴 테냐?(τίς ὁ κρινόμενός μοι) 그들은 나를 대면할지어다"(사 50:8-9, 개역개정을 사용하지 아니함). 우리는 그 주제들을 로마서 5-8장 전체 특히 8:29-34에서 쉽게 분간할 수 있다. 하나님이 메시아를 의롭다 하는 것은 메시아에게 생명, 부활, 그리고 수치로부터의 구원을 주는 것이다. 그리고 인간이 메시아의 이 운명에 참여하는 것이 그들이 같은 실재에 참여할 것을 보증한다. 즉 그들은 종말론적 수치로부터의 보호(롬 5:5; 참조. 1:16), 의롭다 함에서 나오는 생명(롬 8:10-11), 그리고 최후 심판에서 정죄로부터의 보호(롬 8:37-39)를 받는다.

217 Seifrid, *Christ, Our Righteousness*, 75.

218 Moule, "From Defendant to Judge—And Deliverer," 94; Dunn, *Romans 18*, 503; Hengel, '"Sit at My Right Hand!'" 144-45도 보라. Jewett는 사 50장의 반향도 존재하지만 그것은 희미하다고 생각한다(*Romans*, 540-41).

몇 가지 결론

나는 몇 가지 주장으로 결론을 맺고자 한다. 로마서에서 바울의 의-정의 언어는 고대의 왕들과 그들과 정의 사이의 관련성이라는 넓은 맥락에서 볼 때 가장 잘 이해된다. 왕들에게는 자주 신적 의를 백성에게 시행할 수 있도록 스스로 의로운 사람이 될 책임이 부여되었다.

바울은 이사야서의 종의 노래들과 다윗의 시편들의 일부를 넌지시 언급하는 것으로 보인다. 그 텍스트들에서는 하나님의 의가 왕을 구원하는 하나님의 올바른 반응에서 드러나는데, 왕이 의롭기 때문에 때문에 하나님이 왕을 구원하는 것은 올바른 반응이다. 따라서 바울에게 있어서는 하나님이 메시아를 의롭다고 하고 그를 구원한 데서 하나님의 의가 나타난다. 메시아만이 의롭기 때문에 하나님은 메시아적인 왕을 올바로 부활시킨다. 그리스도만 의롭고, 순종적이고, 신실하며, 이것이 그를 하나님과 올바른 관계를 맺게 하고 유일한 의인으로서 하나님의 의에 호소하거나 하나님의 의에 대한 권리를 주장할 수 있게 해준다. 로마서에 나타난 의와 생명 사이의 밀접한 관계는 하나님이 의로운 메시아를 부활시키고 즉위시킨 데서 하나님의 의가 현시된다는 것을 추가로 암시한다. 바울에게 있어서 메시아는 유일한 의인이며, 인류의 나머지는 죄와 사망에게 지배되는 불의한 아담의 영역에 참여한다.

메시아는 정죄와 사망의 평결을 내리는 것이 아니라, 죄와 사망을 멸망시키고 또한 그의 의를 자기의 백성과 공유함으로써 그들을 자신의 통치 안으로 통합하여 그들을 구원한다. 따라서 하나님의 의는 메시아의 의, 다시 말해 메시아의 의롭다 함과 죄로부터의 구원이 메시아에게 속한 사람들에게 확장되는 데서 나타난다.

6장

결론

본서에서 나는 바울의 그리스도 담론이, 그가 나사렛 예수의 운명과 예수의 예배자들을 통해 계속된 예수 경험을 통해 고대 지중해의 왕권 담론을 창의적으로 각색한 데 빚을 지고 있다고 주장했다. 바울은 나사렛 예수가 메시아라는 믿음을 물려받아서 혁신적인 자신의 제왕 대본을 쓰고 고대의 왕권 담론의 특정한 요소들을 재작업함으로써 그것을 예수에게 적용했다. 나는 우리가 바울이 그리스도를 묘사할 때 사용한 특정한 패턴에 면밀하게 주의를 기울이면 고대의 선한 왕 개념이 바울의 기독론 언어를 이해하기 위한 풍부한 자료임을 인식할 수 있다고 주장했다.

그리스도는 선한 왕과 마찬가지로 그의 뛰어난 이웃 사랑 행위를 통해 토라를 구현한다. 이 행동은—레위기 19:18절을 통해서 읽은—토라를 이행하며 백성들의 율법에 대한 순종을 끌어낼 수 있는 제왕의 패턴을 만든다. 선한 왕의 탁월한 법률 준수가 국가를 안정시키듯이 그리스도의 백성은 왕의 법률을 통해 통합된 공동체가 되어야 한다(2장 "왕과 법률"을 보라). 그리스도는 평화와 화해라는 은전, 창조세계에 대한 그의 우주적 통치, 그리고 우주적 주권의 자리로의 즉위로 말미암아 그를 찬양하는 제왕의 찬사를 통해 제왕의 갈채와 명예를 받는다(3장, "왕과 찬양"을 보라). 바울은 그의 그리스도 담론에서 그리스도의 왕국을 강조하지는 않지만, 하나님의 왕권을 공유하는 동시에 그의 백성의 성육신한 대표자로서 그리스도의 백성이 그리스도의 왕권의 통치와 혜택에 참여한다고 자주 말한다. 바울의 참여 구원론은 자주 그리스도의 제왕적 통치에 참여하는 것으로 개념화된다(4장, "왕과 왕국"을 보라). 마지막으로, 하나님의 정의는 하나님이 메시아적인 의로운 왕을 부활시킨 올바른 반응에서 나타난다. 이 행동을 통해서 그리스도는 자신의 의, 즉 자신의 의롭다 함과 죽음으로부터의 해방을 메시아에게 속한 사람들에게 확장함으로써 자기의 백성을 구원할 수 있다(5장, "왕과 정의"를 보라).

바울은 이런 제왕 대본들과 모티프들을 단순히 취하거나, 빌리거나, 직접 적용하는 것이 아니라 나사렛 예수의 정체성과 운명에 대한 자신의 독특한 이해에 비추어 그것들을 재작업하고 각색한다. 즉 바울의 그리스도 담론은 왕권 담론 사용에 있어서 전통적이기도 하고 혁신적이기도 하다. 즉 그리스도가 화해와 평화라는 제왕의 은전을 제공한 것은 왕권 담론의 표준적인 측면이다. 하지만 이 선물들이 "십자가의 피"를 통해서 온다는 주장과 이 사건이 그리스도로 하여금 개선 행진에서 그의 적들을 끌고 갈 수 있게 해준다는 주장(골 1:20; 2:14-15)은 그리스도의 삶, 죽음, 그리고 부활을 통해 왕권 담론이 변화되었음을 보여 준다. 이에 대한 특히 현저한 예 하나가 4장("왕과 왕국")에서 제시되었는데, 나는 그곳에서 우리는 예수가 하나님의 신적 왕권을 공유하고 또한 자신의 인격 안에서 자기 백성의 운명을 구현하는 다윗 가문의 메시아라는 바울의 믿음에서 왕과 백성 사이의 관계에 대한 논리를 볼 수 있다고 주장했다. 그러나 바울이 교회의 기독론적 신조, 고백, 그리고 찬송들을 취해서 그것들을 교회가 그리스도의 내러티브와 정체성에 참여하기 위한 패턴을 수립하는 데 사용하기 때문에 왕과 신민들 사이의 관계는 특별한 형태를 띤다. 바울이 그리스도를 하나님께 순종하여 고난을 받고 죽었다가 다시 살아나 하나님 우편에 즉위한 존재로 이해한 것이 그가 그리스도의 백성이 메시아 예수의 정체성과 통치에 참여한다고 창의적으로 개념화하는 데 기여했다. 따라서 다음과 같은 요소들을 통해 고대의 왕권 담론이 변화를 겪는다. (a) 초기 교회의 그리스도의 죽음과 부활 선포(예컨대 롬 1:3-4; 고전 15:3-4; 빌 2:6-11; 골 1:15-20), (b) 이스라엘의 성경의 명시적인 해석(예컨대 롬 1:3-4; 15:3, 7-12; 갈 5:13-14; 6:2; 고전 15:20-28), (c) 예수의 가르침과 입법, 특히 그의 이웃 사랑 요구(갈 5:13-6:10; 고전 9:19-23; 롬 14장), 그리고 (d) 초기 그리스도인의 그리스도의 성령 경험(롬 8장).

나의 연구는 완전한 것이 아니라 예시적이라는 점에 비춰볼 때, 제사장적 인물이자 성전 건축가로서의 왕 개념에 비추어 바울이 제사장 은유를 사용하는 것(롬 12:1-2; 15:14-29)과 그가 교회를 신성한 성전으로 묘사하는 것(고전 3:16; 6:19; 고후 6:14-7:1; 엡 2:19-22)을 추가로 조사해보면 유익할 것이다. 바울이 그리스도와 은사 언어를 거듭 연결하는 것도 시혜자와 선물 수여자로서의 왕과 연결하여 연구될 수 있을 것이다(가령 롬 5:2, 5, 15-21; 12:3-8; 고전 12:3-31; 엡 4:7-12). 왕이 매우 현명한 인물이라는 빈번한 문구가 바울이 고린도 교인들이 "그리스도의 마음을 가졌다"(고전 2:16)고 한 주장과 그리스도 안에 "지혜와 지식의 모든 보화가 감추어져 있다"(골 2:3)고 한 주장에 빛을 비춰줄지도 모른다. 나의 연구가 왕권 담론이 바울의 기독론 언어의 원천으로서 일정한 역할을 했음을 보여 준다면 추가 연구들이

나의 주장을 확장하고 개선할 것이다.[1]

우리는 바울이 제왕 이데올로기의 대본, 주제, 그리고 모티프들을 물려받고 변형시켜서 그리스도는 왕이라는 새로운 제왕 이데올로기를 만들어 내는 네 가지 넓은 예들을 살펴보았다. 그렇다면 "그리스도는 왕"이라는 그의 구성 개념은 초기 기독교 공동체들의 상징적인 우주의 질서를 다시 잡고 그들의 관행을 뒷받침하는 기능을 하는 토대를 놓는다.[2] 바울이 이처럼 새로운 제왕 이데올로기를 창의적으로 만들어 낸 것이 교회의 내적 안정성을 확립하는 데 도움이 되는데, 그것은 고대 지중해 세계에서 바울의 교회들이 경쟁하는 다른 종교들의 와중에서 존속하도록 도와주는 보이지 않는 그물이다.[3] 그리스도가 왕이라는 이처럼 전면적이고 지배적인 이데올로

---

1 이미 바울이 그리스도를 제왕적 인물로 묘사하면서 제왕 이데올로기를 재작업했음을 보여준 학자들은 말할 것도 없다. 예컨대 Julien Smith는 에베소서에서 그리스도가 "분열된 우주"를 통일시키고 "땅 위에 우주에 존재하는 것으로 이해된 조화를 확립하는" "이상적인 왕으로 묘사된다"고 주장했다(*Christ the Ideal King: Cultural Context, Rhetorical Strategy, and the Power of Divine Monarchy in Ephesians* [WUNT 2.313; Tübingen: Mohr-Siebeck, 2011], 3). 그리스도는 그의 화해시키는 활동을 통해 이 땅에 신적 평화와 조화를 가져오는 왕이고(엡 4:1-16), 그의 적들을 물리쳐 자기 백성이 그의 승리를 공유할 수 있게 해주는 승리한 통치자다(엡 6:10-20). Te-Li Lau는 에베소서에서 바울의 윤리적 추론은 정치적 주제를 재작업하는데, 그것은 특히 교회를 메시아가 전에는 적대적이었던 민족들을 화해시킴으로써 민족적 갈등과 불화를 근절한 평화로운 국가로 묘사한 데서 드러난다는 것을 보여 주었다(*The Politics of Peace: Ephesians, Dio Chrysostom, the Confucian* Four Books [NovTSup 133; Leiden: Brill, 2010]). Donald Dale Walker는 바울이 "그리스도의 온유와 관용"(고후 10:1)이라는 인식하기 쉬운 정치적 문구를 사용해서 그리스도를 선한 왕으로 묘사하면서, 고린도 교인들에게 교회 안의 반역자들에게 관용을 보여 그들에게 회개할 시간을 주라고 호소한다는 것을 보여 준다(*Paul's Offer of Leniency (2 Cor 10:1): Populist Ideology and Rhetoric in a Pauline Letter Fragment* [WUNT 2.152; Tübingen: Mohr-Siebeck, 2002], 189-257).

2 교회를 그리스도의 통치에서 정체성이 나오는 정치 공동체로서 보는 관점에 관해서는 Oliver O'Donovan, *The Desire of the Nations: Rediscovering the Roots of Political Theology* (Cambridge: Cambridge University Press, 1996), 158-60, 181-84을 보라.

3 우리가 로마의 최고 권력자를 정당화하는 데서 보는 바와 다르지 않다. Clifford Ando,

기는 바울의 교회들이 부활하여 즉위한 세상의 통치자에게 순종과 충성을 바치는 것을 정당화한다. 자신의 신민들에 대한 그리스도의 제왕적 통치에 비추어 바울은 그의 교회들을 자주 정치적 공동체로 말하며, 그 교회들의 사회적 존재와 관행을 그들의 부활한 왕의 통치에서 나오는 것으로 묘사한다. 예컨대 교회가 부활한 왕 자신의 영(*pneuma*)을 받음으로써 왕의 몸이라고 묘사되는 고린도전서에서 이 점이 좀 더 자세하게 조사될 수도 있다(고전 12:12-13, 28; 참조. 고전 15:20-28). 에베소서는 "머리"와 "몸"이라는 제왕의 이미지를 통해 교회가 메시아의 천상 통치에 참여하는 것을 묘사한다. 이 관계는 하나님이 메시아의 천상의 즉위를 통해 그를 "만물 위에 머리"로 만듦에 따라 교회가 왕의 주권에 참여하는, 왕과 신민 사이의 관계다(엡 1:20-2:10). 교회가 왕의 즉위에 참여한 것은 평화롭고 화해된 새로운 백성을 만들어낸다(엡 2:11-22).[4] 부활하고 즉위한 "주 예수 메시아"의 통치는 빌립보 교회에게 공동체의 조화를 이루고 이 세상의 지위를 포기하게 하는 토대를 제공하는 하늘의 시민권(τὸ πολίτευμα)을 가져온다(빌 3:20-21). 골로새서의 가정 규칙은 교회의 모든 관계는 "주 안에" 있다는 것(골 3:18, 20, 23-24; 4:1)과 모든 사람이 공통의 "하늘의 상전"을 모시기 때문에(골 4:1) "종"이라는 것을 주장한다. 이처럼 공통의 주와 왕을 공유하는 것이 공동체에서 "그리스도의 평강이 다스리게 하는"(골 3:15) 수단이다. 고대 왕들에게

Imperial Ideology and the Provincial Loyalty in the Roman Empire (Berkeley: University of California Press, 2000), 1-15을 보라.

4 나는 이 점을 이미 "Sharing in the Heavenly Rule of Christ the King: Paul's Royal Participatory Language in Ephesians," in *'In Christ' in Paul: Explorations in Paul's Theology of Union and Participation* (ed. Michael J. Thate, Kevin J. Vanhoozer, and Constantine R. Campbell; WUNT 2.384; Tübingen: Mohr-Siebeck. 2014), 251-79에서 훨씬 자세하게 주장했다.

세상을 안정시키는 임무가 부여되었고 그들이 종종(특히 알렉산드로스와 아우구스투스) 다른 민족 집단들과 사회-경제적 계급들을 통일한 제국을 건설하려고 했듯이 그리스도는 새로운 정치적 연합을 만듦으로써 민족 간의 불화를 근절한다(골 3:11; 엡 2:11-22). 좀 더 많이 얘기할 수도 있지만, 바울이 교회는 정치적 공동체이며 교회의 관행은 교회와 왕이신 그리스도 사이의 관계에서 나온다고 개념화한다는 요점은 명확하다.

내 주장이 설득력이 있다면 바울이 그의 기독론적 언어의 원천으로서 왕권 담론을 재작업한 것이 우리로 하여금 학자들이 오랫동안 어려워했던 몇 가지 문제들에 새로운 통찰과 질문을 가지고 접근할 수 있게 해줄지도 모른다.[5] 예컨대, 그리고 좀 더 간략하게 말하자면 "그리스도의 (율)법"(갈 6:2; 고전 9:21)이라는 바울의 어구가 법을 구현하고 자기 안에 법에 복종하는 모델을 확립하는, 선하고 덕이 있는 왕(즉 살아 있는 법/법의 화신으로서의 왕) 개념이라면 율법에 관한 바울의 **긍정적인** 언어는 역설적이거나, 장난기가 있거나, 아무렇게나 한 말이거나, 모순적이라고 여겨질 필요가 없다(2장, "왕과 법률"을 보라). 이 제안이 타당하다면 그것은 그 어구의 의미에 관한 학자들의 여러 제안을 설명할 수 있는 장점이 있다. 즉 학자들이 제안한 의미의 대다수는 그것들이 왕과 법률에 관한 정치적-철학적 논쟁의 맥락 안에 놓이면 경쟁하는 대안들로 여겨질 필요가 없다. 그리고 로마서에서 바울이 사용한 정의 언어가 매우 공정하고 자기의 신민을 신적인 의 가운데 굳게 세울 책임이 있는 고대의 왕 개념들 안에 놓이면, 우리는 바울이 사용한 의 언어가 신성한 왕인 하나님이 "의로운" 하나님의 메시아적 아들을 구원

---

5 이후의 논쟁 및 에베소서에 대해 이 문제에 관련하여 확장된 고찰에 대해서는 나의 논문 "Sharing in the Heavenly Rule of Christ the King," 251-53을 보라.

하고 부활시키는 독특한 사건이라는 것과 하나님께 의롭다 함을 받은 아들이 인간의 불의를 근절하고 그의 백성을 의와 생명 안에 굳게 세운다는 것을 나타낼 수도 있다는 좀 더 미묘한 해석을 취할 수도 있을 것이다(5장, "왕과 정의"를 보라).

하지만 나는 바울 학자들 사이에서 보다 더 어려운 두 가지 문제를 좀 더 다뤄보려고 한다. 가장 다루기 힘든 논쟁 중 하나는 초기 기독교 기독론의 발생과 이스라엘의 하나님에 대한 예수의 관계에 관한 문제였다. 특히 리처드 보컴과 래리 W. 허타도는 예수에 관한 초기 그리도인들의 믿음은 고기독론이었다는 인상적인 주장을 제시했는데, 고기독론은 예수가 매우 이른 시기부터 완전한 신이고 따라서 예배와 경배와 영광을 받을 가치가 있다고 여겨졌음을 의미한다.[6] 두 사람 모두 이 고기독론이 유대교의 유일신론의 맥락 안에서 발전했다는 데 동의한다. 따라서 허타도는 그리스도에 대한 경배를 이위일체적 변이 또는 유대교의 유일신론의 재형성으로 부르는 반면에, 보컴은 바울이 의도적으로 "유대교의 유일신론을 기독론적 유일신론으로 재형성했다"고 말한다.[7] 두 사람 모두 초기 기독교의 기독론이 점진적으로 그리고 계속 좀 더 높고 좀 더 완전하게 발전했다는 빌헬름

---

6 Richard Bauckham, "Paul's Christology of Divine Identity," in *Jesus and the God of Israel: God Crucified and Other Studies on the New Testament's Christology of Divine Identity* (Grand Rapids: Eerdmans, 2008), 183-232; Larry W. Hurtado, *Lord Jesus Christ: Devotion to Jesus in Earliest Christianity* (Grand Rapids: Eerdmans, 2003); idem, *How on Earth Did Jesus Become a God? Historical Questions about Earliest Devotion to Jesus* (Grand Rapids: Eerdmans, 2005). 중요한 다음 문헌들도 보라. Chris Tilling, *Paul's Divine Christology* (WUNT 2.323. Tübingen: Mohr-Siebeck, 2012); Martin Hengel, *Studies in Early Christology* (Edinburgh: T & T Clark, 1995); idem, *The Son of God: The Origin of Christology and the History of Jewish-Hellenistic Religion* (trans. John Bowden; Philadelphia: Fortress Press, 1976).

7 Bauckham, "Paul's Christology of Divine Identity," 185.

부세의 영향력 있는 진화 가설에 반대한다.[8] 오히려 초기 그리스도인들의 초기 고기독론은 혁신적이고, 독특하고, 새롭고, 이전에 나타났던 모든 것으로부터의 극적이고 갑작스러운 변화라는 특징이 있다.[9] 보컴과 허타도의 제안들은 인상적이다. 그들은 내적으로 일관성이 있고, 예수의 신성에 대한 믿음이 유대교의 유일신론에도 불구하고가 아니라 그 안에서 개발되었음을 보여 주며, 바울 서신들의 일부에 대한 강력한 해석을 제공한다. 그들의 제안들이 다른 제안들과 더불어 많은 사람에게 "최초기 기독론은 이미 가장 높은 기독론이었음"을 납득시킨 것이 놀랄 일이 아니다.[10] 그러나 초기 그리스도인들의 믿음의 독특하고 새로운 혁신을 강조하기 위한 그들의 관심이 이해할 만하기는 하지만, 그들은 (때때로 묵시적으로) 개념적 선례들이 예수에 관한 초기 그리스도인들의 믿음을 설명하는 데 도움이 될 수 있음을 부인하고 자주 신성에 관한 "유대인"의 믿음과 "그리스인"의 믿음 사이의 이분법을 구체화함으로써 사람이 어떻게 나사렛 예수에서 시작해서 인간이자 신으로서의 예수에 대한 믿음에 이르게 되는지 또는 초기 그리스도인들이 어떻게 예수의 신적 정체성에 관한 합리적이고 분별이 있는 역사

---

8 그들은 Wilhelm Bousset, *Kyrios Christos: A History of the Belief in Christ from the Beginnings of Christianity to Irenaeus*(trans. J. E. Steely; Nashville: Abingdon, 1970)에 수록된 고전적 형태에 나타난 진화 모형을 거부한다. 좀 더 최근의 문헌은 Maurice Casey, *From Jewish Prophet to Gentile God: The Origins and Development of New Testament Christology* (Louisville: Westminster John Knox, 1991)를 보라. Hurtado가 그의 논문 "New Testament Christology: A Critique of Bousset's Influence," *TS* 40 (1979): 306-17에서 Bousset에게 대응한 내용을 보라.

9 Hurtado는 예수에 대한 예배에 대해 다음과 같이 주장한다. "[그것은] 유례없는 강도와 다양한 표현으로 나타났다. 그 시대의 종교 환경에서 참으로 그것과 비교할 만한 것은 없다. 초기 그리스도인들이 그들의 종교적 사고와 실천에서 예수가 그들에게 의미하는 바를 표현하는 데 투자한 수준의 에너지는 선례도 없고 유사한 사례도 없다"(*Lord Jesus Christ*, 2-3).

10 Bauckham, "Paul's Christology of Divine Identity," 184.

적-종교적 담론을 개발했는지에 관한 설명을 제공하지 못한다.[11]

예컨대 앤드류 체스터는 다음과 같이 합리적으로 주장한다.

> 따라서 나는…요점은 신약성서 저자들이 그리스도를 "절반의 신인 중재적 인물"이라는 기존의 범주 안에 맞췄다는 것이 아니라, 이런 인물 중 몇몇이 유대교 전통에서 묘사되는 방식이…이 초기 기독교 저자들이 그리스도에 관해 말하기 원하는 것을 표현하고 명확히 하도록 도움을 준다는 것이라고 주장하고 싶다.[12]

3장("왕과 찬양")에서 나는 유사한 내용, 즉 바울이 유대교-다윗의 왕권 이데올로기와 그리스의 왕권 이데올로기의 언어 자료를 사용하는 골로새서 1:15-20과 빌립보서 2:6-11에서 왕실 언어(ὁ βασιλικὸς λόγος)를 구성(또는 사용)한 것은 바울의 신적 기독론 전개와 표명에서 선한 왕에 대한 숙고가 중요한 역할을 했을지도 모른다는 것을 암시한다고 제안한다. 두 찬송 모두 하나님과 더불어 또 다른 인간에 대한 예배가 어떻게 발생했는지를 들여다볼 수 있는 주목할 만한 창문을 제공한다.[13] 달리 말하자면 초기 기독교의 기독론은 부분적으로는 나사렛 예수에 대한 초기 그리스도인들의 독특한 경험과 그의 메시아적이고 제왕적인 정체성에 관한 숙고 사이의 상호작

---

11 특히 Hurtado가 그리스와 로마의 사고 형태로부터 "유대교"를 분리하는 것을 비판하는 M. David Litwa, *IESUS DEUS: The Early Christian Depiction of Jesus as a Mediterranean God* (Minneapolis: Fortress, 2014), 11-18을 보라.

12 Andrew Chester, *Messiah and Exaltation: Jewish Messianic Visionary Traditions and New Testament Christology* (WUNT 207; Tübingen: Mohr-Siebeck, 2007), 25-26.

13 삼위일체론이 등장한 맥락으로서 하나님이 자신의 이름을 예수와 공유한 것의 역할에 관해서는 R. Kendall Soulen, *The Divine Name(s) and the Holy Trinity: Distinguishing the Voices* (vol. 1; Louisville: Westminster John Knox Press, 2011), 193-212을 보라.

용을 통해 발전한 것으로 보일 것이다. 제왕-메시아 담론이 그리스도의 신적 정체성을 숙고하고 설명하는 가장 중요한 개념적 도구를 제공했다.

둘째, 학자들은 바울 서신들을 지배하는 주제, 즉 그리스도인들이 메시아 예수의 내러티브와 정체성에 참여하는 것의 종교적-역사적 선례를 찾아내는 데 여전히 애를 먹고 있다.[14] 선례들과 유사한 발화 패턴 탐구는 학자들의 의견 일치 제공이라는 관점에서는 별로 성공을 거두지 못했다. 리처드 B. 헤이스는 바울이 그의 참여 담론을 통해 무엇을 의미하는지를 개념화하기 위해 "가족 구성원으로서의 참여", "그리스도와의 정치적 또는 군사적 연대로서의 참여", "에클레시아(*ekklēsia*, 교회)에의 참여" 그리고 "그리스도 이야기 안에서 사는 것으로서의 참여"라는 네 가지 보완적인 모형을

14 바울의 참여 구원론에 대한 최근의 설명들은 다음 문헌들을 보라. Michael J. Gorman, *Inhabiting the Cruciform God: Kenosis, Justification, and Theosis in Paul's Narrative Soteriology* (Grand Rapids: Eerdmans, 2009); Douglas A. Campbell, *The Quest for Paul's Gospel: A Suggested Strategy* (London: T & T Clark, 2005); Constantine R. Campbell, *Paul and Union with Christ: An Exegetical and Theological Study* (Grand Rapids: Zondervan, 2012). 바울의 참여 구원론의 개념적 선례들에 관해 Rudolf Bultmann은 바울의 참여 언어가 신비 종교에서 유래했다고 주장하면서 다음과 같이 묘사한다. "세례와 성찬을 통한 신비한 신성의 운명에 참여하는 것이 가입자에게 그 신성의 죽음과 부활 모두에 참여하게 해준다. 그러한 참여는 가입자를 죽음으로 인도함으로써 그를 죽음에서 구원한다"(*Theology of the New Testament* [trans. Kendrick Grobel; New York: Charles Scribner's Sons, 1951-1955], 298). Albert Schweitzer는 이와 반대로 "바울의 구속의 종말론"은 그리스의 영향에 의해 변화되지 않았고(pp. 139-40), "바울의 부활 신비주의에 공통의 몸을 소유한다는 개념"을 준 것은 "선택된 자들 서로 및 메시아와의 예정된 연대 개념"의 결과라고 주장했다(p. 117)(*The Mysticism of Paul the Apostle* [trans. William Montgomery; Baltimore: The Johns Hopkins University Press, 1998]). Matthew V. Novenson의 문헌을 보라. 그는 바울의 "그리스도 안에서"라는 언어는 특히 하나님의 약속이 아브라함의 씨 안에서 하나님의 목적을 달성하는 것으로 보는, "네 씨 안에서"의 선상을 따르는 성경 구절과 유사한 것으로 보아야 한다고 주장한다(참조. LXX 창 12:3; 18:18; 22:18; 갈 3:8-9, 14). (*Christ among the Messiahs: Christ Language in Paul and Messiah Language in Ancient Judaism* [Oxford: Oxford University Press, 2012], 124-26).

적시함으로써 이 결여를 시정하기 위한 중요한 시도를 한다.[15] 헤이스의 네 가지 모형들은 우리로 하여금 당대의 인식 범주를 생각할 수 있도록 도움을 줄 뿐만 아니라, 바울이 그의 참여 구원론을 전개하기 위해 채택한 중요한 개념적 원천인 왕권 담론도 볼 수 있게 해준다. 그러나 나는 제왕적 메시아론과 신민들이 그들의 왕의 통치에 참여한다는 좀 더 넓은 개념이 바울이 메시아 예수의 내러티브를 표명한 것**과** 그가 동일한 내러티브 정체성을 메시아의 백성에게 부여한 것을 설명한다는 관점에서 큰 역할을 한다고 주장했다. 바울은 그리스도와 그의 백성 사이의 관계를 왕과 신민들 사이의 관계로 개념화하면서 메시아의 백성이 부활하여 즉위한 메시아의 통치와 그 혜택에 참여하는 것으로 묘사한다(4장, "왕과 왕국을 보라"). 이것이 바울의 참여 구원론을 **모두** 설명하지는 못하지만, 내가 이미 지적한 바와 같이, 그것은 바울 서신들의 많은 부분(특히 롬 5-8장; 고전 15:20-58; 에베소서; 빌 3:19-21; 골로새서)을 잘 이해할 수 있게 해주며, 따라서 바울의 참여 구원론의 논리와 문법 모두를 제공할지도 모른다.

바울의 기독론적 믿음의 정확한 **역사적 및 종교적 발전**은 믿을 수 없을 정도로 파악하기 어렵지만 나는 고대의 제왕 주제에 관한 바울의 혁신적인 숙고와 재작업을 떠나서는 그의 기독론 담론이 충분히 이해될 수 없다고 주장했다. 바울에게 있어서 나사렛 예수는 이스라엘의 메시아이며, 바로 이 믿음이 그로 하여금 이스라엘의 성경책들과 그리스-로마의 문헌에 나타난 왕권 이데올로기에 의존하고 그것을 재작업할 수 있게 해주었다.

---

15 Richard B. Hays, "What Is 'Real Participation in Christ'?: A Dialogue with E. P. Sanders on Pauline Soteriology," in *Redefining First-Century Jewish and Christian Identities: Essays in Honor of Ed Parish Sanders* (ed. Fabian E. Udoh et al.; Christianity and Judaism in Antiquity 16; Notre Dame: University of Notre Dame Press, 2008), 336-51.

바울이 고대 왕권 담론의 언어적 및 개념적 자원을 재작업한 것은 바울의 교회들을 그리스도께 방향을 재설정하게 만드는 새로운 제왕 이데올로기를 창조하는 기능을 한다. 여기서 그리스도는 그의 통치가 바울의 교회들을 굳게 세우고 안정시키는 유일한 최고 통치자다. 바울이 이처럼 "그리스도는 왕"이라는 새로운 이데올로기를 구성한 것이 새로운 세계관, 바울의 교회들에게 있어서 다른 모든 대안적 가능성을 포섭하는 절대적인 힘의 새로운 소재지로 귀결된다.

참고문헌

Aalders, G. J. D. *Political Thought in Hellenistic Times*. Amsterdam: Adolf M. Hakkert, 1975.

Aasgaard, Reidar. *'My Beloved Brothers and Sisters!': Christian Siblingship in Paul*. JSNTSup 265. London: T&T Clark, 2004.

Adams, Edward. "Paul's Story of God and Creation: The Story of How God Fulfils His Purposes in Creation." Pages 19-43 in *Narrative Dynamics in Paul: A Critical Assessment*. Edited by Bruce W. Longenecker. Louisville: Westminster John Knox, 2002.

Aeschylus. *Persians, Seven against Thebes, Suppliants, Prometheus Bound*. Translated by Alan H. Sommerstein. LCL. Cambridge, MA: Harvard University Press, 2009.

Agamben, Giorgio. *State of Exception*. Translated by Kevin Attell. Chicago: University of Chicago Press, 2005.

______. *The Time That Remains: A Commentary on the Letter to the Romans*. Translated by Patricia Dailey. Stanford: Stanford University Press, 2005.

Ahearne-Kroll, Stephen P. *The Psalms of Lament in Mark's Passion: Jesus' Davidic Suffering*. SNTS 142. Cambridge: Cambridge University Press, 2007.

Albl, Martin C. *'And Scripture Cannot Be Broken': The Form and Function of the Early Christian* Testimonia *Collections*. NovTSup 96. Leiden: Brill, 1999.

Aletti, Jean-Noel. "Romans 8: The Incarnation and Its Redemptive Impact." Pages 93-115 in *The Incarnation: An Interdisciplinary Symposium on the Incarnation of the Son of God*. Edited by Stephen T. Davids, Daniel Kendall, and Gerald O'Collins. Oxford: Oxford University Press, 2002.

Alexander, Sidney. *The Complete Odes and Satires of Horace*. Princeton, NJ: Princeton University Press, 1990.

Alexander, T. Desmond. "Messianic Ideology in Genesis." Pages 19-39 in *The Lord's Anointed: Interpretation of Old Testament Messianic Texts*. Edited by Philip E. Satterthwaite et al. Grand Rapids: Baker, 1995.

______. "Royal Expectations in Genesis to Kings: Their Importance for Biblical

Theology." *TynBull* 49 (1998): 191-212.

Allan, John A. "The 'In Christ' Formula in Ephesians." *NTS* 5 (1958): 54-62.

Allan, William. "Divine Justice and Cosmic Order in Early Greek Epic." *JHS* 126 (2006): 1-35.

Allen, Leslie C. "The Old Testament Background of (προ)ὁρίζειν in the New Testament." *NTS* 17 (1970): 104-8.

Allen, Thomas G. "Exaltation and Solidarity with Christ: Ephesians 1:20 and 2:6." *JSNT* 28 (1986): 103-20.

Allison, Dale B., Jr. *Constructing Jesus: Memory, Imagination, and History*. Grand Rapids: Baker, 2010.

Ando, Clifford. *Imperial Ideology and Provincial Loyalty in the Roman Empire*. Berkeley: University of California Press, 2000.

Appian. *Roman History*. Translated by Horace White. 4 vols. LCL. Cambridge, MA: Harvard University Press, 1913.

Aristotle. Translated by H. P. Cooke, H. Tredennick, et al. 23 vols. LCL. Cambridge, MA: Harvard University Press, 1938-1960.

Arnold, Clinton E. *The Colossian Syncretism: The Interface between Christianity and Folk Belief at Colossae*. Grand Rapids: Baker Academic, 1996.

_____. "Jesus Christ: 'Head of the Church' (Colossians and Ephesians)." Pages 346-66 in *Jesus of Nazareth: Lord and Christ: Essays on the Historical Jesus and New Testament Christology*. Edited by Joel B. Green and Max Turner. Grand Rapids: Eerdmans, 1994.

Arrian. Translated by P. A. Brunt. 2 vols. LCL. Cambridge, MA: Harvard University Press, 1976-1983.

Athenaeus. *Deipnosophists*. Translated by Charles Burton Gulick. 7 vols. LCL. Cambridge, MA: Harvard University Press, 1957.

Aune, David E. "The Influence of Roman Imperial Court Ceremonial on the Apocalypse of John." *Papers of the Chicago Society for Biblical Research* 28 (1983): 5-26.

Ausloos, Hans. "Psalm 45, Messianism and the Septuagint." Pages 239-51 in *The Septuagint and Messianism*. Edited by M. A. Knibb. Leuven: Leuven University Press, 2006.

Austin, M. M. "Hellenistic Kings, War and the Economy." *CQ* 36 (1986): 450-66.

Badenas, Robert. *Christ the End of the Law: Romans 10.4 in Pauline Perspective*. JSNTSup10. Sheffield: JSOT, 1985.

Badiou, Alain. *Saint Paul: The Foundation of Universalism*. Stanford: Stanford University Press, 2003.

Bammel, E. "Νόμος Χριστοῦ." Pages 120–28 in *Studia Evangelica Vol. III*. Edited by F. L. Cross. Berlin: Akademie-Verlag, 1964.

Barclay, John B. *Obeying the Truth*. Edinburgh: T&T Clark, 1992.

______. "Paul, Roman Religion and the Emperor: Mapping the Point of Conflict." Pages 345–62 in *Pauline Churches and Diaspora Jews*. WUNT 275. Tübingen: Mohr-Siebeck, 2011.

______. "Why the Roman Empire Was Insignificant to Paul." Pages 363–87 in *Pauline Churches and Diaspora Jews*. WUNT 275. Tübingen: Mohr-Siebeck, 2011.

Barraclough, Ray. "Philo's Politics: Roman Rule and Hellenistic Judaism." *ANRW* 2.21.1 (1984): 418–553.

Barth, Markus. *Ephesians 1-3: A New Translation with Introduction and Commentary*. AB 34. New York: Doubleday, 1974.

______. *Justification: Pauline Texts Interpreted in the Light of the Old and New Testaments*. Translated by A. M. Woodruff III. Grand Rapids: Eerdmans, 1971.

Bash, Anthony. *Ambassadors for Christ: An Exploration of Ambassadorial Language in the New Testament*. WUNT 2:92. Tübingen: Mohr-Siebeck, 1997.

Bassler, Jouette M. *Divine Impartiality: Paul and a Theological Axiom*. SBLDS 59. Chico, CA: Scholars, 1982.

Bates, Matthew W. The *Birth of the Trinity: Jesus, God, and Spirit in New Testament and Early Christian Interpretations of the Old Testament*. Oxford: Oxford University Press, 2015.

______. "A Christology of Incarnation and Enthronement: Romans 1:3-4 as Unified, Nonadoptionist, and Nonconciliatory." *Catholic Biblical Quarterly* 77 (2015): 107–127.

______. *The Hermeneutics of the Apostolic Proclamation: The Center of Paul's Method of Scriptural Interpretation*. Waco, TX: Baylor University Press, 2012.

Batto, Bernard F. "The Divine Sovereign: The Image of God in the Priestly Creation Account." Pages 143–86 in *David and Zion: Biblical Studies in Honor of J. J. M. Roberts*. Edited by Bernard Batto and Kathryn L. Roberts. Winona Lake, IN: Eisenbrauns, 2004.

Bauckham, Richard. "Kingdom and Church according to Jesus and Paul." *HBT* 18 (1996): 1–26.

_____. "Paul's Christology of Divine Identity." Pages 183–232 in *Jesus and the God of Israel: God Crucified and Other Studies on the New Testament's Christology of Divine Identity.* Grand Rapids: Eerdmans, 2008.

_____. "The Worship of Jesus in Philippians 2:9–11." Pages 128–39 in *Where Christology Began: Essays on Philippians 2*. Edited by Ralph P. Martin and Brian Dodd. Louisville: Westminster John Knox, 1998.

Bauer, W. *A Greek-English Lexicon of the New Testament and Other Early Christian Literature*. Revised and edited by F. W. Danker. Chicago: University of Chicago Press, 2000.

Beale, G. K. *A New Testament Biblical Theology: The Unfolding of the Old Testament in the New*. Grand Rapids: Baker Academic, 2011.

_____. *The Temple and the Church's Mission: A Biblical Theology of the Dwelling Place of God*. New Studies in Biblical Theology 17. Downers Grove: InterVarsity, 2004.

Beard, Mary. *The Roman Triumph*. Cambridge, MA: Belknap, 2007.

Beetham, Christopher A. *Echoes of Scripture in the Letter to the Colossians*. Biblical Interpretation Series 96. Leiden: Brill, 2008.

Behr, Charles A., trans. *P. Aelius Aristides: The Complete Works*. 2 vols. Leiden: Brill, 1981–1986.

Beker, J. Christian. *Paul the Apostle: The Triumph of God in Life and Thought*. Philadelphia: Fortress, 1980.

Bell, Richard H. *No One Seeks for God: An Exegetical and Theological Study of Romans 1:18-3:20*. WUNT 106. Tübingen: Mohr–Siebeck, 1998.

_____. "Sacrifice and Christology in Paul." *JTS* 53 (2002): 1–27.

Berger, Peter L. *The Sacred Canopy: Elements of a Sociological Theory of Religion*. New York: Anchor Doubleday, 1967.

Beskow, Per. *Rex Gloriae: The Kingship of Christ in the Early Church*. Translated by Eric J. Sharpe. Uppsala: Almqvist & Wiksells, 1962. Repr., Eugene, OR: Wipf and Stock, 2014.

Best, Ernest. *One Body in Christ: A Study in the Relationship of the Church to Christ in the Epistles of the Apostle Paul*. London: SPCK, 1955.

Betz, Hans Dieter. *Galatians*. Hermeneia. Philadelphia: Fortress, 1979.

Bird, Michael F. "Justified by Christ's Resurrection: A Neglected Aspect of Paul's Doctrine of Justification." *Scottish Bulletin of Evangelical Theology* 22 (2004): 72–91.

______. *The Saving Righteousness of God: Studies on Paul, Justification, and the New Perspective*. Eugene, OR: Wipf and Stock, 2007.

Bird, Phyllis A. "'Male and Female He Created Them': Gen 1:27b in the Context of the Priestly Account of Creation." *HTR* 74 (1981): 129-59.

Black, C. Clifton. "Pauline Perspectives on Death in Romans 5-." *JBL* 103 (1984): 413-33.

Blackwell, Ben C. *Christosis: Pauline Soteriology in Light of Deification in Irenaeus and Cyril of Alexandria*. WUNT 2:314. Tübingen: Mohr-Siebeck, 2011.

______. "Immortal Glory and the Problem of Death in Romans 3:23." *JSNT* 32 (2010): 285-308.

Blanton, Ward, and Hent de Vries, eds. *Paul and the Philosophers*. New York: Fordham University Press, 2013.

Blenkinsopp, Joseph. *David Remembered: Kingship and National Identity in Ancient Israel*. Grand Rapids: Eerdmans, 2013.

______. "The Oracle of Judah and the Messianic Entry." *JBL* 80 (1961): 55-64.

______. "The Structure of P." *CBQ* 38 (1976): 275-92.

Block, Daniel I. *Beyond the River Chebar: Studies in Kingship and Eschatology in the Book of Ezekiel*. Eugene, OR: Wipf and Stock, 2013.

______. "My Servant David: Ancient Israel's Vision of the Messiah." Pages 17-56 in *Israel's Messiah in the Bible and the Dead Sea Scrolls*. Edited by Richard S. Hess and M. Daniel Carroll R. Grand Rapids: Baker Academic, 2003.

Blumenfeld, Bruno. *The Political Paul: Justice, Democracy and Kingship in a Hellenistic Framework*. JSNTSup 201. London: Sheffield Academic, 2001.

Bockmuehl, Markus. "'The Form of God' (Phil. 2:6): Variations on a Theme of Jewish Mysticism." *JTS* 48 (1997): 1-23.

Boer, Martinus C. de. *The Defeat of Death: Apocalyptic Eschatology in 1 Corinthians 15 and Romans 5*. JSNTSup 22. Sheffield: JSOT, 1988.

______. "Paul's Mythologizing Program in Romans 5-." Pages 1-20 in *Apocalyptic Paul: Cosmos and Anthropos in Romans 5-8*. Edited by Beverly Roberts Gaventa. Waco, TX: Baylor University Press, 2013.

Boers, Hendrikus. *Christ in the Letters of Paul: In Place of a Christology*. BZNW 140. Berlin: de Gruyter, 2006.

Boismard, Marie Emile. "Constitué Fils de Dieu (Rom. 1.4)." *RB* 60 (1953): 5-17.

Born, Lester K. "Animate Law in the Republic and the Laws of Cicero." *Transactions and*

Proceedings of the American Philological Association 64 (1933): 128-37.

_____. "The Perfect Prince according to the Latin Panegyrists." *AJP* 55 (1934): 20-35.

Bornhäuser, K. Jesus *Imperator Mundi* (*Phil 3,17-1 und 2,5-12*. Gütersloh: Bertelsmann, 1938.

_____. "Zum Verständnis von Philipper 2,5-11." *NKZ* 44 (1933): 428-34, 53-62.

Bosworth, A. B. *Conquest and Empire: The Reign of Alexander the Great*. Cambridge: Cambridge University Press, 1988.

Bourdieu, Pierre. *Outline of a Theory of Practice*. Translated by R. Nice. Cambridge: Cambridge University Press, 1977.

Bousset, Wilhelm. *Kyrios Christos: A History of the Belief in Christ from the Beginnings of Christianity to Irenaeus*. Translated by John E. Steely. Nashville: Abingdon, 1970.

Bradley, Keith R. "Imperial Virtues in Suetonius' Caesares." *Journal of Indo-European Studies* 4 (1976): 245-53.

Branick, Vincent P. "The Sinful Flesh of the Son of God (Rom 8:3): A Key Image of Pauline Theology." *CBQ* 47 (1985): 246-62.

Brauch, M. T. " 'God's Righteousness' in Recent German Discussion." Pages 523-42 in E. P. Sanders. *Paul and Palestinian Judaism*. Philadelphia: Fortress, 1977.

Brent, Allen. "John as Theologos: The Imperial Mysteries and the Apocalypse." *JSNT* 75 (1999): 75-92.

Brett, Mark G. "Earthing the Human in Genesis 1-." Pages 73-86 in *The Earth Story in Genesis*. Edited by Norman C. Habel and Shirley Wurst. The Earth Bible Vol. 2. Sheffield: Sheffield Academic, 2000.

Brettler, Marc Z. God Is King: Understanding an Israelite Metaphor. JSOTSup 76. Sheffield: Sheffield Academic, 1989.

Breytenbach, Cilliers. *Versöhnung: Eine Studie zur paulinische Soteriologie*. Neukirchen-Vluyn: Neukirchener, 1989.

Bringmann, Klaus. "The King as Benefactor: Some Remarks on Ideal Kingship in the Age of Hellenism." Pages 7-24 in *Images and Ideologies: Self-definition in the Hellenistic World*. Edited by Anthony Bulloch et al. Hellenistic Culture and Society 12. Berkeley: University of California Press, 1993.

Brueggemann, Walter. "David and His Theologian." *CBQ* 30 (1968): 156-81.

_____. "From Dust to Kingship." *ZAW* 84 (1972): 1-18.

Bultmann, Rudolf. *Theology of the New Testament*. 2 vols. Translated by Kendrick Grobel. New York: Scribners, 1951.

Burk, Denny. "The Righteousness of God (Dikaiosune Theou) and Verbal Genitives: A Grammatical Clarification." *JSNT* 34 (2012): 346-60.

Burke, Trevor J. "Adopted as Sons (ΥΙΟΘΕΣΙΑ): The Missing Piece in Pauline Soteriology." Pages 259-86 in *Paul: Jew, Greek, and Roman*. Edited by Stanley E. Porter. Pauline Studies 5. Leiden: Brill, 2008.

______. *Adopted into God's Family: Exploring a Pauline Metaphor*. New Studies in Biblical Theology 22. Downers Grove: InterVarsity, 2006.

Byrne, Brendan. "Living Out the Righteousness of God: The Contribution of Rom 6:1-8:13 to an Understanding of Paul's Ethical Presuppositions." *CBQ* 43 (1981): 557-81.

______. *Romans*. Sacra Pagina 6. Collegeville, MN: Liturgical, 1996.

Byrskog, S. "Christology and Identity in an Intertextual Perspective: The Glory of Adam in the Narrative Substructure of Paul's Letter to the Romans." Pages 1-18 in *Identity Formation in the New Testament*. Edited by Bengt Holmberg and Mikael Winninge. WUNT 227. Tübingen: Mohr-Siebeck, 2008.

Cairns, Francis. *Virgil's Augustan Epic*. Cambridge: Cambridge University Press, 1989.

Callimachus. *Hymns and Epigram, Lycophoron, Aratus*. Translated by A. W. Mair and G. R. Mair. LCL. Cambridge, MA: Harvard University Press, 1969.

Cameron, Averil. *Christianity and the Rhetoric of Empire: The Development of Christian Discourse*. Sather Classical Lectures 55. Berkeley, CA: University of California Press, 1991.

Campbell, Constantine R. *Paul and Union with Christ: An Exegetical and Theological Study*. Grand Rapids: Zondervan, 2012.

Campbell, Douglas A. *The Deliverance of God: An Apocalyptic Rereading of Justification in Paul*. Grand Rapids: Eerdmans, 2009.

______. "The Faithfulness of Jesus Christ in Romans 3:22." Pages 57-71 in *The Faith of Jesus Christ: Exegetical, Biblical, and Theological Studies*. Edited by Michael F. Bird and Preston M. Sprinkle. Milton Keynes, UK: Paternoster, 2009.

______. "Participation and Faith in Paul." Pages 37-60 in *"In Christ" in Paul: Explorations in Paul's Theology of Union and Participation*. Edited by Michael J. Thate et al. WUNT 2:384. Tübingen: Mohr-Siebeck, 2014.

______. *The Quest for Paul's Gospel: A Suggested Strategy*. London: T&T Clark, 2005.

______. *The Rhetoric of Righteousness in Romans 3.21-26*. JSNTSup 65. Sheffield: Sheffield Academic, 1992.

_____. "Romans 1:17—A *Crux Interpretum* for the ΠΙΣΤΙΣ ΧΡΙΣΤΟΥ Debate." *JBL* 113 (1994): 265-85.

_____. "The Story of Jesus in Romans and Galatians." Pages 97-124 in *Narrative Dynamics in Paul: A Critical Assessment*. Edited by Bruce W. Longenecker. Louisville: Westminster John Knox, 2002.

Carr, Wesley. *Angels and Principalities: The Background, Meaning and Development of the Pauline Phrase* hai archai kai hai exousiai. Cambridge: Cambridge University Press, 1981.

Carter, T. L. *Paul and the Power of Sin: Redefining 'Beyond the Pale.'* SNTSMS 115. Cambridge: Cambridge University Press, 2002.

Casey, Maurice. *From Jewish Prophet to Gentile God: The Origins and Development of New Testament Christology*. Louisville: Westminster John Knox, 1991.

Centrone, Bruno. "Platonism and Pythagoreanism in the Early Empire." Pages 567-75 in *The Cambridge History of Greek and Roman Political Thought*. Edited by Christopher Rowe and Malcolm Schofield. Cambridge: Cambridge University Press, 2005.

Cerfaux, Lucien. *Christ in the Theology of St. Paul*. New York: Herder and Herder, 1966.

Chaniotis, Angelos. "The Divinity of Hellenistic Rulers." Pages 431-45 in *A Companion to the Hellenistic World*. Edited by Andrew Erskine. Malden, MA: Blackwell, 2003.

_____. *War in the Hellenistic World: A Social and Cultural History*. Oxford: Blackwell, 2005.

Charles, J. Daryl. "Imperial Pretensions and the Throne-Vision of the Lamb: Observations on the Function of Revelation 5." *CTR* 7 (1993): 85-97.

Charlesworth, James H. "The Concept of the Messiah in the Pseudepigrapha." *ANRW* 2.19.1 (1979): 188-218.

_____, ed. *Old Testament Pseudepigrapha*. 2 vols. Garden City, NY: Doubleday, 1983-1985.

Chesnut, Glenn F. "The Ruler and the Logos in Neopythagorean, Middle Platonic, and Late Stoic Political Philosophy." *ANRW* 2.16.2 (1978): 1310-32.

Chester, Andrew. "The 'Law of Christ' and the 'Law of the Spirit.'" Pages 537-601 in *Messiah and Exaltation: Jewish Messianic and Visionary Traditions and New Testament Christology*. Wissenschaftliche Untersuchungen zum Neuen Testament 207. Tübingen: Mohr-Siebeck, 2007.

Childs, Brevard S. "Psalm Titles and Midrashic Exegesis." *JSS* 16 (1971): 137-50.

Chilton, Bruce D. *The Isaiah Targum: Introduction, Translation, Apparatus and Notes*. The Aramaic Bible 11. Edinburgh: T&T Clark, 1987.

Choi, Hung-Sik. "PISTIS in Galatians 5:5-6: Neglected Evidence for the Faithfulness of Christ." *JBL* 124 (2005): 467-90.

Cholmeley, R. L. *The Idylls of Theocritus*. London: George Bell & Sons, 1901.

Cicero. Translated by Harry Caplan et al. 29 vols. LCL. Cambridge, MA: Harvard University Press, 1954-99.

Clark, Elizabeth A. *History, Theory, Text: Historians and the Linguistic Turn*. Cambridge, MA: Harvard University Press, 2004.

Clements, Ronald. *Abraham and David: Genesis 15 and Its Meaning for Israelite Tradition*. SBT 2/5. London: SCM, 1967.

Clifford, Richard J. "Creation in the Psalms." Pages 57-69 in *Creation in the Biblical Traditions*. Edited by Richard J. Clifford and John J. Collins. CBQMS 24. Washington, DC: Catholic Biblical Association of America, 1992.

_____. "Psalm 89: A Lament over the Davidic Ruler's Continued Failure." *HTR* 73 (1980): 35-47.

Clines, D. J. A. "The Image of God in Man." TynBull 19 (1968): 55-103.

Cognat, R., ed. *Inscriptiones Graecae ad Res Romanas Pertinentes*. Paris: Leroux, 1927.

Collins, Adela Yarbro. "The Psalms and the Origins of Christology." Pages 113-23 in *Psalms in Community: Jewish and Christian Textual, Liturgical, and Artistic Traditions*. Edited by Harold W. Attridge and Margot E. Fassler. SBLSymS 25. Atlanta: Society of Biblical Literature, 2003.

_____. "The Worship of Jesus and the Imperial Cult." Pages 234-57 in T*he Jewish Roots of Christological Monotheism: Papers from the St. Andrews Conference on the Historical Origins of the Worship of Jesus*. Edited by Carey C. Newman et al. Supplements to the Study for the Journal of Judaism 63. Leiden: Brill, 1999.

Collins, Adela Yarbro, and John J. Collins. *King and Messiah as Son of God: Divine, Human, and Angelic Messianic Figures in Biblical and Related Literature*. Grand Rapids: Eerdmans, 2008.

Collins, John J. *The Scepter and the Star: The Messiahs of the Dead Sea Scrolls and Other Ancient Literature*. New York: Doubleday, 1995.

Cooke, Gerald. "The Israelite King as Son of God." *ZAW* 73 (1961): 202-25.

Cooley, Alison E. *Res Gestae Divi Augusti: Text, Translation, and Commentary*. Cambridge: Cambridge University Press, 2009.

Copenhaver, Adam. "Echoes of a Hymn in a Letter of Paul: The Rhetorical Function of the Christ-Hymn in the Letter to the Colossians." *Journal for the Study of Paul and His Letters* 4 (2014): 235-55.

Cosgrove, Charles H. "What If Some Have Not Believed? The Occasion and Thrust of Romans 3:1-8." *ZNW* 78 (1987): 90-105.

Cox, Ronald. *By the Same Word: Creation and Salvation in Hellenistic Judaism and Early Christianity*. BZNW 145. Berlin: de Gruyter, 2007.

Cranfield, C. E. B. *The Epistle to the Romans*. ICC. 2 vols. London/New York: T & T Clark, 1975.

_____. *Romans 1-8*. ICC. London/New York: T & T Clark, 2004.

Creach, Jerome F. D. *The Destiny of the Righteous in the Psalms*. St. Louis: Chalice, 2008.

Cremer, Herman. *Die paulinische Rechtfertigungslehre im Zusammenhänge ihrer geschichtlichen Vorausetzungen*. Gütersloh: Bertelsmann, 1900.

Croft, Steven J. L. *The Identity of the Individual in the Psalms*. JSOTSup 44. Sheffield: Sheffield Academic, 1987.

Crusemann, Franz. *Der Widerstand gegen das Königtum: Die antikoniglichen Texte des Alten Testaments und der Kampf um den fruhen israelitischen Staat*. WMANT 49. Neukirchen-Vluyn: Neukirchener Verlag, 1978.

Cullmann, Oscar. *The Christology of the New Testament*. Philadelphia: Westminster, 1963.

Dahl, Nils A. "Christ, Creation and the Church." Pages 422-33 in *The Background of the New Testament and Its Eschatology: In Honour of Charles Harold Dodd*. Edited by W. D. Davies and D. Daube. Cambridge: Cambridge University Press, 1956.

_____. "The Crucified Messiah." Pages 27-47 in *Jesus the Christ: The Historical Origins of Christological Doctrine.* Edited by Donald H. Juel. Minneapolis: Fortress, 1991.

_____. "The Messiahship of Jesus in Paul." Pages 15-25 in *Jesus the Christ: The Historical Origins of Christological Doctrine*. Edited by Donald H. Juel. Minneapolis: Fortress, 1991.

_____. "Sources of Christological Language." Pages 113-36 in *Jesus the Christ: The Historical Origins of Christological Doctrine*. Edited by Donald H. Juel. Minneapolis: Fortress Press, 1991.

_____. "Two Notes on Romans 5." *ST* 5 (1952): 37-48.

Daly-Denton, Margaret. "Singing Hymns to Christ as to a God (Cf. Pliny EP. X, 96)." Pages 277-92 in *The Jewish Roots of Christological Monotheism: Papers from the St. Andrews Conference on the Historical Origins of the Worship of Jesus*. Edited by Carey

C. Newman et al. Supplements to the Study for the Journal of Judaism 63. Leiden: Brill, 1999.

Davenport, Gene L. "The 'Anointed of the Lord' in Psalms of Solomon 17." Pages 67–92 in *Ideal Figures in Ancient Judaism: Profiles and Paradigms*. Edited by John J. Collins and George W. E. Nickelsburg. SBLSCS 12. Chico, CA: Scholars, 1980.

Davies, W. D. *Paul and Rabbinic Judaism: Some Rabbinic Elements in Pauline Theology*. Rev. ed. New York /Evanston: Harper & Row, 1948.

______. *Torah in the Messianic Age and/or the Age to Come*. SBLMS 7. Philadelphia: Society of Biblical Literature, 1952.

Day, John. "The Canaanite Inheritance of the Israelite Monarchy." Pages 72–90 in *King and Messiah in Israel and the Ancient Near East: Proceedings of the Oxford Old Testament Seminar*. Edited by John Day. JSOTSup 270. Sheffield: Sheffield Academic, 1998.

Deissmann, Adolf. *Light from the Ancient Near East*. Translated by L. R. M. Strachan from the 4th revised German edition. London: Hodder and Stoughton, 1927.

Dempster, Stephen G. *Dominion and Dynasty: A Theology of the Hebrew Bible*. New Studies in Biblical Theology 15. Downers Grove, IL: InterVarsity, 2003.

Dio Cassius. *Roman History*. Translated by Earnest Cary. 9 vols. LCL. Cambridge, MA: Harvard University Press, 1914–27.

Dio Chrysostom. Translated by J. W. Cohoon and H. L. Crosby. 5 vols. LCL. Cambridge, MA: Harvard University Press, 1932–51.

Diogenes Laertius. *Lives of the Philosophers*. Translated by R. D. Hicks. 2 vols. LCL. Cambridge, MA: Harvard University Press, 1925.

Dionysius of Halicarnassus. *Roman Antiquities*. Translated by Earnest Cary. 7 vols. LCL. Cambridge, MA: Harvard University Press, 1937–50.

Dittenberger, W., ed. *Sylloge inscriptionum graecarum*. 4 vols. 3rd ed. Leipzig: Hirzelm, 1915–24.

Doble, Peter. "Luke 24.26, 44—ongs of God's Servant: David and His Psalms in Luke-Acts." *JSNT* 28 (2006): 267–83.

Dodd, C. H. *According to the Scriptures*. London: Nisbet, 1952.

______. *The Apostolic Preaching and Its Developments*. New York: Harper & Row, 1964.

______. "*Ennomos Christou.*" Pages 134–48 in *More New Testament Studies*. Manchester: Manchester University Press, 1968.

______. *Gospel and Law: The Relation of Faith and Ethics in Early Christianity*. Cambridge:

Cambridge University Press, 1951.

Donfried, Karl P. "The Kingdom of God in Paul." Pages 175–90 in *The Kingdom of God in 20th Century Interpretation*. Edited by Wendell Willis. Peabody: Hendrickson, 1987.

Duff, J. Wight, and Arnold M. Duff, trans. *Minor Latin Poets, Volume I*. LCL. Cambridge, MA: Harvard University Press, 1934.

Duling, Dennis. "The Promises to David and Their Entrance into Christianity: Nailing Down a Likely Hypothesis." *NTS* 20 (1973): 55–77.

Dumortier, J. B. "Un rituel d'intronisation: Le Ps. Lxxxxix 2–38." *VT* 22 (1972): 176–96.

Dunn, James D. G. "The 'Body' in Colossians." Pages 163–81 in *To Tell the Mystery: Essays on New Testament Eschatology in Honor of Robert H. Gundry*. JSNTSup 100. Sheffield: Sheffield Academic, 1997.

_____. "Jesus—Flesh and Spirit: An Exposition of Romans 1:3–4." *JTS* 24 (1973): 40–68.

_____. *Jesus Remembered*. Vol. 1 of *Christianity in the Making*. Grand Rapids: Eerdmans, 2003.

_____. "'The Law of Faith,' 'The Law of the Spirit,' and 'The Law of Christ.'" Pages 62–82 in *Theology and Ethics in Paul and His Interpreters: Essays in Honor of Victor Paul Furnish*. Edited by Eugene H. Levering, Jr. and Jerry L. Sumney. Nashville: Abingdon, 1996.

_____. *Romans 1-8*. WBC 38a. Dallas: Thomas Nelson, 1988.

Dunne, John Anthony. "The Regal Status of Christ in the Colossian 'Christ-Hymn': A Re-evaluation of the Influence of Wisdom Traditions." *TJ* 32 (2011): 3–18.

Dvornik, Francis. *Early Christian and Byzantine Political Philosophy: Origins and Background*. 2 vols. Dumbarton Oaks Studies 9. Washington, DC: Dumbarton Oaks Center for Byzantine Studies, 1966.

Eaton, John H. *Kingship and the Psalms*. SBT 32. London: SCM, 1976.

Ehrenberg, Victor, and A. H. M. Jones, eds. *Documents Illustrating the Reigns of Augustus and Tiberius*. 2nd ed. Oxford: Clarendon, 1955.

Ehrman, Bart D., trans. *The Apostolic Fathers, Volume I*. LCL. Cambridge, MA: Harvard University Press, 2003.

Elliott, Neil. *The Arrogance of the Nations: Reading Romans in the Shadow of Empire*. Minneapolis: Fortress, 2008.

______. "Creation, Cosmos, and Conflict in Romans 8-." Pages 131-56 in *Apocalyptic Paul: Cosmos and Anthropos in Romans 5-8*. Edited by Beverly Roberts Gaventa. Waco, TX: Baylor University Press, 2013.

______. *Liberating Paul: The Justice of God and the Politics of the Apostle*. Maryknoll, NY: Orbis, 1994.

______. "Paul and the Politics of Empire." Pages 17-39 in *Paul and Politics: Ekklesia, Israel, Imperium, Interpretation*. Harrisburg, PA: Trinity Press International, 2000.

Engnell, Ivan. *Divine Kingship: Studies in Divine Kingship in the Ancient Near East*. 2nd ed. Oxford: Blackwell, 1967.

______. "The 'Ebed Yahweh' Songs and the Suffering Messiah in 'Deutero-Isaiah.'" *Bulletin of the John Rylands University Library of Manchester* 31 (1948): 54-96.

Eskola, Timo. *Messiah and Throne: Jewish Merkabah Mysticism and Early Christian Exaltation Discourse*. WUNT 2:142. Tübingen: Mohr-Siebeck, 2001.

Fantin, Joseph D. *The Lord of the Entire World: Lord Jesus, a Challenge to Lord Caesar*. Sheffield: Sheffield Phoenix, 2011.

Farber, J. Joel. "The Cyropaideia and Hellenistic Kingship." *AJP* 100 (1979): 497-514.

Fatehi, Mehrdad. *The Spirit's Relation to the Risen Lord in Paul: An Examination of Its Christological Implications*. WUNT 2:128. Tübingen: Mohr-Siebeck, 2000.

Fears, J. Rufus. "The Cult of Jupiter and Roman Imperial Ideology." *ANRW* 2.17.1 (1981): 3-141.

______. "The Cult of Virtues and Roman Imperial Ideology." *ANRW* 2.17.2 (1981): 827-948.

______. "Cyrus as a Stoic Example of the Just Monarch." *AJP* 95 (1974): 265-77.

______. "Nero as the Vicegerent of the Gods in Seneca's *De Clementia*." *Hermes* 103 (1975): 486-96.

______. *PRINCEPS A DIIS ELECTUS: The Divine Election of the Emperor as Political Concept at Rome*. Rome: American Academy at Rome, 1977.

______. "The Theology of Victory." *ANRW* 2.17.2 (1981): 736-826.

Fee, Gordon D. *Pauline Christology: An Exegetical-Theological Study*. Peabody, MA: Hendrickson, 2007.

Finamore, Steve. "The Gospel and the Wrath of God in Romans 1." Pages 137-54 in Understanding, Studying and Reading: New Testament Essays in *Honour of John Ashton*. Edited by Christopher Rowland and Crispin H. T. Fletcher-Louis. JSNTSup 153. Sheffield: Sheffield Academic, 1998.

Finlan, Stephen. *The Background and Content of Paul's Cultic Atonement Metaphors*. SBLAB 19. Atlanta: Society of Biblical Literature, 2004.

Fishwick, Duncan. "Dio and Maecenas: The Emperor and the Ruler Cult." *Phoenix* 44 (1990): 267-75.

_____. *The Imperial Cult in the Latin West: Studies in the Ruler Cult of the Western Provinces of the Roman Empire*. 2 vols. Leiden: Brill, 1987.

Fitzmyer, Joseph A. *The One Who Is to Come*. Grand Rapids: Eerdmans, 2007.

_____. *Romans: A New Translation with Introduction and Commentary*. AB 33. New York: Doubleday, 1993.

Forman, Mark. *The Politics of Inheritance in Romans*. SNTSMS 148. Cambridge: Cambridge University Press, 2011.

Fowl, Stephen E. *The Story of Christ in the Ethics of Paul: An Analysis of the Function of the Hymnic Material in the Pauline Corpus*. JSNTMS 36. Sheffield: Sheffield Academic, 1990.

Frankfort, Henri. *Kingship and the Gods: A Study of Ancient Near Eastern Religion as the Integration of Society and Nature*. Chicago: University of Chicago Press, 1948.

Friesen, Steven J. *Imperial Cults and the Apocalypse of John: Reading Revelation in the Ruins*. Oxford: Oxford University Press, 2001.

Furley, William D., and Jan Maarten Bremer. *Greek Hymns: Selected Cult Songs from the Archaic to the Hellenistic Period*. 2 vols. Studies in Antiquity and Christianity 9 and 10. Tübingen: Mohr-Siebeck, 2001-2.

Furnish, Victor Paul. *The Love Command in the New Testament*. Nashville: Abingdon, 1972.

Gaffin, Richard B. *Resurrection and Redemption: A Study in Paul's Soteriology*. 2nd ed. Philipsburg, NJ: Presbyterian and Reformed Publishing, 1987.

Galinsky, Karl. *Augustan Culture: An Interpretive Introduction*. Princeton, NJ: Princeton University Press, 1996.

_____. "The Cult of the Roman Emperor: Uniter or Divider?" Pages 1-21 in *Rome and Religion: A Cross-Disciplinary Dialogue on the Imperial Cult*. Edited by Jeffrey Brodd and Jonathan L. Reed. SBLWGRW 5. Atlanta: Society of Biblical Literature, 2011.

Garlington, Don. "Israel's Triumphant King: Romans 1:5 and the Scriptures of Israel." Pages 173-83 in *Jesus and Paul: Global Perspectives in Honor of James D. G. Dunn for his 70th Birthday*. Edited by B. J. Oropeza, C. K. Robertson, and Douglas C. Mohrmann. LNTS 414. London: T & T Clark, 2010.

______. "The Obedience of Faith in the Letter to the Romans: Part I: The Meaning of ὑπακοὴ πίστεως(Rom 1:5; 16:26)." *WTJ* 52 (1990): 201-24.

______. "The Obedience of Faith in the Letter to the Romans: Part III: The Obedience of Christ and the Obedience of the Christian." *WTJ* 55 (1993): 87-112.

Gaventa, Beverly Roberts, ed. *Apocalyptic Paul: Cosmos and Anthropos in Romans 5-8*. Waco, TX: Baylor University Press, 2013.

______. "From Toxic Speech to the Redemption of Doxology in Paul's Letter to the Romans." Pages 392-408 in *The Word Leaps the Gap: Essays on Scripture and Theology in Honor of Richard B. Hays*. Edited by J. Ross Wagner, C. Kavin Rowe, and A. Katherine Grieb. Grand Rapids: Eerdmans, 2008.

______. "Neither Height nor Depth: Discerning the Cosmology of Romans." *SJT* 64 (2011): 265-78.

Georgi, Dieter. *Theocracy: In Paul's Praxis and Theology*. Translated by David E. Green. Minneapolis: Fortress, 1991.

Gerbrandt, Gerald Eddie. *Kingship according to the Deuteronomistic History*. SBLDS 87. Atlanta: Scholars, 1986.

Gerstenberger Erhard S. *Psalms: Part One: With an Introduction to Cultic Poetry*. FOTL 14. Grand Rapids: Eerdmans, 1988.

Gese, Hartmut. *Essays on Biblical Theology*. Translated by Keith Crim. Minneapolis: Augsburg, 1981.

Gillingham, S. E. *The Poems and Psalms of the Hebrew Bible*. Oxford: Oxford University Press, 1984.

Gombis, Timothy G. "Ephesians 2 as a Narrative of Divine Warfare." *JSNT* 26 (2004): 403-18.

Goodenough, Erwin R. *By Light, Light: The Mystic Gospel of Hellenistic Judaism*. New Haven: Yale University Press, 1935.

______. "Kingship in Early Israel." *JBL* 48 (1929): 169-205.

______. "The Political Philosophy of Hellenistic Kingship." *YCS* 1 (1928): 55-102.

Gordley, Matthew E. *The Colossian Hymn in Context: An Exegesis in Light of Jewish and Greco-Roman Hymnic and Epistolary Conventions*. WUNT 2:228. Tübingen: Mohr-Siebeck, 2007.

______. T*eaching through Song in Antiquity: Didactic Hymnody among Greeks, Romans, Jews, and Christians*. WUNT 2:302. Tübingen: Mohr-Siebeck, 2011.

Gorman, Michael J. *Inhabiting the Cruciform God: Kenosis, Justification, and Theosis in*

Paul's Narrative Soteriology. Grand Rapids: Eerdmans, 2009.

Gradel, Ittai. *Emperor Worship and Roman Religion*. Oxford Classical Monographs. Oxford: Clarendon, 2002.

Grant, Jamie A. *The King as Exemplar: The Function of Deuteronomy's Kingship Law in the Shaping of the Book of Psalms*. SBLAB 17. Atlanta: Society of Biblical Literature, 2004.

Green, Peter. *Alexander to Actium: The Historical Evolution of the Hellenistic Age*. Berkeley: University of California, 1990.

Grieb, A. Katherine. T*he Story of Romans: A Narrative Defense of God's Righteousness*. Louisville:Westminster John Knox, 2002.

Griffin, Miriam T. *Seneca: A Philosopher in Politics*. Oxford: Clarendon, 1976.

Gruen, Erich S. *Heritage and Hellenism: The Reinvention of Jewish Tradition*. Berkeley: University of California Press, 1998.

_____. Rethinking the Other in Antiquity. Princeton, NJ: Princeton University Press, 2011.

Gunkel, Hermann. *Einleitung in die Psalmen*. Second edition. Göttingen: Vandenhoeck and Ruprecht,1966.

Guthrie, Kenneth Sylvan. T*he Pythagorean Sourcebook and Library: An Anthology of Ancient Writings Which Relate to Pythagoras and Pythagorean Philosophy*. Grand Rapids: Phanes, 1987.

Habicht, Christian. *Gottmenschentum und griechische Städte*. Zetemata 14. München: Beck, 1956.

_____. *Gottmenschentum und griechische Städte*. 2nd ed. Munich: C. H. Beck, 1970.

Habinek, Thomas. *The World of Roman Song: From Ritualized Speech to Social Order*. Baltimore: Johns Hopkins University Press, 2005.

Hadley, R. A. "Royal Propaganda of Selecus I and Lysimachus." *JHS* 94 (1974): 50-65.

Hafemann, Scott J. *Suffering and the Spirit: An Exegetical Study of 2 Corinthians 2:14-3:3 within the Context of the Corinthian Correspondence*. Tübingen: Mohr-Siebeck, 1986.

Hahm, David E. "Kings and Constitutions: Hellenistic Theories." Pages 457-76 in *The Cambridge History of Greek and Roman Political Thought*. Edited by Christopher Rowe and Malcolm Schofield. Cambridge: Cambridge University Press, 2005.

Hahn, Scott W. *The Kingdom of God as Liturgical Empire: A Theological Commentary on 1-2 Chronicles*. Grand Rapids: Baker, 2012.

_____. *Kinship by Covenant: A Canonical Approach to the Fulfillment of God's Saving Promises*. AYBRL. New Haven: Yale University Press, 2009.

Hahne, Harry Alan. *The Corruption and Redemption of Creation: Nature in Romans 8.19-22 and Jewish Apocalyptic Literature*. LNTS 336. London: T & T Clark, 2006.

Halpern, Baruch. *The Constitution of the Monarchy in Israel*. HSM 25. Chico, CA: Scholars, 1981.

Hamilton, Mark W. *The Body Royal: The Social Poetic of Kingship in Ancient Israel*. Biblical Interpretation Series 78. Leiden: Brill, 2008.

Hanson, A. T. "The Reproach and Vindication of the Messiah." Pages 18-27 in *Studies in Paul's Technique and Theology*. London: SPCK, 1974.

Harrison, James R. *Paul and the Imperial Authorities at Thessalonica and Rome: A Study in the Conflict of Ideology*. WUNT 273. Tübingen: Mohr-Siebeck, 2011.

Hay, David M. *Glory at the Right Hand: Psalm 110 in Early Christianity*. SBLMS 18. Nashville: Abingdon, 1973.

Hayes, Christine. *What's Divine About Divine Law? Early Perspectives*. Princeton, NJ: Princeton University Press, 2015.

Hayes, John H. "The Resurrection as Enthronement and the Earliest Church Christology." *Int* 22 (1968): 333-45.

Hays, Richard B. *1 Corinthians*. Louisville: Westminster John Knox, 1997.

_____. "Christ Prays the Psalms: Paul's Use of an Early Christian Convention." Pages 122-36 in *The Future of Christology: Essays in Honor of Leander E. Keck*. Edited by Abraham J. Malherbe and Wayne A. Meeks. Minneapolis: Fortress, 1993.

_____. "Christology and Ethics in Galatians: The Law of Christ." *CBQ* 49 (1987): 268-90.

_____. "The Conversion of the Imagination: Scripture and Eschatology in 1 Corinthians." *NTS* 45 (1999): 391-412.

_____. *Echoes of Scripture in the Letters of Paul*. New Haven: Yale University Press, 1989.

_____. *The Faith of Jesus Christ: The Narrative Substructure of Galatians 3:1-4:11*. 2nd ed. Grand Rapids: Eerdmans, 2002.

_____. "Is Paul's Gospel Narratable?" *JSNT* 27 (2004): 217-39.

_____. "Paul's Use of an Early Christian Convention." Pages 122-36 in *The Future of Christology: Essays in Honor of Leander E. Keck*. Edited by Abraham J. Malherbe and Wayne A. Meeks. Minneapolis: Fortress, 1993.

_____. "Πίστις and Pauline Christology: What Is at Stake?" Pages 272-97 in *The Faith*

of Jesus Christ: The Narrative Substructure of Galatians 3:1-4:11. 2nd ed.
Grand Rapids: Eerdmans, 2002.

______. "Psalm 143 and the Logic of Romans 3." *JBL* 99 (1980): 107-15.

______. " 'The Righteous One' as Eschatological Deliverer." Pages 191-215 in *Apocalyptic and the New Testament: Essays in Honor of J. Louis Martyn*. Edited by Joel Marcus and Marion Soards. JSNTSup 24. Sheffield: JSOT, 1989.

______. "What Is 'Real Participation in Christ'?: A Dialogue with E. P. Sanders on Pauline Soteriology." Pages 336-51 in *Redefining First-Century Jewish and Christian Identities: Essays in Honor of Ed Parish Sanders*. Edited by Fabian E. Udoh et al. Christianity and Judaism in Antiquity 16. Notre Dame: University of Notre Dame Press, 2008.

Heen, Erik M. "Phil 2:6-11 and Resistance to Local Timocratic Rule: *Isa theo* and the Cult of the Emperor in the East." Pages 125-53 in *Paul and the Roman Imperial Order*. Edited by Richard A. Horsley. Harrisburg, PA: Trinity Press International, 2004.

Heilig, Christoph. "Methodological Considerations for the Search of Counter-Imperial 'Echoes' in Pauline Literature." Pages 73-92 in *Reactions to Empire: Proceedings of Sacred Texts in Their Socio-Political Contexts*. Edited by John Anthony Dunne and Dan Batovici. WUNT 2:372. Tübingen: Mohr-Siebeck, 2014.

Heim, Knut M. "The (God-)Forsaken King of Psalm 89: A Historical and Intertextual Inquiry." Pages 296-322 in *King and Messiah in Israel and the Ancient Near East: Proceedings of the Oxford Old Testament Seminar*. Edited by John Day. JSOTSup 270. Sheffield: Sheffield Academic, 1998.

Heitmuller, Wilhelm. "Zum Problem Paulus und Jesus." *ZNW* 13 (1912): 320-37.

Heliso, Desta. Pistis *and the Righteous One: A Study of Romans 1:17 against the Background of Scripture and Second Temple Jewish Literature*. WUNT 2:235. Tübingen: Mohr-Siebeck, 2007.

Hellerman, Joseph H. "ΜΟΡΦΗ ΘΕΟΥ as a Signifier of Social Status in Philippians 2:6." *JETS* 52 (2009): 779-97.

______. *Reconstructing Honor in Roman Philippi: Carmen Christi as Cursus Pudorum*. SNTSSup 132. Cambridge: Cambridge University Press, 2005.

Henderson, Susan Watts. "God's Fullness in Bodily Form: Christ and Church in Colossians." *ExpTim* 118 (2007): 169-73.

Hengel, Martin. *Between Jesus and Paul: Studies in the Earliest History of Christianity*.

Translated by John Bowden. Philadelphia: Fortress, 1983.

______. "Jesus, the Messiah of Israel." Pages 1-72 in *Studies in Early Christology*. Edinburgh: T & T Clark, 1995.

______. *Judaism and Hellenism*. 2 vols. Philadelphia: Fortress, 1974.

______. " 'Sit at My Right Hand!': The Enthronement of Christ at the Right Hand of God and Psalm 110:1." Pages 119-225 in *Studies in Early Christology*. Edinburgh: T & T Clark, 1995.

______. *The Son of God: The Origin of Christology and the History of Jewish-Hellenistic Religion*. Translated by John Bowden. Philadelphia: Fortress, 1976.

______. "The Song about Christ in Earliest Worship." Pages 227-91 in *Studies in Early Christology*. Edinburgh: T & T Clark, 1995.

Herodotus. Translated by A. D. Godley. 4 vols. LCL. Cambridge, MA: Harvard University Press, 1920-25.

Hill, David. *Greek Words and Hebrew Meanings: Studies in the Semantics of Soteriological Terms*. Cambridge: Cambridge University Press, 1995.

Hill, Wesley. *Paul and the Trinity: Persons, Relations, and the Pauline Letters*. Grand Rapids: Eerdmans, 2015.

Hock, Ronald F. *The Social Context of Paul's Ministry: Tentmaking and Apostleship*. Philadelphia: Fortress, 1980.

______., and Edward N. O'Neil, eds. *The Chreia in Ancient Rhetoric: The "Progymnasmata."* Vol. 1. SBLTT 27/SBLGRS 9. Atlanta: Scholars, 1986.

Hodge, Caroline Johnson. *If Sons, Then Heirs: A Study of Kinship and Ethnicity in the Letters of Paul*. Oxford: Oxford University Press, 2007.

Hofius, Otfried. *Der Christushymnus Philipper 2.6-11*. WUNT 17. Tübingen: Mohr-Siebeck, 1991.

______. "The Fourth Servant Song in the New Testament Letters." Pages 163-88 in *The Suffering Servant: Isaiah 53 in Jewish and Christian Sources*. Edited by Bernd Janowski and Peter Stuhlmacher. Grand Rapids: Eerdmans, 2004.

Hoistad, Ragnar. *Cynic Hero and Cynic King: Studies in the Cynic Conception of Man*. Uppsala: Gleerup, 1984.

Homburg, Klaus. "Psalm 110,1 im Rahmen des judäischen Krönungszeremoniells." *ZAW* 84 (1972): 243-46.

Homer. *The Iliad*. Translated by A. J. Murray. 2 vols. LCL. Cambridge, MA: Harvard University Press, 1999.

Hooke, S. H., ed. *Myth, Ritual, and Kingship: Essays on the Theory and Practice of Kingship in the Ancient Near East and in Israel*. Oxford: Clarendon, 1958.

Hooker, Morna D. "Did the Use of Isaiah 53 to Interpret His Mission Begin with Jesus?" Pages 88–103 in *Isaiah 53 and Christian Origins*. Edited by W. H. Bellinger and W. R. Farmer. Harrisburg, PA: Trinity Press International, 1998.

_____. *From Adam to Christ: Essays on Paul*. Cambridge: Cambridge University Press, 1990.

_____. "Raised for Our Acquittal." Pages 323–41 in *Resurrection in the New Testament*. Edited by R. Bieringer et al. Leuven: Leuven University Press, 2002.

Hoover, Roy. "The HARPAGMOS Enigma: A Philological Solution." *HTR* 64 (1971): 95–119.

Hopkins, Keith. *Conquerors and Slaves: Sociological Studies in Roman History: Volume 1*. Cambridge: Cambridge University Press, 1981.

Horace. *Odes and Epodes*. Translated by Niall Rudd. LCL. Cambridge, MA: Harvard University Press, 2004.

_____. *Satires, Epistles, Art of Poetry*. Translated by H. Rushton Fairclough. LCL. Cambridge, MA: Harvard University Press, 1926.

Horbury, William. *Jewish Messianism and the Cult of Christ*. London: SCM, 1998.

_____. "Monarchy and Messianism in the Greek Pentateuch." Pages 79–128 in *The Septuagint and Messianism*. Edited by M. A. Knibb. Leuven: Leuven University Press, 2006.

Horrell, David G. *Solidarity and Difference: A Contemporary Reading of Paul's Ethics*. London/New York: T & T Clark, 2005.

_____. "Theological Principle or Christological Praxis? Pauline Ethics in 1 Corinthians 8–11:1." *JSNT* 67 (1997): 83–114.

Horsley, Richard A., ed. *Paul and Politics: Ekklesia, Israel, Imperium, Interpretation*. Harrisburg, PA: Trinity Press International, 2000.

Hultgren, Arland J. *Paul's Gospel and Mission: The Outlook from His Letter to the Romans*. Philadelphia: Fortress, 1985.

Hurtado, Larry W. *How on Earth Did Jesus Become a God? Historical Questions about Earliest Devotion to Jesus*. Grand Rapids: Eerdmans, 2005.

_____. *Lord Jesus Christ: Devotion to Jesus in Earliest Christianity*. Grand Rapids: Eerdmans, 2003.

_____. "New Testament Christology: A Critique of Bousset's Influence." *TS* 40 (1979):

306–17.

Isaac, Ephraim, trans. "1 (Ethiopic Apocalypse of) Enoch." Pages 5–89 in *Old Testament Pseudepigrapha*. Vol. 1. Edited by James H. Charlesworth. Garden City, NY: Doubleday, 1983.

Isocrates. Translated by LaRue Van Hook. 3 vols. LCL. Cambridge, MA: Harvard University Press, 1928–1945.

Janowski, Bernd. "He Bore Our Sins: Isaiah 53 and the Drama of Taking Another's Place." Pages 48–74 in *The Suffering Servant: Isaiah 53 in Jewish and Christian Sources*. Edited by Bernd Janowski and Peter Stuhlmacher. Grand Rapids: Eerdmans, 2004.

Janse, Sam. *"You Are My Son": The Reception History of Psalm 2 in Early Judaism and the Early Church*. Leuven: Peeters, 2009.

Jeremias, Joachim. *The Prayers of Jesus*. London: SCM, 1967.

Jewett, Robert. "The Corruption and Redemption of Creation: Reading Rom 8:18–23 within the Imperial Context." Pages 25–46 in *Paul and the Roman Imperial Order*. Edited by Richard A. Horsley. Harrisburg, PA: Trinity Press International, 2004.

______. *Paul's Anthropological Terms*. Leiden: Brill, 1971.

______. "The Redaction and Use of an Early Christian Confession in Romans 1:3–4." Pages 99–122 in *The Living Text: Essays in Honor of Ernest W. Saunders*. Edited by Dennis E. Groh and Robert Jewett. New York: University Press of America, 1985.

______. *Romans*. Hermeneia. Minneapolis: Fortress, 2007.

Jipp, Joshua W. "Ancient, Modern, and Future Interpretations of Romans 1:3–4: Reception History and Biblical Interpretation." *Journal of Theological Interpretation* 3 (2009): 241–59.

______. *Divine Visitations and Hospitality to Strangers in Luke-Acts: An Interpretation of the Malta Episode*. NovTSup 153. Leiden: Brill, 2013.

______. "Educating the Divided Soul in Paul and Plato: Reading Romans 7:7–25 and Plato's Republic." Pages 231–57 in *Paul: Jew, Greek, and Roman*. Edited by Stanley E. Porter. Pauline Studies 5. Leiden: Brill, 2008.

______. "Luke's Scriptural Suffering Messiah: A Search for Precedent, a Search for Identity." *CBQ* 72 (2010): 255–74.

______. "Rereading the Story of Abraham, Isaac, and 'Us' in Romans 4." *JSNT* 32 (2009): 217–42.

______. "Sharing in the Heavenly Rule of Christ the King: Paul's Royal Participatory

Language in Ephesians." Pages 251-79 in *"In Christ" in Paul: Explorations in Paul's Theology of Union and Participation*. Edited by Michael J. Thate, Kevin J. Vanhoozer, and Constantine R. Campbell. WUNT 2:384. Tübingen: Mohr-Siebeck, 2014.

_____. "The Son's Entrance into the Heavenly World: The Soteriological Necessity of the Scriptural Catena in Hebrews 1.5-14." *NTS* 56 (2010): 557-75.

Johnson, Aubrey. R. "Hebrew Conceptions of Kingship." Pages 204-35 in *Myth, Ritual, and Kingship: Essays on the Theory and Practice of Kingship in the Ancient Near East and in Israel*. Edited by S. H. Hooke. Oxford: Clarendon, 1958.

_____. *Sacral Kingship in Ancient Israel*. Cardiff: University of Wales Press, 1967.

Johnson, Luke Timothy. *Among the Gentiles: Greco-Roman Religion and Christianity*. AYBRL. New Haven: Yale University Press, 2009.

_____. "Law in Early Christianity." Pages 643-58 in *Contested Issues in Christian Origins and the New Testament: Collected Essays*. NovTSup 146. Leiden: Brill, 2013.

_____. "Life-Giving Spirit: The Ontological Implications of Resurrection in 1 Corinthians." Pages 277-93 in *Contested Issues in Christians Origins and the New Testament: Collected Essays*. NovTSup 146. Leiden: Brill, 2013.

_____. *Religious Experience in Early Christianity*. Minneapolis: Fortress, 1998.

_____. "Romans 3:21-26 and the Faith of Jesus." *CBQ* 44 (1982): 77-90.

_____. "Transformation of the Mind and Moral Discernment in Paul." Pages 255-75 in *Contested Issues in Christian Origins and the New Testament: Collected Essays*. NovTSup 146. Leiden: Brill, 2013.

Jonge, M. de. "The Use of the Word 'Anointed' in the Time of Jesus." *NT* (1966): 132-48.

Josephus. Translated by H. St. J. Thackeray et al. 10 vols. LCL. Cambridge, MA: Harvard University Press, 1926-65.

Juel, Donald. *Messianic Exegesis: Christological Interpretation of the Old Testament in Early Christianity*. Philadelphia: Fortress, 1988.

Justin Martyr. *Dialogue with Trypho*. Edited by M. Marcovich. Patristische Texte und Studien 47. Berlin: de Gruyter, 1997.

Kantorowicz, Ernst. *The King's Two Bodies: A Study in Medieval Political Theology*. Princeton, NJ: Princeton University Press, 1981.

Karrer, Martin. *Der Gesalbte: Die Grundlagen des Christustitels*. FRLANT 151. Göttingen: Vandenhoeck and Ruprecht, 1990.

Käsemann, Ernst. *Commentary on Romans*. Translated by Geoffrey W. Bromiley. Grand Rapids: Eerdmans, 1980.

______. "On the Subject of Primitive Christian Apocalyptic." Pages 108–37 in *New Testament Questions of Today*. Translated by W. J. Montague. Philadelphia: Fortress, 1969.

______. " 'The Righteousness of God' in Paul." Pages 168–82 in *New Testament Questions of Today*. Translated by W. J. Montague. Philadelphia; Fortress, 1969.

Kearns, Conleth. "The Interpretation of Romans 6,7." Pages 1:301–07 in *Studiorum paulinorum congressus internationalis catholicus* 1961. Analecta biblica 17–18. Rome: Biblical Institute, 1961.

Keck, Leander E. "Christology of the New Testament: What, Then, Is New Testament Christology?" Pages 185–200 in *Who Do You Say that I Am? Essays on New Testament Christology*. Edited by Mark Allan Powell and David R. Bauer. Louisville: Westminster John Knox, 1999.

______. "The Function of Rom 3:10–18: Observations and Suggestions." Pages 141–57 in *God's Christ and His People: Studies in Honour of Nils Alstrup Dahl*. Edited by Jacob Jervell and Wayne A. Meeks. Oslo: University of Oslo, 1977.

Keel, Othmar. *The Symbolism of the Biblical World: Ancient Near Eastern Iconography and the Book of Psalms*. Translated by Timothy J. Hallett. Winona Lake, IN: Eisenbrauns, 1997.

Keesmaat, Sylvia C. "The Psalms in Romans and Galatians." Pages 139–61 in *The Psalms in the New Testament*. Edited by Maarten J. J. Menken and Steve Moyise. New Testament and the Scriptures of Israel. London/New York: Bloomsbury T & T Clark, 2004.

Kennedy, George A. *Progymnasmata: Greek Textbooks of Prose Composition and Rhetoric*. SBLWGRW. Atlanta: Society of Biblical Literature, 2003.

Kensky, Meira Z. *Trying Man, Trying God: The Divine Courtroom in Early Jewish and Christian Literature*. WUNT 2:289. Tübingen: Mohr-Siebeck, 2010.

Kim, Seyoon. *Christ and Caesar: The Gospel and the Roman Empire in the Writings of Paul and Luke*. Grand Rapids: Eerdmans, 2008.

______. "*Imitatio Christi* (1 Corinthians 11:1): How Paul Imitates Jesus Christ in Dealing with Idol Food." *BBR* 13 (2003): 193–226.

______. *Paul and the New Perspective: Second Thoughts on the Origin of Paul's Gospel*. Grand Rapids: Eerdmans, 2002.

Kirk, J. R. Daniel. *Unlocking Romans: Resurrection and the Justification of God*. Grand Rapids: Eerdmans, 2008.

Klassen, William. "The King as 'Living Law' with Particular Reference to Musonius Rufus." Studies in *Religion/Sciences Religieuses* 14 (1985): 63-71.

Klinghardt, Matthias. *Gemeinschaftsmalh und Mahlgemeinschaft: Soziologie und Liturgie Frühchristlicher Mahlfeiern*. Tübingen: Francke, 1996.

Knibb, Michael A. *The Ethiopic Book of Enoch*. 2 vols. Oxford: Clarendon, 1978.

Knoppers, Gary N. "David's Relation to Moses: The Contexts, Content and Conditions of the Davidic Promises." Pages 91-118 in *King and Messiah in Israel and the Ancient Near East*. Edited by John Day. JSOTSup 270. Sheffield: Sheffield Academic, 1998.

______. "'There Was None Like Him': Incomparability in the Book of Kings." *CBQ* 54 (1992): 411-31.

Knox, Wilfred L. "The 'Divine Hero' Christology in the New Testament." *HTR* 41 (1948): 229-49.

Koch, Dietrich-Alex. *Die Schrift als Zeuge des Evangeliums: Untersuchungen zur*

Verwendung und zum Verständnis der Schrift be Paulus. BHT 9. Tübingen: Mohr-Siebeck, 1986.

Koenen, Ludwig. "The Ptolemaic King as a Religious Figure." Pages 81-113 in I*mages and Ideologies: Self-definition in the Hellenistic World*. Edited by Anthony Bulloch et al. Berkeley: University of California Press, 1993.

Koortbojian, Michael. *The Divinization of Caesar and Augustus: Precedents, Consequences, Implications*. Cambridge: Cambridge University Press, 2013.

Kramer, Werner. Christ, Lord, Son of God. SBT 50. London: SCM, 1966.

Kraus, Hans-Joachim. *Theology of the Psalms*. Minneapolis: Fortress, 1992.

Krentz, Edgar. "Epideiktik and Hymnody: The New Testament and Its World." *BR* 40 (1995): 50-97.

Kuttner, Ann L. *Dynasty and the Empire in the Age of Augustus: The Case of the Boscoreale Cups*. Berkeley: University of California Press, 1994.

Kwakkel, Gert. *According to My Righteousness: Upright Behaviour as Grounds for Deliverance in Psalms 7, 17, 18, 26 and 44*. OtSt 46. Leiden: Brill, 2002.

Laato, Antti. *A Star Is Rising: The Historical Development of the Old Testament Royal Ideology and the Rise of the Jewish Messianic Expectations*. Atlanta: Scholars, 1997.

Lambrecht, Jan. "Paul's Christological Use of Scripture on 1 Cor. 15:20-28." *NT* 28

(1982): 502–27.

Launderville, Dale. *Piety and Politics: The Dynamics of Royal Authority in Homeric Greece, Biblical Israel, and Old Babylonian Mesopotamia*. Grand Rapids: Eerdmans, 2003.

Lau, Te-Li. *The Politics of Peace: Ephesians, Dio Chrysostom, the Confucian* Four Books. NovTSup 133. Leiden: Brill, 2010.

Law, T. Michael. *When God Spoke Greek: The Septuagint and the Making of the Christian Bible*. Oxford: Oxford University Press, 2013.

Lee, Aquila H. I. *From Messiah to Preexistent Son: Jesus' Self-Consciousness and Early Christian Exegesis of Messianic Psalms*. WUNT 2:192. Tübingen: Mohr-Siebeck, 2005.

Lee, Michelle V. *Paul, the Stoics, and the Body of Christ*. SNTSMS 37. Cambridge: Cambridge University Press, 2006.

Lendon, J. E. *Empire of Honour: The Art of Government in the Roman World*. Oxford: Oxford University Press, 2002.

Levenson, Jon D. *Creation and the Persistence of Evil: The Jewish Drama of Divine Omnipotence*. San Francisco: Harper & Row, 1988.

______. *The Death and Resurrection of the Beloved Son: The Transformation of Child Sacrifice in Judaism and Christianity.* New Haven: Yale University Press, 1993.

Levison, John R. *Filled with the Holy Spirit*. Grand Rapids: Eerdmans, 2009.

______. *Portraits of Adam in Early Judaism: From Sirach to 2 Baruch*. JSPSup 1. Sheffield: JSOT, 1988.

Lightfoot, J. L. *The Sibylline Oracles with Introduction, Translation, and Commentary on the First and Second Books*. Oxford: Oxford University Press, 2007.

Lincoln, Andrew T. "From Wrath to Justification: Tradition, Gospel and Audience in the Theology of Romans 1:18–4:25." Pages 130–59 in *Pauline Theology Volume III: Romans*. Edited by David M. Hay and E. Elizabeth Johnson. Minneapolis: Fortress, 1995.

______. *Paradise Now and Not Yet: Studies in the Role of the Heavenly Dimension in Paul's Thought with Special Reference to His Eschatology*. SNTSMS 43. Cambridge: Cambridge University Press, 1991.

______. "A Re-Examination of 'the Heavenlies' in Ephesians." *NTS* 19 (1973): 468–83.

______. "The Use of the OT in Ephesians." *JSNT* 14 (1982): 16–57.

Linebaugh, Jonathan A. "Debating Diagonal Δικαιοσύνη: The Epistle of Enoch and Paul in Theological Conversation." *Early Christianity* 1 (2010): 107–28.

Litwa, M. David. *IESUS DEUS: The Early Christian Depiction of Jesus as a Mediterranean God*. Minneapolis: Fortress, 2014.

______. *We Are Being Transformed: Deification in Paul's Soteriology*. BZNW 187. Berlin: de Gruyter, 2012.

Livy. Translated by B. O. Foster, Evan T. Sage, et al. 14 vols. LCL. Cambridge, MA: Harvard University Press, 1919-1959.

Loader, W. R. G. "Christ at the Right Hand: Ps cx.1 in the New Testament." *NTS* 24 (1977-1978): 199-217.

______. *Sohn und Hoherpriester: Eine traditionsgeschichtliche Untersuchung zur Christologie des Hebräerbriefes*. WMANT 53. Neukirchen-Vluyn: Neukirchener, 1981.

Lohmeyer, Ernst. *Kyrios Jesus: Eine Untersuchung zu Phil 2,5-11*. Heidelberg: Winters, 1928.

Löhr, Hermut. "What Can We Know about the Beginnings of Christian Hymnody?" Pages 157-74 in *Literature or Liturgy? Early Christian Hymns and Prayers in Their Literary and Liturgical Context in Antiquity*. Edited by Clemens Leonhard and Hermut Löhr. WUNT 2.363. Tübingen: Mohr-Siebeck, 2014.

Lohse, Eduard. *Colossians and Philemon*. Translated by William R. Poehlmann and Robert J. Karris. Hermeneia. Philadelphia: Fortress, 1971.

Longenecker, Richard N. "The Focus of Romans: The Central Role of 5:1-:39 in the Argument of the Letter." Pages 49-70 in *Romans and the People of God: Essays in Honor of Gordon D. Fee on the Occasion of His 65th Birthday*. Edited by Sven K. Soderlund and N. T. Wright. Grand Rapids: Eerdmans, 1999.

______. *Galatians*. WBC 41. Dallas: Word, 1990.

Lopez, Davina C. *Apostle to the Conquered: Reimagining Paul's Mission*. Minneapolis: Fortress, 2008.

Lorenzen, Stephanie. *Das paulinische Eikon-Konzept: Semantische Analysen zur Sapientia Salomonis, zu Philo und den Paulusbriefen*. WUNT 2:250. Tübingen: Mohr-Siebeck, 2008.

Lucass, Shirley. *The Concept of the Messiah in the Scriptures of Judaism and Christianity*. LSTS 78. London/New York: Bloomsbury T & T Clark, 2011.

Lutz, Cora E. "M. Rufus, 'The Roman Socrates.'" *YCS* 10 (1947): 3-147.

Lynch, Matthew J. *Monotheism and Institutions in the Book of Chronicles: Temple, Priesthood, and Kingship in Post-Exilic Perspective*. FAT 2:64. Tübingen: Mohr-Siebeck, 2014.

Lyu, Sun Myung. *Righteousness in the Book of Proverbs*. Tübingen: Mohr-Siebeck, 2012.

Macaskill, Grant. "The Atonement and Concepts of Participation in the New Testament." Pages 363-80 in *Earliest Christian History: History, Literature & Theology*. Edited by Michael F. Bird and Jason Matson. WUNT 2:320. Tübingen: Mohr-Siebeck, 2011.

______. *Union with Christ in the New Testament*. Oxford: Oxford University Press, 2013.

MacCormack, Sabine. "Latin Prose Panegyrics." Pages 142-205 in *Empire and Aftermath: Silver Latin II*. Edited by T. A. Dorety. London: Routledge & Kegan, 1975.

Machinist, Peter. "Kingship and Divinity in Imperial Assyria." Pages 152-87 in *Text, Artifact, and Image: Revealing Ancient Israelite Religion*. Edited by Gary Beckman and Theodore J. Lewis. Providence, RI: Brown Judaic Studies, 2006.

MacMullen, Ramsay, and Eugene N. Lane, eds. *Paganism and Christianity: A Sourcebook*. Minneapolis: Fortress, 1992.

Maiberger, Paul. "Das Verständnis von Psalm 2 in der Septuaginta, im Targum, in Qumran, im fruhen Judentum und im Neuen Testament." Pages 85-151 in *Beiträge zur Psalmenforschung. Psalm 2 und 22*. Edited by Josef Schreiner. Forschung zur Bibel 60. Wurzburg: Echter, 1988.

Maier, Harry. "A Sly Civility: Colossians and Empire." *JSNT* 27 (205): 323-49.

Marcus, Joel. "Crucifixion as Parodic Exaltation." *JBL* 125 (2006): 73-87.

______. "Son of Man as Son of Adam." *RB* 110 (2003): 38-61.

______. *The Way of the Lord: Christological Exegesis of the Old Testament in the Gospel of Mark*. Louisville: Westminster John Knox, 1992.

Marshall, Christopher D. *Beyond Retribution: A New Testament Vision for Justice, Crime, and Punishment*. Grand Rapids: Eerdmans, 2001.

Marshall, Peter. "A Metaphor of Social Shame: *THRIAMBEUEIN* in 2 Cor 2:14." *NT* 25 (1983): 302-17.

Martens, John. "*Nomos Empsychos* in Philo and Clement of Alexandria." Pages 323-38 in *Hellenization Revisited: Shaping a Christian Response within the Greco-Roman World*. Edited by Wendy F. Helleman. Lanham, MD: University Press of America, 1994.

Martin, Dale B. *The Corinthian Body*. New Haven: Yale University Press, 1995.

______. *Slavery as Salvation: The Metaphor of Slavery in Pauline Christianity*. New Haven: Yale University Press, 1990.

Martin, Ralph P. *A Hymn of Christ: Philippians 2:5-11 in Recent Interpretation and in the Setting of Early Christian Worship*. Downers Grove, IL: InterVarsity, 1997.

Martyn, J. Louis. *Galatians*. AB 33A. New York: Doubleday, 1997.

Matera, Frank J. *The Kingship of Jesus: Composition and Theology in Mark 15*. SBLDS 66. Chico, CA: Scholars, 1982.

Matlock, R. Barry. "Detheologizing the ΠΙΣΤΙΣ ΧΡΙΣΤΟΥ Debate: Cautionary Remarks from a Lexical-Semantic Perspective." *NT* 42 (2000) 1-23.

_____. " 'Even the Demons Believe': Paul and πιστις Χριστο?." *CBQ* 64 (2002): 300-18.

_____. "ΠΙΣΤΙΣ in Galatians 3:26: Neglected Evidence for 'Faith in Christ?'" *NTS* 49 (2003): 433-39.

Mattingly, Harold, ed. *Coins of the Roman Empire in the British Museum*. 3 vols. London: British Museum, 1965.

Mays, James L. *The Lord Reigns: A Theological Handbook to the Psalms*. Louisville: Westminster John Knox, 1994.

_____. *Psalms*. Interpretation. Louisville: Westminster John Knox, 2011

McBride, S. Dean. "Polity of the Covenant People: The Book of Deuteronomy." *Int* 41 (1987): 229-44.

McCarter, Jr., P. K. "The Apology of David." *JBL* 99 (1980): 489-504.

McConville, J. G. "King and Messiah in Deuteronomy and the Deuteronomistic History." Pages 271-95 in *King and Messiah in Israel and the Ancient Near East*. Edited by John Day. JSOTSup 270. Sheffield: Sheffield Academic, 1998.

McDonough, Sean M. *Christ as Creator: Origins of a New Testament Doctrine*. Oxford: Oxford University Press, 2009.

Meeks, Wayne A. *The First Urban Christians: The Social World of the Apostle Paul*. New Haven: Yale University Press, 1983.

_____. "Moses as God and King." Pages 354-71 in *Religions in Antiquity*. Edited by Jacob Neusner. Leiden: Brill, 1968.

_____. *The Origins of Christian Morality: The First Two Centuries*. New Haven: Yale University Press, 1993.

_____. "The Temporary Reign of the Son: 1 Cor 15:23-28." Pages 801-11 in *Texts and Contexts: Biblical Texts in Their Textual and Situational Contexts*. Edited by Tord Fornberg and David Hellholm. Oslo: Scandinavian University Press, 1995.

_____. " 'To Walk Worthily of the Lord': Moral Formation in the Pauline School Exemplified by the Letter to the Colossians." Pages 37-58 in *Hermes and Athena: Biblical Exegesis and Philosophical Theology*. Edited by Eleanore Stump and Thomas

P. Flint. Notre Dame: University of Notre Dame Press, 1993.

Mettinger, Tryggve N. D. *King and Messiah: The Civil and Sacral Legitimation of the Israelite Kings*. ConBOT 8. Lund: Gleerup, 1976.

Middleton, J. Richard. *The Liberating Image: The Imago Dei in Genesis 1*. Grand Rapids: Brazos, 2005.

Millar, Fergus. *The Emperor in the Roman World (31 BC-AD 337)*. London: Duckworth, 1977.

Miller, Patrick D. "The Beginning of the Psalter." Pages 83-92 in *The Shape and Shaping of the Psalter*. Edited by J. Clinton McCann. JSOTSup 159. Sheffield: JSOT, 1993.

_____. "Kingship, Torah Obedience and Prayer." Pages 127-42 in *Neue Wege der Psalmenforschung*. Edited by K. Seybold and E. Zenger. Freiburg: Herder, 1995.

_____. *They Cried to the Lord: The Form and Theology of Biblical Prayer*. Minneapolis: Fortress, 1994.

Mitchell, David C. *The Message of the Psalter: An Eschatological Programme in the Book of Psalms*. JSOTSup 252. Sheffield: Sheffield Academic, 1997.

Mitchell, Margaret M. *Paul and the Rhetoric of Reconciliation: An Exegetical Investigation of the Language and Composition of 1 Corinthians*. Louisville: Westminster John Knox, 1991.

_____. "Rhetorical Shorthand in Pauline Argumentation: The Functions of 'the Gospel' in the Corinthian Correspondence." Pages 63-88 in Gospel in *Paul: Studies on Corinthians, Galatians and Romans for Richard N. Longenecker*. Edited by L. A. Jervis and P. Richardson. Sheffield: JSOT, 1994.

Mitchell, Stephen, and Marc Waelkens. *Pisidian Antioch: The Site and Its Monuments*. London: Duckworth, 1998.

Moles, John. "The Cynics." Pages 415-34 in *The Cambridge History of Greek and Roman Political Thought*. Edited by Christopher Rowe and Malcolm Schofield. Cambridge: Cambridge University Press, 2005.

Moo, Douglas J. *The Epistle to the Romans*. NICNT. Grand Rapids: Eerdmans, 1996.

_____. "Israel and Paul in Romans 7.7-12." *NTS* 32 (1986): 122-35.

Moule, C. F. D. "From Defendant to Judge—And Deliverer: An Inquiry into the Use and Limitation of the Theme of Vindication in the New Testament." Pages 82-99 in *The Phenomenon of the New Testament: An Inquiry into the Implications of Certain Features of the New Testament*. Studies in Biblical Theology 1. London: SCM, 1967.

_____. "Fulfilment Words in the New Testament: Use and Abuse." *NTS* 14 (1967-68):

293–320.

______. *The Origin of Christology*. Cambridge: Cambridge University Press, 1977.

Mowinckel, Sigmund. *He That Cometh: The Messiah Concept in the Old Testament and Later Judaism*. Translated by G. W. Anderson. Grand Rapids: Eerdmans, 2005.

______. *The Psalms in Israel's Worship*. Rev. ed. Translated by D. R. Ap-Thomas. 2 vols. Grand Rapids: Eerdmans, 2004.

Moyise, Steve. "The Catena of Romans 3:10–18." *ExpTim* 106 (1995): 367–70.

Muller, C. *Fragmenta Historicorum Graecorum*. Paris, 1841–1870.

Murray, Oswyn. "Aristeas and Ptolemaic Kingship." *JTS* 18 (1967): 337–71.

______. "Philodemus on the Good King according to Homer." *JRS* 55 (1965): 161–82.

______. "Philosophy and Monarchy in the Hellenistic World." Pages 13–28 in *Jewish Perspectives on Hellenistic Rulers*. Edited by Tessa Rajak et al. Berkeley, CA: University of California Press, 2007.

Mussner, Franz. *Christus das All und die Kirche: Studien zur Theologie des Epheserbriefes*. Trier: Paulinus, 1955.

Nasrallah, Laura Salah. *Christian Responses to Roman Art and Architecture: The Second-Century Church Amid the Spaces of Empire*. Cambridge: Cambridge University Press, 2010.

Nebe, Gottfried. "Christ, the Body of Christ and Cosmic Powers in Paul's Letters and the New Testament as a Whole." Pages 100–118 in *Politics and Theopolitics in the Bible and Postbiblical Literature*. Edited by Henning Graf Reventlow et al. JSOTSup 171. Sheffield: JSOT, 1994.

Nelson, Richard D. "Josiah in the Book of Joshua." *JBL* 100 (1981): 531–40.

Neusner, Jacob, William. S. Green, and Ernest Frerichs, eds. *Judaisms and Their Messiahs at the Turn of the Christian Era*. Cambridge: Cambridge University Press, 1987.

Newman, Carey C. Paul's *Glory-Christology: Tradition and Rhetoric*. NovTSup 69. Leiden: Brill, 1992.

Neyrey, Jerome H. " 'First,' 'Only,' 'One of a Few,' and 'No One Else': The Rhetoric of Uniqueness and the Doxologies in 1 Timothy." *Bib* 86 (2005): 59–87.

Niskanen, Paul. "The Poetics of Adam: The Creation of אדם in the Image of הים." *JBL* 128 (2009): 417–36.

Noth, Martin. *The Deuteronomistic History*. Translated by H. G. M. Williamson. JSOTSup 15. Sheffield: JSOT, 1981.

Novakovic, Lidija. *Raised from the Dead according to Scripture: The Role of Israel's Scripture in the Early Christian Interpretations of Jesus' Resurrection*. Jewish and Christian Texts in Contexts and Related Studies Series. London/New York: Bloomsbury T & T Clark, 2012.

Novenson, Matthew V. *Christ among the Messiahs: Christ Language in Paul and Messiah Language in Ancient Judaism*. Oxford: Oxford University Press, 2012.

_____. "What the Apostles Did Not See." Pages 55-72 in *Reactions to Empire: Proceedings of Sacred Texts in Their Socio-Political Contexts*. Edited by John Anthony Dunne and Dan Batovici. WUNT 2:372. Tübingen: Mohr-Siebeck, 2014.

Oakes, Peter. *Philippians: From People to Letter*. SNTSMS 110. Cambridge: Cambridge University Press, 2001.

_____. "Re-mapping the Universe: Paul and the Emperor in 1 Thessalonians and Philippians." *JSNT* 27 (2005): 301-22.

Oakley, Francis. *Kingship: The Politics of Enchantment*. Malden, MA: Blackwell, 2006.

O'Brien, P. T. *The Epistle to the Philippians: A Commentary on the Greek Text*. NIGTC. Grand Rapids: Eerdmans, 1991.

O'Donovan, Oliver. *The Desire of the Nations: Rediscovering the Roots of Political Theology*. Cambridge: Cambridge University Press, 1996.

Oegema, Gerbern S. *The Anointed and His People: Messianic Expectations from the Maccabees to Bar Kochba*. JPSSup 27. Sheffield: Sheffield Academic, 1998.

Old, Hughes Oliphant. "The Psalms of Praise in the Worship of the New Testament Church." *Int* 39 (1985): 20-33.

Ovid. *Fasti*. Translated by James G. Frazer. LCL. Cambridge, MA: Harvard University Press, 1931.

_____. *Metamorphoses*. Translated by Frank Justus Miller. 2nd ed. LCL. Cambridge, MA: Harvard University Press, 1921.

_____. *Tristia, Ex Ponto*. Translated by Arthus Leslie Wheeler. 2nd ed. LCL. Cambridge, MA: Harvard University Press, 1988.

Owens, Daniel C. *Portraits of the Righteous in the Psalms: An Exploration of the Ethics of Book I*. Eugene, OR: Wipf and Stock, 2014.

Pao, David W. *Colossians and Philemon. Exegetical Commentary on the New Testament*. Grand Rapids: Zondervan, 2012.

Peppard, Michael. *The Son of God in the Roman World: Divine Sonship in Its Social and Political Context*. Oxford: Oxford University Press, 2011.

Perkins, Pheme. "Philippians: Theology for the Heavenly Politeuma." Pages 89-104 in *Pauline Theology: Volume I: Thessalonians, Philippians, Galatians, Philemon*. Edited by Jouette M. Bassler. Minneapolis: Fortress, 1991.

Pernot, Laurent. *La rhétorique de l'éloge dans le monde gréco-romain*. 2 vols. Paris: Institut d'études augustiniennes, 1993.

Peterson, Erik. ΕΙΣ ΘΕΟΣ*: Epigraphische, formgeschichtliche und religionsgeschichtliche Untersuchungen*. FRLANT 41. Göttingen: Vandenhoeck & Ruprecht, 1926.

Pfeiffer, R. H. *State Letters of Assyria*. New Haven: American Oriental Society 6, 1935.

Phillips, Thomas. "Why Did Mary Wrap the Newborn Jesus in 'Swaddling Clothes'? Luke 2.7 and 2.12 in the Context of Luke-cts and First-Century Jewish Literature." Pages 29-41 in *Reading Acts Today: Essays in Honour of Loveday C. A. Alexander*. Edited by Steve Walton et al. LNTS 427. London: T & T Clark, 2011.

Philo. Translated by Francis H. Colson, George H. Whitaker, and Ralph Marcus. 12 vols. LCL. Cambridge, MA: Harvard University Press, 1929-1962.

Pietersma, Albert. "Messianism and the Greek Psalter: In Search of the Messiah." Pages 49-75 in *The Septuagint and Messianism*. Edited by M. A. Knibb. Leuven: Leuven University Press, 2006.

Plato. Translated by H. N. Fowler, W. R. M. Lamb, et al. 12 vols. LCL. Cambridge, MA: Harvard University Press, 1914-1935.

Pliny. *Letters and Panegyricus*. Translated by Betty Radice. Cambridge, MA: Harvard University Press, 1969.

Plutarch. *Lives*. Translated by B. Perrin. 11 vols. LCL. Cambridge, MA: Harvard University Press, 1914-1926.

_____. *Moralia*. Translated by Frank Cole Babbit, W. C. Helmbold, et al. 15 vols. LCL. Cambridge, MA: Harvard University Press, 1927-69.

Polybius. *The Histories*. Translated by W. R. Paton and S. Douglas Olson. 6 vols. LCL. Cambridge, MA: Harvard University Press, 2010-12.

Pomykala, Kenneth. *The Davidic Dynasty in Early Judaism: Its History and Significance for Messianism*. SBLEJL 7. Atlanta: Scholars, 1995.

Porter, J. R. *The Extended Family in the Old Testament*. London: Edutext, 1967.

_____. "The Succession of Joshua." Pages 102-32 in *Proclamation and Presence: Old Testament Essays in Honour of Gwynne Henton Davies*. Edited by J. R. Porter and J. I. Durham. London: SCM, 1970.

Porter, Stanley E. Καταλάσσω *in Ancient Greek Literature, with Reference to the Pauline*

Writings. Estudios de Filologia Neotestamentaria 5. Cordoba: Ediciones El Almendro, 1994.

Portier-Young, Anathea E. *Apocalypse against Empire: Theologies of Resistance in Early Judaism*. Grand Rapids: Eerdmans, 2011.

Price, Simon R. F. "Between Man and God: Sacrifice in the Roman Imperial Cult." *JRS* 70 (1980): 28-43.

_____. "Gods and Emperors: The Greek Language of the Roman Imperial Cult." *JHS* 104 (1984): 79-95.

_____. "Rituals and Power." Pages 47-71 in *Paul and Empire: Religion and Power in Roman Imperial Society*. Edited by Richard A. Horsley. Harrisburg, PA: Trinity Press International, 1997.

_____. *Rituals and Power: The Roman Imperial Cult in Asia Minor*. Cambridge: Cambridge University Press, 1984.

Provan, Iain W. "The Messiah in the Books of Kings." Pages 67-85 in *The Lord's Anointed: Interpretation of Old Testament Messianic Texts*. Edited by Philip E. Satterthwaite, Richard S. Hess, and Gordon J. Wenham. Grand Rapids: Baker, 1995.

Quintilian. *The Orator's Education: Books 3-5*. Translated by D. A. Russell. LCL.

Cambridge, MA: Harvard University Press, 2001.

Raaflaub, Kurt A. "Poets, Lawgivers, and the Beginnings of Political Reflection in Archaic Greece." Pages 23-59 in *The Cambridge History of Greek and Roman Political Thought*. Edited by Christopher Rowe and Malcolm Schofield. Cambridge: Cambridge University Press, 2000.

Rabens, Volker. *The Holy Spirit and Ethics in Paul: Transformation and Empowering for Religious-Ethical Life*. 2nd ed. Minneapolis: Fortress, 2014.

Rad, Gerhard von. *Old Testament Theology. Volume I. The Theology of Israel's Historical Traditions*. New York: Harper and Row, 1962.

Räisänen, Heikki. *Paul and the Law*. Philadelphia: Fortress, 1986.

Rawson, Elizabeth. "Caesar's Heritage: Hellenistic Kings and Their Roman Equals." *JRS* (1975): 148-59.

Reeve, C. D. C. *Philosopher-Kings: The Argument of Plato's* Republic. Princeton, NJ: Princeton University Press, 1988.

Reumann, John. *Philippians: A New Translation with Introduction and Commentary*. AB 33B. New Haven: Yale University Press, 2008.

______. *'Righteousness' in the New Testament: 'Justification' in the United States Lutheran-Roman Catholic Dialogue*. Philadelphia: Fortress, 1982.

Richardson, W. "The Philonic Patriarchs as Νόμος Ἔμψυχος." Pages 515-25 in *Studia Patristica: Papers Presented to the Second International Conference on Patristic Studies Held at Christ Church, Oxford, 1955*. Edited by Kurt Aland and Frank L. Cross. Berlin: Akademie-Verlag, 1957.

Ridderbos, Hermann. *Paul: An Outline of His Theology*. Translated by John Richard de Witt. Grand Rapids: Eerdmans, 1975.

Rives, John B. "Christian Expansion and Christian Ideology." Pages 15-41 in *The Spread of Christianity in the First Four Centuries: Essays in Explanation*. Edited by W. V. Harris. Columbia Studies in the Classical Tradition 27. Leiden: Brill, 2005.

Roberts, J. J. M. "The Enthronement of Yhwh and David: The Abiding Theological Significance of the Kingship Language of the Psalms." *CBQ* 64 (2002): 675-86.

______. "The Old Testament's Contribution to Messianic Expectations." Pages 39-51 in *The Messiah:Developments in Earliest Judaism and Christianity*. Edited by James H. Charlesworth. Minneapolis: Fortress, 1987.

Rooke, Deborah W. "Kingship as Priesthood: The Relationship between the High Priesthood and the Monarchy." Pages 187-208 in *King and Messiah in Israel and the Ancient Near East*. Edited by John Day. JSOTSup 270. Sheffield: Sheffield Academic, 1998.

Rose, Wolter H. *Zemah and Zerubbabel: Messianic Expectations in the Early Postexilic Period*. JSOTSup 304. Sheffield: Sheffield Academic, 2000.

Roueche, Charlotte. "Acclamations in the Later Roman Empire: New Evidence from Aphrodisias." *JRS* 74 (1984): 181-99.

Rowe, C. Kavin. *World Upside Down: Reading Acts in the Graeco-Roman Age*. Oxford: Oxford University Press, 2009.

Rowe, Christopher. "Aristotelian Constitutions." Pages 366-89 in *The Cambridge History of Greek and Roman Political Thought*. Edited by Christopher Rowe and Malcolm Schofield. Cambridge: Cambridge University Press, 2005.

______. "The Politicus and Other Dialogues." Pages 254-61 in T*he Cambridge History of Greek and Roman Political Thought*. Edited by Christopher Rowe and Malcolm Schofield. Cambridge: Cambridge University Press, 2005.

Rowe, Christopher, and Malcolm Schofield, eds. *The Cambridge History of Greek and Roman Political Thought*. Cambridge: Cambridge University Press, 2005.

Rowland, Christopher. "Apocalyptic Visions and the Exaltation of Christ in the Letter to the Colossians." *JSNT* 19 (1983): 73-83.

Rudolph, David. *A Jew to the Jews: Jewish Contours of Pauline Flexibility in 1 Corinthians 9:19-23*. WUNT 2:304. Tübingen: Mohr-Siebeck, 2011.

Russell, D. A., and N. G. Wilson. *Menander Rhetor*. Oxford: Clarendon, 1981.

Sailhamer, John H. *The Meaning of the Pentateuch: Revelation, Composition and Interpretation*. Downers Grove, IL: InterVarsity, 2009.

Samuel, Alan E. "The Ptolemies and the Ideology of Kingship." Pages 168-210 in *Hellenistic History and Culture*. Edited by Peter Green. Hellenistic Culture and Society 9. Berkeley: University of California Press, 1993.

Sanders, E. P. Paul, *the Law and the Jewish People*. Minneapolis: Fortress, 1983.

Sanders, Jack T. *The New Testament Christological Hymns: Their Historical Religious Background*. SNTSMS 15. Cambridge: Cambridge University Press, 1971.

Sandmel, Samuel. "Parallelomania." *JBL* 81 (1962): 1-13.

Santner, Eric L. *The Royal Remains: The People's Two Bodies and the Endgames of Sovereignty*. Chicago: University of Chicago Press, 2011.

Satlow, Michael L. *How the Bible Became Holy*. New Haven: Yale University Press, 2014.

Satterthwaite, Philip E. "David in the Books of Samuel: A Messianic Hope." Pages 41-65 in *The Lord's Anointed: Interpretation of Old Testament Messianic Texts*. Edited by Philip E. Satterthwaite, Richard S. Hess, and Gordon J. Wenham. Grand Rapids: Baker, 1995.

Schaff, Philip, ed. E*arly Church Fathers: Nicene & Post-Nicene Fathers, Series I, Volume 12: Chrysostom: Homilies on Corinthians, 1st and 2nd*. Peabody, MA: Hendrickson, 1994.

Schaper, Joachim. *Eschatology in the Greek Psalter*. WUNT 2:76. Tübingen: Mohr-Siebeck, 1995.

Schattenmann, Johannes. *Studien zum neutestamentlichen Prosahymnus*. München: C. H. Beck, 1965.

Schedtler, Justin Jeffcoat. *A Heavenly Chorus: The Dramatic Function of Revelation's Hymns*. WUNT 2:381. Tübingen: Mohr-Siebeck, 2014.

Schlatter, Adolf. *Gottes Gerechtigkeit: Ein Kommentar zum Römerbrief*. Stuttgart: Calwer, 1935.

______. *Romans: The Righteousness of God*. Peabody, MA: Hendrickson, 1995.

Schmid, Hans Heinrich. *Gerechtigkeit als Weltordnung*. BHT 40. Tübingen, 1968.

Schniedewind, William M. *How the Bible Became a Book*. Cambridge: Cambridge University Press, 2004.

______. *Society and the Promise to David: The Reception History of 2 Samuel 7:1-17*. Oxford: Oxford University Press, 1999.

Schoeps, H. J. P*aul: The Theology of the Apostle in the Light of Jewish Religious History*. Translated by Harold Knight. Philadelphia: Westminster, 1961.

Schowalter, Daniel N. *The Emperor and the Gods: Images from the Time of Trajan*. HDR 28. Minneapolis: Fortress, 1993.

Schreiber, Stefan. *Gesalbter und König: Titel und Konzeptionen der Königlichen Gesalbtenerwartung in früjüdischen und urchristlichen Schriften*. BZNW 105. Berlin: de Gruyter, 2000.

Schreiner, Thomas R. *Romans*. Baker Exegetical Commentary on the New Testament. Grand Rapids: Baker Academic, 1998.

Schröter, Jens. "Metaphorical Christology in Paul." Pages 185-204 in *From Jesus to the New Testament: Early Christian Theology and the Origin of the New Testament Canon*. Translated by Wayne Coppins. Baylor-Mohr Siebeck Studies in Early Christianity. Waco, TX: Baylor University Press, 2013.

Schultz, Richard. "The King in the Book of Isaiah." Pages 141-65 in *The Lord's Anointed: Interpretation of Old Testament Messianic Texts*. Edited by Philip E. Satterthwaite, Richard S. Hess, and Gordon J. Wenham. Grand Rapids: Baker, 1995.

Schweitzer, Albert. *The Mysticism of Paul the Apostle*. Translated by William Montgomery. Baltimore: Johns Hopkins University Press, 1998.

Schweizer, Eduard. *The Letter to the Colossians: A Commentary*. Minneapolis: Augsburg, 1982.

______. "Römer 1,3f. und der Gegensatz von Fleisch und Geist vor und bei Paulus." *EvT* 15 (1955): 563-71.

Scott, James M. *Adoption as Sons of God: An Exegetical Investigation into the Background of* ΥΙΟΘΕΣΙΑ *in the Pauline Corpus*. WUNT 48. Tübingen: Mohr-Siebeck, 1992.

Scroggs, Robin. *The Last Adam: A Study in Pauline Theology*. Philadelphia: Fortress, 1966.

______. "Paul: Myth Remaker. The Refashioning of Early Ecclesial Traditions." Pages 87-103 in *Pauline Conversations in Context: Essays in Honor of Calvin J. Roetzel*. Edited by Janice Capel Anderson, Philip Sellew, and Claudia Setzer. JSNTSup 221. Sheffield: Sheffield Academic, 2002.

Seeley, David. "The Background of the Philippians Hymn (2:6-11)." *Journal of Higher*

Criticism 1 (1994): 49-72.

Seifrid, Mark A. *Christ, Our Righteousness: Paul's Theology of Justification*. New Studies in Biblical Theology 9. Downers Grove, IL: InterVarsity, 2000.

______. *Justification by Faith: The Origin and Development of a Central Pauline Theme*. NovTSup 68. Leiden: Brill, 1992.

______. "Paul's Use of Righteousness Language against Its Hellenistic Background." Pages 39-74 in *Justification and Variegated Nomism*, vol. 2: The Paradoxes of Paul. Edited by D. A. Carson et al. Grand Rapids: Baker Academic, 2004.

______. "Righteousness Language in the Hebrew Scriptures and Early Judaism." Pages 415-42 in *Justification and Variegated Nomism, vol. 1: The Complexities of Second Temple Judaism*. Edited by D. A. Carson et al. Grand Rapids: Baker Academic, 2001.

______. "Unrighteous by Faith: Apostolic Proclamation in Romans 1:18-:20." Pages 109-13 in *Justification and Variegated Nomism, vol. 2: The Paradoxes of Paul*. Edited by D. A. Carson et al. Grand Rapids: Baker Academic, 2004.

Seneca. Translated by John W. Basore et al. 10 vols. LCL. Cambridge, MA: Harvard University Press, 1928-72.

Seters, John van. "The Creation of Man and the Creation of the King." *ZAW* 101 (2009): 333-41.

Shum, Shiu-Lun. *Paul's Use of Isaiah in Romans: A Comparative Study of Paul's Letter to the Romans and the Sibylline and Qumran Sectarian Texts*. WUNT 2:156. Tübingen: Mohr-Siebeck, 2002.

Singh, Devin P. "Until We Are One? Biopolitics and the United Body." Pages 529-55 in *"In Christ" in Paul: Explorations in Paul's Theology of Union and Participation*. Edited by Michael J. Thate et al. WUNT 2:384. Tübingen: Mohr-Siebeck, 2014.

Smith, D. Moody. "Ο ΔΕ ΔΙΚΑΙΟΣ ΕΚ ΠΙΣΤΕΩΣ ΖΗΣΕΤΑΙ." Pages 13-25 in *Studies in the History and Text of the New Testament in Honor of Kenneth Willis Clark*. Edited by Boyd L. Daniels and M. Jack Suggs. Salt Lake City: University of Utah Press, 1967.

Smith, Ian. *Heavenly Perspective: A Study of the Apostle Paul's Response to a Jewish Mystical Movement at Colossae*. LNTS 326. London: T & T Clark, 2006.

Smith, Jonathan Z. *Drudgery Divine: On the Comparison of Early Christianities and the Religions of Late Antiquity*. Chicago: University of Chicago Press, 1990.

Smith, Julien. *Christ the Ideal King: Cultural Context, Rhetorical Strategy, and the Power of*

Divine Monarchy in Ephesians. WUNT 2:313. Tübingen: Mohr-Siebeck, 2011.

Smith, R. R. "The Imperial Reliefs from the Sebasteion at Aphrodisias." *JRS* 77 (1987): 88-138.

______. "*Simulacra Gentium*: The *Ethne* from the Sebasteion at Aphrodisias." *JRS* 78 (1988): 50-77.

Sollamo, Raija. "Messianism and the 'Branch of David': Isaiah 11,1-5 and Genesis 49,8-12." Pages 357-70 in *The Septuagint and Messianism*. Edited by M. A. Knibb. Leuven: Leuven University Press, 2006.

Sommer, Benjamin D. *The Bodies of God and the World of Ancient Israel*. Cambridge: Cambridge University Press, 2009.

Soulen, R. Kendall. *The Divine Name(s) and the Holy Trinity: Distinguishing the Voices*. Vol. 1. Louisville: Westminster John Knox, 2011.

Southall, David. *Rediscovering Righteousness in Romans: Personified Dikaiosyne within Metaphoric and Narratorial Settings*. WUNT 2:240. Tübingen: Mohr-Siebeck, 2008.

Souza, Philip de. "Parta Victoriis Pax: Roman Emperors as Peacemakers." Pages 76-106 in *War and Peace in Ancient and Medieval History*. Edited by Philip de Souza and John France. Cambridge: Cambridge University Press, 2008.

Spicq, Celsus. "La philanthropie hellénistique, vertu divine et royale (à propos de Tit 3:4)." *ST* 12 (1958): 169-91.

Standhartinger, Angela. "Eintracht in Philippi: Zugleich ein Beitrag zur Funktion von Phil 2,6-11 im Kontext." Pages 149-75 in *Paulus—Werk und Wirkung: Festschrift für Andreas Lindemann zum 70. Geburtstag*. Edited by Paul-Gerhard Klumbies and David S. du Toit. Tübingen: Mohr-Siebeck, 2013.

Stanley, Christopher. *Paul and the Language of Scripture: Citation Technique in the Pauline Epistles and Contemporary Literature*. SNTSMS 69. Cambridge: Cambridge University Press, 1990.

Starbuck, Scott R. A. *The Court Oracles in the Psalms: The So-Called Royal Psalms in Their Ancient Near Eastern Context*. SBLDS 172. Atlanta: SBL, 1999.

Stevens, Marty E. *Leadership Roles of the Old Testament: King, Prophet, Priest, and Sage*. Eugene, OR: Cascade, 2012.

Stobaeus, Johannes. *Anthologium*. 5 vols. Edited by C. Wachsmuth and O. Hense. Berlin: Weidmann, 1958.

Stowers, Stanley K. *The Diatribe and Paul's Letter to the Romans*. SBLDS 57. Chico, CA:

Scholars, 1981.

______. *A Rereading of Romans: Justice, Jews, and Gentiles*. New Haven/London: Yale University Press, 1994.

______. "What Is 'Pauline Participation in Christ'?" Pages 352-71 in *Redefining First-Century Jewish and Christian Identities: Essays in Honor of Ed Parish Sanders*. Edited by Fabian E. Udoh. Notre Dame: University of Notre Dame Press, 2008.

Stuckenbruck, Loren T. "Messianic Ideas in Apocalyptic and Related Literature of Early Judaism." Pages 90-112 in *The Messiah in the Old and New Testaments*. Edited by Stanley E. Porter. Grand Rapids: Eerdmans, 2007.

Stuhlmacher, Peter. "The Law as a Topic of Biblical Theology." Pages 110-33 in *Reconciliation, Law, and Righteousness: Essays in Biblical Theology*. Philadelphia: Fortress, 1986.

______. *Paul's Letter to the Romans: A Commentary*. Translated by Scott J. Hafemann. Louisville: Westminster John Knox, 1994.

______. *Revisiting Paul's Doctrine of Justification: A Challenge to the New Perspective*. Downers Grove, IL: InterVarsity, 2001.

Suetonius. Translated by J. C. Rolfe. 2 vols. LCL. Cambridge, MA: Harvard University Press, 1997-98.

Tacitus. *The Histories and The Annals*. Translated by C. H. Moore and J. Jackson. 4 vols. LCL. Cambridge, MA: Harvard University Press, 1914-70.

Tannehill, Robert C. *Dying and Rising with Christ: A Study in Pauline Theology*. BZNW 32. Berlin: de Gruyter, 1967.

Tanner, Kathryn. *Christ the Key*. Current Issues in Theology. Cambridge: Cambridge University Press, 2010.

Tatum, James. Xenophon's Imperial Fiction: On the Education of Cyrus. Princeton, NJ: Princeton University Press, 1989.

Tatum, W. Jeffrey. "The Regal Image in Plutarch's Lives." *JHS* 116 (1996): 35-51.

Taubes, Jacob. *The Political Theology of Paul*. Translated by Dana Hollander. Stanford: Stanford University Press, 2004.

Taylor, Charles. *A Secular Age*. Cambridge, MA: Belknap, 2007.

Taylor, Lily Ross. *The Divinity of the Roman Emperor*. American Philological Association Monograph Series 1. Middletown, CT: American Philological Association, 1931.

Tellbe, Mikael. *Paul between Synagogue and State: Christians, Jews, and Civic Authorities in 1 Thessalonians, Romans, and Philippians*. Stockholm: Almqvist & Wiksell

International, 2001.

Thackeray, H. *The Letter of Aristeas: Translated with an Appendix of Ancient Evidence on the Origin of the Septuagint*. New York: Macmillan, 1917.

Thate, Michael J. "Paul and the Anxieties of (Imperial?) Succession: Galatians and the Politics of Neglect." Pages 209-50 in *"In Christ" in Paul: Explorations in Paul's Theology of Union and Participation*. Edited by Michael J. Thate et al.WUNT 2:384. Tübingen: Mohr-Siebeck, 2014.

______. "Paul at the Ball: Ecclesia Victor and the Cosmic Defeat of Personified Evil in Romans 16:20." Pages 151-69 in *Paul's World*. Edited by Stanley Porter. Pauline Studies 4. Leiden: Brill, 2007.

______. "Politics and Paul: Reviewing N. T. Wright's Political Apostle." *The Marginalia Review of Books* (January 6, 2015). http://marginalia.lareviewofbooks.org/politics-paul-reviewing-n-t-wrights-political-apostlemichael-thate/.

Thesleff, Holger. *The Pythagorean Texts of the Hellenistic Period*. Acta Academiae Aboensis 30.1. Åbo: Åbo Akademi, 1965.

Thielman, Frank. "The Story of Israel and the Theology of Romans 5-." Pages 169-95 in *Pauline Theology III: Romans*. Edited by D. M. Hay and E. E. Johnson. Minneapolis: Fortress, 1995.

Thiessen, Matthew and Rafael Rodríguez, *The So-Called Jew In Paul's Letter to the Romans*. Forthcoming. Minneapolis: Fortress Press, 2016.

Thiessen, Matthew. *Paul and the Gentile Problem*. Forthcoming. New York: Oxford University Press, 2016.

Thiselton, Anthony C. *The First Epistle to the Corinthians*. New International Greek Testament Commentary. Grand Rapids: Eerdmans, 2000.

Thom, John C. *Cleanthes' Hymn to Zeus*. Studies and Texts in Antiquity and Christianity 33. Tübingen: Mohr-Siebeck, 2005.

Thompson, Alan J. *One Lord, One People: The Unity of the Church in Acts in Its Literary Setting*. LNTS 359. London: T & T Clark, 2008.

Thompson, James W. *Moral Formation according to Paul: The Context and Coherence of Pauline Ethics*. Grand Rapids: Baker, 2011.

Thompson, Leonard. "Hymns in Early Christian Worship." *ATR* 55 (1973): 458-72.

Thompson, Michael. *Clothed with Christ: The Example and Teaching of Jesus in Romans 12.1-15.13*. JSNTSup 59. Sheffield: JSOT, 1991.

Thorsteinsson, Runar M. Paul's *Interlocutor in Romans 2: Function and Identity in the*

Context of Ancient Epistolography. Coniectanea neotestamentica or Coniectanea biblica: New Testament Series 40. Stockholm: Almqvist & Wiksell, 2003.

Thrall, Margaret. *2 Corinthians 1-7*. ICC. London/New York: Bloomsbury T & T Clark, 1994.

Throntveit, Mark A. "The Idealization of Solomon as the Glorification of God in the Chronicler's Royal Speeches and Royal Prayers." Pages 411-27 in *The Age of Solomon: Scholarship at the Turn of the Millennium*. Edited by Lowell K. Handy. Studies in the History and Culture of the Ancient Near East 11. Leiden: Brill, 1997.

Tigay, Jeffrey H. "The Image of God and the Flood: Some New Developments." Pages 169-82 in *Studies in Jewish Education and Judaica in Honor of Louis Newman*. Edited by Alexander M. Shapiro and Burton I. Cohen. New York: Ktav, 1984.

Tilling, Chris. *Paul's Divine Christology*. WUNT 2:323. Tübingen: Mohr-Siebeck, 2012.

Turner, Geoffrey. "The Righteousness of God in Psalms and Romans." *SJT* 63 (2010): 285-301.

VanderKam, James C. "Righteous One, Messiah, Chosen One, and Son of Man in 1 Enoch 37-71." Pages 413-38 in *From Revelation to Canon: Studies in the Hebrew Bible and Second Temple Literature*. Leiden: Brill, 2000.

Vaux, Roland de. "The King of Israel, Vassal of Yahweh." Pages 152-66 in *The Bible and the Ancient Near East*. Translated by Damian McHugh. London: Darton, Longman & Todd, 1972.

Versnel, H. S. *Triumphus: An Inquiry into the Origin, Development and Meaning of the Roman Triumph*. Leiden: Brill 1970.

Veyne, Paul. *Bread and Circuses: Historical Sociology and Political Pluralism*. Edited by Oswyn Murray and Brian Pearce. London: Penguin, 1990.

Virgil. Translated by H. R. Faircloud. 2 vols. LCL. Cambridge, MA: Harvard University Press, 1934-1935.

Vollenweider, Samuel. "Der 'Raub' Der Gottgleichheit: Ein Religionsgeschichtlicher Vorschlag zu Phil 2.6(-11)." *NTS* 45 (1999): 413-33.

______. "Hymnus, Enkomion oder Psalm? Schattengefechte in der neutestamentlichen Wissenschaft." *NTS* 56 (2010): 208-31.

Waddell, James A. *The Messiah: A Comparative Study of the Enochic Son of Man and the Pauline Kyrios*. T & T Clark Jewish and Christian Texts Series 10. London: T & T Clark, 2011.

Walbank, F. W. "Monarchies and Monarchic Ideas." Pages 62-100 in *The Cambridge Ancient History*. Vol. 7.1. Edited by F. W. Walbank, A. E. Astin, M. W. Frederiksen, and R. M. Ogilvie. Cambridge: Cambridge University Press, 1984.

Walker, Donald Dale. *Paul's Offer of Leniency (2 Cor 10:1): Populist Ideology and Rhetoric in a Pauline Letter Fragment*. WUNT 2:152. Tübingen: Mohr-Siebeck, 2002.

Wallace-Hadrill, Andrew. *Augustan Rome*. London: Bristol Classical, 1993.

______. "Civilis Princeps: Between Citizen and King." *JRS* 72 (1982): 32-48.

______. "The Emperor and his Virtues." *Historia* 30 (1981): 298-323.

______. "The Golden Age and Sin in Augustan Ideology." *Past and Present* 95 (1982): 19-36.

______. *Suetonius*. London: Bristol Classical, 1995.

Walsh, Brian J., and Sylvia C. Keesmaat. *Colossians Remixed: Subverting the Empire*. Downers Grove, IL: InterVarsity, 2004.

Wasserman, Emma. "The Death of the Soul in Romans 7: Revisiting Paul's Anthropology in Light of Hellenistic Moral Psychology." *JBL* 126 (2007): 793-816.

Watson, Francis. "By Faith (of Christ): An Exegetical Dilemma and Its Scriptural Solution." Pages 147-63 in *The Faith of Jesus Christ: The Narrative Substructure of Galatians 3:1-4:11*. 2nd ed. Grand Rapids: Eerdmans, 2002.

______. *Paul and the Hermeneutics of Faith*. London/New York: T & T Clark, 2004.

Watts, Rikki E. "'For I Am Not Ashamed of the Gospel': Romans 1:16-17 and Habakkuk 2:4." Pages 3-25 in *Romans and the People of God*. Edited by Sven K. Soderlun and N. T. Wright. Grand Rapids: Eerdmans, 1999.

Wegner, P. D. *An Examination of Kingship and Messianic Expectation in Isaiah 1-35*. Lewiston, NY: Edwin Mellen, 1992.

Weinfeld, Moshe. *Social Justice in Ancient Israel and in the Ancient Near East*. Minneapolis: Fortress, 1995.

Weinstock, Stefan. *Divus Julius*. Oxford: Clarendon, 1971.

______. "Pax and the 'Ara Pacis'." *JRS* 50 (1960): 44-58.

Wellhausen, Julius. *Prolegomena zur Geschichte Israels*. Berlin: Georg Reimer; 1883.

Wengst, Klaus. *Christologische Formeln und Lieder des Urchristentums*. SNT 7. Gutersloh: Gerd Mohn, 1972.

Wenham, Gordon J. *Psalms as Torah: Reading Biblical Songs Ethically*. Studies in Theological Interpretation. Grand Rapids: Baker Academic, 2012.

Westerholm, Stephen. *Israel's Law and the Church's Faith: Paul and His Recent Interpreters*. Grand Rapids: Eerdmans, 1988.

_____. "Paul's Anthropological 'Pessimism' in Its Jewish Context." Pages 71-98 in *Divine and Human Agency in Paul and His Cultural Environment*. Edited by John M. G. Barclay and Simon Gathercole. LNTS 335. London/New York: T & T Clark, 2006.

_____. "Righteousness, Cosmic and Microcosmic." Pages 21-38 in *Apocalyptic Paul: Cosmos and Anthropos in Romans 5-8*. Edited by Beverly Roberts Gaventa. Waco, TX: Baylor University Press, 2013.

Whitelam, Keith W. "Israelite Kingship: The Royal Ideology and Its Opponents." Pages 119-40 in *The World of Ancient Israel: Sociological, Anthropological, and Political Perspectives*. Edited by Ronald E. Clements. Cambridge: Cambridge University Press, 1989.

_____. *The Just King: Monarchical Judicial Authority in Ancient Israel*. JSOTSup 12. Sheffield: Sheffield Academic, 1979.

Whitsett, Christopher G. "Son of God, Seed of David: Paul's Messianic Exegesis in Romans 2[*sic*]:3-4." *JBL* 119 (2000): 661-81.

Widengren, Geo. "King and Covenant." *JSS* 2 (1957): 1-32.

Wifall, W. "The Breath of His Nostrils." *CBQ* 36 (1974): 237-40.

_____. "David—rototype of Israel's Future?" *BTB* 4 (1974): 94-107.

_____. "Gen 3:15— Protevangelium?" *CBQ* 36 (1974): 361-65.

Wilcox, Max. "The Promise of the 'Seed' in the New Testament and the Targumim." *JSNT* 5 (1979): 2-20.

Williams, Sam K. *Galatians*. ANTC. Nashville: Abingdon, 1997.

_____. "The 'Righteousness of God' in Romans." *JBL* 99 (1980): 241-90.

Williamson, H. G. M. "The Messianic Texts in Isaiah 1-9." Pages 239-70 in *King and Messiah in Israel and the Ancient Near East: Proceedings of the Oxford Old Testament Seminar*. Edited by John Day. JSOTSup 270. Sheffield: Sheffield Academic, 1998.

Williamson, Lamar. "Led in Triumph." *Int* 22 (1968): 317-32.

Willis, John T. "David and Zion in the Theology of the Deuteronomistic History." Pages 125-40 in *David and Zion: Biblical Studies in Honor of J. J. M. Roberts*. Edited by Bernard F. Batto and Kathryn L. Roberts. Winona Lake, IN: Eisenbrauns, 2004.

Wilson, Gerald H. *The Editing of the Hebrew Psalter*. SBLDS 76. Chico, CA: Scholars, 1985.

______. "The Use of Royal Psalms at the 'Seams' of the Hebrew Psalter." *JSOT* 35 (1986): 85-94.

Wilson, Todd A. "The Law of Christ and the Law of Moses: Reflections on a Recent Trend in Interpretation." *Currents in Biblical Research* 5 (2006): 123-44.

Wilson, Walter T. *The Hope of Glory: Education and Exhortation in the Epistle to the Colossians*. NovTSup 88. Leiden: Brill, 1997.

Winger, Michael. "The Law of Christ." *NTS* 46 (2000): 537-46.

Winter, Bruce W. *After Paul Left Corinth: The Influence of Secular Ethics and Social Change*. Grand Rapids: Eerdmans, 2001.

Witherington III, Ben. *Grace in Galatia: A Commentary on Paul's Letter to the Galatians*. Grand Rapids: Eerdmans, 1998.

Wrede, William. *The Messianic Secret*. Translated by J. C. G. Greig. Cambridge: James Clarke, 1971.

______. *Das Messiasgeheimnis in den Evangelien: Zugleich ein Beitra zum Verständnis des Markusevangeliums*. Göttingen: Vandenhoeck & Ruprecht, 1901.

______. *Paul*. Translated by E. Lummis. London: Green & Hull, Elson, 1907.

Wright, Christopher J. H. *Old Testament Ethics for the People of God*. Downers Grove, IL: InterVarsity, 2004.

Wright, N. T. *The Climax of the Covenant: Christ and the Law in Pauline Theology*. Minneapolis: Fortress, 1991.

______. "Jesus Christ Is Lord: Philippians 2.5-11." Pages 56-98 in *The Climax of the Covenant: Christ and the Law in Pauline Theology*. Minneapolis: Fortress, 1991.

______. "The Letter to the Romans." Pages 393-770 in *The New Interpreter's Bible: A Commentary in Twelve Volumes*. Vol. 10. Nashville: Abingdon, 2002.

______. "Messiahship in Galatians?" Pages 3-23 in *Galatians and Christian Theology*. Edited by Mark W. Elliott. Grand Rapids: Eerdmans, 2014.

______. *Paul and the Faithfulness of God*. Vol. 4 of *Christian Origins and the Question of God*. Minneapolis: Fortress, 2013.

______. "Paul's Gospel and Caesar's Empire." Pages 160-84 in *Paul and Politics: Ekklesia, Israel, Imperium, Interpretation: Essays in Honor of Krister Stendahl*. Edited by Richard A. Horsley. Harrisburg, PA: Trinity Press International, 2000.

______. *The Resurrection of the Son of God*. Vol. 3 of Christian Origins and the Question of God. Minneapolis: Fortress, 2003.

Wright, Robert B., trans. "Psalms of Solomon." Pages 639-70 in *The Old Testament*

Pseudepigrapha. Vol. 2. Edited by James H. Charlesworth. Garden City, NY: Doubleday, 1985.

Xenophon. *Cyropaideia*. Translated by Walter Miller. 2 vols. LCL. Cambridge, MA: Harvard University Press, 1914.

______. *Scripta Minora*. Translated by E. C. Marchant and G. W. Bowersock. LCL. Cambridge, MA: Harvard University Press, 1925.

Yates, Roy. "Colossians 2.15: Christ Triumphant." *NTS* 37 (1991): 573-91.

Yavetz, Zvi. "The Res *Gestae* and Augustus' Public Image." Pages 1-36 in *Caesar Augustus: Seven Aspects*. Edited by Fergus Millar and Erich Segal. Oxford: Clarendon, 1984.

Young, Stephen L. "Paul's Ethnic Discourse on 'Faith': Christ's Faithfulness and Gentile Access to the Judean God in Romans 3:21-5:1." *HTR* 108 (2015): 30-51.

______. "Romans 1.1-5 and Paul's Christological Use of Hab. 2.4 in Rom. 1.17: An Underutilized Consideration in the Debate." *JSNT* 34 (2012): 277-85.

Zanker, Paul. *The Power of Images in the Age of Augustus*. Translated by Alan Shapiro. Ann Arbor, MI: University of Michigan Press, 1990.

Zetterholm, Magnus. "Paul and the Missing Messiah." Pages 33-55 in *The Messiah in Early Judaism and Christianity*. Edited by Magnus Zetterholm. Minneapolis: Fortress, 2007.

Ziegler, Philip G. "The Love of God is a Sovereign Thing: The Witness of Romans 8:31-39 and the Royal Office of Jesus Christ." Pages 111-30 in *Apocalyptic Paul: Cosmos and Anthropos in Romans 5-8*. Edited by Beverly Roberts Gaventa. Waco, TX: Baylor University Press, 2013.

Ziesler, John. *The Meaning of Righteousness in Paul*. Cambridge: Cambridge University Press, 1972.

고대 자료 색인

구약성경

창세기

출애굽기

레위기

민수기

신명기

여호수아

사사기

사무엘상

역대하

느헤미야

시편

잠언

전도서

이사야

예레미야애가

에스겔

다니엘

호세아

아모스

미가

하박국

스가랴

신약성경

로마서

고린도전서

고린도후서

갈라디아서

에베소서

빌립보서

골로새서

데살로니가전서

데살로니가후서

디모데전서

기타 고대 자료

유대교 자료

필론

그리스-로마 자료

아일리우스 아리스티데스

아일리우스 테온

아이스킬로스

아피아누스

필로데무스

플라톤

플리니우스

플루타르코스

폴리비오스

퀸틸리아누스

크세노폰

기독교 자료

「이사야의 승천」

알렉산드리아의 클레멘스

에우세비오스

순교자 유스티누스

예수의 왕권 사상과 바울신학

고대 제왕 이데올로기에 비춰 본 새로운 바울신학 이해

1쇄 발행 2024년 2월 28일

지은이 조슈아 W. 지프
옮긴이 노동래
펴낸이 김요한
펴낸곳 새물결플러스

편 집 왕희광 정인철 노재현 이형일 나유영 노동래
디자인 황진주 김은경
마케팅 박성민
총 무 김명화 이성순
영 상 최정호 곽상원
아카데미 차상희

홈페이지 www.holywaveplus.com
이메일 hwpbooks@hwpbooks.com
출판등록 2008년 8월 21일 제2008-24호
주 소 (우) 04114 서울시 마포구 신촌로28가길 29
전 화 02) 2652-3161
팩 스 02) 2652-3191

ISBN 979-11-6129-271-7 93230

책값은 뒤표지에 있습니다.